徽州民間規約文獻精編

宗族規約卷

卞利 編著

国家出版基金项目
NATIONAL PUBLICATION FOUNDATION

時代出版傳媒股份有限公司
安徽教育出版社
·合肥·

圖書在版編目(CIP)數據

徽州民間規約文獻精編. 宗族規約卷 / 卞利編著. — 合肥：安徽教育出版社,2020.12
ISBN 978-7-5336-9249-0

Ⅰ.①徽… Ⅱ.①卞… Ⅲ.①習慣法—匯編—徽州地區②鄉規民約—徽州地區 Ⅳ.①D927.543.215.9②B824

中國版本圖書館CIP數據核字(2020)第229001號

徽州民間規約文獻精編
宗族規約卷

HUIZHOU MINJIAN GUIYUE WENXIAN JINGBIAN

出 版 人：費世平
策劃編輯：夏業梅
項目統籌：李冰冰　陶忠娣　付　静
本卷責任編輯：陶忠娣　宣思思　付　婕
裝幀設計：張鑫坤
責任印製：陳善軍

出版發行：時代出版傳媒股份有限公司　安徽教育出版社
地　　址：合肥市經開區繁華大道西路398號　郵編：230601
網　　址：http://www.ahep.com.cn
營銷電話：(0551)63683012,63683013
排　　版：安徽時代華印出版服務有限責任公司
印　　刷：安徽新華印刷股份有限公司

開　　本：710×1010　1/16
印　　張：42.25(本卷)
版　　次：2020年12月第1版　2020年12月第1次印刷
定　　價：590.00圓(四卷)

(如發現印裝質量問題,影響閱讀,請與本社營銷部聯繫調換)

總　序

"官有正條,各宜遵守;民有私約,各依規矩。"①在中國歷史上,先秦萌芽,秦漢、魏晉南北朝初步發展,隋唐定型,宋元至明清特別是明清時期達到鼎盛,近代新舊交替之際完成轉型的民間規約,廣泛地存在和深深地植根於中國傳統社會之中,并與國家法律及地方行政法規一道,相共與存,互相補充,彼此互動,維持着國家機器的正常運轉,以及社會、經濟、教育和文化等領域的有序運行。正如馬克斯·韋伯在《社會學的基本概念》一書中所云:"一種導引管理組織行動的秩序,可稱作'行政秩序'(Verwaltungsordnung)。而一種規範約束其他的社會行動,并保證行動者享有由此一規則所開啓的機會的秩序,則稱爲'規約式秩序'(Regulierungsordnung)。"②歷史上,中國民間規約所規範和約束的秩序,正是這種"規約式秩序"。

一、民間規約的概念及類型

何謂民間規約?民間規約的内涵與外延如何?從字面上來看,民間規約中的"民間",主要是相對於"官方"而言,但"民間"與"官方"兩者之間的界限往往并不十分清晰,有時甚至是非常模糊的。"規約"則是一種規範、規矩、規則、約定和約束。因此,我們可以對民間規約的内涵作如下表述:民間規約是指某一特定地域、組織或人群,依據當地風土民情、習慣與社會生產生活需要,共同商議制定,并由某一共同地域、組織或人群在一定時間和空間範圍内共同遵守的自我管理、自我服務、自我約束的規則或約定。嚴格來説,民間規約包含了"規"和"約"兩個部分,"規"指的是某一特定地域、組織

---

① 《清道光十八年仲秋月安徽省祁門縣灘下村永禁碑》,原碑立於安徽省祁門縣渚口鄉灘下村。
② [德]馬克斯·韋伯著,顧忠華譯:《社會學的基本概念》,桂林:廣西師範大學出版社,2005年,69頁。

或人群，在特定時間内共同發起、制定和遵守的約定俗成的規則或規範，其所維護和約束的是一定時間和空間範圍内組織與人群的整體利益和集體行爲，具有相對全局性、穩定性、原則性、規範性和嚴肅性等特點；"約"則是部分地域、組織、行業和人群爲某一特定事項而達成的某種群體性公共約定，其所維護的是某一特定時間内特定地域、組織暨特定人群的群體利益而非私人利益。在相對較爲統一的特定時間和空間範圍内，"約"是"規"的具體化，或者説，"約"是在"規"的指導下，因時、因地、因人、因事而制定和達成的一種約定或約束性規範。

需要特别指出的是，被某一特定組織或人群推舉或公認的精英人物個人所起草制定，并爲特定地域、組織和人群認同、接受與執行的規約，亦屬於民間規約的範疇。如宗族規約中的祖訓和家訓，主要是由宗族歷史發展長河中的精英人物在長期的社會生産與生活實踐中，通過自身經歷、經驗積纍和總結而形成的。如著名的《顏氏家訓》，即是由北齊文學家、教育家顏之推個人治家經驗積纍總結而成，并爲歷代顏氏家族成員所共同遵守的規訓。由於影響巨大，《顏氏家訓》後來甚至發展成爲全國各地各大家族效法和奉行的家族子女教育的典範，進而成爲家訓類規約的代表性作品。即使是民間創辦和運行的學校或書院等類規約，甚至是村莊的村規民約，亦有不少是由個人草擬、制定并實行的。其中，如明正德十二年（1517）著名心學家、甘泉學派的創始人湛若水（廣東增城人）爲其所創辦的大科書院而起草和制定的《大科書院訓規》[①]；清康熙年間，理學名臣、翰林院編修、兵部右侍郎、直隸巡撫李光地爲家鄉福建安溪縣湖頭村制定的村規民約——《同里公約》[②]等，都是由個人起草、制定和實施的民間規約的典型範本。

縱觀中國歷史上普遍存在并廣泛發揮作用的各類民間規約，儘管在時間、空間、載體、内容、性質和形式上有着豐富的内涵和複雜的類型，但從客觀科學的實際出發，我們更傾向於結合内容、性質和形式等因素，對各種複雜的民間規約予以類型上的劃分。

概括而言，歷史上的民間規約主要包括以下幾大常見類型：

一是村規民約，亦稱"鄉規民約"。在中國傳統的農耕社會，村規民約在衆多内容豐富、類型複雜的民間規約中占據着主導性和支配性地位。村規

[①] ［明］湛若水：《湛甘泉先生文集》卷六《大科訓規》，清康熙二十年黄楷刻本。
[②] ［清］李光地：《榕村别集》卷五《同里公約》，清乾隆刻本。

民約是指在特定時間内的某一特定鄉村地域空間,按照當地的風土民情、習慣和社會生產與生活實際,由某一特定組織、人群共同商議制定,并爲某一特定組織或人群在一定時間内共同遵守的自我管理、自我服務、自我約束的共同規則與約定。民間規約由"村規"與"民約"兩部分組成。這裏的"民約"既不是"民間規約"的簡稱,也不是私人約定的"私約",而是公共的"規則"或"約定",即"公約"。根據這一界定,我們可以嘗試着將村規民約依次分爲綜合類、經濟類、教育類、環境生態類和其他類等多種類型,其具體内容涉及村規俗例、環境生態和森林保護、村莊動產和不動產管理、鄉村集市貿易、村莊各類事務、村民議事、村莊勸善和村莊防禦等各個方面。

二是宗族規約。宗族規約是指具有共同血緣關係的宗族組織或人群,在特定活動時間和空間範圍内,按照當地風俗習慣和本宗族生產與生活實際,由宗族内部精英人物或人群共同商議制定,并由該宗族組織或人群在一定時間與範圍内共同遵守的自我管理、自我服務和互相約束的共同規範與準則。在長期的歷史和社會實踐中,自秦漢、唐宋至民國時期,我國各地逐漸形成和發展了一整套包括祖訓、家訓、庭訓、誡訓、家規、族規、祠規、家法、家政乃至族譜編纂凡例等在内的地域特色鮮明的宗族規約。這種以民間成文法形式出現和存在的宗族規約,對聚族而居村莊中具有共同血緣關係的同姓宗族成員而言,具有很強的約束力、影響力和控制力。這正是所謂"規約者,約同堂之人也"[1]的實質所在。在長期的社會生產與生活實踐中,個別地域的宗族規約甚至被當地官府以鈐印許可的形式予以批准,并以地方官府告示的名義給予頒布和施行,成爲得到國家認可的準則與規範,宗族規約亦因此成爲國家法律和地方行政法規的一項重要的補充和延伸。[2] 從存在形態上看,宋明以降至民國時期的宗族規約,既有獨立成册(含刊行)的單行本家訓與族規、家法,如《顏氏家訓》《袁氏世範》《浦江鄭氏家範》《休寧茗洲吴氏家典》,也有收入各類譜牒中的祖訓、家訓、家規、祠規、族約等文獻,另外還有大量存在的各種宗族公約類散件文書。基於宗族規約數量龐大這一

---

[1] [明]黄玄豹重編,[清]黄景管參補、黄臣槐等校補:《潭渡孝里黄氏族譜》卷四《家訓·敦睦堂家規引》,清雍正九年校補刻本。

[2] 參見瞿同祖:《中國法律與中國社會》,北京:中華書局,1981年;[日]滋賀秀三著,張建國、李力譯:《中國家族法原理》,北京:法律出版社,2003年;朱勇:《清代宗族法研究》,長沙:湖南教育出版社,1987年;卞利:《國家與社會的衝突和整合:論明清民事法律規範的調整與農村基層社會的穩定》,北京:中國政法大學出版社,2008年。

事實,爲便於閱讀和理解,我們還可將宗族規約細分爲家(祖、箴、規和庭)訓、族(宗、家、祠)規、家法、家政、家範、家議,以及族(規、戒、議)約與合同文約等種類。不過,傳統中國鄉村社會大多呈聚族而居格局,宗族與村落往往具有相互重疊的特徵,"幾乎在中國的每一個地方,幾個緊密相連的村落構成鄉村社會的基本單位。氏族[書面語一般爲'世系'或'宗族'(lineage)]通常只是村落的一部分。但是,在福建和廣東兩省,宗族和村落明顯地重疊在一起,以致許多村落只有單個宗族,繼嗣(agnatic)和地方社區的重疊在這個國家的其他地區也已經發現,特別在中部的省份,但在中國的東南地區,這種情況似乎最爲明顯"①。因此,在單一大姓望族聚居的村落中,由族長、宗子或其他族內精英所發起和制定的宗族公約,事實上亦兼具村規民約的功能。或者説,鑒於這類宗族規約同村規民約具有重疊性特徵,故其本身亦可被納入村規民約的範疇。

三是會館、善堂、公所暨行業組織類規約。會館、善堂和公所是中國歷史上尤其是明清至民國時期,由同鄉商人、官員或同業人員組成的地緣性或業緣性組織。從行業的分類視角上看,其門類十分繁多,涵蓋的範圍極其廣泛,民間素有所謂"三百六十行"之説。對此,我們按照歷史上特別是宋明至民國時期各類會館、善堂、公所暨各大行業規約文獻留存的實際狀況,依次將其細分爲會館、善堂、公所、行業規約,官方和私人興辦的私塾、書院暨并非官方興辦的學校内部管理規約,以及農、工、商業管理規約等類型。不過,衆多行業規約中的農業類規約,個別内容又與村規民約互相交叉和重疊。

四是會社類規約。秦漢以來,作爲民間組織或團體的會社遍布於社會生産與社會生活的各個領域、各個方面,存在於社會的各個階層、各個角落,在維持各類會社組織的運轉、保護會首和會社成員的權益等方面,發揮了重要的規範、約束與指導作用。根據會社活動内容和性質,我們可將會社類規約細分爲政治型、經濟型、軍事型、文化娱樂型、慈善與公益型、宗教和民間信仰型共六種類型。

五是寺廟宫觀等宗教設施管理類規約。寺廟宫觀等宗教設施管理類規約,是指管理與處理本寺廟宫觀事務的規則和約定。這些規約文獻包括叢林規約、齋醮規約、祠廟規約、寺産規約、墳塋或墓塋規約、祭祀規約、請神規

---

① [英]莫里斯·弗里德曼著,劉曉春譯:《中國東南的宗族組織》,上海:上海人民出版社,2000年,1頁。

約、朝拜規約、送神規約、禁忌規約、慈善規約、團合規約等,具有教派性、區域性、民間性等特點。東漢至民國時期的中國歷代各類宗教組織機構和設施,如佛教的寺廟庵院、道教的宮觀、伊斯蘭教的清真寺等,都曾專門制定内涵豐富的規約作爲管理與處理本寺廟宮觀事務的規範和準則,約束各類人群在寺廟宮觀及其内外設施的行爲。同一般的宗教戒律相比,儘管寺廟宮觀等宗教設施管理類規約亦有與之相同或相通的一面,并與宗教的清規戒律相互補充,但因寺廟宮觀等宗教設施管理類規約并不針對各類宗教教義和清規戒律本身,因此,兩者之間的區別和差異還是非常清晰的。

六是日常生活或社會生活類規約。之所以將日常生活或社會生活類規約從各類民間規約中單獨分離出來,主要是基於這類民間規約往往因與其他各類規約相互交叉而容易形成真空地帶,從而影響我們對民間規約的整體認知。因此,我們特地將難以歸屬但又司空見慣且數量巨豐的這類日常生活或社會生活中反復出現并廣泛發揮作用的規約獨立分類,主要是出於儘可能減少無法歸類的民間規約被遺漏的現象這一目的。就内容、形式和性質而論,日常生活或社會生活類規約内容堪稱豐富多彩,形式堪稱複雜多樣。這些規約在規範和約束特定地域、組織和人群的衣食住行、人生儀禮、民間救助、社會保障、宗教與民間信仰、祖先祭祀、人身與財產繼承以及移風易俗等方面發揮了巨大的積極作用。

民間規約是實現社會或組織秩序穩定,以及經濟、教育發展和文化認同的重要途徑,是傳統社會特別是基層社會治理、經濟活動管理和教育文化發展中不可或缺的重要規範之一。在中國傳統社會特別是在"禮法合治"的中華法系架構内,民間規約本身即具有"法"的性質和作用,這就是"因俗而治"的民間法。所謂"國重國法,所以懲刁頑;家尚家規,實以儆敗類。固以見國、家之一致,而知非有歧道也"[1],就是這個道理。民間規約規範着被規約覆蓋的群體的思想言論、行爲理念及其社會經濟基本秩序。在國家與社會之間保持正常良性互動的條件下,良好而完備的民間規約有助於維繫基層社會秩序,有助於維護社會穩定,促進社會經濟的良性運行和健康發展,陳腐而落後的民間規約則只會起到相反的作用。同樣,在國家政治相對腐朽黑暗、國家與社會之間難以形成良性互動的背景下,處於相對權力真空中的

---

[1] [清]胡璟等纂修:《横岡胡氏支譜》卷下《家規》,清康熙四十三年刻本。

地方基層社會或組織單位，也常常會主動調整民間規約的某些内容，采取和緩與讓步的方式，儘可能減少同所在地方官府的對立與衝突，尋求各方利益的平衡，并最大限度地維護自身權益免遭侵害。

應當説，中國歷史上特别是宋明以來的民間規約，往往是在中央和地方官府的指導下制定和實施的，起到了對中央和地方官府的某些政策進行細化和分解的作用，而且能夠結合當地社會經濟或組織群體的具體實際，因人制宜、因事制宜、因地制宜和因時制宜地加以調整，以適應不斷發生變化的實際，這其實正是民間規約内涵的拓展與延伸。即如明代中葉以降全國各地所倡行的鄉約，其本身雖然是一種官方的行爲，但在具體執行和實施的過程中，許多地區的基層組織和民衆往往根據自身的實際，因地制宜地制定了一些更爲細化且更易於操作的鄉約條款，如明正德時期王陽明所倡行的南贛鄉約、隆慶年間祁門縣文堂陳氏鄉約、萬曆年間婺源縣沱川余氏鄉約和福建泉州府惠安鄉約等。儘管包括以上鄉約在内的全國各地鄉約在實施實踐中顯示出了各自不同的地域特點和社會文化差异，但結果却又出奇地保持一致，即都是通過鄉約的倡導和實施，把國家意志轉化爲鄉民的實踐，國家和鄉村社會亦藉此實現了良性的互動。這一社會實踐本身表明，民間規約有其自身的靈活性特徵。

還應指出的是，民間規約作爲基層社會治理和經濟、教育、文化等領域管理的一項非制度性設置，其本身帶有一定的自治性質。秦漢以來特别是宋明以降，在以皇權爲中心的高度專制主義中央集權統治下，基層社會特别是相對封閉的邊遠山區鄉村基層社會，基本上處於一種天高皇帝遠的權力真空狀態，專制政權難以將觸角伸展到這些地區，行使直接而具體的統治。加之歷史上特别是宋明以來中國絶大部分地區的鄉村社會呈現聚族而居的格局，血緣宗族往往與鄉村基層政權組織相互滲透，彼此配合，甚至互相重叠。因而，誠如上文所言，聚居於鄉村社會中的强宗大族所制定和施行的各類族規家法與宗族公約，明顯具有村規民約的性質與功能。包括鄉村在内的基層社會中，除了普遍存在的宗族組織以外，還有各種不同類型的會社等組織，其會社規約同樣也具有民間規約的性質和功能，它們在會社内部組織和成員中具有廣泛的認知與認同，對保障會社組織運行，保障會首與會社成員的權利、責任和義務等，具有重要的規範和約束作用。此外，由基層社會群體制定并經當地官府批准頒示的各類保護群體利益免受侵害的告示，無論就其所規範的範圍,還是就其所涉及的内容而言,都應被視爲當地基層組織和民衆主動邀請國家權力進入以增强其權威性與震懾性的民間規約範疇,是民間規約的不可或缺的重要組成部分。在這裏,官方文件與民間規約的界限十分模糊,甚至完全消失了。

我們還注意到,歷史上特别是宋明以來全國各地出現的以"合同"名義規範部分人群行爲的文本式規約,由於其涉及賦税徵收和徭役僉派,土地租佃,地(山)界劃分,山林、墳墓與水利保護,祖先祭祀,公益設施興建與管理,家産分析繼承,訴訟調解與息訟,以及公平交易秩序等各個層面,因此,這類合同議約無論在内容上還是形式上,都與我們今天見到和理解的當代商業類合同有着較大的差異。但它們具有協調個體(少數人)與整體關係,規範合同當事人雙方或多方權利、責任與義務的"民約"性質,顯然亦應被歸入民間規約的範疇來予以考察。

總之,中國歷史上特别是宋明以來民間規約的内涵相當豐富,類型極其廣泛。儘管我們將這一時期的民間規約按照内容和性質作如上分類,但并非所有民間規約都如上述分類那樣呈現出相對獨立性的特徵。恰恰相反,這些民間規約往往是你中有我、我中有你,表現爲相互交叉的綜合性特徵,尤其是非單一性民間規約更是如此。

二、民間規約的特點與功能

中國歷史上特别是宋明以來民間規約的内容非常豐富,類型極爲複雜,内涵與外延相當廣泛。但概括而言,它主要具有以下幾個基本特點與功能。

一是地域性。任何民間規約都是存在於某一特定地域并在這一地域空間的界限内發揮作用的。以村規民約爲例,清順治三年(1646)廣東廣州府批示南海縣佛山鄉爲嚴禁開涌、保護耕地和墳墓所制定和頒布的村規民約時,即明確規定了該件村規民約所適用的空間範圍,即"三山、嶺岡、羅播、田心、寺邊、張槎各處鄉民知悉,務要恪遵示禁,不許妄意變更,仍前私挖涌源,致潦水淹浸,傷害民生風水。如有故違,許各堡鄉民指名具呈赴府,以憑拿究重治,决不輕貸"①。即使是跨地域的會館、善堂、公所等同鄉或同行業組織的規約,儘管其所涉及的地域範圍較廣,但也只是局限於規約中所列舉的

---

① 《佛山忠義鄉志》卷十三《鄉禁志》,清道光十一年刻本。

地域和人群，并不涉及規約範圍以外的地區。顯然，地域性是歷史上民間規約顯著的基本特點之一。

二是時效性。任何民間規約從制定、頒發到施行，都具有非常明確的時間限制，即使相對較爲穩定，如村規民約、宗族規約和日常生活規約者，亦都有其自身的時效性要求，并在規定的有效時間內發揮作用。失去了時效性，民間規約便不再有任何約束力。清嘉慶二十三年（1818）松江府婁縣義園修訂的《規條》，在將旅櫬"前議三年爲期"改爲"自辛巳年起，公議一年爲限"①時，前一《規條》的規定便自動終止，不再發揮作用。有些民間規約爲了强調其時效性，甚至嚴格規定了規約的起始和終止時間。福建福州會館在清道光十二年（1832）就明確作出"本章程成立，兩館舊章皆作無效"②的規定。可以説，時效性是民間規約的又一顯著特徵。

三是靈活性與變通性。歷史上特别是宋明以來的民間規約并不是一成不變的，它往往會因人、因事、因時、因地而不斷地發生變化，并根據變化了的形勢適時進行調整，特别是因應形勢變化而不斷增訂的民間規約，其實正是民間規約區别於國家法律的一個顯著特點。可以説，對規約內容和形式的每一次修訂與增删，都是對此前規約的補充和完善，并以最新修訂增删的規約作爲依據。如廣州的粤秀書院規約，從清雍正十一年（1733）始至道光七年（1827）止，短短不到百年時間，該書院規約就"因時斟酌"③、"隨時少有增删"④，前後修訂近十次之多，每一次修訂和增删後的《現行規條》都會成爲該書院施行的最新規範。粤秀書院規約的頻繁調整與補充，真實地反映了民間規約的靈活性與變通性特徵。

四是權威性和震懾性。儘管歷史上特别是宋明以來的民間規約是某一特定地域、組織和人群爲自我管理、自我服務、自我約束而制定的民間規則和約定，但爲了强調其權威性和震懾性，民間規約的組織者、制定者和執行者，往往會藉助當地官府的力量，通過當地官府頒發告示等方式予以發布和執行。清康熙五十六年（1717），福建安溪人李光地在《還朝臨行公約》中，對自己在返鄉省親時爲家鄉湖頭村制定的村規民約——《同里公約》進行了補

---

① 《新安義園徵信錄·規條》，清光緒刻本。
② [民國]李景銘：《閩中會館志·福州會館規約》，載王日根、薛鵬志編《中國會館志資料集成》第1輯第4册，厦門：厦門大學出版社，2013年，75頁。
③ [清]梁廷枏：《粤秀書院志》卷二《規則》，清道光二十七年刻本。
④ [清]梁廷枏：《粤秀書院志》卷二《學規》，清道光二十七年刻本。

充,其中第一條即是利用自身人脈,藉助當地官府,使《同里公約》與官方權力互相"呼應",以增強其權威性和威懾力。該條原文如下:"諸鄉規,俱照去歲條約遵行。我已囑託當道,凡係人倫風俗之事,地方報聞,務求呼應作主。但恐我輩用心不公,處事不當,或心雖無私而氣不平,事雖不錯而施過甚,則亦於仁恕之理有乖,皆未足以服人心而取信於官長也。嗣後,舉行舊規,必酌其事之大小輕重,可就鄉約中完結者,請於尊長會鄉之耆老,到約完結。必須送官者,亦請尊長會鄉之耆老,僉名報縣懲治。如事關係甚大而有司呼應未靈者,鄉族長老僉名,修書入京,以便移會當道,最忌在斑白退縮,袖手緘喙,使二三乳臭聽匪類指使者把持鄉政。"①這種主動邀請地方甚至中央權力介入的方式,是歷史上特別是宋明以來包括村規民約在內的民間規約的一種常態形式。其實,會館、善堂、公所及各個行業的規約,不少以所在地方官府告示的名義來發布,其目的顯然是強化民間規約的合法性、權威性和震懾性。

歷史上特別是宋明以來,民間規約具有多方面的功能。概括而言,民間規約的基本功能主要還是爲了保障特定地域、組織和人群的切身權益,規範、約束其言行舉止,并進而維持既有的政治秩序、社會經濟秩序、倫理道德秩序和文化教育秩序。具體而言,這些功能主要表現在以下幾個方面。

第一是規範功能。規範特定地域、組織和人群行爲,協調個體與群體關係,這是民間規約最基本的功能,此正所謂"朝廷有律法,鄉黨有禁條"②、"朝廷有律例,商賈有規約"③是也。在遵守國家法律的前提下,每個地域的不同行業組織大都會制定和施行處理各種事務的規則與條約。但國家法律畢竟是宏觀的國家大法,而民間規約則是在某一特定地域、組織和人群內部制定和實施的具體規則和約定,是國家法律的補充和延伸。在"禮法合治"的中國傳統禮俗社會中,無論是村規民約、宗族規約、鄉約與會社規約,還是會館、善堂、公所暨行業規約及宗教和民間信仰規約,甚至各種合同文約,其本身都具有協調某一特定地域、組織和人群各種利益糾葛,進而發揮懲惡揚善、趨利避害、維護自身權益的功能,它們是個體行爲服從群體行爲的集中

---

① [清]李光地:《榕村別集》卷五《同里公約》,清乾隆刻本。
② 《清康熙十一年貴州從江侗族高增款碑》,載楊一凡、劉篤才編《中國古代民間規約》第三冊,北京:社會科學文獻出版社,2017年,3頁。
③ 《清光緒三十年湖南武岡書業條規》,載楊一凡、劉篤才編《中國古代民間規約》第二冊,北京:社會科學文獻出版社,2017年,127頁。

體現。只有將其言行舉止、權利、責任和義務以規約的方式予以明確規範并加以約束,才能真正維持特定地域、組織和人群的既定利益與秩序,才能實現國家與基層社會的良性互動。正如休寧縣《富溪程氏規訓叙》所云:"家國一道也,國有法,家有規,均所以制治防危而不可廢焉。"①

第二是互助和救濟功能。從歷史上特別是宋明以來各類民間規約的豐富內容中,我們不難發現,互助與救濟始終在規約中占據着較大比重。且不説宗族規約和村規民約中的義田、義莊、膏火田的管理規約本身就是爲救助接濟本宗族生產與生活困難成員以及資助子弟讀書科第而設定,即使是會館、善堂、公所暨行業規約,其互助互濟功能也是顯而易見的,所謂"備棺施濟,原爲貧乏孤寡、無力措辦者而設"②。而清光緒二十年(1894)蘇州圓金業公所爲救助同業中年老貧苦無依者,還專門通過捐助設立專項救助資金,并制定規約,"循照舊章,同業中有年老無依者,仍由公所養贍,病則醫藥,故則殮埋,并將失業各夥設法安插"③。總之,"出入相友,守望相助,疾病相扶,患難相恤"④始終是民間規約恒久存在并保持活力的一項基本功能。

第三是獎勵和懲罰功能。歷史上特別是宋明以來的民間規約大都兼具獎勵和懲戒功能,對嚴格遵守規約內容,認真行使規約所賦予的權利,履行規約所規定的責任和義務者,各類民間規約的組織者一般都會設有專項獎勵條款,對其予以表彰和獎勵。清乾隆十四年(1749)、四十三年(1778)和嘉慶十四年(1809),黟縣南屏葉氏宗族多次重申嚴禁賭博規約,對族內參與賭博的成員予以嚴懲,同時對舉報和訪拿者則承諾給予重獎,規定:"族中邪僻之禁至詳,而所尤嚴者賭博。賭博之禁,業經百餘年,間有犯者,宗祠內板責三十。士庶老弱,概不少貸。許有志子弟訪獲,祠內給獎勵銀貳拾兩。"⑤對不履行甚至違反規約者,一些組織還制定了嚴厲的懲罰條款,如明嘉靖十六年(1537)休寧縣《率濱吟社條約》,即對怠懈違約者予以罰其繳納筆、墨、紙的處置,"作詩,每月一首,務宜會日完課。如怠懈者及失旨者,罰呈紙五十

---

① [清]程顯謨纂修:《富溪程氏祖訓家規封丘淵源合編》,清宣統三年抄本。
② 《上海同仁堂徵信録》,清光二十四年刊本。
③ 《清光緒二十年圓金業興復公所辦理善舉碑》,載蘇州博物館等編《明清蘇州工商業碑刻集》,南京:江蘇人民出版社,1981年,173頁。
④ [清]鄭道選修、鄭士滿纂:《錦營鄭氏宗譜》卷末《祖訓》,清道光元年敦倫堂木活字本。
⑤ [清]葉有廣等纂修:《黟縣南屏葉氏族譜》卷一《祖訓家風》,清嘉慶十七年木活字本。

張、堅筆四管、京墨二笏入社,以助膳錄"①。至於宗族規約、村規民約和日常生活規約,以及會館、善堂、公所暨行業類規約,其獎懲制度規定得更加完善具體。獎懲功能,其實正是歷史上特別是宋明以來民間規約維繫特定地域、組織和人群的權利、責任和義務,進而維持基層社會秩序的最基本功能,是歷史上特別是宋明以來民間規約貫徹落實國家法律法規、維護基層社會與國家政權良性互動的重要方式之一。

總之,歷史上特別是宋明以來的民間規約內容豐富多彩,類型紛繁複雜,形式靈活多樣。其功能也是多方面、多層次的,它對維護既有的社會秩序,維繫國家與基層社會的良性互動關係,進而實現基層組織與社會的長治久安,起到了舉足輕重的作用。

三、民間規約與社會秩序

在對民間規約進行分類的同時,我們還要特別關注各類民間規約背後所隱藏和表達的社會信息,即規範組織與基層社會秩序,維護組織成員的權益,維持基層社會的穩定與經濟的發展。這既是民間規約應有之意,也是其制定者所要達到的目的和實現的願望。

明代中葉以降,隨着商品經濟的發展與社會的繁榮,民間規約亦呈現出日益增多和不斷細化的趨勢,小自個人和家庭,大到國家與社會,其觸角幾乎滲透到社會的各個角落和組織的各個層面。但無論內容、類型和形式如何複雜多樣,在維護社會經濟、倫理道德和日常生活秩序方面,民間規約的作用都是共同而相通的。

首先是維護社會的倫理道德秩序。歷史上特別是明清時期的民間規約,尤其是其中的村規民約和宗族規約,大多以明太祖的《聖諭六條》②和清聖祖的《聖諭十六條》③爲指導思想和最高準則,將維護社會的倫理道德秩

---

① [明]程應徵:《率濱社錄》卷首,明嘉靖二十七年刻本。
② 《明太祖實錄》卷二百五十五、洪武三十年九月辛亥條云:"上命戶部下令,天下民每鄉里各置木鐸一,內選年老或瞽者,每月六次持鐸徇於道路,曰'孝順父母,尊敬長上,和睦鄉里,教訓子孫,各安生理,毋作非爲'。"
③ 《清聖祖實錄》卷三十四、康熙九年九月癸巳條云,上諭禮部曰:"朕今欲法古帝王,尚德緩刑,化民成俗。舉凡敦孝弟以重人倫,篤宗族以昭雍睦,和鄉黨以息爭訟,重農桑以足衣食,尚節儉以惜財用,隆學校以端士習,黜异端以崇正學,講法律以儆愚頑,明禮讓以厚風俗,務本業以定民志,訓子弟以禁非爲,息誣告以全良善,誡窩逃以免株連,完錢糧以省催科,聯保甲以弭盜賊,解仇忿以重身命,以上諸條,作何訓迪勸導,及作何責成內外文武該管各官督率舉行。"

序,實現"父子有親,君臣有義,夫婦有別,長幼有序,朋友有信"作爲最終的目的。明嘉靖年間,浙江永嘉縣的項喬在《項氏家訓》中曰:"聖訓六句乃做人之大略,尤爲生員、爲人師友者所當講解體念。"① 萬曆《休寧宣仁王氏譜》的《宗規》指出:"《聖諭》當遵:'孝順父母,尊敬長上,和睦鄉里,教訓子孫,各安生理,毋作非爲。'此六句,包盡作人道理。凡爲忠臣,爲孝子,爲順孫,爲聖世良民,皆由此出。一切賢愚,皆通此義。"② 而明崇禎年間休寧縣葉氏宗族在"重倫理以教家"的《家規》條款中所規定的"父子親、夫婦順、長幼序、朋友信,此等人出而事君,必爲忠臣,爲良臣。總之,倫常原于天性,不事矯飾,本慈孝以爲親,率唱隨以爲順,根友恭以爲序,袪虛假以爲信。合親、順、序、信以事君,倫理重而家教立矣"③,則正是在貫徹明太祖《聖諭六條》的前提下,希冀以此來維繫宗族内部的倫理道德秩序。清光緒年間纂修、民國刊印的祁門《京兆金氏宗譜》,甚至索性將明太祖《聖諭六條》和清聖祖《聖諭十六條》的文字悉數録載於族譜扉頁之後,并以套紅的龍紋方框予以刊刻。④ 可見,明清兩代最高統治者的《聖諭》顯然已成爲各地宗族制定宗族規約的最高指導。因此,在社會倫理道德秩序方面,歷史上特别是宋明以來的最高統治者和民間規約的制定者,其根本目標是完全一致的。

其次是維護社會的尊卑名分和等級秩序。"名分乃天序大秩,人所共由,尊卑之禮,秩然而不可紊者也。宗族原乎一本,理當和睦,五服雖盡,尊卑名分猶存,于禮不可干犯。行坐之際,亦當謹守,不可違越次序。"⑤ 作爲民間規約的重要内容和類型之一,歷史上特别是宋明以來的宗族規約多是在族長等族内精英人物的主持下制定的,并用以維繫宗族内部長幼、尊卑、上下、男女之等級秩序,從而達到"尊卑上下,秩然不紊;吉凶賓嘉,有典有則;視聽言動,蹈矩循規,則身修而家亦於是齊矣"⑥ 這一目的。爲此,不少宗族還在宗族規約中闡明維繫尊卑等級和名分制度的道理。"大抵宗法之立,無非尊祖睦族、勸誡子姓,共成羨族,各宜遵守。毋玩毋狎,則昭穆由此而序,名分由此而正,宗族由此而睦,孝悌由此而出,人才由此而盛,爭訟由此而

---

① [明]項喬:《項喬集》卷八《項氏家訓》,上海:上海社會科學院出版社,2006年,517頁。
② [明]王宗本纂修:《休寧宣仁王氏譜》卷六《譜祠·宗規》,明萬曆三十八年家刻本。
③ [明]葉文山等纂修:《休寧葉氏族譜》卷九《保世·家規》,明崇禎四年刻本。
④ [民國]金啓富、金啓遴纂修:《京兆金氏宗譜》卷首《聖諭》,民國十年刻本。
⑤ [明]周思松等纂修:《重修休邑城北周氏譜》卷九《家訓》,明萬曆二十四年刻本。
⑥ [清]舒安仁等纂修:《華陽舒氏統宗譜》卷一《庭訓八則》,清同治九年叙倫堂木活字本。

息,公道由此而明,私忿由此而釋。不惟光耀宗祖,且垂訓後世于無窮矣。"①在嚴格規範與遵守尊卑名分和等級秩序的條件下,歷史上特別是宋明以來的民間規約將每一個地域或組織的成員都納入到一定的社會組織體系中,并通過具體的規約條款,規範和約束該特定地域空間或組織人群的行爲舉止,從而使其保持井然有序的"禮法合治"局面。

再次是維護經濟秩序,規範生產、交易、分配和消費行爲。俗話説:無規矩不成方圓。無論是農業、手工業還是商業經濟,只有在生產、交易、分配和消費的每一個環節都進行科學的管理與規範,才能使其始終保持健康可持續發展狀態。中國傳統社會包括村規民約和行業規約等在內的各類民間規約,在規範與維護生產、交易和分配秩序中,發揮了毋庸低估的作用,成爲維護經濟健康發展的有力保障。明隆慶年間,祁門縣文堂村陳氏宗族的《文堂鄉約家法》就曾設置專門條款,對本村的山林生產進行了規範,規定:"本都遠近山場,載植松杉竹木,毋許盜砍盜賣,諸凡樵采人止取雜木。如違,鳴衆究治"②,從而爲該村的林業生產提供了強有力的保障。爲規範茶葉交易秩序,維護交易雙方的經濟利益,婺源縣洪村於清道光四年(1824)專門制定了本村的村規民約——《公議茶規》,并將其以刻碑勒石的形式予以公布施行,曰:"凡買松蘿茶客入村,任客投主人。祠(較)[校]秤,一字平稱。貨價高低,公品公買,務要前後如一。凡主家買賣,客毋得私情背賣。如有背賣者,查出,罰通宵戲一臺、銀伍兩入祠,決不徇情輕貸。倘有強橫不遵者,仍要倍罰無異。"③清代嘉慶年間,漢口的新安會館(又稱"紫陽書院"),爲規範和維護買賣秩序,亦曾以公議條規的方式規定:"照墻新街及本馬頭,曾經請官示嚴禁,毋許擺攤、挑水。祠役隨時查察,毋得疏惰。"④正是憑藉"定法則,嚴約禁"⑤,依法守規經營,漢口徽商所主持的紫陽書院纔得以保持健康的運行和發展。而嘉慶年間歙縣棠樾鮑氏《體源戶規條》對每年食糧分配的規範,則有力地保證了鮑氏宗族內部救濟與分配維持在公平合理的狀態。"一、穀係給本族鰥寡孤獨四窮之人,須合例者,不得徇情濫給。一、四窮及廢疾,與例

---

① [明]吴世禄、吴應試等輯:《商山吴氏宗法規條》,明萬曆抄本。
② [明]陳昭祥輯:《文堂鄉約家法》,明隆慶六年刻本。
③ 《清道光四年五月婺源縣洪村光裕堂公議茶規碑》,原碑嵌於江西省婺源縣清華鎮洪村光裕堂東墻角。
④ [清]董桂敷:《漢口紫陽書院志略》卷八《雜志·舊規十六條》,清嘉慶十一年刻本。
⑤ [清]董桂敷:《漢口紫陽書院志略》卷首《增訂漢口紫陽書院志略序》,清嘉慶十一年刻本。

相符,應給穀者,執事之人知會督總,給與經摺,孤子注明年庚,以備查考,再行給穀,以專責成。一、四者之外,有自幼廢疾、不能受室、委實難於活命者,一例給發。一、鰥獨年至六十歲,給領食穀。後有願繼於爲子者,亦一體給領,全其宗祧。其子年至十八歲停止,其父母仍照例給發。"①這裏需要特別指出的是,中國傳統民間規約是在嚴格遵守國家法律即"遵國法"②的前提下,按照既定的規則與約定而制定和施行的,它嚴格地規範了經濟秩序,爲經濟發展保持活力與繁榮提供了保障。

最後,強調治生,要求組織成員各司其職,各謀其事,維護職業秩序。正如明萬曆時期休寧縣城北《周氏家訓》所云:"蓋士、農、工、商,各有本業。士者勤學好問,必至登名;農者力耕苦種,必至於積粟;工者專心藝術,必至於精巧;商者夙興經營,必至於盈資。各勤其職,理之正也。儉乃治家之本,一儉則勝於求人,其有布帛、菽粟,未常不是儉中蓄也。男子務生理,勤於外;婦人務紡績,勤於内。如此,未有不成家也。"③清道光懷寧縣《朱氏家訓》在《務本業》條款中指出:"最急惟治生,本業務爲主;富貴雖在天,大半由勤苦。讀書者奮芸窗,顯第榮宗祖;縱或終硯田,亦足給二餔。耕者力田疇,不可畏寒暑;早起夜眠遲,西成多秭黍。百工技藝精,器必不苦窳;農末兩相資,均堪游樂土。不農又不工,即當爲商賈;握算操奇贏,數口儘堪撫。"④中國傳統社會的四民觀,至宋明以降特別是明代中葉以後,隨着商品經濟的繁榮和社會的變遷與轉型,士農工商的傳統秩序被破壞。在部分地區,"商"甚至成爲首要的職業,所謂"古者四民異業,至於後世,而士與農、商常相混。今新安多大族,而其地在山谷之間,無平原曠野可爲耕田。故雖士大夫之家,皆以畜賈游於四方"⑤。但不管四民觀和士、農、工、商的傳統秩序如何變化,選擇一種適合自身發展的職業始終是人生的首要抉擇,重要的是各司其職,各謀其事。對此,一些宗族規約規定:"治家不可不立綱紀。所謂綱者,猶網之有綱也;所謂紀者,猶裘之有挈領也。治家無綱紀,則泛而無統,豈爲門户之福? 改立主事者一人、副事者二人,束轄弟侄,令出入有常,各司其職,毋相

---

① [清]鮑琮纂修:《棠樾鮑氏宣忠堂支譜》卷十七《義田》,清嘉慶十年刻本。
② [明]鄭之珍、鄭之錫等纂修:《祁門清溪鄭氏家乘》卷四《規訓》,明萬曆十一年刻本。
③ [明]周思松等纂修:《重修休邑城北周氏宗譜》卷九《家訓》,明萬曆二十四年刻本。
④ [清]朱昌鳳等纂修:《朱氏宗譜》卷首《家訓》,清道光六年木活字刻本。
⑤ [明]歸有光:《震川先生集》卷十三《白庵程翁八十壽序》,上海:上海古籍出版社,2007年,319頁。

奪倫。"①除宗族規約對族内成員的治生及其職業進行規範和約束外,其他諸如會社、寺廟宫觀和日常生活類規約,也都要求其成員按照約定的事宜,各司其職,各謀其事,依法守規地履行其責任和義務,享受其權利,并不得違犯規約的規定。對違犯規約者,則進行嚴厲的懲罰,以維護既有的社會秩序。

總之,中國傳統民間規約涉及社會的各個組織、各個領域、各個層面,其對社會秩序的維護,主要體現在尊卑等級秩序、倫理道德秩序、經濟秩序、組織秩序、生産和日常生活秩序等方面。客觀地説,民間規約在上述各個領域,多能與當時的國家法律和地方法規緊密配合,在"遵國法"即不違犯國法的前提下,確實發揮了維護社會秩序的作用。所謂"家法治輕不治重,家法所以濟國法之所不及,極重至革出祠堂,永不歸宗而止。若罪不止此,即當鳴官究辦,不得僭用私刑"②。

但我們也注意到在中國傳統社會中,民間規約與國家法律之間并不總是互相配合、協調一致,并始終保持彼此之間的良性互動的。其矛盾、抵牾、對立甚至衝突之處往往在所難免,但"律設大法,理順人情,事貴因地制宜,難以拘泥成法"③。無論是國家法律、地方法規,還是官方規章條例,在不危及其根本與核心利益的前提下,通常多會對民間規約采取妥協與讓步的方式,對其予以接受和承認,從而使民間規約轉化爲官方意志。而民間規約爲取得權威性和震懾性地位,也經常會采取主動邀請國法或國家、地方權力介入的方式,來伸展自己的意志。兩者就是在這樣一種相互配合與彼此互動的情況下,共同支撐和維繫着歷史上特别是宋明以來的中國傳統社會秩序。

四、徽州傳統民間規約文書文獻的遺存

作爲中國歷史上特别是宋明以來傳統民間規約較爲發達和完備之區,徽州的民間規約在中國傳統民間規約發展史上占據着重要的地位。

徽州地處今安徽南部山區,與浙江和江西毗鄰。境内峰巒叠嶂,川流縱横,環繞四周的高山把徽州包裹成一個相對獨立而封閉的地理單元,使它成爲歷代兵燹鮮少波及的世外桃源。徽州歷史悠久,舊石器時代遺址業已存

---

① [清]胡廷瑞纂修:《武溪陳氏宗譜》卷一《家法三十三條》,清同治十二年敦厚堂刻本。
② [清]周善鼎等纂修:《仙石周氏宗譜》卷二《周氏宗譜家法》,清宣統三年善述堂木活字本。
③ [清]戴兆佳:《天台治略》卷六《告示·勸諭買産人户速循天台舊例了根找絶以斬葛藤以清案牘事》,清木活字本。

在，新石器時代遺址更是遍及境内各地。西周時期，徽州之地的先民們曾創造了燦爛的青銅文明。春秋、戰國時期，徽州曾先後隸屬吳、越和楚國。秦朝統一中國後，曾在這裏設立黟、歙二縣，統隸於鄣郡。東漢末年，生活在這裏的山越人，不斷在背後襲擊孫吳的軍隊，威脅了孫吳政權的統治。於是，孫吳先後派遣賀齊和諸葛恪平定山越，并析歙縣爲始新、新定、黎陽、休陽四縣，連同已有的歙縣和黟縣合計六縣，專門設立新都郡，統轄上述六縣。新都郡的設置，是徽州地區擁有郡一級地方政權的開端。其後，爲避嗣主孫休之名諱，休陽被改稱爲海陽。

西晋初年，更新都郡爲"新安郡"，改海陽縣爲海寧縣、新定縣爲遂安縣。南朝宋時省黎陽入海寧縣，新安郡僅領五縣。梁武帝大同中，析歙縣置良安縣，是爲績溪建縣之始。

隋文帝統一中國後，開皇十一年(591)改新安郡爲歙州，時州治在黟縣。更始新縣爲新安縣，隸婺州。此時，歙州僅轄有黟、歙、海寧、良安四縣。隋煬帝大業初年，一度復歙州爲新安郡，改海寧縣爲休寧縣，并以其爲新安郡治。義寧中，新安郡徙治歙縣。唐朝建立後，唐高祖武德元年(618)，例改郡爲州，更郡太守爲州刺史，新安郡復改爲歙州，新安郡太守改稱歙州刺史。唐高宗永徽五年(654)，析歙縣地，置北野縣。唐玄宗開元二十八年(740)，析休寧縣，置婺源縣。唐代宗大曆元年(766)，以方清起義平，設歸德縣，析黟縣及饒州之浮梁縣，新置祁門縣。又以平定宣州旌德縣王萬敵起事，析歙縣之華陽鎮置績溪縣。大曆五年(770)，罷省北野、歸德二縣。至此，歙州總計統轄歙縣、黟縣、休寧、婺源、祁門和績溪六縣，直至南唐至北宋初年，歙州所轄六縣格局未有變動。

北宋徽宗宣和三年(1121)，以方臘起義平定改歙州爲徽州，仍轄上述六縣。元世祖至元十四年(1277)，徽州納入元朝版圖，更名爲徽州路，隸江浙行省管轄，徽州路所轄六縣未變。元成宗元貞元年(1295)，升婺源縣爲婺源州，仍隸徽州路管轄。元順帝至正十七年(1357)，朱元璋部將鄧愈攻陷徽州，改徽州路爲興安府。吳元年(1366)，改興安府爲徽州府。明朝建立之初，降婺源州爲縣，維持徽州府所轄六縣如故。從此，直到清政府被推翻的宣統三年(1911)，徽州府所轄的歙縣、休寧、婺源、祁門、黟縣和績溪六縣的行政格局基本没有變化。

民國元年(1912)，罷徽州府，改原徽州府屬六縣直隸安徽省管轄。三年

(1914)，徽州六縣屬蕪湖道管轄。十七年(1928)，又罷除道的設置，徽州原屬六縣仍直隸安徽省統轄。二十一年(1932)，試行首席縣長制，徽州首席縣長長駐歙縣。同年十月，廢止首席縣長制，改設行政督察專員公署，安徽全省共設立十個行政督察區，徽州原有六縣歸第十行政督察區統轄，行政督察專員公署駐休寧縣。二十三年(1934)，婺源縣劃歸江西省。二十七年(1938)，設立皖南行署，駐屯溪鎮。二十九年(1940)三月，撤銷第十行政督察區，歙縣、休寧、祁門、黟縣和績溪五縣隸皖南行署管轄。同年八月，原第十行政督察區改爲第七行政督察區，轄歙縣、休寧、祁門、黟縣、績溪和旌德六縣。三十四年(1945)，撤銷皖南行署，歙縣、休寧、祁門、黟縣和績溪五縣仍隸第七行政督察區，行政督察專員公署駐地由休寧縣城遷至屯溪。三十六年(1947)，婺源縣劃回安徽省，隸第七行政督察區管轄。1949年，第七行政督察區所轄六縣相繼解放，婺源再次劃歸江西省管轄，徽州原屬歙縣、休寧、祁門、黟縣和績溪五縣改隸新成立的皖南區人民行政公署徽州專區管轄。

縱觀千餘年來徽州行政區劃的建置沿革歷程，自東漢獻帝建安十三年(208)新都郡的設立，徽州六縣行政建制初具雛形，到唐代中葉前後婺源、祁門和績溪縣的正式設置，徽州六縣格局完全形成，再到北宋徽宗宣和三年(1121)更歙州爲徽州，徽州作爲一個完整的行政區域，始終未發生大的變動。這種相對穩定的行政區劃，爲徽州地區經濟發展、社會進步和文化認同提供了極爲優越的政治保障。徽州經濟能夠走出一條適宜自身發展的道路，徽州宗族組織的建構和對基層社會的有效控制，徽商能夠由血緣、地緣到業緣漸次積纍，形成"無徽不成鎮"的局面，徽州科第異常發達，以及新安理學、新安醫學、新安畫派等獨具特色的地域文化與文明形態的產生，除相對封閉的地理環境之外，大都得力於這一行政區域的持續穩定局面的維繫。

除春秋戰國時期外，中國歷史上還先後出現了三國兩晋南北朝、五代十國和宋金對峙的三個分裂割據時期。爲躲避兵燹，遠離戰火，從東漢末年開始，隨着中原地區社會動亂規模的不斷擴大，成千上萬的北方世家大族開始挈家帶口向江南地區進行大規模的遷徙，形成了中國歷史上一次空前的人口南遷高潮。誠如民國《歙縣志》所云："邑中各姓，以程、汪爲最古，族亦最繁。忠壯、越國之遺澤長矣。其餘各大族，半皆由北遷南，略舉其時，則晋、宋兩南渡及唐末避黃巢之亂，此三期爲最盛。"①

據《新安名族志》和其他相關家譜資料統計，西晉"永嘉之亂"至東晉之初，由中原地區遷徙并定居於徽州地區的世家大族，主要有程、鮑、俞、余、黃、謝、詹、胡、鄭等九大姓氏。南朝時期，又相繼有閔、任二姓大族遷入徽州。這是徽州歷史上第一次大規模接納來自中原地區的移民。唐代"安史之亂"至黃巢農民大起義之後以迄五代十國分裂割據時期，又有陸、陳、葉、孫、洪、羅、舒、姚、張、趙、戴、康、施、馮、夏、李、朱、潘、劉、曹、畢、王、呂、江、許、廖、查、何、項、范、仰、凌、祝、梅、齊、盧、邵等近四十個大姓遷居徽州。這是歷史上第二次徙入徽州的移民，也是徽州歷史上接納北方人口規模最大的一次，它奠定了徽州族姓和人口的基本格局。

北宋和南宋政權鼎革之際，爲躲避兵鋒，柯、宋、周、阮、楊、饒、馬、滕、孔、徐、韓、蘇、臧、佘、莊、杜、葛、章、游、宗、石等二十餘個大姓遷徙至徽州。這是徽州歷史上第三次也是最後一次大規模接納移民的高潮時期。

除避亂南遷之族外，此時來到徽州的移民，還有爲官該地、愛其山水而舉家定居於此者，這就是許承堯所説的"又半皆官於此土，愛其山水清淑，遂久居之以長子孫焉"②。截至明末清初，徽州的人口主要由被征服的山越土著、北方遷徙而來的世家大族和仕宦徽州退休後定居於該地的官員及其親屬們這三大人群構成。此後，直到清代乾隆中葉，徽州地區的人口構成基本保持穩定。雖然在明清時期隨着徽商經營的成功，曾有不少外地游民和商人來到徽州，但對徽州人口的基本結構并未造成太大影響。

不過，值得一提的是，清代乾隆中葉以後，人多地少，安慶府懷寧、宿松、潛山、桐城、望江等縣以及江西北部與徽州接壤地區的流民，成群結隊進入徽州山區，搭棚居住，成爲棚民。他們在這裏開墾荒山，種植高產穩產的農作物苞蘆；開挖礦產，燒制石灰等原料。儘管在清代中央和地方官府驅逐棚民的運動中，一些棚民被迫離開徽州，但最終仍有大批棚民在徽州各地特別是大山深處生存了下來，這是徽州現有居民中的一個重要構成。

在三次中原地區移民的高峰時期，先後徙入徽州山區的世家大族有七十餘姓之衆。他們在徽州山區聚族而居，"鄉落皆聚族而居，多世族，世系數十代，尊卑長幼，猶秩秩然罔敢僭忒。尤重先塋，自唐宋以來，丘墓松楸，世

---

① ［民國］石國柱、樓文釗修，許承堯纂：《歙縣志》卷一《輿地志·風土》，民國二十六年鉛印本。
② ［民國］石國柱、樓文釗修，許承堯纂：《歙縣志》卷一《輿地志·風土》，民國二十六年鉛印本。

守勿懈,蓋自新安而外所未有也"①。在經過武力拓展勢力範圍,站穩腳跟之後,他們逐漸開始崇文重教,唐代以後特别是南宋以降,這些聚族而居的中原地區移民群體,通過讀書力學暨參加科舉考試等途徑躋身仕途,壯大自身和家族的實力,强化宗族控制,最終促成了宋元明清時期徽州社會穩定、經濟繁榮、教育發達、科舉勃興、文化昌盛和徽商突起等局面的形成。自南宋以後至明清時期(除元朝外),整個徽州社會蓬勃向上,充滿生機,"人情丕變,萬象更新"②,"郁郁乎盛矣"③。在"萬殊一本"和"尊祖敬宗"的名義下,徽州宗族不斷集中人力、物力和財力,纂修譜牒,創建祠堂,繕修祖墓,建構以血緣關係爲中心的宗族連接紐帶,前後纂修和刊刻的各類譜牒總數達萬餘種之多,僅保存至今的各類徽州譜牒猶有不下兩千種之巨。這些譜牒記録和保存了大量包括祖訓、家訓、族規、祠規、家法,以及居家和人生儀禮、合同文約等在内的徽州宗族規約,特别是在其中不少譜牒缺乏族規家法的情况下,翔實而細緻的凡例在某種程度上也發揮了作爲該宗族或家族規約規範全體成員的功能。當然,這些宗族規約儘管有一些與國家法相矛盾或相抵觸的地方,但就總體而言,它們基本上是同國家法保持一致的,也就是説,它們是在"遵國法"的前提下,來行使對宗族組織暨宗族成員的控制權的。對此,光緒《續溪縣南關許余氏惛叙堂宗譜》曾就國法、家法與宗族規約之間的互動關係作了非常精彩而詳細的解讀和闡釋,云:"作奸犯科,國家有例,犯國法者,鳴官治之,非家法所當治也。家法衹以祖宗前杖責爲止,杖責以上非宗祠所可預聞。鄉蠻宗黨,往往有活埋、活葬慘情,妄謂家法爾爾。不思治人家法,自己已罹國法。即家法杖責、跪香、革逐,亦必悖倫逆理、盗賣祀産等情有關宗祠,乃可。非關宗祠者,宗祠爲之排解,不得妄施家法,開宗族以强欺弱之釁。尤有事關宗祠,非家法所能預定,又非家訓所能備載,不得不另立一則,以定準繩,謂爲規約。有背約者,闔族阻止之。阻之不可,再議擬家法以治之可耳!"④此外,在單一宗族聚居的城鄉社區特别是鄉村社區即村落,其宗族公約既是宗族規約的組成部分之一,又同村規民約之間存在互相交叉甚至完全重合的地方,但好在徽州知識和文化精英對此認識非常明

---

① [清]蔣燦纂修:《婺源縣志》卷二《疆域·風俗》,清康熙三十三年刻本。
② [清]佘華瑞纂:《巖鎮志草》貞集《迂談》,清雍正十二年纂,清乾隆刻本。
③ [明]張濤修、謝陛纂:《歙志》考卷五志六《風土》,明萬曆三十七年刻本。
④ [清]許文源等纂修:《續溪縣南關許余氏惛叙堂宗譜》卷十《規約》,清光緒十五年木活字本。

確,這在同時并存的家族或宗族的譜牒與村志中可以發現。

歷史上特別是宋明以來的徽州社會是一個典型的山區宗族社會,被譽爲"東南鄒魯"的"禮儀之邦",在倡導家國一體、禮法合治,強調出入相友、過失相規、患難相恤、疾病相調和守望相助等鄉村基層社會治理方面,徽州始終走在全國的前列。尤其是在鄉村社會包括宗族、鄉約和文人會社等組織相對健全的背景下,宋明以來徽州鄉村社會中遺存至今的一百餘萬件(册)包括鄉約,保甲規約,環境保護,封山育林規約,以及規範茶葉和木材等商品交易、子女與財產繼承以及經濟糾紛調處等各種不同類型的村規民約,在維繫徽州鄉村社會環境、經濟、社會與文化秩序,規範鄉民的思想、言論與行爲等方面,發揮着不可或缺的作用,這其實正是"以鄉民治鄉民""以良民治良民"的集中體現。從南宋度宗咸淳六年(1270)徽州提刑節度同知致仕臣邱龍友、臨安府錢塘縣知縣致仕臣王英杰奏請立社祈報以鄉約相規,到明嘉靖、隆慶、萬曆年間徽州各地鄉約的普遍建立,尤其是隆慶六年(1572)祁門縣《文堂鄉約家法》和萬曆末年婺源縣《沱川余氏鄉約》的頒行與實施,徽州縉紳和鄉民就是在不斷遵奉各級官府及其統治者倡導的鄉村治理理念和政策的前提下,將最高統治者的統治思想與鄉民的日常生產和生活實踐相結合,形成一種上下聯動、彼此互動的局面。與鄉約同時并存的,還有諸如奉憲禁示之類的單項村規民約,如封山育林公約、禁捕河魚和禁止墾山的保護生態環境類公約、禁賭禁烟等移風易俗類村規民約等,尤其是大量鄉民繼承糾紛調處的和息類規約以及賦役合同文約等,都對徽州鄉村社會秩序的維繫和社會穩定的維護起到了重要作用。作爲理學集大成者朱熹的故鄉,徽州不僅享有"文公闕里"的美稱,而且還有"東南鄒魯"之譽。在居家生活的規範和人生儀禮的實踐中,徽州各地的宗族和鄉村縉紳等精英甚至地方官府,向來皆以推廣和踐行《文公家禮》相標榜,不斷重申"我新安爲朱子桑梓之邦,則宜讀朱子之書,取朱子之教,秉朱子之禮,以鄒魯之風自待,而以鄒魯之風傳之子若孫也"①。"冠、婚、喪、祭,稱家有無,遵行《文公家禮》,毋得襲用僧道,有違祖訓。"②并爲此制定和實施了一整套相對完備的居家生活與人生儀禮的條例與規約,如明萬曆歙縣溪南江氏宗族《居家禮儀》、清康熙《茗洲吳氏家典》和民國歙縣桂林《洪氏宗族四禮》等,用於規範和約束鄉民

---

① [清]吳翟纂修:《茗洲吳氏家典》卷首《序》,清雍正十一年紫陽書院刻本。
② [民國]金啟富、金啟璲纂修:《京兆金氏宗譜》卷一《家規》,民國十年刻本。

的禮儀行爲。除了冠、婚、喪、祭等人生儀禮外,大量宗教和民間信仰規約的存在,也深刻反映了徽州人内心精神世界的豐富性和多樣性,而各類衣食住行規約的存在,也説明傳統的徽州生活處處都有自身遵依的規矩和方圓。

作爲一種基層社會非制度性組織設置,宋明以來至民國時期,徽州的會社組織極爲發達,不僅類型豐富,而且活動頻繁。每一個會和社都訂立有極爲詳盡的規條與約章,藉以規範和約束會社内所有成員的權利、責任和義務,并在這一規約的指導與監督下開展自身的活動。"向來恪守會規"成爲包括文人會社、公益慈善性會社、宗教信仰性會社、宗族祭祀性會社以及經濟金融性會社會首和會衆們恪守的基本準則。正是因爲有了規約的强有力規範和約束,會社在宋明以來的徽州社會纔能得以廣泛建立和存在,并充當着各自不同的社會角色,擁有較强的號召力和公信力。清乾隆《橙陽散志》曾就文會在鄉村社會中的作用留下這樣一段文字記録:"鄉有爭競,始則鳴族,不能决則訴於文會,聽約束焉。再不决,然後訟於官,比經文會公論者,而官藉以得其款要過半矣。"①

唐宋以來,徽州由尚武風氣向崇文傳統轉化的一個重要標志,就是各級各類學校、書院的創立和科舉中第的勃興。徽州人重視讀書,渴望通過讀書躋身仕途,改變自身命運,實現光宗耀祖的目的。在徽州,有一句俗語叫"養子不讀書,不如養肥猪"。而在縱横交錯的深山中,雖"十户之村,不廢誦讀"②。以倡導講學論道、商榷學術、砥礪名節爲宗旨的書院,從宋明以來的徽州府(州)治到六縣,再到山林和鄉村,基本上都建立起了界别不一、層次不等的各類書院,成爲享譽全國的書院最盛之區。"海内書院最盛者四:東林、江右、關中、徽州,南北主盟,互相雄長。"③有關宋明至民國時期徽州的各級各類學校和書院規約衆多,且非常詳細專業,其中既有辦學的合同議約,也有學校和書院教學管理、經費籌措和使用等綜合性規約,還有各類專門的講會規約,諸如明正德七年(1512)徽州府《紫陽書院會規》、明崇禎二年(1629)休寧縣《還古書院規則》、清嘉慶十六年(1811)十一月黟縣《公議碧陽書院規條》、清同治元年(1862)三月祁門縣石溪康永清祠派下街二祠《立束

---

① [民國]許承堯:《歙事閒譚》卷十八《歙風俗禮教考》,合肥:黄山書社,2001年,602頁。
② [清]蔣燦纂修:《婺源縣志》卷二《疆域·風俗》,清康熙三十三年刻本。
③ [清]丁廷楗、盧詢修,趙吉士纂:《徽州府志》卷十二《人物志·儒碩傳》,清康熙三十八年萬青閣刻本。

心預儲塾學合約》等，這些規約在規範學校和書院教學及管理秩序，維護學校和書院的正常運行等方面，發揮了重要的保障作用。

最後，特別值得指出的是，南宋以來特別是明代中葉以降，作爲一個來自徽州六縣的地域性商人群體，徽商無論在從商人數、經營領域、活動範圍、資金籌措與規模，還是在投資取向和利潤轉移等方面，在中國衆多地域性商幫群體中都堪稱首屈一指。徽商賈而好儒，重視商業經營經驗的總結，并通過編纂商業書的形式，來傳授經營成功的訣竅，這其中既有綜合性的商業書如《生意規略》《商賈格言》和《士商拾要》等，也有特定行業專門領域經營的規則，如《布經》《典業須知》等，還有各類商業合同規約。這些商書及其經營管理的商業行業規約，確實爲保護徽商經營者的權益、維護他們的切身利益提供了有力的保障。而爲保障同鄉與同行在外經營者的利益，聚集在全國各大城鎮經營的徽商，往往創建會館、善堂義園和行業公所等組織，制定内容詳細具體的章程和規條等規約，并通過敦請當地官府批准頒給告示或執照等方式，使會館、善堂和公所等組織依法依規有序運行，進而保障同鄉或同行業者的共同利益。沿襲至近代，一批在外爲官和經營的徽州籍精英們，還通過組建同鄉會等方式，溝通所在地區同鄉的聯繫，并同徽州故里保持着密切的聯繫與交往。這些同鄉會的章程和各項專門的規約，也爲同鄉會的合法合規運轉提供了重要的保障。

五、本書編纂説明

歷史上特別是宋明以來的徽州地區民衆擁有强烈的法制觀念，爭强好訟、民俗健訟已成爲徽州的社會傳統。因此，爲規範組織和人群的利益，維持社會經濟和文化教育的秩序，保持社會有機體的良性運行和發展，尤其是爲了避免官司之訟，徽州本土暨徽州人活動的域外不同地域、不同組織和不同人群，常常能够在嚴格遵守各個時代國家法律、地方法規的背景下，不斷結合自身所在地域、組織及人群的特點，制定各種不同類型、針對性和實用性很强的民間規約，藉以維護社會、經濟、教育、文化秩序，保障自身的合法權益。這些民間規約内涵豐富，類型廣泛，幾乎涵蓋傳統徽州社會生産與生活領域的各個方面。儘管這些民間規約因種種原因未能全部完整地保存下來，但值得欣慰的是，至今仍有百餘種徽州各類地方志書(含書院志)、兩千餘種譜牒，以及徽人文集、筆記，徽商會館、善堂、公所、橋梁徵信録和百餘萬件（册）原始契約文書、千餘通（處）碑銘等遺存，它們所記錄和承載的各類海量的民間規約，爲我們了解和研究歷史上徽州的社會、經濟、教育、文化、風土民俗以及各個不同時代徽州社會各階層人群的活動等，提供了極其珍貴的第一手資料。

本書正是在上述存世數量巨大的徽州文獻（含碑刻文獻）文書的基礎上，結合編者主持的2014年度國家社會科學基金重大項目《中國古代民間規約文獻集成》（批准號：14ZDB126）的開展，集中對其中所記錄的各類民間規約進行分類搜輯和整理，并從中精選二百二十萬字的民間規約，按照宗族規約，村規民約，會館、善堂、公所暨行業規約以及社會生活規約四個專題編纂而成的。承蒙安徽教育出版社原總編輯張丹飛、責任編輯夏業梅和綜合編輯部主任江舟三位女士的鼎力推薦與支持，2017年，本書被列爲該出版社的重點項目。2018年，該出版社又以本書爲題申報國家出版基金項目。2019年，經過專家的認真評審，本書被正式作爲國家出版基金項目予以資助。

現就本書不同卷次的編纂和安排説明如下。

《宗族規約卷》。徽州自唐宋以來即形成聚族而居的宗族社會，在"尊祖敬宗"和"萬殊一本"觀念與行爲的支配下，徽州各個大姓望族先後纂修了數以萬計的各類譜牒，其中既有單一血緣姓氏的家族支派或房派譜，也有跨地域聯宗的通譜或統譜，還有跨地域、跨血緣的地域性名族望族譜。這些譜牒中留存了數量繁多的各類宗族規約，堪稱徽州乃至中國宗族規約的寶庫，是中國古代民間規約中一枝耀眼的奇葩。此外，還有不少來自單行本的宗族規約，如明萬曆休寧縣《商山吳氏宗法規條》，以及原始契約文書和田野碑銘等文書文獻中保存的各類宗族規約。本卷嚴格按照宗族規約的定義，從現存徽州譜牒文獻、原始契約文書、田野碑銘和其他相關文獻中，精選不同時代、不同地域和不同類型的各類宗族規約，并依次按照章、節、目的順序進行分類歸總，其中章節按規約名稱和類型進行編排，目下則以時間爲經、以規約題名暨類型爲緯，時間相同者，則以規約名稱的拼音字母爲序進行排列。本卷共由五章構成，其中"家訓、宗訓、箴訓、遺訓、祖訓、規訓和庭訓"爲第一章，"家規、宗規與族規"爲第二章，"家典與家法"爲第三章，"規約、族約、戒約、議約與合同文約"爲第四章，"譜牒規約"則爲第五章。

這裏，着重就可能引起讀者疑問的三個問題予以特別説明。第一，祠規爲何未入本卷？第二，爲何收録不少内容和文字相對重複的族規、家規、宗規和祠規？第三,譜牒凡例爲何收入本卷？首先,第一個問題確實存在,因爲作爲宗族規約的極爲重要的組成部分,徽州宗族的祠規很多本身即是族規或家規,只是名稱不同而已。但是,又有不少祠規的内容僅僅局限於對本宗族祠堂進行管理,特别是對祠祭活動進行規範與約束,與族規和家規的内容有着較大差異。因此,爲免將不同内容的祠規分列各處,造成讀者查閱的不便,編者特地將祠規作爲"祠堂、墳墓祭祀標掛規約與條例"一章,統一輯録并精選編入《社會生活規約卷》中。其次,本卷和《社會生活規約卷》分别收録了一些内容、文字幾乎相同的族規、家規、宗規和祠規。客觀地説,這些宗族類規約除個别文字略有差異外,大部分文字内容都相同,顯然是互相抄襲而形成的。事實上,這種家規、祠規類宗族規約互相抄襲的現象不僅在徽州較爲普遍,在全國其他地區也是一種非常普遍的現象。但既然如此,我們爲什麽要把它們都收録并編入本卷呢？這裏要鄭重聲明,我們并没有將内容文字完全雷同、毫無差異的族規、家規、宗規和祠規悉數收入本卷和《社會生活規約卷》内,而是有選擇地收録部分内容重複,但文字并非完全相同的族規、家規、宗規和祠規。我們之所以采取這一做法,一方面是出於爲讀者提供徽州宗族規約特别是族規、家規、宗規和祠規的全貌的目的,即使是彼此抄襲,其間多少還是存在細微的差異。我們冀望藉此能够給大家提供一個進一步思考問題的空間,這些家規和祠規類宗族規約的編纂者們爲何會如此肆無忌憚地抄襲。通過對這些宗族規約的异同之處進行考察,或許又能給我們進一步發現和解决問題提供新的思路。第三是爲何將譜牒的凡例收入本卷的問題。這主要是基於不少徽州譜牒特别是早期内容簡單的家族支派和門房譜以及跨地域的通宗譜或統宗譜,因種種原因,并無族規、家規或祠規等宗族規約的卷目和文字,但却有非常詳細的纂修凡例,其中很多凡例内容涉及本族成員的婚喪嫁娶、祖先的昭穆次序暨進主祭祀安排、同姓與异姓繼承,以及譜牒管理等諸多問題,堪稱無規約之名而有規約之實的宗族規約。因此,我們從不同時期纂修的不同類型和不同内容的凡例中,精選一部分具有典型性和代表性的凡例,連同《譜啓與修譜通知帖》《牒規與譜約》以及《譜牒避諱暨印牒告示》等一道,并特立"譜牒規約"一章予以收録。

《村規民約卷》。聚族而居是徽州村落最爲典型的人文和社會特徵之一,特别是在一些大姓望族一姓獨居的村落中,宗族公約和村規民約之間的界限是非常模糊的,很難加以區分。或者説在大姓望族占據支配地位的大村落中，由於村落居住者和勞動者多爲有共同血緣關係的宗族成員，因此，某種程度上説，聚居於該村落的某一大姓宗族的規約本身就是村規民約。但宗族規約和村規民約之間畢竟存在不少明顯的差異。因此，本卷在精心對照和分析村規民約與宗族規約内涵及界限的基礎上，從現存徽州村志、譜牒文獻、原始契約文書、田野碑銘和其他相關文獻中，精選不同時代、不同地域和不同類型的各類村規民約，并依次按照章、節、目的順序進行分類歸總，其中章節按規約名稱和類型予以編排，目下則以時間爲經、以規約題名暨類型爲緯，時間相同者，則以規約名稱的拼音字母爲序排列。本卷共由六章組成，其中第一章爲"鄉約"，第二章爲"綜合性村規民約與保甲規約"，第三章爲"義莊、義田暨社會救助規約"，第四章爲"鄉村生態環境與經濟規約"，第五章爲"賦税、差役、財産管理暨糾紛處置規約"，第六章爲"墳塋禁約與治安勸世規約"。應該説明的是，本卷第六章之"墳塋禁約"與《社會生活規約卷》内容有部分重合，不過，本卷精選的"墳塋禁約"更側重於將墓塋作爲村落的空間而非宗族的祖先墓塋。

　　《會館、善堂、公所暨行業規約卷》。本卷重點精選和收録明清以來居住與活動在徽州本土之外的徽州籍官員、徽商以及各色徽州籍人員所創建的會館、善堂暨公所等組織規約與章程、綜合與行業領域商書、商人經營之合同議約、同鄉會規約等。此外，對徽州本土的各類私人或半官方創辦的私塾、學校和書院等規約、合約與告示，也儘可能予以收録。同時，對涉及徽州士子參加科舉考試盤費籌措的賓興會規約，如《清道光績溪縣捐助賓興盤費規條》亦予以收録。本卷共分四章，"會館、善堂、公所暨同鄉會規約"爲第一章，"徽商商業書類規約"爲第二章，"徽商各類行業經營規約"爲第三章，"書院、塾學、書屋暨科舉賓興規約"爲第四章。

　　《社會生活規約卷》。本卷是内容最爲豐富和龐雜的一卷。本來，我們計劃將徽州會社規約和徽州宗教與民間信仰規約單獨編輯、獨立成卷，畢竟歷史上特別是宋明以來徽州各地各類會社組織十分發達，在清代前中期的婺源縣慶源村和祁門縣善和村，甚至出現一個村莊同時并存十數種乃至三十餘種會社組織的現象，但在廣泛深入查詢有關文書、文獻以及碑銘等史料後，我們發現，會社的數量和類型固然很多，但遺存至今的會社規約却寥寥無幾，就編者現已閱讀和掌握的史料現狀來看，很難單獨編纂成獨立的一卷。而徽州宗教與民間信仰規約的内容特別是宗教信仰規約，也存在與會社規約同樣的問題。因此,爲全景展示歷史上徽州人群的社會生活,我們從搜輯整理的徽州會社規約和徽州宗教與民間信仰規約全部文字中,精選出部分具有代表性和典型性的規約文書或文獻,編入《社會生活規約卷》中。總之,本卷從現存徽州譜牒文獻、徽州方志暨雜記、原始契約文書、田野碑銘和其他相關文獻中,精選不同時代、不同地域和不同類型的徽州各類社會生活規約,并依次按照章、節、目順序進行分類歸總,其中章節按規約名稱和類型進行編排,目下則以時間爲經、以規約題名暨類型爲緯,時間相同者,則以規約名稱的拼音字母爲序排列。本卷共由五章組成,其中"居家禮儀與生活規約"爲第一章,"祠堂、墳墓祭祀標掛規約與條例"爲第二章,"宗教信仰與民間信仰活動規約"爲第三章,"會社生活規約"爲第四章,"移風易俗規約"爲第五章。

　　以上是對《徽州民間規約文獻精編》各分卷編纂情況的簡要説明。

　　本書在資料搜輯、整理、歸類和編纂過程中,不可避免地存在一些問題和不足,訛誤之處亦在所難免。因此,我們真誠期待讀者給予批評指正。我們將會對所有的批評意見和修改建議進行評估,并在未來的再版中予以及時的更正、補充與完善。

卞　利

2020 年 3 月 3 日

於南開大學中國社會史研究中心暨歷史學院

凡　例

一、本書按照"以時間爲經、以空間爲緯"的編纂原則，以章、節、目三級標題進行統轄，其中第三級標題"目"，則依據文獻形成的時間、地點、作者（含組織或自然人群）、內容和類型重新進行了題名。

二、本書第三級標題"目"的時間編排原則暨順序是，凡年月日時間明確者，在標題中標注至年月，省略具體日期；年月日不明者，則在標題中標注紀年年號或民國字樣；無法判斷文獻所屬王朝的紀年年號者，則在標題中標注王朝名稱；可判斷文獻屬某王朝前、中、後期者，則在標題中標注某朝前、中、後期。具體編排順序是，同一時間和類型的民間規約文獻，年月時間明確者，以其年月先後順序依次進行編排。無具體年月者，則以紀年年號先後爲序；紀年年號相同者，則以紀年年號後首字拼音字母爲序。無紀年年號者，則以文獻所形成的王朝命名，排列在有明確年月或年號的文獻之後。無法判斷并確定文獻具體時間者，則以文獻的來源、形成或刊印時間爲序，依次進行編排。其他依此類推。

三、本書第三級標題"目"的空間地域編排原則是，徽州本土地域，按照徽州（含徽州府、徽州路和歙州等）暨所轄歙縣、休寧、婺源、祁門、績溪和黟縣之地名的首字拼音字母順序編排；縣名無法考證并確定者，則以徽州某縣稱之；縣域以下地名明確者，亦按其拼音字母爲序。

四、本書所輯錄的文獻的來源中，凡引文或時間、地點不明者，或於頁下脚注，或於文內酌情予以注釋說明。

五、凡文獻有文字殘缺，可確定其殘缺字數者，以"□"標明；無法確定殘缺字數者，以"……"標明；須加刪節者，則以"（）"內注明"以下略"。凡需補充文字，使其涵義確切完整者，以"【】"標明；凡文字訛誤者，訛誤字以"（）"標注，并在訛誤字後的"[]"內注明正確文字。

六、本書引用的文集、雜記、志書、譜牒、文書和碑刻等文獻，僅標明纂著者、時代、書名、卷數和篇目，以求簡明。其中珍稀文書暨文獻的所在地、來源地和收藏地，均在《引用和參考文獻》中予以標注。散件和金石類規約文獻，則在文内予以標注。

七、徽州規約的民間抄、稿本（件）文獻中，存在不少當地俗字、异體字。爲保持原貌，本書在輯録時，一般不予改動。但通篇异體字或同一篇文獻中同一文字先後書寫不一者，爲便於讀者閲讀，在不影響字義或文意的前提下，統一以常用文字取代。個别字保留了其簡體形式，蓋爲保持徽州民間規約特有風貌。

目　錄

第一章　家訓、宗訓、箴訓、遺訓、祖訓、規訓和庭訓　001

第一節　家訓與宗訓　001

五代十國閩國績溪縣瀛川先祖太傅章仔鈞公家訓　001
宋紹熙休寧縣西門汪氏宗族家訓　001
明嘉靖績溪縣積慶坊葛氏宗族家訓　002
明嘉靖績溪縣周坑周氏宗族宗訓　006
明嘉靖歙縣沙溪凌氏宗族斗城公家訓　009
明萬曆祁門縣沙堤葉氏宗族松巖公家訓　009
明萬曆歙縣呈坎羅氏宗族宗訓　010
明崇禎《朱氏統宗譜》載婺源縣朱原貞公家訓　013
清康熙徽州方氏宗族家訓　015
清康熙績溪縣旺川曹氏宗族家訓　022
清雍正歙縣潭渡黃氏宗族家訓　025
清嘉慶績溪縣旺川曹氏宗族家訓　039
清嘉慶婺源縣清華胡氏文敏公支族祠堂家訓　044
清道光歙縣程禹穌訓子侄記　044
清同治歙縣金山洪氏宗族家訓　056
清光緒績溪縣南關許余氏宗族惇敘堂家訓　058
民國績溪縣西關章氏宗族舊譜宗訓　062
民國祁門縣河間凌氏宗族凌氏家訓　064
民國祁門縣京兆金氏宗族家訓十條　069
民國歙縣吳越錢氏宗族家訓　069

民國婺源縣濟陽江氏宗族家訓　　　　　　　　　　　073
民國黟縣碧山李氏家訓　　　　　　　　　　　　　　080

第二節　遺訓、祖訓與箴訓　　　　　　　　　　087

宋紹熙三年五月休寧縣會理程大昌遺訓　　　　　　　087
元泰定元年八月休寧縣藏溪汪氏宗族福祿壽三房祖訓　088
明弘治七年十二月休寧縣率口程氏宗族尊祖睦族、立身行己箴訓暨跋　089
明隆慶五年十月歙縣向杲南坡公遺訓并序　　　　　090
明萬曆徽州汪氏宗族藏書軒遺訓　　　　　　　　　092
明萬曆祁門縣沙堤葉氏宗族四箴　　　　　　　　　092
明萬曆祁門縣營前鄭氏宗族祖訓　　　　　　　　　093
明崇禎休寧縣葉氏宗族保世祖訓　　　　　　　　　094
清順治歙縣紹村張倫少多箴　　　　　　　　　　　101
清嘉慶黟縣南屏葉氏宗族祖訓家風　　　　　　　　102
清道光二十五年十二月績溪縣城南胡氏養生箴　　　103
清光緒績溪縣東關馮氏宗族祖訓　　　　　　　　　104
清光緒績溪縣荊州明經胡氏宗族祖訓　　　　　　　106
清光緒績溪縣梁安高氏宗族祖訓　　　　　　　　　108
清光緒婺源縣環溪吳氏宗族芻蕘十箴　　　　　　　110
清宣統績溪縣仙石周氏宗族祖訓　　　　　　　　　111
清宣統歙縣義成朱氏宗族祖訓　　　　　　　　　　113
民國二十年八月歙縣飛山洪氏宗族祖訓　　　　　　119
民國二十年歙縣府前方氏宗族祖訓　　　　　　　　121
民國績溪縣城南方氏宗族祖訓　　　　　　　　　　123
民國績溪縣澗洲許氏宗族祖訓　　　　　　　　　　125
民國績溪縣魚川耿氏宗族祖訓　　　　　　　　　　127
民國歙縣府前方氏宗族遺訓　　　　　　　　　　　134

第三節　規訓與庭訓　　　　　　　　　　　　　135

明隆慶歙縣溪南江氏宗族譜訓　　　　　　　　　　135

明萬曆祁門縣清溪鄭氏宗族規訓　　　　　　　　　136
明萬曆婺源縣江灣蕭江氏宗族譜訓　　　　　　　　138
明萬曆婺源縣江灣蕭江氏宗族省躬訓　　　　　　　140
明祁門縣善和程氏宗族養蒙要訓　　　　　　　　　142
清康熙婺源縣浙源查氏宗族九十老人查湖賢親堂詒訓　143
清乾隆績溪縣華陽邵氏宗族五倫訓箴　　　　　　　145
清道光二十六年正月婺源縣龍池王氏宗族祠訓　　　146
清道光婺源縣龍池王氏宗族庭訓　　　　　　　　　147
清道光黟縣屏山舒氏宗族志道公十訓　　　　　　　148
清同治績溪縣華陽舒氏宗族庭訓　　　　　　　　　148
清宣統績溪縣上川明經胡氏宗族規訓　　　　　　　150
民國績溪縣眉山吳氏宗族古訓　　　　　　　　　　155

第二章　家規、宗規與族規　　　　　　　　　　160

第一節　家規　　　　　　　　　　　　　　　160

明洪武十八年九月序歙縣黃山謝氏宗族家規附萬曆三十二年五月後序
　　　　　　　　　　　　　　　　　　　　　　160
明成化六年正月黟縣環山余氏宗族家規序　　　　　164
明正德十三年八月績溪縣南關許余氏宗族惇敘堂家規　164
明嘉靖績溪縣積慶坊葛氏宗族家規　　　　　　　　167
明萬曆五年三月休寧縣松蘿門呂氏宗族鳳湖街祭祀家規　168
明萬曆六年冬月歙縣沙南方氏家規　　　　　　　　170
明萬曆休寧縣林塘范氏宗族繼善堂家規　　　　　　171
明萬曆休寧縣林塘范氏宗族怡樂堂家規　　　　　　172
明崇禎、清康熙暨道光黟縣環山余氏宗族家規跋　　173
明崇禎歙縣東門許氏宗族家規　　　　　　　　　　175
明崇禎休寧縣葉氏宗族家規　　　　　　　　　　　182
清康熙婺源縣清華胡氏宗族仁德堂家規　　　　　　185
清康熙黟縣橫岡胡氏宗族家規　　　　　　　　　　187

清康熙黟縣橫岡胡氏宗族壯卿公家規　　　　　　　　190
清雍正休寧縣茗洲吳氏宗族家規　　　　　　　　　192
清乾隆績溪縣華陽邵氏宗族家規　　　　　　　　　197
清乾隆休寧縣西門查氏家規附祠宇紀事、祠規紀事暨祠貨紀事　　200
清嘉慶祁門縣中井馮氏宗族家規　　　　　　　　　205
清道光休寧縣孫氏宗族家規　　　　　　　　　　　206
清咸豐黟縣灣里裴氏宗族家規　　　　　　　　　　212
清光緒七年六月蕪湖縣正堂批准徙居蕪湖之歙縣範川謝氏家規告示　214
清光緒績溪縣東關馮氏宗族家規　　　　　　　　　214
清光緒績溪縣仁里程氏宗族繼序堂家規　　　　　　216
清光緒歙縣新州葉氏宗族家規　　　　　　　　　　217
清宣統彙輯明嘉靖至清同治休寧縣富溪程氏宗族祖訓家規　220
清宣統績溪縣璜上程氏宗族家規　　　　　　　　　236
民國績溪縣魚川耿氏宗族家族規則　　　　　　　　244
民國祁門縣京兆金氏宗族家規　　　　　　　　　　250
民國祁門縣平陽汪氏宗族家規　　　　　　　　　　251
民國黟縣環山余氏宗族家規　　　　　　　　　　　255

第二節　宗規與族規　　　　　　　　　　　　　262

明嘉靖三十二年十一月歙縣城東許氏宗族宗祀條規序　　262
明萬曆十四年十月祁門縣清溪鄭氏族規　　　　　　263
明萬曆休寧縣林塘范氏宗族宗規　　　　　　　　　263
明萬曆休寧縣商山吳氏宗族宗法規條　　　　　　　270
明萬曆休寧縣宣仁王氏宗規　　　　　　　　　　　279
清康熙徽州新安太原王氏宗族宗規　　　　　　　　284
清道光二十八年十二月婺源江灣蕭江氏宗族新增規條　286
清宣統祁門縣韓楚二溪汪氏宗族宗規祀典暨宗訓　　287
清歙縣虹梁程氏宗族德卿公匪規條　　　　　　　　289
民國歙縣桂林洪氏宗族宗規　　　　　　　　　　　296
民國婺源縣濟陽江氏宗族蒙規　　　　　　　　　　299

民國婺源縣遷浙江金華縣竹馬館李氏宗族宗規暨修正宗規　　301

民國婺源縣清華東園胡氏宗族族規　　304

第三章　家典與家法　　306

第一節　家典　　306

明萬曆休寧縣茗洲吳氏宗族家典　　306

明萬曆休寧縣泰塘程氏宗族宗瀘志　　311

清光緒暨民國黟縣鶴山李氏家典　　314

第二節　家法　　318

清道光婺源縣龍池王氏宗族家法　　318

清同治祁門縣武溪陳氏宗族崇公家法　　320

清光緒績溪縣東關馮氏宗族家法　　323

清光緒績溪縣梁安高氏宗族家法　　324

清光緒績溪縣南關許余氏宗族惇叙堂家法　　325

清光緒休寧縣新安朱氏統宗祠規家法　　327

清宣統績溪縣仙石周氏宗譜家法　　328

民國績溪縣澗洲許氏宗族祠規家法　　330

第四章　規約、族約、戒約、議約與合同文約　　334

第一節　規約與族約　　334

明正德休寧縣率溪程氏祠堂族約書後　　334

明萬曆歙縣岩寺汪氏十六族家祠祀約　　334

明萬曆歙縣岩寺汪氏十六族建家祠約　　335

明萬曆歙縣岩寺汪氏十六族世墓戶從約　　335

明萬曆歙縣巖鎮百忍程氏宗族族約　　336

明萬曆休寧縣城北周氏宗族宗祠規約　　　　　　　　338
明天啟婺源沱川余氏宗祠約　　　　　　　　　　　　345
清康熙九年四月歙縣上北市混堂前太原王氏宗族族約　358
清乾隆三年七月歙縣大程村程氏宗族公捐祠規祭條　　359
清乾隆六年十一月歙縣東門許氏宗祠條規　　　　　　362
清道光二十九年徽州府新安琅琊王氏宗族規約　　　　364
清光緒績溪縣南關許余氏宗族愔叙堂宗祠規約　　　　368
民國歙縣漁梁姚氏宗族承澤堂族約　　　　　　　　　373

第二節　戒約、條約與合同文約　　　　　　　　　　374

宋慶元四年正月績溪縣龍川胡氏六架祖宗合立禁養蔭庇基墓山地文約
　　　　　　　　　　　　　　　　　　　　　　　　374
明景泰至嘉靖祁門縣竹溪陳氏宗族墓山墓田新舊券約并戒約三首　375
明嘉靖十三年二月祁門縣竹溪陳氏宗族樂助田券約　　377
明嘉靖績溪縣龍井胡氏宗族戒約　　　　　　　　　　378
明嘉靖祁門縣竹溪陳氏宗族墓祀戒約　　　　　　　　379
清康熙三十五年五月休寧縣首村朱世德等立議墨合同　379
清雍正歙縣潭渡黃氏宗族濟美祠禁斫竹約　　　　　　381
清乾隆三十四年二月歙縣漁梁姚氏宗族起造支宗祠議約　381
清乾隆五十七年正月歙縣棠樾鮑氏宗族宣忠堂堂約　　383
清光緒績溪縣東關馮氏宗族家戒　　　　　　　　　　385

第五章　譜牒規約　　　　　　　　　　　　　　　　386

第一節　譜啟暨修譜通知帖　　　　　　　　　　　　386

明嘉靖十九年十一月休寧縣泰塘程氏宗族重修族譜啟　386
明嘉靖休寧縣左田黃氏宗族會譜修墓啟　　　　　　　386
明萬曆三年休寧縣璜源吳氏宗族譜啟暨回啟　　　　　387
明萬曆四十年十月休寧縣曹氏宗族輯梓曹氏統宗譜通知帖　388

明萬曆休寧縣曹氏宗族給付統宗譜約	389
明崇禎十一年三月休寧縣古林黃氏宗族續譜通知帖	390
清康熙十八年正月徽州徵修方氏族譜小引	390
清康熙三十二年三月歙縣向杲新安吳氏重修族譜知單	391
清康熙三十九年正月歙縣環岩方氏宗族徵修歙方氏統宗譜啟	392
清康熙四十三年八月休寧縣月潭朱氏宗族修譜啟	393
清康熙休寧縣重修藤溪陳氏宗譜徵錄啟	394
清乾隆二十三年正月績溪縣華陽邵氏宗族會宗小啟	394
清乾隆婺源縣雲川王氏宗族修譜事宜	395
清嘉慶九年祁門縣中井馮氏宗族諭修家譜啟	397
清嘉慶十九年婺源縣隱溪燉煌洪氏宗族邀修通宗譜啟	397
清嘉慶黟縣南屏葉氏宗族修譜事宜	398
清道光二十年正月歙縣吳清山統宗祠重修新安汪氏宗祠通譜啟	399
清道光二十一年績溪縣城南方氏徵修家譜啟	400
清咸豐二年婺源縣曉川倡議大修統宗譜啟	401
清咸豐七年十二月績溪縣荊州胡氏五義堂徵修家譜啟	403
清同治七年四月績溪縣華陽舒氏宗族續修統宗譜捐輸啟	404
清同治八年四月歙縣新館鮑氏宗族得子簿小啟	404
清同治十年十月績溪縣梁安高氏宗族修譜知單	405
清同治十三年歙縣新館鮑氏宗族徵修宗譜啟	405
清光緒九年二月績溪縣荊州胡氏五義堂續修宗譜知單	407
清光緒二十一年四月績溪縣東關馮氏宗族譜啟附修譜議規	408
清光緒績溪縣修輯錦谷程氏宗譜勸捐啟	410
民國三年婺源縣濟陽江氏邀集各派修譜啟暨公議規約	411
民國十年五月績溪縣洪川程氏宗族修譜公啟	412
民國十年五月績溪縣洪川程氏宗族修譜廣告	412
民國十一年三月績溪縣洪川程氏宗族修譜募捐公啟并簡章	413
民國歙縣府前方氏宗族修譜通啟	414

第二節　牒規與譜約　　　　　　　　　　　　　　414

明天順元年九月祁門縣武溪陳氏宗族家譜定規	414

明弘治徽州黃氏宗族會通譜管理規約　　　　　　　　　416
明嘉靖休寧縣泰塘程氏宗族散譜號暨譜牒管理規條　　416
明萬曆四十年八月婺源縣三田李氏統宗譜引暨譜局條款　416
明萬曆徽州汪氏統宗譜規約　　　　　　　　　　　　417
明崇禎十四年十一月休寧縣臨溪吳氏族譜譜規　　　　419
明崇禎歙縣東門許氏宗族譜牒管理規約　　　　　　　421
明崇禎婺源縣桃溪潘氏宗族譜牒管理定規　　　　　　421
明崇禎休寧縣古林黃氏宗族譜牒管理規約　　　　　　422
明崇禎休寧縣臨溪吳氏族譜編略　　　　　　　　　　422
清乾隆五年十一月歙縣大程村程氏宗族焚銷譜板告墓文　426
清乾隆五十五年婺源縣遷浙江金華縣竹馬館李氏宗族修譜諸項紀事暨規約　427
清乾隆績溪縣華陽邵氏宗族十不書　　　　　　　　　428
清道光八年歙縣義成朱氏宗族重修宗譜規條　　　　　429
清道光二十二年婺源縣遷浙江金華縣竹馬館李氏宗族重修祠廟宗譜紀事暨規約　　　　　　　　　　　　　　　　　430
清道光祁門縣錦營鄭氏宗族修譜律條　　　　　　　　430
清同治祁門縣營前方氏宗譜先賢譜說附述　　　　　　431
清光緒二十一年四月績溪縣東關馮氏宗族修譜合議約　433
清光緒二十二年十月祁門縣竹源陳朝牧等立議修宗譜合同文約　434
清光緒二十四年五月祁門縣《竹源陳氏宗譜》刊刻召約暨承約　435
清光緒績溪縣大谷程氏宗族修譜規條　　　　　　　　436
清光緒績溪縣錦谷程氏宗族修譜規條　　　　　　　　438
清光緒績溪縣《荊川明經胡氏續修宗譜》之書後示警　439
清宣統三年八月績溪縣泉塘葛氏宗族領譜規　　　　　440
清宣統績溪縣璜上程氏承啓堂宗譜六不書　　　　　　440
清宣統祁門縣韓楚二溪汪氏家乘設局章規暨譜局規約　441
民國八年十二月績溪縣魚川耿氏宗譜領譜并引　　　　442
民國九年正月績溪縣宅坦明經龍井胡氏舊譜規條　　　443
民國十年六月績溪縣洪川程氏宗族修譜簡章　　　　　444
民國十年六月績溪縣洪川程氏宗族修譜議案　　　　　445
民國十一年五月績溪縣洪川程氏宗族修譜核對知單　　446

民國十一年六月績溪縣洪川程氏宗族修譜刷印知單　　446
民國十一年六至十一月績溪縣洪川程氏宗族修譜刷印再知單　　446
民國績溪縣龍川胡氏宗譜條規　　448
民國祁門縣河間凌氏宗族族譜九戒　　448
民國歙縣府前方氏宗譜領譜贈言　　450
民國婺源縣隱溪燉煌洪氏續修老譜規條　　451

第三節　譜例　　453

明景泰新安程氏會通譜凡例　　453
明成化新安程氏統宗世譜凡例　　455
明成化新安張氏續修族譜凡例　　456
明成化休寧縣城北汪氏族譜凡例　　457
明弘治新安黃氏會通譜凡例　　458
明弘治休寧縣倍郭程氏敦本錄凡例　　459
明弘治休寧縣流塘詹氏宗譜凡例　　460
明弘治休寧縣陪郭葉氏宗族世譜凡例　　461
明正德歙縣呈坎羅氏宗譜凡例　　462
明正德歙縣泗水余氏會通世譜凡例　　463
明正德新安畢氏族譜凡例　　464
明嘉靖徽州張氏統宗譜凡例　　466
明嘉靖祁門縣善和程氏族譜凡例　　468
明嘉靖祁門縣王源謝氏孟宗譜凡例　　469
明嘉靖新安嶺南張氏會通譜凡例　　470
明嘉靖黟縣盧氏族譜凡例　　472
明隆慶新安許氏世譜凡例　　473
明隆慶休寧縣瑭溪金氏族譜凡例　　474
明隆慶休寧縣古城程氏宗譜凡例　　477
明萬曆徽州曹氏統宗世譜凡例　　479
明萬曆徽州三田李氏統宗譜凡例　　481
明萬曆祁門縣翠園胡氏宗譜凡例　　483

明萬曆歙縣長源托山程氏家譜凡例	484
明萬曆休寧縣瑠溪金氏家譜補戚篇凡例	485
明崇禎歙縣徽城楊氏宗譜凡例	487
明崇禎婺源縣桃溪潘氏族譜凡例	489
明崇禎休寧縣戴氏族譜凡例	490
明崇禎休寧縣臨溪吳氏族譜凡例	492
清順治徽州府新安張氏續修宗譜凡例	493
清順治歙縣徽城蔡氏族譜凡例	495
清順治休寧縣富溪程氏本宗譜凡例	496
清康熙二十一年五月祁門縣善和程氏仁山門支譜凡例	497
清康熙四十年徽州方氏族譜義例	498
清康熙休寧縣璜源吳氏族譜凡例	502
清康熙休寧縣藤溪陳氏宗譜凡例	504
清雍正歙縣潭渡黃氏族譜凡例	505
清雍正休寧縣江村洪氏家譜凡例	509
清雍正休寧縣茗洲吳氏家典凡例	511
清乾隆十二年二月歙縣西溪南吳氏統宗志凡例	512
清乾隆歙淳方氏柳山真應廟會宗統譜凡例	516
清乾隆歙縣昌溪太湖吳氏世譜凡例	519
清乾隆歙縣大程村程氏宗族受祉堂續修支譜凡例附修譜三書	521
清乾隆歙縣傅溪徐氏族譜凡例	526
清乾隆婺源縣濟溪游氏宗譜凡例	528
清乾隆婺源縣甲道張氏宗譜小引及凡例	531
清乾隆婺源縣龍溪俞氏家譜凡例	534
清乾隆新安徐氏宗譜凡例	536
清乾隆休寧縣金氏族譜凡例	537
清乾隆休寧縣新安蘇氏族譜凡例	539
清嘉慶祁門縣中井馮氏宗族修譜凡例	541
清嘉慶黟縣古築孫氏家譜凡例	545
清道光祁門縣錦營峽城鄭氏宗譜凡例	547
清道光婺源縣甲道張氏宗譜凡例	549

清道光黟縣屏山舒氏宗譜修譜義例　　　　　　　　　　　　550

清道光黟縣西遞明經胡氏壬派宗譜凡例　　　　　　　　　　553

清咸豐黟縣灣里裴氏族譜譜例　　　　　　　　　　　　　　557

清同治祁門縣平陽汪氏宗譜凡例　　　　　　　　　　　　　559

清同治婺源縣腴川程氏宗譜舊凡例　　　　　　　　　　　　560

清光緒績溪縣梁安高氏宗譜例　　　　　　　　　　　　　　563

清光緒績溪縣梁安高氏宗族常修譜稿序暨常修譜稿法　　　　563

清光緒績溪縣南關許余氏領譜約暨冬至會祠堂譜例　　　　　565

清光緒績溪縣南關許余氏宗族悟叙堂宗譜譜例附文欽公舊譜例　565

清光緒祁門縣貴溪胡氏宗族編譜凡例　　　　　　　　　　　572

清光緒遷無爲縣徽州府新安程氏世譜發凡起例　　　　　　　575

清光緒歙縣城東羅氏宗譜凡例　　　　　　　　　　　　　　583

清光緒婺源縣甲道張氏宗譜凡例　　　　　　　　　　　　　585

清光緒婺源縣嚴田李氏宗譜凡例　　　　　　　　　　　　　586

清宣統績溪縣璜上程氏宗譜纂修凡例　　　　　　　　　　　589

清宣統績溪縣仙石周氏宗譜凡例　　　　　　　　　　　　　591

清宣統祁門縣韓楚二溪汪氏家乘凡例　　　　　　　　　　　593

清宣統歙縣義成朱氏宗譜條例　　　　　　　　　　　　　　597

民國績溪縣霞間高氏垂裕堂支譜書法　　　　　　　　　　　599

民國績溪縣魚川耿氏宗譜譜法大綱和修譜則例　　　　　　　601

民國歙縣吳越錢氏七修流光宗譜凡例　　　　　　　　　　　602

民國歙縣漁梁姚氏承澤堂刻譜徵捐引暨條例　　　　　　　　603

第四節　譜牒避諱暨印牒告示　　　　　　　　　　　　　　605

明成化四年三月徽州知府頒給歙縣柘源方氏宗譜鈐印族譜帖　605

明正德徽州知府給婺源清華胡氏准予翻錄老譜印牒　　　　　605

清康熙二十七年七月徽州府正堂禁程氏僞譜告示碑文　　　　606

清乾隆十八年二月徽州知府給歙淳方氏統宗譜印牒　　　　　607

清乾隆十八年四月歙縣知縣給歙淳方氏宗族統宗譜印牒　　　608

清乾隆五十二年十一月歙縣富溪江璣遵飭改正通譜後序　　　608

清乾隆五十九年休寧縣儒學給汪氏宗譜驗准領譜執照　609
清咸豐八年八月浙江省昌化縣給荆州胡氏五義堂修譜告示　609

引用和參考文獻　611

後　記　632

第一章　家訓、宗訓、箴訓、遺訓、祖訓、規訓和庭訓

第一節　家訓與宗訓

五代十國閩國績溪縣瀛川先祖太傅章仔鈞公家訓

太傅仔鈞公家訓

傳家兩字，曰"讀"與"耕"；興家兩字，曰"儉"與"勤"；安家兩字，曰"讓"與"忍"；防家兩字，曰"盜"與"姦"；亡家兩字，曰"嫖"與"賭"；敗家兩字，曰"暴"與"兇"。休存猜忌之心，休聽離間之語，休作生憤之事，休專公共之利。喫緊在書本求入，切要在潛消未形。子孫不患少而患不才，產業不患貧而患喜張，門户不患衰而患無志，交遊不患寡而患從邪。不肖子孫，眼底無幾句詩書，胸中無一段道理，神昏如醉，體解如癱，意縱如狂，行卑如丐。敗祖宗之成業，辱父母之家聲。鄉黨爲之羞，妻子爲之泣。豈可入吾祠而葬吾塋乎？戒石具左，朝夕誦思。

——隆慶《章氏世家源流族譜》卷二《太傅仔鈞公家訓》

宋紹熙休寧縣西門汪氏宗族家訓

吾知四子所不爲吾累者，雖不能取功名富貴以榮其親，而皆能勤于生理，隨分有成，亦粗足以慰吾心。而吾心之所望者，更命兄弟怡怡起相愛敬心，不萌忌恨心；見彼之子，視猶己子。雖然異家而視猶一家，兄弟中有稍遂意事則更相稱是，有所行未是事則力相規正，有患難則相救恤，有疾病則相扶持，共立門户，不爲外侮。而又皆能教戒其子事父母至孝，待長幼有禮，毋爲賭博，毋爲遊戲。親近好人，不習下流，孜孜爲學，期取科第以榮其親。性弗明者，使之治生理以裨其家，而後無負於平生所望之意云。

右先世高齋府君《家訓》流傳，從兄道之所藏，正德癸酉春，尚和始得。伏讀感嘆之餘，不可以不傳也，乃奉刻西門宗祠之壁，庶幾府君教戒之意來者有所警發云。府

君諱體仁,字濟仲,紹熙元年進士,仕至承奉郎、竹山縣尹。三月朔旦,十三世孫尚和百拜謹書。

——嘉靖《西門汪氏族譜》卷首《九承奉家訓》

明嘉靖績溪縣積慶坊葛氏宗族家訓

家訓家規叙

譜世系者,所以叙本原、詳族屬也。惟本原叙,則知百世之身一世之身也,而視百世猶一世;惟族屬詳,則知百人之身一人之身也,而視百人猶一人。所以萃渙合暌者,端在是矣。然世教衰頹,人皆梏於有我,情岐欲緒,紛莫可紀。雖父子、兄弟喘息呼吸之相通者,亦攘分滅情,賊倫理而不顧。此在邇且然,矧遠而百世;在親且然,矧疎而百人者耶?則世系之譜,亦徒焉耳矣。故《譜系》之後,繼之以《家訓》,又繼之以《家規訓》也者,所以啟迪之於先規也者,所以約束之於後,此即孔子道德齊禮意也。蓋教之不從,而又有規以一之,譬之水焉,訓則濬其源泉,而規乃自流之,奔潰則爲之隄防者;譬之御焉,訓則則教以調良,規乃自馴之奔逸而爲之啣轡者。庶乎渙必萃,而不至於終渙;離必合,而不至於終暌矣,則兹訓與規容可少耶?雖然豪傑之士雖無訓焉,猶知所以自檢,何俟于規?苟有規矣,而尚不知所遵守,是自棄也。予之規,夫固祖宗之遺規,而吾概括之以儆後者,豈可或棄?如屢規不悛而甘於自棄,則自有子孫違犯教令之規在。

家訓

凡十六條,文簡承祖宗之遺訓而採集之,所以立心行己、接人處事者,備其概矣,然此亦非一家之私訓也。掇先哲開示之格言,作來裔持循之定準,爲子孫者,能聰聽之,雖不必泛濫于方册,而衛生金湯、保家廓廓即此而在焉,萬無忽曰"此老生之常談"也。

一、昔東平王蒼言:"爲善最樂。"夫世之所樂者,聲色貨利,而善則澹然無味,若無足樂者。然不知人而爲善則明無人非,幽無鬼責,此心之天,何等快足,此樂之在吾心也。況天之所祐、人之所助、鬼神之所庇,恒在善人,而百順之福集于厥躬,此樂之在吾身也。不惟是也,積善之家,必有餘慶;積惡之家,必有餘殃。則爲善之樂,不惟見於身前,而且垂之身後矣。故人之處世,一言以蔽之,曰爲善。

一、人須變化氣質,氣質禀之陰陽,難有不偏勝者。苟不各自其勝處而矯之,則任其氣質以處事,如洚流漫衍,何所不至?蓋人之氣質與國家氣脉、造物氣化恒相流通,如人任其氣質之柔弱而不知變,則居鄉爲愿人,在朝爲胡廣、馮道;任其氣質之剛方而不知變,則居鄉爲汝南、南陽,互相詆誚,在朝爲朔黨、蜀黨。挾術傾擠,不惟自家做不得好人,而家國氣脉、造物氣化所損多矣。故吾家子弟,必于自己氣質深加涵養,各審其性氣之緩急,而矯以韋弦可也。

一、人之處世,以治生爲急務。何以言之?方人之胎育成形,即吮母血;及其有生,即求乳食,則知飲食之需、俯仰之費,誠爲急務而不可緩者。否則,非惟不能保其妻子,將不能保其身。故當弩力自強,各爲資生之計。諺有之曰:"男兒不喫分時飯,女兒不着嫁時衣。"言其當自強也。苟徒仰祖父之遺,逸居享成,不知千金之家分爲百,又自百金而爲十。所入者止于十,而所費者不減于千,其不至拐腹而待斃者鮮矣。爲子孫者,必知稼穡艱難,辛勤幹家,乃克有濟。

一、觀之《禮》經,人之初生,桑弧蓬矢,以射四方,弘其志也。是知上下四方皆男子之所有事,必須志氣寥廓,規模遠大,思欲做天地間無窮事業,則隨其所就,亦有可觀。苟安于卑陋,中宴安之酖毒,而虛度此生,身前事業,死後文章,一無有焉。嗟乎!蓋棺事乃定,死者而有知也,將不悔之晚乎!故陶靖節"心遠地偏"之旨,子孫所當深玩。

一、皮日休曰:"古之學者爲己,今之學者爲人;古之仕也爲人,今之仕也爲己。"斯言也,切中世之膏肓者。泛觀世態,方窮居誦讀時,不知學做好人。及得一第而居官也,則欺上剥下,無所不至,惟務足其囊篋,以爲遺蔭子孫之計。然不知斛滿人概之,人滿天概之,斯人所得之横財,其子孫未必能守,而生平之名節盡掃地矣。奈何以彼易此也?嘗聞昔人有言:"居官貧乏,不能自存。"此是好消息。如聞其豐裕,此是不好消息。今日以豐裕爲好消息,而貧乏爲不好消息矣。世道濫觴至此,可慨哉!故願吾賢子孫,仕進如王曾之不求溫飽、張詠之不愛輕肥,此方是好男子。

一、家人暌,必起于婦人,故婦人之言不可輕聽。苟輕聽婦言,而不察理之是非,則將起釁紛争,視至親如陌路人。或至結怨,數年不解,而攘訟以逞貽禍之烈,有如此者。古人有詩云:"堂堂八尺(駆)[軀],莫聽三寸舌;舌上有龍泉,殺人不見血。"此可爲聽婦言者之龜鑑。

一、處家之道，以和爲貴，和生於忍。杜少陵云："'忍'字敵災星。"凡事且不可不忍，況處同氣之間乎？然人之所以不能忍者，大率以田産、貨財，彼此不均，非禮相加，暫難容忍耳！殊不知兄弟、叔侄之相處一世，如逆旅過客適相遭也。田産、貨財之在我，亦如逆旅之資給適相聚也。世上無百年常在兄弟，亦寧有百年常聚錢穀乎？故凡田産、貨財之多寡，聽受其自然者，不可認真。常爲吾家故物，爲苦死必爭之計，其有失禮于我者，亦當春融海涵，無與計較。如衛玠云"人有不及，可以情恕；非意相干，可以理遣"。則能忍能和，而親親之義無虧矣。

一、富貴功名，人所共羨。不可以不求，亦不可以必求，惟求之以不求，斯可矣。盡其在我以聽其在天，此不求之求也。苟徒知求之求而不知不求之求，役役於功名富貴之會，若蠅蟻之逐臭尋羶，無所不至，而卒較其所得，與不求者相去不能以寸，以人算不如天算也。然其爲此瑣屑尋覓之態，人皆鄙之，取笑生前，貽譏後世，難洗滌矣。儒先有云："水流任急境常静，花落雖頻意自閒。"世間功名富貴，花水類耳。此心静定之，天豈可與之俱動？吾人胸次間，須以休休自適爲貴。

一、世間物，可以益人神智者書，故凡子孫，不可不使讀書。惟知讀書，則識義理，凡事之來，處置得宜，如游刃解牛，自有餘地。其上焉者，可以致身雲霄，卷舒六合；下焉者，亦能保身保家，而規爲措置，迥異常流，自無村俗氣味。蘇子云："無肉令人瘦，無竹令人俗。"無竹猶未俗也，無書則必俗矣。人求免於村俗，不可一日無書。

一、爭訟事，不可輕舉妄動，訟端一興，即須費財。苟不用錢，則貪官污吏顛倒曲直，難以取勝。勝而費財，所損多矣。況遇勍敵，雖費財未必勝也。故必事體不可已者，又作別論，而閒氣細故，當加含忍。諺云："一字入公門，九年拔不出。"言訟之難悔也。切須慎始慮終，勿遽興訟。若路温舒所云："畫地爲獄議不入，刻木爲吏期不對。"方可保身保家。

一、聞朱子云："步向濃時轉。"斯言也，旨哉！人之處世，得意方濃，而不知回步，自貽伊戚者也，寧能保其常濃乎？姑自其大者言之，人之宦成名立，而不知退休，將必有如嘆東門之黄犬，想華亭之鶴（淚）[唳]，遺恨千古而不可收者，此可爲濃時進步之戒矣。然豈惟仕宦爲然？所謂意濃者，亦非一端；所當回步者，亦非一事。苟經營財利而得隴望蜀，負氣凌物而趕人趕上，耽酗酒色而樂極志滿者，皆意濃而不知回步者也，寧無雖悔莫追之禍哉！故人當知進步，又當知退步。

一、年少子孫，須教絕去輕薄相態。蓋其幼而氣豪，有學問則恃才以傲物，有貲財則挾富以凌人。不知學問、貲財亦只了得自己事，於人何與，而敢以驕人乎？爲父兄者，必自其志氣之飛揚細加啣勒，使之安槽伏櫪，而消磨其崛强不平之氣。如此，不惟作成子弟，做得好人，而亦不至貽累門户。否則，其禍有不可勝言者。《詩》云："溫溫恭人，惟德之基。"此"溫""恭"二字，輕薄之藥石也。犯此病者，不可不服此藥。

一、夫婦，人道之始。故嫁娶一事，不可苟且。必所娶者，皆故家女子，則持身處家，自有態度，且生子形容端正，才氣過人，吾家門閭，日以光大。如或不擇骨氣，娶暴發迹小家，唏圖裝奩之盛。不知裝奩如朝華眩眼，有時而盡，所娶之女，骨氣既卑，則所生之子，風格亦下，家門凌替，實此之由。况小家女子不知教訓，率傲慢舅姑，欺凌妯娌，虐使奴婢，有不可殫述者。切須戒之，慎之。諺云："人家娶女子，此是尋活風水。"此言良可玩索。

一、閨門務要嚴肅，使男正位乎外，女正位乎内，不可淆亂。凡尼巫、賣媪之流，不可使入吾家；淫祠、賽會，婦人不可輕往。或遇喪葬大故，内外易致混淆，尤當爲之紀綱，密加堤防，以全清白家聲，然此猶是第二節事。每平居時，當常以《列女傳》所載者，與聰慧女子講解，使之識字，通曉大義，知所企慕，則閨門之内皆女中君子，將有不肅而嚴者矣。

一、天子有諍臣，不得罪於天下；士有諍友，不得罪於鄉黨、州閭，則朋友之責所係匪輕。故人處世，必須擇友。然今之所謂友者，率翻雲覆雨之徒，何足倚靠？當於兄弟行中，擇其知識高大、行格端莊者，朝夕與之會聚。凡遇事變，必商榷停當，然後見之設施，庶無敗事。不惟是也，德業相勸，過失相規，患難相救，悉此焉賴，則好兄弟即吾好朋友也。苟或舍此而與市井輕薄之人拍肩執袂以爲合，飲食遊戲相徵逐。及至事變之來，秦越相視，反有落穽下石者，庸何取于友哉？此子孫所當深戒。

一、人之處家，在於勤儉。蓋勤以開財之源，儉以節財之流，此生財大道也。人家膏粱子弟，生于豢養，往往過花街、酒肆，朋聚酣飲，暇則弈棋、賭博，爲牧豬兒戲，以消閒度日。不思營運幹家，則財源告匱，何以自給？泛觀物理，飛而禽獸之屬，走而螻蟻之微，亦朝作暮輟，以足其生，可以人而不如物哉？且費用過侈，甚爲害事。近世風俗奢靡，飲食務新奇，服餙尚華艷，室宇求高大靚麗，量入爲出之道，懵然不知。吾恐山林不能供野火，江河不能實漏卮。時詘舉贏,寧保其可久哉?晉傅咸云:"奢靡之費,甚于天災。"真達識也。故子孫必須勤儉,方能不墜家聲。

——嘉靖《績溪積慶坊葛氏重修族譜》卷三《家訓》

明嘉靖績溪縣周坑周氏宗族宗訓

宗訓

文化嘗作《宗訓》一十五條,擊目前之頹風,懼身後之尤效,蓋不得已而有言也。因惟民,吾同胞;物,吾與也。雖天下一家,矧曰宗族,是用書之譜端,更曰《宗訓》,族之人尚克時忱,乃亦有終。

一、吾見世之人,平居擬議,常以道德、勳業自期待。至身任其位,則雖憸夫壬人之所不為者,甘為之而不自愧,不數年,家肥屋潤,震耀里閈。又不數年,煨燼銷削,求同齊民之裔而不可得。負君毒民之殃,固宜其若是烈也。我後嗣子孫,設有一命之寄,須上不負天子,下不負所學,使先人得稱為清白吏宗祖,後嗣得稱為清白吏子孫可也。苟靜言庸違如若而人者,是宗祖之罪人,孫子之棄祖矣。念哉,毋荒棄我命。

一、吾見世之為父者,於其子有所愛,有所不愛,基其身後之閱,致亡家毀業者往往而是。又見世之為子者,於其父或以志氣不倫貽之羞,或以兄弟不合貽之戚,若是者不少也。吾謂父之於子,當教之義方,杜其訟本,使不致殄厥家問。子之於父,當篤吾孝弟,修吾言行,不致虧體辱親。誠如是,則父父、子子而家道興矣。

一、吾見人家兄弟,或以田宅、財帛之故,傾產以訟,而無所于悔;或以異姓婦人之言,別籍異居,終其身不相輯睦。曾不知難得者兄弟,易得者田地。牝雞晨鳴,惟家之索,要須讓財產如薛包,絕婦言如牛弘,忍之又忍如張公藝,乃可。不然,戾同胞之義,傷父母之心矣,其為不祥莫大焉。

一、天下事常成於儉約,敗於奢侈。近見吾邑風俗,廠第舍,美服飾,極膏粱,盛音樂,彼此相高,費耗不計。蓋有泥沙於其始,錙銖於其終,追悔而不可收拾者。愚謂所居不過容膝,所食不過適口,衣服以中寒暑,音樂以享鬼神,慎終于始,庶無噬嚌。訓有之甘酒、嗜音、峻宇、雕墻,有一於此,未或不亡命;有之服美于人,驕淫矜夸,百邪並見,將由惡終。此萬世藥石,勿以瞑眩而甘於弗廖。

一、夫婦，人倫之始，萬化之源。世有溺愛衽席，導欲增淫，卒之縱恣而不可收拾者；又有富由婦財，貴由婦勢，惟言是聽，遂至凌兄弟及父母，陷爲不孝子者；又有好妍惡醜，以妾爲妻，致使子之嫡者以母黜、子之孽者以母宗。此皆吾所親見，嘗爲之扼腕者。要須愛之也而思其惡，惡之也而思其美，聽之也而思其義理之當否，則三弊革而家道成矣。否則，雖作人如劉曄、如王導、如郭曖，終不免爲後世誚讓。《詩》刺淫奔，《易》戒反目，良有見也，不可不玩。

一、朋友，紀綱、人倫，所關最重。近世外則相與如飴蜜，内則相視如寇讐；名則遊戲，飲食相徵逐，實則陰險鼓舞媒田宅。曾未聞有德業相勸、過失相規。此後，務須擇人而交，謹厚者、明白正大者、有所嚴憚切磋者，則交之。否則絕。擇地而處，青樓翠舘、茶坊酒肆、鞠場賭局，勿往焉。雖强之往不可，則雖未必能紀綱、人倫，亦未必唊於飴蜜，媒於陰險。不爲父母僇，不爲天地棄人矣。爾輩懋戒哉。

一、《書》稱釐降，《禮》謹大婚。合二姓之好，以爲宗廟社稷主，固宜若此。今人結婚，多慕達官富室，殊不以擇德爲重。曾不思膏（梁）[粱]驕悍之女，豈堪菽水禮義之閑，跨夫子、殺奴婢不足計，將使舅姑無所容其身。原其始，固將借以光門户；究其終，門户因以銷削者，多有之。我本以儒世家，但非逆家子、亂家子，可以共承宗祀，足矣，切勿傾産高攀，用傷雅道。若女之適人，尤須慎重。如以勢利之故，孩提締結，固有濟惡殘廢，追悔而不可及者。此後，務須長成擇婿，不得輕於徇喏乃可。若夫奩儀厚薄，稱家有無，不贅。

一、閨門之所以多慚德者，非女謁則近習，非僧尼則戚屬，以故我父、我大父、我曾大父，外之娼優、醫巫、賈嫗，與凡宗戚子弟之弗莊者，並不得入門户；内之姊妹、兄弟、叔嫂、祖妾，不得同席共食。女子，小人，處之别室，防其源也，我兄弟得世守清白者以此。吾恐習俗移人，雖賢者不免恣情縱欲，何所不至？要須遵我先人之度，如玉如金，以之持身，以之授其子若孫。不然，爲先人羞，爲後人誚，不可不慎。

一、子孫才分有限，無如之何。然不可不使讀書，貧則教訓童稚，以給衣食。否則，講明正學，以資進取。若夫成功，則天也。不獲於天，亦不失於士之令名。然此亦是難事，未必人人可望。若能布衣草履，從事農圃，足跡不至市道，亦是佳事。關中村落，有魏鄭公莊，諸孫皆爲農。張浮休過之，留詩云："兒童不識字，耕稼鄭公莊。"仕宦不可常，不仕則農，無可憾也。但不可迫於衣食，爲市井小人事耳。戒之，戒之。

一、學者以治生爲先，君子必富而後教。汝輩逐逐於財，以爲子孫計固宜。然賢而多財，則損其志；愚而多財，則益其過。爲汝輩子孫者，恐未必能守。吾邑之富於財者亦衆矣，而今則何如耶？其有存焉者，寡矣！吾謂取之也，不必盡錙銖；聚之也，不必如山谷。但令子孫足衣食、裕交際而已，則庶幾無所恃而費不浪，有所慮而業可常。嘗聞石崇富於財矣，奴輩利之而殞其命，然猶異代也。楊之卞氏，不減石崇，官司利之，而十已喪其六七，楊猶異地也。我周之在國初，以富藉甲一方，而今乃如此。取鑒於今，又取鑒於古，是吾之所願望。

一、吾自垂髫至今日，更事亦多。第一，官府不可交結，公門不可輕入。假借聲勢，雖足以哄嚇一時，如殘更燈焰，倏然爐矣；說事過錢，雖足以膏肥一家，如方春積雪，皎日出丰消矣；起滅詞訟，雖足以顛倒一鄉，若撩虺然，不得將反噬矣。吾見幾人以此擺站，幾人以此充軍，幾人以此陷父母、妻子，延及親戚、朋友。我大父瀾公彌留時，深以此爲後戒。汝輩務宜謹慎，眼前固有祖積過錢，未蒙烈禍，然不見於其身，當見於其子若孫。漏網之魚，不可爲法，其勿以此藉口而自底罪戾也。

一、訴訟一事，最當謹始。使官司公明可侍，尚不當爲，況官司關節更取貨賄，或官司雖無心而其人之資闇弱，爲吏所使，亦何所不至？有是而後悔之，亦無及矣。且鄉里間所訟，不過侵占地界、逋負錢物及凶悖陵犯耳，姑徐徐諭之，勿遽興訟。諺云："爭田不如別置，爭妻不如別娶。"此言雖小，最切人情。蓋舉兵易，弭禍難；告狀易，結証難。李參政漢老謂："居鄉以困畏，不若人爲哲。"真達識也。

一、後生才銳者最易壞，若有之，父兄當以爲憂，不可以爲善也。切須常加撿束，令熟讀經子，訓以寬厚恭謹，勿令與浮薄者遊處。如此十許年，志趣自成。不然，其可慮之事，蓋非一端。吾此言，後人之藥石也，各須謹之，毋貽後悔。

一、吾見平時喪家，初喪時，衣衾、棺槨，苟且從事，莞對吊客，殊無戚容。出柩時，旐蓋旌幢，寓人寓馬，謂死者有知，將以榮之。歸葬時，張樂設宴，犒師勞賓，謂克盡大事，可無遺憾。既葬後，廣設道場，飯僧命道，謂使死者生天，不入地獄。嗚呼！亦愚哉。蓋始死則於附身者必誠必信，既殯則於附棺者必誠必信,既葬則於所以追慕之者必誠必信,自是其分,諸餘虛文重費何益?湍水無縱鱗,風林無寧翼。吾恐後人不免爲習俗移染,故瑣瑣言之耳,無曰昔之人無聞知。

一、古者,植木塚上,以識其處耳。吾世祖、吾高祖母鯉塘墓,松木十數畝,亦茂鬱矣,今存者幾何?外人斬伐猶可,乃出於其親孫子奈何?吾曾祖胡村坦頭墓,來龍及前朝山喬木何限?節爲勢家斬伐,欲聲言則無如之何,欲不言有慚忿而不忍受之,實不若當時無所樹藝之爲愈。惟我大父墓,近在五里牌,有守塚者數家,得免斬伐。夫安得塚皆近家,墓皆置守?多樹之木,適爲子孫知事者累也。此後,墓木毋過數十,或可不陷後人於不孝之地。戒之。

(潘寧錄,卞利校)
——嘉靖《績溪周氏族譜》卷首《宗訓》

明嘉靖歙縣沙溪凌氏宗族斗城公家訓

斗城公家訓

喪禮三日而蓋棺,四日而成服,四十九日而七七滿。三月而葬,期而小祥,再期而大祥。中月而禫,二十七月而釋服。又三月,而餘哀盡。非儉無以終喪,非廉無以立節。以飲酒食肉爲大禁,以出門見客位冒禁,以近內入室爲大嫌,以慶賀宴會爲涉嫌,以讀書卜葬爲大務,以繼志述事爲富務,以事親從兄爲懿德,以立身揚名爲孝德。毫釐有疵,貽玷終身;一念不斷,遺臭士林。以百年視三載,如白駒之過隙耳,可不勉哉!

——乾隆《沙溪集略》卷六《藝文·斗城公家訓》

明萬曆祁門縣沙堤葉氏宗族松巖公家訓

松巖公家訓

余家世居沙堤,楸春公創之,希聖公拓之,上達公又從而光大之。太華公迄丙乙公,皆克紹前烈,子姓蒸蒸,遠而彌芳,果何修而得此哉?《傳》曰:"積善之家,必有餘慶。"可見族之大小,不在人之衆寡,而在澤之修短;不在勢之強弱,而在德之污隆。凡我子姓,果能洗心滌慮,篩躬勵行,敦詩書,明禮義，士、農、工、商，各執一藝；忠、孝、節、義，惟務自盡。毋遊惰，毋健訟，毋蕩業，毋作淫巧，毋恣奢靡，毋以衆暴寡，毋以强陵弱，毋慢上暴下，毋瘠人肥己。善者獎之，惡者戒之，不悛者，黜之。世守勿替，斯天下之令族矣，是爲訓。

莊誦《祖訓》，啟佑後人，至矣。而忠、孝、節、義，尤操行之最者。桂芳衍爲《四箴》，以勖後裔，庶于《祖訓》爲無忝，于家聲爲弗墜矣。

——萬曆《沙堤葉氏家譜》卷一《松巖公家訓》

明萬曆歙縣呈坎羅氏宗族宗訓

妥神靈。禮別尊卑，廟序昭穆。昭與昭齒，穆與穆齒，不惟式序夫生；穆不混昭，昭不混穆，尤當致嚴於主。故工史書，世恐其踰也；宗祝掌禮，等其胄也。犯人道者有咎，易神班者不祥。式禮莫愆，唯祭爲重。今寢之中，世祖有常尊，三宗居配位，業無庸議矣。唯左爲崇德，必舉族歸賢，嗣祀典不愧；右屬報功，亦宗稱攸賴，庶廟食無慚。其明德居歆者，即門單詞弱，不得抑之使卑；其以勞列祀者，雖孝子慈孫，無俟躋之而上。況立功立德，均垂不朽之施；躋明講功，並有令聞於後。誠以子不見父而食，孫以稱祖爲嫌，此禮不可奸，杞無庸逆也。至於女主，當峻其防。蓋言不踰閫，祭不受胙，男女素著遠別之文；生則異室，死則同堂，幽明宜有不安之魄。當專立一室，分妥諸靈，登貞烈者於左方，藏封誥者於右室，則祭義斯盡，教本能敦矣。右（禄）[錄]《中丞公宗儀》第一則。

嚴非族。敦睦九族，《書》聯其渙；類族辨物，《易》謹其微。故瑯琊王、太（源）[原]王本非一系，隴西李、趙城季豈是同源？家政具嚴，風猷難替。世每有能致金高貲，實肇跡卑流者，自恥華門，妄扳鼎族。捐潤屋之餘液，希宵燭之末光。彼方幸以魚目而混珠，我乃冀鷗來而擾鼠。薰蕕一雜，涇渭永淆，致使一派蘭芬遂爾降衡。即如近年潘村群小，敢爾冒認宗潢，業已小懲，永宜大戒。蓋族猶體也，裂集他人之肢股，豈可成身？合族猶樹也，强援異植之條華，終非一種。故崇韜雖貴，不得認子儀之墳；豎牛作姦，豈容亂叔孫之胤？宜思共光祖德，格守宗盟。自處清流，毋蹈膻穢。右（禄）[錄]《中丞公宗儀》第二則。

戒妄婚。人道始於婚姻，家聲重夫閥閱。故秦、晉、齊、楚國匹而婣聯，王、謝、朱、陳閥均而好締。吾族素嚴非偶,不肯苟然。頃年媒妁啖肥,盡淆玉石。親朋規潤,同皂馬牛,致玉女同之居貨,卜嫁垞於貿絲。世類弗拘,惟利是親。齊姜宋子結褵,而入馬醫市儈之門;華胄名姝執櫛,而事輿臺僮隸之裔。此真羌夷起於婚媾,利賣寒夫禮門。自後,有女聘人,必先投書祠內,非我族類,不敢妄干。至若妻共承祧,非止主饋,必夫婦足稱具美,宗族共欣好述,庶生子足入廟門,而妻姓可登宗譜。若猥雲買豚,不必問笠,食果自可略株。既涸化源,終成苟合。下此有鬻賣子女,甘作傭奴,虧體辱先,敗群記族,永宜絕屬,屏出宗祊。右(禄)［録］《中丞公宗儀》第三則。

勉右文。門閥雖不繫科名,科名實能張門閥。一門六內翰,呂之族望遂冠雲霄;并世五登科,竇之家聲獨蓋海嶠。故三槐不植,王晉公之堂弗高;駟馬可容,於廷尉之門始大。課之子弟,宜有義方。宅高者,勿恃囊餘阿堵,安事詩書;處瘠者,每謂家鮮瓶儲,不遑禮樂。鳳毛雖有,匪學則玨組誰襲於朱門?騂角乍生,能勤則公卿肇興於白屋。不爾則舊鬼雖大,末胤懼微;後美不宜,前徽易掩。當思祖既以無忝之責屬予,我當為不朽之謀貽後。學富五車,功銘九鼎,作父名子,為國重臣,其上也;夜鉢儀章,篋裘軒冕,鄉推文物,人仰素風,其次也。下此則父不當以教其子,子不宜以辱其光矣。至於棹楔,原繫旌賢,正堂中楹,止懸甲第:左個則一科,右個則歲貢,非獨重於正途,翼同趨於舊軌。凡茲宗黨,共宜勉旃。右(禄)［録］《中丞公宗儀》第四則。

敦本業。國有四民,人修三事。各能宣力,自足謀生。故困羼三百,取自民農;鶉貂盈懸,皆由射獵。試問啼饑號寒之輩,定是(隋)［墮］游;載觀溫衣足食之家,誰非勤儉?乃有慕高陽之酒徒,哺糟啜醨,但得一日千瓢,不顧家徒四壁;托猶賢之博弈,喝雉呼盧,空想千金一擲,何曾囊有半文?以此治生,已為拙計。又有恃權勇以攫金,甲打乙勸,如當路之豺狼,得手徒共一醉;亦有攬幼愚以居貨,暮舞朝歌,真曲房之陷阱,吃人不剩寸膚。迨跡敗,一朝身罹,身罹三尺,拏攫絕供官府,皮肉見慘桁楊。此無異鳥啄療饑,鴆飲止渴,憂非計也。願吾黨寧為農為賈,而勿為游手素餐之人;當為儉為勤,而無為扦綱作奸之事。但循本業,自至豐亨,如種樹然,敬敬日溉,拱抱可至棟梁;如織紝然,縷縷相因,尺寸【能】成尋丈。敢陳忠告,用勖宗賢。右(禄)［録］《中丞公宗儀》第五則。

勖長厚。土之積也厚,斯包孕萬品;雲之積也厚,斯灑潤八紘。故基薄者傾,(偍)[堤]薄者潰,繒薄者裂,德薄者離,甚矣。族宜相勉以厚,勿相視以媮也。封豕之吻,冠虎之行,戶蘭之刈,是明視其薄而爲厚之,斧斤也;折磬之腰,如醴之口,蓄鴆之心,是陰行其心薄而爲厚之,蟊賊也。當思族之長老,誰非父兄?交相敬則厚矣;族之孤幼,誰非子弟?交相恤則厚矣。誰無緩急?而薄者陀人於儉;誰無不及?而薄者責人以苛。慎毋以小忿廢懿親,慎毋以小怨廢大德;慎勿爭乾餱而失行葦之敦厚,慎毋效燃箕而悖鹿鳴之不恌。馬援之戒,輕薄者可思;石奮之教,孝謹者可法。即周歷延長,在開基之忠厚;魯對勛久,非立此之尊親乎?不然,族虧敦睦之恩,宗鮮維城之固矣。妄自菲薄,願宗人勿蹈焉。右(禄)[錄]《中丞公宗儀》第六則。

　　警入祀。禮莫大於祀,祀莫重於先。在廟子孫,誰非先人(技)[肢]體?各家衣食,皆席上世籠靈。宜覯几筵以興思,仰榱棟而起敬,庶祭則獲福,神其居歆。詎意祖廟之森嚴,尚有家兒之瀆慢。不但入臨跛踦,甚且外伺宮牆,俎豆無聞,酒食是議。聞呼跪拜,輒縠縮以藏形;見撤餕餘,便梟張而出爪。三爵不識高嗟,瓶磬呼罍一飽。無私猶假,細君割肉。不畏神怒,罔恤人言。昔越椒傲其先君,惠伯知其必滅;成公惰而受賑,劉子識其不終。當思我今日爲子孫,不致恭於祖考;後日爲祖考,又豈有拜我之子孫?自後,但遇蒸嘗及臨歲蠟,各依昭穆,序列班行,共期式禮之莫愆,匪爲執事之有恪。至於祭必先闔門後舉,胙必從堂上散籌,庶觀禮者見子孫,子孫之多賢孝族者,仰宗祊而推重。右(禄)[錄]《中丞公宗儀》第七則。

　　議綜理。序事本以辨賢,多賢尤便集事。今廟貌宏廠,事體繁殷,尸祝不可代庖,對越難兼奔走。不惟嚴啟閉、勤糞除、謹苫蓋之必備官也;不惟潔粢盛、省牲牷、備器用之有主管也。數百年不祧之神主,合享於堂,陳籩設席,有鳳戒之難;近千餘入祝之孝孫,受餕於祖,散胙呼名,極紛拏之擾。西成則履畝挓牘,內外稽查,欲取足於一夔乎,必至顧此失彼;元夕則火樹花燈,陸離無算,欲齊燃於片晷乎,詎免遺東漏西。今議三門合管,庶襄理不至乏人;門擇三賢,即考成亦有專責。期於宮牆歲葺,不以湮爛遺人。田陌時修,勿任傾頹累後。錢穀依時結算,有羨即存買祭田;器物按籍交承,有損即責令補造。非公事不啟廟門,違議約,定加顯罰,庶邪許齊呼,則千鈞易舉;責問把轡,而六馬自調矣。右(禄)[錄]《中丞公宗儀》第八則。

　　——《呈坎羅氏宗訓》粉牌,張掛于安徽省黃山市徽州區呈坎村羅東舒祠饗堂內左右牆壁上

明崇禎《朱氏統宗譜》載婺源縣朱原貞公家訓

憲念五中順大夫原貞公十條家訓

道之在天地間,其實原於天命之性,固有不待教而入者矣。然氣稟有不齊,是以賢者過之而愚者有所不及也,知者過之而不肖者有所不及也,惟聖者能之。嗚呼!道之不大矣。夫吾年十六,承父命,入邑庠,補弟子員,事師輔友,始欲求學,而未知所以學也。越二年,丁內艱。又四年,丁外艱。諸兄先後委棄,公私頻集,學益荒落。欲求知以臻乎斯道,逮不能也。洪武歲丙子,天下當大比,郡邑學校例當應選,師以予粗識其方,遂推以應所舉而未合。今年己卯正,皇上嗣位,改元之初年,而大比適當其時,復以語吾曰:"君子不得失動其心,況今聖朝在上,文治聿興,正君子道進之日,生當勵志以行。"於是遂忘固陋,奮身進庸,乃與太學及畿甸之士,戰于京府之棘闈者千五百人,而登名於籍者二百四十,吾幸備選。吁!斯豈吾之所自能哉,皆祖宗積德之深也。況吾祖宗居於此土五百餘年,其間繼繼承承,世有其人。今繼承之道,當在吾躬思欲所以保墓田、承祭祀而扶家業者,固不可出而仕焉。然又安敢以家事辭,固不獲以兩全也?斯行也,慮吾侄輩罔知繼承之道,雖欲言諭而不能悉,故以修身、齊家、承祖宗、處鄉間之大概者,目于十事于左,實諸堂壁,俾若等朝夕翫之,有所警省。然後守之固而行之力,其於聖賢之道,雖不敢擬其萬一,然為子孫者所以立身承家之計,則未必無小補云。

一、曰敬身體。夫敬身體者,所以重親肢而厚於己德者也。立身之道,必當以敬為主。吾身既敬,則可以正君臣、親父子、順夫婦、和長幼、信朋友,至於事事物物,無不得矣。《曲禮》曰:"敬勝怠者吉,怠勝敬者滅。"豈不信哉!

二、曰勤耕桑。夫勤耕桑者,所以足衣食而隆家貲者也。凡人之生,以勤為本。苟不知勤,則衣食家業何自而盈足哉!若能勤於耕桑,則倉廩實而知禮節,衣食足而知榮辱。《詩》曰:"無忝爾所。"生可不法歟?

三、曰節財用。夫節財用者,所以省冗費而存贏餘者也。夫財乃人之所資以為用者,當用而不用,謂之不及;不當用而用,謂之過。過則近於奢,不及則流於吝。凡用必稱家之有無,量入以為出可也。司馬溫公曰:"裁省冗費,禁止奢華,常須稍存贏餘以備不虞。"信可法也。

四、曰謹内外。夫謹内外者，所以嚴家法而正婦德者也。凡賓朋往來，毋令婦人出見，非至親不可使由中堂。古者，男不言内，女不言外。男子入内不嘯不指，女子出門必擁蔽其面。夜行以燭，無燭則止。道路，男子由右，女子由左。此禮今雖少講，然當粗知其一二焉。《内則》曰："禮始於謹夫婦，爲宮室，辨内外。"其可不致意於斯言哉！

五、曰審婦言。夫審婦言者，所以隆家道而息爭端者也。凡婦人之言，不出於妬忌則流於私意，聽之則漸漬，日聞而背戾，即至爲患，豈淺淺也哉！故必審之而後行也。《書》曰："牝鷄之晨，于家之索。"《詩》曰："亂匪降自天，生自婦人。"信矣。

六、曰教子弟。夫教子弟者，所以明禮義而承宗親者也。古者，人生八歲則入小學，十五而入大學，是以孝、弟、忠、信之道無不明，而禮、義、廉、耻之風有以立。今鄉俗多廢不講，然人生不學，則禽獸何異！爲人父兄者，有子弟之不教，尚何事乎！白樂天曰："有田不耕倉廩虛，有書不教子孫愚。倉廩虛兮歲月乏，子孫愚兮禮義疎。"若爲不耕與不教，是乃父兄之過歟。旨哉！

七、曰崇祭祀。夫崇祭祀者，所以追孝敬而昭不忘者也。凡高祖以下，生忌之辰，皆當嚴其祭祀。至時或乏珍饈，雖蔬菜亦可薦也，但致著存之心耳。蓋古者月朔必薦新，時祭用仲月，冬至祭始祖，立春祭先祖，季秋祭禰，忌日遷主祭於正寢。此禮今雖少講，而生忌之辰、歲時之典，安敢忽也！程子曰："厚於自養而薄於先祖，甚不可也。"曾子曰："慎終追遠，民德歸厚矣。"其是之意歟！

八、曰幸墳墓。夫幸墳墓者，所以思祖宗而重根本者也。吾宗自始祖以下，累世墳墓，載諸譜系，歷歷可考。始祖至大四公九世墳墓，每歲依所立規，宜從衆拜掃無弛。其小四公以下，福洋、太白、許村黃午山下等處墳墓，又當率該派子孫依時省掃。下至漁潭、單家源、池大塢、白石尖下、東園，係近世祖墳，尤當不時省倖，庶無斧斤耕鑿之虞。《傳》曰："物本乎天，人本乎祖。"豈虛語哉！

九、曰睦宗戚。夫睦宗戚者，所以崇愛敬而廣人倫者也。凡宗族之中、親戚之際，當加和敬之道、雍容之禮，懽然相敬，穆然相恤，雖至貧者，不可不接以禮也。曾子曰："親戚不悦，不敢外交；近者不親，不敢遠求。"其斯之謂歟！

十、曰和鄉黨。夫和鄉黨者，所以泛愛衆而廣親仁者也。凡鄉黨之中，老者敬之，少者愛之，賢者親之，强者遠之；富者不可諂，貧賤者不可欺。出入起居，或片言而咈己，不得與之辨是非、較得失，如此則自無不和矣。《論語》曰："孔子於鄉黨，恂恂如也，似不能言者。"其可不三復於斯言哉！

（潘寧録，卞利校）
——崇禎《朱氏統宗譜》卷首《家訓》

清康熙徽州方氏宗族家訓

族屬盛而無譜系，則倫分不明；譜系分而無家訓，則人心不肅，是固家之賢士大夫責也。今舉先世所傳《遺訓》，採其風俗通行、永當鑒誡者，驪括成篇，令子孫世世守之，庶幾約束行而家道正，心志一而善人多矣。譜《家訓》第七。

《方氏家訓》曰：人之有身而不知修其身，是不有其身也。

註曰：太虛之中，一氣焉耳。所謂五行也，氣中有理，人得其氣以成形，即具其理以爲性。所謂五常也，五常之性，發爲五倫，是曰達道。是道者，性之發；性者，形之理。道全則性盡形踐，是爲有身。苟道有未全，則性有未盡，形有未踐，血肉之軀塊然，頑贅惡得爲之有身哉？

身之有家而不能齊其家，是不有其家也。

註曰：有是身則有男女，於是合而爲夫婦，分而爲父子，序而爲兄弟，是爲有家之人。父父、子子、兄兄、弟弟、夫夫、婦婦，是爲家齊。有家而不能齊，則父不父，子不子，兄不兄，而弟不弟，夫不夫，婦不婦，内變將作，而骨肉矛盾矣。何家之有？

家之有族而不能睦其族，是不有其族也。

註曰：一家之人，高、曾、祖、考、子、孫、玄，庶門分户別，衆而爲族。族至千百，稱爲故舊。然必喜慶相賀、憂戚相吊、疾病相問、患難相扶，乃爲之族。苟昭穆紊而名分失序、親疏隔而情愛不通，方圓相合而判然不相聯屬，秦越相視而遨然不相關繫，則路人而已矣。何族之有？

繇修身以齊家，繇齊家以睦族，使族無不齊之家，家無不修之身，而後爲人之性分，始無愧矣。

註曰：人人各修其身，則家無不齊矣；各齊其家，則族無不睦矣。身修則性無不盡矣，家齊族睦，則分無不親矣。堯、舜之聖，亦不過盡其性分焉耳。人而若此，亦何忝於所生哉？

是以古之君子以身之不可以不修也，於是崇正學。

註曰：此言修身之法也。身有不修，則性分不獲自盡，而無以全吾爲人之道，於是崇正學。正學者，堯、舜、禹、湯、文、武相傳，誠意正心修身，立命之術也。老子有專氣致柔以求長生久視之説，所謂仙學；瞿曇有發三藐三菩提心以煉金剛不壞之法，所謂佛學。此學鼎峙，世稱三教。然仙佛之學，大要不過主於極靜生陽而已。若夫捨俗出家，髡首□□，則法之弊者，君子弗爲也。吾儒傳心之學，雖未嘗穿鑿以求仙佛之效，而大約所謂定靜安慮以明其德，固已包括精妙而無遺矣。故三教之學，吾儒爲正，所當尊信。仙佛之學，但當取其極靜生陽而已。餘多妄誕，不足憑信。

親師長。

註曰：天地萬物之理，道德性命之藴。古今宇宙之事，皆與吾相爲貫通者也。生於其間，而有所不知，不能與不曾生同。是以有志君子，當親就有道，相與講明，以求知能夫此。苟道有未明，理有未得，學有未成，不宜妄自滿足而獨居孤陋寡聞之地。若夫憚師長之嚴，惡講習之勞，畏聖賢之難，是自暴自棄而不愛其身者之所爲也。

窮性命之源。

註曰：易天命而不畏，棄吾性而不求者，未探性命之源耳。一嘗探之，則知其爲吾身壽妖窮通之所自，而敢一息不加之意乎何者？太虛之中，理氣而已。氣凝而成身，理寓而成性。氣者，陰陽五行也；理者，健順五常也。理爲氣之主，故理直則氣順；性爲形之主，故性盡則形踐。吾氣順而吾形踐，然後能備壽考、載福澤以及子孫。窮理至此，而後知五常爲吾之固有，五倫爲吾固有中之發用。忠、孝、廉、節之心，不必有所歆慕而後生，而天下之道將一以貫矣。所謂格物致知者，致此而已。苟於此未窮，則雖有所見，得未遺本，見必未真；雖有所爲，事是心非，爲必不力。

啓道德之秘。

註曰：功名富貴，子女玉帛。生斯世者，孰不趨之？然求之者往往致危，辱基禍害，得未幾而失隨之。殊不知造化之藴、聖賢之藏有道德焉，吾啓而得之，則窮孔、孟而達伊、周，其過於世所趨者千百矣。何謂道？率所性之仁、義、禮、智、信，達而爲父子之親、君臣之義、夫婦之別、長幼之序、朋友之信是已。何謂德？行其道而得，是仁、義、禮、智、信之理於中是已。道德既備，則稱爲聖賢，顯於當時，聞於後世，顧不偉哉？

端心術爲承載之基。

註曰：天地以一氣生萬物，而氣之精而靈者，凝聚於中而爲心，是心爲氣之主。而心之所至，氣必至焉者也。故吾心正而後吾氣順，吾氣順則和暢發舒，充盛完固，有以爲受福之地，而天之于我栽者，培之而富貴福澤源源而來矣。使心術不端，則上天福澤豈降于淫人哉？

修言行爲達順之本。

註曰：發言處事，人之所視，以從違乎我者也。故言忠信，行篤敬，則行于蠻貊；言不忠信，行不篤敬，則違於州里。是以君子欲內而悅親信友，外而獲上治民，非言行素孚於人者不能也。

宏度量以大我之福澤。

註曰：胸襟褊窄者，無容受之基；局量狹隘者，非承藉之器。故諺云："量大福大，機深禍深。"是以君子之量不以得喜，不以失悲。富貴驟至而不欣，貧賤偶得而不戚，斯則汪汪千頃，澄之不清，撓之不濁。雖與之天下，不足以動其衷矣，又何患其福澤之不日隆哉？

積陰德以延我之壽命。

註曰：人生修短，數定於天。孰不以為雖有智，乃莫能轉移。殊不知人之壽命，皆天地之生氣為之，然必先有是生理，而後有是生氣。生理者，天道之元，人性之仁也。聖人貴之，稱為陰德。陰德云者，積善于人所不見之地，施恩於物所不報之間。蛇，毒物也，而叔敖埋之；蟻，微命也，而宋郊渡之。隨事開方便之門，遇物體好生之德，此固非以希天地之祐、鬼神之福也。然一念之善，吾心之生機也，充之而有回陽換骨之力；一行之善，吾身之生路也，闢之而有修身立命之功。氣隨理盛，數以氣長。理昭昭也，又何疑哉？大抵富貴功名，死生修短，吾固不能自專，而施德強仁，修身立命，天亦不能奪乎我！君子當為其天之所不能奪者也。

此皆所以修吾之身而貴曰孜孜於是也。

以上皆修身之要。

若夫爭訟，以敗厥德。

註曰：爭是非于毫釐，較曲直于尺寸；囂呀于分理，趑趄于公庭。豈善道哉？損退讓之節，失包荒之量，枉是非之實，喪廉恥之風，荒耕讀之業，深報復之讐。敗德積怨，莫甚於此。

賭博以荒厥業。

註曰：賭博之事，本非生財之道。賭博之人，夫豈成家之子？其事之不可為而黨之不可入者，苟誤人于此，袒裼呼盧，自暮達旦，傾囊為注，亡身及家，廢時失業，莫甚於此。

縱恣物欲。

註曰：物者，耳、目、口、鼻也；欲者，聲、色、臭、味也。物欲之私，凡有情者固所不免。然天地盜人，以此而已。聖人制欲防非，為是故也。是以君子守"四勿"之訓而虛以養心，密"六賊"之防而儉以養德。若夫為形骸所役而背我惺惺之主翁，為情欲所牽而逐彼憧憧之客感，則日入污下而至於禽獸不遠矣。

交遊匪人。

註曰：交游之臧否，吾身之損益因之。與君子爲友，則所聞者善言，所見者善事。日與善俱，而吾心之善念安得不與之俱長？長而不已，而馴至于聖賢，所友之君子翼之也；與小人爲友，則所聞者不善之言，所見者不善之事，日與不善俱，而吾心之善念安得不因之而沮喪？沮而不已，而陷入於禽獸，所友之小人引之也。交游所係，其大矣哉！古之君子，寧孤立無助，不失身於可賤者以此。

此又修身者所當戒也。

以上示修身之戒。

古之君子，以家之不可以不齊也，於是順父母。

註曰：身修則家可齊矣。故舉齊家之事言之，而家庭之間，父母爲人倫之首，故以順父母爲先。蓋父母於我，不惟有生成之德，怙恃之恩，在所不敢忘。而吾實父母一體所分，喘息呼吸與我相通，故其一念之喜及於我，則吾氣隨之而順，身之福壽、子孫之餘慶從之；一念之怒及於我，則吾氣隨之而逆，身之禍害、子孫之餘殃從之。是以人子於父母，不得不愉色婉容以歡其情，承顏順志以適其意。雖或其惑於寵嬖、厚於庶孽而情有不均，爲之子者，但當逆來順受而已，不敢與之較也。蓋一與之較而拂乎其意，則遺怒於我，而隱伏之害不可勝言者。古人於父母之所愛者，亦愛之；父母之所惡者，亦惡之，正爲此耳。

和兄弟。

註曰：人有兄弟，禦侮則同力以成謀，幹蠱則同心以共濟。孰不願同氣相親而惡孤立之無助也？奈之何？利欲之念易滋，天性之恩易解。或以財利之得失、產業之厚薄，彼此不均，遂生爭競，小則有言於家庭，大則致訟於官府，長枕大被之情，轉而爲鬩墻操戈之變矣。嗚呼！天性之大恩，爭財產之小利，爲計之得乎？爲計之失乎？況使兄能讓其弟，弟亦讓其兄；兄能忍其弟，弟亦能忍其兄，則忿爭不作而和氣自生，不獨家和而百福自生矣。古語云："兄弟如手足，妻子如衣服。"豈可以衣服之故而傷我手足？又云："易得者田地，難得者兄弟。"豈可以易得之物而易我難得者哉？

肅內外。

註曰：人家清白之聲，出於閨閫。帷薄不修，君子所恥。故家政雖多，肅內爲要。《易》曰："男正位乎外，女正位乎內。"所以著閑家之首務也。是以家以中門爲限，男子無故不入中門之內，女子無故不出中門之外。僮僕、婢妾毋相交通，居處、器用各有分別，所以別嫌明微而正乎其家也。

教子孫以正其綱。

註曰：子孫之賢不肖，家聲之隆替因之。父兄之教育與否，又子孫之賢不肖因之。故義方之訓，傳家之首務也。今人恃目前之富盛，忘他日之遠慮，雖有中才之資，而亦溺于禽犢之愛，縱其驕惰之性。千里良材，壞於奴隸。第恐吉凶貞勝，否泰如環，一旦盛極當衰,門户廢墜,饑寒相逼,畊則不能,讀則已晚,賈則無資。有恥則填于溝壑,無恥則流爲乞丐、盜賊矣。是以爲子孫謀者,必須教之習經史、知禮義,使窮可師友,達可卿相,庶不墜我門户。其資質庸下者,亦須教之習禮節、明農務、知勤儉,俾其足以自養。以上四端,皆齊家之大體,故曰正綱。

正妻妾。

註曰:妻者,奉父母之命,行親迎之禮,娶以配身而承宗祧者也,妾則吾所買耳。故妻貴而妾賤,妻尊而妾卑。家庭之内,惟妻主之。妾媵雖多,服役而已。世之亂(剛)[綱]常者,寵愛其妾,則輕棄其妻,甚則使之據妻之室,奪妻之權,行妻之事。嗟乎!是亂爾家法也。家法亂,則百事非、禍變生、衰敗至矣,是以妾雖賢美,不得寵之使過妻。房帷之下,大小的然,則家法立而家道隆矣。

敬尊長。

註曰:内親則有諸父,外戚則有姑表。凡分同祖考而齒近期頤者,皆謂之尊長。在彼固有可敬之分,在我又有宜敬之禮。我能敬之,則謙冲之德日彰,遜悌之譽日廣矣。苟或恃父兄之勢,要門户之財富,與夫學問利達,自立崖岸,凌忽長上,而長上見其影響,輒引避之。彼固自謂志得意滿,而不知指而非笑之者塞道於後矣。

擇婚姻。

註曰:家之亂,每生于婦人,故於婚姻之族不可不擇。擇之何如?古云:"求忠臣必於孝子之門。"然則擇淑女可不於賢正之家乎?蓋賢正之家素閑禮教,稔聞節義,清白之操性成,孝順之德素定。況其祖父淳良,則子女襲其正氣,世代積善,則子女藉其餘慶。他日迎婦,必得賢婦,以成内助。苟惟其產業、財利、顏色而已,我何而不召牝鳴之禍乎?

恤奴僕。

註曰:奴僕,或祖父所遺而世有勤家之績,或自我所買而久代力作之勞者,皆我所當垂念者也。故用彼之力,則當體彼之心,念其饑寒,恤其疾苦。不困其力,不拂其情,則爲之奴僕者,自將不賞而勤矣。奈何膏粱子弟,四體不勤,五穀不分,高堂廣廈,搖扇引風,而不問日午鋤禾、流汗成漿之苦;飽食終日,無所用心,而不察晨理荒穢、戴月而歸之勞,無怪乎爲奴僕者之不忠也。以上四端,皆齊家之急務,故曰張目。

力農畝。

註曰:農爲國家之大本,畊爲生民之常業。勤力分也,糞其田而不爲之貪;豐凶歲也,富收之而無損于廉。治生之長策,莫有善於此者。但貴墾荒廢、儲水利、糞磽薄、時畊蓐、謹蓋藏、開源節流,而謀生之道無他求矣。

廣生息。

註曰:山之生息爲材木,水之生息爲魚鱉,田之生息爲五穀,園之生息爲百果,物之生息爲五秄。生息之道,其利無窮。陶朱、倚頓之術,不過如此。治生者即閑曠之所,乘空隙之時,用餘暇之力,生自然之利,既不勞,又不甚費,所殖者省,所收者倍矣。

省冗費。

註曰:家不自貧,奢者侈用而財日爲之不足;家不苟富,儉者省費而財日爲之有餘。甚矣,費不可以不省也!奈何豪富子弟,高廣其第宅,羅綺其襦袴,珠翠其妾媵,珍奇其飲食,争異鬭巧,逞欲美觀,無所不至。殊不知天下之財難聚而易散,奢侈之事易騁而難繼。今日費出無經者,他日不節之嗟也。是以君子節以制度,量入爲出。居可容膝,不更求改;衣可蔽體,不更求新;食可充口,不更求甘。寧清净而寡慾,不侈用以傷財,則財之積也,日計不足而月計有餘矣。

防饑饉。

註曰:時有旱潦,故歲有豐凶,此天地盈虚之數也。然雖有凶歲所得之不足,猶幸有豐歲所得之有餘。以豐歲之有餘,補凶歲之不足,則八口之供可保不匱。奈何常人之情,不爲遠慮,遇樂歲之豐,忘歉歲之苦。多收斛麥,便生侈心,或以開掘池塘,或以更置房産,不至于盡,必不遽已。來歲荒歉,田園之收成既寡,倉廩之儲蓄又空,遂致八口之家救死不贍矣。故當有餘之歲,預爲不足之防,則三年可餘一年之積,九年可餘三年之積。雖遇荒歉,而有備無患矣。已上四端,皆治生之急,而所當察察者也。

然有家則有田産,而税糧必先完納。

註曰:聖天子在上,養練士馬,驅逐仇寇,爲我除寇害也;選任文武,删定律令,爲我禁强暴也;建立學校,開科貢舉,爲我成德業也。夫除我寇害、禁我强暴、成我德業,而我得從容安樂,深耕易耨,以仰事俯育,此其生成之德,無可仰答。况税糧之供又所以爲蒭草、俸禄、科舉之費,而可推挼遲延,希圖赦宥以累官府之追併哉?凡當麥熟秋成,務宜刻期上納,庶爲純良百姓。

有身則有徭役,而徭役不宜逃避。

註曰:庶民往役,乃其嘗分;而官府僉充,自有公道。夫何狡猾者則射利而營求以入,懦善者懼害而賄賂以出?要之射利者固爲愚,而賄賂者亦非義也。但當盡心竭力,奉公守法,則朝廷福力所庇自無不吉。若欺瞞官府而獨累良善,天地鬼神,亦不相容。

有錢糧則必徵收,而徵收慎勿侵欺。

註曰:各項錢糧乃國家之重務,而各色收頭爲身家之大患。董其役者,隨徵隨兑,以俟解運,乃爲忠勤百姓。若靠當糧長,如充經紀,視庫藏如探私囊,花街、酒市,不覺其費用之過多。縣併府差,豈料其清查之到底?却乃誣小民之拖欠,欺上官之莫知。既而復僉後差,圖蓋前事,扯新遮舊,納少拖多。至遇清官揭底查究,抵賴無繇,罄産賠補,監追無出,老死獄中。哀哉!

此又守家者之所當知也。

已上復舉身家傾覆之縣以示戒。

古之君子，以族之不可以不睦也，於是明世系、敘昭穆，以定其分。

註曰：一本之義不明，則世系不可考；世系之考不詳，則昭穆不可敘；昭穆失敘，則尊卑之分不定。夫分不定則稱謂之名不正，名分既泯，則彼此相視，皆爲路人。無所見聞而同本之恩不作，無所感觸而孝悌之良不生。人且不知其有族矣，而況望其或相親睦耶？是以君子必明始祖以來之世系，詳五服既窮之昭穆。使服雖窮而尊卑之分在，世雖遠而稱謂之名存，則觸之而孝悌之心油然而生，玩侮之心闃然而沮矣。

建大宗，分小宗，以統其渙。

註曰：世家巨族，生息者蕃，而情向既殊，遷徙者多，而支派亦遠。雖共本源，而統體或不能以歸一；雖有名分，而事勢或不能以相符。睦族君子，究始祖自來之嫡長而立爲大宗子，以統通族之衆，而通族之紀綱法度，皆其所總理焉。則各族各支得統于小宗，而通族各族得統于大宗，群情合而庶事理，若衆指之會於一臂。四體之合于一身。

設科條，示勸懲，以進其善。

註曰：百家之族，情以人殊，雖不能悉爲淳良，然其自棄者可勸，自暴者可懲也。睦族君子，於其善之所當勉，與不善之所當戒者，編爲《宗約》，歆之以作德之休，使躍然而知趨；示之以作偽之拙，使悚然而知避。條分目析，衡平鑑明，而俾有聽聽者罔不信從。如此，而尤有自外於《條約》者，則齊之以刑，糾之以法，雖欲不爲善不可得矣。

然尤未也，而又教其賢俊。

註曰：人才之盛，宗族之光。惟無可教之子弟，則雖勉強誨養，無所用也。苟有賢俊子弟，乃縣祖宗積德所生，增光門戶，正在于彼。雖或生于窮迫之家，而衣食不給，不能自立，在我亦當委曲處分，資其誦讀。他日有成，則吾之祖宗因之益顯矣。

恤其孤寡。

註曰：孤兒寡婦，人之無告者，不幸而吾之宗族有之，則所謂孤者，非弟即侄；所謂寡者，非親即疎。其足以自樹者，固當扶持其顛危矣。其或困極、不能存活者，苟不立法以收養之，使人指之曰某族之子弟也，某族之伯叔母也，我又何以自立于鄉黨之間耶？是以仁人君子不忍坐視其展轉溝壑，凡所以開其衣食之源、備其贍養之具者，自不能已矣。

同其欣戚。

註曰：冠婚相賀，同其欣也；死喪相吊，同其戚也。吉凶禍福，視爲一體，則族人之情日相親厚矣。

息其忿爭。

註曰：忿怨、爭鬪之事，見於宗族，則不睦之端始于此矣。要在推誠布公，反覆曉告,陳利害之效,申河海之義,感觸其親愛之情,消釋其積蓄之(恕)[怒],庶幾和氣生而族誼修矣。

救其患難。

註曰:無故之災,不虞之變,生于意外者,雖忠厚之族,不能保其必無,惟內無宗族之扶持,外無親戚之救援,則孤立寡助,而難始沭矣。睦族君子,必協之以力,濟之以財,則力協而勢强,財足而事濟,難于是乎不難解矣。

通其有無而族之人於是乎太和矣。

註曰:財貨、器用、衣服、車馬,家不悉備,而有無相通,則彼此俱足。至於族人,則親皆同室,事宜和通。苟私己之有,病人之無,則是德色於耰鋤之借,而訾語於箕箒之取,惡在其有同族之義哉?

此又睦族者之所當致審也。

已上言睦族之要。

——康熙《方氏族譜》卷七《家訓》

清康熙績溪縣旺川曹氏宗族家訓

旺川曹氏家訓十則

一、積陰德。夫無本之華,其榮不久;無源之潤,其流不長。而本厚源深,則必視乎德矣。然所云德者,行道而得諸心,非如近世買物放生之謂。故陽市之不如其陰積之也。凡存心舉事,務公直寬恕,切勿自佔便宜。常以利人濟物爲念,而又不求人知,不用天報,只見得道理合當如此。一切善行,雖小必爲,積累深厚,未有不發祥自身,昌大其後者。昔溫公曰:"積金與子孫,子孫未必能守;積書與子孫,子孫未必能讀。不若積陰德於冥冥之中,以爲子孫長久之計。"此實《家訓》中第一義也,其敬誌之毋忽。

一、惇孝養。《詩》云:"哀哀父母,生我劬勞。欲報之德,昊天罔極。"此生事盡孝,非敢云報也,亦聊以供子職耳。苟能揚名顯親,備物養志,尚矣。下此而謹身寡過,菽水承歡,亦未必非孝。蓋孝道不一,大約以體親心、代親勞、贍親養三者爲切要。至於垂暮之年,來日苦短,尤當及時自盡,庶免後悔。若曰:"予非不願孝,奈力不足。"何不思今日有親而無力,異日有力而無親。風木之悲,可勝嘆乎?故曾子曰:"椎牛而祭,不如雞豚之逮存。"誠痛哉,其言之!人奈何不深省也?

一、重扞葬。人子之於父母,生事死葬,禮之正也。自近世泥於風水之説，每當親殁，(轍)〔輒〕曰："未得吉地，姑且浮殯，然後擇地歸葬。"至遲之又久，風水終不可得，父母終不及葬，於是有數十年，且有數代不葬者。夫以子孫而不葬其父祖，欲望之邈邈不甚親切之後人，抑又難矣。卒之殯傾棺朽，骸骨其免於暴露乎？不思亡人以歸土爲安，與其不葬而終於暴露，何如得藏於地者之爲愈也？況末世兵火，爲禍叵測，故毛氏曰："三月而葬，禮宜也。"世俗信術士，所論紛紜，久而停棺不葬，或有盜賊水火之變，柩骨無存，人子之心，果何如耶？諺曰："地在心頭不在山。"即有風水，當不越心而求之。至必欲以祖父之骸骨爲後人徼福之具，而東扦西徙，迄無寧處，亦祇見其惑也。雖然擇之不豫，而輕委其親於水蟻之地，無論禍福之應何如，而於人子之心，亦有所不忍。是故擇地貴豫，扦葬宜早，斯水蟻之害、暴露之憂兩可無患矣。

一、端蒙養。《易》曰："蒙以養正，聖功也。"言教之貴豫也。子生五歲，便當令入鄉塾，穿深衣，作長揖，坐立進退，教以儒者風度。凡《孝經》《小學》諸書，先令熟讀，日講古人故事，以端其志趣，久則少成若性，異日必爲偉器。若幼時姑息，縱其嬉游，蕩其心性，恐胎子已壞，培養無基。長大雖欲教之，無論抗捍不馴，即稍知悔悟，終是少年習氣未除，難以語於聖功之正矣。

一、尊師道。善養子者，必厚其阿保；善教子者，必重其師傅。師道不知所尊，而欲子弟之成，難矣。豐膳饌，隆禮節，可謂尊乎？而責效太速，積誠不足以感之，猶虛拘也。必也情文備至，而遲久觀成，使居西席者必思所以酬東家，則覃心訓誨，而大有造於我子弟矣。不然，揮升斗之餘，責旦夕之效，是待彼師傅有工役視之已耳，則誨我子弟，亦兒戲視之已耳，安望其從容教育而能相與以有成哉？雖然擇師亦要焉，知所尊而不知所擇，是欲其子之齊語而使楚人傅之也，得乎？

一、慎嫁娶。胡安定曰："嫁女必須勝吾家者，勝吾家，則女之事人必敬必戒；娶婦必須不若吾家者，不若吾家，則婦之事舅姑必執婦道。"斯已迥異俗見，誠可彷而行之。溫公又謂："凡議婚姻，當察其婿與婦之德性若何，勿苟慕其富貴。"誠以婿佳婦賢，家道之所由興也。目前之富貴，何足論哉！然尤當問其先世之家法，父母之素行何如。苟爲積善之門，家教端肅，子女必有成立，貧富可勿計也。若其世代積惡，徒以強橫致富，則子若女皆沴氣所鍾，餘孽所存，天將於斯彰厥報焉。何可苟慕其一時之盛，而輕與之聯姻也。又議婿不宜太早，十年之內，存亡變故，多不及料，此指腹割襟未必非豪俠之過。始之不謹，雖後悔之，其可及乎？

一、睦親黨。兄弟同胞手足也，自應式好無尤，切勿聽婦言，以開鬩墻之釁。即族人，親疏皆一本也。其或非禮相干，亦當以大度含之，忍勿與校。至於族間有事忿争，猶同室之鬭也，當與平心調處，諭以至情，而爲彼永絶訟端。其在本人，尤當禀命宗長，静聽亙分。縱少有不平，亦解忿釋争，委曲順從。即此便是曲體祖宗之心，而爲孝子順孫矣。萬勿輕訟公庭，以逞一時之不忍，小則徒費錢穀，大則或致於破産傾家。況傷同本之誼，使子孫世世相讐，難以脩睦。慎之，戒之。

一、勵名節。三代以上，惟恐其好名；三代以下，惟恐其不好名，名固所以勵天下之節也。雖然名者實之賓，節之不立，名胡由成？男兒以忠孝成名，女子以節烈成名，是固在人之克自樹立，而非作而致之也。然此等高誼，昭垂史册，顯耀宗祊，祠中當特置一座，以配享祖祀，俾後人之慕而效之，則其奮也勃焉。至於寡廉鮮恥、身名不顧者，姑與再三勸之，而亦未遽絶之也。若其怙惡不悛，甘爲祖宗罪人，則鳴鼓聚衆，大書"某也無良"，擯出祠外，生死永不與入，庶人知所戒而莫之犯也。如此則悻勵有典，而風俗可漸淳矣。

一、崇樸儉。作法於儉，子孫猶奢，況作法於奢乎？每見富貴之家，一飲食也，足支數月之糧；一衣帽也，足費中人之産。尤而效之，曷其有極？所以祖基雖厚，一再傳而子孫貧不能守者，奢失之也。然亦有鄙吝太過，慳慳若守財奴者。數十年積之，而一朝失之，豈非過儉之弊與過奢者等哉？不知儉非一意鄙吝之謂，蓋節以制用，量入爲出，但使豐約得宜，不爲濫觴無益之舉。一切日用，常存古樸之風，以示後人，所謂質心行質事，而萬年垂裕之道必出於此。故《伊訓》曰："慎乃儉德，惟懷永圖。"其是之謂歟！

一、黜異術。凡僧尼、巫婆之屬，最易蠱惑人心，不可與之入門，小則滋禍福之惑，大則爲姦盜之媒。不嚴絶之，是養亂也。程伊川曰："居官者，凡異色人等，皆不宜與之相接。巫祝、媪尼之類，尤宜疏絶。"誠以其有妨於官守也。居官且然，矧士庶民之家乎？

右《家訓》十則，乃列祖口澤相傳，累世無異。至二十四世，有族祖邑廩生諱翼宸者，本其意而敷衍成文，刊入家譜，益以傳於不朽云。

——道光《曹氏統宗本宗二譜合録》。民國《曹氏宗譜》卷一《家訓·旺川家訓前十則·康熙朝大九公廿四世孫邑廩生行名光字翼宸撰》

清雍正歙縣潭渡黃氏宗族家訓

家訓

《易》曰："積善之家,必有餘慶;積不善之家,必有餘殃。"我潭渡以孝行發祥,而尤以積善爲傳家寶訓。使後人益復積之累之,于以衍祖澤于無疆,斯無忝于孝行之門矣。苟習爲不善,或凌人以逞己,或利己而損人,是皆吾祖宗之所深惡而痛絶之者,顧可以積之也耶?如孝親而敬長,和宗而睦鄰,凡濟物利人之事,無一非善也,無一不當積者也。反是則皆不善也,顧可以積之也耶?雖然知善之當積矣,倘陽冒忠厚勤慎之名,而陰蹈刻薄怠肆之實,則積善猶之積不善也。劉先主曰："勿以善小而不爲,勿以惡小而爲之。"此蓋勉之積而又慮其積也,勉之積者,善也;慮其積者,惡也。於戲!善不積,不足以成名;惡不積,不足以滅身。祖訓昭然,誦之可畏。我後人其尚慎旃哉!元豹謹識。

附:嘉靖二十八年五月十七日邑父母鄒公大續示稿

歙縣爲立宗法,以敦風化事。照得人生天地間,皆本乎祖而成形於父,繼父爲嗣,外是而衆兄弟皆爲小宗。雖分而爲什百千萬,人有不同,要其初皆一人之身也。古昔盛時,人心無間,天下以爲一家,萬物以爲一體。況同出於吾祖與父,根於性而不可解者,其必有以合宗之遠近、親疎而無不一之矣。法不待立,情自相通,此一本之義明,而古道之所以爲盛也。去古益遠,聖學不明,士私其學,人私其身,同出於父而長我者,則知其爲兄,凡出於伯叔、宗族之長者,將不復以兄視之矣。同出於父而少我者,則知其爲弟,凡出於伯叔、宗族之少者,將不復以弟視之矣。甚至衆以暴寡,強以凌弱,少犯長,卑狎尊。割門戶,患若賊讐;利分毫,傷及骨肉。不可勝紀,竊深憂之。制法以維宗,聯屬其情,以成一體之愛,是故不可以不立也。歙爲名邑,民多故家,所在設祠宇以祀其先,是可以觀尊祖之孝、本心之誠矣。宗法不立,則曲防未週,人心無以統同,孝敬不免終怠,亦非所以崇德成化矣。仰各姓擇年高有德、公明正直、素性足以孚信宗人者,爲之長。又擇二三如宗長者副之,册其名,呈縣獎立,以主一宗之事。歲時,宗長、副率子弟舉祀禮以教宗子,有不率教者,長、副攻之祖廟,嚴戒飭以示懲。子弟有勤學者,刻期考校稱賞,以勵其志。貧乏不自給者,協力舉義賑恤,以扶其危。間有方長、副之命,稔不悛之惡者,呈送本縣,重究罔恕。庶公正者得以操勸懲之柄,而悖亂不生;寡弱者得以杜侵凌之患,而可賴爲善。三年不爭,則特加旌獎,務期一本明而情義以敦,風俗美而古道可復,斯有司所深望也。宜勉行之,限半月回報。各都里長,每一鄉舉公正有實行、素信於鄉人,如宗長、副者一二人或三五人,呈立爲鄉約長,以勸善懲惡,率皆其主之,一如宗之法。每月朔、望,會於公所,書"紀過""彰善"二簿,以憑稽考。本職自行戒勵,此實維風化之大端,着實舉行,尤於鄉之賢士大夫暨諸豪傑任綱常之重者是賴耳。爾諸里長,轉宜相傳,虛心請求,以期有成,毋怠。謹示。

潭渡孝里黄氏家訓

孝敬。人之於祖,猶木之有根本也。木培其根本,則由根而幹,由幹而枝而葉而敷花而結實矣。人能以此身而追溯之於其始,由考而祖,由祖而曾,由曾而高,以至於始祖,亦猶我始祖之父以生子,子以生孫,世世遞嬗,以至於我之高、曾、祖、考,而生我之身者也。然則我之此身非猶夫木之一枝一蒂、一花一實也乎?苟不培其本、保其幹,而惟此一枝一蒂之花實是惜,雖置之華堂,護之錦幔,承以檠几,貯以寶瓶,且滋養之以清泉,此一時也,未嘗不芬菲而爛熳、爭奇而共賞。然不崇朝而就萎者必至之,勢也。欲求如有本之幹、有幹之枝,其花皆可以結實,其實皆可以入土而復爲根爲本,根根本本皆可以抽幹發枝,皆可以敷葉而開花,花花皆可以結實,實實皆可以生生而不已,如我之始祖遞嬗以至於我,而我又由子而孫而曾而元而來仍,以至於無窮,又皆可操券而必以視彼僅保。惜夫此一枝一蒂之花實而不顧其根幹,以炫一時之芬菲爛熳而樂人之艷賞者,迨其後也,能如是乎?然則吾人之於本也,不可以不培矣。培本之道,莫大於孝親而敬長。苟能時時在目,刻刻在心,亦猶培護夫木之根本,而不僅珍惜此一枝一蒂之花實焉,則我之子、孫、曾、元寧有不益昌益熾而比隆於我始祖也哉。元豹謹識。

一、孝弟之道,《聖經》《賢傳》,載記甚詳,其《曲禮》《小學》尤於子弟之職切近。須時時玩繹,事事遵循,更當深求其中義理而出以至誠,不可僅襲儀文末節,反失天性正愛。

一、事親當盡心奉養,其四季衣衾,均須製備;三時飲饌,務要潔精。設家貧不能供辦,即菽水尚可承歡,戲彩亦堪博笑。但必竭力盡心,不可吝財惜物。又當思老年之人,其目多苦於昏,不能遠視;其耳多苦於背,不能遠聽。其兩手既苦於強硬，不能自爲抑搔疴癢；又苦於怯弱，不能自爲携提器物。抑且齒落不能飲咦，足軟不能步履，易饑易飽，怕熱怕寒。爲人子者，固當時時在旁扶持，刻刻在側服侍。然恐家務不能撥置，有難以分身之時，必當預撥婢妾，或命男女，常川在親之左右，專司代勞服役之事。

一、當體老親性情，大約記遠而忘近，易怒而難喜。且涕唾、痰涎雖污穢不免，而偏畏人憎嫌；議論、籌畫皆迂遠難行，而偏喜人商量。又去日已多，來日漸少，易動悲傷，難生歡悦，是以喜人親近而恨人疏遠。況念子念孫，多憂多戚。爲人子者，須體此意，當時刻不離親側，於服勞奉養之餘，爲之譬喻寬解，以博親之歡心。

一、祖考、祖妣及考妣忌辰，主人、主婦於先一日齋戒，灑掃堂室，洗滌器皿，備辦生前嗜好、時新品物，烹炮如法。至期，服素致祭。是日，不飲酒食肉，不聽樂，夜仍宿於外。

一、已生朝父母、舅姑，存者致敬於家庭，亡者則致慕於本堂。遇父母、舅姑陰壽，男追慕於堂，女追慕於室。

一、子孫須恂恂孝友，實有孝行。里門家風，見兄長，坐必起，行必以序，應對必以名，毋以爾我，諸婦並同。

一、子侄雖年至耄耋，凡侍伯叔，俱當隅坐隨行，不得背禮貽譏。

一、卑幼不得抵抗尊長，其有出言不遜、制行悖戾者，會衆誨之。誨之不悛，則懲之。

一、子孫受長上訶責，不論是非，但當俯首默受，毋得分理。

一、父母養我以生，而我送父母以死，此乃一往一復之理，非奇特事也，是不可以不慎。故孟子曰："養生不足以當大事，惟送死足以當大事。"旨哉，言乎！蓋無論父母之生我、鞠我、顧我、復我，有罔極之深恩。即使道路之人，當我孩提之時，糊塗懞懂，菽麥不分，東西莫辨，饑不能尋食，寒不能覓衣，於以衣我、食我、護我、惜我、誨我、導我，延師以訓我，擇配以妻我，又遺我以田房產土。即使養其生而送其死，是亦報復常情。何況生我之身，養我之命，有懷胎、乳哺之深恩者！乃徒以甘旨養之，鮮腆奉之，遂足以當大事乎？是以古之居喪者，毋奢毋易，寧儉寧戚，其衣衾必預製於平時，使吾親於慶吊登臨之時，衣之服之，不特吾親習以爲常，於易簀時，置之其旁，當升屋而號，可以隨聲而復。且人子於平時見慣，則追遠之際，其聲音笑貌儼然在目，又可以致如在之誠。若棺槨所以附身者，亦須預置。蓋嚴擇者必精，久停者必燥,而從容暇豫。其匠製必工整,油漆必滲透。一旦忽遭大故,不致有倉忙草率之愆。故爲人子者,萬不可藉預凶事之言而因循遺誤也。至於居喪,則不得狥俗,不得用樂,不得效釋老之法。若夫非禮禁忌,尤爲不可。其百日内,不得飲酒食肉,安卧高坐。服未闋者,不得謁客赴宴。及釋服從吉,參預喜慶筵席。若夫葬祭禮儀,悉載本族所刊《慎終芻議》《灰楄紀事》及各祠墓規約内,當自量其力之厚薄,以劑禮儀之豐儉可也。

親睦。予嘗謂《堯典》以萬邦之協和,黎民之於變時雍,皆始於明德而睦族。然則人之有宗族也,寧非如樹木之有根本,必壅之培之而後能生生不已乎?《詩》云:"本支百世,施於孫子。"有以哉!或聞而訐予曰:"子嘗謂祖宗之於子孫,猶樹木之有根本固矣。今又以九族之人亦如樹木之有根本,謂必培之壅之。然則祖宗之於九族也,若是班乎?"予應之曰:"否,不然。根本乃樹之精神凝於土中,以呼吸夫水土之滋膏,而長養生發夫枝幹、花實者。其枝幹、花實則又樹木之精神呈露於土外,以受夫日之暄、雨之潤、風雷之所鼓蕩,以復反其精華于根本者也。即如此庭前所栽之桃李,其始必由夫一桃一李之實以爲種,而後能成此樹。試問此樹所結之實,與初入土爲種之實,有以異乎,無以異乎?"曰:"無以異也。不寧惟是,此桃此李所結之實又爲種而成樹,又結實而爲種,種種相承,樹樹相因,以至于數十百樹之後所結之實,與夫最初入土爲種之實,有以異乎,無以異乎?"曰:"無以異也。所謂本支百世者,猶言雖百世之後而本猶此支,支猶此本也。若夫以吕易嬴,以牛易馬,則是以李種而結桃實,桃種而結李實,此必無之事也。蓋李既非桃,桃亦非李,其香其色,其臭其味,其皮肉,其瓤核,有一相類者乎?今以數十百樹之後所結之實,與最初爲種之實,無纖毫之異,此本支百世之所以爲重也。則吾今日見吾之父兄、子弟,豈非皆吾祖吾宗之精神涣然而照面、泠然而會心,所謂一氣貫通者乎?故吾之先人歷代以來,其視父兄、子弟也,猶夫樹之於根,木之於本,而必培之護之耳。然則培之護之之道同乎?"曰:"不同。培夫吾祖之本也,如木之本,揜於土内,不可得而見,亦猶夫吾祖之靈在天而不可以瞻仰,惟恃此一點洋洋如在之至誠,于以感乎夫愾見僾聞之際,以冀吾祖之來歆來格。幽明于是乎交暢,神人于是乎胥悦,而降福錫慶于無疆也。其培本之道也如此。若夫睦族之培本也則不然,如樹木之枝幹、花實無不同也,其肥、其瘠悉皆呈露于外,無不見也。欲其枝幹之堅碩也,則壅之植之;欲其花實之蕃盛也,則溉之灌之,其培本之道也又如此。故我先人之于父兄、子弟也,其資、其質無不知也,無不見也。苟非甚愚與不肖,則必量其材而授之以術業,教之以詩書,勉之以忠、孝、廉、節,使之蹈履於規矩之中,而不致踰越於閑軌之外,此我孝里之家風所以永永而不墜也。試觀吾族今日之子姓,林林總總,奚啻十百千指。雖人各有身,身各不同,而同爲我旌孝公一人之身所分,此猶夫庭前所植之桃李,雖其實纍纍滿枝,不可以數計,而同一根本,豈非吾人之歷千世百世而猶爲一本之支,而吾祖視我一族,寧不如吾之視吾子孫?吾見吾之子孫顛連隕墜,又寧能漠然不一動其心也耶。既動其心矣,如培樹者然,則壅之、植之、溉之、灌之,其必有道矣。是以吾之先人,莫不體祖宗之心以爲心,而效祖宗之行以爲行,而諄諄以親睦訓後人也。"或瞿然曰:"根本之喻,至矣,盡矣,無以復加矣!"孟子謂"親親而仁民",而《中庸》亦云"仁者人也,親親爲大"。此所以光被四表,格于上下之放勳,亦必始于親睦九族也。鄙人不敏,敢不夙夜庶幾以期毋負前人之訓,或退因悉次是語,以爲親睦之勸云。元豹謹識。

一、族內有孝子順孫、義夫節婦,此其人砥德礪行,有關風化甚大。各堂長暨斯文會倡衆,殷勤慰問,使人知所激勸。遇郡邑甄舉,闔族紳衿父老連名呈報,以祈獎異。有不足者,酌捐錢穀佐之。

一、子姓十五以上,資質穎敏,苦志讀書者,衆加獎勸,量佐其筆札、膏火之費。另設義學,以教宗黨貧乏子弟。

一、族人乃一本所生,彼辱則吾辱,當委曲庇覆,勿使失所,切不可視爲塗人,以忝吾祖。其鰥寡孤獨及老幼無能者,尤當量力賙急。苟有一材一藝與可以造就之子弟,則培植推薦之,務俾成立。

一、宗人無子,當擇親支繼之,無俾隕墜厥祀。

一、當置立義塚一所,聽無地者安葬。如無槥櫝,勸募給之。尤當嚴禁火葬,以勵薄俗。

一、瘧痢、癰癤之症,須製藥預備,以濟貧病之家。更須胗察寒熱虛實,不可慢易草率,反致害人。

一、村前、村後,橋圯、路側,急當倡衆捐修,以便行旅。凡遇盛暑,宜煮湯茗,以濟渴者。

一、廣儲書籍,貯於濟美祠中黃山樓上,以惠宗族,不許假人,以致散逸。仍於卷首用"孝里經書,子孫是教,鬻及遺毀,是爲不孝"十六字圖章于其上。

修齊。齊家必先於修身,《大學》一書言之詳矣,然其要尤在於"修身爲本"之一語。按"本""末"二字，於六書中謂之指事，從"木"從"一"，"一"在於"木"下之根爲本，"一"在於"木"上之枝爲末，"本""末"二字之義蓋如此。故欲其家之齊也，猶木之枝幹，欲其條達暢茂而向上，不致於癰腫離奇焉耳，然不可以望之於枝幹也。如人之欲齊其家者，不當責諸家之人，而當反求於吾之身，必也無一言之不直，無一事之不正，無一絲一毫之偏好偏惡，如木之培其根本者然。不使其屈曲而遏閼焉，則直矣；不使其糾結而偏邪焉，則正矣。根本既正既直，其枝其幹有不條達暢茂而向上者，未之有也。但言雖直矣，乃有時或父爲子隱、子爲父隱，而後謂之直；行雖正矣，乃有時或爲肉去魯，或微服過宋，而後謂之正。此如木之或旁生或側長，未始不條達暢茂而向上者，其根本正直故也。彼爲一家之長者，苟不平情準理，推已度物，而好惡惟狥於一己之偏，則其本已不正不直，而欲其家之齊也，得乎？孟子曰："家之本在身。"而《虞書》謂："能明己之峻德，而後可以親睦九族。"然則吾之前人勸勉子姓之欲齊其家者，必歸本於修身，而與《聖經》《賢傳》之旨若合符節也，不亦宜乎？元豹謹識。

一、治家，當至誠無僞，至公無私。一言不可妄發，一事不可妄爲。勿懷偏狥之念，勿使狡詐之謀，使子孫臧獲，尤而效之，勢必身受其害，所謂教猱升木也。切宜痛戒。

一、家長總治一家之務，必須謹守禮法，爲家人榜樣。不可過剛，不可過柔，但須平恕容忍，視一家如一身。在卑幼固當恭敬，而尊長亦不可挾此自恣，至於攘臂奮袂，忿言穢語，皆足啟後人暴戾，尤宜首戒。若卑幼有過，當反覆告誡。屢誡不悛，則以家法懲之。

一、子弟當輪，隨家長入城，辦納糧差，置買物料，庶日後無不諳人情世故之患。至於增拓產業，必預使子弟親去看視肥瘠，及查册稅是否清楚，來脚契共有幾張。毫無舛錯，方可交易。切不可鹵莽草率，以貽子孫之害。濱溪田地，如有坍漲，即登記簿籍，以便及時呈報陞除。其畜牧、樹藝，須常加檢點，置立簿籍，登記數目，以便稽考。

一、倉庫務在謹嚴，門户尤須隨手啟閉。若遇風高日燥，當小心火燭，厨前爐側，並堆積薪炭之所，臨卧必須躬爲檢點。凡救災之具，常應增置，更於房闥之外，多列磁缸，滿貯清水。至嚴冬之際，須用草編缸蓋護之，以防冰凍。

一、親賓交際，宜親近禮法之士，俾子姓有所觀感興起，其於律身治家資益非小。若遠客來訪,當以誠意延款,雖至親亦宜停宿外館,命子弟照應茶湯、燈火,點視床帳、被褥,務要合宜。飲食但須潔净,不可過於豐腆,以開奢華風氣。即有喜慶之事,亦不得廣設筵席,肆意屠宰,以傷天和。至於姻族饋送,切不可過奢,亦不可過簡,又不可視貧而加薄,因富而加厚。若親賓之中有嗜僻習幻之流,恐致鼓誘子弟,概當遜辭謝絕,勿使往來。

一、婚姻乃人道之本,必須良賤有辨,慎選禮儀不愆、溫良醇厚有家法者。不可貪財慕色,妄偶濫配,聘娶優伶、臧獲之女為妻。違者,不許廟見。至於迎娶之時,宜遵古禮,不得用樂。三日,婦則見於祠,男則拜於堂,各授以家庭規矩,囑其謹守勿失。至於一切陋習,當廣為喻曉禁止。雖不能人人遵行,然迭相師法,或可漸漬成俗,以免貽譏背禮。

一、風化肇自閨門,各堂子姓,當以"四德""三從"之道訓其婦,使之安詳恭敬,儉約操持,奉舅姑以孝,事丈夫以禮,待娣姒以和,撫子女以慈;內職宜勤,女紅勿怠;服餙勿事華靡,飲食莫思饕餮;毋搬鬭是非,勿凌厲婢妾,并不得出村游戲,如觀劇、玩燈、朝山、看花之類。倘不率教,罰及其夫。

一、男女不親授受,禮之常經。故子女雖幼,不共圂溷,不共湢浴;無故不出中門,夜行以燭,無燭則止家中。燕饗,除舅姑禮宜饋食外,男女不得互相獻酬。至於婦之母家,二親存者,禮得歸寧,無者不許。除有服親屬慶吊外,無得輕出。女子年及八歲者,不許隨母至外家。其餘姻戚,除本房至親外,俱不許相見。即有服親屬,亦須子弟引導,方入中門,見燈則止。又如親族之中,有為僧、為道者,不許往來。至於三姑六婆及走街之婦類,多奸匿之流,最能引誘邪僻,不可縱其入門。凡我子姓,均宜遵守。違者,議罰。

教養。夫教養子弟之道,亦奚以異於植木者哉!彼蟲蟻之內穴、萌蘖之旁生,以及藤蘿之糾纏、草棘之蔓延,無一非害木者也。苟不袪其穴蟻、折其旁蘖、芟其糾藤而伐其蔓草,欲木之遂其生也,得乎?故教養子弟無以異於植木也,惟去其害子弟者而已矣。害子弟者,莫大於戕賊其天良。彼子弟之食欲其甘,衣欲其華,雖嗜慾已萌,然其初也,天良尚未戕賊,去其害也猶易。為父兄者,宜慎之於其始,慮之於其微,所謂"蒙以養正,聖功也"。當其孩提之時,即思所以裁之、抑之,勿使其浸淫滋蔓而至於不可收拾。若坐視其知識既開,志日以驕,氣日以盈,食必如何也而後甘,衣必如何也而後華,得之則欣然以喜,不得則戚然以憂。於是,狡詐生焉,欺偽滋焉,甚至婪財漁色,損物凌人。至此,如木之蟻穴已成,旁蘖已長,藤纏已堅,草蔓已深,勢必日就萎薾蕭索,而天良之所存者幾希矣。天良不存,則肆無忌憚,何事不可爲?何惡不可作?以致於悖逆倫理,干犯刑憲,皆父兄以姑息爲教,溺愛爲養,不能如植木之務去其害木者,以至於如此之極耳。故我前人於教養之道,凡戕賊夫天良而害我子弟者,防之也周,慮之也密,其言之也諄諄,語之也懇懇。如植木者慮蟲蟻之窟穴於木也,必囑其後之人袪之、塞之;慮萌櫱之旁出於木也,必囑其後之人折之、齘之。若此者,皆所以冀其成材也。迨材既成矣,猶慮夫藤蘿之糾纏其枝幹也,草棘之侵蔓其根柢也,于以遮蔽其雨露而分吸其滋膏也,必囑其後之人芟之使清,伐之使净,不留害木之一事一物。揆諸植木者之不憚煩如此,不過欲使木之得遂其生焉而已。然則爲父兄而欲使子弟之得遂其生者,舍教養一道無由矣。元豹謹識。

一、子弟五歲以上,每謁祖講書及忌晨祭祀,務令在旁觀看學習,使之見慣。至十二歲,出就外傅,見燈毋入中門。至十六歲,方行冠禮,照所定冠儀遵行。女子及笄,女子二十始笄,今婚嫁多不能如期,似亦宜以十六歲加笄。臣槐補註。子弟未冠者,不得以字稱,必延聘明師,教以孝、悌、忠、信爲主。若二十歲以外,學業無成者,令其學習治家理財之方。其向學有志者,勿拘此例。

一、子弟幼者,必後於長者,言語必有倫序,應對賓客,不得雜以里俗方言;不得戲談樂道,議人短長;不許談人閨閫。即他省外府者,亦不得輕信妄談;不得謔浪敗度,背手蹺足,勾肩搭背,以陷於輕儇;不得信口歌唱,率意胡行,以致流爲游手游食之人。又當思家業之成,難如升天,須以儉素是繩是準,不得與人炫奇鬭勝。彼以其奢,我以吾儉。年未二十五者,衣皆布素。即使富貴高年,亦不得以紬帛爲褻衣、行纏等類,暴殄天物。其棋枰、雙陸、詞曲、蟲鳥之類,皆足以蠱心惑志,廢事敗家,一切皆當棄絶,不得收畜。至於俗樂戲術,誨淫長奢,不可令子弟觀聽肄習。有類此者,神而明之,均應痛戒也。

一、增置産土,彼則出於不得已,我則欲爲子孫長久之計。須斟酌價值,盡數還足,不可與駔儈交謀,潛萌侵人利己之心。蓋天道好還,雖得之,必失之矣。交契過税,務極分明,不可以貨物逋負相準。雖有假貸,俟後索償。又不可以糧税飛灑他人户下,使人代輸。天道昭彰,積禍匪輕。至於租額既定,日後,子孫不得橫增。如有逋租,亦不可起息盤剥鄉里。但務及時勤索,以免積猾拖欠,使忠厚者有苦樂不均之歎。要思吾黄氏以孝行傳家,所習、所行無非敦本之事,後人皆當仰體此意,不得妄肆威福,圖脅人財,侵剥人産，以爲祖宗積德之累。

一、子弟，毋使習學吏胥，以壞心術。雖當貧乏，不得令入寺觀爲僧、爲道，自斬嗣續。毋狎屠竪，以啓殘忍之心。不得目觀非禮及妖幻、符咒之書，凡涉戲謔淫褻語者，即焚毀之。又不得從事交結，以保助閭里爲名而恣行己意，以致輕冒刑憲，墮圮家業。若奉延賓客，唯務誠慤，不可強人以酒，自亦不宜沉酗杯杓，喧呶鼓舞，不顧尊長。處事接物，當務謹慎，不可置纖巧之物，務以悦人，以長華麗之習；不得惑於邪説，溺於淫祀，以邀福於鬼神。至於待親族鄉鄰，寧我容人，毋使人容我，切不可先操忽人之心，以招人之侮己也。

一、吾黄氏以孝行名里，當思祖宗貽謀之遠，一舉一動，皆須遵循禮法。凡有欲行之事，皆當咨稟家長，然後舉行。不得私造飲饌及入肆扛釀平伙，以狥口腹之欲。尤不得引進娼優，謳詞獻伎，以娛賓客，并不得好勇鬥狠及與打降、闖將、匪類等來往。不得沉迷酒色，妄肆費用，以致虧折貨本。至若不務生理，或搬鬥是非，或酗酒、賭博，或誆騙奸盗，或黨惡匿名，一應違於理法之事，當集衆誡之。如屢誡不悛，呈公究治，不可姑容。

一、子孫爲學，須以孝悌禮義爲本，毋偏習詞章，此實守家第一要事，不可不慎。入泮後，不得出入公門，武斷鄉曲，魚肉細民，并侵損各祠墓公産。違者，鳴鼓共攻。如有出仕者，又當夙作夜思，實心辦理正務，以報國爲務，撫恤下民，實如慈母之保赤子；有申訴者，當哀矜惻怛，平心静氣，各得其情，爲之平反，毋得任性苛虐。廩禄有餘，當周給三黨，不可但私於妻孥，競爲華麗之餙，亦不得恃貴自尊，以驕宗族。凡一切尊祖睦族之事，皆當倡率行之，庶無忝於我黄氏孝行之門也。

以上乃前人諄諄垂訓以貽我後人者，皆坐而言、起而可行之事。爰書而揭諸祠壁，以冀吾宗英俊爲則而是效。苟不視爲充瑱而一旦感發興起焉，于以遵而循之，勉而行之，賢與智俯而就之，愚不肖企而及之，庶不失我孝行之家風云爾。元豹再識。

夫人爲子之道，莫大於寶身全行，以顯父母，此三者，人知其善，而或危身破家、陷于滅亡之禍者，何也？由所祖習非其道也。夫孝敬、仁義實爲百行之首，而立身之本也。孝敬則宗族安之，仁義則鄉黨重之，此行成于内、名著于外者矣。人若不篤于至行，而背本逐末，以陷浮華焉，以成朋黨焉，皆由惑當時之譽，昧目前之利故也。夫富貴、聲名，人情所樂，而君子或得而不處，何也？惡不由其道耳。患人知進而不知退，知欲而不知足，故有困辱之累，悔吝之咎。語曰："如不知足，則失所欲，故知足之足常足矣。"覽往事之成敗，察將來之吉凶，未有干名要利、貪欲無厭而能保世持家、永全福祿者也。夫物速成則疾亡，晚就則善終。朝華之草，夕而零落；松柏之茂，隆寒不衰。是以大雅君子惡速成，戒闕黨也。若范匄對秦客，至武子擊之，折其委笄，惡其掩人也。夫人有善鮮不自伐，有能寡不自矜，伐則掩人，矜則陵人。掩人者，人亦掩之；陵人者，人亦陵之。故三郤爲戮於晉，王叔負罪於周，不惟矜善自伐好爭之咎乎？故君子不自稱，非以讓人，惡其蓋人也。夫能屈以爲伸，讓以爲得，弱以爲強，鮮不遂矣。夫毀譽、愛惡之原，而禍福之機也，是以聖人慎之。孔子曰："吾之於人，誰毀誰譽？如有所譽，必有所試。"又曰："子貢方人，賜也賢乎哉？我則不暇。"以聖人之德，猶尚如此，況庸庸之徒而輕毀輕譽哉？昔伏波將軍馬援戒其兄子言："聞人之惡，當如聞父母之名，耳可得而聞，口不可得而言也。"斯戒，至矣。人或毀己，當退而求之于身。若己有可毀之行，則彼言當矣；若己無可毀之行，則彼言妄矣。當則無怨于彼，妄則無害于身，又何反報焉？且聞人毀己而忿者，惡醜聲之加我也。人報者滋甚，不如默而自修己也。諺曰："救寒莫如重裘，止謗莫如自修。"斯言，信矣。若與是非之士、凶險之人近猶不可，況與對校乎？其害深矣。若夫山林之士，夷叔之倫，甘長饑于首陽，安赴火于綿山，雖可以激貪勵俗，然聖人不爲，吾亦不願也。今汝先人世有冠冕，惟仁義爲名，守慎爲稱，孝悌于閨門，務學于師友。吾與時人從事，雖出處不同，然各有所取。穎川郭伯益，好尚通達，敏而有知，其爲人弘曠不足，輕貴有餘。得其人，重之如山；不得其人，忽之如草。吾以所知，親之睨之，不願兒子爲之。北海徐偉長，不治名高，不求苟得，澹然自守，惟道是務，其有所是非，則託古人以見其意，當時無所褒貶。吾敬之重之，願兒子師之。東平劉公幹，博學有高才，誠節有大意，然性行不均，少所拘忌，得失足以相補。吾愛之重之，不願兒子慕之。樂安任昭先淳粹履道，內敏外恕，推遜恭讓，處不避洿，怯而義勇，在朝忘身。吾友之善之，願兒子遵之。若引而伸之，觸類而長之，汝其庶幾舉一隅耳。及其用財先九族，其施舍務周急，其出入存故老，其論議貴無貶，其進仕尚忠節，其取人務道實，其處世戒驕淫，其貧賤慎無戚，其進退念合宜，其行事加九思。如此而已，吾復何憂哉？儒壽公錄魏王昶語。

右見《留耕記》，字蹟殘闕，考陳壽《三國志》，爲補而錄之，以藏于家云。

裔孫天偉謹識。

立身行己,無踰文公。《小學》一書,讀而不見諸行,猶不讀也。慶壽公語。

微叔祖敦兄弟之義,惡有此門。爾輩今固睦也,其敦之哉。德翁訓子語。

世率謂繼母不慈,特其所以事之者弗至耳。苟事之如嫡母矣,而猶待我以不慈,必己胸中"嫡""繼"二字尚未融化。其事之者,猶未至也。果能使彼此相忘爲嫡爲繼,而尚有不慈者,未之有也。正祺公語。

小忿不懲成大禍,寸土是競傾其家。資仁公語。

古人之於財,積而能散。且一鄉之中,親則三黨,疎則鄰里。今幸稍有贏餘,量其等差而周施之,不猶愈於陳腐無用以護譴於名教乎?小子誌之,以傳子若孫,可也。彥康公語。

予性愚頑,初學未得,黽勉奮發,人一己十,愚似破其一二;繼中學僅得,淬礪覃思,弗能弗舍,愚似破其三四;迨末學有得,玩味厭飫,删煩就簡,愚似破其五六矣。絅公語。

民有例饋,令無例受。絅公辭部民饋賻語。

吾亦有道心者,何不可爲堯、舜而終身市井耶?道心不存者,人心牿之,存亡之幾,間不容髮,可勿畏歟?天地間不朽者,惟道耳。學道不至是,吾憂也。死生,命也,吾何憂?綬公易簀時語。

德足以尊祖,雖無一命何害?不德至於墜宗,雖三公何救?約公語。

一毫不妄取,一杖不輕加。約公推廣信時自誡語。

吾聞昊天曰明,及爾出王,昊天曰旦,及爾游行,天無往而不在也。若是者,暗室見焉。矧斯昭昭之多哉,天乎,其見吾心哉?吾心一念善焉,天其見之,莫予蔽也。吾心一念不善焉,天其見之,莫予貸也。吾敢一念不善哉?邦和公語。

得一錢不如省一錢。道萱公語。

爾曹當礪志,毋替先業。鏞公訓子語。

負我債者,必非有餘之人,寧人負我,豈可以既去之物而修怨於故舊乎?我懼汝曹之不體我志也,其取責券,悉火之。泖公誡子語。

積善在身,猶長日加益而人不知也;積惡在身,猶火銷膏而人不見也。天偉公述董子語誡孫。

天下至難得者父母,父母至難得者俱存;天下至難得者兄弟,兄弟至難得者無故。是故椿萱之茂,棠棣之萼,天下之樂,莫大于是。孟子曰:"一樂也,而王天下不與【存】焉。"夫富而至於王天下,富之至者也;貴而至於王天下,貴之至者也。而君子不以易,是一樂。豈不以父子、兄弟爲天性至情,非富貴外物可有可無者之所可比較乎?人闕於少之時,猶有日升之望焉,未之憂也。及其老也而闕焉,則足憂矣。全於少之日,猶有日中之懼焉。及其老也而全焉,則足樂矣。故曰:道以終爲成,功以殿爲貴,節以歲爲成。居鄉者,一言惟恐失口,一舉惟恐失足,其心乾乾;一立必致其恭,一行必致其徐,其身謙謙;一食不敢重肉,一衣不敢重帛,惟孝行里是則,其庶幾矣乎?

氣之溫和者壽,質之慈良者壽,量之寬洪者壽,貌之重厚者壽,言之簡默者壽。

聚而不散,富斯極矣。極之所在,有危機焉。彼巨賈權臣,亦嘗思之否乎?

天地之生也,人爲貴。人莫貴於成人,不成,何貴之有?

省察者,察人心之動者也;克治者,克人性之偏者也。人心之動,動於善焉,則察而充之;動於惡焉,則察而絕之,是之謂省察。人性之偏,偏於柔焉,則剛以克之;偏於剛焉,則柔以克之,是之謂克治。

古人之所至尊者,道;至貴者,德。道德,身內物也,舍之以入於卑賤,乃僕僕焉。求身外物以爲尊貴,豈非大惑耶?

瞻彼蒼蒼,存乎吾心。吾見吾心,上帝汝臨。

惟善念是充,惟日不足;惟不善念是絕,亦惟日不足。

升沉有定分,若進不以正,則生平所立盡喪矣。

處世和易,與物無忤,不記人過,不報人怨,庶乎不失其身而能事親矣。

堯,大聖人也,明莫先焉而兢兢者,守其明也;舜,大聖人也,哲莫先焉而業業者,守其哲也。夫堯之有天下者,此也;舜之保堯之天下者,此也。矧有家而保家者乎? 以上訓公語。

昔也,藜藿不厭,今二子去儒業醫,稍稍得糊口。所謂粗茶淡飯,飽即休;補綻遮寒,暖即休;三平兩滿,過即休;不貪不妒,老即休。吾竊比孫太醫,號"四休居士"矣。道中公語。

正儒學問,惟在模範先民。講習討論,俗儒之學也。清夜自省,必期顧影無慚。又云:自反覺無寸善足稱,惟平日所爲,無不可爲人知,無不可對人言者耳。延詔公語。

凡貸而不能償者,其人必貧,雖速以獄,徒破彼家耳,於我何益?不如因以爲德之爲愈也。正祖公語。

曾氏生平坦易正直，無一妄語。其言任重道遠也，不過曰仁爲已任，死而後已，初不言其勝任致遠也。其言三省其身也，不過曰謀不忠，交不信，傳不習也，又未嘗言其能習能忠能信。若曾子者，豈非所謂正其誼不謀其利者與？予嘗讀孟氏書，得一言焉，曰"生於憂患"。又讀《易·繫辭》，得一言焉，曰"懼以終始"。因思古來聖賢，一生大半從恐懼憂患中勘過，吾輩敢不蹈尾涉冰而敢馳驅戲豫乎？穆公語。

和爲貴，兢兢業業，毋甘不肖，以墜前人光，吾無遺恨矣。南川公訓子誥。

人子事親，生養、死葬，兩者其大端也。吾平生孝養，或可無憾。在禮，踰月而葬，奈何竟終吾身違制耶，亦從俗遷延之誤也。今已矣，而能了吾志，吾瞑矣夫。允器公易簀時語。

惟我文公《小學》一書，如布帛、菽粟，誠吾人日用飲食不可一日無者。許文正公信之如神明，敬之如父母，矧吾儕乎？

志不立，則不知作人何等，學爲何事，心何以存，身何以檢？而居家處世，不知所相酬酢者，果何物也？

學所以存心，學所以檢身，學所以處家，學所以應世。

士生斯世，自少而老，自窮而達，有一日不與斯世斯人相周旋哉？顧應得其道，我與世而相安；應失其道，世與我而相違，惡可不慎耶？時燿公言。

太剛取禍者多，願少抑之。道明孺人閔氏語，以下俱《閨訓》。

吾力不能歸夫喪，而僅歸其骨，豈忍見之？吾計決矣。百壽孺人鮑氏殉烈時語。

吾生名族，適名門，而名節之不惜，靦顔二天，與禽獸異者幾何？吾惟從夫地下耳。永龍孺人董氏殉烈時語。

使夫有父母，我當代夫養之；使夫有子息，吾當爲夫撫之。今上無舅姑，下無子息，自思惟一死以從夫於九泉耳。九叙孺人程氏殉烈時語。

父曩時閨教云何？今女上無舅姑，下無子息，惟此身與婿爲存亡，安知其他？第恐異日過傷母心，父宜引大義以解諭之耳。女志決矣，必強我食，或死縲與刃，而親體是殘，非女志也。伯祖姆尚遺孤女，故得稱未亡人。今某煢煢靡遺，其將何稱？高振孺人鄭氏語。

吾聞汝家奕世柔善，當不終困，汝兄弟尚其勉之。以權孺人程氏訓子語。

王父皓首，伊吾徒與敝解，果相殉先君，長才萎於短日，有志者閔之。今若近强而猶落落，匪學弗力也。然吾聞爲儒三世必達，寧渠竟爽於而躬姑守業以須後云爾。抃孺人汪氏訓子語。

新婦兒時，父幸教之書，亦嘗側聞夫婦義矣。平時見有改弦易柱者，竊恥之。今忍以身效其所爲乎？且婦之從夫，義也，非情也。吾夫雖無情於新婦，新婦其敢不以義自處而靦爲黃氏、佘氏之兩辱耶？大人休矣，吾誓死於黃氏矣。文度孺人佘氏語。

吾身已同棄屣，惡用厚殮，徒窘伯氏乎？且吾夫無嗣，善存伯氏得一嗣，嗣吾夫，其厚我多矣。佐賢公女鳳英姑殉烈時語。

附僕尹椿妻張桂喜殉烈時語：婢亦人也，聞古人之名流芳至今，能無慕乎？且婢子念不可回，自聽講《列女傳》時已決矣，不俟今日始也。

跋家業遺訓一

家業《遺訓》，以家業遺厥子，訓厥子守之也。訓之體，要曰勤。昔周公訓成王曰："無逸。"無逸者，勤也。周公大聖人也，其訓成王不過是。是勤也，豈但守家之至要哉！一家之業，曰田者，曰養之所資；曰宅者，世居之所在；曰墓者，先魄之所藏。以是遺厥子，訓守之，其賢於平泉莊上人矣。平泉莊上之所有，無非導子孫之逸、喪子孫之志者，而以之爲訓且不可，況訓之守乎？彼哉彼哉，李文饒也。夫訓賢於文饒，訓之體要，合於周公，豈非時乃大訓也哉？爲厥子者，是訓是行，豈但克守厥家而已？所以光大之者在是矣。嗚呼，子孫尚永念之哉！訓作於族父湖山先生，先生性好吟，而是訓實其躬行語。然則先生非但以言訓，且以身訓矣。嗚呼，子孫尚永念之哉！訓譔。

跋家業遺訓二

湖山先生生三子：孟曰昭，仲曰暉，季曰暘。晚念從兄雲鶴公無後，卒命暘後之養寡嫂焉。然雲鶴公家故薄也，先生語昭曰："後之而衣食闕，然如其子母何？吾欲量損吾有益之，何如？"對曰："惟大人命。"於是，暘獲益焉。益之之數，著《遺訓》。訓聞之曰："嗚呼，世之後之也者，利之也，而今則何利焉，義也。"世之愛子者，益子而已矣。而今則養寡嫂焉，仁也。世之較損益以逆父命者多矣，而況後不後有較名也乎？今則惟以父命爲尊焉，孝也。世之知有己不知有弟者多矣，而況弟後也乎？今則知有弟而已矣，而不知其他焉，友也。父焉而仁義并行，子焉而孝友兼盡，豈非五倫之全人，一宗之美事也哉！是宜書之，以告吾宗之人，且以告後之人，庶幾仁義、孝友之行繼自今而興者接迹也。訓譔。

敦睦堂家規引

規約者，約同堂之人也。吾堂自元七府君分居以來，衣冠奕世，禮讓相承，允乎鄉閭之光矣。不幸中遭回祿，人事不齊，禮壞俗頹，日爲益甚。弘治癸亥，鼎新廳居，栗齋弟繼以舊禮申明矣。奈何習俗相沿，恬不爲怪。老恣無恥之爲，幼逞強狠之性。新居毀踐，罔思創立之難；舊禮不行，惟利便宜之欲。識者於此，未嘗不爲之浩歎也。迪自解組歸來，深爲此懼，乃集同堂弟侄，共立條約，以警將來。衆皆曰："唯，可以行矣。"此雖不敢媲美吕氏之鄉約、蘇族之亭規，然而升堂入室，庶或由斯，邱文莊所謂大家變於小戶，吾知必可以免也。迪譔。

——雍正《潭渡孝里黄氏族譜》卷四《家訓》

清嘉慶績溪縣旺川曹氏宗族家訓

旺川家訓後十則　嘉慶朝大九公卅世孫縣學庠生，行名聖牧序撰字寶陳

一、崇孝養以敦族。夫孝者，天之經、地之利、民之行也，不知孝父母，獨不思父母愛子之心乎？方其未離懷抱，饑寒、衣食、疾痛、啼嘻，無時不關父母心，以養、以教，以至成人，復爲授室謀生，百計經營，心力俱瘁。父母之德，實同昊天罔極。人子欲報親恩於萬一，當内盡其心，外竭其力，毋博弈、飲酒、好勇、好貨，毋惰四肢、縱耳目、私妻子。雖儀文未備，而誠懇有餘，推而廣之，如曾子所謂"居處不莊非孝，事君不忠非孝，涖官不敬非孝，朋友不信非孝"，皆孝子分内事也。司馬温公曰："某事親無以踰於人，能不欺而已。"噫！不欺要矣。凡父母在，每事咨禀後行，毋得徑情直遂。受命必記佩，畢則反命。父母有過，必婉辭幾諫，俟改而後止。不得直言，以顯親過，致觸其怒。《禮》曰："五刑之屬三千，罪莫大於不孝。"所宜首爲警惕也。同族相勸相慕，根底培枝，葉茂而族仁矣。

一、序長幼以順族。夫有父母即有兄長，能爲孝子，即能爲悌弟。《書》曰："惟孝友于兄弟。"按，司馬氏《居家雜儀》，凡子事父母，婦事舅姑，以及教子女、辨内外、御僕妾，諸纖悉具備，而獨未及弟之事兄，豈誠有所遺漏哉？

蓋統而括之於卑幼、尊長内矣。事無大小，皆當咨稟焉。飲食必讓，語言必順，步趨必徐行，坐立必居下，凡以明弟道也。夫十年以長，則兄事之；五年以長，則肩隨之，況同氣之人乎？又言："凡爲人子弟者，不敢以富貴加於父兄、宗族。"久與暫不相見，或節序，或非時家宴，上壽必拜，多寡有數。孟子曰："人皆可以爲堯、舜。"即徐行後長，已見其凡，積而充之，達於鄉邦，溢於四海矣。若使惰慢明於步武，瑕釁著於蕭牆，紾臂投戈，勢有必至。《春秋》：石錯曰："兄友弟恭，順也；少陵長，小加大，逆也。"去順效逆，所以速禍也。戒之。

一、別内外以閑族。《曲禮》曰："外言不入於閫，内言不出於閫。"左氏曰："婦人迎送不出門，見兄弟不踰閾。"先王制禮，凡以爲内外閑者甚備，宫室各處，道路各由，授不親，坐不離。姑姊妹女子，已嫁而返，兄弟弗與同席同器。男子晝無故不處私室，婦人無故不窺中門。有出中門，擁閉其面。夜行以燭，無燭則止，謹之至也。凡童僕不得輒入内庭，親戚、賓客不可於私室相見。今此儀不講，閨幃背馳尤甚，離村看劇，走廟焚香，女巫、優婆，歡同密戚。甚至招誘齋堂，投師進教，朝禮夜課，男女雜沓，尤事之可痛恨者。揆厥由來，要在本乎不解閑家，蕩檢失防。兹特申戒：犯此惡習者，勒令其夫詣祠嚴法，與衆辱之，《易》曰："君子言有物而行有恒。"風火利貞，正家久遠之道也。

一、勤耕種以裕族。古者，四民各有常職，而農居十之八九，故衣食易足，民無困窮。先王重農，省耕省斂，補助時行，此《豳風》《大田》《公劉》諸什所由作也。至於逐末者多，則征夫里之布以警之，而其意可知也。井田制壞，盡反其常，商賈、胥吏、書生，均目農爲野人，輕爲賤業，此風俗所以嚚漓，而十室之邑便多饑凍之民，窮苦日甚也。農者，乘天因地盡人，其道甚大。勿好逸惡勞而始勤終惰，勿因天時偶歉而輕棄田園，勿慕奇贏倍利而輒改故業。苟能重本務，雖一歲所入，公私輸用外，羨餘無幾，而日積月累，以至身家饒裕，子孫世守，則利賴無窮矣。吾族世居山鄉，惟安耕種，不見異物而遷，所以長享先業而無流離解散之憂也。但恐染於俗見，羨商賈之驟至豐盈，而不知敗亡立至；慕縉紳之廣置田廬，而不知貽禍無窮，可弗鑒哉？守田園而自我作之，自我享之，庶不致見尤於造物。而且樸者既耕，秀者又讀，亦不致朝野貽譏，不愆不忘，率由舊章。乃今而思，詒謀之可以垂遠也。

一、敦教訓以淑族。按，《學記》：古之教者，家有塾，朝夕萃處。奉道德者爲之師，約束以準繩，薰濡以歲月，如金在冶，何器不就？教有目焉，父子有親，君臣有義，夫婦有別，長幼有序，朋友有信，《舜典》所謂"敬敷五教"，《君牙》所謂"宏敷五典"。朱子懸規以示鹿洞學者，此也。教有序焉，八歲，告以洒灑、應對、進退之節，禮、樂、射、御、書、數之文。十五，告以窮理、正心、修己。治人之道，小成、大成可次第視也。教有業焉，《易》《詩》《書》《春秋》《三禮》《四書》及子史是已，經書菽粟也，史芻豢也，諸子山海珍錯也，此必不可無者。所宜精思熟讀，以究其理，考其事焉。教有術焉，道以忠信，析以義利，激以恥奮，忠信立則不欺，故明道先之；義利明則不苟，故南軒先之；恥奮生則無暴無棄，故魯齋先之。教有要焉，《易》曰："蒙以養正，聖功也。"禮禁於未發，謂之"豫"。發然後禁，則扞格而不勝。邱文莊公以爲人之幼也，欲念未熾，情竇未開，得於天者，猶純全而不昧，教之最易入。所入之教，且堅久而不忘，此養正之所貴豫也。至要莫如教子，教子莫如豫謀。然則豫教小子，尤今日之急務云。

一、謹喪祭以厚族。按，《禮》：父母之喪，不飲酒食肉，吊者行吊之日，亦然。不作佛事，踰月而葬。今則肥甘厭腹，鐘鼓延賓，崇信浮屠，自始死及七七，飯僧追薦。或溺風水，累數十世，至棄捐骸骨，可云孝乎？禮：將祭，必三日齋戒，厥明必夙興趨事，雖貧不鬻祭器。今則逮昏而奠，跛倚以臨，富而詭稱有無，壯而遽諉筋力。以之迎神賽會，窮晝夜無倦容；以之對祖享宗，不終朝欲昏睡。甚乃斬及邱木，貨以自封，夷及先塋，潛資異族，此而可忍，孰弗忍乎！茲謹爲約，凡遇凶喪，務啜粥飲水如禮。賓客吊奠者，款以素飯，毋得妄陳葷酒及用僧道齋醮與鼓樂之類，葬亦如之。至於棺槨葬具，務盡心合節，毋得藉口力絀。時至即窆，毋得遷延歲月，忍終暴露。凡遇祖宗時祭，務先期齋戒，雞鳴，潔服集於祭所。其祭儀務嚴潔，肥腯必依品式，毋得苟且褻慢，亦毋得過越違禮，墓祭亦如之。其無後墳塋，親房展掃封培，毋得湮廢。曾子曰："慎終追遠，民德歸厚。"慎終者，喪盡其禮；追遠者，祭盡其情。洵能一體遵行，何族不厚？

一、正婚姻以宜族。《戴禮》曰："子孫娶妻嫁女，必擇世世孝弟有行仁義者。"胡安定先生曰："嫁女勝吾家，則女之事人必欽必戒；娶婦不若吾家，則婦之事舅姑必執婦道。"溫公曰："凡議婚，當先察其婿與婦之性行及家法何如，勿苟慕富貴。婿苟賢，安知長貧賤？婦苟狹，所有鮮不輕其夫而傲其舅姑。"程子曰："世人多慎於擇婿，忽於擇婦。其實婿易見，婦難知，所係甚重，可忽乎哉？"由諸君子之言觀之，《戴禮》則探本乎世者也，安定則近全乎家者也，司馬則兼審乎人者也，程子則尤嚴乎婦者也。泝源流，酌彼己，核淑慝，較重輕，義則先之，利則後之，諸正婚姻之法備矣。婚姻正，宜爾室，宜爾家矣，行之通族，又宜爾族矣。近世人情偷薄，不顧"四維"，每辱大體，族正宜先事告誡之。

一、恤患難以周族。按，朱子《增損藍田呂氏鄉約》凡四條，患難相恤，其一也。患難之事七：一水火，二盜賊，三疾病，四死喪，五孤弱，六誣枉，七貧乏。相恤則各以其事之大小緩急爲差，而孤弱者，既爲理贏資匱，尤必防察約束，無令長而不檢，陷於不義。貧乏者，爲助以財，佐其生計，或假貨置產，俾徐償以歲月，然必安貧守分，非泛及於酗【酒】、【賭】博、游食之人，此猶仁之全，義之正也。范文正公嘗語子弟曰："吾吳中宗族甚衆，於吾固有親疏，然以祖宗視之，均是子孫，無親疏也。安得不恤哉？不然，異日何以見祖宗於地下？"呂正獻公平生不問生事，所授俸賜，率以周族，家無餘積，糴米繼之。其子侍講公更歷中外，屢典大州，晚猶衣食不給，每至絕糧者數日。夫惟如文正公之不忘先人，又如正獻公之不私其身與後人，故援窮扶困，汲汲若不及。而後世反是，肥軀而已，積金子孫而已。彼方不知祖宗爲何人，何有同族？有志者傷焉。謹就朱子舊定於鄉者，覆以告於族曰："凡族有寡婦守志及孤兒鰥獨貧苦者，宜不時賑贍之，免其差課。凡有水火、盜賊，力能救者，盡心力援救之。有樂善受屈、誣枉等情，不能自伸者，其辨理之；有婚嫁、喪葬不能舉及疾病不能藥者，量力助之。若夫尚義急公者，益徵存心之厚，吾更重有望焉。"

一、匡習尚以維族。凡習尚足以移人而一敗不振者有四：一賭博，二鬬訟，三奢侈，四俳優。一二人爲之倡，遂浸淫漸染，莫之能脫，此乃疾之瘝癘、蟲之螽賊，不可不急爲治也。彼賭博招朋，密室攘臂，終夜一擲，千百家資蕩盡。迨囊橐一空，或竄或伍，或爲盜賊攫金，白晝穿窬，昏暮無所，不爲亡其身，以及其親，禍勝言乎？歲月漸漬，枝衍蔓牽，弟踵其兄，子肖其父，甚至里無寧居，衆委奇貨。上按功合以繩下，下巧告訐以罔上，奸黠免脫，罪及良善。富無不傾之廬產，貧鮮保護之妻孥，禍又勝言乎？此賭博之爲害一也。彼鬬訟，忿於一朝，成於兩造。迨各奮戈矛，各競雄長，各樹黨援。利之所邀，或父祖左而子祖右；勢之所逐，或今日楚而明日秦。嗾指紛紜，此伏彼煽，禍勝言乎？至無疏無戚，骨肉交殘，拔本塞源，祖宗同痛。以長陵少，譬自戕其肢體；以卑暴尊，譬自賊其頭臚。先靈飲泣，後裔承風，甚至吏舞深文，胥快饞吻。事止一人，株連無算；人止一事，鈎至多端。敲髓椎膏，難飽饕餮之腹；質兒賣婦，何補暮夜之金？禍又勝言乎？此鬭訟之爲害二也。節儉，德之其也；奢侈，惡之大也。惟凉作法，猶懼其弊，豈其肆欲以逞而泰然安之？極絲縞之纖華以餙服御，而無衣隨之矣；畢水陸之珍錯以盛盤飡，而無食隨之矣。驕溢之家，必多餓莩，匪但人力難給，抑亦天道虧盈，理之自然，無足異也！且夫節儉則寡欲，君子寡欲，則胸無私嗜，浩氣可以直行；小人寡欲，則謹身節用，淡泊可以明志。君子多欲則枉道以速禍，小人多欲則敗家而喪身，此奢侈之爲害三也。酣歌優伶，事之賤也。錦袍華弁，衣冠非己之衣冠也；傅粉塗硃，面目非己之面目也；悲號謔浪，啼笑非己之啼笑也。四民之業，莫尚耕讀，次即工商。釋此不爲，甘淪污賤，外以漓風敗俗，内以業穢導淫。上玷家聲，下伍倡籍，莫斯甚矣！此俳優之爲害四也。四害不去，四維不張。《傳》曰："天之四維，東南西北；人之四維，禮義廉恥。"是在族衆嚴飭家法，分别理論。

一、禁投納以寧族。夫投營而隸籍戎伍，納役而趨事公上，本以馳驅戮力也。乃先時而匹夫應募，務建軍功；庶人在官，不忘叙用。故雖以卒兩之末、府吏之賤，而皆有畏懼淬勵，自強自愛，遠期樹立之意。今則不然，投營者非真有擊刺之能、哮闞之勇，可以備管閱、資調遣也。始於游手無賴，見擯宗黨，言不足取信於衆，力不足自贍其身，輾轉途窮。一時執殳弗惜，而肆志吞噬之謀遂矣。或借端給假，聽還本鄉，挈類呼朋，望門要索；或實係逃伍，驀入深堂，前跡方及，後捕忽臨。線索詭奇，呼應頃刻。稍不滿欲，即別嗾心腹呈首，恣行擄掠，鄉民奔控路絶。幸而區畫解免，中人之家掃地立盡。投營害人，信未有甚於此日也。納役者，非直有材智可以理棼贊治也，又非忠信勤敏可以典管籥、任經營也。始於編氓，粗識書計，鼓其儇黠，夤緣入公，憑社倚城，根穴牢固。巧比周以罔上，攬威福以激下，而包藏禍心難測矣。剥民不已，至擅盜官；私賂不已，至漁公帑。彼腴田華屋，酣歌燕舞，揚揚得意，略無顧忌。一日按贓考狀，動輒千金。彼方晏然醉飽於犴狴間，而哆口攀牽，株連親屬，或賣廬産，鬻子女，或斃箠楚、轉溝壑，種種至不忍述。而若人反得扃閉積鏹，幾幸肆赦歸，利其子孫。此其惡可勝言哉？投役害人，信未有甚於此日也。善治害者，於其源，不於其流；於其小，不於其大。今請明誓祖宗，遍曉子孫，豫行禁止。敢有違抗并舞刀筆者，與衆共攻，不復齒列，生削其名不譜，歿邰其主不祀，蓋至是而族以永寧矣。

以上十則，原編人著有《引言》，照錄於后：

《傳》曰："君子不出家而成教於國。"《易》曰："正家而天下定。"建祠萃渙，立法貽謀，整齊子孫，亦助宣教化。族姓繁庶，匪仁弗聯，匪義弗飭。辭以訓之，有法有戒，義也，亦仁也。吾先人忠厚垂謨，既有《家訓》以鏡來者，今追維往訓，加著《訓辭》十則，俾子孫奉持而恪守焉。蓋正內外，此身可範，於家而興讓興仁，一家可推於國，非細故也。

——民國《曹氏宗譜》卷一《家訓·旺川家訓後十則》

清嘉慶婺源縣清華胡氏文敏公支族祠堂家訓

祠堂家訓

方正學先生曰："立祠祀始遷祖，月吉必謁拜。"歲以立春祀，族人各以祖祔食，而各以物來祭。祭畢，相率以齒而宴。齒之最尊而有德者，向南坐，而訓族人曰："凡為吾祖之孫者，敬父兄，慈子弟，和鄰里，時祭祀，力樹藝。無胥欺也，無胥訟也，無犯國法也，無虐細民也，無博奕也，無鬭爭也。無學歌舞以蕩俗也，無相攘竊奸侵以賊身也，無鷙子也，無大故不黜妻也。勿為奴隸以辱先也。有一於此者，生不齒於族，死不入於祠。"皆應曰："諾。"然後族人之文者以譜至，登下一歲之生卒而書舉族人之臧否。其有婚姻相賙、患難相恤，善則勸，惡則戒。臨財能讓，養親事長能孝而悌，親姻鄉里能睦而順，此其行之足書，舉書之。累有足書者，死則為之立傳於譜。其有犯於前所訓者，亦書之，能改則削之；久而愈甚，則不削而書其名。族人見必揖，雖貴賤貧富不敵，而皆以屬稱。喜必慶，戚必吊，死以其屬服；無服者，為之不肉而群哭之，群祭之，群葬之。

——嘉慶《清華胡氏文敏公宗譜》卷首《祠堂家訓》

清道光歙縣程禹穌訓子姪記

序

程生鎮北，余戊子典試江南，所得士也，同館程春海、鮑馨山與同年包慎伯諸君子，均稱生宿學，知名久。是冬，生入都來謁，年甫逾冠，余以生閩中，文奇而法，波瀾老成，始疑不類。及晉生議論真樸，性情懇摯，信非薄俗者流，鄉先達稱之固宜。既而出節母汪太孺人《秋鐙課讀圖》，屬余題詠。乃知生少孤，夙承母教，母有德而才，箸有《疋安書屋詩文集》若干卷，未付梓，夫亦可欽之至矣！余意母賢如是，贈君生平事蹟，必有可紀，詳詰之生。翌日，遂持所刊贈君《訓子侄記》一册來匄余叙。余受而讀焉，不禁肅然起敬，慨然想見其爲人。夫言者心聲，匪可僞爲，必其始深信古人所言，繼漸合古人所爲，然後能以得力于古人者，稱心言之，深得古人之心。若曰吾克洞見古人之言之美也，而繁稱之，博引之，豈能擇焉而精，語焉而詳若此邪！于此見贈君敦崇根本，篤踐倫常，博之于經籍之中，約之于性命之地，卓然可自信，亦可共信。使當時得行其所學，必大有裨于國是人心，而非徒以博學能文，爲一鄉所推重。惜贈君不得志于時，未竟其才耳！余題太孺人《課讀圖》云："父有令名，母矢苦節。名父節母，子行宜潔。曷慰母心，勉爲人傑。它日顯揚，報君偉烈。"生能善體余言，就是編身體而力行之，斯即生之所以報名父節母也矣。

道光己丑春正月既望，通家弟長白鍾昌頓首拜序。

序

《訓子侄記》，禹穌四弟所箸。弟德厚才富，不克享年，余書長句輓楹哭之。撫浙過邗，侄鎮北來謁，年甫十四，奉母命，依舅氏近垣，世講出小題，長題文質余，奄有大家風骨。旋以父所箸《梅谷蕞談》《習醫明鏡》若干卷及是編匄序。余携赴浙署，未暇編次。嗣撫黔，公餘披閱，因言思人，慨然興感。今年春，侄書來，以鄰村蛟水患，父書悉付洪流，索所存余處稿本。乃命大兒家督細爲訂正，然後寄還。時春海再侄視學此邦，見是編，尤贊美，謂皆前賢所未盡言，有功名教。再侄通人，言足徵信，即此可傳吾弟矣。弟婦汪爲余戚友損之公長女，識遠才高，女紅之暇，手不釋卷。業師黃君秋平、表叔黃君春谷皆以名媛，許歸吾弟時，係余與春谷爲媒。兹能守苦節，教遺孤，實勘致敬。節母之子，天必（右）[佑]之。況侄幼喜讀書，克自力學，加以精進遠到，正無窮期。父志待酬，母節待顯，余將拭目俟矣。

道光二年歲在壬午夏，五鶴樵國仁書于貴州撫署之養心軒。

序

曩聞族兄鶴樵中丞方同族品學耴于禹穌，族兄稱其才長有德，兄長焜年以倍。焜幼僑邗上，值兄寄業光州，相阻無從一覿。再閱數寒暑，兄尋捐館舍。於戲！鄉之欲親其言論丰采者，卒不可得矣。時侄鎮北年甫十一而孤，嫂汪孺人工詩能文，茹荼課讀。至十四，游邗，依舅氏近垣而問業，同族郁成先生以詩文質諸焜，互相過從最密。得見兄《訓子侄記》一册，覺持論醇厚正，如古先哲格言，益信兄才長有德，于此可見也。客冬，鎮北寄籍試真州，耴冠其曹。周石芳師謂才識魄力不在汪雲墊先生下，李靜齋師謂可榮世、可傳世，其相許遠且大矣。它日成立，必能酬嫂氏苦節而慰兄之靈，以爲同族光。今年冬，取《家訓》，付剞劂，問叙于焜。其立志之篤，洵守先人遺範，而非與世浮沈者。夫天于善人罔弗報，而苦節尤厚之。遲速有時，然理不謬也，鎮北勉乎哉！

道光甲申仲冬，弟焜謹序。

序

《訓子侄記》，程鎮北水部尊甫贈公禹穌世伯佹水部，于甲申冬付梓，後索觀者衆，書板印傷。今年秋，水部爲伯母汪太宜人刻《雅安書屋詩文遺集》，并以是編重刊。余三復焉，精義愈見。憶贈公旅寄韓江，余童時猶及見之，鎮静寡言笑，蓋肫然有道古君子也。惜中年坎壈，賫志以終。觀兹所記，可謂言如其人矣。世俗之訓子侄也，以聰雋爲喜，以樸質爲憂。近時士大夫尤競尚豪華，故其子侄相率而入于儇薄，即吾歙風俗，舊稱醇厚，側聞年來亦迥非昔比。吁，可慨也！孔子曰："以約失之者鮮矣。"約之一言，上哲用之，可以保身；中材循之，亦能寡過。是編深得"約"字精意，足括聖人教天下後世全旨，非弟程氏子侄，當世守勿替，凡天下之爲子侄者，各宜書一通于座右。伏波誡侄，淵明責子，《顏氏家訓》，皆不得專美于前。以財濟人，不如以言教人之爲利溥也。贈公已食之報，余于斯記徵之未食之報，余仍于斯記券之云爾。

道光二十有四年歲次甲辰秋九月既望，甘泉姻世愚侄曹成頓首拜譔。

訓子侄記　古歙程鼎調禹穌

聖門參最魯，而一貫之道賴以傳，其功自省身始。

上知不待教，下愚教之無成，所望政在中人。

中人宜善自位置，下流固不可輕涉，上達尤不可強幾。爲所當爲，斯能腳踏實地。

福莫滿于遏淫，功莫巍于勸孝。

人子當父母在時，宜曲體親心，盡力孝養，承歡之樂當時。不知一朝風木興悲，追恨無及，雖痛不欲生，奚益也？

人生以孝弟爲根本，無窮事業，皆從此中做出。

百行孝爲先，次即弟。法昭禪師偈曰："同氣連枝各自榮，些些言語莫傷情。一回相見一回老，能得幾時爲弟兄？"又曰："兄弟同居忍便安，莫因毫末起争端。眼前生子又兄弟，留與兒孫作樣看！"味兩詩言，友愛之情，油然生矣。

人于五倫上無缺憾，即它處小過，皆可略迹原心。況根本不虧，其人未必有闕失邪！五倫首重君親，次兄弟，次朋友，夫婦之倫又次之。

諸葛武侯取黄承彦女，貌陋有才，武侯一生多所得力，此賢婦也。不則婦言竟置之，勿以枕席間言而失庭幃大義。

人所得諸天者厚，故盡乎人乃足以合天；天所賦諸人者全，故愧于天即不可爲人。孔子七十，始敢從心所欲，何以從心？曰："不踰矩。"可見聖人之心終身循乎天則也。

善自脩者，處順不違天，處逆不怨天而已。天薄我以福，吾培吾德，則薄者厚矣；天窮我以遇，吾樂吾道，則窮者通矣。

見其大則心泰，箪瓢陋巷，顔子處之無不足，故能爲"亞聖"。

生物者，天地之大度；克己者，聖賢之實功。聖賢克己，如對大敵，故能人欲凈盡，天理渾全。

人心一念妄動，每有不可遏之勢。苟以聖賢之言强制之，此心自能還其本然。

明道先生教人静坐，伊川先生以静坐爲善學。朱子亦云："始學工夫，須是静坐，則本原定。"蓋恭敬實功，有自然無拘迫。邵子所謂"心静方能知白日，眼明始會識青天"，即此意也。

李文静公侗亦教人静坐云："心下熱鬧，如何看得道理出？若大段排遣不去，只思古人所遭患難有大不可堪者，則亦可以少安矣。"玩此則人心何往不可自得？

明道先生教人，只將"毋不敬，思無邪"二句循而行之。真西山云："毋不敬以操存于未發之先，思無邪以戒謹于將發之際。"

聖賢千言萬語，只是要人存好心、行好事、做好人。

學古無近效，見小無遠圖。

靜觀萬物之大，動求一心之安。

安分致福，願外損真。

胡文定公云："人家不宜隨事滿足，常有些不足便好。纔足便有意外之事，此君子所以安于命而不敢放心也。"

知于人而求遂其學，無似遂其學而未知于人之爲樂也。

黃文肅公幹論學問："須是就險難窮困處一過，真能不動，方是學者。"非所造深，不能語此，故能得紫陽正傳。

君子學在求己，毀譽榮辱之來，非獨不以動心，且資之以爲切磋砥礪之地，故無人不自得，無人非學也。王陽明先生論君子求己之功，精密如此。

陽明謂："學人減得一分人欲，便復得一分天理。"其論甚精。

遇各有定，事非偶然。武侯以躬耕老而將相之略不傳，荊公以文學終而滅裂之譏弗至。

行一驚人之事，不如盡一切己之功。

古來能處天下大事，其人必心平氣穌。就諸葛武侯與王荆公比論之，賢否自見。

吉凶悔吝生乎動，吉一而凶悔吝居其三，故君子慎動。

願過大難酬，心過高易侈。以約失鮮，非親歷不知。

袁簡齋大令嘗語人云："才欲其大，志欲其小。才大則任事有餘，志小則願無不足。孔北海志大才疎，終于被難。邴曼容爲官，不肯過六百石，沒齒晏然。"童二樹詩云："所欲不求大，得歡常有餘。"真見道之言！大令好爲高曠之論，此獨真摯。

博其學而后通，約其心而后泰。

凡作文，熟讀《檀弓》，措語自雋；熟讀《史記》，用筆自潔。當從時蓺出，不當從時蓺入。

人心可勞不可苦，勞則心愈用愈靈，苦則心愈困愈拙。

士人學問功業，從秀才立根脚。故任大事者，學問蚤勤，功業馴立。

同郡江慎脩先生與朐陽凌仲子師皆云："學問之道，須高處立，闊處行，成功纔是正果。最忌瑣屑求之,卒無實得,其論不刊。"

余生平志不高,然望子侄讀書,未免過高之弊。但作庸腐書生,殊無出息。

心恃有真宰,學患無師承。

凡事知所以然,然後行之合于道。嘗與李振聲、羅養齋兩名醫辨論,李云:"多讀一句《内經》,多明一分理。"羅云:"善論病,迺善治病。"皆通人之言,不獨習醫然也。

士人讀書,最忌一無疑義,其學終身無進境。武侯得其大略,淵明不求甚解,皆真能心領神會者,非淺學心粗氣浮所可溷託。

富人多行好事,貧士多作好言,其惠二,其烈一。

貧不能濟人,遇人痴迷處,出一言提醒之;遇人亟難處,出一言解救之,便是無量功德。

存心期有裨于人,立身求無失爲我。

慎言隱曲爲渾厚,遍施方便爲慈祥。

己有好處,人有不好處,皆要掩藏幾分。

凡事自家認不是,又代人認幾分不是,世上安得有爭端?心中常看得自家不是處多,它人多有可取處,學問自然日進。

人之患,莫甚于暴己之長,露人之短,不獨結怨,亦且損德。

人詐我而我不知,人必快意;我知人詐而我不言,我亦快意。古人養人之愧,令其自新,語最宜玩。

諺云:"多喫一分苦,多討一分便宜。"斯言雖質,可以悟道。

忍人之所不能忍之事,乃克爲人所不能爲之功。

昔人謂以巧爲巧,有時弄巧成拙,惟甚巧者能就拙爲巧,真屬妙論。

祖父蒔學,其效每收諸子孫。人當爲其祖父之勞,勿空羨其子孫之佚。

魯陽之戈返日,愚公之力移山。有志必堅,無堅不勇。

浮躁債事,罷軟廢事。

"因循"二字,斷送一生。所謂畏首畏尾,身其餘幾也。昔人謂:"勉強爲善,勝于因循爲惡。"其言尤可味。

爲善日益,爲惡日損。皆不自知,久乃共見。寇萊公《六悔銘》曰:"官行私曲,失時悔;富不儉用,貧時悔;藝不少學,過時悔;見事不學,用時悔;醉後狂言,醒時悔;安不將息,病時悔。"

慮病及,則邪念不生;慮貧及,則侈念不生;慮死及,則惡念不生;慮禍及,則忿念不生。書到今生讀便遲,故通慧須有根蒂。下愚無根蒂而求通慧,其功由敬惜字紙、焚毀淫書做起,便爲來世根蒂。

以參耆愈虛,以經史愈愚。

開卷時字字求來歷,自然下筆時字字有來歷。

余外舅汪損之公嘗云:"作文意取其新,交友情篤其舊。"善哉言乎!

《陰符經》云:"人知其神而神,不知其不神而所以神。"此言脩己貴密也。又云:"恩生于害,害生于恩。"此言涉世貴澹也。

理能疑,始能信,故問濟學之窮;財有去,斯有來,故義爲利之券。

俗士讀書,得通人之餘,便不終爲俗士;通人教子,如俗士之切,仍不失爲通人。

童子不遇名師,終身不得爲通人,所謂"開口乳要喫得好"也。至讀書用力,全在自己。鄧石如先生云:"讀書須極熟,然後得尺則尺,得寸則寸,久之自不能舍。"真老輩閱歷之言,不欺後學。

學問不深,人情不達;人情不達,學問不深。人能安命,得許多便宜。命裏該應是一斗,走遍天下只十升。審此,則貪心自化。

望人好處,缺望便怨。須思我有好處到彼不,彼亦怨我不。學以穌平,方有得。非讀書涉世深,不明此理。

能處處替人設想,便是學問進境。

范忠宣公教子弟曰:"惟儉可以助廉,惟恕可以成德。"真至言也。

聖人論脩己以敬,敬則誠;論接物以恕,恕則謙。

謙能自脩心,約而泰;謙能有節色,穌而莊。"謙"卦六爻皆吉,"恕"字終身可行。

君子以周急爲樂,小人以繼富爲榮。

賊我平心遣之,恩我終身識之。

人有喜事,生嫉妒心。易地觀之,其心頓平。

陋學涸引古,富翁喜言貧。

賢知,敬之,得彼砥礪之益;愚不肖,憐之,動我返觀之心。

天下苦樂無止境。我以爲樂,尤有樂于我者矣;我以爲苦,尤有苦于我者矣。隨境知足,遇樂固樂,遇苦亦樂。

學識淺,嗜陳時事,冒爲無所不知。養深之候,遂無此病。

凡真知己相契，必不以文。惟泛泛交游，好言贈答。

學人多愚，詞人多詐。德行文蓺，相輔而成，斯臻完美。

箸書失其精微，故善箸者不輕箸也；讀書得其糟粕，故善讀者不泛讀也。

望人惠奢，人苦無以應；受人恩重，我苦無以報。

富人不可與言貧，淺人不可與言深。

音爲知者珍，書爲識者傳。

愛我深轉成嫉妒，依人久易生忮求。

忌我激我自脩，阿我畫我所進。

《魏志》王昶引諺云："救寒無若重裘，止謗莫若自脩。"

善名不可盜，在勉其實；惡名不可居，在去其實。

不讀《陳情表》而孝，其孝摯；不讀《出師表》而忠，其忠摯。忠孝之難，每以有所慕效，卒失其正。

忠莫病于畏死，孝莫患于戕生。

伊川先生以忘生徇欲爲深耻，保生之功，全由力學。

薛文清公瑄曰："人于聲色之樂，取快須臾。究之昏迷耗券，無甚快處。惟清心寡欲，氣平體穌。"萬金之富，不易此也。

養心之道，以清靜爲壽；養身之道，以節儉爲安。

儉愈貧，約化侈；果去累，澹定心。

《素問》云："喜傷心，恐勝喜。"故人遇得意處，全賴長者危言，以杜驕縱之漸。當時不樂聞，歷久乃知爲藥石也。

上哲無大過，中下之質，全在悔過、改過兩途致力。

處安不忘危，故憂；處變不改常，故樂。

孟子云："知命者不立乎巖牆之下。"吾以爲避有形巖牆易，避無形巖牆難。能避無形巖牆，始爲知命。

事有備遠患，心無慾得剛。

橫逆之來，須防其人有成見。彼不恤一死，何事不可爲？故徑遂應之爲禍，靜鎮處之爲福。

凡事退一步想，省許多憂悶、許多煩惱。

七情之發，惟怒爲遽不可持。或我以怒往，或人以怒來，一忍皆可冰釋。

《易》三百八十四爻，無退而凶者，故每事思退，古人極有深意。

邵康節先生云："人必有德器，然後喜怒皆不妄。"

呂新吾先生謂："'忍''激'二字，是禍福關。"心平氣穌而有強毅，不可奪之力；秉公持正而有圓通，不可拘之權，可以語人品矣。

胡文定公少時性最躁，嘗怒一兵，手毆之，兵耻抗拒，無可如何。公遂回入書室，作小冊，悉寫經傳中文有"寬"字者以觀翫，後此遂不褊急。

世間拂意事多，惟度量寬，自得受用處同。一不如意，庸人逐物常憂，賢者反躬常樂。《省身集要》云："齒以堅毁，故至人貴柔；刃以銳摧，故至人貴渾。神龍以難見稱瑞，故至人貴潛；滄海以汪洋難量，故至人貴深。"

家中子弟、族人，與外人争鬧，只當責備自己子弟、族人，加以懲戒，庶無生事之擾，人亦諒我無所縱而不怨。

士大夫居鄉，事物之來，尤須氣平心静。親族倚勢凌人，惟恐無事，往往以言激生禍患。浸潤之譖，膚受之訴，必不可行。

居官人，左右吏卒，每無公論，輕聽其言，適為所用。偶遇事不得已，與之語，亦愈簡愈妙。

奴僕以質樸為主為上，有才次之，俊美為下。多言恃才者，委權信用，必誤大事。

凡事入手，便想到結局，自得把握。

薛文清公云："事貴審處，古人謂'天下甚事不因忙後錯了'，真名言也。"故人宜常沈静，則含蓄義理深而應事有力。

陳太邱云："有經濟人，化有事為無事，化大事為小事。亦惟有經濟人能視無事若有事，視小事若大事。"

凡事妥當最難。昔桓溫伐蜀，諸葛武侯小吏猶存。溫問曰："諸葛公有何過人？"吏對曰："亦未見有過人處，但自公後未見再有妥當如公者。"此可見弄奇好名，遜聲色不動、事事帖然者遠矣。

傳世不在功多。昔阿厚庵鹾使治兩淮，增設會文堂書院，至今士人有去後思。

余同事淮北最久，商固私梟，桀驁不馴，較淮南為尤。余臨返，有哭于途者，余嚴斥之，而心感其意。由余遇事婉導其愚，施以恩，不遽督諸法，故有時以法懲，無或議余刻，且感而廢其業者甚夥。

俗士之累，大較才無以致富，而志又不能安貧。

村叟設教，能窒人心；愚夫習醫，能折人命。是以昔人有言："業宜慎託，量宜自知。"

無論成上成下，皆有一番細膩工夫，方能入轂。莊子所引"老斲輪"之說宜翫。

莊子觀解牛知養生，張旭視舞劍知草書，何者？意以誠通，形迹不得而蔽之也。

貿易人類能贍其身家，且有親戚賴以爲炊者。一染兩淮商伙惡習，旋作餓殍，可懼也。

昭烈臨崩，遺其子書曰："勿以善小而不爲，勿以惡小而爲之。"味此二語，無或乎尺土无階，能臻帝業，非將死而言善也。

孤兒、寡婦不可欺，老嫗、幼童不可侮。罷勞遠役，所以事我者甚苦，宜以恩恤之；冶容斌媚，所以蠱我者甚甘，宜以禮謝之。

處富貴之地，要知貧賤人苦惱；值少壯之時，要知老年人辛酸。

鄧石如先生云："同一與人銀錢，窮人蚤得一日，蚤得一日之用，過遲則已無濟。"不獨膏粱紈袴不知，即士人人情學問不深，亦多昧此。

石如先生云："富人遇知己良朋，非不欲厚助之，而展轉因循，家道已替，悔無及矣。"故聖人論爲政與人，特列出納之吝于"四惡"中，示人至切。

富家子弟，無故漸貧，皆不善自經理固也。近以鴉片烟濟色慾之窮，尤堪痛恨。家道消乏，多由于此。前三年尚未聞有吸食鴉片者，年來盛行，并吾歙士民素樸，亦漸不免，殊堪駭異，不知賢有司何以不訪拏也？

遠色之法，固無妙于不見；可欲矣，尤妙在見。年高于我者，尊之曰"此吾嬸也""此吾嫂也"；等于我者，親之曰"此吾姊、吾妹也"；尤少者，曰"此吾女也"。如此存心，一切慾念皆渙然冰釋矣。

古人之學，由誠意入，故能衾影不愧，闇室不欺。

趙清獻公無一事不可以告天，司馬溫公無一事不可以告人，皆不欺其心而已。

君子對青天而懼，聞雷霆不驚，處平地而險，涉風波不疑，所以自脩者豫矣。

與其短于德，無若短于才。

"好名"二字，古人所戒。今人肯好名，反保全多少名節，此不得已。爲今日人心計，非訓女曹好名也。

語云："醫多絕嗣。"余謂凡用紫河車、天靈蓋及桑螵蛸等藥，以它藥不傷生者代之。及治富貴、貧賤人病，一視同仁，細意罔忽。如此用心，何至絕嗣？

明道先生云："一命之士，苟有心于愛物，于人必有所濟。"斯言也，爲民牧者宜三致意焉。

當其窮能愛物，及其達能愛民。

成人善事，道在盡力任之；動人善願，道在推誠告之。

爲通儒則箸述足傳千古，爲名臣則經濟足利萬人。

學而不知爲己，仕而不知爲人，爲古今通病。

位高則待人難周，每多怨；心虛則處己易周，每寡怨。

不學無術輩，處境小康，一事一言，耻傲寒士。及士得時，倐忽改容而禮，甚或卑躬屈節，求附親友之列，深可鄙也。

禮賢者而德進，遠小人而心清。

寒士規橅，自宜節省，無傷寬厚；一朝顯宦，節省太過，又無以爲居我下者地矣。故凡事宜素位而行，中道而立。

富貴人能寬，斯善全其富貴；聰明人能厚，不誤用其聰明。

能寓精明于渾厚，方是聖賢渾厚；能寓渾厚于精明，方是聖賢精明。

聖人於人，自信誰毀。余謂毀人宜戒，我不足制其人，其人聞之，有殺身之禍；我足制其人，其人經此言，有因之貧賤者矣。

治天下者，生人而當爲仁，賴有知成仁；殺人而當亦爲仁，賴有勇成仁。

治天下者，寬以待君子，觀過轉可知仁；嚴以遇小人，嫉惡彌堪勸善。

爲學亟置硯田，當權亟置情田。苦耕硯田，及身穫之；旁蒔情田，後人收之。

俗賈弗延三代，豈真氣數使然？賢宦能庇後人，亦覺報施應爾。

司馬溫公云："積金以遺子孫，未必能守；積書以遺子孫，未必能讀。不如積陰德于冥冥中，爲子孫長久計。"爲父兄者，當三復斯言。

識英雄于未遇，英雄報爾當若何不忘；渾富貴于無形，富貴在人亦彌覺可鄙。

讀書人宜先德行而後文章，積久養到，乃成大器，天心自有鍾愛之人。儻皆窊婾生，雖寒畯不加恤也。

精于明理，渾于立言。

《易》云："脩辭立誠。"又云："吉人辭寡。"可見學者多言不如少言，少言不但能進德，且能養氣。

凡事不言而自能行出，人信之必篤。但作空議論，徒爲人所輕，而脩己之功失。或反爲人所驚，則脩己之功愈失。

聖人云："辭達而已矣。"達者，理達也。理達則贈人以言重于金石珠玉，觀人以言美于黼黻文章，聽人之言樂于鐘鼓琴瑟。故君子藉善言以成德行，而施之務約，取之務精。

"龢而不同"四字，是聖人隱示，中庸之道，爲儒者止至善之所。一切朋鄶之説，自無從入。故儒無出處，悉當奉爲正鵠。

友取其直，不直不當友；直而不直，尤不可友。

學而后知心塞，養而后知身虛。

少年酒色耽情，似操雙斧伐枯樹。近年來復中鴉片烟毒，益速其死。

痛定思痛，險定思險，人之情也。境過旋忘，其人必不可與有爲。

古人具非常經濟，不因賤業湮没，故當時隱于魚鹽，後人尊之，傳諸不朽。今則自尊爲商人，所爲狂而妄，是忘其所爲四民中之一，無異于人也。近惟淮北鮑庀京觀察，脱盡商人習氣，獨成爲賢者。

臟腑愈勞愈實，故藜藿之病薄于膏粱；學問愈進愈虛，故上聖之心謙于下士。

空寂如佛，無上妙法，祇是有情而已。然往往聖賢得其正，庸愚溺于私，故有情在善用。

范文正公《義田記》，讀之令人起敬。敦本睦族之心如此，其篤宜乎！後嗣之興，綿延昌大也。

韋應物《寄李儋元錫》詩五、六句云："身多疾病思田里，邑有流亡愧俸錢。""蘇州一生學陶詩。"此二語真樸神似之。范文正公讀至此，歎爲仁人之言，非性情之厚，不能道出。族兄鶴樵中丞篤于梓誼，贈余作有句云："老戀風塵添俗態，不忘田里此初心。"其意之厚，見乎詞矣，兒輩宜慕效之。

余久客不歸，未知葆兒在家荒于嬉不？葆兒六歲在邗，問業于同族郁成先生，雖不甚聰慧，然亦日誦三十行。時先生期之甚殷，惜蚤回里。若從游迄今日，宜有可觀。須屬庠侄教以多讀書，遲作文，求爲根柢之學，是所厚望。至其質倭，督之亦不必過嚴，此舊寄爾母信中語也。偶于笥中檢得前稿，復録出以示期望苦心。

余習醫不精，天性拙也。爾舅氏汪近垣、姊婿江軒甫皆名手。爾天性敏，它日習舉業，不妨兼習此。

婦主中饋，詩非所先，而性情每于此流露。爾母幼從名師，能文，工詩賦，十一歲詠石，呈爾外大父，有聞古望夫曾化此，至今取友，尚攻它句。後來名作，尤不勝紀。如《詠史諸葛公》結句云"綿竹兒孫齊殉節，武侯千古作完人"；《西湖曉望》云"楊柳梅花千萬樹，不知何處種桑麻"；《題閨秀某送兄遠游圖》有"百年難得真知己，萬里空悲古別離"句；贈余云"天理全從虛處領，人情須向實中求"，皆警句也。黃春谷大令嘗云："表侄女詩思詩筆，不愧'雅安'之號。"然月露風雲不輕下筆，治家勤儉而待媧戚厚，馭奴僕寬，訓侄輩莊。論援引經史中名言，識遠而能斷，凜然有丈夫氣，于余爲賢婦，于爾爲賢母矣。爾叔外祖繡平、晴山兩外舅每言及，重稱之。

　　舊與曹六畬先生、羅子信太史暨鮑庀京、洪殿良兩君友，語諸君曰："施惠于人宜忘，受惠于人宜不忘。"皆服余言。余嘗得親友借貸札，一一（然）[燃]之，免生爾曹望報心。

　　時過然後學，勤苦難成。余不讀書，文義膚淺，不能免識者觀笑，惟示爾曹足已。常須識此，勿令忘也。

　　此篇爲先君子遇事書之，留以勵葆等者也。葆生十一而孤，篤承母教。母課讀之暇，常出先君子手澤示葆，取此篇，命之曰："兒少孤，兒父爲人行事，當不復記憶，顧觀其立言可見矣。"時葆泣而志之不敢忘，旋請嫡堂兄西楣業師詳校而評訂焉。葆十四游邶，依近垣舅氏習醫，兼附仲陽舅氏，事同族郁成師習舉業。客冬，年十九入儀庠，始得歸省。復奉母命，付剞劂，以質諸當世有道之士云爾。

　　道光甲申冬日，男葆謹跋。

　　《訓子侄記》終。

　　維揚打銅巷口柏華陞刊。

（沈昕、潘寧録，卞利校）

——道光《訓子侄記》

清同治歙縣金山洪氏宗族家訓

家訓

　　敦倫紀。孝爲百行之先，孝弟乃爲仁之本。故人能立身行道，顯親揚名，此固孝之大者。即不然，服勞奉養，昏定晨省，以無忝所生，亦不失爲人子。若夫兄弟同氣連枝者也，當相友愛，式好無尤。至于夫婦，乃人倫之始，男正外，女正内，無致反目，皆居家之首務也。吾族勉乎哉！

睦宗族。□□重於睦族，吾族自始遷以至今日，十有七世矣，其初不過一□也。今子孫蕃衍，孰非一脉所傳而至是乎？即如異鄉至此，比廬□□里巷，歲時宴會，上情好綢密，豈生同祖，居同鄉，相聚一堂者，□相視如途人乎？況尊卑有分也，長幼有序也，慎勿踰尊凌長，□衆暴弱欺貧，則爲醨厚之俗矣。若無故犯上者，懲以家法。

貴讀書。□□相敦矣，宗族睦矣。苟學之不講，則無以成其爲全德，故古人□□八年，入小學；十三，入大學，使就外傅，誦詩讀書，乃所以成其□□。如德成而言可爲百世師，行可爲天下法，此讀書之最上品也。其次莫于成名以顯其親，而澤及宗族。否則，博覽古今，彬彬儒雅，猶不失大風範。所謂"要好兒孫，在讀書者"，此耳！有志者勖諸。

重農桑。古人有言曰："勤畊足食，勤紡足衣。"又曰："務五穀則食足，種桑麻則衣足。"則是衣食必資于農桑，明矣。故農稷之官播百穀，藝桑柘，以足衣食，況衣食足而知榮辱乎？此管子所以惓惓致意焉。凡我族業農者，毋墮本業，則舉家咸得飽暖矣。

尚勤儉。古言勤能致豐，儉能養德。蓋業尚于勤而荒于怠，窮奢極欲則家聲墜焉。今爲族人勸，毋怠荒遊，毋好驕奢。凡屬四民，俱宜孜孜汲汲，惟恒産是務，此敦本崇實之良謀也，無忽。

別嫌疑。《内則》曰："男女生七年，不同席，不共食。及嫁，男子居外，女子居内，不共湢浴，不通衣裳，不通乞假。女子夜行以燈燭，無燭則止。"所以別嫌疑也。故與族人訓，居家須正内外，男子無故不許擅入中堂，即□□有事者，進内止步揚聲，亦不許袒衣裸體，亂指嬉笑。若親戚□□，禮于中堂，不得引入私室，共案飲宴，更不許藉端塞神，擅入□□寺院。至于巫祝、尼媼，尤宜踈絕。違者，罪及其夫并其家長。

正品行。孝、悌、忠、信、禮、義、廉、恥，是謂"八行"。苟八行有虧，雖致富貴，奚榮焉？故□□莫重于立品修行。苟品立而行修，以之居家，則孝而友；以□□鄉，則媚而睦；以之接人處事，則和易而公平。寧但容止可觀□□可度己乎？服孔氏之九思，從顏子之四事，不患不到聖賢地位也。願以是爲則。

息爭訟。大抵貪利則爭，使氣則鬨，爭鬨不已而訟興焉。夫訟一興，未有不傾家破産以至結讐於莫解者，故處宗族以和睦爲貴。凡遇族中有事，當善爲勸解，俾相安於無事，則風俗日以湻。切不可教唆，致宗支如吳越也。倘有犯者，小則鳴鼓責懲，大則呈公究治。

禁賭博。賭博一事，更關風化，素封子弟忘其祖父創業之艱，揮金如土，狼藉者餌誘，呼紅喝綠，一擲千金，迷不知悟。及至傾家蕩產，無聊底止，方知怨恨。殊不思能謹于始，事後悔前非，其能濟乎？犯此者，衆共擊之。

慎嫁娶。凡男娶女嫁，須擇以門第相等者爲美。如或不然，即遵胡安定公之言，嫁女須勝吾家者，勝則女之事人必欽必戒。娶婦必須不若吾家者，不若則婦事姑舅必執婦道，是亦一道也。婚姻可□□與？

□廳堂。廳堂者，冠、婚、喪、祭，賓客往來之地，宜修輯完好。朔、望日，值年者□□洒掃，不致貽笑嘉賓。且立有香火、祖先神位，更宜嚴肅潔□□□時，洒掃焚香，毋許將穢物、柴草堆入，以褻慢神祖。違者，家□□戒。

□喪祭。孔子曰："喪，與其易也寧戚。"蓋言居喪者務以哀痛爲本，不可徒尚□□也。又曰："祭如在。"蓋言臨祭者必以誠敬爲先，非特循行故事也。凡我子孫，甚毋忘此。至若喪祭之儀，《文公家禮》具在，遵而行之足矣。

謹墳塋。墳塋乃祖宗歸藏之故宅，子若孫賴以蔭焉。始宜卜其宅兆，既葬，無令人伐其塚木，損傷其來脈。每遇清明、歲暮，祭掃無缺。倘年遠湮壞，乃時修葺之，抑且畫圖于譜，兼于圖內附以土名、方向，并界號之屬，使歷年雖遠，猶得按圖據文以知其所在也。

所立《家訓》，蓋已諄諄言之矣。又重申飭曰：自兹以往，凡我族人，幸毋瀆倫也，毋乖族也，毋賭博也，毋爭鬥也；毋墮農業，毋好唆訟；毋學遊技以蕩俗，毋相攘竊以賊身也。有一於此，足以見用意之不肖，于品行大有所壞，故必律身修己，勤儉是尚，誦詩讀書，恪遵先人之遺訓，即爲後裔之規模。父傳子，子傳孫，世世守之而靡失焉，以成仁美之族，非同志所深望也哉。

——同治《金山洪氏宗譜》卷一《家訓》

清光緒績溪縣南關許余氏宗族惇叙堂家訓

家訓

聖賢《彝訓》，備載《六經》，又何必要《家訓》？《家訓》所以濟《聖訓》之所不及也。蓋《六經》惟讀書人知之，至愚夫愚婦不讀詩書，若無《家訓》，則全不知倫理，此風俗所以壞也。故《家訓》必須粗言俗語，婦孺皆知，又必每年春分、冬至祭祖以後宣講一次，其有關風俗非淺。後世子孫，慎勿視爲具文，庶男女皆知嚮善，而我後克昌矣。

首明倫理。人與禽獸不同，皆因人有倫理，禽獸無倫理，所以人要有倫理，纔算得個人。讀書的貴重，無非他知道倫理。你們農、工、商賈、婦人、女子，目不知書，果能知道倫理，一切事都照倫理做去，便是一個好人，與讀書人一樣。假如讀書人心知倫理，做事不依倫理，反不如你們了。天地中間，人都是"五倫"中間人。一是君臣：君是君王，臣是官員，君王要仁愛百姓，要做仁君，不可做昏君；臣子要盡忠報國，要做忠臣，不可做奸臣。君明臣忠，叫做君臣有義。二是父子：父親有愛惜兒女、媳婦，必須教訓兒女、媳婦學好。兒女、媳婦要孝順，還要自己學好。父親要做慈父，不要做狠父；兒子、媳婦要做孝子、孝婦，不要做逆子、逆婦。父慈子孝，叫做父子有親。三是夫婦：做丈夫的須知道淫爲萬惡之首，必須守正。如果艱於子息，可以娶妾，切不可好色行邪。婦人要從一而終，貞節爲貴。丈夫要做義夫，不可做鄙夫；婦人要做賢婦，不可做淫婦。夫義婦順，叫做夫婦有別。若夫婦無別，便是禽獸。四是兄弟：做兄長要愛惜弟弟，做弟的要敬重兄長，須想我小時父母養育我們的恩勤，切不可聽婦言、爭家業。兄愛弟，弟敬兄，叫做長幼有序。至於一房一族，都要有大有小，纔是長幼有序。五是朋友：凡親戚也在朋友之內，交朋友要交好人，不可交壞人。待朋友要言而有信，不可口是心非。朋友有善事，當勸他做去；有壞事，當阻擋他不要做。以信義相結，終身不變，叫做朋友有信。人有這五樣倫理，我子孫、男婦、大小肯依倫理做事，便是個好人，天地要保佑他，他本身必有好處，子孫必然昌盛。若滅倫悖理，與禽獸一樣，天地不容，算不得我的子孫。

一、孝父母。前說"五倫"，雖是君臣當頭，但人人皆父母所生，要以盡孝爲本。皇帝以孝治天下，求忠臣必於孝子之門。古人說得好，"孝爲百行之原"。人不孝父母，雖有別樣好事，都是假的。如果行孝之人，決不肯做壞事，行孝的如古人扇枕、溫席、求鯉、哭竹，說個不盡，大約要三樁完全，纔是孝子。第一是愛父母。別人愛惜我，我便感他好意，要愛惜他。你想父母生我養我，是何如愛惜我。我不愛惜父母，愛惜何人？如或愛惜妻子，不愛父母，你無父母，那來的妻子？所以孝子第一要愛惜父母。第二是敬重父母。我是他的兒子，父母所以止須愛我，不必敬我。但愛父母而不敬重父母，那怕父母衣豐食足，還有一大半不孝，這等孝順與禽獸也差不多。你看禽獸小时也爱父母，但不知恭敬，所以孝子第二要敬重父母。已经爱惜父母，敬重父母，若还爲非作歹，或被人殴伤，或犯王法，或面上做好人，暗中做不端之事，以致明遭宗族笑骂，暗遭鬼神怒譴，岂不玷辱父母？所以孝子第三要守身。守自己身体，时时存善心，处处行善事，扬名以顯父母，这纔是个真孝子。所以孝能感动天地，孝子必定有後。至於妇人在家，如果是个孝女，出嫁必定是个孝妇，必能守贞，断不肯以清白身体受人污染，玷辱父母。可见，天下好事都从"孝"字做起，所以说孝爲百行之原。

二、敬祖宗。人既要孝父母，从父母的父母，代代推上去，便是祖宗。一要修整坟墓以安祖宗之体魄，二要修整祠堂以安祖宗之神灵，三要及时修谱以明祖宗之来历。新择葬地，止要无水、无蚁、无石，藏风聚气，不可惑术士之言，停丧不葬。你想古人不言地理，一样有富贵，有贫贱；今人皆言地理，一样有富贵，有贫贱。可见，阴地不如心地。至於时节祭祀供仪，须熟而有热气，生冷之物，鬼神不得而享。盖鬼神享其气也，纸钱不过表意，使祖宗知此意而已，并非要此作用，不必多也。至於僧道斋荐，此正徽、宁恶俗，明理之人，决不信也。

三、重师儒。师儒所以明圣贤之道，本不可不重。况一族子弟，无论将来读书成名，即农、工、商贾，亦须稍读书本，略知礼义。凡请师，第一要有品行老成之人，礼貌必须周到。读三年後，如果子弟聪明，可以读书，富厚之家自不必说。如或孤贫，在亲房及祠堂均宜帮贴，将来发达，荣宗耀祖，宗族皆受其庇荫。如果一族无绅衿，非但被人轻薄，而且被人欺侮，乃祖宗之不幸也。在读书人，受恩不可忘，无恩不可怨，不可恃才学而傲慢乡党，不可挟绅衿而出入衙门。如果品学都好，就不发达，一样有光门户。

四、正闺门。男女居室，人之大伦，所以人家最重是门风。如果闺门不正，虽富贵亦可羞可恶；如果男女有别，虽贫贱亦可荣可敬。朱柏庐先生《家训》云："三姑六婆，淫道之媒。"况僧道乎？所以一族要有《族规》，一家要有《家规》。非至亲不可交谈。妇女虽老，不许入寺烧香，不许借作法事，任僧道入室。但夫爲妻纲，闺门之整肃，又先在男子，男子守正，妇女谁敢不正？

五、睦宗族。"五伦"第四是兄弟，宗族即是兄弟，有祖辈的兄弟，有父辈的兄弟，有我同辈的兄弟。一族便是一大家，一家和睦一家好，一族和睦一族好。我族许、余名爲两姓，实是一姓，当初我祖以甥承继舅家，是恩深义厚，子孙无论爲许爲余，仍照班辈如一家人。倘若以两姓而生嫌隙，各立门户,便是不孝。與外姓結怨尚且不可,況同族何忍結怨?願世世子孫,保全祖宗的恩義。

六、務正業。我祖宗忠孝傳家,無犯法男子,無再醮婦人。在後世子孫,必務正業,正業止有士、農、工、商四條路。至於地理、醫道,雖非邪術,恐學之不精,誤人不少,切不可圖其事之安逸而輕學以害人,受人飲食財物而反害人,不如乞丐。

七、早完糧。百姓無君臣之分,只有錢糧是奉君王的。一日完糧,一日太平,一日百姓受福。惟亂世不完糧,苦不忍言。如今太平不完糧,等糧差上門,所費更多,到官受責,甚至破產傾家。每年錢穀,務先完糧,而後做別事,好不安耽!假如少有天災,未經奉免,亦宜完納。凡有聲名者,切不可抗糧取禍。一時好高,後悔遲了。

八、息爭訟。凡人一生,不入公門,便是福人。我新安沐朱子遺澤,稱文物之邦,而訟風反甚於他處,大抵為風水居其半。如果已葬祖塋被占而訟,尚屬萬不得已。若因求地葬祖而與人結訟,豈不可笑?你看古來那有因訟得地而昌盛的?惟有已葬祖墳、命盜等事,不得不訟,其餘田地、銀錢都算小事,不必結訟。至於已聘妻媳被占,似乎有理,但已聘而願改婚,其家無恥。其女不貞,我且不屑娶,何訟之有?況一切小忿致訟,至於破家蕩產,辱身失名,自害害人。到後始悔,何不早先思量?

九、杜邪風。凡葬祖祭祖,儒家自有正禮,僧道邪説,概不可信。近世僧道又添出惡習,聚衆金鼓,以鄙俚言辭狂奔呼喊,作暴戾之氣,引妖魅之風,乃王法所當禁者,更不可行。至於男女入教特齋,非但傷風敗俗,而且貽禍宗黨,可怕,可怕。

十、禁溺女。徽、寧第一惡俗,在自溺其女。彼本性凶惡莫過,豺、狼、虎、豹尚不自食其子,人而自溺其女,比豺、狼、虎、豹更凶。若不禁止,成何宗族?彼溺女的解説,一説不育女,好早生男;一説免賠嫁資;一説貧不能養,都是胡説。人家求子,當誓心行善,殺女求子,豈不上犯天怒?嫁資厚薄,各視力量,忍下手殺他,難道不忍薄他的妝奩?至於生女必有乳,乞丐的婦女常時有襁褓沿門難道,住家的偏養不起?想到把呱呱嬰女投下水時光景,口不忍説,耳不忍聞,溺女之人凶惡已極。古人説:"不孝之人,人人得而誅之。"如今溺女之人,亦人人得而誅之者也。凡我子孫,永遠禁戒,同登仁壽。

——光緒《績溪縣南關許余氏愔叙堂宗譜》卷八《家訓》

民國績溪縣西關章氏宗族舊譜宗訓

舊譜宗訓

一、嘗觀歐陽文忠公有云："人而不知祖宗，是禽獸也。"凡爲人家，無分宗族多寡，必須先置譜籍，於上寫記高祖諱某、字某、配某，曾祖諱某、字某、配某，祖、考諱某、字某、配某，及其族曾叔伯、祖、考、堂從、再從，並墓塋處所，世代流傳，附寫以誌所自，庶後修譜者有所考據。又須依《文公家禮》，置立神主牌，侍奉祖宗。忌日、歲節，按時祭享，庶幾不失孝子慈孫報本至意。伊川先生云："家必有廟，廟必有主。月朔必薦新，時祭用仲月。冬至祭始祖，立春祭先祖，季秋祭禰，忌日遷主祭於正寢。"人家能存得此等事數件，雖幼者可使漸知禮義。

一、族中叔侄、兄弟，雖有同堂各派不同，以祖宗視之，俱是一本所出。務要長幼有序，休戚相關，年時月節，婚姻慶吊，各盡親睦之道。又須如古靈陳先生所謂："父慈子孝，兄友弟恭；夫義婦聽，男女有別；子弟有學，鄉閭有禮；貧窮患難，親戚相救；婚姻死喪，鄰保相助。"無墮農業，無學賭博，無好爭訟，無以惡凌善，無以富欺貧，則爲禮義之俗矣。

一、司馬溫公曰："凡諸卑幼，事無大小，毋得專行，必咨稟於家長。""凡子受父母之命，必籍記而佩之，時事省而速行之，事畢則返命焉。或所命有不可行者，則和色柔聲具，是非利害而白之，待父母之許，然後改之。若不許，苟於事無大害者，亦當曲從。若以父母之命爲非而直行己志，雖所執皆是，猶爲不順之子，況未必是乎？"爲卑幼，爲人子者，要當三復斯語，服膺勿失。

一、子孫不論貧富，年六、七歲，即令親師教以詩書，使知禮義，以至長大問學有成，氣質亦變。大則立身揚名以顯父母，次亦必爲謹厚之士，可免廢墜家業，且行事亦不失故家氣味。其資性魯鈍者，學果不通，亦必責以生理，拘束心身，免使怠惰放逸，陷於邪僻。周益公有云："漢二獻皆好書，而其傳國皆最遠。士大夫家，其可使讀書種子衰息乎？"旨哉，斯言！務宜世守。

一、人家兄弟，自幼同父母，同乳，同衣，同床席，同笑語；成童，同筆硯，同嬉遊，甚相親愛。至冠娶後，多以財利、言語些少相干，遂生嫌隙，鬩牆不睦，甚爲悖戾。嘗誦法昭禪師偈曰："同氣連枝各自榮，些些言語莫傷情。一回相見一回老,能得幾時爲弟兄?"詞意藹然,足以啟人友于之愛,因述以爲處弟兄者之勸。

一、"凡議婚姻,當先察其婿與婦之性行及家法何如,勿苟慕其富貴。婿苟賢矣,今雖貧賤,安知異時不富貴乎?苟爲不肖,今雖富盛,安知異時不貧賤乎?婦者,家之所由盛衰也。苟慕一時之富貴而娶之,彼挾其富貴,鮮有不輕其夫而傲其舅姑。養成驕妒之性,異日爲患,庸有極乎?借使因婦財以致富,依婦勢以取貴,苟有丈夫之志氣者,能無愧乎?"此司馬溫公格言,凡嫁女娶婦,不可不遵斯訓。

一、人家不和,多由不賢婦人所致。先儒柳開仲塗《述誡》云:"人家兄弟,無不義者,盡因娶婦入門。異姓相聚,爭長競短,漸漬日聞,偏愛私藏,以致背戾,分門割户,患若仇讎,皆汝婦人所作。男子剛腸者幾人,能不爲婦言所惑?"吾見多矣,今閱世故,古今一律,不幸遇長舌之婦者,其尚深省於斯。

一、近世後生,多立私會,酒食徵逐,自謂廣交多助。不知廢時失事,毫(何)[無]裨益。甚至所交非人,朋淫聚博,引誘爲非,身不知廉恥之事,口不道忠信之言,則其爲害又非淺小。吾族子孫,惟文會、講會當立,然須虛心下氣,擇勝己者友之,庶相觀而善,有涵育薰陶之益。其同會又當以敬爲主,誠意相孚,乃爲可久之道。不然,面是心非,外合中離,稍涉利害,落井下石者間亦有之,皆由始之不謹,以致罔終,鮮不爲人所笑。切戒,切戒。

一、今日之祖宗,即前日之子孫也。今日之子孫,即後日之祖宗也。其舉動賢否,肇迹啟後,關係甚大,不可不謹。爲子孫者,孰不喜祖宗之榮顯?顧念爲後日祖宗者,可不作人自今日始乎?慎之,慎之。

一、作人當以孝、悌、忠、信、禮、義、廉、恥爲主本,爲臣忠,爲子孝,居家儉,處族和,儒勤讀,農勤耕,商賈勤貨,舉動光明,存心正大。謹戒暴怒,作事三思。凡此皆亢宗之事也。能由此者,家道興隆,吉祥日盛。若卑污苟賤,不恥非爲;浮躁狂誕,不自謹飭;逆親犯上,不顧非議;聽信讒言,疎離骨肉;懶惰不學,奢侈敗蕩;狠戾自用,與衆不和;破巢取卵,結黨外人;輕言妄動,起釁生事。凡此皆辱宗之事也。倘犯此者,亡身喪家,衆所賤惡。一禍一福,較然明白。稍知自愛者,可不知所決擇乎?因書于譜,以示鑒戒。

一、一峰羅先生家書云:"爲人祖宗、父兄者,惟願有好子弟。所謂好子弟者,非好田宅、好衣服、好官爵,一時誇耀鄉里也。謂有好名節,與日月爭光,足以安國家、風四夷、奠蒼生、垂後世。若只求飽暖、習勢力,則所謂惡子弟也。在家足以辱祖宗、殃子孫、害身家；出而仕也，足以污朝廷、禍天下、負後世，此豈祖宗、父兄之所願哉！吾願叔、父聽之，子侄戒之，共懲成我做成天地間一箇完人。蓋未有治國不由齊家者，何謂齊家？不爭田地，不占山林，不尚鬭爭，不肆强梁，不欺鄉里，不凌宗族，不擾官府，不尚奢侈。弟讓其兄，侄讓其叔，婦敬其夫，奴恭其主。只要得一'忍'字、一'讓'字，便齊得家也。若使我以區區官勢來齊家，不以禮義相告，便成下等人耳！"觀此一書，便見人當以天下第一等事業自期待，不可徒羨光榮而飽者矣。且居官、居家之法，備見數語，真有道者之言也。故錄于篇，以爲後裔有志者告云。

右《宗訓》十一條，喬謹述先賢緒論，附以己見，列爲《家規》，非敢贅也。蓋以家道正而後萬物理，子孫賢而後世族昌。修身、訓後之要，無出於此。故庸著篇端，以爲宗盟同志之助，觀者幸恕其僭妄焉。

——民國《西關章氏族譜》卷首上《宗訓》

民國祁門縣河間淩氏宗族淩氏家訓

家訓條款

夫《家訓》者，乃教家之要約，齊族之準繩。族衆人繁，使不明示以勸戒，則内外有玷於家門者多矣。故立《家訓》十則，於春、秋祭畢時，將示勸昭戒之義，明爲講解，庶族中能約率景行，範俗法守也。

家本第一

家本者何？存心是也。人生世間，凡百之物，受用有盡，惟此善根受用無盡。故曰："耕堯田者，有水慮；耕湯田者，有旱憂；耕心田者，日日豐年，無慮無憂。"家之久長，係於一心，故存心先焉。

積陰功。凡人之生，貴積陰功。非必廣施厚賚，如今人之修橋、舍、路者，始謂之功也。即念慮之間，常存利物，這便是心地好了，天地神明必共鑒之，將來福澤，近則及於身，遠則及於子孫。譬之樹木然，枝葉雖未蕃衍，而本根已培，則暢茂條達自莫能遏矣。凡吾族子孫，務宜省之。

袪隱惡。凡人之生，貴袪隱惡。非必損人益己，如今人之奸淫謀奪者，始謂之惡也。即念慮之間，常存害物，這便是心地壞了，天地神明必共鑒之。將來禍殃，近則及於身，遠則及於子孫，譬之樹木然，本實既已先撥，雖枝葉未害，而顛仆摧折可立待矣。凡吾族子孫，務宜省之。

家範第二

《家範》者何？修身是也。家長之身，係一家觀仰。爾身不正，孰克有正？故曰："身不行道，不行於妻子。"使人不以道，不能行於妻子。妻子尚不能行，而餘可知矣。家之淑慝，係於一身，故修身繼焉。

謹言語。家長之言，家人之承聽也。古之君子，居喪不言樂，祭祀不言凶，公庭不言婦女。對父兄，則言慈愛；接卑幼，則言孝敬。推而至於語臧獲下走，亦必以道。非徒寡口過，亦以示家法也。苟爲不然，啟口容聲，少有不欽，則己先輕躁，何以責人之沉默？是故齊家者，謹言語之爲貴。

慎舉動。家長之舉動，家人之模範也。古之君子，上堂則聲必揚，入戶則視必下。以頭容則直，以手容則恭，以足容則重。推而至於飲食起居，莫不以禮。非徒寡身過，亦以示家則也。苟爲不然，出入進退，少有不臧，則己先輕率，何以責人之持重？是故齊家者慎舉動之爲貴。

家政第三

身範，端矣。身所屬，皆倫也。《書》曰："惟孝友于兄弟，施于有政。"《記》曰："父子篤，兄弟睦，家之肥也。"爾身既修，又能推明倫理，以爲一家之政。自家長以至僕從，元氣周流而無間，安得不謂之肥？此明倫之所以次於修身也。

供子職。人有父母，斯有此身。爲人子者，肥甘養親，不足以報乳哺之恩；輕煖衣親，不足以酬胞胎之苦。父母即是天地，愛我惡我，皆當順令而不違。我爲父母之所生，雖孝極尊親顯親，皆非過分之事。世俗不曉此理，常見父母有不是處，不知天下無不是底父母。故凡子媳不孝，勿庸疾怨，初犯時，喚入祠堂，跪祖宗神位前，且責且撻，令改過自新。若重犯，甚至有毆傷重情，此則人倫之變處，通族之人驗其真實，即令自盡。不伏者，送官。若父惑後妻之言，妄加罪於子媳者，本宗當原。此子平日爲人果孝，特須宥之；果不孝，毋論嫡繼，同前治罪。

敦友于。兄弟一體而分若手足，相親相愛，宜無過是。世之人，或貧富貴賤相形，遂生妒忌。或聽婦言，或爭田地，或因競財帛，或因父母偏愛，或因兄弟早亡，或因子侄暴戾，彼此懷懟，互相毆傷。鬩墻變作，興訟不休，子孫世爲寇讎，良可哀也。通族當念同氣之親，篤相好之愛，富由耕來，貴由讀來，無容嫉妒爲也。婦人之言，切不可聽。世間難得者兄弟，易得者田土、財帛。曲從親意，撫恤伶仃，子侄不才，則教訓之。安常則數燕會，禦侮則協心力。遇空乏則周之，有過失則善道之，庶內外和順，家道其日昌矣。

家禮第四

倫理明矣，所以行之秩然不亂者，禮也。婚媾之禮，以仁男女；喪葬之禮，以仁祖考。本愛敬之心以施之，則倫理之間愈無虧矣。此崇禮之所以次於明倫也。

重婚媾。婚媾者，上以承宗祀，下以繼後嗣，禮莫大焉。擇德爲上，論年次之。今之爲婚者，論財而已，或厚資以耀聘，或竭財以侈裝。名爲爭門面，不知其實破家也，自古夷之矣。世俗好於襁褓、童幼之時，輕許爲婚，亦有指腹爲婚者。及其既長，或不肖無賴，或家貧饑餒，或喪服相仍，或從宦遠方，遂至棄信負約、速獄致訟者，多矣。今後，男女議婚諸弊，皆宜戒之，通族所宜知也。

愼喪葬。世俗喪禮有二害焉，備酒、裂帛是也。人子執親之喪，水漿不入於口，宗戚爲粥以食之，禮也，未聞豐酒饌以款人也；宗戚具賻儀以贈之，禮也，未聞裂帛以散人也。此風既成，人不知非，聞其家不備酒、不裂帛，即以爲薄親，便不往吊。喪家亦自恐費用不貲，一成服後，即扶親柩而出之，此皆風俗薄惡之甚者也。諸如此弊，均宜戒之。至於墳墓，乃祖宗藏形骸之所，係根本重地，務宜加培封界，蓄養樹木。而祖墓或爲風雨傾塌，或爲狐鼠侵穴頹廢者，宜壘砌之；遺失者，宜清理之；淺露者，宜擇土益之。或異姓侵犯塋壙，混占界址，族衆俱要協力理論。

家廟第五

古者，將營宮室，宗廟爲先。凡遇吉、凶等禮，必往告之，所以永孝思，事死如生之道也。今族毋論大小，各宜量力以建祠堂，不惟神靈有棲，衣冠有藏，而宗子之法胥此以行，《家規》從此立矣。宗廟之設，烏容已乎？

明宗祀。凡祖考神靈入祀者，從昭穆列之，毋得僭逆。不惟出與廟絶，如生非祖脉及干犯義者，均不得入。喪德者，雖老死弗入；立德者，雖早亡亦附。此固於報本追遠之典，而寓勸善懲惡之機者也。今日之子孫，即後日之祖考，可不修德立行，以培沒世享祀之基歟！

嚴祭禮。祭所以報本反始也。報者，酬之以物；反者，追之以心。外盡物，內盡心，祭之道。故感時興思，仲春之掃墓，孟秋之薦新，冬至則祭始祖，除夕則奠祖禰，忌日則哀，奠告之儀，皆祭祀也。自主人以下，齋明盛服，品物豐潔，進膳若見所欲，稱諱如見吾親。樂以迎來，哀以送往。無論主祭、助祭之人，咸以誠敬爲主，庶幾神或饗之矣。若跛倚以臨者，罰之。

家族第六

族人雖衆，自祖宗視之，皆一體也。有一體不流貫，謂之痿痺；有一人不聯屬，謂之乖離。痿痺者不仁，乖離者亦不仁也。親親爲仁，而睦族者其仁之推乎？

序尊卑。尊卑有序，則上下和。凡宗族人等，不惟我之父兄當敬也，伯父、叔父、從兄、族兄，亦莫不然；不惟我之子弟當愛也，從弟、族弟、從姪、族姪，亦莫不然。推及姑姊妹族、祖母族、母族、妻族，亦莫不然。隨行隅坐，恭聽慎應。見必衣冠，不敢露頂跣足；遇必拱立，不敢徑行過越。若卑幼騎坐，須下行禮，俟尊長過，方得自便。違者，罰之。

恤煢苦。聖王施仁，必先煢獨。凡宗族中有鰥寡、孤獨、疲癃、殘疾，顛連無告者，皆吾身之痌瘝也。親房之人宜爲矜憐，區處衣食，安置寢所，毋使流離。卒難以自葬者，備棺木、衣衾，毋使暴露。違者，罰。如親房皆貧窶，則責備於服屬之稍親者，本宗亦自有處。若宗族之貧者，假貸尤不可靳，亦不許騙其資本。

家訓第七

陸象山先生曰："人家之興替在義理，不在富貴。假令貴爲公相，富等崇、愷，而人無義理，正爲家替；簞食瓢飲，肘見縷絶，而人有義理，正爲家興。"味斯言也，家之興替，在義理之有無。義理之有無，在子孫之教與不教耳！中也養不中，才也養不才，故人樂有賢父兄也，教其可以不豫乎。

端蒙養。古人胎教不可望矣，蒙養不可不慎也。必能言，常示毋誑。能立，教之正方。教他莫頑戲，莫愛財，養其節也；教他莫傷生，莫折枝，養其愛也；即席飲食，必後長者，養其讓也；教以孝、弟、忠、信、禮、義、廉、恥，以養其心；教以灑掃、應對、進退，以養其身；教以詩章歌詠，以養其性情。稍長，則出就外傅，居宿於外，讀《孝經》《小學》等書，庶幾少成若天性，習慣若自然，而大人之實立矣。

親師友。發明義理，指引塗轍者，師之功也。漸磨誘掖，忠告善道者，友之力也，師友可一日廢哉？今之爲父兄者，有子弟則縱其遊惰，不遣讀書。及有就學者，其父兄又不致敬盡禮，隆師擇友，以教輔之，隨其子弟，玩愒時日，不務進學。是以自幼至老，愚駁如一，豈非其父兄不爲之隆師取友以致然歟？各家父母於子弟，當童蒙之後，廣延師友，訓之義理，則楚人可使齊語,不患子弟之不成也,勖之哉!

家業第八

天下之人不同而業亦異,惟各務己之業,自然家道(享)[亨]通,而利用安身矣。苟遷於異物而怠於己之所司,視之無所事事者,雖有間,然終於無成,與失業者等耳。勉之。

勤耕種。農爲粒食之由,一家養生足用之本也,宜及時耕種。有田者,或自耕,或督僕從耕之,或召人耕之;無田者,或租佃田地耕之。蓄水以防旱,積穀以防饑,種蔬以備菜,藏畜以資養,栽桑麻以備布帛,樹木植以備十年之計,則俯仰有賴,賦稅不至無籍矣。若有田而不耕者,謂之"敝農";耕而不力者,謂之"惰農",本宗宜罰之。

精技藝。凡人之藝,一則精,二則雜,三則廢,故曰:智多則愚,技多則拙,必然之理也。人而無恒,不可以作巫、醫。工於藝者,必精緻堅固爲上。日計不足,歲計有餘,雖傭工之人猶然,況自傭工而上者乎?自今工藝不止一途,但當各守己業,終身不變,庶幾爲治生之長策矣。無常業者,罰之。

家聲第九

家聲之好醜,常成於著而始於微,幾微不謹,則惡積而不容掩,罪大而不可解矣。先王圖難於其易,維大於其小,皆所以明微也。噫!其齊家之遠慮乎?

謹閨教。閨門,萬化之原,人道之始也,最宜謹之。故曰:"教婦當於初來時。"教他勤儉、恭順、溫良、貞潔,少有不聽,則當戒飭,久則自成賢德。苟始之不謹,溺袵席而忽纮韋,養成悍妬之性,不孝公婆,不順夫子,不和姒娌。有妾不能容,有婢不能畜;淫佚剛愎,醜行彰聞。良由婦教之不能謹始也。禁治不止,即當出之,本宗所宜共知也。

別嫌疑。大抵風聞之誤,皆起於嫌疑之際。通族子姓,皆當防微杜漸,以立閨門之大義。昔季康子與其從祖母隔闑而語,孔子聞之,尤謂其男女有別,況齒與分之相若者乎?子孫自十五以上者,不得擅入親屬、尊長房内,必尊長呼喚方可。僕從之人,更加嚴謹,必主人有命,方許立門外聽役。僧、道、醫、卜、星、巫,無故不許往來。倘有疾病禳醫,只許中堂行事,手藝各色之人皆然。男女不許拜認他人爲父母姊妹,自己亦不許受人之拜認,此皆有爲而爲,甚於穿窬之盜也。女子出門,必擁蔽其面,夜行以燭。雖年老,不得入寺觀燒香,出外看戲。違者,責其夫。其或有獸行者,本宗責令其自盡。

家勸第十

民之秉彝，好是懿德。但中人之性，恒以有勸而成，無勸而怠，故家有勸善之典焉。當於祭祀將終時行之，亦與衆共之之意也。

旌孝順。孝爲百行之原，養志尚矣，養口體次之。若子婦衆多，獨能行孝，是以一人教衆人也。若母有嫡繼而行孝不改，親没尤慕之，是孝子之能終其身也。其實跡顯著，如閔子、王祥、崔氏、乳姑等類，本宗立扁直書，仍呈縣以旌其孝順。

旌良善。善人，天地之紀，家之漸以昌大者，伊人力也。凡族中有忠信存心，公廉律己，謙謹待人，仁慈濟物，獎誘後學，欽禮前輩。見小子，勉以孝悌之言；見壯者，訓以耕作之利。解争息訟，輕財厚施，表正閭里，如王彦方；激化澆漓，如房彦伯。此等善人，族之光也。本宗仍聞之官，當舉飲於鄉，以旌其良善。

——民國《河間淩氏宗譜》卷一《家訓條款》

民國祁門縣京兆金氏宗族家訓十條

家訓十條

禮貌不恭。出入不告。飲食不節。衣袒升堂。戲玩博賽。

事業不謹。交友不擇。親戚不敬。門下撲物。語笑非時。

右論十條，各宜知悉、省察、遵承，違者，不恕。師巫異端，屏斥年深。内外事體，莫聽婦人。求神、求佛，決爲非理。詩書營家，心存天理。作福作災，皆由自己。子孫世守，源源弗已。

——民國《京兆金氏宗譜》卷一《家規》

民國歙縣吳越錢氏宗族家訓

家訓八則

重祠祭。孝莫大於敬祖，敬祖莫大於修祀，祀莫先於祠祭。有事於祠，所以尊祖敬宗而致其如在之誠也。《禮》曰："祀不欲數。"歲定以期，於春、於秋，或於冬至。春雨露既濡，君子履之，必有悽愴之心；秋霜露既降，君子履之，必有怵惕之心；冬至土返水歸，萬物各親其本，報本反始之道也。屆日，卯、辰二時限畢集,推行尊或年高有德者主灌獻,(郡)[群]子弟除執事外,各以行次爲序,務整齊,毋攙越;務嚴肅,毋諠嘩,虔恭致敬者。與祭不及時者,罰跪廟門外,不與行禮。其有大故,不得與祭者,必先期白于衆;無故不與祭者,衆唾之,聲於族。凡子孫守制者,皆不與祭爲禮。子弟有事,禀議,俟竣事後議畢,必尊長退然後敢退。至每月朔、望,凡子婦于家堂祖先,必虔盥、進饌、獻茶、焚楮帛,鬼享時思之義也。遇祖、考妣忌日,必素服奉主,正寢致祭。是日,不赴宴遊樂,感時追遠之思也。

崇孝友。《論語》開章《論學》,即首提孝弟者爲人之本。人生苟不孝弟,譬如樹木,根本既斷,枝葉豈能發生?人子欲孝父母,先從養父母始。天下無不養父母之子,家常歲月,奉養豈必過豐?但隨家有無,竭力致敬,無先妻子後父母之心,即啜菽飲水,安在不可承歡耶?至于出入起居,一切務須遂父母之心,聽從教訓,毋習蕩,毋好閒,毋踏非禮,毋犯非義,以貽辱累於父母。此養志守身之道,凡人子所當謹凜者也。然人之不順父母,多由於不能和兄弟。兄弟之不和,妻子間之也。吾每痛人情養其父母不若養其子,信其兄弟不若信其妻。故家有悍婦,甘其詬侮弗計也,至兄弟,則睚眦必較;家有蠹婦,恣其耗費弗計也,至兄弟,則絲粟必爭。閨閫枕席之私,日侵月蝕,久之有視爲秦越者,甚之有相爲仇敵者。爲父母者之心,有不深恨而隱痛乎?故《尚書》言孝,即繼"以友于兄弟"。《詩》咏"兄弟既翕",必先以妻子好合。而夫子嘆之曰:"父母其順矣乎。"然則人欲順父母,尤當和兄弟;欲和兄弟,惟勿爭小利,勿較小忿,勿聽婦言而已。

敦詩書。世家大族,家聲、門第之所以重者,在詩書也。惟讀書上之可以取科名、榮宗耀祖,次之博通今古、明理達義,發爲文章著述,亦可傳世。更不然,即教授鄉里、陶冶童蒙,以筆代耕爲食,不致墮爲匪類,蕩爲下流。故人家雖貧,切不可廢詩書。然子弟之生,豈必盡能讀書?爲父兄者,須相其材質所近,力者食力,藝者食藝,皆可營生。擇其才之可教者,三或擇一,五則擇二,延師課督。毋姑息,毋作輟,毋役以他務。勤而課之,久必有成。然最重尤在擇師。今時之弊,往往初學成童,甫離村校,於書理字義、文章規矩,曾未涉其藩籬,慨然爲人之師,不責多俸,但圖糊口。而求師者利其省費也,或取諸家族之近,或狥於戚友之情,憒而延之。冬烘村塾,積月累年,卒於無就而坐以終廢者,十之八九。迷以傳迷,誤以傳誤,深可浩嘆!語云:"良冶之側無棄金,大匠之門無曲木。"誠擇師得人,以善導之,教有程,誘有序,月有益,歲有進。在大成縱不可期,然以云爲頑金棄梗者,蓋亦寡矣。且吾觀天下事,未有不費一番真精神而能苟且僥倖以希其報者,彼造物者初不如是憒憒也。吾家自祖宗以來,理學、文章,淵源相續,凡有志承先者,先須累德積功,以培讀書種子,而又不惜隆禮重贄,擇名師以祈式穀,俾成人有德、小子有造,于以振家聲而光大門閭,不勝厚望焉。

力耕織。人生一日不再食則饑,終歲不製衣則寒。衣食者,人之所以爲生,而耕織者,衣食之源也。誦《詩》三百,其中所載,自祭祀、軍旅之餘,吟咏反覆,言耕者十之四五。《禹貢》辨桑土,《豳風》咏蠶月,《孟子》言麻縷絲絮,皆織紝之所資也。周之興也,有葛覃之后妃;其衰也,則言"婦無公事,休其蠶織"。《禮》載諸侯耕助,夫人蠶繅。耕、織二者,聖人所以垂於經、著於禮,而叮嚀鄭重者,在人君爲立國之本圖,在民間爲治生之本務,莫有大如此者也。人家子弟,自讀書而外,即當教之力耕,婦皆教之勤織。能力耕則男有餘粟,能勤織則女有餘布,不惟兇年饑歲可以無憂,抑且飽煖可以養天和,富足可以生禮義。上之輸納公税可無愆期追比之虞,下則吉凶私事可無仰面稱貸之苦,亦何憚而不勤勤于此也?況男子不耕稼,必習爲游蕩;婦女不紡績,必習爲淫惰。平日不事生理,必至饑寒迫身,放辟、邪侈之事,將無所不至矣。惟一使之務于耕織,則各習於勤。人情勤則思善,足則自愛,不惟可以裕生計、敦風俗,而教化亦賴以浹矣。

禁閧訟。《書》曰"敦叙九族"。敦者,聯之以情,所以合疎也;叙者,秩之以禮,所以聯遠也。世衰俗薄,人不講於敦叙之義,或族處而視秦越,或同室而興戈矛,往往以小忿、小利之故,小之閧毆,大之訟訐。揆諸一本之義,是何異一人之肢體自相戕賊乎!然吾祖以忠貞報國,孝友傳家,凡吾子姓,毋以強凌弱,毋以富欺貧,毋以衆暴寡,休戚必共,緩急相依,患難、困厄必相扶持,此所謂情以敦之也。毋以卑犯尊,毋以少凌長,毋以疎間親,昭穆必别,稱謂必嚴,婚喪、慶吊必相通赴,此所謂禮以叙之也。其有出於情理之外者,先訴之房尊,次鳴於族長。爲尊長者,亦必毋狥私,毋婪賄,毋泥先人之言,毋惑偏辭之説,秉公持正,評其曲直。閧者以先閧爲曲,重責於家廟,以警首禍之兇;訟者以捏訟爲曲,明証於公庭,以正興戎之罪。息争杜禍,用全一本之義,其所全者大矣。嘗怪世之慣閧者,在家人則名分不遵,偏不憚卑,屈以下胥吏;世之健訟者,在家人則錙銖不讓,偏不惜貲,貿以殉請托。卒之家不和而行道皆傳爲譏訕,内無助而鄰里得肆其欺凌。豈不深可痛哉!吾故爲敦叙之説，而尤以禁訟爲諄諄者，蓋重有所感也夫。

嚴術業。人生無恒產者，必有恒業。所謂恒業，耕讀其上也。讀書而不達，則退而教授鄉里，以收筆墨之獲。教授之外，或習醫方以享仁術之利，亦其次也。若不能讀，又不能耕，則于百工技藝之間，必擇一業以自處，甚而至於力作營工以自活。勤作雖勞，獲利雖菲，能精而專之，即恒業矣，而其心亦不失爲恒心也。夫人能不失其恒心，則雖勞不以爲苦，卑不以爲恥，賤不以爲辱也。恥辱之大，莫甚于習優伶、投營伍、入衙門充胥役也，三者皆不肖無籍之所托足，而胥役爲尤甚。蓋子弟一入衙門，其心術即化爲梟獍，其行徑即化爲鬼蜮。以祖宗、父母之身而效奔走於呼叱，受恥辱於鞭笞，可痛孰甚焉！而其人方哆然自視爲得意，舞弊挾詐，見事生風。倚三尺之威，以恣其漁獵；斂萬人之怨，莫厭其貪婪。即使其乘强横之運，以暴致盈餘，不旅踵而灰飛煙滅，造物之於此輩報，庶甚顯且速，必然之理也。上隳累世之門户而污玷於祖宗，下遺無窮之罪孽而降殃及孫子。人世之大恥大辱，孰有甚於此者乎？若夫習優伶之爲下流，投營伍之爲敗類，雖罪有輕重，要之同爲娼優、隸卒，鄉黨不齒。有一于此，衆共斥之，不許入譜。

慎婚娶。婚娶乃人倫大事，雖貧不可與匪類人爲婚。所謂匪類者，昔爲娼優、隸卒，曾犯奸盗、詐僞及爲人家奴者，不可不謹而察之。然亦不可貪慕聲勢，攀附富貴。倘其家非清白，族非詩書，即目前幸而驟邀富貴，聲勢赫然，譬如無源之水，無根之木，一轉盼間而消歇者多矣。況富貴家之子女，性情必多驕惰，一時擇之不慎，日後貽累必深，雖悔無及。昔人云："嫁女須勝吾家，娶婦當不及吾家。"所謂勝吾家者，其家素稱清望，上世以來，積累培植，根柢深厚，而又濟之以聲華，非勢與利之謂也。然必以得婿爲主，婿之不得其人，家雖大，女無托矣，可不慎乎？其謂不及吾家者，言貧家之女，稔于艱苦，習于勤儉，得之可以爲中饋助。然亦必詩禮舊族，平日凛于姆訓，嫻于婦道，庶宜室宜家，足任頻繁之寄，豈謂非我族類而妄求匹配乎？夫清濁雅正，各有其種，種之不可不擇也，久矣。若云芝草無根，醴泉無源，鍾山川之間氣者，寧有幾人？此不得執爲通論也。每見人家擇婿，一時慕其氣焰之盛，未幾而其婿驕淫蕩廢，以致其女終身顛沛失所者，往往然矣。又見人家聘婦，一時貪其奩儀之厚，及入門，傲上虐下，不守婦道，不修女上，驕惰枯侈，以墮業破產者，又往往然矣。皆由其始見之不明，擇之不謹，以及此也。天下事與其悔之於後，曷若謹之於始乎？

急公稅。人生五倫或不必皆備,而獨君、親二者天高地厚,自有生而然,所謂無適而非無所逃於天地之間也。然或謂親邇而君遠,天下無不事親之人,故事親之孝,人人所得自致者也。若夫士庶之家,草野之子,於朝廷無宮守、無言責、無封疆之任、無社稷之寄,天下容有不盡事君之人,則事君之忠似非人人所得自致者也。嗚呼!是亦未審於忠者盡己之謂矣。《詩》不云"普天之下,莫非王土;率土之濱,莫非王臣"乎?夫既皆居王土而爲王臣,則凡分所得爲者,盡其在己,皆謂之忠也。如朝廷有令,奉公守法,不敢爲非,是即奉法之忠也;朝廷有工役,急工趨事,毋敢或後,是即趨事之忠也;朝廷有賦稅,及時輸將,無敢逾期,此即納供之忠也。自古治亂不一,幸生盛世,得以優游休養生息,一飲一食,莫非君上之所賜。凡踐上之土而食其毛者,宜何如報効也。而區區維正之供,所取於我者幾何?而抗不輸將,豈情也哉?且任土作貢,歲有常額,朝廷責之州邑有司而峻其考成,州邑有司督之圖里之胥吏而嚴其責比。夫圖里胥吏於我皆鄉鄰也,以吾賦之不時而累其受責比,於心何忍乎?州邑於我固父母也,以吾賦之未輸而累其緩考成,於心奚安乎?況抗違法重,又不僅累及有司、胥吏已也。凡有田者,即當兢兢自愛,隔歲營辦,輸納應期,慎勿偷延時日,以身試法。此即草野効忠之一端也,尚其警諸。

——民國《吳越錢氏七修流光宗譜》卷一《家訓》

民國婺源縣濟陽江氏宗族家訓

江氏家訓

五子述皇祖之訓,三命垂考父之銘,以及歷代名宦大儒,著有《家訓》《格言》,以詔來許,使後之人修身慎行,毋玷箕裘。其載於簡篇者,何可勝道?今以閱歷有得之言,垂爲《家誡》。凡我子孫,其敬聽之。

一、父母。事父母宜孝。孝者,百行之原,人能孝則萬善從之。晨昏定省,必供職無缺。下氣怡聲,服勞奉養,依依膝下,以娛老人。《論語》云:"父母在,不遠遊。"正爲此也。

父母深恩罔極,自子生墮地,即須乳哺,起則保抱携持,卧則移乾去濕。偶有疾病,驚慮攖心。既長,使就傅。既壯,爲完婚,不知費多少心力。爲子者想到此間,天良自然感發,那得不竭力事親?

事親須善承志，士食舊德，農服先疇，弓冶箕裘，各有世業。祖業不守，《庭訓》不循，便是不孝。

父母有過，不能幾諫，使父母陷於不義，亦是不孝。

父母或偏愛兄弟，非喜其賢能，必慮其貧困，正宜順親之意，俾得行其心之所安。

孝宜隨分而盡，不必待於祿養，即啜菽飲水，亦可承歡，如子路負米是也。孝宜及時而盡，雞豚須逮親存，椎牛而祭，終是憾事。皐魚云："樹欲靜而風不寧，子欲養而親不待。"此語可悲。

凡事必體父母之心，父母或不欲明言，人子當先意承志。自以爲孝，便是不孝。自知其不孝，便當竭力盡孝。

事繼母難於事生母，以其毛裏不屬、愛有差等故也。然難事而善事之，無不可化之親。古來善事繼母者，自舜而下，若閔子騫、王祥諸人，皆爲可法。

孝道須婦贊成。凡井臼、縫紉、甘旨、滫瀡，皆婦爲之，但婦人鮮知義理，常有婦姑不相悅、反脣相稽者。人子當隨時化導，引古人孝舅姑如少君提甕、龐氏紡績故事言之。不聽者，當出。若縱妻逆親，族長、家長應予懲處。

《孟子》書所云"五不孝"。有一於此，何以事親？吾族中斷不能容此敗類。倘有不肖子孫，族長當先申《家誡》警之，再犯則扑之。不悛，則告官治罪。切勿優容，釀成大逆。

吾族巨孝之後，凡爲子者，尤宜盡孝，始不愧江氏子孫，故《家訓》以此條居首。

一、兄弟。兄弟如手足，漢昭烈嘗喻言之。手足關乎一身，而主宰是身，以運動乎手足者，心也。兄弟同心即宜家，異心則解體。兄弟乖離，無殊手足痿痹，可弗戒歟？

兄弟和協，則門内有餘歡，田氏荆花共樂，姜家大被同眠，千古播爲美談。以視聽婦言、乖骨肉、爭田産、私貨財者，何啻霄壤？孰得孰失，吾子孫當知所法，知所戒。

婦人，異姓相聚，爭長競短，易使兄弟不和，全在男子善言開導，庶妯娌親睦而昆弟間式好無尤矣。

兄弟不友愛，不得爲孝。《書》云："惟孝友于兄弟。"孔子誦《兄弟既翕》之詩，而曰："父母其順。"若兄弟不睦，日鬩於牆，父母能安樂乎？

兄弟不和，或由小人唆弄，離間骨肉，營菟裘而不終，隱、桓之事可鑒。使兄弟情篤，讒何由入？故凡事祇從天理人心推去，其釁自泯。

兄弟之子，猶子也。不幸雁行早折，延及其子。與之分居，當如薛包待侄，田廬、器物，以美者讓之，自取其荒頓朽敗者。今人雖不及，亦當勉盡一二。若僅曰公平，人各有私見，正恐不平不公。倘更欺侄自肥，族長當爲理論。

凡有弟不恭兄者，家長當反覆誥誡，使其省悟。不悛，則治以家法，甚則鳴於官。若兄不友弟，亦當勸之盡道。

一、夫婦。夫婦爲人倫之始。夫者，婦之綱也，夫孝父母則婦自孝舅姑，夫睦兄弟則婦自睦妯娌。夫倡婦隨，凡事類然。

家室宜分内外，男女宜別。男晝無故不處私室，婦無故不窺中門，夜行必以燭。男僕無故不入中門，女僕無故不出中門，《溫公家禮》備言之。

婦女燒香、游山、趕會、觀劇，易招物議，詩禮之家宜禁止。

男子年過四十無子，婦妬不容置妾者，本干"七出"之例。若嫡庶不分，輕妻寵妾，家長、族長亦當分別勸戒。

後妻虐前妻之子，族長當委曲勸諭。不悛，則懲罰之。

柏舟矢志，自古爲難。不幸而有少寡，須窺其志向如何，有志則守，無志則嫁。切不可苦留，貽門户之羞。

族内有夫綱不整、不能制其婦，與婦悍潑不受制於夫者，族長當申家誡以正之。其不孝舅姑及帷薄不修、玷辱門户者，令其夫去之。否則，屏之出族。

一、子孫。子孫不可姑息，少時即當教以孝悌忠信之道，與本卷《江氏蒙規》，使之讀書明理，後日自然爲孝子順孫。

子孫須有職業，勿任遊惰。蓋遊惰爲飢寒之原，飢寒即盜賊之本，可不懼乎？

金滿篋，田滿阡，子孫未必能守。故上焉者遺子孫以隱德，次焉者遺子孫以節儉。

子弟謙謹，家必興；子弟驕傲，家必敗，是故惡夫滿也。

子孫切戒賭博，賭則正務抛荒，壞心術，喪品質，傾家蕩產。子弟有犯此者，懲責不貸。

子孫不許好訟、好鬥、好奢侈，亡身敗家，皆由好勇鬥（很）[狠]、驕奢無度而起。

凡子孫犯上，大率由於酒後。浦江《鄭氏家規》："子孫年未三十者，滴酒不許沾唇。至壯，亦只少飲。沉酗喧呶者，箠之家法。"如此，故能累世同居。吾族子孫當以爲法。

子孫犯家規，始須從容訓導，令其悔悟。不悛，則扑之，扑之仍如故，甚至反常畔道者，送官懲治，或斥革出族。

人莫不欲有賢子孫也。顧其本，在修德。積善之家，子孫必賢，其教在躬行。父兄不先，子弟弗率，此理何可不知？

一、朋友。朋友有才，不如有德，浮華不如誠樸。與善人處，日習於善；與惡人處，日習於惡，故宜擇交。

出言順吾意者，非好友也。勸吾善，規吾過，順意之言少，逆耳之言多，斯爲直友，斯爲益友。

既爲朋友，宜相待以至誠，財帛相通，患難相顧。不許則已，許則實行。

朋友有過，須盡吾忠告諫止之，但當婉言，勿使人難受。

一、宗族。宗族均吾祖之子孫，本一體也，強毋陵弱，衆毋暴寡，貴毋欺賤，富毋虐貧。無論有服之親，恩意加厚。即袒免無服者，慶吊仍宜往來，歲時仍宜會聚，患難仍宜顧恤。

族中有公益事，不宜苛派貧乏支丁，須知溫飽之家，爲祖宗氣脉所凝聚，正當以有餘補不足。

《傳》曰："雖有小忿，不廢懿親。"待宗族，正宜如此。今人乃藏怒宿怨，子若孫亦世世相仇，不但度量不宏，存心不厚，尤恐冤冤相報，其如後患何？

族中輩行尊者，當尊之；行不尊而年老，以老老之禮待之；行不尊、年未老而賢且能者，須忘分忘年以敬之。族內有慢尊侮長者，族長宜諄誨之。不悛，則扑之，以有服無服論其罪之輕重。不服，則告官罪之。

一、鄉黨。鄉約，宜選擇品行端正紳耆充當，於時節宴會日，就宴會處所，宣講《孝經》及一切善書，並此項家訓，認真開導，俾吾族人一體向化。

鄉黨設立保長，所以應官差、催糧課。此外即保護鄉里，爲人排難解紛，勸止爭訟。其橫行、武斷、嬉遊、聚飲之徒，當以正言化導。充此任者，非公正人不可。

國家惟正之供，自有定制，例分上、下二忙，投櫃完納。吾族當安分守法，國課早完。陸放翁詩云："最喜先期官賦足，經年無吏叩柴荊。"此老成練達之言也。

鄉黨不和，或緣豪勢欺凌、富家刻剝；亦或鄉里無賴蠻橫生事。更有一種人，唆人興訟，就中取利，或洩私忿，使兩造興波作浪，彼在岸上閑看以爲快。此等人，須遠之如避蛇蠍。諺云："來説是非者，便是是非人。"不可不知。

君子居鄉，當以德化人，如修橋路、義倉、義塚之類，有益於鄉黨者，倡首爲之。若張燈演戲、迎神賽會事，皆無益，雖不能禁，勿令加甚。明楊公廷和每宦遊歸，則爲鄉黨辦一善事：初歸，通水利，灌田萬頃；再歸，捐建坊費修城；後歸，置義田，周貧困。可爲居顯貴而惠及鄉黨者法。

諺云："富貴不壓於鄉黨。"若倚勢驕人，終必自滿招損。昔石奮爲漢時顯官，長子建爲郎中，少子慶爲内史。每歸，入里門，輒下車步趨。至家人避己者，諭止之，無一毫富貴態。可爲居顯貴而不驕鄉黨者法。

一、嫁娶。婚姻論財，夷虜之道。凡議婚姻，勿貪慕富貴，當先察其婦與婿之性行及家法如何。柏廬先生《家訓》云："嫁女擇佳婿，毋索重聘；娶媳求淑女，勿計厚奩。"洵格言也。

擇婦擇婿，須自量我家子女如何。我子凡庸，爲娶美婦，豈但不和，或生他事。我女不如彼子，恐終爲所棄。此中人情世故，不可不知。

女子既許字於人，有因其家落而寒盟者無論。人不能與命争，亦鄉里公論所不直，斷乎不可。

嫁女，門户須相當。若貪貲財，許嫁小姓及與人爲妾者，族衆攻之。

男女婚嫁，不可相尚奢侈，以有用之錢作爲無益，是謂速貧。士君子居鄉，正當以身作則，挽回風氣。

一、言行。言行，君子之樞機，動關榮辱，不可不慎。出言求無口過，行事求無怨惡，忠信篤敬，蠻貊可行。其不然者，反是。言常有餘，故宜謹；行常不足，故宜勉。

終身可行，不外一"恕"字。强恕之道，祇是己所不欲，勿施於人而已，即俗語所謂"將心比心"也。吾人處世，能從恕道推去，斯言寡，尤行寡，悔矣。

言有益於人，行有濟於人，言焉行焉，可也。言有害於人，行有妨於人，不如無言，不如無行也。

不自欺爲忠，不欺人爲信。光明磊落，天君泰然，何等快樂！作僞者心勞日拙，已不合算，况天地鬼神又不容哉！

一、衣服。衣冠宜敦古處，不宜詭異奢侈。《傳》曰："服奇者志淫。"試觀鷸冠瑗弁，其人後來何如，安得不懼？

昔劉丞相摯家風儉素，妾婦不許時妝，子弟不著華服，一守先世之舊法。故其子弟雜處人群，望而知其為劉氏也。今人好服新奇，變而加厲，吾不知其流弊胡底。富人箱篋，多藏不用之衣服，正可隨時施送貧人，此所謂惠而不費也。

一、飲食。飲食之人，人所賤惡放飯流歠，孟子謂為"不知務"。誠念粥飯來處不易，當有不敢窮奢極欲者。每見膏粱子弟於口腹之養，習慣而不能禁，家世之落，如山崩坍，誰謂喫食不足致貧乎？

以口腹之欲恣殺生靈，仁者所不忍出。今災荒之地，有求草根樹皮而不得者，我好菜好飯猶不能下咽乎？

《醒世齋》云："酒能使士敗名、官廢職、農荒田、賈喪貲，甚至傷肺腐腸，招疾而死。"昔范魯公作詩戒其從子杲曰："戒爾勿嗜酒，狂藥非佳味。能移謹厚性，化為兇險類。古今傾敗者，歷歷皆可記。"此可作《戒酒箴》，宜謹佩之。

一、田宅。《袁氏世範》云："貧富無定勢，田宅無定主，有錢則買，無錢則賣。"此理之常。夫賣產之人，必因窘急，切不可乘其窘急賤價購之。語云："貴買子孫承。"閱歷之言也。

君子將營宮室，宗廟為先。有力置產，亦當先置祀田。凡採辦木石，區畫界至，一切宜加意經理。至於私己業產，市田不必膏腴，築室不必華美，一則示子孫以樸素，一則免他人之覬覦。

大廈千間，夜眠八尺；良田萬頃，日食一升。謀占他人田宅者，何其愚也。

一、嗣續。凡無子者，宜挨親屬，按昭穆立繼。倘親者敗檢不肖，欲於疏屬擇賢者繼之，謂之"愛繼"，亦無不可。至不得已而螟蛉，則須由族眾公議。

繼子須由繼父母自擇，繼父母死，則親族公議。有爭繼者，便不應繼，族眾當以公理折之。

一、喪葬。古禮三日而殯，三月而葬，此可不拘。但凡附於身、附於棺者，必誠必慎，檢點周到，不可鹵莽造次，致貽後悔。其自小斂、大斂、虞祭、小祥、大祥、禫及祔主諸儀，可依《文公家禮》而參以時制。今用鼓樂，延僧道超度，本非古禮，尤嫌誕妄不經。然相習成風，賢者未能免俗，量力可也。

喪具，稱家之有無，古有明訓。貧而厚葬，亦可不必。

葬埋必先卜地，以避水蟻、得保遺骸爲妥。至於大發吉地，事本渺茫，即曰有之，亦必關乎陰德，暗中有神明主持，無可妄求。切勿掘古塚而葬，逼祖墓而扦。葬法，用三和土築墳，日久凝結堅固，可免後世被人挖掘。

世人信堪輿，貪吉穴，久厝不葬，常致暴露，是謂不孝。

人非空桑，生有所本。祖宗之墳墓，子孫之根本也。歲時宜拜謁，圯壞即修之，榛蕪即剔之，毋爲狐鼠所穴。倘族中無賴自掘其祖墓售於他人者，此大不孝，衆共攻之。

一、祭祀。祭祀，所以報本也。家必有廟，廟必有主，月朔必祭，薦新必祭，立春、冬至、忌日必祭。祭時，須仁孝誠敬，以致如在之思。祭品、祭器，各自量力，祭儀當依朱子《家禮》。

祀產宜世守弗失，祖宗創業，以貽後人，僅抽一二爲祀產，凡禴祀、烝嘗之典於是乎需。祭之後，頒分餕餘，雖婦孺亦知其爲某公祀也。若無祀產，則祖宗之祭薄而子孫之心離矣。凡盜賣祀產者，以不孝論。

一、族長。族長爲一族之尊，其責任視家長尤重。今《家訓》十數條，惟賴族長家諭而戶曉之。但身正則不令而行，不正則雖令不從。整躬率物，又別有道，族長勉乎哉！

凡爲族長者，年必高，行必尊，尤須公而不私，正而不偏，廉而不貪，明而不昧，寬而不隘，耐而不煩，剛而不屈。七者兼備，乃能勝任。若名實相遠，懷私徇情，唯唯諾諾，而不能服人者，衆共退之，別立齒德俱尊者爲族長。

乙卯按：謝坑前譜《目錄》有《江氏蒙規家訓》一卷，集中但載《家規》，無《家訓》。嗣得《開化譜》，有《家訓》十四條，雖近世文字不似《蒙規》之意義深厚，然語語入情入理，於修身、齊家之道不無裨益。惟輾轉繕刊，間有訛舛，參觀他譜，亦醞疵互見。不揣僭妄，爲薙其繁蕪而增益其所未至，析之爲十六條。願吾族人，家置一編，隨時省覽，燕翼天而昌厥後，其以是爲左券也乎。峰青謹識。

附　金鰲譜祖訓

立宗公嘗言曰："凡人御事接物，謹言是第一着。"聖人云："敏於事而慎於言。"古者言之不出，《易》云"括囊"，《詩》云"無易"。由言可見古聖賢諄諄致戒者，言也。小子勉諸。

永寶公曰："言有三不可聽：昵私恩，失大體，婦人之言也；貪小利，背大義，市人之言也；橫心所發，橫品所出，不復知有理義，野人之言也。若聽信了,便誤了多少事。"

一掌公訓其子曰:"人之立身,度量第一要寬弘。凡遇事,以和易處之,若那庸夫俗子浮氣一動,就是上天下地無所容身的一般,有甚麼用處?切不可學這樣光景。"

鱗長公有言曰:"迨天之未陰雨,可以講學,可以治心。"

岐山公訓其子曰:"'忍'之一字,有無窮受用,不但有濟於事,且有益於身心。忍欲則不屈於物,忍劇則不擾於事,忍撓則不折於勢,忍窮則不苟於進。故曰'必有忍其乃有濟'。"

之浩公訓其子侄曰:"古人云:'子弟寧可終歲不讀書,不可一日近小人。'不是教人不讀書,甚言小人之不可近耳。一近了小人,不但書不能讀,即日前讀的書都無用了,而且有喪身敗家之患。可不慎哉。"

——民國《濟陽江氏統宗譜》卷一《江氏家訓》

民國黟縣碧山李氏家訓

家訓

父子有親。父子本乎天性,子事父母,婦事舅姑,其理一也。天初明,省問安否,饔餐湯飧,勉力供給,投其嗜好。居恒隅坐徐行,容貌必恭,執事必謹,言語應對,必下氣怡聲,不敢訽詈喧呼于其前。不命之坐,不敢坐;不命之退,不敢退。出必告,反必面。凡事不敢自專,不有私財,有用則必請命。父母有過,委婉以諫,待父母許可而後已。若不許,苟於事理無大害者,當亦□從。若有大害,或請託父母素相友愛之伯叔,或至契親友,從容諷喻,免陷親于不義。不可有腹誹,不可有色忤,務盡其誠而已。世無不愛子之父母,其有不愛者,由子道有未盡也。玩嚚如瞽嫂,焚廩掩井,斯何如事?舜不介懷,只盡其孝,亦終允若底豫。若父母有所偏愛,不惟不敢怨怒,當加倍親愛,是謂善體親心。象殺舜而封有庫,至今談者莫不詈象之傲而嘆舜友于之不可及也,當取以爲法。父母有病,子婦無故不離側,舍置他事,專以迎醫求藥、抑搔調養爲務,于祖父母亦然。嫡母、繼母、庶母,無分畛域。若俗尚祈禱齋醮,均爲無益,可勿爲也。居喪之禮,只當哀痛迫切,不顧其他。擇子弟知禮者爲護喪,悉遵《文公家禮》行之。衣衾、棺槨,惟力是視,枕苫寢塊,不得飲酒食肉,混處家室。若作佛事,修薦求福,是爲不孝。人子葬親,求安妥而已,惟擇藏風聚氣、水蟻不侵之所,切勿貪謀風水,久停不葬,以免踰制悖禮。若買地埋葬,扦插他人墳墓,或傷自己祖墳,德已損矣,安能發福?

君臣有義。君臣之義,無所逃於天地之間,臣則止敬,民則好義,皆事君之道也。凡爲人臣者,處常則愛民盡職,遇變則委身授命。不然,未必如李陵降虜,隴西之士恥居其後矣。凡在庸儕,當常懷三尺,毋好勇鬪狠以罹刑章;早輸什一,毋拖糧匿稅以資差擾。力役公費之必供,刁唆健訟之是戒,庶爲聖朝之良民矣。

夫婦有別。王化之本,始於閨門。夫婦者,五品之根幹也。夫婦之際,易流於狎褻,故君子慎之,必擇幽閑貞靜之媛,使之以德相勖,以偶相從,禮法秩然,內外有別。故曰:"男女有別而夫婦義,夫婦義而父子親,父子親而禮義立,禮義立而萬物安。"先王所以節天地之宜者,於以肅內外之治,所關非淺鮮也。凡議婚姻,當擇其媳與婦之性行家法若何,勿羨慕其富貴。婦者,家之所由盛衰。苟慕一時之富貴而娶之,鮮有不輕其夫而傲其舅姑者。養成驕妒之性,異日爲患,庸有極乎?假使因婦財以致富,依婦勢以取貴,有丈夫志氣者,方且自愧之不暇矣。男女必俟既長,然後議婚,若童幼之時,輕爲許字,或指腹爲婚,倘既長不肖無賴,後悔何及?更有子本痴愚,妄求佳偶,致失所天,或夫妻反目,或抑鬱早夭,甚至寡廉喪恥,玷辱家風,其害有不可勝言者。納采、納幣、請期、親迎,禮數豐儉,稱家有無,不可過奢,開兒女驕侈之漸。若女家責聘禮不克,男家責妝奩不備,乃夷虜之道,宜省改之。古人嚴內外之分,杜嫌疑之漸,內言不出,外言不入。五尺之童,非奉命不入閫。婦女無故,不窺中門。若閑雜遊戲之人相集一室,笑談無忌,不避嫌疑,非姦盜之萌乎?婦女切戒多言,干與外事。婦有長舌,爲厲之階,所深戒焉。夫以剛爲主,婦以順爲正。凡婦初來,爲夫者即當正身以率。其婦有犯,則嚴責之,庶幾克修婦道。若溺愛枕蓆,專事姑息,不防其漸,夫綱弛則婦暴戾日甚,牝雞司晨,惟家之索矣,於後婦尤宜慎。夫婦必須明婚正娶,庶幾名正言順。若弟就兄妻、兄收弟婦之類,傷風敗化,莫甚于此。律有明條,切宜痛革。又有已聘未娶而夫亡者,即以別男繼婚,雖未過門,名分已定,亦不可續而女之。已字未婚者,不可因婿亡而聽從轉配于兄弟。

長幼有序。卑幼事長之道,當謙卑遜順,不敢以富貴驕其父兄、宗族。常見則揖,遠別則拜,酒食則恭進之,隅坐徐行,尊長過之則起。出遇尊長於途,則下馬正立拱手。賀冬至、正旦,四拜。朔、望則謁尊長,止之則從命,有問則起而對，不問則不敢言。或有事理當稟明、疑難當質問者，必待長者言畢，乃陳己見，毋勦説，毋雷同。長者待卑幼，當慈嚴並用，過慈則養惡，過嚴則寡恩。於能事者，獎勵之；不能者，矜教之，庶中也養不中、才也養不才矣。人之兄弟，同受父母，一氣所生，骨肉之至親者也。友恭交盡，和樂且耽，自生百福。若不明道理，悖逆天性，同胞有如路人，以至計分毫之利而同室操戈，信妻子之言而結爲死怨，此最古今之大惡，宜省改之。

朋友有信。朋友，"五倫"之一，所藉責善規過，借助他山，必須誠心虛己，好善忘勢。然交遊之間，尤當審擇，大凡敦厚忠信，直諒多聞，益友也，宜相親厚；其諂諛輕薄，傲慢狎褻，損友也，宜推而遠之。要以忠信恭敬爲本，或爲人謀事，陷人於惡；或與人相約，退遂背之；或狎褻以爲歡，模稜以相與，皆非忠信恭敬之道。戒之，戒之。即一族之中，亦有友道，體而行之，尤爲美事。

敬祖宗而培根本。君子將營宮室，先立祠堂於正寢之東，以祀始遷之祖。而先世之有功德者，以次崇祀，置祭田，具祭器，朔、望則參，有事則告，庶先靈有依而子孫報本之心亦少盡矣。先人墳墓，當世守不失，時舉祀事，無碑者立碑。或有傾壞，宗子、宗副當率衆協力修理。若被人侵占，亦當執據理諭取復，不得已而後呈官。于無嗣之墓，更宜加意，切勿因循苟簡，自蹈不孝之愆。如悖逆子孫貪圖秀穴，侵伐祖塚，及貪財賄，將墓地賣與異姓。或私摽陰陽庇木，自招蹂躪，罪不容於死矣，宜盡法懲治，無少寬縱。且世之侵祖伐庇者，不徒後裔不昌，往往火災、瘟疫，玉石俱焚，天道昭然，毫無或爽。有力者宜理阻之，慎毋畏蕙退縮，致城門失火殃及池魚也。敬祖之道，首重宗子。凡祭，宗子主之，餘以序陪拜于下，酒醴必潔，殽饌必豐，内致其誠，外盡其禮。如虛文是尚，徒爲飲福釐足。豹獺尚知報本，人反不如物乎？若宗子家貧，族衆爲之資助婚教，無子則更爲娶妾，非私於宗子也。宗子，祖宗嫡派，神所憑依，重宗子即是敬祖。國家立嫡不立庶，胥是道耳。

尚禮讓以息爭端。一族之衆，今千百萬殊，而其初兄弟也。兄弟之初，一人也。自一人散於千百，萬殊原一本也。古人民胞物與，矧一族之人乎？然欲聯其情、萃其渙，非禮讓不爲功。禮以束人官骸，讓以銷人暴厲，庸愚每以迂腐忽之，不知人有禮則安，無禮則危。教訓正俗，惟禮備焉；父子、兄弟，惟禮定焉；忿争、辨訟，（爲）[惟]禮決焉。有爭無讓，謂之小人；有讓無爭，斯爲君子。必須患難相恤，慶喜相賀，有無相通。本大公至正之懷，明一本同宗之誼。鶺鴒有咏，《角弓》無憂，則列祖在天之靈亦可以少慰矣。有虞惇叙九族,成周道在親親。本同宗之義,聯一脉之情,似甚易易。然會少聚稀,則情疎義薄,故族中正旦則會拜,冬至會燕,朔、望會揖,慶吊相通,周旋酬酢。拜以等,坐以序,務須款洽謙和,友恭盡致,而春酒介壽、冬祭燕毛,一爵闇闇,二爵洒如,毋貪杯過飲,坐起喧譁。更兼狂藥入口,遇事風生,強狠忿争,釁有由起,所當切戒。即釁非我起,自反不縮,亦當平心和氣處之。同姓參商,甚至搆訟,大傷族誼。

時輯修以重宗誼。《禮》曰:"尊祖故敬宗,敬宗故收族。"而收族之舉,惟輯修宗譜爲要,聯本支之誼,操筆削之權,爲義甚廣,而其例更嚴。非我族類,雖富貴不攀;若一本連枝,雖貧賤不棄。表先世之遺德,發閨閫之幽光。不爲溢美,不爲濫收。有徵而不書,是爲"棄祖";無徵而書之,是爲"誣祖";有耻先世貧賤而妄附於顯宦聞人之裔,是爲"賣祖"。本欲增光,祇自取辱耳!昔郭崇韜拜子儀,人訕笑之,矧其下焉者乎?嗟乎!認他人爲祖,轉置吾祖于何地?曷不熟思審處?修輯之道,貴簡潔詳明。彙叙歷代之譜,參互考訂,務求其實。寧闕其疑,不憚煩勞,盡誠殫精。及工峻之時,合族致虔告奠,昭其敬也。至修齋追薦,事屬荒唐。愚俗之見,牢不可破,明理者勿爲。而演戲開席,妝點門面,純尚虛聲,是爲浪費。合族多貧寒之家,正費已覺艱難,加以戲錢、油燭,公衆多一番濫用,而迎賓接客各家多一番拮据。何樂爲此也?況用度過奢,後人難繼,將來以苦于費用,視修輯爲畏途。此日藉口尊祖,誠恐異日荒宗,可慨夫也。

正蒙養以裕後昆。凡人父祖,那個不望子孫好?望好便早教訓。諺曰:"桑條從小揉,長大揉不成。"故貴養蒙,從小便教他孝親敬長,謹言慎行,讀書識字。如栽培花木,逐日灌溉,自然花秀實茂。若驕縱他性子,執拗、罵詈、逞強,反護其短,長大必然不才,忤逆不孝,懶惰、賭博、飄蕩所必至矣。語云:"誨婦初來,教兒嬰孩。"故養蒙爲汲汲也。玉不琢不成器,人不學不知道。人其父生而師教之者也,師嚴而後道尊,萬不可愛惜乎!子弟入學之始,教以《詩》《書》,講明倫常之道,使心地光明,爲聖爲賢,自有其基,不宜誇以科第富貴,使分心于外誘也。敦請名師,隆其禮貌,豐其館餼。居静室以便琢磨,取益友以資麗澤,慎毋大小童蒙、賢愚雜處,致荒學業。教子孫,須爲父祖的心腸好、性情好,與子孫做個好模樣方可。若自己不正,而專望子孫之賢,除非是天生的才德,真是牛生麒麟、邁衆豪傑矣。男子當教,女子尤當教,須把《女孝經》《女論語》《列女傳》從小説與他聽,孝敬公姑,順從丈夫,和睦妯娌，尊敬長上。婦德女工，針指、餚饌，逐件教他。今日爲女，異日爲婦，相夫成家，豈不爲父母光榮乎？若容縱嬌養，以致忤逆不孝，撒潑無行，以貽父母羞，不教之過也。

育嬰孩而惇天性。虎狼惡獸，猶不自殺其子，矧人爲萬物之靈乎？昔宋郊渡蟻，大魁天下；干寶救雀，累世三公。存心仁慈者，雖微物亦憐其生命，身受無窮之福。矧初生嬰孩，自己血骨，男女雖殊，性命則一。奈何溺女之風牢不可破，或以多女而費嫁貲，荆釵布裙，堪爲賢婦；或艱子息而欲速孕，殺生害命，必無佳兒；或因母病養育維艱，儘可抱與人爲養媳，兩全其命。更有子多家貧，抱與異姓爲子者。不知皆先人血脉，烏得輕棄。苟欲勿生，何如絶慾？顧造此一重罪案。況故殺子女者，律有明條。凡我族人，有溺女者，尊長切宜止之。若不聽，呈官究治，庶幾其風漸止，則懲一人可救萬人命也，勝造七級浮屠矣。

遵正道而闢異端。堪輿之術，害人不淺。葬親者，止去其"五害"，便爲吉壤。若冀子孫發福，其念頭早差矣。即炫其技者，侈口羡我李八公青囊秘術，上葬四代，下葬四代，奕葉科第，此皆附會無稽之談也。我祖八公生七子：長子即我祖惟吉公，而二子惟巽、三子惟方皆數傳而止，並無科第；四子惟霸生三子七孫，幼房絳獨傳一支，亦鮮科第；五子惟簡、六子惟溥，俱科第奕葉。又以我祖吉公言之，生五子：長渭、次準，亦不數傳而止；四子名頤，今浮梁長山祖；五子名捷，數傳又止矣；惟中子五二公，予沙堤祖也，科第奕葉。八公祖擇地，豈不欲房房繁盛？今按譜牒，榮枯何不等也？若云上葬四代，京公播遷，卜居界田，生仲皋兄弟三人，孫八，亦只二代。其前二代爲昭王、宣宗，陵寢俱在長安？八公安得而葬之？且德鵬公子懋官宋監軍節度使，豈八公擇地而生乎？嚴田、孚田科第之盛，金花半壁，牙笏滿床，又豈八公擇地而生乎？三田子孫蕃昌，實由祖德所鍾兒曹辛勤黃卷，滿屋書聲，有志竟成也。若競誇地理，是術士惑世誣民，切不可信。佛法之妙，總是談空；道教之門，專言靜養。另開一格，非可行於當世，僧道謬託其教，以誑惑鄉愚，賺金帛酒米，其本旨已失。且媚奧媚竈，終歸無益，獲罪於天，無所禱也。久奉教於孔聖矣，而圓光、過陰俱爲邪術，害人不淺。至白蓮教、無爲教、天主教，假託報母之名，實爲賺錢之計，僞造職銜。有錢者，入夥未幾，不次超昇；無錢者，數十年猶然舂米、掃地。甚至男女混雜，閉戶傳經，恣慾傷風，實堪髮指。無知愚民，深墮術中，至死不悟，豈不哀哉！人但立好心，行好事，雖不求福，自百福迸臻。若虧心無行，吮細民膏血，肥一己貪囊，雖求神拜佛，尤爲三寶罪人，何如將此等無益之費周貧濟窮，真是大作福事。且佞佛者涉水跋山，朝南海，拜華雲，稽顙土木之偶。現放着家中二位活菩薩，反不崇奉，甚至詬詈相加，罪難髮數，何其愚甚？豈不聞我太宗朝有西域僧，能咒人立死，復咒即生，人以爲活佛。太史公傅奕曰："此邪術也。邪不能干正，請使咒臣，必不驗。"僧咒奕，奕不覺，僧僵仆死矣。至若文成、五利等輩，挾其左道，靡不訝爲神仙，皆不旋踵而名敗。身且不保，安能福人？溺異端者，曷不取爲殷鑑哉？

建義學以儲英俊。古者，家有塾，黨有庠，國有學，敬業親師，離經辨志，譽髦斯士，莫不觀國之光矣。三田簪纓繼世，牙笏滿床，難更僕數。即吾本支唐輔公以還，父子同朝，兄弟濟美，聲蜚木天，榮分花縣，可勝數哉？迄今人文零替，莫紹前徽，則以義學未立故然。禮義生於富足，非有力者莫能辦。誠能族出公貲，家捐私蓄，省奢華、賭博之資，開詩書、道義之門，創書院以育英才，捐田畝以給膏火，厚俸延師，嚴勤是尚，無徒慕其虛名。春、秋有課，超特有旌；貧寒贍糧，考試贈費；威收二物，無事姑息。苟安學勉三餘，不可始勤終怠。爲父兄者，勵其精神，無誤子弟，即門外漢，亦宜延訪箇中人，無爲子弟所誑。若聽婦人語，舐犢溺愛，恐苦讀致病，子必無成。佚居無教，不幾禽獸是近耶？

立義倉以贍貧寒。朋友有通財之義，宗族重周急之條。然開口爲難，相贈有限，頻來則以爲難滿無厭之求，多索則以爲難填無底之壑。甚至報者倦矣，施者猶責望無窮，雖曰贍貧，烏得而贍貧也。其法莫善于立義倉，公貲有餘，概停穀石，以備資助。公貲不足，視力捐輸，由少至多，逐年增益。困乏時，出穀濟之，以助東作，西成日，如數收之，不取息。遇凶荒、患難、死喪、疾病、孤貧，則周之。不能還者，不責償，但須得人掌管，無侵蝕、不公等弊，庶良法永垂，奕世咸蒙大賚矣。

毋恃富貴而厭貧賤。花開一樹，或落爲茵，或落爲溷，所遇雖殊，本根則一。車笠之盟，交道且然，矧同宗一體者乎？富貴者，叨祖之庇而祥氣獨鍾；貧賤者，逢運之嗇當怨尤悉泯。先靈不爽，豈不欲子孫盡皆富貴？顧豐此而嗇彼耶？要爲茵爲溷時遇有不同耳。況富貴、貧賤互相循環，以身外富貴，傲一本宗族，既無人心，兼忘祖德，匪直轉盼貧賤，而覆宗絕嗣皆有以致之矣。尚其慎旃。

毋恃强梁而篡孤寡。窮民有四：孤、寡爲甚，鰥、獨次之。鰥、獨者，朝飛有雄，夜夢無熊，使螟蛉式穀，猶可少慰愁懷，而三尺無倚。一燈獨照，凄風苦雨，倍覺酸心。此即非吾族類，猶爲周恤，況同宗一本，更宜加意呵護，竭力扶持，以慰九原之靈，堅未亡人之節。奈何自恃强梁，耽耽而覷覦，逐逐以侵陵？籍管顧而朘其膏腴，忌扶持而造僞毀謗，不至竭其財、蕩其產、毀其節、殺其孤不止，是尚有人心耶？是何賴有親族耶？畜產道中，早待若輩輪迴矣。子孫切宜戒之。

務生理而勤本業。四民各有常業，首戒游惰。讀書是士子的生理，博覽古今，潛心經籍，一心止讀案頭書，精進是期，切勿營心外誘；耕種是農夫的生理，水耕火耨，東作西成，自倉箱有餘，婦子懽慶；手藝是百工的生理，引繩削墨，運斤成風，入門而造，出門而合，便是良工；負販是商賈的生理，持籌握算，待價而沽，勤儉公平，毫不妄取，是爲良賈。但俱要有恒，無恒之人，這樣不濟，又思做那樣，翻來覆去，是爲不務生理，此等人終身無成。游民無常職，最是壞事。大凡嫖賭皆因無事，相率蕩檢踰閑，富貴之子弟若此，未有不敗亡者。矧中人之家，其財易盡，及至作賊犯法，悔無及矣。至娼優、隸卒，最爲賤戶，鄉不與齒，例不准考。乃清白之衣，牽頭學戲，玷辱祖宗，名"太子班"，實爲無恥班，切宜禁革。如有倡議學戲者，衆共攻之。至迎燈賽會，引匪生非，均不可爲。人家婦女，當務紡績、任炊臼、養雞豚、調烹飪、供鹽織、精刺綉，便是婦人本業。若本業不務，反教歌度曲、鬭牌、遊冶，女紅、中饋，一無所能，失翁姑懽心，招丈夫打罵，娘家反爲護短結怨，致成大害。諺云："養女不教，猶如養猪。"爲父母者，其知之。

守法律而戒非爲。鶉奔塵聚，君子羞之。姦淫之惡，傷風敗化，天理所不容，王法所不宥。諺云："淫人妻女，妻女淫人。"思之，戒之。謀反悖逆，爲賊爲盜，都起於好喫懶做，愛小便宜，致成大惡。諺云："做賊因偷荚。"萬曆年間，浮邑陳真犯盜越獄，逃於湖廣，捕歸見母，即以鐵鈕擊之，罵云："都是爾老花娘坑陷。我幼時竊人一魚，你說我乖巧伶俐，因任情放蕩，致成大禍，坑陷至此。"此足爲龜鑑也。嚇詐欺騙，刁唆健訟，行使假銀，私錢捏造，匿名謗□，□契誣控，坑（限）[陷]無辜。天理報應，分毫不爽。王法昭彰，決不輕宥。當思身家性命爲重，戒之，戒之。凡因小事逞強好勇，遂至相鬪，或恃人衆，或恃財豐，釀成大禍。《論語》云："一朝之忿，亡其身以及其親。"非惑歟？當敬佩□。酒以合歡，沉湎是戒，構禍致疾，其害不淺。懲彼狂藥，節飲自愛,斯養生之道也。開場賭博,裝局迷人,逗誘良家子弟,蕩敗家資。王法森嚴,窩賭者家產入官,博徒盡置重典,何樂而爲此也?若摸牌跌花,皆云無事消遣,然總賺他人之錢,終是損人利己心事。大禹惜寸陰,陶侃惜分陰。若云無事,皆懶惰不成材之人。私宰耕牛,興販人口,律有明條,三尺森然,莫之或貸。只因好喫貪用,便冒險而行,以身試法。不思牛有耕田之勞,犬有守夜之義,即老死瘟疫,且有不忍食者。矧何貪饞射利,鼓刀向前,以怨報德,罪將安歸?至興販清白之裔,賣與人爲婢妾,多受冢婦折磨,由我□□□,至問心安乎?此等人陽世即□刑罰,陰□劍□刀,□□爲添一座矣。切宜戒之。凡妄□□□□訕上,以不肖訕賢,乘風便□□□□訟以□藉洩私怨,丟糧……(下殘一頁)

——民國《碧山李氏宗派譜·家訓》(不分卷)

第二節　遺訓、祖訓與箴訓

宋紹熙三年五月休寧縣會理程大昌遺訓

遺訓

大昌世爲徽州人,休寧縣治之南三十里而遥,地名"會里",西北面有山,名"西山"。對西山而東南行,其牆圍負略可數百丈者,大昌之祖居也。鄉名"會里",共聲呼之,遂變爲外裏也。大昌年二十一歲,當紹興十三年,中國學弟子選。至二十九歲,始得科第,又積年五十七歲而長吏部。若官若學,多在浙右,徽境又無第宅可歸,遂以吳興寓屋爲家而處孥累焉。其地在州城東花鹿橋西,一二十丈地耳。身雖漂泛而首丘之念常拳拳也。紹熙二年,念此身老矣,子孫將爲浙人,遂叙世系、鄉里以貽之。凡爾後人,未能復歸先廬,則其著叙邑里,雖百世以意外,猶當繫綴徽州也。爾之世世祖先塋壠,皆在會里旁側,何可他識邪?淳熙二年,大昌用郊恩當侯,而本新安以明土著者,爲此故也。

紹熙三年五月一日,寶文閣直學士、宣奉大夫、提舉南京鴻慶宮、新安郡開國侯、食邑一千八百户、食實封一百户大昌書。

——[明]程敏政:《程氏貽範集》卷十一乙集《遺訓》

元泰定元年八月休寧縣藏溪汪氏宗族福禄壽三房祖訓

藏溪福禄壽三房祖訓

藏溪汪存耕暨弟存誠、存仁，遺訓吾三房子孫，切謂本之厚者其末茂，源之深者其流長，固也。然本弗培無自而厚，源弗濬無自而深，欲末之茂，流之長，不可得矣。水木且然，而況於人乎？人之有生，必本父母，泝而上之，有祖焉，有曾祖焉，有高祖焉，曾、高之上，又有始祖焉。是則祖宗、父母，子孫之本源；子孫，祖宗、父母之枝流。子孫之於祖宗、父母，當思水木本源之義，念念弗忘審矣。伊欲培其本而使之厚，濬其源而使之深，果何如其道耶？生則服勞奉養，先意承顏；殁則祭祀以時，保全墳墓而已。盡此孝思而弗忘，則祖父之生也悦，殁也安。所謂厚本深源，無踰此矣。斯謂孝子、順孫，天必眷祐，祖宗、父母亦陰庇之，昌大綿遠，愈久愈隆。本厚而末自茂，源深而流自長，蓋理之必然也。若於其存，不思盡其孝養之心，迨其既殁，又忽而弗祀，或棄墓而售，或自侵而葬，是謂悖逆。子孫必蒙天地之誅，獲祖宗之譴，近則己身殃亡，遠則子孫微泯。此則戕其本末從而瘁，塞其源流從而涸，亦理之必然也。念本源而盡孝，福之無窮如此；棄本源而肆逆，禍之不測如彼。爲子孫者，可不深勸而痛戒耶？自吾始祖諱茂公遷居藏溪，至十一世祖進之公樂善好施，日竪三寺，如運諸掌，程端明公爲撰《富昨寺碑記》，或之詳焉。又三傳至吾曾祖大信公，以經明行脩登宋進士，官通直郎；祖若楫公以博學雄才任宣城令；父士良公克承家學，授玉山簿。俱有仁政，澤潤生民。簪纓閥閲，纍世光輝；積德纍仁，後先焜耀，正所謂故家右族本厚而源深者也。爲子孫者，苟不益培而厚、濬而深，何以爲後世末茂流長之計？存耕忝職潞州教授，今幸致仕還鄉，與弟晚居丘壑，貽謀子孫，莫切於此。念昔祖宗創業立規，遺下各處祖墳山地、祭掃田園及守墳火佃，歷乎至今，幸全無失。誠慮後胤繁衍，賢否不齊，弗克一如今日。故吾兄弟會議，作此《遺訓》，以示子孫，自吾始祖以下墳墓山地、祭掃田園及守墳火佃，務各竭力保全，毋許出售他姓，致其侵害，及自越序侵葬，傷其本根。碑石倘有墮損，務隨修整完備。每遇清明，高、曾以下墳墓，三房子孫以序祭掃一年，週而復始，亦毋得怠事缺祀，以虧孝心。若夫家廟，時祭自有常規，兹不復贅。如有悖逆子孫，故違《遺訓》，將各處祖墳山地、祭掃田園及守墳火佃出售他姓者，許三房孝義子孫，無問尊卑，奉吾祖命，執此悖逆者跪前，展讀《遺訓》，明正其罪，立令價贖，以圖保全。如中果有貧不聊生，欲將墳地、田園、火佃變易者，止許每畝議定價銀三兩，易與枝下子孫保全，毋許挾索高價，故售他姓，貽害同根。如仍不聽，執此告官，以不孝論，務令贖全方止。如有外人竊伐木蔭、掘毀碑石、謀占墳地、侵鑿開墾者，凡我子孫，務悉協力同心，告治其罪，以保全之。此皆厚本深源，爲爾子孫末茂流長之計，有益子孫深矣。可不警哉？可不勉哉？今將《遺訓》繕寫一樣三本，及將祖墳、山地土名附開訓後，授吾三房子孫，各收一本，務各遵守力行，繩繩相繼，勿替引之，庶不負吾敬先裕後之深意。

泰定元年甲子歲八月中秋日。

——嘉靖《新安汪氏重修八公譜》卷四《藏溪福祿壽三房祖訓》

明弘治七年十二月休寧縣率口程氏宗族尊祖睦族、立身行己箴訓暨跋

尊祖睦族箴

猗昔宣議，祖我率口。傳餘十世，清白無垢。標掛有墓，奉祀有祠。明明先德，觸我遐思。修墜起廢，後人之職。若忽若慢，是爲弗德。侵葬弛祭，大逆之徒。祠、譜兩出，幽明是誅。仍刻于石，用暴其罪。孝子慈孫，百世莫改。孝教有加，譜載其賢。其嚴如此，可不勉旃？猗我率族，爰有千人。觀自先祖，靡疏靡親。富貴貧賤，實同一律。鰥寡廢疾，胡可弗恤？長其毋忽，少其毋凌。強不可恃，富不可矜。有過相規，有善相勸。出入起居，雍容揖遜。婚姻、死喪，隨力助之。歲時萃會，愉愉怡怡。縱欲反是，是爲不睦。小過當容，大過必曝。過而不改，惡乃斯成。曰悛曰勉，全此令名。

立身行己箴

嗟嗟族人，聽我規辭。仁義禮智，乃民之彝。爲子當孝，爲父當慈。事君交友，忠信是持。男女有別，天禮之維。是是非非，所貴毋私。行己接物，各盡所宜。孝先百行，餘其所推。惟能盡孝，大本斯基。不能盡孝，大本斯虧。曰孝曰弟，堯、舜吾師。效之有要，念茲在茲。終身一日，齋栗夔夔。數者能盡，聖賢可期。此吾深願，宜勉於爲。否同禽獸，良可深悲。好勇鬪狠，其身必危。忍心忘本，其後必衰。干名犯分，節義風漓。不恥非爲，家聲陵

夷。數者一犯,孝道有虧。其惡不悛,衆怒攻之。祠不容入,譜絕其支。此吾深惡,宜慎於思。勿以善小,爲之遲遲。勿以惡小,爲之孳孳。善惡之報,信爲蓍龜。嗟嗟族人,聽我規辭。

右"尊祖睦族""立身行己"二箴,乃儒學生程君師魯述其宗長用衡翁意而作,以爲每歲正元日祭告之後、團拜之前警衆之歌也。其序事之詳,説理之真,勸勉之至,懲戒之切,蔑以加矣。夫師魯力行士也,其見信于族鄰,已非一日。然而所以倡率之者,要不待此而後從,又何況誠意懇到,而所言自肺腑中流出也邪?予雖老,而天理民彝之心尚壯,三復是篇,嘆羨無已。敬書數語于後,以深幸吾黨扶名教之有人焉。

弘治甲寅季冬望,兖山汪道謹跋。

——隆慶《率口程氏續編本宗譜》卷五《附録祠堂像贊雜文》

明隆慶五年十月歙縣向杲南坡公遺訓并序

南坡公遺訓

父南坡訓二子鏌、鋭曰:"人之貴於人者,以不愧爾生、無忝厥祖、明德足稱云爾,非徒謂殖貨財、私妻子、取憐市童已也。"

顯祖東軒公,兄弟四人,尚義敦讓,鄉稱長者。顯考新齋公,兄弟二人,怡怡白首,庭無間言。新齋公起家進士,官自縣令至郡守,幾三十年,清白之操,始終如一,歷任有惠聲,而家無贏積。身殁之日,無以爲殯,鄉里共聞見也。余生長宦邸,少長授以經學,面命耳提,恒以《庭訓》之當遵、聖賢格言之當守、國恩之當報,惕惕警心,罔敢墜失。後領鄉貢,授河南修武縣令。去之日,民有遺愛。後改除四川保寧博,去之日,士有遺思,由余持己之廉,蒞政之公,有以服其心耳。若家無贏積,竊無忝於清白之遺規也。余非不知錢之足以通神、汝輩温飽之當念也。國法可畏,此心難欺,故寧貽汝輩以清白,不忍貽汝輩以黷貨之污也。且天道好還,報施不爽,嗇於前者,未有不豐於後,不食報於身者,未必不食報於子孫也。昔楊震四知卻饋,而子孫世爲三公,不亦有明徵哉!汝兄弟雖非同胞,當念同氣,毋聽妻菲之言,致傷骨肉之愛。昔田真兄弟惑於婦言,而荆樹自瘁,和好如故,則荆樹復榮。天心物理,感召如是,後之人不亦可戒可法也哉?親之於子,一體而分,未嘗異視也。但先年用汝兄弟之物,多寡不一,焰數以補之,亦自不齊,各足其數而已,未嘗有厚薄也。若謂有偏私焉，余爲縣令，爲郡博，俸資、柴馬，各有定數，私從何來？汝兄弟家居經營，各有顯迹，私存何處？欺天罔人，不可不三思也。如仍蹈前失，復生異議，是之謂不遵父言，是之謂違背《祖訓》，是之謂戕賊天理。即此而得富貴，且猶不可。況富貴自有定數，不可必得也耶。如有不遵此訓，許執此經公，以不孝論罪。汝等其敬承之毋忽。

南坡公遺訓序

昔馬伏波誡子、司馬溫公訓後，厚德名言，足爲法戒。雖千百載之下，《家法》流傳，內庭式訓，靡不珍爲球璧，奉爲耆蔡，豈特以言重哉？蓋以人重也。嘗見世人一登仕途，不思忠以奉公，廉以律己，而朘削民脂，豐貨財，美田宅，以爲子孫計久遠者，何可勝道？然而利欲之念一生，陰騭之心頓喪，子若孫曾不再傳，有不驕奢而至於顛覆者鮮矣。所以古人有言："人皆遺之以危，我獨遺之以安。"又云："子孫賢，師吾儉而已。"余六世祖新齋公，起家進士，官自縣令至郡守，清廉慈惠，愛民如子，是以黎平之人攀轅借寇，歷任九年，士民戴德，立廟祀之。五世祖南坡公，世受一經，隨任宦邸，後領鄉貢，授河南修武縣令，翼翼小心，恪遵新齋公之型憲，修己治民之道。前後若出一轍，兩世清白之操如此，較之豐財美宅者，不可同日語也。胡質清恐人知，胡威清恐人不知。以後視今，猶今視昔。傳之奕代，當無容軒輊也。

今以康熙丁巳春，獲見先人所藏《南坡公遺訓》一篇，手澤尚新。捧讀再三，不勝於悒，甫知前人之爲後人計者深且遠也。若後之人遵其謀烈，聿修厥德，克纘家緒，而不貽前人羞，此固我祖之所望于後人，亦余之素志也。然而相去日遠，猶然未付剞劂，深憂後人之茫然。是以不揣愚陋，謬加俚言，勉爲刊刻，祇成一書，公諸本族，以期與伏波之手敕、溫公之格言並傳于不朽云。

時康熙戊午春三月丙辰，五世孫煜頓首譔。

——康熙《新安吳氏考系·傳文》

明萬曆徽州汪氏宗族藏書軒遺訓

藏書軒遺訓

聖人之心,非書無以見于世;聖人之學,非書無以傳于後。故書載道之器也,而君子慎之哉!汪氏累世業儒,積書盈室,先君子移之郡城,今承輝構軒于此,雖無張茂先之三十乘、金樓之子八萬卷,然牙籤充棟,已兑閱市之勞。雖乏漢石渠之奥編、唐内庫之秘帙,然聖賢之心或開卷可見。昔平泉一石尚戒勿遺,兹先聖遺言立,豈可輕失?爰書此于軒,以爲子孫戒!

(潘寧録,卞利校)

——萬曆《越國世子正脉》卷五《藏書軒遺訓》

明萬曆祁門縣沙堤葉氏宗族四箴

忠箴:摠摠民生,匪君弗治。不篤忠貞,何以昭事?惟我後昆,遵王之義。因時盡道,隨分矢志。賦役常輸,服政盡瘁。勉作爾忠,庶幾無愧。

孝箴:父母生我,恩洪罔極。孝思自天,根心生色。惟我後昆,率兹順德。善養禄養,無忝厥職。啜菽盡歡,陟屺時憶。勉修爾孝,烝民之則。

節箴:人生立身,胡可少枉?一隳大綱,萬幾靡蕩。惟我後昆,名節勿爽。出處取予,惟公惟讜。瑾瑜常潔,日月常晃。正氣須存,毋愧俯仰。

義箴:古往今來,惟義可久。輕財樂善,炳耀宇宙。惟我後昆,制心須厚。吝驕必祛,藩籬即剖。掛劍明心,捐舟恤友。存爾大義,人情無負。

衆議《世系》及《序》《記》《傳》《銘》所載,墓地别業,土名疆界,並係各分各自謄註,譜局未暇查究,於中或有僞冒埋奸,以圖日久執稱譜書占争者,造釁不小。今集議,日後凡本族告争山場地業,悉辯各僉業、買契爲憑,並不許執譜作証。

——萬曆《沙堤葉氏家譜》卷一《四箴》

明萬曆祁門縣營前鄭氏宗族祖訓

祖訓

凡爲吾祖之孫：

敬父兄。父兄尊於我也，出入必隨行，有事必代勞，毋凌忽以犯長上，方爲孝順子弟也。

慈子弟。子弟幼於我也，中也必養不中，才也必養不才，毋以子侄不肖而棄絕之，方爲賢父兄也。

和鄰里。鄰里居之相近也，凡事須要相接以禮。蓋出乎爾者反乎爾也，必出入相友、守望相助、疾病相扶持、患難相恤，方爲仁（後）［厚］之俗。

時祭祀。祭祀所以報本也。凡我庶民，立春、清明、季秋、冬至，皆可盡一念之誠。苟失祭祀，則是忘祖宗，忘祖宗則不孝，不孝則家道乖戾，豈可乎？

力樹藝。樹藝所以養生也，父母、妻子皆籍乎此。若非勞心勤力，則農、工、商賈雖服其勞，而所出有限，所用不給，終如無樹藝人矣，何益？

毋胥欺也。"欺"之一字，世之大患也。君臣相欺則國亡，父子相欺則家喪，歷歷可數。至於夫妻、長幼、朋友，欺之一萌，禍亦隨之，至未有守欺而不返者也。

毋胥訟也。事不得已而求伸於公庭，理之宜也。若以小事、小忿而屑屑與人相較，健訟之流耳。雖得舒忿而家貲尚不能守，況未必能舒乎？

毋犯國法也。國法所以一天下也，當銘刻守之。苟犯徒、流、絞、斬，曾有放過何人？切宜以理制欲，以道御情，毋蹈此患，以致家破身亡。

毋虐寡弱也。寡弱，家之不能無也。有一等人，因他寡弱，就要剝他肥己，少有不順，則恃人衆勢強，視他如糞土。曾不思天理循環，今雖寡弱，安知後日不衆強乎？今雖衆強，亦安知後日不寡弱乎？

毋博奕也。博奕本敗家戲也，孔聖以人無所用心之不可耳，非教人博奕也。溺意于斯，家業頓消，未有博奕能創業也。

毋鬭爭也。鬭爭是不能忍耳，若思上辱其親、下亡其身，皆由于斯，則鬭爭尤不可不忍也。縱無大咎，亦傷大義，終非睦族之道。

毋學歌舞以蕩俗也。歌舞本樂家事耳。凡我良民，必須誦讀詩書，以法聖賢。縱不能攀龍附鳳，亦可以正家善俗。苟不能然，亦當力藝以給家用，安可歌舞以蕩風俗？

毋相攘竊姦侵以賊身也。攘竊、姦侵，皆以爲人不知耳。殊不知禍機之所伏也，日久自然彰露，天理決不相容，王法亦難逃避，則是自害其身，害其身是害其親。親可害乎？身可害乎？

毋鬻子也。子所以繼先肇後也。君子雖貧，不鬻祭器，況貧又可以鬻子乎？若子多，出繼則可。不然，父子之義何在哉！

毋大故勿出妻也。妻之爲言齊也，與夫繼先啟後之義也。若犯"七去"，不得不出。苟非大故，亦當容忍以存大義。

毋爲奴隸以辱先也。奴隸，下人也，上辱先祖，下辱自身，豈自愛自重者爲之哉？切宜記之。

有一于此者，生不齒于族，死不入于祠。戒之，敬之。

（潘寧錄，卞利校）
——萬曆《營前鄭氏家譜》卷五《祖訓》

明崇禎休寧縣葉氏宗族保世祖訓

保世

叙曰：古稱保我子孫，必本於心。又稱子孫保之，必本於德。乃知前後相保，良有所持重。巨族之振，振以世其家，豈無所自哉？每觀人立心良，行事正，家人相與，興仁興讓，長幼有序而體恤有恩，其家未有不興者。反是，則相睽相賊，衰敗隨之矣。《家乘》俾傳之有永，特爲演皇祖《六諭》，以示憲章；《四禮儀節》，以遵畫一；世守《家規》，以昭燕貽。《家乘》既終，提撕《彝訓》，後人勿以虛文視之，庶世世相承，彌昌彌熾，以光前裕後者於是乎在，作《保世》第九。

聖諭

恭惟我太祖高皇帝，開闢大明天下，爲萬代聖主，首揭"六言"，以諭天下萬世。第一句是孝順父母，第二句是尊敬長上，第三句是和睦鄉里，第四句是教訓子孫，第五句是各安生理，第六句是毋作非爲。語不煩而該，意不刻而精，大哉，王言！舉脩身、齊家、治國、平天下之道，悉統於此矣。二百年

第一章　家訓、宗訓、箴訓、遺訓、祖訓、規訓和庭訓

來，欽奉無斁，而又時時令老人以木鐸董振傳誦，人誰不聽聞？而能講明此道理者鮮。於是，近溪羅先生爲之演其義，以啟聾瞶。祝無功先生令我邑時，大開鄉約，每月朔、望，循講不輟，期于化民善俗。又即羅先生《演義》，刪其邃奧，摘其明白易曉、可使民由者，彙而成帙，刻以布傳。雖深山窮谷，遐陬僻壤，靡不家喻戶曉。時當神宗皇帝以仁厚理天下，重熙累洽，庶幾唐虞三代之盛，猗歟休哉！吾家藉以興仁讓而保族滋大，其漸于教化者深也。茲特載其《演義》于譜，俾世世子孫奉若蓍蔡，勿以尋常置之，將吾族興隆昌熾，永保于無窮矣。

孝順父母。如何是孝順父母？人生世間，不論貴賤貧富，這個身子，那一個不是父母生的？你們衆人，各各回頭思想，你這身與父母身原是一塊肉、一口氣、一點骨血，如何把你父母隔了一層？且說你父母如何生養你來。十個月懷你在胎中，十病九死；三年抱你在懷中，萬苦千辛。擔了多少驚恐，受了多少劬勞？但有些病痛，恨不得將身替代。未曾喫飯，先怕兒饑；未曾穿衣，先怕兒寒。爬得稍長，便延師教訓；爬得成人，便定親婚娶。教你做人，教你勤儉。望你興家立業，望你讀書光顯。若教得幾分像人時節，便不勝歡喜。若不聽教訓，便死也不瞑目。及到爲子的身日長一日，而父母的身日老一日了，若不及時孝順，終天之恨，如何解得？我看今世上人，將父母生養他、教訓他、婚配他，皆做該的，所以鮮能孝順。豈知慈烏也曉得反哺，羊羔也曉得跪乳。你們都是個人，反不如那禽獸。今人不孝順的事也多端，且只就眼前與你們說，假如父母要一件東西，值甚麼緊？就生一個吝惜的心；父母分付一樁事，沒甚難幹，就生一個推托的心。又有一等人，背了父母，只愛自家的妻妾、自家的兒女。自己男女死了，號天慟地，哭斷肝腸；爹娘死了，哭也不痛，若是六七十歲、八九十歲死了，反以爲當然。及被他人嘲罵，却道世上男子多是如此。這等樣人，何不將你愛妻妾、疼兒女念頭回想一想？此真是豺狼梟獍，天不容，地不載。我今奉勸你們衆人，快快要孝順父母。孝順也不難，只有兩件事：第一件要安父母的心，第二件要養父母的身。如何是安父母的心？你平日在家裡，行好事，做好人，莫撞禍，莫告狀，一家安樂，父母豈不快活？凡父母所欲、所愛、所敬，一一要體父母的心，好生奉承，使父母在生一日，寬懷一日，這便是安父母的心。如何是養父母的身？隨你的力量，饑則奉食，寒則奉衣，早晚好生慇懃。有事替他代勞，有疾病請醫調治，這便是養父母的身。倘或父母所行，有不是處，須要婉言幾諫，使父

母不至得罪于鄉黨、親戚。萬一天年告終，盡心竭力，以禮殯葬；四時八節，以時祭祀，這都是孝順父母的事。今人不能孝順的，却又有一個病根。他說道：我本要孝順的，怎奈父母不愛我。此益見差了。父母生出來的身，死生俱由父母，說得甚麼愛憎？所以古人云："天下無不是的父母。"而今世上有一等極愚極蠢的人，也曉得供菩薩，拜土地，却不曉得家中有個老爹、老娘就是活菩薩、活土地。若肯發一孝心，虛空神明，默默護佑。況且我爲人子，我亦有兒子，我若不孝順父母，我的兒子也決不肯孝順。古人說得好，"孝順還生孝順子，忤逆還生忤逆兒。"我太祖皇帝勸百姓們孝順父母，正欲吾民輩輩爲孝子順孫也。你若不孝順，朝廷有律例，決不輕貸。

我勸吾民孝父母，父母之恩爾知否？懷胎十月苦難言，乳哺三年曾釋手？每逢疾病更關情，纔及成人求配偶。豈徒生我受劬勞，終身爲我忙奔走。試讀《蓼莪》詩一章，欲報罔極空回首。莫教風木淚沾襟，我勸吾民孝父母。

尊敬長上。如何是尊敬長上？這個長上不止一項，如伯叔祖、父母、伯叔父母、姑兄姊之類，便是本宗長上；外祖父母、母舅、母姨、妻父母之類，便是外親長上；鄉黨之間，有與祖同輩者，有與父同輩者，有與己同輩而年長者，便是鄉黨長上；如教學先生與百工技藝之師，便是受業的長上；本處親臨公祖父母官及學校師長，便是有位的長上。此等人，倫理名分，若天爲擺列，都該尊敬他。常聞先輩家風，老成爲政，百凡事，長者說下來，卑幼唯唯聽命。邇來風俗薄惡，人家多是少年用事，馳騁英風，任意胡行。如見族間與外親尊長有衰弱落罷的，便不伏氣稱謂他；見一個高年老成人，便說道："古板子，不要放他在眼裏。"見達官長者，便說道："休要畏縮奉承他。"殊不知他年紀大似你，行輩先似你，見識多似你，名位高似你。你是卑幼，他是尊長，如何敢戲狎他，欺侮他？且你有這等驕亢的心，眼底無人，必至越理犯分，做出放膽事來。世間那裡安插得這等人？決非保身全家消息。所以人在天地間，除了孝順父母，第二件就是尊敬長上。尊敬如何？行則隨行，坐則旁坐；有問則謹對，有命則奉承；當揖就揖，當拜就拜。逞不得一毫聰明，性以先之；倚不得一毫富貴，相以加之。此皆是尊敬之道。但"尊敬"兩字又不是外面假做得的，必要一點尊敬長上的實心，外面纔有尊敬長上的禮貌。今世上知尊敬的，多是假粧，便與長上作個揖，也是勉強低頭；與長上施一個禮，也是習個虛套。傲慢輕薄，鄉里誰不惡你、遠你？縱才高發達去了，亦終做不得人品。你們各各思量，快要拔去那不尊敬的真病根。且我能凡事守禮，謙謹一分，尊長必然愛重，鄉黨必然稱譽，後生必然効慕，終身纔做得個好人。所以古人說得好，"愛人者，人恆愛之；敬人者，人恆敬之。"天地生人，一代催一代。今日的長上，却是昔日之子弟。我今日雖是子弟，他日却是長上。今日我爲人少，若不肯尊敬他人，後日我爲人長上，人亦決不肯尊敬我。我太祖皇帝勸百姓們尊敬長上，正欲吾民個個爲賢人君子也。你若不尊敬，朝廷有律例，決不輕貸。

　　我勸吾民敬長上，少小無如崇退讓。分定尊卑不可踰，齒居先後寧容亢？詩人抑抑誦武公，尼父諄諄戒闕黨。天叙天秩禮本全，行徐行疾時當講。傲爲凶德莫猖狂，謙在真心休勉強。禍福從來此處分，我勸吾民敬長上。

　　和睦鄉里。如何是和睦鄉里？鄉里雖不是親眷，到比那隔遠的親眷更相關；雖不是兄弟，到比那不和好兄弟更得力。有等不知事的人，只道各門別戶，有甚相干。不知田地相連，屋宇相接，雞犬相聞，起眼相見，那一件能瞞得他！是非也，是鄉里間易得生；冤家也，是鄉里間易得結。大凡人家災禍，多是與人不和睦起。親戚不和睦，他還顧些體面，只有鄉里不和睦，決定有災禍。所以鄉里關繫最緊，決要和睦。鄉里却不同也，有做官的、做吏的、極富極貴的，這是強似你的鄉里，安你貧賤的分，小心尊敬，不可得罪他也。有極貧極賤的，這是不如你的鄉里，存你一點憐恤之心，常要看顧週濟他。也有一種極兇極惡的，這是不好的鄉里，要謹謹防避，以禮待他，憑一點至誠心感動他，百凡讓他、忍他。中間更有一等賢人君子、爲善積德的好人，這是一方祥瑞，百家師表，在你比隣，却要時時去親就，事事去請教，敬他如父兄、師長一般。又有爾我平等、尋常一般樣的鄉里，都要你往我來，如兄如弟；早晚相見，必須謙恭；四時八節，吉凶慶吊，必須成禮。有事相托，有話商議，必須同心，患難相扶持，疾病相看問。有詞訟，必須盡心解散，不可搬弄扛幫。有盜賊、火燭，必須協力救護，不可幸災樂禍。不妬富欺貧，不凌孤暴寡，不討占便宜，不妄自驕大，這便是休戚相關，一團和氣，纔成個鄉里。這等樣人，鄉里中那個不愛你、敬你、稱誦你？即祖父從來積聾，亦漸次消釋。你家有事，那個不來趨赴你？官府見你如此尚義，亦自嘉獎你。這等人出門，與人相逢，自然個個是相好的，何等快樂！今人不能和睦鄉里，只是一個忌心，惟恐他人高似我。殊不知你只該自己向上做好人，何必妬忌別個？又有一等人道："讓了這着，鄉里皆欺負我，便做不得漢子。"定要爭勝。你試看有受用的人，多是能喫虧的人，若一鄉都怕我，便不是好事。又有一等人，見鄉里待我不好，便不好待他。古人云："冤家是結的。"他讐你不讐，冤家到底結不成。若他讐你，你便讐他，冤深害結，必有一場大禍，豈是保身全家之道？我今且與你們說，人在家鄉，猶不覺相親。常想出外的人，聽得一人似鄉里口聲，不問貴賤，便相親密。又在他鄉，外見一人從故鄉來，便不勝歡喜，此點心是和睦的真心。人若能以出外的心待鄉里中人，安得不和睦？我太祖皇帝勸百姓們和睦鄉里，正欲吾民處處興仁興讓也。你若不和睦，朝廷有律例，決不輕貸。

我勸吾民睦鄉里，仁里原從和睦始。四海須知皆弟兄，一鄉安得分彼此？酒熟開壺共勸酬，田聯併力同耘耔。東家有粟宜相賙，西家有勢勿輕使。遇逢患難必扶持，依倚何殊脣與齒。古來比屋咸可封，我勸吾民睦鄉里。

教訓子孫。如何是教訓子孫？人家興是好子孫，人家敗是不好子孫。好與不好，只爭個教與不教。世上那一個生下來就是賢人？都是教訓成的。那一個生下來就是惡人？都是不教訓壞了的。所以，人家子孫，教訓要緊。每常見人家愛兒子，定要好衣好食與他喫着。不思量喫着慣了，大來自家做人，便不知撙節，就是賣田賣地，也只是要喫要着。又常見人家父母疼兒子，怕他啼哭，儘他要，與他；儘他惱，的便替他打罵出氣。不思量順從他慣了，大來自家做人，一發自由自縱，打人罵人，撞禍生事。又常見人家父母歡喜兒子，專一調笑哄他，非禮之言，只管戲狎；詭詐之事，只管作弄。不思量褻狎慣了，大來自家做人，苟且歪邪，姦盜、詐偽。及到那時節，犯法到官，身遭刑憲，父母欲割捨不得，欲救他不能，恓恓惶惶，只嘆得口氣，悔也遲了。看來，子孫如何不教，教子孫如何可不早？古人云："嚴父出好子。"又云："桑條從小直。"趁他年紀尚小，急忙教訓。但教訓却有個方法，今人只曉得教子孫強過人，不肯使子孫退讓人。少年氣習，易得驕暴，反被父母教壞了。又有識教訓的，動輒說要子孫做官，這也不是。世間讀書的多，做官的少，做官要命，這是教不成的；做好人却不要命，這是教得成的。勸你們，有子孫，好生教訓。休教他做家，先教他做人；教他做好人，先教他存好心。心好人自好，自然增福延壽，興家立業，耀祖榮宗。我今且分別幾等與你們說，大抵子孫資性，生來不同，有等聰明的，延師造就，圖個上進，以光顯門戶，此第一美事；有等愚鈍的，如讀書不成，切莫擔（閣）〔擱〕他，急急教他務一件本分生理，為農，為工，為商，各守一業，都要教他存好心、做好人、明倫理、顧廉恥、習勤儉、守法度，方成個教訓。又有一說，良朋好友與他相處，自然會好；浪子游徒與他相狎，自然會不好。所以古人云："近朱者赤，近墨者黑。"可見，教訓子孫的，畢竟要慎擇同伴。更有一說，人家父母，便是師傅，平日，家庭間子孫在眼前，父母說一句話，行一件事，早早晚晚，兒孫聽着、看着，一一都照個影子在心田裡。所以古人說："言行要留好樣與兒孫。"可見，教訓子孫的，畢竟又要先自學好，這個都是教你們兒子的說話。就是女子，也不可不教。今日我家女兒，他日是別人家媳婦。做女時，當早教之以柔順，訓之以貞靜，如紡績、厨爨、井臼之類，皆當使躬執其事。切不可令其安逸，享用過了，打奴罵婢，熟了多言亂語，性子輕（跳）〔佻〕慣了，以致後來驕傲狠毒，搬弄唇舌，貽累丈夫，辱及父母。是人家不問男女，教之皆不可不慎！我太祖皇帝勸百姓們教訓子孫，正欲吾民後代賢達，家門昌盛也。你若不教訓，朝廷有律例，決不輕貸。

我勸吾民訓子孫，子孫成敗關家門。寢坐視聽胎有教，箕裘弓冶武當繩。黃金萬兩有時盡，詩書一卷可常存。螟蛉尚能化異類，燕翼豈難裕後昆。縱使不才毋遽棄，善養還須父母恩。世間不肖從姑息，我勸吾民訓子孫。

各安生理。如何是各安生理？這"生理"二字，"生"便是人的生命，"理"便是道理。凡人要生，必須循理，所以叫做"生理"。你百姓們，那一個不要生？却有幾個肯循理？所以說要安生理，論生理也多。俗語云："道路各別，養家一般。"天地間，人那個沒有生理？如讀書，便是士儒的生理；耕種田地，農夫的生理；造作器用，工匠的生理；買賣經營，商賈的生理。至若人無田地，無資本，又不能讀書，不會做手藝，就與人傭工、挑脚，也是貧漢的生理。各人只做自家本等事，不去妄想，這便是各安生理，個個皆可度活。就是目前未必見好，將來必有好日子。今有一等人，這件已做得好，旁邊聞說別件更好，便丟了去做那件，千般百弄，到底一事無成。又有一等人，不思前算後，只說且過眼下，游游蕩蕩，如痴如呆，這樣人必然饑寒流落。及至沒擺布，只得做歹事了。你試看那做歹事的，那個逃得法網？總是不安生理，以至於此。看來生理一日丟不得。大凡人勤謹，便生起好念頭，懶惰便生起歹念頭。如人有一件切己事在身上，他便無功夫去想別事。若閑步閑坐，遇着一兩個沒正經人,便做出無端事來。就是富貴子弟,也要自家勞苦支撐,方能成立,一生盡靠不得父祖。俗語云:"自在不成人。"又云:"安常即是福,守分過一生。"這幾句説得極好。曾見許多賺大錢的行險遭綱,不如小買小賣的自在平穩。許多心高妄想的分外營求,不如守業農田的長久安樂。所以古人云:"萬事不由人計較,一生都是命安排。"故凡人須要隨我生理,安意爲之,未有將你自家智術與那造化争衡被你勝了的。我且再與你們說破。古人云:"食前方丈,不過一飽;大廈千間,夜眠八尺。"休恨不如人,人尚有不如你的,就據你們平日所羨慕,畢竟讀書做官爲第一好生理。豈知朝廷爵禄雖能榮人,更能辱人。做好官流芳百世,便是好生理;做歹官遺臭萬年,便是歹生理。除了讀書,生理莫若農田好了,所以古人叫耕田謂之"力本",叫買賣謂之"逐末"。若是有錢的人家,勤耕勤種,一粒落地,萬顆歸家,比買賣的利有千倍、萬倍。園中栽桑,地裏種棉,有穿的;池中養魚,家中養牲,圃中養菜,有吃的。便是天年水旱,廣種薄收,也可糊口,這也是最好的。何羨做官?假如無田的人家,佃幾畝,得幾坵,勤耕勤種,完了主人租,落得幾斗米。須是粗茶淡飯,到比膏粱吃得有味。雖是敝衣粗布,到比那錦綉穿得更溫,妻子也不驕奢慣了,兒孫也不游蕩慣了。故論本分生理,此爲第一,手藝次之,買賣又次之。除此四民,更有形卜、星象,巧弄機術;經紀牙保,暗地摸索;清客大俠,鼓舌朱門。縱然獵得眼前富厚,到底終無結果,此皆不是本分生理,總不該去學他。我太祖皇帝勸百姓們各安生理,正欲吾民自守本分,家給人足也。你若不安生理,朝廷有律例,决不輕貸。

我勸吾民安生理,處世無如守分美。守分不求自有餘,過分多求還喪己。榮枯得失命難逃,士、農、工、商業莫徙。克勤克儉日常操,無辱無憂誰可比?築巖釣渭是何人?霖雨鷹揚倏忽起。三復《豳風》與《葛覃》,我勸吾民安生理。

毋作非爲。如何是毋作非爲?這一句是我太祖皇帝教百姓最切骨的言語。一部《大明律》,也只爲這句話做的。如何叫做"非爲"?凡一切不善之事,大小都叫做非爲;行一切不善之事,大小都叫做非爲,一部《大明律》,都是個作非爲的樣子。我今與你是指一個端的,凡事千差萬差,只因心上一念之差。試看那(兇)(酗)酒、賭博的,拐騙縈詐的,種種非爲,漸爲竊盗、强盗,甚至不孝不悌、"十惡"大逆,那個不是一念差走了路?犯出來枷杖、流徒、擬斬、擬絞,官府也顧恤不得你。你那時節,欲悔悔不得,欲改改不及,只落得垂首喪氣,甘受刑罰,何苦做這等樣的人?其間也,有欲昏了智,利動了心,不辨是非而冒爲的；也有識見未定，被人哄誘而誤爲的；也有杯酒戲弄，惹成大事的。大抵善、惡只兩端，在慎於發初一念，人人各將自己心裡檢點，看一切非爲的心還是有，還是無，憑你瞞得人，瞞得官，瞞不得你自己的心。你自己的心昭昭明白，天看見，鬼神看見。古人云："人間私語，天聞若雷；闇室虧心，神見如電。"此等說話，字字真切，你不怕人，不怕官，難道鬼神也不怕？天也不怕？你不怕天，天決不饒你；你不怕鬼神，鬼神決不饒你。你不遭官刑，必定折福損壽，尅子害孫。摠然生子生孫，不是與你討債，便是與你還債。你們閑中無事，將夜半睡醒時，念頭初起時，仔細思量，但有一點非爲的心，作急回頭，痛自省改，這便是做好人、行好事的根基。古人云："諸惡莫作，諸善奉行。"又云："但行好事，莫問前程。"又云："平生不做虧心事，半夜敲門也不驚。"替你千思萬想，只是一個守着勤儉，欺心壞法事，一毫斷不可做。我太祖皇帝勸百姓們毋作非爲，正欲吾民不犯刑憲，保全身家也。你若作非爲，朝廷有律例，決不輕貸。

我勸吾民莫非爲，非爲由來是禍基。只因一念微茫錯，誰料終身網羅隨。姦盜詐僞常相貫，徒流笞杖沒便宜。縱然逃得官刑過，神明報應決無遺。古來作孽皆如此，豈爾爲非獨能違？及早回心猶可救，我勸吾民莫非爲。

——崇禎《休寧葉氏族譜》卷九《保世》

清順治歙縣紹村張倫少多箴

少多箴　張倫　紹村

寄形乘化，未能出事之外，遺物之累。顧此身上承宗祧，下啟胤祚，而日就衰遲，則於康濟之方、撙節之要所宜講也，作《少多箴》。夫多者可以過，過則益；少者不可過，過則損。觀過斯知所以損益矣。書揭座右，以朝夕自省，兼示子孫，俾永守爲訓焉耳。然言意雖淺近，頗切於人生日用，不敢自私，乃刻諸梓，與四海兄弟共之。

少飲酒，害性傷身；多餕粥，以穀爲主。多茹菜，蔬能疏導；少食肉，厚味生毒。少開口，禍從口出；多閉目，靜以養神。多梳頭，櫛髮去風；少洗浴，頻傷榮衛。少群居，招釁致尤；多獨宿，節色潤身。多收書，讀書明理；少積穀，久積備荒。少取名，造物忌名；多忍辱，忍辱不辱。多行善，必有餘慶；少干祿，留遺後人。

——順治《新安張氏續修宗譜》卷三十《文翰》

清嘉慶黟縣南屏葉氏宗族祖訓家風

祖訓家風

敬述祖訓家風，維我祖宗詳立家訓，美善多端。闔族奉行，閱世二十，歷年數百，罔敢懈怠，其所以正人心、厚風俗者，至周且詳也。今敬錄於譜，以垂不朽云。

一、崇禮教。族中冠、婚、喪、祭，華而不靡，儉而不陋，稱家有無，不限成例。每歲元旦，闔族詣宗祠謁祖。畢，序齒團拜。清明上冢，自始祖而下五代，俱設墓祭，照齒值年，備儀物，潔祭器，必誠必敬，與祭者，頒胙各有差。及歲時伏臘，宗祠內襄事值年仿此而行。

一、正名分。尊卑有等，長幼有倫，毋論禮見、燕見、進退、威儀、言論、稱謂，各從其職，毋敢褻狎。

一、安生業。族中子弟，士、農、工、商，各有恒業，非年高稚弱，及有事羈留而在家閑遊者，老成必督責焉。故族內少遊惰之人。

一、敦正道。居鄉不奉淫祀，喪祭不尚佛事。即春、秋祈報，有在祀典者，迎神演戲，不趨浮靡，惟盡誠敬而已。

一、禁邪僻。族中邪僻之禁至詳，而所尤嚴者賭博。賭博之禁，業經百餘年，間有犯者，宗祠內板責三十。士庶老弱，概不少貸。許有志子弟訪獲，祠內給獎勵銀貳拾兩。恐年久禁弛，於乾隆十四年加禁，乾隆四十三年加禁，嘉慶十四年又加禁。歷今恪守無違，後嗣各宜自凜。

一、和宗族。族內偶有爭端，必先憑親族勸諭理處，毋得遽興詞訟。前此我族無一字入公門者，歷有年所。乾隆四十六年，邑侯殷公以"安分樂業"扁額表閭。族中士庶，以舞弄刀筆、出入公門為恥，非公事不見官長。或語及呈詞訟事，則忸怩而不寧，誠恐開罪宗祖，有忝家風。

一、飭風化。族內不收義子，婚嫁不結細民，子弟不為優隸，不充當地保。違者，斥逐。

一、杜匪類。支丁間有不遵祖訓者，定行斥逐，生不入祠，死不列主，族中喜憂賀吊，俱不得與，永垂家法，以示懲戒。

以上數則,皆祖宗流傳家政,使後嗣衣食粗贍,倫常敦篤,以仰承太平之福者也。凡我族人後嗣,務宜恪守,毋怠毋忽。

——嘉慶《黟縣南屏葉氏族譜》卷一《祖訓家風》

清道光二十五年十二月績溪縣城南胡氏養生箴

養生箴 胡廷綬

內兄敬暘先生,以今年十二月五日爲六十生辰,同人多以詩文祝之,余以爲視之不若箴之爲更勝也。先生資最高,學最博,性最孝友。其先世自曾祖以及諸父,皆邑名宿。然皆不尚聲華,故其詩古文辭皆散佚不可收拾。先生不憚蒐輯之勤,積數十年之久,使皆裒然成集,刊以行世,而先世之文章、學問遂得以傳之永久。其他如買祀田、葺祠宇、修譜牒、建支祠,亦無非爲先代久遠計,固非若世俗沾沾苟且旦夕之爲。其餘行事,亦皆稱此。此特箸大者,然則余又何以箴之哉?蓋先生爲人,慷慨豪邁,不畏疆禦,雖緩急可倚而黑白太明。又好盡言,以招人過,以故愛先生者甚多,而嫉先生者亦復不少,此余所爲欲以《箴》爲祝也。凡世人有所嫉於人,苟機有可乘,力所能及,則不復肯稍留餘地。若有所愛於人,其平居款洽而已。其於吊慶,豐其儀以報稱而已。至有急難,肯暗籌以營救之者已,百無一二。肯出其身力以捍禦之者,則尤千無一二,是則愛不勝嫉,得不償失矣。況乎情有所激,則氣血亦失,其平釁期預防,則心思又擾於內。其於養生之道,亦非所宜哉。孔子曰:"人之生也直。"孟子曰:"以直養而無害。"吾願先生以直養其內,尤必以默彌其外,使愛者日增,而嫉者日減。氣血和平,心思恬謐,則身必加康疆,而學問、文章亦必與年俱進。後亦必有裒輯先生詩古文辭,如先生之於祖父者,則先生所以壽身而壽世者,且無窮極。余之箴不誠大勝乎祝也哉?然余性與先生同,因即以之自箴,其辭曰:"坤之六二,繫以直方。如何六四,更繫括囊。外尤不招,內養彌康。馴至其道,德合無疆。書箴如是,俾爾壽藏。"

道光二十五年十二月朔日,內弟胡廷綬撰。

——民國《績溪城南方氏宗譜》卷二十二《雜著上》

清光緒績溪縣東關馮氏宗族祖訓

馮氏祖訓十條

昔王孟箕先生立有《講宗約會規》，王士晋先生立有《宗規》，詳載《五種遺規》中。自家庭以及處事接物之道，罔不賅備，於此見人生一舉足而不可忘祖宗之訓也。爰仿其意，立《馮氏祖訓十條》。

孝父母。父母之德，同於昊天罔極，故立愛必自父母始，必先能敬而後能愛。近來人家愛惜兒女過甚，每每食則同棹，寢則同榻，作爲皆曲如其意。人之漸忘名分，遂見得父母有不是處，遂敢於怨怒其父母。推厥由來，皆由不敬父母，視父母若平等人故也。故凡事父母者，飲食必異，進奉必謹，器具必潔，視膳必親；寢興必俟候，出入必禀告；聲必柔，氣必下，顏色必和。一切奉命維謹，須見得父母無不是處。父母稍不悦，即引爲己罪，長跪謝過。至於友愛兄弟，和睦鄉黨，立志成人，不入邪路，在在恐玷辱其先人，此則尤爲孝之大者也。

友兄弟。世間最難得者兄弟。人即庸愚，皆有天性，鮮有不愛其兄弟者。多因娶婦入門，不明大義，挑唆搬弄，始而妯娌不和，繼而兄弟不和，終而父子、婆媳不和，天下未有一家不和而不敗者。且天道好還，他時自己的兒媳，恐即學你的不好榜樣了。到此地，悔之何及？所願于歸我族之婦，各去其自私自利之見，各以和睦妯娌之心，助成夫男友愛之篤。至有釁端，實開於男子者，婦人尤宜委曲勸阻。

敬祖宗。物本乎天，人本乎祖。人從盡孝的心推上去，自必以敬祖宗爲先矣。修祖廟，依神明也；省墳墓，安體魄也；重譜牒，仁族屬也；虔祭祀，展孝思也。人能敬其祖宗，天必降之以福。凡力能爲祖辦事者，切不可此推彼諉也。

睦宗族。族屬支分派別，自祖宗視之，則皆其子孫也，所以必族中和睦，而祖考之心乃安。睦族之道，在敬老慈幼，同憂共戚，慶吊必通，患難必救，困窮必周，鰥寡必矜。婚娶無力者，必助之貲；子弟可造者，必加培植。如有卑幼不法及被欺陵過甚，無可奈何之事，自當憑宗族尊長公論，不得私相鬭毆。至於爭産致訟，與他姓且不可，況在一本所生者乎？吾族尤當戒之。

正婚姻。有夫婦，然後有父子。先王制嫁娶之禮，同姓不婚，所以厚別而明人道也。凡爲婚配者，娶媳務求淑女，淑字不易當，總要性情和柔；嫁女但擇佳婿，佳者甚難得，總要言動篤實。不可計較錢財，不可攀結豪富。凡家世清白，門戶相當，輩行相配，便可做親。至於婚嫺之道，不可失時，尤凡爲父母者所宜知。

嚴閨閫。男女有別，所以正人倫、厚風俗，關係最重大之事也。凡男女不與并立，不相雜坐。男子不得入人内室，男女不得相笑謔。婦女不得入寺觀燒香，三姑六婆，不許入門。至於男子外出及婦女青年守寡者，無故尤不宜出入其門，皆遠嫌辨疑之道也。若夫古有夫婦，相敬如賓，閨門之内，肅若朝廷者。此等人，鬼服神欽，尤所宜學。

務勤儉。凡居家，男女大小，黎明即起治事，灑掃庭除，并宜整潔。男子士、農、工、商，各有所業，尤宜專習一行，切不可遊手好閑，希圖不費力之錢，妄想不應得之利。至衣食一切，當戒奢華，崇樸實。惟祖宗、父母分上的事，以及培植子弟，當竭其力，力盡而止，不可吝財，其餘皆宜惜費。大凡居家之道，勤則不患無財用了，儉則不患無財積了，"勤儉"二字，真傳家之寶也。凡嫖、賭、嬉戲及一切不端等事，一入迷途，無不身敗名裂，傾家蕩產。切戒，切戒。

興文教。子孫才，族將大。族中果有可期造就之子弟，其父兄即須課之讀書。倘彼家甚貧，便須加意妥籌培植。昔鄭左丞設里塾以教族中子弟，極爲良法。一族之中，文教大興，便是興旺氣象。古來經濟、文章，無不從讀書中出。草野有英才，即以儲異日從政服官之選，其足以爲前人光、遺後人休者，何如也？

附錄：陸世儀先生論讀書法

十年誦讀：《小學》、"四書"、"五經"、《周禮》、《太極》、《通書》、《西銘》、《綱目》、古文、古詩、各家歌訣。

十年講貫："四書"、"五經"、《周禮》、《性理》、《綱目》、《本朝事實》、《本朝典禮》、《本朝律令》、《文獻通考》、《大學衍義》、天文書、地理書、水利農田書、兵法書、古文、古詩。

十年涉獵："四書"、"五經"、《周禮》、諸儒語錄、二十四史、本朝《實錄》及典禮、律令諸書、諸家經濟類書、諸家天文、諸家地理、諸家水利農田書、諸家兵法、諸家古文、諸家詩。

訓子弟。四時代謝，人事遞更。今日所稱爲子弟，即異日之當家理事者也。但觀一族子弟皆好，即決其族之必興；但觀一家子弟皆好，即決其家之必興。凡爲父兄者，務須嚴約束，謹關防，毋許偷惰習饞，毋許親近惡少，毋許性狂氣傲，毋許遊蕩嬉戲。稍識字義，即宜以《小學》《呻吟語》《五（總）[種]遺規》及《先哲格言》等書，常常與之觀看。彈詞、小説，最壞心術，切勿令其入目，見即立刻焚燬，勿留禍根。

教女子。家之盛衰，由於婦人。婦人之關乎家者甚大，然必爲女子時，熟聞家教，曉這箇"三從四德"，到得嫁時，纔能事公姑、相夫子、和妯娌、教男女。所以婦人能賢，乃成家之始也；子能正，乃風化之原也。女子最要先明大義，如《孝經》《論語》及《教女遺規》等書，皆宜課女兒讀。至溺女惡習，大干天怒，吾鄉既無育嬰堂，全賴族中設法禁止，不可不知。

"三從"謂"未嫁從父、出嫁從夫、夫死從子"也。婦人苟有可從，自不得干預外政。

"四德"謂"婦德、婦容、婦言、婦功"也。幽閒貞静，守節整齊，行己有恥，動静有法，是謂"婦德"；擇詞而説，不道惡語，時然後言，不厭於人，是謂"婦言"；盥洗塵穢，服食鮮潔，沐浴以時，身不垢辱，是謂"婦容"；專心紡績，勤而無懈，潔齊酒食，以供賓客，是謂"婦功"。

以上《祖訓十條》，頒發各派祖屋實貼。每年祭祖後，即在祖屋令曉文義者，宣讀一過，講解一遍，各宜誠心恭聽。回家而後，父各以此教子，兄以此教弟，夫各以此教婦，反復開導，時時檢點。務須事事遵行，盡除前非，盡改惡習。同族之中，有過相規，有善相勸，不可自暴自棄，視爲具文。

——光緒《績溪東關馮氏家譜》卷首《祖訓》

清光緒績溪縣荆州明經胡氏宗族祖訓

明經胡氏宗譜祖訓條約

一、敬祖。祖宗，世系之原。爲人後者，當念某祖葬某地、某祖卒某年。凡遇醮祭，當盡物盡儀，不可視爲泛常。又或墓地淺露，歲時、寒食之節，須培土修治。死者安則生者受蔭，此尊祖之道，子孫所當知。

一、孝親。父母生身之本。故須事養，疾則醫治。苟饑寒疾苦，略不介意，與犬馬何異？若遇親喪，歲時隨分孝祭，不可專泥風水，火焚其屍。不祭不葬,非孝也。此後之爲子者第一大事,所當深念。

一、刑妻。妻以配身,不可不法以正道。凡一言一行,不可苟且,不可溺枕席之私,以養驕惰妬傲之性。必教以孝事舅姑,和待姒娌,禮于親族。有犯盜淫、嫉妬之條,輕則痛懲,重則逐退娘家。苟玷辱而不加之意焉,是犬豕之不如矣。凡爲子孫,不可不刑于寡妻。

一、教子。子以傳後。爲子者,不可不教以義方。幼稚,即要擇師,端其蒙養。有資者,策勵以玉成之。即庸常,亦要訓其識字,或貨殖、田畝,使各執一藝,切勿令酗酒、貪花、遊手、賭博以取禍。苟爲穿窬、乞丐,大都失于庭訓,故致如此。爲祖父者,不可不教訓子孫。

一、弟長。長上之人,凡伯叔、兄輩及期親尊長,雖有不同。爲卑幼者,當執弟侄之禮,言則讓,行則隨,毋鬭毆相爭,毋凌卑壓幼。如此則成弟讓之風,無魚肉同氣之患。爲子孫者,尚其勖之。

一、奉公。凡公衆之事,縣之户役、田糧、家之財物皆是。遇當年里役、稅糧,依期完納,免至催擾。倘拖欠、執拗,貪狼,官司有犯,苟遭隸卒叫嗷、鎖縛監禁、受刑責比于面前,族親豈可觀乎?是世所譏頑人,後之子孫,凛凛當戒。

一、憐孤。孤子,無父之人,最宜憐恤,富者可全其生。苟有貧者,不論親疎,當扶持以活其性命,年長則令學其手藝,有力則令耕種。倘得成立,豈不思報答我乎?世有嗜利之徒,見孤有家貲,則百計謀奪,或引之賭博,或領之嬉遊,俾敗蕩家產,令彼貧不能立,則與狼吞虎噬何異?爲我子孫,豈宜有此?

一、恤寡。寡婦,乃無夫之靠,幸而有家財、有子則可,倘兩者俱無,衆當協力扶持,以成其節,不可狐媚苟且,以亂其所守。果堅心守節,慎勿逼其改嫁,以利其財。或饑寒無措,願適人者,不必強留,以致後日敗節遺臭。爲我子孫,須宜審此。

一、睦族。宗族雖親疎不同,本吾祖一氣,不可富欺貧、強凌弱、衆暴寡,謂必叙以倫、接以禮可也。奈何爭長競短,攘臂相加,甚則持刀相殺,略無敦睦遜讓?雖麋鹿尚知同群,犬馬尚知相聚,可以人而不如獸乎?凡我子孫,不宜有此。

一、和鄰。鄰里居者,上下不一其人,貧富不同其家,皆要有無相通,守望相助,疾病、患難相扶持,冠、婚、喪、祭,慶吊往來,可爲美俗。若矜富欺貧,讐仇訐告，豈有極乎？凡我子孫，不可不知。

一、慎交。交朋接友，人所不免。其相與爲友者，必擇言可法、行可則，締爲心腹，方可無損。若與無籍之徒，貪其酒食之懽，更相迭和，引誘嫖蕩，家筵漸敗，求免禍也，難矣。試睹今之與便佞以爲腹心，聽其愚弄，誘其非道，鮮有不禍及其身者。凡我子孫，更當慎之。

一、擇配。婚姻者，人道之始終。嫁娶必當取其相當，尤當擇其良善，則婦之事人，必孝順舅姑，尊敬夫主，不淫不妬。若刑人、惡疾，斷不可爲婚。擇婿賢而歸之，庶女終天有靠，貧富不必較量。先正云："婿苟賢矣，安知異日不富貴乎？"子孫須當擇配。

一、禁訟。爭訟之端，多因小忿，因小以失大，兄弟、伯叔若爭長競短，家長并族之賢能者，重則各出銀數分和平，輕則分其是非，忍息則免仇恨而協和睦。若恃富強，聽唆訐告，必敗其家。古云："官事興，家業輕。"思之，審之。

——光緒《荊川明經胡氏五義堂宗譜》卷一《祖訓十三條》

清光緒績溪縣梁安高氏宗族祖訓

高氏祖訓十條

孝父母。天地生人，父母生子，是天地乃衆人之父母，父母即一身之天地。人安可不敬天地？子安可不孝父母？乃世有下愚，每謂我不讀書，不知孝道。殊不知孝乃生來本性，不慮而知，不學而能，故孩提之童無不知愛其親。而況羊有跪乳，鳥有反哺，禽獸且有孝心，人而不孝，不如禽獸，真天地所不容，鬼神所忿怒，人人得而誅之矣。試觀古來孝子，如王祥臥冰、孟宗哭竹，皆能感格天心而得厚報。可見孝爲百行之原，欲行善，必從孝始也。至以家貧爲不能行孝，其說更悖。人但竭力以事其親，何必富貴？況孝止是"愛""敬"兩字，人雖至貧，未有不愛妻子、不敬鬼神者。苟能移愛妻子之心以愛父母，移敬神之心以敬父母，安在不爲孝子哉！

敬祖宗。維木有本，維水有源，敬祖宗即是從"孝"字推上去。常存善心，行善事，恐辱先人，此敬祖宗之心也；修祠堂，省墳墓，奉祭祀，重譜牒，此敬祖宗之事也。

正婚姻。男女居室，人倫之始，要門戶相當，家風清白。男婚不宜過早，女嫁不可太遲。娶妻求淑女,不要美色,不圖厚奩;嫁女擇佳婿,莫結勢豪,莫貪厚聘。至同姓不婚,我高氏曾以胡姓入繼,故高、胡永不爲婚。後有入繼者,當永以爲法,不可隱匿,違悖祖訓。

睦宗族。人在世上,要一團和氣。四海之内,皆兄弟也,而況宗族一脉,安可不睦?所當敬老慈幼,憐孤恤寡,勸善戒惡,排難解紛。萬一有不平,祇宜憑長輩理論。至於結訟爭鬬,與他姓且不可,而況同族,尤當切戒。

守正業。人家子弟,無論貧富智愚,不可無業,無業便是廢人。又不可不守正業,不守正業,便是莠民。正業不外士、農、工、商,因材而篤,皆可成家立業。安可自甘污賤,爲娼優、隸卒,以玷辱門庭?至於醫卜、星相,雖非邪術,亦不可輕學。蓋其術不精,因而誤人惑人,則亦非正道矣。

興文教。四民皆是正業,然不讀書則不知禮義,故凡爲農、爲工,皆當讀書。雖不望成名,亦使粗知禮義,不至爲非。至於子弟佳者,則爲之讀書。使家貧無力,宗族宜加意培植。蓋族内有讀書人,則能明倫理,厚風俗,光前而裕後,其關係非淺,又不但科第仕宦爲宗族光已也。

嚴閨閫。人倫有五:曰父子、君臣、夫婦、兄弟、朋友。人而無倫,何異禽獸?故五倫以君臣爲首,而夫婦在先。欲正人倫,先別男女。男女雖同胞,自八歲以上,即使有別,所以遠嫌辨疑而防微杜漸也。男子不得入人内室,男女不得同坐,不得笑謔。婦女不得入寺觀燒香,三姑六婆,不許入門。閨風正則風俗隆,而家門昌大矣。

畏王法。王法者,朝廷所設以治吾民者也,無王法則天下亂。苟平日不畏王法,恐一旦犯法而不自知,及遭刑戮,悔之晚矣,此君子所以懷刑也。爲紳,爲士,爲民,皆當畏法,畏法則敬官府,早完糧。苟非萬不得已,不可輕與人結訟,自能遠恥辱而保身家矣。

積功德。世人算命、看相、做風水,皆欲富貴昌盛。然命相已定,算之、看之不能變好;風水即能發人,而陰地由於心地,心不好,亦不能得地。可見欲富貴昌盛,惟有廣積陰功。家道富厚者,賑飢寒,恤孤寡,施棺槨,修橋路,皆功德也。至於貧人,安有此力?不知貧人積德,其功倍於富人,但終身存好心,量力做好事,而且與父言慈,與子言孝,與夫言義,與婦言貞,勸人爲善,戒人爲惡,處處可積功德,正不必富貴而後能積功德。

禁溺女。上帝有好生之德,人之善事,莫大於救人命;人之惡事,即莫大於殺人命。然有心殺人,罪更深於無心殺人;有心殺無怨之人,罪更甚於殺有怨之人；殺無怨而爲至親之人，尤甚於殺疏遠之人。世俗之溺女者，父子至親，嬰孩何怨？乃竟立意殺之，而不肯宥，其惡極矣！夫物之凶狠者，莫過豺、狼、虎、豹，然皆不食子，乃至人而自殺嬰女，是凶狠過於豺、狼、虎、豹。彼呱呱者，方待乳、待衣，而忽投之於水，此事能下手，亦何事不能下手？惡至於此，天理豈容！若謂恐分子乳，故殺女以育子，是愛子而先爲子殺一人命，其子亦必不昌；若謂家貧不能育，彼嬰女所食者乳，並不食膏粱。既生女，必有乳，即乳或不足，米湯粉糊亦可助乳。試觀乞丐之徒，亦能襁負兒女，安在貧不能育？至謂免他日出嫁賠妝奩，此説更是可惡！既不忍薄其妝奩，何獨忍其性命？天道昭昭，無惡不報。凶狠至此，言之酸心。故宗族中有溺女者，其罪通天，雖別人戒殺放生，皆是無益。蓋在他處有育嬰堂，尚免載滑，吾鄉無之，惟賴宗族設法禁止，隨時告誡，功德無量。

以上《祖訓十條》，每年春、秋二祭後，宣讀一過，各派祖屋，書貼一紙，不可視爲具文。

——光緒《梁安高氏宗譜》卷十一《祖訓》

清光緒婺源縣環溪吳氏宗族芻蕘十箴

芻蕘十箴

敬宗：祖宗雖遠，祭祀必誠；春、秋匪懈，霜露悽情。緬懷冠履，長望墳塋；首邱之義，歸葬歸耕。

睦族：比閭族黨，救恤賙賓；同力合作，愛衆親仁。風維太古，俗則長淳；歲時伏臘，俎豆莘莘。

光前：先人往矣，孰闡幽光？子孫繩矣，曷爲顯揚？楹書是鑿，翰墨流香；採蘭空谷，聽鳳高岡。

啟後：父教不先，子率不謹；示爾義方，念兹童齓。小人勿親，君子宜近；陶冶既純，精華斯蘊。

植品：功名富貴，有求不來；道德仁義，惟性兼該。墨悲絲染，周愛蓮開；揚清激濁，端賴賢才。

存心：有金難藏，有田難守；善曰餘慶，子或能受。至樂無聲，喫虧最厚；自問爾心，便知爾後。

男訓：光大門閭，首重詩書；晝遊衣錦，駟馬高車。苟終不遇，亦葆厥初；

彼農、工、賈,執業無虛。

女規:家道將興,閨門雍肅;敬戒無違,仰事俯育。職司組紃,潔供魚菽;更有柏舟,千秋貞淑。

戒惰:肯堂思構,弗播胡穫?民生在勤,先事供賦。天不雨金,泉豈出布?空手游閒,實家之蠹。

遏慾:萬惡淫首,難逃者天;損人名節,奪爾福田。倫常若舛,禽獸是然;清心寡慾,尤在少年。

——光緒《環溪吳氏家譜》卷四《十箴詩》

清宣統績溪縣仙石周氏宗族祖訓

石川周氏祖訓十二條

一、明倫理。我周氏祖宗教訓子孫做人的道理:人與禽獸不同,皆因人有倫理,禽獸無倫理耳。宇宙中的人,富貴貧賤不齊,而惟讀書人貴重,只因他知道倫理。你們農、工、商賈、婦人、女子,目不識字,果能知道倫理,一切事都照本心做去,便是一個好人,與讀書人一樣。假如儒生滿口詩書,而做事不存本心,反不如農夫了。天地中間的人,都是五倫中間的人,五倫是父子有親、君臣有義、夫婦有別、長幼有序、朋友有信。人有這五倫,我子孫男婦、大小,肯依倫理做事,便是個好人,天地要保佑他,本身必有好處,子孫必然昌盛。若滅倫悖理,與禽獸一樣,天地不容,算不得我的子孫。各宜敬守此訓。

二、孝父母。前説五倫,是父子當頭,人人皆父母所生,以孝為本。古人說:"孝為百行之原。"人不孝父母,雖有別樣好事,都是假的。如果行孝之人,決不肯做壞事。如古人扇枕溫席、求鯉哭竹,非必富貴容易行孝,就是貧賤,只要盡心竭力以養父母,便是孝子。凡孝子,第一是愛父母,第二是敬重父母,第三要守身。存善心,行善事,揚名以顯父母,這纔是個真孝子。所以孝能感動天心,孝子必定有後。至如婦人,在家如果是個孝女,出嫁必定是個孝婦,必能守貞,斷不肯以清白身體受人污染,玷辱父母。可見,天下好事都從"孝"字做起。

三、敬祖宗。人既要孝父母,從父母的父母代代推上去,便是祖宗。一要修整墳墓,以安祖宗的體魄;二要修整祠堂,以安祖宗的神靈;三要及時修譜,以明祖宗的來歷。至於時節祭祀,供儀須熟而有熱氣,蓋鬼神享其氣也。紙錢不過表意,使祖宗知此意而已,并非要此作用,不必多也。至於僧道齋薦,不過哄騙愚人財物,明人之人,決不信邪。近有乩仙言,錫箔焚而不化,燒之無益,但燒紙可也。

四、重詩書。詩書所以明聖賢之道,本不可不重。況一族子弟,無論將來讀書成名,即農、工、商賈,亦須稍讀書本,略知禮義。凡請先生,第一要有品行老成之人,禮貌必須周到。凡讀書人,受恩不可忘,無恩不可怨,不可恃才學而傲慢鄉黨,不可挾紳(矜)〔衿〕而出入衙門。如果品學都好,就不發達,一樣有光門户。

五、正閨門。男女居室,人之大倫,所以人家最重是門風。如果閨門不正,那怕他富貴,也可羞可惡;如果男女有別,那怕他貧賤,也可榮可敬。朱柏廬先生《家訓》云:"三姑六婆,淫盜之媒。"男女相見,必須恭敬,不許笑謔。村中不許買淫書,不許唱淫詞,不許點淫戲。但夫爲妻綱,男子守正,婦女誰敢不正?

六、睦宗族。五倫第四是兄弟。一族便是一大家兄弟,一家和睦,一家好;一族和睦,一族好。我周姓自分遷以來,皆因和氣致祥。凡與鄰村他姓,一親二鄰,多要和氣,不可結怨。何況宗族一本同源,願世世子孫,保全祖宗的恩義。

七、務正業。我祖宗忠孝傳家,無犯法男子,無再醮婦女。在後世子孫,必務正業,正業止有士、農、工、商四條。至於地理、醫道,雖非邪術,恐學之不精,誤人不少,切不可圖其事之安逸,而輕學以害人。受人飲食財物而反害人,不如乞丐。

八、早完糧。百姓無君臣之分,只有錢糧是奉君王的。一日完糧,即一日太平。惟亂世不完糧,苦不忍言。如今太平不完糧,等到糧差上門,所費更多,到官受責,甚至破產傾家。每年錢穀務,先完糧而後做別事。

九、息爭訟。凡人一生,不入公門,便是福人。至於不得已而結訟世人,雖説祖墓、婚姻兩事,如果已葬祖塋被占而訟,尚屬萬不得已。若因求地葬祖而與人結訟,豈不可笑?聘妻、媳被占,似乎有理,但已聘而願改婚,其家無恥,其女亦不貞,我且不屑娶,何訟之有?況一切小忿致訟,至於破家蕩產,辱身失名,自害害人,後悔何及?古語云:"只可山頭望牢獄,不可牢獄望山頭。"可不戒哉!

十、杜邪風。凡葬祖祭祖,儒家自有正禮,僧道邪説,概不可信。近世僧道又添出惡習，聚衆金鼓，狂奔呼喊，作暴戾之氣，引妖魅之風，乃王法所當禁者，更不可行。至於男女入教持齋，非但傷風敗俗，而且貽禍宗黨，我族永行禁止。一村錢穀有限，都在塑佛造寺、延僧布施上用了，所以族中一切正事，都無力去做，信邪之村必敗。可不戒乎？

十一、積陰功。《易》云："積善之家，必有餘慶；積不善之家，必有餘殃。"自古以來，善惡之報，歷歷不爽。如宋郊救蟻而中狀元，毛寶放龜而膺侯爵，救物且有此厚報，而況救人？凡我族男女，務須各存善心，勉力做好事，自然福壽綿長，子孫昌盛也。

十二、擇交友。朋友，紀綱人倫所關最重。近世外則相與如飴蜜，內則相視如寇讐。名則遊戲、飲食相徵逐，實則陰險、鼓舞媒田宅，曾未聞有德業相勸，過失相規。此後，務須擇人而交，謹厚者、明白正大者、有所嚴憚切磋者，則交之，否則絕之。擇地而處，青樓、翠館、茶坊、酒肆、鞠場、賭局，勿往焉，雖強之往，不可。則雖未必能紀綱人倫，亦未必陷於飴蜜，媒於陰險。不爲父母僇，不爲天地棄人矣。爾輩懋戒之。

——宣統《仙石周氏宗譜》卷二《石川周氏祖訓》

清宣統歙縣義成朱氏宗族祖訓

朱氏祖訓

孝順父母。爲人者，當念身從何來？無父母則無此身。又當念身從何長？非父母則誰乳之？誰抱之？必不能長此身。故父母有子，則謂其身有託，是以子爲代老也。子有父母，則謂其身有依，是以父母爲蔭庇也。百行之原，莫大於孝，誠以孝本乎天性，自有至愛至敬之真。動於其中而不容遏，則雖舜爲天子，周公爲聖人，皆不能出乎此。天下誰無父母？誰有恩能如父母？誰父母有如瞽瞍？夫以瞽瞍之父母，且事之而底豫，抑何父母之不可事？抑何人子不可事父母？使必豐其衣、美其食而後爲事，非事之道也。蓋衣食必殷實之家乃可豐美，豈富者得事父母，貧者不得事父母乎？夫孝順，德也，使徒有衣食而無誠意以將之，亦未必能得父母之心。蓋父母之心無刻不在子之身，苟人子之心亦無刻不體父母之心，則心與心固結不可解，雖菽水亦足言歡，雖蘆衣亦并知煖。斯天性之誼篤，斯天倫之樂真。假人子而忤厥父母，可勝誅乎哉！

友愛兄弟。同爲父母所生者,謂之"兄弟"。兄弟如手足也,無足不能行,無手不能運。體雖分四,而其與爲左之、右之者則如一,兄弟之親,何以異此?夫亦謂兄爲父母遺體,弟亦爲父母遺體,以父母視我兄弟爲同體,我以父母之體視兄弟,必不至爲異體。體不異,則心自不容異;心不異,而其骨之、肉之、血之、脉之,也當無不通。讀《棠棣》之詩,知孔懷之誼篤也。薄行者流,或因婦言乖之,或因利念釁之,遂相乘於變故,不免戈操同室,其燃煮豆。夫兄弟豈易得者乎?彼傷踽獨而嗟杖杜者,爲無兄弟也。何有兄弟而反疎之?非人情也。抑兄弟可疎者乎?彼懼急難而嘆鶺鴒者,謂莫如兄弟也。乃處兄弟而交相怨之,非天理也。願汝曹體父母之心,愛我兄弟即愛我父母也,並體我一身之心,和我兄弟即和我手足也,是友于之誼不可不急講也。

和睦族鄰。古交鄰之道,大事小,小事大,二者盡之。若統吾宗而言,吾爲巨族,若判吾支而論,吾又爲弱家,是所以自處者難,即所以處人者亦不易。蓋亢焉不可,卑焉又不能也。使持己稍有不正,則罪我者多;使待人稍有不公,則責我者衆。要惟以至誠出之,則亦未有不以至誠報之者,而後耦俱乃無猜焉。或一言偶觸,或一事偶睽,或比而不周,或同而不和,大抵齒之剛不如舌之柔,火之烈不如水之懦,以剛與烈處鄰族,斷難服其心,心不服則必亢。以柔與懦處鄰族,自足攝其志,志既攝,則易平,何也?柔懦乃所以令人玩,不令人爭;令人憐,不令人忌。故坤之德,順也,兩順則厚可載物也。兌之德,説也,兩説則澤可交益也。《禮》云:"自仁率親,自義率祖。"得睦鄰之道也。《孟子》曰:"守望相助,疾病相扶持。"得睦鄰之道也。其曰族大則寵多,鄰厚則君薄。其亦不善處也哉,亦不和之謂也哉。

區別男女。"家人"之象曰:"男正位乎外,女正位乎内。"位分内外,若不兩安乎内外之位,不得謂正。但吾山居人家,冬則女亦知織,夏則男亦知耕,使必别其何者爲男之位、何者爲女之位,轉不如合操躬作者。隨出入之候,以分其勤惰,而勤勞可共任也,進退可共依也,而陰陽終不可易也。蓋婦從夫者也,倡而後隨,依而爲媚,故《書》言"觀型",《禮》言"無違夫子",爲得其道。所以夫婦一倫,必有别也。女之賢者,可稱女中丈夫。要必以能敬順夫子,能内助夫子爲賢,而斷非專制夫子謂爲賢也。《詩》曰:"哲婦傾城。"此之謂也。故聖人作《易》,必扶陽而抑陰,示"乾"之象曰"統天",示"坤"之象曰"順承天",正所以著男女之別也,君子其體之矣。

保守墳墓。先人死，魂氣歸於天，形魄歸於地。立家廟，所以萃其神也；築墓隴，所以藏其體也。神無形，而招之則自來，格之則如在；體有定，而過之則知哀，望之則起敬。是廟享不如隴阡爲可依據，既不能見祖宗之音容，又烏能棄祖宗之骨肉耶。古不修墓，言墓必築之使固，而不見傾圮之憂，蓋有不假乎修者。觀孔子聞防墓崩而遂泫然出涕，知聖人亦必以墓重。予家祖墓，散處不一，近則傍宅，遠則他州別縣，或百里而遥。倘忽乎，近必多褻。倘憚長途遠道，節費節勞，每曠年不省視，勢必爲他人侵欺，非以有心佔之。即以無意壞之，均未可知。迨至形蹟已改，壙塚難尋，徒欲彷彿擬之，殆不知墓殯於何區矣，此情忍乎哉？吾願汝等於近墓必時時顧拂，多栽棘茨，不許牛猪踐踏，護之如重寶焉可。於遠墓，縱不能來往頻仍，每歲清明之期，務必偕長幼親臨標掛，一則不忘其祖，一則確指其墓，而先人之枯骸實式憑之，因以動子孫之永思焉可。

謹循禮節。節文之謂禮，禮本不易，而其間隨風氣爲遷移，則又不無變本而加厲者。吾等士庶家，自有士庶之禮，向來祖制所遺，皆本《文公家禮》，而少爲之參訂。雖行之難云盡善，要亦行之可以無弊，故數百年來卒未有易之者。蓋禮不取乎文，貴取乎實，不重其末，而重其本，本即實也，故夫子大林放之問也。如祭祀以敬爲本，一切祭品、祭器、祭獻之節皆末也；喪禮以哀爲本，一切喪期、喪服、喪制之節皆末也；冠婚以揖讓爲本，一切送迎、登降、酬酢之節皆末也。予族廟祭，每歲之祭以四：清明、中元、冬至、臘底，或葷或素，皆稱"三獻禮"，子孫齊集，皆衣冠肅穆焉。而清明，先期又各墓標祀。其他外神，則隨誕期，會祝有常儀。冠禮不行，嫁女，父醮其女，行笄禮，昏自定庚、納聘、納采、請期、辭堂及笄總六禮而後，迎昏、廟見、合卺。及昕，拜見舅姑各尊長，以正夫婦之位，謂爲"分大小"。其童養媳亦行笄禮，在本翁醮之，廟見、合卺後皆同。喪則老者告終，即去辭老，以生禮見。殮用紙，豐者用綿。入棺開堂，無論男婦長幼，俱早晚作吊，及送殯，無不同。婦女皆戴麻巾、麻笄，主人不給帛，不備食，然亦稱家有無。禮節如此，大概一從簡易，似一家人相晉接。誠恐將來風俗漸漓，人心不古，必以前人所行爲不足法，或更爲變易，豈不自謂脫過前人？然而揆之《文公家禮》，未必無剌謬也。務實者必不樂此，探本者必不肯爲此。故善狗時好不如善守先典之爲循分也，善用新奇不如善率故常之爲得真也。孔子曰："如用之，則吾從先進。"當深味乎聖人之言。

辨正名分。名分者,世教之大防,人倫之要領也。名不正則情不順,分不明則理不足。情與理戾,而措之天下,何者非背謬之行?蓋尊卑、長幼之間,不別之爲尊卑、爲長幼,則名失。名既失,遂不循尊尊、卑卑、長長、幼幼之節,而分亦失。若是者,總由僭侈之習與褻狎之私,漸而干之,遂至目無法紀者有然。甚矣,人而不顧名分,自古弒逆大故,類皆由此釀成。先王慮此,爲之正君名而天歲定,正臣名而天職定,正父名而天恩定,正子名而天性定。定輕重則權名,定長短則度名,定方圓平直則規矩準繩名。觚以名觚,鼎以名鼎,故名一定,斯循而責實,顧而思義,將隨分安之,又何事不盡厥職也?吾欲汝正名分者,當守其分以慎其名,於尊我者尊之,長我者長之,卑幼我者愛畜之。臣當忠,子當孝,倫紀當整飭。凜凜於稱謂之際不敢混,斯循循於實踐之地不敢違。使辨之不早,不幾幾一苟,而無不苟哉,亦惟正焉已矣。

事務本業。民之業有四,民之職有九,而天下斷無無事之民,故雖閒民亦未必無所事事。然而心專者自入巧,藝多者斷不精,此又一人當習一事,而知不器之君子爲難能。吾等山僻庄居,大概農夫多,樵子多。若稍爲俊異,又爲服賈他鄉者多,工藝亦間有之,而惟詩書之士不多覯。此管子所謂"士之子恒士,農之子恒農"者,與夫民之業既分,則必各事其事,而後其事理,亦必各功其功而後其功成。俗語曰:"行行出狀元。"言乎居業者造其極,即莫與爭能也。使浮慕於其外,謂此業不足爲,輒見異而思遷,恐遷之又不足爲,是謂"不安分"。使淺嘗於其中,謂此業不能爲,每偶涉而即止。既止矣,更何能爲?是謂"不成器"。人而不安分、不成器,尚得謂爲人乎哉?譬如爲士者謂士人,爲農者謂農人,爲工商者謂工人、謂商人。極之,秋以弈人,扁以醫人,皆習一技以專,家而千百世後,猶得指其人而目之爲聖手、爲賢師,豈必學道之君子乃可與爲聖賢哉!使學道而不專其業,仍不如一材一藝之所習者。錄其功能,猶得稱奇焉,殊卓卓也。故無論所托爲何業,業所業,即無庸負所業。斯其人以一業成,衣之、食之均有藉也。無論所任爲何職,職爾職,絕不敢曠爾職,斯其人不以一職限,而制之作之,遷地皆能良也。蓋天生是人,必有以置乎是人。彼所受之業,皆天之業之也;所居之職,皆天之職之也。人可違天哉?天行固健也。使違天而游手好閒,乃自棄於天,而非天之所不容者哉!

崇尚樸業。俗云:"好漢難做,好看難做。"做好漢,勢必輕財重義,揮金如土,有若龍伯高其人;做好看,勢必飾觀鬬富,踵事增華,有若石常侍其人,久之,一敗塗地。盡天下之物力,皆以竭一己之菁華,而淫邪太過者,決無善終之理。何則?天地生財,止有此數,不能以其數快一人之用。吾人取財,亦止有此數,又何容不計其數,而思縱一己之欲?果用之而適其宜,夫固不容吝惜。若用之而未能悉當,則又奚容濫妄也?尋常人家,只作尋常模樣,不可誇大,不可充體面,脫粟飯只要飽,粗布衣只要煖。彼膏粱至味,亦不過屬饜而已;錦綉甚華,亦不過適體而已。究而論之,可口與彰身,不無美惡之異;充饑與禦寒,要未有美惡之殊也。假使日食萬錢,則一餐之費足供人數月糧;假使坐擁重裘,則一體之需足備人千衲襖。而且衣食愈豐,愈覺弱不能勝者,大都奢侈之過。如器具也,一瓦缸,一金玉,雖有異觀,必無異用也;如儀注也,一簡易,一繁重,惟論誠恪,不論虛文也。推之矢口之間,徒爲花言、爲巧語、爲餙詞,令人聽之似可喜。及實按焉,而覺其皆浮者,烏能不鄙之?鄙之誠不如樸素其談一無所欺於人之爲愈也。又推之,躬行之際,徒爲輕任、爲豪俠、爲慷慨,令人依之如泰山。不旋踵焉,而竟負其所托者,烏能不疑之?疑之誠不如樸素其行一無所苟之爲有濟也。乃知尚浮文者多僞,尚質實者多真。僞則誑人耳目,真則示已性情也;僞則粉餙片時,真則推行可久也。慎毋侈外觀而忘內美,以致誚虛車也。戒之。

敬重師傅。師之道,雖天子無北面,所以天作之君,尤復作之師。當天子臨雍,太傅在前,少傅在後,而其執醬而饋、執爵而酳者,禮何如之?漢魏言:"經師非難,人師爲難。"人師者,爲能表率乎人也。欲以素絲之質附近朱藍,故求入郭林宗之門,而爲之供給灑掃,蓋將步亦步、趨亦趨,俎豆其先生,而不僅執經問難已也。因知擇師教子,自當讀詩書,自當課文藝,然必於詩書中講求道義,而使性情心術之間皆從此端正。又必於文藝中發明學問,而使品行德望之地皆從此精純,是所藉於師者非輕,而其人之得爲師者更非輕。若輕待其師,不能盡弟子之儀,適以自輕其子弟。若師而自輕,不克正先生之位,又何由使待師者重?要知師道立則善人多。師固自立,而亦由立我師者立之。苟敬我師如神明,奉我師如耆蔡,仰之爲泰山,瞻之爲北斗,而師範甯不昭焉?師資甯不裕焉?是非尊師也,尊其教也。尊師之教,即所以爲從師者尊也。昔亦謂師嚴則道尊,道尊則教重,教重則文理明、人品立,孝弟之心油然生矣。師也,傅也,固不得褻而視之者也。

戒勿争訟。內險外健曰訟。訟以争曲直、辯是非,亦惟實有所屈而求伸,實有所冤而求訴,束矢鈎金,皆以明夫直而堅也。故訟期於辯明則止,而終凶之戒甚昭然。古人聽訟以禮斷、以情斷，而今人每以辭斷、以臆斷，或則以賄斷、以瞻徇斷。所由求伸而反屈，求訴而加冤者，更多甚矣。訟不惟無益，而其損可勝言哉！或爲之説曰："打過一場開，免得百場來。"是欲以訟止訟也。爲問：強族逼處，吾烏能勝之？即能勝之，而彼烏肯容。知訟之一勝，斷無甯日。使訟之一輪，吾更不能自容，而將來之欺之、侮之、羞之、辱之，有何地可處之？是必以訟生訟也，訟豈能止乎哉？衰弱人家，何處不當衰弱？凡事得已便已，即不得已，亦要自已。明明有理，不能以理論；明明我物，不能由我執，亦無如理爲勢屈，而不得不讓，勢居理上。又無如我被人欺，而不得不聽人佔。我使因此而與之爭，則人必與我抗，抗我而我不服，勢必成訟。訟成則必受訟師之誑誘，又必受衙差之嚇詐，□了錢反被人笑，反令人嫌。到後來想歇不得歇，想行不得行，想人來調停，又無人調停，那時誠無可如何。何如早爲之所、早爲之□。俗云："縮頭人好做，不如早做。"況訟詞一進，必先跪膝，苟跪膝而與人言，亦未必不憐我。訟辯一誤，必受笞辱，苟安笞辱而任人横，□人又何必不饒我？然任人之強，而我自弱，正未嘗不勝其強。譬如石甚剛，水甚柔，石固屈水，而水亦終能穿石也。大抵退一步自海闊天空，讓三分便烟消雲散。如待訟而後下之，不如早自下之；如恃訟以爲勝之，不如不訟而勝之。吾甯弱而不訟，即吾之強也；吾甯讓人而不與之爭，即吾之所以勝人也。如此之強，如此之勝，非深於閲歷者，必不能知。汝其知之否？

整理公堂。子孫分，各有子孫之家；祖宗合，共有祖宗之堂。家，私也；堂，公也。然而堂非虛堂也，堂而公自多公款。其公之，或生，或祭，或享，或賞，或賷，或補貼，或修築，或翻蓋屋宇，或培植墓隴，皆取資於公堂，而不容省嗇者甚多。公堂也者，蓄積之謂耳！祖宗之蓄積，無非爲子孫計，而子孫保祖宗之蓄積，又當爲祖宗計。苟能心祖宗之心，爲之生放之，經理之，銖必算，錙必纍，無侵漁，無染指，點點不漏，生生不已。如此日異歲不同，而公堂乃大已。試思先人之興是公堂也，如何創始？如何圖成？不知廢多少心力，乃得有此餘賷，顧一旦委而棄之乎？若不委而棄之，方可保全。能保全之，不可不擇人整理之。整理之道，不可隨波而逐流也，不可狥情而瞻面也，更不可朦朧而假借也。

——宣統《古歙義成朱氏宗譜》卷首《祖訓十二則》

民國二十年八月歙縣飛山洪氏宗族祖訓

祖訓

敦孝悌以重人倫。孝悌爲人倫之本始,敦有專務之意。《論語》云:"其爲人也孝弟,而好犯上者鮮矣;不好犯上,而好作亂者,未之有也。君子務本,本立而道生。孝弟也者,其爲人之本歟!"朱子註云:"務專力也,本猶根也。"故本祠命名曰"務本",即敦孝悌所以重人倫之意也。

篤宗族以昭雍睦。喬木千枝,原從一本;江流萬派,莫匪同源。既係共祖流傳,自當互相親愛,以養成雍睦之風。昔范文正微時斷齏劃粥,後乃廣置義田,以周宗族。原思爲宰辭禄,孔子止之,教以與鄰里、鄉黨。蓋鄰里、鄉黨有相周之義,而況宗族乎?或以睚眦之怨而讐視同宗者,皆無以對祖先於地下也。

尊國家以盡忠愛。國家之要素,以土地與人民爲基本,人民以團結力而組織政府,乃成爲國家。凡屬國民,對於國家,皆有尊崇忠愛之義務,而后國乃强盛,外侮不得而入也。不然,國且無存,民將焉託?其不淪爲奴隸者幾希矣。蓋國家之興亡,匹夫固有責也。

誠祭祀以報本源。朱柏廬先生《治家格言》云:"祖宗雖遠,祭祀不可不誠。蓋追遠報本之義,在能致其如在之誠。"故孔子曰:"吾不與祭,如不祭。"正恐不能致其如在之誠也。嗚呼!樹欲靜而風不寧,子欲養而親不在。椎牛祭墓,不如存日奉以鷄豚,乃或並此而不能致其誠敬,人心、天理竟何如哉?

興學校以教子弟。教化凌夷,則風俗頽敗。朱子釋《論語》云:"富而不教,則近於禽獸,故必立學校、明禮義以教之。"《經》云:"十年生聚,而十年教訓。"此皆言教養之不可或缺也。況乎處今之世,無學識殊不足以自立。教養之責,實在父兄。有子弟者,其可忽諸?

明禮讓以厚風俗。昔孔文舉四歲而能讓梨,上古之民,耕讓伴,行讓路,何其風之厚也!孔子曰:"能以禮讓爲國乎?何有?"蓋讓者禮之實也。又曰:"君子無所爭,必也射乎?揖讓而升,下而飲,其爭也君子。"則於競爭中猶存禮讓矣。吾人觀此,當自省也。

嚴繼祧以杜亂宗。移花接木者,權也。乏嗣立繼,本不獲已,以族中子侄爲之可也。昭穆務必相當,世次毋容錯亂,故曰嚴也。若以異姓承祧,各族通例,在所不許。非我族類,其心必異,甚至希圖財產,乘隙入繼,產盡更復歸宗,其嗣仍斬。知者何樂而爲此乎?

慎婚嫁以防怨偶。甚矣,婚嫁之不可不慎也。非配偶以相從,實足爲終身之大累,造成惡劣家庭,畢生幸福犧牲殆盡。世風日下,竟有不堪聞問者怨之,爲禍烈矣。故朱柏廬先生《格言》曰"嫁女須擇佳婿,娶媳必求淑女"也。近來一般學子,醉心歐化,自由結婚之習尚,已漸萌芽。但少年閱歷未深,易爲情慾所惑,其於慎之爲言,更須三致意焉。

重公德以全人格。所謂公德云者,乃衆人之公益暨自由,不可因一己之私而破壞或侵害之也。以廣義言,如舉辦有利於公衆之建設,並慈善事業等是也。以狹義言,凡自身之一舉一動,或於人有不利者,皆不肯爲之。如舟車中防人坐位,會場擾人視聽,以不潔致人於病,暗地折人書信等之行止不端,殊於人格有虧也。

崇信義以惜名譽。名譽者,人生第二之生命也。名譽一墜,實不啻其心之已死。莊子云:"哀莫大於心死,而身死次之。"何其言之沈痛也!孔子云:"人而無信,不知其可。"《傳》云:"多行不義必自斃。"味乎此,則凡自棄其信義者,更不啻自戕其生命。夫信義與人生關係之大也如此,吾輩宜服膺而勿失。

和鄉黨以期互助。孟子曰:"守望相助,疾病相扶持,則百姓親睦。"鄉黨之中,自以和爲貴也。和則親睦,親睦而后能團結而互助。推而大之,自鄉而邑,自邑而省,自省而國,全國之民皆具有團結之能力,而其國之不富而且強者,未之有也。然則欲求其國家之強盛,必自和鄉黨始矣。

守法律以安本分。能奉公守法者,謂之"良民"。作奸犯科者,謂之"莠民"。莠民不守本分,動輒擾亂治安,爲人群之蟊賊,社會之公敵。故國家繩之以法律,科罰甚嚴。以人民之生命財產,皆在國家威權保護之下也。凡犯法律者,皆足貽家乘之羞,爲人當自愛而安本分也。

勤職業以足衣食。《論語》云:"四體不勤,五穀不登。"韓文公《進學解》云:"業精於勤,荒於嬉。"人無職業,固不足以自立。然有職業而好怠惰,則所業無進步,甚至失敗。更甚而至於宣告破產,不將入卑田院耶?勤而有恒,則所業日廣,而衣食自豐矣。愚意勤之根本,首重惜陰。

尚儉樸以節財用。儉樸,美德也,其關係與勤爲連帶。勤而不儉,則支出無度,財用乃有缺乏之虞。財用不足,必至借貸,借貸愈多,而擔負愈重,無異飲鴆止渴,終有不可收拾之一日。世之以債務而至身敗名裂者,皆從不肯儉樸、用財無度始,即或能勤,亦無濟於事也。

戒興訟以弭爭端。青蓮有言:"天地爲萬物之逆旅,光陰爲百代之過客。"浮生若夢,人壽幾何?處世之道,宜從達觀。讓人一着,豈惟愚哉?況一經興訟,務求必勝,至於顛倒是非,混亂黑白,此際尚有良心之發現哉?戾氣所鍾,必非佳兆。故朱柏廬先生格言云:"居家戒爭訟,訟則終凶也。"

釋讎怨以保身命。怨毒之於人,甚矣哉。思以一毫挫於人,若撻之於市朝,其言豈足爲法?夫冤冤相報,寧有已時哉?身體髮膚,受之父母,不敢毀傷,爲孝之本始,故曾子嘗以守身爲大。待人當存恕道,不必因小忿以結怨而存報復之念。諺云:"冤家宜解不宜結。"正所以保身命之道也。

民國二十年歲次辛未仲秋月,裔孫德明薰沐百拜謹釋。

——民國《飛山洪氏宗譜》卷首《祖訓》

民國二十年歙縣府前方氏宗族祖訓

祖訓

敦孝悌以重人倫。《論語》:有子曰:"其爲人也孝弟,而好犯上者鮮矣;不好犯上而好作亂者,未之有也。"君子務本,本立而道生。孝弟也者,其爲人之本歟。本宗《祖訓》,首重孝悌,故祖祠曰"敦本堂",敦本即敦孝悌也。

篤宗族以昭雍睦。喬木千枝,原從一本;江流萬派,莫匪同源。既在同宗,當念共本同源,互相親愛。毋以小忿尋仇,致傷倫理而乖大義。若恃強欺侮,不顧族誼,對于祖宗,即爲不孝,其罪大矣。他日有何面目見祖先於地下耶?

尊國家以盡忠愛。國家興亡,匹夫有責。爲國民者,對於國家之義務,首重能。有愛國之熱忱,代國家辦事務,必盡其忠。蓋能盡忠愛於國家,即所以自愛其身家也。不然,國且不國,於身家乎何?有不淪爲奴隸者幾希矣。

重公德以全人格。爲人須具有公德心,其人格乃得完全。所謂公德云者,即衆人之公益,不可侵犯。因私利而有害於公衆者,皆不可爲之也。或侵犯人之自由與秘密等,如舟中妨人坐位,私下(折)[拆]人書信,公衆會所,任意污穢,演講妨人視聽,皆於人格有虧也。

守法律以安本分。能奉公守法者，是爲"良民"。作奸犯科者，是爲"莠民"。莠民不守本分，動輒擾亂治安，乃害羣之馬，社會之公敵也，故國家定法律以科罪罰。凡犯法律者，皆爲家乘之羞而貽終身之玷，故君子必慎其獨也。

興學校以教子弟。人之所以異於禽獸者，以曾受教育而明禮義故也。父兄之對於子弟，切宜盡力使受相當教育，其子弟自能奉公守法而爲良民，以盡忠愛於國家也。況乎處今之世，生活程度日高，不有知識，焉能從事職業以謀自立哉？教養兼施，責在父兄。

誠祭祀以報本源。朱柏廬先生《家訓》云："祖宗雖遠，祭祀不可不誠。"本祠中進匾額云"精意明禋"，蓋追遠報本之義在於精誠，精誠之所格，祖宗乃克歆其祀。故孔子曰："吾不與祭，如不祭。"正恐不能致其如在之誠。此心缺然，如未嘗祭也。

嚴繼祧以杜亂宗。無嗣立繼，本不（護）[獲]已，以族中子侄爲之可也，昭穆相當，血統相屬，皆不失之於正。若乞養他姓之兒，或再醮婦前夫之子，在例皆不得承嗣，正所以防紊亂宗支血胤也。非我族類，其心必異。紫陽山祖塋訟事，殷鑑不遠，其可忽諸？

慎婚嫁以防怨偶。近來一般青年，醉心歐化，自由結婚之習尚，已漸萌芽。但少年閱歷未深，一時感於情慾，不暇慎重，致婚後意見參差，釀成離異。畢生幸福，犧牲殆盡。豈不悲哉？《祖訓》云"防怨偶"，乃謂非淑女佳婿，足爲終身之累也。

勤職業以足衣食。韓文公《進學解》云："業精於勤，荒於嬉。"無論學業、職業，皆重在"勤"之一字耳！無職業者，謂之"遊民"。不勤於職業者，謂之"惰民"。游惰好閑，皆不足以自立。

尚儉樸以節財用。儉樸爲美德，與勤互相因果，乃自立成家之道也。勤而不儉，則財用仍有匱乏之虞。徒尚儉樸而不勤苦，則所業無進步，或仍不足自給，無財可節也。

和鄉黨以期互助。孟子曰："守望相助，疾病相扶持，則百姓親睦。"蓋鄉里、鄉黨本有相周之義，自以和爲貴也。鄉黨和睦，即所以結團體也。無團體，則民渙散而不能立國是，則欲愛其國家者，必先自和鄉黨始也。

戒興訟以弭爭端。朱柏廬先生《家訓》云："訟則終凶。"又云："因事相爭，焉知非己之不是？須平心暗想此，則深得自省之道矣。"爲人能體斯意，则争讼自弭,又何致终凶也哉?

明礼让以厚风俗。《论语》云:"能以礼让为国乎?何有?"又云:"君子无所争,必也射乎!揖让而升,下而饮,其争也君子。"观此可以见古之民俗醕厚,其雍容揖让之风,不复觏於今之世矣。

崇信义以惜名誉。名誉为人生第二生命,最宜爱惜。信义一堕,名誉即随之而亡。人而不顾信义,即自毁其名誉,不啻其心之已死也。庄子云:"哀莫大於心死。"正为不顾名誉者言之也。

释雠怨以保身命。谚云:"冤家宜解不宜结。"处事当存恕道,不可因睚眦之怨以寻仇,借公而报私。冤冤相报,宁有已时哉?能解释即所以自保其身命也。

民国二十年岁次辛未端阳前三日,裔孙为国百拜谨註。

——民国《府前方氏宗谱》卷首《祖训》

民国绩溪县城南方氏宗族祖训

祖训

排行:排行所以辨辈分、定世次,理宜画一。先世定以"自、承、斯、建、德、懋、名、徽、家、传、俊、彦、国、显、良、猷、绍、宗、培、嗣、登、廷、定、邦、裕、昭、华、盛、启、锡、洪、光"三十二字。嗣後,均宜恪遵,毋得任意淆紊,以乱名分。

正伦:派下男妇,如有忤逆不孝、凌辱尊长及姦淫乱伦,并卖妻女与人为妾者,该亲房即行禀明斯文、族长。如果确实,即行革出,生死不许入祠。倘亲房朦隐不报,斯文、族长徇情党庇,查出併罚。

立继:派丁有不幸乏嗣者,应凭宗族立继。倘同父周亲及大功、小功、缌麻俱无可继者,准其择立远房及同姓昭穆相当者为嗣。如应继之人平日先有嫌隙,亦准其於亲族内择立贤爱。如有希图财产,勒令承继,及扶同混争者,一并革祠,仍将所择贤爱之人立继。其未娶而因出兵阵亡者,方准立後。其寻常夭亡,未婚之人不得概为立继。若独子夭亡,而族中实无昭穆相当、可为其父立继者,方准为未婚之子立继。如违,即以不孝罪论。其有抱取螟蛉及以同姓不宗与义子外姻入继,希图接续者,不准入祠。

丧祭:祖制,丧事务遵朱子《家礼》,七内开吊,炷香、一切浮屠混费,概行除免。其門族亦遵舊制，邀集多人，各配賻錢四十二文，詣靈設祭，本家不必散席。力有餘者，聽。

婚嫁：婚娶，不必以家資貧富爲取舍，總以門户正大爲主。如有落良爲賤，妄意許字者，將主婚革出，生死不准入祠。

睦族：宗祠而下，各派自有支祠，清明祀産、墳山蔭木及一切庵堂香火，皆祖宗血食及祖制所關。如有損祖敗祖等情，皆以不孝罪論，須該各派先行剖别責懲。如恃强不遵，即應投鳴宗祠，斯文、族長執法理論，不得先行許訟，有傷族誼。其有無關要事，輒尋仇隙者，尤爲大傷倫理。嗣後，各支派丁倘有小忿，各宜痛懲，不可以小事而乖大義。

勸捐：祠内出息微薄，除逐年上糧、辦祭、修理，并置辦什物小費，該司值查察會計出支外，倘遇興作及修譜等事，公費浩繁，務遵前例，按户捐輸。族間貲財有餘者，各宜慫慂贊成，不得推諉，亦不得於既捐之後聽信浮言，出納慳吝，坐廢宗功。違者，即以不孝罪論。若有樂助急公者，照銀數書名，多者從祀清芬館，少者配享寢龕，以示嘉獎。

配享捐及特祭捐：祠内歲入，已詳於"勸捐"條内，不復贅及。此次議定配享一名，捐洋五元；特祭一名，捐洋二十元。捐時，由司值登簿，挈取本祠收條，每班結帳時，由查察蓋章或簽押。如捐薄未載及無本祠收條，一經查出，即將牌名取消。背規者，一併從重嚴治。

停胙：凡大興作及修譜、置産，其費甚鉅，如捐助不敷，該值年司事須集斯文、族長，同議停胙。除老人、公胙與祭胙，及司值、查察、首事主祭等胙不停，其餘概不給發。

董事：董事最難得人，非有心懷私，即虛名任事。我祠出息既微，而闔族又少殷實之户，凡有興作，捐輸配丁，尚難敷用。以故建祠、修譜，俱董事自備火食，不費祠中分文。嗣後，永以爲例。倘其人克己辦公，素爲衆推服而家貧無力，亦宜酌給火食，庶幾公私兩全，克成厥事。亦不得過泥前例，致無實心任事之人。

——民國《績溪城南方氏宗譜·祠譜》卷二《祖訓》

民國績溪縣澗洲許氏宗族祖訓

澗洲許氏祖訓

一、明倫理。凡人生在世，定有做人的道理。蓋人與禽獸不同，人有倫理，禽獸無倫理。宇宙中的人，富貴貧賤不齊，而惟讀書人爲貴，只因他知道倫理。你們農、工、商賈、婦人、女子，稍有識字，果能知道倫理，一切事都照本心做去，便是一個好人，與讀書人一樣。假如儒生識字而做事不存本心，反不如農夫了。天地中間的人，都是五倫中間的人，五倫是父子有親、君臣有義、夫婦有別、長幼有序、朋友有信。人有這五倫，若肯依此做事，算個完人，天地要保佑他，本身必有好處，子孫必然昌盛。倘滅倫悖理，與禽獸一樣，天地不容，算不得我許氏子孫，各宜謹守此訓。

二、孝父母。前説五倫，是父子當頭，人人皆父母所生，以孝爲本。古人説："孝爲百行之原。"人不孝父母，雖有別樣好事，都是假的。如果行孝之人，決不肯做壞事，古人扇枕溫席、求鯉哭竹，此孝行之著者也，非必富貴人容易竹孝，就是人貧賤，只要盡心竭力以養父母，便是孝子。凡孝子，第一是愛父母，第二是敬重父母，第三要守身。存善心，行善事，揚名以顯父母，這纔是個真孝子。所以孝能感動天心，孝子必定有後。至於婦人，在家如果是個孝女，出嫁必定是個孝婦，必能守貞，斷不肯以清白身體受人污染，致玷辱父母。可見天下好事都從"孝"字做起。

三、敬祖宗。人既要孝父母，從父母的父母代代推算上去，便是祖宗。一要修整墳墓，以安祖先的魂魄；二要修整祠堂，以妥祖宗的神靈；三要及時修譜，以明祖宗的來歷。逐年春分、冬至祀典，尤不可缺。祭禮須齊整，祭神如神在，毋草率，毋怠荒。供儀須熟而有熱氣，蓋鬼神享其氣也。紙錢之果用與否，尚屬渺茫，疑信參半。惟僧道齊薦，不過哄騙愚人財物，明理之人，決不信邪術，願族人毋爲所惑可也。

四、重詩書。詩書所以明聖賢之道，本不可不重。況一族子弟，無論將來讀書成名，即農、工、商賈，亦須稍讀書本，略知禮義。凡請先生，第一要有品行老成之人，而待先生之禮貌，尤須周到。凡讀書人，受恩不可忘，無恩不可怨，不可恃才學而傲慢鄉黨，不可挾紳衿而出入衙門。如果品行都好，就不發達，一樣有光門户。

五、正閨門。男女居室，人之大倫，所以人家最重是門風。如果閨門不正，那怕他富貴，也可羞可惡；如果男女有別，那怕他貧賤，也可榮可敬。朱柏廬先生《家訓》云："三姑六婆，淫盜之媒。"男女相見，必須恭敬，不許笑謔。村中不許買淫書，不許唱淫詞，不許點淫戲。但夫爲妻綱，男子守正，婦女誰敢不正。

六、睦宗族。五倫第四是兄弟。一族便是一大家兄弟，一家和睦，一家好；一族和睦，一族好。我許姓自分遷以來，支繁派衍，皆因和氣致祥。凡與鄰村他姓，一親二鄰，多要和氣，不可結怨。何況宗族一本同源，願世世子孫，保全祖宗的恩義。

七、務正業。我祖宗忠烈報國，勤儉傳家，最忌飄流遊蕩。後世子孫，須務正業者，士、農、工、商是也。有業便可營生，無業便壞終身。古人謂"少壯不努力，老大徒傷悲"，其警世人勤業之謂也。至於地理、醫道、擇吉等事，雖非正業，亦不可謂之"邪術"，第必研究精通，方可爲之。倘學得皮毛，便稱好手，其害人不淺。切戒，切戒。

八、早完糧。百姓無君臣之分，只有錢糧是奉君王的。一日完糧，即一日太平。惟亂世不完糧，苦不忍言。如今太平不完糧，等到糧差上門，所費更多，到官受責，甚至破產傾家，殊堪痛憫。我族無論貧富，務先完糧而後做別事。

九、息爭訟。凡人一生，不入公門便是福。人若祖墓被損、婚姻被奪數大端，尚屬萬不得已。至因求地葬祖而與人結訟，豈不可笑！況一切小忿，遽啟訟端，至破家蕩產，辱身失名而不悔，愚孰甚焉？自害害人，後悔何及？語云："只可山頭望牢獄，不可牢獄望山頭。"可不戒哉？

十、杜邪風。凡葬祖、祭祖，儒家自有正禮，僧道邪說，概不可輕信。近世僧道又添出一番惡習，聚衆金鼓，狂奔呼喊，作暴戾之氣，引妖魅之風，乃王法所當禁者，更不可行。至於男女入教持齋，非但傷風敗俗，而且貽禍宗黨，我族當永行禁止。況一村錢穀有限，都在塑佛造寺、延僧布施上用了，所以族中一切正事，都無力去做。信邪之村必敗，其言良不誣也。

十一、積陰功。《易》云："積善之家，必有餘慶；積不善之家，必有餘殃。"自古以來，善惡之報應，歷歷不爽，如宋郊救蟻而中狀元，毛寶放龜而膺侯爵。救物且有此厚報，而況救人？凡我族男女，務須各存善心，勉力做好事，自然福壽綿長，子孫昌盛也。

十二、愼交友。朋友,紀綱人倫所關最重。近世朋友,外則口如飴蜜,内則腹懷利劍,陰險鼓舞,不可不防。凡我子孫,務須擇人而交,有善相勸,有過相規。稍不如己者,當屏絶之。尤必擇地而處,青樓、翠舘、茶坊、酒肆、鞠場、賭局,勿與同遊。雖强之,亦不可輕往,他雖有陰險之計,亦無從施於我矣。與其失儀於其後,孰若決拒於其先。爾輩其戒之。

——民國《潤洲許氏宗譜》卷一《潤洲許氏祖訓》

民國績溪縣魚川耿氏宗族祖訓

祖訓

教家。父慈子孝,兄友弟恭。縱到極盡處,只是合當如此,著不得一毫感激、居功念頭。如施者視爲德,受者視爲恩,便是路人,便成市道矣。史搢臣《願體集》。

父之於子,惟當教以道。諺曰:"孔子家兒不識罵,曾子家兒不識鬭。"習於善則善也。王朗川《言行彙纂》。

事親者,雖菽水當盡承歡。若到子欲養而親不在,即椎牛以祭,不如雞豚之逮親存也。史搢臣《願體集》。

父子、弟兄、夫婦,人倫之大,一家之中,惟此三親而已,不可稍有乖張,父子尤其本也。一處乖張,即處處乖張,安有缺於此而全於彼者?張楊園《訓子語》。

冬溫夏凊,昏定晨省,是事父母小節。能讀書修身,學爲聖賢,使其親爲聖賢之親,方盡德孝之分量。朋友是後來的兄弟,兄弟是天然的朋友,少同遊,長同學。若得一心一德之兄弟,何樂如之。陸桴亭《思辨錄》。

孩提之童,無不知愛其親及其長也,無不知敬其兄弟。可知孝親悌長是天性中事,不是有知有不知、有能有不能者也。不必言古聖賢孝弟之行,如大舜、武周、泰伯、伯夷,各造其極,只如晨省昏定、推梨讓棗,有何難事?而今人甘心不爲,極而至於生不能養,死不能葬,大不孝於父。有無不通,長短相競,大不友於兄弟。噫!是即孩提時,頃刻不見父母,則哭泣不止。兄弟同床共席,則相憐相愛之,孝子悌弟也。人皆望長而進德,奈何反至於此?昔老萊子行年七十,身著五色斑斕之衣,作嬰兒戲,欲親之喜。司馬溫公兄伯康年將八十,公奉如嚴父,保如嬰兒。朱柏廬《勸言》。

睦族。《書》曰："以親九族。"《詩》曰："本支百世。"睦族,聖王且爾,況凡衆人乎?觀於萬石君家,子孫醇謹,過里必下車,此風猶有存者。末俗或以富貴驕,或以智力杭,或以頑潑欺凌,雖能爭勝一時,已皆自作罪孽。況相角相仇,循環不輟,人厭之,天惡之,未有不敗者。嘗謂睦族之要有三:曰尊尊,曰老老,曰賢賢。名分屬尊,行者尊也,則恭順退遜,不敢觸犯;分屬雖卑,而齒邁衆老也,則扶持保護,事以高年之禮。有德行族彥,賢也。賢者,乃本宗(損)[楨]幹,則親炙之,景仰之,每事效法,忘分忘年以敬之。此之謂"三要"。又有四務:曰矜幼弱,曰恤孤寡,曰周窘急,曰解忿競。幼者稚年,弱者鮮勢,人所易欺,則矜之,一有矜憫之心,自隨處爲之效力矣。鰥寡孤獨,王政所先,況乎同族,得於耳聞目擊者乎?則恤之,貧者恤以善言,富者恤以財穀,皆陰德也。衣食窘急,生計無聊,命運亦乖,則周之。量己量彼,可爲則爲,不必望其報,不必使人知,吾盡吾心焉。人有忿則爭競,得一人勸之,氣遂平;遇一人助之,氣愈激。然當局而迷者多矣,居間解之,族人之責也,亦積善之一事。此之謂"四務"。王士晉《宗規》。

勸學。古者,八歲入小學,十五入大學,此自是正理。然古者人心質樸,風俗淳厚,孩提至七八歲時,知識尚未開。今則人心風俗遠不如古,人家子弟至五六歲,已多知誘物化矣。又二年而始入小學,即使父教師嚴,已費一番手腳,況父兄之教又未必盡如古法乎?故愚謂今之教,子弟入小學者,決當自五六歲始。陸桴亭《論小學》。

古者,八歲入小學,學禮、樂、射、御、書、數。至十五歲,則各因其材而歸之四民,故爲農、工、商賈者,亦得入小學,七年而後就其業。其秀異者入大學而爲士,教之德行。凡小學、大學之教,俱不在言語文字,故民皆有實行而無詐僞。愚謂人之愛子,但當教之以孝、弟、忠、信,所讀須先《六經》《論》《孟》,通曉大義,明父子、君臣、夫婦、昆弟、朋友之節,知正心、修身、齊家、治國、平天下之道,以事父母,以和兄弟,以睦族黨,以交朋友,以接鄰里,使不得罪於尊卑、上下之際;次讀史,以知歷代興衰,究觀皇帝王霸與秦漢以來爲國者規模措置之方。功效逐日可見,惟患不爲耳。陸梭山《居家正本》。

朱子曰:"古者,初年入小學,只是教之以事,如禮、樂、射、御、書、數及孝、弟、忠、信之事。自十六七入大學,然後教之以理,如致知、格物及所以爲忠、信、孝、弟者。"東萊呂氏曰:"教小兒當以正,不可使之情竇日開。教小兒先教之以恭謹,不輕忽,不躐等,讀書乃餘事。"劉元城有言,"子弟寧可終歲不讀書,不可一日近小人。"此言極有味。《諸儒論小學》。

民國成立,學制變更,教育首重人民。六週歲,即屆入學年齡,由是而國民,而高小,而中學,而大學、專門。按年計程,循資升學,蓋年未三十而學校教育已完全卒業矣。雖然大學而上爲人才教育,中學以下爲國民教育,愚謂子弟無論智愚,皆當受國民教育,然後習一職業,以資身而贍家。即或無力入中學,入高等小學,國民學校爲初基教育所係,要當就學畢業。否則,不惟不知書,且不知做人道理,安望有謀生技能、自立於天演競爭之世乎?

勸業。士、農、工、商,業雖不同,皆是本職。勤則職業修,不勤則職業隳;修則父母、妻子仰事俯育有賴,隳則資身無策,不免姍笑於姻里。然所謂勤者,非徒盡力,實要盡道,如士者則須先德行,次文藝,切勿因讀書識字舞弄文法,顛倒是非,造歌謠、匿名帖,有玷行止。仕宦不得以賄敗官,貽辱祖宗。王士晉《宗規》。

張安世家僅數十人,皆有技業。虞悰治家,亦使奴隸無游手,此紳宦之最有家法者也。至於鄧禹身爲帝師,位居侯王,富貴極矣,有子十三人,讀書之外,皆令各習一藝。推鄧禹之心,蓋欲約束子孫身心,不使空閒放蕩。即或爵除祿去,子孫亦有以資身,不至飢寒潦倒,其爲子孫謀何深遠矣。唐翼修《人生讀書》。

近世文明日進,職業教育日漸發達。我國順世界潮流,亦趨重於此,各省現正提倡職業學校,將欲驅普通平民群趨於職業之一途,甚盛事也。夫農,生貨者也;工,成貨者也;商,銷貨者也。誠使國民群趨向夫農、工、商各業,以科學思想發明新理,將見職業精進,大學生財之道即在是矣。

積德。以布施作功德者,齋僧不如濟貧,貧濟不如建橋修路、設渡施茶諸普濟事。行普濟事不如不妄取人財,施塚不如施棺,施棺不如施藥,施藥不如周濟教導,使其不饑寒暑濕以至於病。大抵先事之功無形,人不見其可感,故人鮮爲之。是故施恩者不必冀可見之功,受恩者必當思不見之德。余嘗舉古人"願天常生好人,願人常行好事"二語,謂足蔽"四書"、經、史、諸子百家中好話頭。凡做好人,自大賢以下,皆帶兩分"愚"字。至於忠臣、孝子、貞女、義士,尤非乖巧人做得。古今教人做好事,只十四字,簡妙直切,曰"君子落得爲君子,小人枉費爲小人"。魏叔子《日錄》。

人能存心於物,不爲一切害人之事,即一言有損於人,亦不輕發推之。戒殺生以惜物命,慎翦代以養天和,無論冥報不爽,即胸中一段吉祥愷悌之氣，自然災沴不生而可以長齡矣。張文端公《聰訓齋語》。

以孝弟爲本，以忠信爲主，以廉潔爲先，以誠實爲要。臨事讓人一步，自有餘地；臨財放寬一分，自有餘味。善須是積，今日積，明日積，積小便大。一念之差，一言之差，一事之差，有因而喪身亡家者，豈可不畏也？《高忠憲公家訓》。

凡遇賣兒鬻女及施粥、施襖、施茶、施藥、施棺，若獨力不能，須募衆舉行，此眼見功德。人以持齋戒殺爲行善，是功德止及於禽獸，而不及民生，此善之微者也；人以濟困扶危爲行善，是功德能及民生，而旁及禽獸，此善之廣者也。若夫大利大害，居得爲之位而不興之、革之，與作惡何異？史搢臣《願體錄》。

詒謀。善弟子，如養芝蘭，既積學以培之，更須積善以潤之。人之教子，飲食、衣服之愛不可不均，長幼、尊卑之分不可不嚴，賢否、是非之迹不可不辨。示以均則長無争財之患，責以嚴則長無悖逆之患，教以分別則長無匪類之患。立朝不是好官人，由居家不是好處士；平素不是好處士，由小時不是好學生。凡兒童少時，須是蒙養有方，衣冠整齊，言動端莊。識得"廉恥"二字，則自然有正大光明氣象。凡人施恩澤於不報之地，便是積陰德以遺子孫；使人敢怒而不敢言，便是損陰德處。釋氏云："要知前世因，今生受者是。"吾謂昨日以前，而祖而父皆前世也；要知後世因，今生作者是。吾謂今日以後，而子而孫皆後世也，是所當發深省者。陸象山當家三年，自謂於學有進，此正可想施於有政，是亦爲政，全是孝友真切處，莫徒作鹽米零雜細碎觀也。羅一峰先生及第，以書寄子弟，所謂好子弟者，非好田宅、好衣服、好官爵，一時誇閭里者也。謂有好名節與日月争光，與山嶽並重，與霄壤同久，足以安國家，足以風四維，足以奠蒼生，足以垂後世，前史所載諸名臣是也。若只求飽煖，習勢利，如前所云"惡子弟，非好子弟"也。此等子弟在家也，足以辱祖宗、殃子弟、害身家；出而仕也，足以污朝廷、禍天下、負後世，豈祖宗父母之所願哉？王朗川《言行彙錄》。

崇儉。老氏三寶，儉居一焉。人生福分，各有限制，若飲食、衣服、日用、起居一一樸嗇，留有餘不盡之享，以還造化，優游天年，是可以養福；奢靡敗度，儉約鮮過，不遜寧固，聖人有辨，是可以養德；多費多取，至於多取，不免奴顔婢膝，委曲徇人，自喪己志。費少取少，隨分隨足，浩然自得，是可以養氣。且以儉示後，子孫可法，有益於家；以儉率人，敝俗可挽，有益於國。世顧莫之能行，何哉？其弊在於好門面一念，始如爭訟好贏的門面，則鬻產、借債、討人情、鑽刺，不顧利害吉凶禮節。好富貴的門面，則賣田嫁女、厚賂聘媳、鋪張發引、開厨設供、倡優雜遝、擊鮮散帛、亂用綾紗。又加招請貴客、宴新婿與搬戲許願，預修祈福。力實不支，設法應用。不知挖肉補瘡，所損日甚，此皆惡俗，可憫可悲。王士(擂)[晉]《宗規》。

儉之爲道，第一要平心忍氣，一朝之忿，不自度量，與人口角鬭力，構訟經官，事過之後，不惟破家，或且辱身；第二要量力舉事，土木之功，婚嫁之事，賓客酒席之費，切不可好高求勝。一時興會，所費不支，後來補苴，或行稱貸，償則無力，逋則喪德；第三要節衣縮食，綺羅之美，不過供人歆羨而已。若煖其軀體，布素與綺羅何異？肥甘之美，不過口舌間片刻之適而已。若自喉而下，藜藿肥甘何異？人皆以薄於自奉爲不愛其生，而不知是乃所以養生也。朱柏廬《勸言》。

喪祭。按，喪禮：初終疾病，遷居正寢。既絕，乃哭。夫正寢即今人所居正廳也，惟家主爲然，餘人則各遷於所居之室。既遷則戒，内外安静，毋得喧嘩驚擾，仍令人坐其旁，視手足。男子不死於婦人之手，女子不死於男子之手，懼其褻也。人子送親，最要緊者，莫如棺木，平日預備者少，臨時營造者多。板宜用堅老杉木，造作須用良工，縫糊内外，均宜多用生漆。入殮之時，須緩盡哀痛之情，必要親自鋪墊，手足要安舒，衣履要周正，四圍多用石灰紙包搵塞緊密，久而肉化灰鎔，相成一塊。亡者以入土爲安，攢厝乃一時權宜，久則潮濕鬱蒸於内，風日燥爍於外。數年棺朽，葬時另用新套，轉換之間，手足顛倒，非其部位，細小零落，不復完全，此攢厝之大病。棺之坐向兼年庚、姓氏，内宜墓誌，外宜勒石，使日後子孫便於修葺，并知宗派。

今世喪家用僧道作齋，或作水陸會，寫經造像，云爲死者減罪惡，必(生)[升]天堂，受種種快樂；不爲，則入地獄。温公引唐李舟《與妹書》曰："天堂無則已，有則君子登；地獄無則已，有則小人入。"世人親死而禱浮屠，是不以其親爲君子，而爲積惡有罪之小人也，何待其親之薄哉？君子有終身之喪，忌日是也；君子有百世之養，邱墓是也。王朗川《言行彙録》。

喪不祭而請僧設醮，至謂超度地獄，安知親必在地獄中乎？此惡俗也，有志維風者勿忽焉。魏環溪《庸言》。

祠乃祖宗神靈所依，墓乃祖宗體魄所藏。子孫思祖宗不可見，見所依所藏之處，即如見祖宗一般，時而祠祭，時而墓祭，皆展視大禮，必加敬謹。凡棟宇有壞,則葺之,罅漏則補之;垣砌碑石有損,則重整之,蓬棘則剪之;樹木,什器,則愛惜之。或被人侵害盜葬,則同心合力復之。患無忽小,視無逾時。若使緩延,所費愈大。此事死如事生,事亡如事存,族人所宜首講者。王士(播)[晉]《宗規》。

　　教家之道,第一以敬祖宗爲本,敬祖宗在修祭法,祭法立則《家禮》行,《家禮》行則百事舉矣。陸桴亭《思辨録》。

　　風水。卜其宅兆,葬之事也;葬乘生氣,葬之理也。世乃溺於風水可致富貴,而百計營求,甚至暴露其親,以俟善地,至終身不葬焉。殊不知人固有得地而發富貴者,苟非天與善人,或亦地遇其主而然,蓋萬中之一也。若心慕富貴而不加修焉,而專謀人之地,思以致之,是欲以智力而竊奪造化之權,豈理也哉？故有詩曰:"風水先生慣說空,指南指北指西東;山中定有王侯地,何不搜尋葬迺翁？"吳文正公云:"德不積而求地,猶不耕而求獲。"《存耕録》云:"踏破鐵鞋無覓處,得來全不費工夫;牛眠鶴舉雖奇遇,只在方圓寸地圖。"宋謙父曰:"世人盡知穴在山,豈知穴在方寸間;好山好水世不欠,苟非其人尋不見。"我見富貴人家墳,往往葬時皆貧賤,迨至富貴,力可求人事,盡時天理變。仁人孝子,可以知所自處矣。人家新卜得葬地,將安厝,忽掘見棺木骨骸者,宜即與掩埋之,權奉新柩爲草舍,或即此稍遠另卜穴,或竟去此另卜穴,亦無不可。蓋論已葬與未葬,則我尚可圖;論有主與無主,則彼爲可憫。甯須我費事無遞攘泉下之人,使一旦流離失所也？安知不更有真地,不更有佳地？襲穴以葬,毋乃不吉乎？若營城,在近原有墳塜者,但不逼近,亦自無妨。蓋生有鄰人,死有鄰鬼,其理一耳。王朗川《言行彙録》。

　　葬必擇地,自古有之,故程子有"草木茂盛、土色光潤"之説。閩地多山水,不比北方一望平原,故爲風水之説者,審擇夫氣之所流貫,勢之所凝聚。山則拱衛而不背,水則環抱而不瀉,無風隙水蟻之患,此亦何嘗不是？蓋祖宗安則子孫亦與俱安,理固然也。蔡梁材《喪葬解惑》。

　　山水是天地骨血,其迴合會聚處,自有真穴。所以古人建都,必擇善地。然人子葬親,又自有穴,擇地次也,其要處在立心,立心欲親之體魄安,不至有水泉、螻蟻之患,此天理之至情也。如是者,得善地,而富貴應之。立心爲求富貴,或停柩不葬,或欺盜侵奪,此人欲之惡念也。如是者,雖得善地,而富貴不應焉。陸桴亭《思辨録》。

　　息訟。居家戒爭訟,訟則終凶。朱柏廬《治家格言》。

居鄉不得已,而後與人争;又大不得已,而後與人訟。彼稍服其不然,則已之,不必費用財物,交結胥吏,求以快意,窮治其讐。至於争訟財産,本無理而强求得理,官吏貪繆,或可如志,寧不有愧於神明?讐者不服,更相訴訟,所費財物十數倍於其所直。況遇賢明有司,安得以無理爲有理耶?大抵他人之所訟,互有長短,各言其長,而掩其短。有司不明,則牽連不決,或決而不盡其情,胥吏得以受贓而弄法,蔽者所以破家也。《袁氏世範》。

今人不忍一言之忿,或争銖兩之利,遂相搆訟。夫我欲求勝於彼,彼亦欲求勝於我,讐讐相報,遂至破家蕩産,禍詒子孫。豈若含忍退讓,便鄉里稱爲善人長者,子孫亦蒙其庇乎?《王陽明文鈔》。

一問族中有無内外詞訟?除本家弟兄、叔侄之争,宗長令各房長於約所會議處分,不致成訟外,儻本族於外姓有争,除事情重大,付之公斷,若止户婚、田土閒氣小忿,則宗長便詢所訟之家與本族某人爲親,某人爲友,就令其代爲講息。屈在本族,押之賠禮;屈在外姓,亦須委曲調停,禀官認罪求和。雖是稍屈,但留此閒錢做人家,趁此好光陰,讀書窮理,不爲客氣所分,亦是自家討便宜處。王孟箕《講宗約會規》。

太平百姓,完賦役,無争訟,便是天堂世界。蓋訟事有害無利,要盤纏,要奔走。若造機關,又壞心術。且無論官府廉明何如,到城市便被歇家撮弄,到衙門便受胥皂呵叱。伺候幾朝夕,方得見官,理直猶可,理曲到底喫虧。受笞杖,受罪罰,甚至破家忘身辱親。冤冤相報,害及子孫。總之,則爲一念客氣始,不可不慎。《經》曰:"君子以作事謀始,始能忍,終無禍,始之時義大矣哉。"即有萬不得已,或關係祖宗、父母、兄弟、妻子情事,私下處不得,没奈何禀官,只宜從直告訴。官府善察,情更易明白,切莫架橋捏怪。又要早知回頭,不可終訟。聖人於《訟卦》曰:"惕,中吉終凶。"此則錦囊妙策。須是自作主張,不可聽訟師棍黨教唆,財被人得,禍自己當。省之,省之。王士晋《宗規》。

——民國《魚川耿氏宗譜》卷五《祖訓》

民國歙縣府前方氏宗族遺訓

遺訓

南山公遺訓

今譜牒告成，特親筆書此，傳與後人，以便查修。凡吾賢子孫，永爲收執，慎勿輕廢。至囑，至囑。

果吾族也，勿以貧窮相棄；非吾族也，勿以富貴冒認。

曙白公遺訓

夫人世之所重者，莫大于倫序。若強附華胄以自没其家世，舉不可知之他人而加之祖若父之上，又從而卑其祖若父以爲他人之子孫，以爲可假爲門户之光，實則所以爲光者，適足以爲辱，可恥甚矣。

硯莊公遺訓

《府前方氏家譜》名稱，不得妄事更改。按，宋曰徽州，是爲州前。元時爲徽州路，至明改爲徽州府，是爲府前。又，余嘗考府縣志，俱載明府前方氏宗祠，故曰《府前方氏家譜》，其不能妄改，明矣。切記。

子孫名字，不可犯祖宗之諱，最宜慎重。余于譜中名諱之下，凡小字之可考者，皆書之，使後世子孫之命名知有所避也。

承繼子侄，須照依倫序，昭穆相當。非嫡派子孫，不許入祠、入譜，以免派別不同致宗支之紊亂。或有隨母帶來之子，或其母來有遺腹，皆他姓人也，照律使之還宗，切不可從權以亂我血胤。況此更無入祠、入譜餘地，留之反令他人絕嗣，於我無益，亦仁人所不忍也。日後，子孫當切戒之。

譜中各項記載，皆經考較，後世子孫，重修譜牒，非有切實證明，不可輕改。

——民國《府前方氏宗譜》卷首《遺訓》

第三節　規訓與庭訓

明隆慶歙縣溪南江氏宗族譜訓

譜訓

《傳》曰："其身正，不令而行。"信斯言也，又焉用訓？珍愧薄劣，無以表師宗人。稍采《經》《傳》、格言著於譜，有志者覽而興焉，庶幾敕躬勵行之助云耳。

積善之家，必有餘慶；積不善之家，必有餘殃。天之所助者，順也；人之所助者，信也。善不積不足以成名，惡不積不足以滅身。小人以小善爲無益而弗爲也，以小惡爲無傷而弗去也，故惡積而不可揜，罪大而不可解。天道虧盈而益謙，地道變盈而流謙，鬼神害盈而福謙，人道惡盈而好謙，謙尊而光，卑而不可踰。富貴而知好禮，則不驕不淫；貧賤而知好禮，則志不懾。放於利而行多怨，有一言而可終身行之者，其恕乎？己所不欲，勿施於人。言悖而出者，亦悖而入；貨悖而入者，亦悖而出。順天者存，逆天者亡。愛人者，人恒愛之；敬人者，人恒敬之。殺人之父，亦殺其父；殺人之兄，亦殺其兄，然則非自殺之也一間耳。爲善者，天報之以福；爲不善者，天報之以禍。先義而後利者榮，先利而後義者辱。自一念之善積而至於念念皆然，足以動天地，格鬼神；自一念之惡積而至於念念皆然，必至戕性命，滅子孫。善惡之分，福禍之所由召也，可不慎哉！勿以惡小而爲之，勿以善小而不爲。惟賢惟德，可以服人。禍福無門，惟人所召；善惡之報，如影隨形。人心起於善，善雖未爲而吉神已隨之；人心起於惡，惡雖未至而凶神已隨之。以忠孝遺子孫者昌，以智術導子孫者亡。以謙接物者強，以善自衛者良。天下有賢人，無賢族；有貴人，無貴族。然則自賢自貴者，人也，族可恃乎？期年之計樹穀，百年之計種德，一年之計在春，一日之計在寅。積金與子孫，子孫未必能盡守；積書與子孫，子孫未必能盡讀，不如積陰德於冥冥之中，以爲子孫長久之計。人常咬得菜根，則百事可做。富莫富於知足，禍莫大於多欲。以愛妻子之心事親，孝莫大焉；以保富貴之心事君，忠莫大焉。留有餘不盡之巧以還造化，留有餘不盡之福以還子孫。貴莫貴於聖賢，富莫富於蓄德，貧莫貧於不聞道，賤莫賤於不知恥。大丈夫當容人而不可爲人容，當制欲而不可爲欲制。凡舉事，毋爲親厚者所痛，而爲見仇者所快。人有不及，可以情恕；非意相干，可以理遣。

——隆慶《溪南江氏族譜·譜訓》

明萬曆祁門縣清溪鄭氏宗族規訓

規訓引

吾聞之也，堯、舜、禹禪受惟一中，言傳國之道也，而萬世誦其功；秦制璽以帝天下，而以"壽命永昌"爲文，言傳國之寶也，而二世滅其祚。然則道之爲寶也，不既大乎？自漢而下，惟璽之爲重，而道廢不講。晉至設給符之詐，以掩白板之恥，習尚之敝，一至此哉！予嘗慨世之人，其承先也，不恥其德之費類，而恥其閥閱聲勢之無以光乎吾前；其垂後也，不憂其無以教之，而憂其貲産、物力之無以遺乎吾後。是不亦寶秦璽而忽三聖授受之道者歟？吾家世業儒，不得已，則爲商、爲農、爲工、爲賈，奚以光乎前？奚以裕乎後？既弗克遺之，以世之所寶而道，又自愧於有穀之貽。于是，監古今之家訓，撥時勢之機宜，昭脩齊之懿範，垂久大之弘規，庶所遺之近道，而求光前裕後之計者，亦寶之此而已矣。冀後昆之克遵祖訓，而世守勿失者，亦寶之此而已矣。

訓規

一、古者，嫡子孫主祭祀，重宗也。或宗子不肖，當遵橫渠之說，擇次賢者立之，尚賢也。蓋非止主祭，裁決庶務，皆資其人，而族之人聽命焉。故宗之也者君之也，可不重歟？又可不自重歟？

一、謂始祖之祭似禘者，疑僭也，教民義也；謂祀始祖爲非僭者，禮秩異也，教民仁也。而始祖之祀，不容已也。每歲以臘月廿四日爲期，先期族賢及司禮者出告示，具儀式，質明行禮，肅明齊一。祭畢，讀聖諭、祖訓及堂壁旌善牌，默示《懲惡籍》。已乃行合食禮，歌詩三闋，有事合議，從公從長，詳允乃退。

聖諭：孝順父母，尊敬長上，和睦鄉里，教訓子孫，各安生理，毋作非爲。

祖訓

凡爾子孫，謹時祭，念祖德，保世業，振家綱，孝父母，敬長上，友兄弟，教子孫，務生理，勤學業，力樹藝，肅内外，謹火燭，和鄰里，禮賓親；須早完國課；毋好爭訟，毋放利棄義，毋欺天罔人，毋習賭博，毋作非爲。甚者爲犯姦、爲上盜、爲娼優以傷化，爲奴隸以辱先，四者有一焉，生不齒乎族，殁不入乎祠。念之，戒之。

一、子孫貧難，至鬻基産者，勢不能禁。惟承祖衆存門面、廳堂、祠屋、莊基、僕舍、墓山、祀産，不許變賣。祖有明文，節有戒約。違者，准不孝論。外人謀買，雖富强，衆共告官取復。

客辯

清溪《家乘》之脩也，客閱而惑焉。曰："仁者，合民物爲一體，通古今爲一息，而子之是脩也，止鄭焉耳已，而猶親親而疎者遺，近近而遠者略。子未爲《西銘》矣乎？何示人以不弘也？"曰："吾固一本之圖也，其義猶出《西銘》也已。"《易》之"同人"，不曰"類族辨物"者乎？君子萃族之渙以統同，而辨物之辟以審異。統同者仁，樂是用興；辨物者義，禮是同立。夫同者，理也，天所一也，吾安得而不一？不同者，分也，分天所殊也，吾安得而不殊？同類同胞，理之固也，而分則皆本之一也。古宗遷於上，戚單於下，聖人不能强其不單也，爲之九族以紀之而已。然尊卑則有等矣，爲之五服以屬之，宗法以維之而已；疎親疎則有殺矣，凡爲桓公裔者，吾知皆吾鄭也，踰百世而婚姻不通也。□盟相習、屈相逾者，稱誦之文不紊也，慶吊之禮相往筏也，則自其一本者而推之也，世系之紀，親親而近近也，則自其一本者而敢之也。一本仁也，仁敦故義昭，義昭而後仁之施爲無弊也。

客曰："雖有松柏，柝之則微；雖有樸檄，攢之則固。人之自列族者，率援古以侈源流之遠，附顯以張閥閲之盛，合衆以誇氏族之殷。而子睽之以自孤，何也？"曰："君子之大也，大於道。道者，合衆美者也，君子不謂睽也。如吾鄭者，人孰不知自周王之封乎？不亦遠乎？亦孰不知爲帝王之裔乎？不亦盛乎？然其本則同，其末則異，其苗裔自崇自卑、自貴自賤、自大自小、自華自夷、自人自禽，咸其自取之也，祖宗如之何？夫窮遠以爲能，必自繆也；合群以爲黨，必自贖也。故蓬蔯者援，戚施者償，株連者殲，贅假者舛，冒進者逆，蜾負者亂。鑿杜固者賊，獻告身者判。簡帖愈繁，而理愈乖；彌縫愈密，而隙彌彰。故爲奸宄之府者，《譜》耳，吾爲是懼。情必厚其所可親，而疎者殺焉，吾病其不能親也而近僞也；誼必敦其所可邇，而遠者遺焉，吾度其不可逾也而近浮也；文必紀其所可逮，而所不逮者缺如也，吾不勝其紀也。然則其所睽者，迹也；其所不睽者，道也。"

客曰："子非祖選而宗暉者乎？"曰："然。"曰："按諸譜，則暉之後遷舊宅源者，選公不始遷營前者乎？"曰："然。"曰："故誌祁閶者，謂營前鄭司徒大有功於唐，言必稱'營前'，猶不忘其初也。今子之《乘》不曰'營前'而曰'清溪'，遂欲專之也乎？"曰："有以也，滎易之鄭冒天下。合天下而後滎陽之鄭可稱也；營前之鄭冒諸宗，合諸宗而後營前之鄭可稱也。蓋有非其合而稱者，君子以爲僭矣。吾《家乘》明吾宗耳，舍所稱之'清溪里'，奚以哉？邑之誌、家之乘可參相發也。"

客曰："側聞有合四方之鄭而爲大成之圖，有合新安之鄭而爲宗祠。建者若在所與，子弗贊其成，而顧獨爲此，何也？"曰："道必求其可継，行必稽其所弊。吾祖世系之牒兵以燬矣，其幸存而未泯者，先朝誥、勅及諸儒贊、傳、序、跋而已。吾傷焉，至元而下，猥乎無足徵也。大成之舉，吾惡其濫也已；建祠之議，吾疑其迂也已。以吾尚書延暉公之支言之，有遷歙、遷穎、遷饒、遷信，此可考者，其餘則亦莫知其所之也。夫延暉公之枝裔尚不能悉若此，而況於合諸宗，而況於合四方之鄭，而能盡系者乎？今祁閶之鄭，所可系者，奇峰、營前而已，餘弗克盡系也。故吾乘之修也，明吾清溪之宗而已矣。"

客曰："人之譜其宗者，《世系》焉耳，子奚而《世德》也，又奚而《訓規》也？"曰："吾譜也與哉，子言孝，孫言慈者，必先求諸祖考之心。祖之弗德，辱爲之後；嗣之弗德，辱爲之先。夫至于辱爲之先，幸有傳耶？無傳者幸耶？故《世系》者，紀祖考之派也；《世墓》者，誌祖考之藏也；《世德》述祖考之行也；《規訓》體祖考之心也。皆所托以不朽者也，而心爲重。是錄也主祖考之心，以私淑後人而已矣。"

——萬曆《祁門清溪鄭氏家乘》卷四《規訓、客辯》

明萬曆婺源縣江灣蕭江氏宗族譜訓

方伯《譜訓》，古之格言；中丞《祠規》，鑒觀洞然。至於膳部，躬行體驗，洋洋孔彰哉。惟我後人，羹墻見之，乃克永世。蓋我宗先累仁積善，靈根已固，若夫延引勿替，叠叠雲仍，靡有既已，邁茲昌運。

《聖訓六言》，家喻户曉。況我名祊，念承先訓。開心牖我，畏彼明言；師保臨我,是爲尊生乎？至于大起予宗,蔚爲德門,列于元愷,世濟其美,猗歟休哉。如臨深淵,如履薄冰,如執玉,如捧盈。門地之高可畏也,不可恃也。稍有瑕纇,衆共指之。名修且忌,得逸且嘲,怨之府也,禍之門也。已試之方,懸之肘,後服以去病,夫何疑？

譜訓　第二十二世雲貴布政使珍

《傳》曰:"其身正,不令而行。"信斯言也。又焉用訓？珍愧薄劣,無以表帥宗人,稍采《經》《傳》、格言,著于譜,有志者覽而興焉,庶幾敕躬勵行之助云耳。

積善之家,必有餘慶積;積不善之家,必有餘殃。天之所助者,順也;人之所助者,信也。

善不積不足以成名,惡不積不足以滅身。小人以小善爲無益而弗爲也,以小惡爲無傷而弗去也,故惡積而不可掩,罪大而不可解。

天道虧盈而益謙,地道變盈而流謙;鬼神害盈而福謙,人道惡盈而好謙。謙尊而光,卑而不可踰。

富貴而知好禮,則不驕不淫;貧賤而知好禮,則志不懾。放於利而行多怨。

有一言而可以終身行之者,其恕乎？己所不欲,勿施于人。

言悖而出者,亦悖而入;貨悖而入者,亦悖而出。

順天者存,逆天者亡。

愛人者,人恒愛之;敬人者,人恒敬之。

殺人之父,人亦殺其父;殺人之兄,人亦殺其兄。然則非自殺之也,一間耳。

爲善者,天報之以福;爲不善者,天報之以禍。

先義而後利者榮,先利而後義者辱。

自一念之善積而至于念念皆然,足以動天地、格鬼神;自一念之惡積而至于念念皆然,必至戕性命、滅子孫。善惡之分,禍福之所由召也,可不慎哉！

勿以惡小而爲之,勿以善小而不爲。惟賢惟德,可以服人。

禍福無門,惟人所召;善惡之報,如影隨形。人心起于善,善雖未爲而吉神已隨之;人心起于惡,惡雖未至而凶神已隨之。

以忠孝遺子孫者昌，以智術導子孫者亡。以謙接物者強，以善自衛者良。

天下有賢人無賢族，有貴人無貴族。然則自賢自貴者，人也，族可恃哉！

期年之計樹穀，百年之計種德。

一年之計在春，一日之計在寅。

積金與子孫，子孫未必能盡守；積書與子孫，子孫未必能盡讀；不如積陰德於冥冥之中，以爲子孫長久之計。

人常咬得菜根，則百事可做。

富莫富于知足，禍莫大於多欲。

以愛妻子之心事親，孝莫大焉；以保富貴之心事君，忠莫大焉。

留有餘不盡之巧以還造化，留有餘不盡之福以還子孫。

貴莫貴於爲聖賢，富莫富于蓄道德；貧莫貧於不聞道，賤莫賤於不知恥。

大丈夫當容人而不可爲人容，當制欲而不可爲欲制。

凡舉事毋爲親厚者所痛，而爲見仇者所快。

人有不及，可以情恕；非意相干，可以理遣。

——萬曆《蕭江全譜·附錄》卷五《貞教第七》

明萬曆婺源縣江灣蕭江氏宗族省躬訓

省躬訓十條　第廿六世禮部精膳清吏司郎中起鵬

鵬以不肖之身無所樹立于天地間，然而致此，亦不易己。兒輩、長者粗知梗概，幼者則坐享目前，而本本源源之地俱茫然矣。爰述一二，以示訓云。

讀書。念我原無學，學來苦更多；幼未從師傅，稍長誰琢磨。童蒙三十餘，且教且吟哦；夜半不敢寐，侵晨已默坐。勤苦乃如此，兒輩曷虛過？窮年就師長，所學竟如何？

明理。讀書貴明理，我亦無師承；但喜《讀書錄》，《近思》爲章程。每置几案間，朝夕勤猛省；有過必自書，有善即景行。所以路不差，漸次亦少明；諸書今具在，兒輩爲箴銘。

孝友。念余終天憾，不得養二親；兼之有二弟，殘疾與夭淪。所以勤苦學，爲親圖顯名；今雖兩襃封，何如負米情？獨爲營葬事，頗盡寸草心；親没鴻九齡，鵬亦僅四歲。母氏恐累子，悲泣渾無計；我言不必憂，手足無分別。

可憐鴻謹馴,一疾成永訣;鵾也無所知,娶婦多悖戾。又多比匪人,屢次生惡孼;十畝今割與,亦足稱世業。兄弟無所恨,事親終有缺;兒輩亦有親,何以使之悦?兄弟苦多人,切莫聽婦説;長者頗自知,少者宜自勵。

勤儉。吾不理家務,起家俱爾母;每憶貧乏時,饑飡衣綴補。後來稍優裕,更自勵勤苦;留銀置田産,支持買酒腐。及予登第後,猶自甘淡素;自己咬菜根,甘肥供師傅。藍青襖與裙,至今人傳布;到晚猶勤劬,未晚先分付。所以起家業,絲毫皆其助;有等懶女人,貧家反粧富。兀坐高樓上,只叫婢與僕;家事都不管,相邀弄嘴婦。米谷去多少,有酒變成醋;不思生世長,日取丈夫怒。賢者勿效此,各自撐門户;是爲《勤儉歌》,兒曹日三復。

睦族。余家五六世,能睦族與鄰;田土無争競,言語不相侵。即予尤懦弱,恂恂過平生;無人來欺我,我亦不凌人。但恐吾兒輩,又多弟與兄;凡事不忍讓,與人相鬭争。每見鄰家子,恃衆要欺人;後來多吃苦,家破多離分。好好細思量,總來同一根;有何强與弱,至要在睦鄰。

安分。天之生人來,各自有定分;智力難求强,强求亦無用。念吾與爾母,一生守本分;手畔分毫無,亦自安貧困。全不去忮求,分外有尋趁;後來雖顯達,常自愧爾俸。恐吃兒孫飯,後來遭困頓;兒曹宜戒慎,天道有盈損。世間不義財,真如土與糞;淺水長長流,過分不安穩。

生理。學者先治生,宦家尤所急;多因蒙世業,不復務生理。坐食能幾何?貧窮應立至;所以勤讀書,門户方可立。不則勤本業,亦自了衣食;切莫圖放債,放債多怨詈。亦莫走江湖,江湖多損失;亦莫去請謁,請謁傷面皮。惟惜田與土,此是靠金漆;當今有贏餘,要在知撙節。清白留汝輩,各自相勉勵。

慎交。吾生無過人,所幸得良友;不識琴與棋,不貪花共酒。窮則談文義,達則講治理;到處有佳朋,要在能擇取。切莫親便佞,多爲勢利誘;酒食先饋遺,言語相綢繆。機括一相投,便自遭毒手;或引走花街,或牽見損友。骨肉反傷殘,身名因之朽;幾見世宦家,遭此家難守。兒輩宜記取,出入須佳友。

御下。女子與小人,自古稱難養;吾性失之寬,下人多無良。兒輩寬與嚴,兩用始無妨;有等奸險輩,專壞主行藏。又有佞倖徒,口舌生禍殃;此等宜逐去,勿用在身傍。勤力幹家務,用心理田庄;此是堪用的,小過勿較量。婢子尤宜慎,早晚要隄防;總之少爲貴,多蓄惱心腸。

重本。飲水必思源,蔭木必思根;人之有宗祖,是爲身根本。(後殘無文)

——萬曆《蕭江全譜·附録》卷五《貞教第七》

明祁門縣善和程氏宗族養蒙要訓

養蒙要訓

《要訓》曰：人能盡得"孝、悌、忠、信、禮、義、廉、恥"八字，方爲孝子，爲成人，爲好人，爲上等之人；可顯父母，可光祖宗，可振家聲。如不孝、不悌、不忠、不信，無禮、無義、無廉、無恥，則爲逆子，爲敗子，爲匪人，爲下等之人；有累父母，有玷祖宗，有壞家聲。然必知之，乃能行之。童蒙之子，則必教之，乃能知之。若不及時教之，而惟以禽犢之愛愛之，則善心日蔽一日，惡心日生一日，後悔無及。今横書此八字於後，汝可每夜教宗洛講一字。教講之法，必須俗語申説，引古人及今人之善惡、賢否、成敗者爲証，務使其洞徹通曉，反覆問難，弗知弗已。次晚，來説與我聽，每夜只講一"做"字，入夜講完。又從頭起，週而復始，毋得間斷。

孝。善事父母爲孝。《小學》中説得詳，如一出一入，一事一物，都要説與父母知道。凡父母之所欲者，必順而承之，竭力營辦，務遂其欲。飲食、衣服之類，必先奉父母，不可只私妻子。父母所愛之人，亦當愛之；所敬之人，亦當敬之。至於犬馬，亦然。父母有過，必直言告語，語若不聽，則下氣怡色，婉曲開導，以回其心，不使其終陷於有過之地。凡此皆是孝道，然必有真實孝心，方能如此。當常思曰："我身從何而生？非有父母，則無此身。"能知有父母，不知有己，則自然和氣，愉色婉容，將無所不用其誠。若不知此身之所從出，惟知有己，惟知有妻子之樂，於父母若不相關涉，則將看着父母爲多餘之人，如眼中之刺，又何望其能盡孝道？

悌。善事兄長爲悌。兄謂親兄，長謂伯叔，皆要敬重他，皆要服事他。親弟亦當愛惜他，顧盼他，不要分你我，皆謂悌，《小學》中説得詳。

忠。盡己之心爲忠。如替人幹事不用心，有頭無尾及外面遮掩得好，而心則不然，皆是不忠。

信。言之有實爲信。凡駕空説謊及與人説話，答應言語，走錯支吾，不能復著，皆是不信。

禮。禮謂有禮貌，如行坐、跪立、揖拜、瞻視、進退、飲食、語默，凡一動一静，皆要中乎節度，《小學》中説得詳。

義。義謂有斷制，如處家庭及宗族、鄉里、親眷，皆要和睦。貧窮無告，皆當周濟。別人討我些小便宜，不要計較。大而爲臣死忠，爲子死孝，皆是此心斷制。

廉。廉是有分辨之意，如我之物事，是我本當的，所當保守；人之物事，是他人的，不可貪圖一毫，不可苟取。

恥。恥即是羞愧之心，如孝、悌、忠、信之道，有一未能盡得禮節，有一差失，及所行有一不合於義，分外要人物事，討人便宜，事事惟知私己，不顧倫理。與人同學、同事，不能如人，及凡百過失，見人說道，這上頭雖不明白指我，我心亦自有愧。恥者，人所固有，羞惡之善心也，充而滿之，則孝、悌、忠、信、禮、義、廉、恥，皆不可勝用矣。養蒙之道，當先發其羞惡之心。

或者曰："先生作《養蒙要訓》，誠有切於幼學。恐天理終不能勝人欲，奈何？"予曰："噫嘻！以此'孝、弟、忠、信、禮、義、廉、恥'八字，令其夜夜講解，週而復始，無或間斷，使其一腔之中天理充足，無少欠缺，而外欲自不能乘。若天理之言未嘗講之，未嘗聞之，或講之，或聞而復間之，則百欲湊集，紛紛搶攘，雖有一點本然之天，亦被他驅逼不存了。蓋嘗譬之五穀正味，猶夫天理也；肉食異味，猶夫人欲也。如穀食饜足，雖見肉食，自不貪饕。或食之，亦自有節，必不致有內傷之疾。若穀食未充，腹中空餒，一見肉食，則必恣情饞食，却厭穀食，日復一日，則肉積內傷，至於病，至於死，而竟莫之覺。彼不知天理爲何物，而惟人欲是狥，則日復一日，本心以亡，名雖爲人，其實與禽獸無異，而身亦未必能保。是《訓》非但爲幼學之益，雖人人佩之可也。"或又曰："先生之意固善矣，恐愛者未必能教，教未必能常；教且常矣，聽者未必能專，則先生之用心亦荒矣，是雖無作可也。"予曰："不然。《孟子》曰：'中也棄不中，才也棄不才。'是亦不肖之類，予既不忍以不肖待人，又不可以不肖待吾身。吾惟盡吾之心耳矣，他何知焉？"

——光緒《祁門善和程氏仁山門支修宗譜》第三本卷四《遺稿合編》

清康熙婺源縣浙源查氏宗族九十老人查湖賢親堂詒訓

賢親堂詒訓　　九十老人查湖北屏

儒人挺秀乾坤，出則黼黻皇猷，處則修身煉性，要皆紹擴前謨、佑啟後裔爲務。余嘗讀《泮水篇》曰："穆穆魯侯，敬明其德。敬慎威儀，維民之則。"言賢之衍烈祖也。讀《閟宮篇》曰："建爾元子，俾侯于魯。大啟爾宇，爲周室輔。"言親之夾成周也。至於《烈文篇》曰："於戲！前王不忘。"子輿氏舉而合之曰："君子賢其賢而親其親。"夫賢親之德雖率自後人，而所以迪之者則前人也。請以我祖世德約略言之，遠稽我氏，由唐以前，休、婺未之著聞，自文徽公爲唐宣歙觀察，與伯氏文徵公爲兵部尚書，勳業顯耀，聲名燦然。逮世遭荒亂，天步艱難，伯氏隱居休城北，仲氏掛冠婺治西，結廬廖塢山窩間，有芳泉時出，可浣濯自潔。與邑宰廖公平暨休名卿賢士，相與修德講學，亹亹忘倦。觀察公謝世，旋葬此山之巔，而邑宰亦跨鶴仙騰，兩賢相得存逝與俱。至今廖塢鶴煙爲治西勝境，查公山、廖公泉，府縣交志，名賢題跋。繼世元修公歷選山水，卜地營宅，見本境有龍潛鳳舞之勝，遂定居鳳凰山下，是爲東村公，一子，諱甄，少年發解，早世無傳。孝子龍圖公念觀察公之賢，命次子永之公紹後奉祀焉。自是，子姓繁衍，支分派析，如平坦，如藥鋪，如沱口，紛紛外徙，不可勝紀。而本派十三傳爲經公，富甲都邑，爲一時名家，子六人。我安世公以東村祖宅讓其昆季，卜居東坑塢，形爲金鈎捲簾，地狹勢隘，轉徙西村墩，於孝善橋邊建得月樓、親賢館，與名士綢繆。時有淮西術士與公厚，臨別，獻羊棧山窩有吉穴，且其下宏曠，可爲陽基。此時，山屬山坑里以哲公有，地屬黃喜坑呂氏有，無以爲也。至安世公子以謨公山，以山易地，重價收與子百三公。繼孫正六公，葬安世公羊棧山，石脉土穴，果不誣也。子文庫公與孫駿、騮、驊三人，闢草萊，剪荆棘，析爲三門。時元末國初，兵火屢經，歲無甯宇。洪、永間，始獲大定。我祖元豹公，爲驊公仲子，出祀騮公，單傳三代，衆暴强凌，孤不能支。至祖德良公、先考儒、位二公稍克振。披覽其行實，殆亦軒昂。良公淹貫經史，博精陰陽，恪表里間，敏修家政。悼人文不振，則門首築基，造樓七間，以淑子侄。憫方興失陷，則卜斗潭灣口，創萬緣橋；相青山塢口，建鳳凰橋，開九里嵐培石路，一時人文蔚起，里中黌序輝煌，彬彬稱盛。衆推鄉約，則慨習俗澆漓，演《聖諭》，刊《六言》，家曉户喻，息爭理紛，一時俗茂風醇，雖杉、桐、松、竹，俱賴植栽。念子侄殷繁，則墾荒田三十餘畝，造寒溪碓磨。夫何數丁陽九，良公捐館，萬緣橋賴二十載，白晝崩頹，鳳凰橋經四十祀，洪水衝圮。嗟嗟，人之云亡，物亦殄瘁！位公繼志，纘業修之，未能有成。因以思拓前猷，務培隆址，創造廳堂，安先聚族。嗣後，家無擔石，目病風疾，因命湖以紹伯嗣。尋爲伯督築城墻，獎勸鼓勇，先期竣事，繕堵堅巍。欽差巡撫都御史周嘉與賢勞，給賜冠帶，鄉紳洪覺山先生撰記賞讚。自不尸功,歸之於伯暨弟。涇生猶在襁褓,位公謝世,湖賴伯養訓,婚娶成室,得列黌序。濂、涇苦志,劈畫天長銅城,創立木廠,頗爲充裕。濂次子公集,舉於禮部,繫籍儒林;三子公權,武職宣猷,勤翼皇家。向非祖宗累仁積功,焉能至斯也?蓋嘗論之士人,仰體先謨創垂,奕葉莫不欲友愛篤摯,鞏固磐安。顧乃合室戈矛,同氣喋血,一脉稱兵,親族構鬭,夫豈俗尚寡廉,人甘鮮恥?良由孝弟之義弗講,齒讓之教弗先,致置宗祖於罔恤,而鬩瘉啟釁者比比也。然則親親之由賢賢,豈有誣哉?博稽往古,廣採名族,仁人孝子,追遠反始,水木不忘,雨濡霜露,歲時怵念。以故晉國王公庭植三槐,爰卜後昌;范文正公置義田宅,宗祖睦恤。東平公藝同居百忍,累動旌褒,豈非賢賢親親之彰明較著乎?夫以我祖永之公紹甄公、與瑛公紹伯恭公、元豹公紹騶公,雖繼承之後而皆螽斯麟趾之盛,則湖之紹伯父孰非纘先烈而繼震者與?竊願後之視今,猶今之視昔,景先人德澤,聯雲礽娚情,賢賢而親親益篤,親親而賢賢弗衰。余年當八旬,著有《耄齡》示後,猶恐後人陳言視之也。今壽躋九秩,與兄濂、弟涇共建賢親堂,崇祀我祖考。復慮享祀無資,難垂永久,余兄弟買銀邑大名山業,與姐丈汪文溪共,股當什之三,悉入賢親堂,爲妥侑之費。餘有所蓄,則於後嗣明經者,給爲膏油之助,庶幾饗先裕後於無疆耳!昔夫子語曾子曰:"志在《春秋》,行在《孝經》。"余亦祖斯意以詒訓之。

——光緒《婺源查氏族譜》卷十《文翰·賢親堂詒訓》

清乾隆績溪縣華陽邵氏宗族五倫訓箴

五倫訓箴

君臣。莫道爲君難,爲臣亦不易;臣事君以忠,君待臣以義。陶唐及有虞,都俞兼吁咈;際會遇明良,天下由平治。

父子。子孝父心寬,斯言誠爲確;不患父不慈,子賢親自樂。大舜日夔夔,瞽瞍亦允若;父母天地心,大小無厚薄。

夫婦。夫以義爲良,婦以順爲正;和樂禎祥來,乖戾災禍應。舉案必齊眉,如賓在相敬;牝鷄一司晨,三綱何由正?

昆弟。兄須愛其弟,弟必敬其兄;莫以纖毫利,傷此骨肉情。周公賦《棠棣》,田氏感《紫荊》;連枝復同氣,婦言慎勿聽。

朋友。損友敬而遠,益友宜相親;所交在賢德,豈論富與貧?君子淡如水,歲久情愈真;小人口似蜜,轉眼如讐人。

——乾隆《華陽邵氏統宗譜》卷十八《五倫訓箴》

清道光二十六年正月婺源縣龍池王氏宗族祠訓

祠訓

夫人不可忘本,本者,吾之祖宗也。祖宗培植深厚,然後子孫昌大綿遠,如樹之有根,根深則蒂自固;如水之有源,源遠則流自長。況我王氏承祖宗之積累,致子姓之繁多,顧可一日忘本乎哉?蓋祖宗生養子孫,原望子孫爲第一等人。極富極貴,固自有命,務各盡其實,以無忝所生。爲士者,毋未成而荒功,毋小成而得志。幸而弋取科第,毋奔競當權,毋傲睨後進。即備位國家,毋狥上官而虐百姓,毋逞己見而濫五刑,毋縱嗜欲而重征求,毋蔽子弟而擾鄉里;爲農者,毋作蒸穀水米,毋雜粃糠莨稗,毋佃官田而忘坍没之累,毋欠官糧而受追呼之苦,毋時當耕種而田器不修,毋未及秋成而稱貸過當;爲工、商者,毋奇技淫巧以蕩人心,毋漫藏誨盜以傷身命,毋輕一物之微而造作濫惡,毋忘一家之望而貪戀邪淫。凡人所當戒者,大略如此。而其最重者,莫如父母,當竭力以養其志,當曲意以娛其心,當出入以告其方,當動作以稟其命。一顰一笑,一出一處,當勿辱親之遺體,勿玷親之令名;父母而下,以天性合者,莫如昆弟,當一手一足而比肩其事,當一先一後而異體同心,當輕貨財而重骨肉,當急患難而共榮華,當視侄猶子而厚薄不分,當自始至終而愛敬不輟;兄弟而外,以人道合者,莫如夫婦,當令潔飲食之具而孝養舅姑,當弗聽牀第之言而友于兄弟,當無私蓄私與以開妯娌嫌忌之端,當無晏起蚤眠以示婢僕偷安之習,當無入佛廟而近女僧,當無炫珍珠而艷羅綺。事君則以忠,當無貳無他,以乃心王室,當有爲有守而忘我身家。爲大臣,當思舟楫霖雨之才;爲小臣,當思奔走後先之用;爲文臣,當展華國之謨;爲武臣,當副干城之望。交友則必信,當然諾不欺而有約必踐,當肝膽相照而疑詐不生,當傾蓋遭逢而白首如故,當乘車戴笠而貧富胥忘。夫秉禮度義者,君子之行也,能秉禮則上下有常而無越分之事,出入有度而無苟賤之羞,能度義則制事合宜而無適莫之弊,應物有權而無輕重之差;夫寡廉鮮恥者,小人之心也,勿寡廉而貪得多取以造怨尤之府,喜新好異以開劫奪之門,勿鮮恥而自暴自棄,終難進於聖賢,爲鬼爲蜮,終有覥於面目。居喪當盡其哀,自屬纊以至掩土，不可草率完事，貽昊天之痛。不可妄想富貴，信地師之誣，惟棺槨從美，含(斂)[殮]從厚，相土從滋，工築從多，事事出於至性，而居喪庶可無憾。承祭必盡其誠，自就位以至望燎，不可恍惚瞀亂，令此心不虔；不可跛踦欠伸，致動容不敬。惟祭期必齋，祭服必潔，祭品必時，祭器必備，件件本於實心而承祭，庶可無憾。娶媳止求其淑，不可攀援富貴而尊長遭其凌忽，不可輕薄貧賤而勢利起於家庭。擇婿止問其賢，不可慕其父母富貴而甘作痴翁，不可必其後日貧窮而情乖半子。至於有婢，但令給事內室，不可溺情艷婢，以生奔亂之階；不可忍心錮婢，以干天地之怒。有僕，但令服役外庭，不可縱容悍僕，以滋悖逆之事；不可豢養俊僕，以致覬覦之萌。如是，則可以為四民，可以敦五倫，可以立禮、義、廉、恥之防，可以作喪、祭、嫁、娶之準。此雖不敢云為聖為賢，而勤勤懇懇，率此以往，豈難無忝所生乎？若夫耽花柳、逐賭博，餙蜉蝣之衣裳，貪屠門之酒肉，狎近匪僻，成群為非，游手好閒，拋棄本務，必至敗壞倫理，蕩決四維，而為天地所不容，祖宗所不祐矣。惟願世世子孫，敬守勿替。

道光二十六年歲次丙午春王月立春後十日，十五世孫邑庠生國芳百拜謹識。

——道光《龍池王氏宗譜》卷首《祠訓》

清道光婺源縣龍池王氏宗族庭訓

庭訓

孝。生我者誰？育我者誰？擇師而教我者誰？雖生事葬祭，殫力無遺，未克酬其萬一。苟其或缺，滔天之罪，尚何可言？

弟。易得者貲財，難得者同氣。乃或以貲財之故而傷同氣之誼，是謂難其所易，而易其所難，其惑孰甚？

忠。求忠臣者，必於孝子之門。公而忘私，國而忘家，非云忠孝難以兩全，正謂君親本無二致。

信。無欺之謂信。試觀陰陽寒暑，日月晦明，何曾有一毫假借？故欲人信我，切莫欺人。果能不欺，則至誠可感豚魚，而況同類？

禮。人之有禮，猶物之有規矩，非規矩不能成物，非禮何以成人？故凡一身之中，動息作止，慎毋以細行忽之。

義。尚義之與任俠,固大不同。任俠者鄰於慷慨,不無過舉;尚義者審事幾,揆輕重,非窮理盡性不能。

廉。好利謂之貪,沽名亦謂之貪。世有却千金而不顧者,名心未忘,可謂廉乎?四知是畏,當取以自勖。

恥。羞惡之心,人皆有之。斯爲改過遷善之幾,苟漠然無所動於中,豈非小人而無忌憚者乎?故曰:人不可以無恥。

——道光《龍池王氏宗譜》卷首《家法》

清道光黟縣屏山舒氏宗族志道公十訓

志道公十訓

一、不許入衙門。

二、不許做狀師。

三、不許與小姓結親。

四、不許輸錢賭博。

五、不許婦女入庵堂、寺觀燒香。

六、不許傾敗祀會祀產。

七、不許作屠宰。

八、不許尅剥貪小利。

九、不許殘虐細民。

十、不許聽信婦言。

——道光《屏山舒氏宗譜》卷一《十訓》

清同治績溪縣華陽舒氏宗族庭訓

庭訓八則

孝。五倫之中,親與天地君並列。可知親者,與天地同德。念罔極之深恩,愧此生之難報。人俱含齒戴髮,顧甘不如反哺、跪乳之禽獸,可乎?然孝非奉養之謂也,凡爲子者,當敬身如執玉,愛日以抒誠,時凜冰淵之訓,體視聽於無形,盡心竭力,得親順親,乃可謂孝矣。如曰奉養爲孝,彼啜菽飲水、承歡養志者,顧反不得爲孝乎?

悌。聖王立教，事親而外，厥惟敬長，誠以長者皆吾諸父、諸兄也，實高、曾一本所同出，父母一體所由分。雖其間有親疏隆殺之殊，而總不可無愛敬以相洽。是故出入晋接慎毋以其貧而慢之，亦毋以其愚而忽之，奉几授杖，徐步隨行。恭敬可挹，囂凌不生，庶幾親睦近古，鄉俗稱渾云。

忠。士人釋褐而登朝，孰不曰顯親揚名哉！然曰顯親，詎徒食禄天家；曰揚名，詎徒策名仕版。惟有惓惓之忠愛，令芳名不朽，榮及先人，此真可爲顯親揚名矣。然所謂忠者，又豈僅捐軀狥國而已耶！凡分猷宣力，靖獻不遑，恪恭厥職，不二不欺，無論崇卑内外，總皆公爾忘私，國爾忘家，如諸葛武侯所云："鞠躬盡瘁，死而後已。"此乃所謂純臣，此乃所謂忠臣。

信。飭紀敦倫友，亦人倫之一也。所謂友者，非徒衘杯酒、接殷勤而已，貴在有中孚之實焉！試觀古人一諾千金、片言九鼎，偶然相訂，久要不忘。若元伯之與巨卿，雖千里如覿面也。今之交友者，口是心違，朝翻暮覆，挾投贈之虛文，掩猜嫌之隱念。彼正大光明者顧如此，其曖昧乎？宣聖有言："人而無信，不知其可。"爲子弟者，其勖之。

禮。經《禮‧曲禮》三百三千，先王之所以範圍乎人者，抑何嚴歟？夫人之處世，大而有綱常名教，小而有日用細微。吾惟於大者，凜遵名分而不踰，小者恪守成憲而不越。防淫節性，别嫌明微。恭敬爲禮之本，謙讓爲禮之實。尊卑上下，秩然不紊；吉凶賓嘉，有典有則；視聽言動，蹈矩循規，則身修而家亦於是齊矣。

義。《易》云："義以方外。"《書》云："義以制事。"義之於人重矣。蓋所謂義者，乃天地間正大之理。以之决死生，則臨難無懼；以之衡取予，則見利不貪。輕財重義則倫理無傷，疏財仗義則貧寒戴德。公義所在，勿以私恩而狥情；大義所存，勿以怨讐而庋衆。權爲義之斷，中爲義之準。古來好義之君子，孰不精義以行義也哉！

廉。君子愛財，取之有道，非一無取也，蓋取所可取也。是故一物之投，必辨所從來。無處而饋，宜郤而弗受。得所當得，雖千駟不爲貪；取非其有，雖一介亦爲盜。甯廉潔留清介之名，毋苟得貽貪污之誚。畏四知於暮夜，期清白以傳家，庶知細行克矜，無累大德。

恥。孟子曰："人不可以無恥。"又曰："恥之於人大矣。"夫恥者，所謂羞惡之心，人皆有之者也。存而不失，則進於聖賢；喪而不顧，則入於禽獸。人知此理，便當顧名思義，端品潔身；勵志操修，出言顧行。不以衣食之惡爲耻，而以道德不若人爲耻。鄙污賤而不爲玷，清名之是懼。生平心事，可對人言，斯乃可謂俯仰無愧，衾影無慚矣。

——同治《華陽舒氏統宗譜》卷一《庭訓八則》

清宣統績溪縣上川明經胡氏宗族規訓

規訓

今天下動言合群矣，顧亦知晚近之人積泮渙、便私利、喜夸詐，其群殊未易言合乎？蓋以中國言，獨有合族一法爲稍得群之近似耳。吾徽、甯多大族，族大者率萬千人，少亦以百十計，類能崇尚敬讓，敦重氣誼，淳風古處，略得先哲之遺。故中國今日言合群者，未必不當自合族始也。合族之道，在往昔爲最著，即《周禮》一書中若鄉師、鄉老、黨正、族師、閭胥之職，所謂讀法、保息、相受、相賙、相賓者，蓋不憚再三言之。其規則至繁以密，中世族第之論起，而家法尤尚。今以史傳考之，則韋氏《花樹會法》、杜氏《家戒》、夏侯氏《兄弟誥》、張融《門律》、顏之推《家訓》、穆崇《家令》、張烈"八務七識、六怒五懼"之條，《藍田呂氏約》之類，不可勝道。雖其間或督子孫，或勵同族，然率稱於當時，傳於後世。蓋族之所以合者，固非一朝一夕之故矣。舊譜有《家規》十二條，具體而微。光緒初，鐵花先生等更考古訓，揆鄉情，創爲《祠規》二十四條，其於古昔合族教令雖不知其何如，然固吾一族之合群法也。謹并錄原文而以宗祠祭器、祭品附之，祭器亦鐵花創行也，作《規訓》一卷。

舊譜家訓十二條

積陰德。積善餘慶，作善百祥。自求多福者，《易》《書》《詩》之垂訓也。夫報施必非無本，而昌熾實有其基，禍福無門，惟德所召。然所云德者，仁慈隱惻，實體諸躬，而爲人所共覯也。至於存心舉事，並無一毫自佔便宜，而凡賙人之困、扶人之危、成人之婚、活人之命，一切利人濟物，不求人知，此則所謂隱德也。積累深厚，有不發祥自身、昌大其後者，鮮矣。昔溫公曰："積金與子孫，子孫未必能守；積書與子孫，子孫未必能讀。不若積陰德於冥冥之中，以爲子孫長久之計。"此實《家訓》中第一要義，敬誌之毋忽。

惇孝友。《詩》云："哀哀父母，生我劬勞。欲報之德，昊天罔極。"此尼山《孝經》一書所爲作也。顧鞠育之恩誼彌窮，即孝養之天職當盡。苟能揚名顯親，備物養志，尚矣。下此而謹身寡過，菽水承歡，亦未必非孝。蓋孝道不一，大約以體親心、代親勞、贍親養三者爲切要。至於垂暮之年，來日苦短，尤當及時自盡，庶免後悔。若夫手足至親，尤宜戒相殘，敦式好。昔之人如九世同居、大被同眠、灼艾分痛，豈非以凡今之人莫如兄弟乎？或聽枕畔之偏言，因財物之細事，以致小而鬩牆，大而雀角，不友甚矣，可不戒哉？

重婚姻。王化起於閨門，大道造端夫婦。婚姻者，人道之始，可不重歟？側聞昔人緒論，如嫁女必當勝吾家，娶婦必求不若吾家。又嫁女擇佳婿，娶婦求賢淑。又婚姻而論財，夷虜之道，此虞北海、王河汾、程伊川諸先生之言也。吾族人常奉爲圭臬，守而勿替。倘有不孝子弟，貪財滅義，不別清污，若娼優、僕隸等類，妄爲結納，玷辱宗祊者，族衆當令其改適。否則，以家法從事。又有於襁褓時輕許爲婚，并指腹爲婚者，及其既長，或因家貧，或因惡疾，甚致興訟者，多矣。今後，男女爲婚，必俟其長，庶無後悔。

慎喪葬。昔賢雖不許預凶事，然倉卒所需，難免不貽後日之悔。禮從宜，使從俗，以今日論，凡一應衣衾、棺槨、附身附棺之物，不妨先事辦成，庶可盡情盡禮。昔曾子曰"慎終"，孟子亦曰"惟送死可以當大事"，正此意也。在《禮》，士踰月而葬，大夫三月而葬。乃今人每每高攢以待卜地，竟有延之數十百年而不葬者，而徽、池各屬尤甚，此皆酷信風水所致。不知卜地不過爲昌後計耳，然欲以祖父之骸骨爲後人獲福之具，固已惑矣。至吉穴難逢，久之，攢傾棺朽，露骨拋骸，爲人子孫，又何忍也？嗣後，凡有親殁者，即當安葬。如必欲卜地，亦須急於尋求，早妥魂魄，毋得悠忽，以干不孝之罪。

正嫡庶。妻、妾之分，不可不謹。妻之爲言齊也，於夫有敵體之義；妾之爲言接也，於夫有服事之義。故妻雖陋，不可過輕；妾雖美，不可過寵。家道之興廢，實肇於此。倘有寵妾凌妻者，投鳴族長，當共斥之。至有一種妒婦，夫無子而不容娶妾，自甘敗絕，深可痛恨！大抵婦人之見不廣，其言至偏，男子非明而能斷，鮮不爲所惑，以至憤事。所謂"牝雞司晨，惟家之索"也，故《義門鄭氏家規》切切以"毋聽婦人之言"爲戒。

嚴祭祀。父母既葬，罔極深恩，何忍遽釋？故忌日必哀，與夫春露、秋霜以迄歲時伏臘，恒動人子以風木之感，內宜盡志，外宜盡物也。至於祭不欲數，數則煩；祭不欲疏，疏則怠。列祖列宗，雖遠毋忘，凡子姓於值祭之期，齊集宗祠，起伏興拜，以致如在之誠。有嬉笑失儀者，罰；無故不到者，罰。如此日子弟或當應試，或出外經商者，不在此例。祭畢飲福，依齒序坐，對尊長作揖辭歸。貪飲亂事者，責。

端蒙養。《易》曰："蒙以養正，聖功也。"言教之貴豫也。子生五歲，便當令入鄉塾，穿深衣，作長揖，坐立進退，教以儒者風度。凡《孝經》《小學》諸書，先令熟讀，日講古人故事，以端其志趣，久則少成若性，異日必爲偉器。若幼時姑息，縱其嬉遊，蕩其心性，恐子弟已壞，培養無基。後雖欲教之，無論抗悍不馴，即稍知悔悟，終是少年習氣未除，難以語於聖功之正矣。

尊師道。善養子者，必厚其阿保；善教子者，必重其師傅。師道不知所尊，而欲子弟之成，難矣。故豐膳饌、隆禮節雖謂之尊，而積誠不足以感之，猶虛拘也。必也情文備至，而遲久觀成，使居西席者必思所以酬東道，則殫心訓誨而大有造於我子弟矣。不然，揮升斗之餘，責旦夕之效，是待師傅直工役視之，則誨我子弟亦兒戲視之已耳。安望其從容教育，相與以有成哉？雖然擇師亦要焉，知所尊而不知擇，是欲其子之齊語而使楚人傅之也，得乎？

睦親黨。凡族繁則勢易暌，勢暌則情日疎，大率類然。然椒聊瓜瓞從其朔，皆一本也。其或非禮相干，亦當以大度含忍之，勿與校。至於族間有事忿爭，猶同室之鬭也，當平心調處，諭以至情，而爲彼永絕訟端。其在本人，尤當稟命宗長，靜聽區分。縱少有不平，亦宜解忿息爭，委曲順從。即此便是曲體祖宗之心，而爲敦睦之道矣。萬勿輕訟公庭，以一時之不忍，小則徒費錢穀，大則破産傾家。況傷同本之誼，使子孫世世相讐，難以修好。慎之，戒之。

勵名節。三代以上，惟恐其好名；三代以下，惟恐其不好名，固所以勵天下之人也。雖然名者實之賓，節之不立，名胡由成？男兒以忠孝成名，女子以節烈成名，是固在人之克自樹立，而非作而致之也。如有此等高誼，昭垂史册，顯耀宗祊，祠中當特置一座，以配享祖祀，俾後之人慕而效之，以相激勸。或派下有品行悖謬、寡廉鮮恥、身名不顧者，姑與再三勸之，而亦未遽絕之也。若其怙惡不悛，甘爲敗類，則大書某也無良，擯出祠外，生死永不與入，庶人知所戒而莫之犯。如此，則懲勵有典，而風俗可漸淳矣。

崇樸儉。作法於儉，子孫猶奢，況作法於奢乎？每見富貴之家，一飲食也，足支數月之糧；一衣冠也，足費中人之産。尤而效之，曷其有極？所以祖基雖厚，一再傳而子孫貧不能守者，奢失之也，奢豈可訓哉！然世有驕奢之失，或至數米而炊，其細已甚，則又不免貽蟋蟀之誚焉！不知儉非一意鄙吝之謂，蓋節以制用，量入爲出，但使豐約得宜，不爲濫觴無益之舉。而惟常存古樸之風,以示後人,則所謂質心行質事,而萬年垂裕之道已具於此。《伊訓》曰:"慎乃儉德,惟懷永圖。"其是之謂歟!

黜異術。凡僧尼、巫覡之屬,最易蠱惑人心,不可與之入門,小則滋禍福之惑,大則爲姦盗之媒,不嚴絶之,是養亂也。程伊川曰:"居室者,凡異色人等,皆不宜與之相接。巫祝、媪尼之類,尤宜疎絶,誠以其有妨於官守也。"居官且然,矧庶民之家乎?

新定祠規二十四條

序昭穆

一、凡高、曾、祖、考四室神主,謹遵朱子《家禮》,高、曾、祖、考迭爲昭穆,五世而遷。此係初定之例,與現時祔廟規制不同,其因革詳見《拾遺》。

一、凡高、曾、祖、考,皆以嫡配,其繼娶者,無論有子、無子,皆配入祠。若嫡無子而妾有子,其妾亦附入祠。若嫡有子而其妾之子賢,亦准其母附入祠,須倍牌資。若妾無子暨有子而夭殤者,不准入祠。

一、凡旁親二室,若伯叔曾祖、若伯叔曾祖母、若伯叔祖、若伯叔祖母、若伯叔、若伯叔母、若兄弟、若兄弟之妻、若子侄、若子侄之妻之成人無後者,男統於東,女統於西,以行輩爲序,四世而遷。其年十五以下未成人者,不准入祠。

嚴宗法

一、凡派下子孫,有抱異姓子爲後,暨以女婿、外甥爲後者,本身革出,毋許入祠,子孫永遠毋許入祠。

一、凡派下子孫,有不幸無後者,必須於親房中,以序繼立一人爲後;親房無有,然後求諸遠房。若親房子不願爲之後,而爲之求諸遠房者,聽。若親房子以序當爲之後,而貪圖遠房家產,棄此繼彼者,不許入祠。

一、凡序繼,長房無後,必以次房之長子繼;次房無後,必以長房之次子繼;長房無次子,然後以次求之三、四房。有不以序者,毋許入祠。

一、凡派下子孫,有嫡長房不幸無後者,雖無家產,其親房務必爲之立後。若嫡長房無後,而次房只一子者,准其一子雙承。若次房無後,而嫡長房只一子或三、四房只一子者,准其於遠房擇繼,不准雙承。

敦倫常

一、凡派下子孫,有不孝於其父母、祖父母者,革出,毋許入祠。

一、凡派下子孫，有恃强逞暴，無禮於其親長者，革出，毋許入祠。

一、凡派下子孫，有同姓爲婚暨娶奴僕之女爲妻者，革出，毋許入祠。

一、凡派下子孫，有無故嫁妻者，革出，毋許入祠。

維風教

一、凡派下子孫，有忠孝節義得旌表者，准於祠内建竪匾額，其神主入彰善室，永遠不遷。

一、凡派下子孫，有善行堪爲族人師表者，其神主入彰善室，永遠不遷。

一、凡派下子孫，有盜賣祖宗祭産及侵占祖墳、盜砍祖墳蔭木，盜竊祖宗祭器、財物者，有爲盜賊及窩藏盜賊者，革出，毋許入祠。

一、凡派下子孫，有姦佔族人妻女者，革出，毋許入祠。

一、凡派下子孫，有賣其女或賣其兄弟、叔伯、子侄之女與人爲婢妾暨爲娼婦者，革出，毋許入祠。

一、凡派下子孫，有爲親長而强逼孀婦改嫁者，有非親長而主遣孀婦改嫁，或拐賣他人妻女者，革出，毋許入祠。

一、凡派下子孫，有作姦犯科、死於官刑暨有自戕其生、死於非命者，均革出，毋許入祠。

一、凡派下子孫，有爲他姓證訟、誣害族人者，革出，毋許入祠。

崇祭祀

一、凡祭祀，春以春分日舉行，冬以冬至日舉行，高、曾、祖、禰用牲，旁親用庶羞。一切儀節，謹遵朱子《家禮》。有無故不到及怠慢失儀者，罰。

一、凡派下子孫，有不祀其祖考者，革出，毋許入祠。

重職守

一、凡宗祠司事之人，必須闔族耆老、生衿公舉。其司事有功者，其神主准附入酬勞室，永遠不遷。

一、凡司事之人，辦理一切事務，必須恪守祠規。如有徇情舞弊，查出即紀過一次，三次紀過，不許再行辦事。如有盜賣宗祠田産、侵隱宗祠財物者，革出。毋許入祠。

一、凡派下子孫，有恃强逞暴、故意作難、毆辱宗祠司事人者，革出，毋許入祠。

——宣統《上川明經胡氏宗譜》下卷之中《規訓》

民國績溪縣眉山吳氏宗族古訓

宗祠古訓

一、重總理。一族之事，俱屬總理，責任匪輕，須於族長、能幹、斯文之中，公舉正直忠厚者主之，一人收管銀匣，一人收執鎖鑰，一人秉筆直書。每年租則查其總數，銀則清其出入。其收銀入匣，辨色低假，務照時價紋兑，毋得通同收租之人隱瞞折算。其發銀支銷，酌其行止，務照實數登記，毋得通同任事之人裝篩虛賬。其三人之中，毋得私自開匣，那移借貸，互相容隱。查出，各罰銀乙兩，帖出示衆，另舉更換。

一、重能幹。肇造祠宇，能幹諸公經營督率，歷盡艱辛，以成億萬年不拔之業。其一切祠事、祭祖，永屬派下賢能子孫承管，不惟熟諳祠事，且令口碑長在耳。舊例祭祖，各都四人承管，二人新，二人舊。及至收租時，各務己事，互相推（委）[諉]；至折賬交價時，則曰我未經手。間有任事者，賢愚又不等，或失於后時，致令佃户拖欠；或對鎖不固，被人侵盜；或秤有低昂，重入輕出。再遇旱傷之年，寔數難稽，非沿田恣飲，則夥佃瓜分，弊端不可勝言。今議每都會衆公舉一人，專任其責，到冬至之時，將各都實數開報，其谷價公同折算，以入匣之日為準。其銀色以紋銀為率，至春分日，俱要交完，毋得藉口佃户拖欠侵漁肥己。然收租之人，不許私自支銷。即祠有急務，亦必鳴之總理者斟酌可否，通衆支用。倘收租之人蹈前弊轍，負衆公舉，不但責令賠償，且永遠不許侵欺之子孫收租，以敗《祠規》，必另舉一賢能收租，斷不為彼貸也。雖然古云有治人無治法，倘有因時潤澤之，則在後之司總理者。

一、重進主。亡者享祭太廟，歷世不遷，甚重典也。每名無分男女，出銀五錢，匣銀五分。間有無嗣之主，產遺兄弟，定銀貳兩，以備二祭禮儀。若助田入祠，照產多寡定胙。再醮之婦，安厝寢樓，毋得濫入正寢。倘有忠、孝、節、義之士，殊典重之，所謂"百世之廟，可以觀德"是也。至若姦盜、詐偽之徒，生則不許入祠，死則不許享祭，所謂"孝子慈孫，百世不能改"是也。其進主例銀，要於總匣處交明，方許發匣進主。如有故違及頭首不舉者，各罰銀五錢，仍將神主遷出，以儆恃強拗衆云。

一、重祭户。建祠費用，原取於田地、山塘、人丁、米麥，細及婦人布帛，總彙算作季銀，立户頒胙。每户大率以八兩為式，中有溢於八兩之外與未及八兩者，其胙照銀增減，完者方許進主、頒胙，未完者不准。然子孫貧富不等，有先富後貧者，原季銀已出大半，而少許不完，以致主不得進，胙不得頒，深可痛焉。議存其户，候日後派下子孫有賢能者，願代祖父找完季銀，進主奉祀，祭户銀胙，永遠聽其承頂。又如有志立户，願編頭首者，遵照八兩之例，出銀入匣完畢，亦准頒胙。其不肖子孫，毋得藉口承祖祭户爭端變異。違者，以不孝罪論。

一、重頭首。二祭頭首，每次六名，俱照原立祭户，派下子孫承管，一以明先人出銀，一以杜後人爭端。務要遍及，毋得遺漏。其輪年者，先期三日，潔净祠宇，凡事遵照定式祭儀，毋許濫惡給胙，毋得刻減，祭器毋得失落。倘有頭首賢愚不一，裝飾虚賬，多索銀兩，甚有推諉、賬不登記者，雖一時侵漁有限，日後效尤，貽害不淺。今後總理者，不得多發銀兩。又待頭首賬目算畢，祭器面點交明，方許找足。如有祭器失所，值年頭首賠償，仍罰銀五錢，以懲不謹。

一、重學校。克振家聲，莫如斯文。我族議於二祭前後，赴祠會課，每名給銀二分。如文優課完者，聽會長公閱，另行激賞。其有入泮併入國學者，祠舉賀禮銀壹兩。有幫補及登科第者，賀禮銀二兩，以示作興之意在。出仕者，則出俸金助祠，以答祖宗蔭庇之功，毋得慳吝。

一、重孝節。人生百行，孝節爲先。孝子順孫，烈女節婦，遇祭固當旌獎。若有寡居，不願守制者，遵照舊例，出羊酒銀入祠，富者定銀四兩，其次遞減，此係有公婆主盟之例。如無公婆主盟，又無同胞伯叔，須會族長、斯文，量家貧富，取給禮銀，以爲夫主祭祀之需。倘有不肖之流通同娶親之家，魆嫁本婦者，以逼嫁謀娶理論。

一、重祭儀。神無常享，享於克誠。所以品不在多，豐潔爲貴；器厭不净，洗滌乃佳。若以濫惡之物、垢污之器苟且塞責，是爲不誠，神其吐而不享，必降譴於頭首矣。不必議罰，稍畏神譴，宜其慎之。

一、重祠宇。相彼廟貌，宗英所棲，日久歲深，風雨不無傷損。二祭頭首，不過臨期數日而已，在總理祠務者，須乘風雨之時，往祠巡視。稍有漏壞，即時修葺，庶免傾圮。再遇官府借用，着子侄輩承值，及時鎖閉，免閑人污毁門墻。否則，咎歸總理。若或本族有藏修會課、慶酌會親者，不拘。倘有閑蕩之輩潛藏娼妓及私聚賭博者，撞獲，罰銀乙兩入祠，拗則以敗壞祖廟呈官究治，仍不破罰。

一、重陳設。祭器、祭儀既設，必有所陳，如某處設某物，某處陳某器，燭火欲其輝煌，香煙欲其繚繞，非爲壯觀，亦以盡禮。脫或疎漏，臨時喧嚷，甚非禮也。爲頭首者，務要照式陳列，不可潦草。未祭之先，該族長、斯文逐一撿驗，有缺即諭補足，免致擾亂。

一、重祭器。祠中品物，爲祭而設，非祭不得妄動，亦不得擅貸出祠，狥私家用，順情借人，致有損壞失落。違者，查出，以盜祭器罪論。

一、重禮儀。祖宗臨之在上，禮法政爾森嚴。如曰與祭失儀，情猶可寬。若爲禮生、執事者，禮所自出，既飲神福，又受神胙，較與祭者，不啻加隆。乃有周旋失規，隨班失儀，呼唱不覺造次，甚至喧嚷一堂，誠敬謂何？亦無貴乎禮生矣。所以吾祠先期宰牲酒，原爲習儀而立，諸凡與事，不可徒飲，必須齊集從容，隨班施演，臨時各司其事，所謂"宗廟之中，以有事爲榮"者也。萬勿嬉笑戲罵，自失儀文。與祭人丁，跪拜盡禮，不可喧嘩失儀。違者，登名扣胙，以懲不敬。

一、重飲福。燕毛，序齒、序事、序賢，自古已然。所以六十歲以上者，皆當與飲，外此不得冒濫焉。而頭首亦不得刻減，須着正直一人執秤，老者抽復。若短少，諭令照數加補，非爲口腹也，歆神之餘，故不欲虛神賜耳。至若飲時，各照昭穆坐定，禮生出班，宣講《聖諭六條》，衆各靜坐聽講，毋許喧混。講畢，坐飲。飲畢，同入寢堂謝胙，分班作揖。禮畢，魚貫而出，習成彬彬詩禮家風。

一、重受胙。妙齡應祭有頒胙，耄年有給胙，神惠溥矣。受之者，輕重雖殊，均當以禮視物，不宜以物視物可也。至銀胙配享，祠藉報德，傳之先人，其胙尤重。爲頭首者，雖不能遍送各家門上，必須依式照數稱足，各項擺列於棹上，聽其自領。

一、重祭產。祠必有產，而後可以供祭。其各都祭產，載在書冊，凡族姓子孫，各給一本，以便稽查。如國家糧差、春秋祭儀，必不可缺，次修廟、墓祭器，仍剩銀兩，收買祭產，以備不虞。倘有狥私肥己者巧立名色，浪費支用，致輕易變產，凡吾族衆，執册稽查，經公告理，以不孝罪論。

宰牲式附：設棹一張於西階，側安香爐一副、酒一壺，禮生引主祭，唱曰："省牲"，始以酒滴天地，次以酒滴本牲。畢，禮生引主祭就位，唱曰："禮畢。"蒞殺，禮生、執事等即隨班習儀。習完，散福酒，定每人一壺，羊血腐二人乙碗。

行禮式：主祭宗子有故，以齒德俱優、飲過鄉筵者代；陪祭序爵缺員，亦以鄉賓代；監生、生員爲禮生缺，以儒童補；儒童爲執事缺，以頭首充。寢樓主祭，以耆民照齒輪挨執事，用習儒者，先一日列名，排定習儀。次日厥明，人齊，通讚禮生唱曰："序立。執事者各司其事，陪祭者各就位，主祭者亦就位。瘞毛血，執事者捧毛血，自東廊由寢室轉西廊下。"行降神禮。引唱："詣盥洗所。"詣樽司所，詣始祖神位前，跪，獻酒，此酒灌於芽沙之上，俯伏，興，平身，復位。迎神，鞠躬，拜，凡四，興平身，進饌，奠帛。"行初獻禮，引唱："詣司樽所。詣始祖神位前。跪，進饌，奠帛，進酌，進湯，俯伏，興，平身。"讀祝，引唱："詣讀祝位，跪，興。"祭者皆跪，引唱："讀祝，讀畢，俯伏，興，平身。"行分獻禮，引唱："詣左昭等祖神位前，跪，進饌，奠帛，進酌，進湯，俯伏，興，平身；詣右穆神位前。"唱如左式；"詣能幹神位前，唱如右式，東獻陪祭引詣東配，西獻陪祭引詣西配，跪，進酌，俯伏，興，平身，復位。"行亞獻禮，引唱如初，陳饌帛，不唱。行終獻禮，引唱如亞，侑食，引主祭各席斟酒滿，闔户，執事掩照壁門，啓户，執事開照壁門，飲福受胙，引唱："詣飲福所，跪，飲福。"主祭執樽，禮生讀嘏，辭曰："祖考命工祝承祭，多福無疆。於汝孝孫，來汝孝孫，使爾受禄，於天宜稼，於田眉壽，永年勿替。引之受胙，俯伏，興，平身，復位；鞠躬，拜凡四，興，平身。"告利成，執事立向，唱曰："利成。撤饌，辭神，鞠躬，拜凡四，興，平身。"讀祝者捧祝，奠帛者捧帛，各詣燎所，引唱："望燎，化財，畢，引又唱，復位，禮畢。"

祝文式：維　年歲次　越　月朔、望　日之晨，裔孫某等謹以剛鬣柔毛庶饈之奠，敢昭告於始祖某公、某孺人某氏衆神之前而言曰：於惟我太祖因封襲姓，厥代孔揚。唐遷新安，宋遷華陽。奕葉相承，衍慶流光。荷此功德，報本宜彰。茲惟仲春，雨露既濡，感時愓若。【仲】冬，來復一陽，感時追始。於昭不忘。爰净祠宇，爰潔芹觸。爰展孝思，爰序宗行。正獻分獻，率遵典常。致敬致愨，仁孝同堂。永奠厥宇，永祀無疆。垂佑後人，胤祚榮昌。尚饗。右用正寢。

維　年歲次　越　月朔、望　之晨，裔孫某等謹以清酌庶饈之奠，敢昭告於　高祖某公、某孺人某氏衆神之前，而言曰：於惟我高祖，肇始我族。功德兼隆，貽謀衍慶。厥代昌榮。詵詵雲集，荷德無窮。茲惟仲春，雨露既濡，感時愓若；【仲】冬，一陽初逢，感時追始。報本宜崇。净厥樓宇，薦厥芹菽。期伸孝思，致愨致恭。神其不昧，馭茲天風。來歆來格，錫福惟隆。尚饗。右用寢樓。

維　年歲次　越　月望之晨,信士某等謹以三牲酒禮,敢昭告於我祠土地之神前而言曰:祠宗剏成,宗子繁夥。茲惟仲春,歲功云始,若時昭事;【仲】冬,歲功將就,若時報事。敢有弗虔。蘋藻雖微,庶將誠意。惟神降格,永奠厥居。錫福勿替,蔭祀無窮。尚饗。右用土地前。

　　　　　　　　　　——民國《眉山吳氏宗譜》卷一《古訓》

第二章　家規、宗規與族規

第一節　家規

明洪武十八年九月序歙縣黄山謝氏宗族家規附萬曆三十二年五月後序

歙北黄山謝氏家規序

嘗考《嘉言篇》，楊文公、顔氏俱有《家訓》，吕氏有《童蒙訓》，馬援《還書》，范質作詩以戒其姪，諸葛武侯、胡文定公、康節先生俱有書以戒其子，皆欲其孝、悌、忠、信、禮、義、廉、恥，以敦夫仁人君子之行，成乎温雅謙和之德，慮之深，言之切。

先賢之訓，章憲萬世，使謹厚子姪遵而行之，何德不脩？何事不端？但以言之諄諄，聽之漠漠，放曠不檢，以入小人之流而墜先業，亦或身家不保，可勝言哉？予不揣菲陋，僭作《家規》一十八事，附於族譜，以訓童蒙，以便觀法。然譜系藏於篋笥，不可常玩，視爲空言。爰别録成帙，令子孫初學之時即誦此規，長而端其性習，守其規範，不恣睢，不驕惰，修身慎行；爲善人，爲達士，爲廉官，爲名臣，則或庶幾一助。文詞深奥，尤恐幼稚難曉，故以目前切事，衍以淺近之言，使知規戒，未必無小補云。

予父伯亮公，欽奉太祖高皇帝除授樞密院百户，操持軍旅之重。兄子真、弟子讓，以武功皆任提舉。姪玟一，少習儒業，判江西崇仁縣事，皓首歸來。祖宗種德百餘年，世沐國恩。予亦從大夫之後，帝命簡任廣東韶州府通判。嚴父見背，廬墓山中，未近三年，慈母遐逝。六年終制，勅授承直郎浙江金華府通判，撫民考滿，荷蒙聖朝凡在故老矜育擢用，受以日近西山，乞骸骨。歸日，具卮酒，會族人、賓客，相與娱樂，而子姪長幼揖讓之序殊不週旋，迺作《家規》，以箴後人。遂爲之序。

洪武十八年九月二十六日，敕授承直郎浙江金華府通判歙北黄山謝子受書。

家規

一、家之親,父子、兄弟、夫婦、叔侄而已,必須父慈、子孝、兄友、弟恭、夫義、婦德,長幼有序。能盡是者,永無悖逆、爭鬥、驕妒、嫌隙之事矣。

一、冠、婚、喪、祭,禮之大者。先儒云:"人家能存得此等事數件,雖幼者可使漸知禮義。"《文公家禮》雖載儀文節度之詳,然冠、婚之禮卒難習效,當從簡易。其喪禮,予葬二親暨自宗族,悉遵《家禮》,子孫宜法守行之。

一、祭祀之禮,大夫祭四代,庶人祭三代,所以報本追遠。一年有春、夏、秋、冬四季,有清明、中元、下元、冬至、歲暮等節,又有忌日,娶婦、生子,皆當祭告祖宗。今合族分門,各祭本枝,其旁枝多不祭者。然以祖宗視之,則均是子孫,豈可棄而不祭?凡各門祭,以本枝為主,旁枝附祭,不拘豐儉,但以誠敬為先,齋戒一日,至期行禮。若祭墳墓,止祭本枝,其遇清明盛典,不分親疎,一體摽祀。

一、婦者,家之所由盛衰,不為不重。聘問之時,不必論其貧富,但訪其家教與婦之性行如何,不可慕其富貴而娶之。得婦不賢而傲其舅姑,為他日之患。然亦不可因資粧有無以起異言,則夷虜之道也。

一、嫁女必須勝吾家,此先哲明言。有女子聘人,不必論其貧富,但擇名門與郎婿之佳者,則許之。聘禮之來,隨彼豐儉,稱家有無,切勿勉強,因之自累。

一、人家子弟,性資兇獷,禮貌粗俗,皆因不讀書之故。宜延明師以教,端其性習,訓其禮節。有志者,講通義理,作詩、作文以取功名。不及者,亦要稍知文墨,不失為士人。然讀書先要安詳恭敬,使宗族愛重,鄉黨敬羨。為吾子孫者,念之,慎之,庶免人不通古今、馬牛襟裾之誚。

一、先哲有言曰:"名門右族,莫不由祖先忠孝勤儉以成立之,莫不由子孫奢傲以覆墜之。成立之難如升天,覆墜之易如燎毛。"此萬世格言,承負家業者,宜勤儉守之,儉則省約不費。然儉則近於鄙吝,取人譏誚。日用自奉,則當粗衣淡飯。若冠、婚、喪、祭、應酬,亦當用度適中,但不可妄費耳。

一、患難相恤,有無相濟,此同宗之義。世俗見利忘義,宗族貧患不相顧者甚多。族有貧乏者,宜相周急。借而不償者,必緩緩索取。設有過與者,不必責報。患難必極力救援,死亡必誠心赴吊。至於吉慶之禮,不可失節。凡遇歲時,隨物豐儉設席,大小必赴,盡懽而止。其有鰥寡孤獨,則收而養贍、婚嫁。若叔侄、兄弟,纔一舉貸,便生驕傲;一睚眥,便生讎恨,則非吾之子孫也。戒之,戒之。

一、合族之人,固有離析親疏,然以始祖視之,則一脉也。世之族人,有以富貴壓貧賤者,長幼無序。自今宜以祖宗爲念,家庭相會,出入相遇,悉照尊卑次序,以敬相承。設遇坐,席兄之齒雁行,弟可並列,叔侄則不可同坐,卑幼則當拱立,不可傲恣。凡有凌犯尊長、不合於禮者,則當鳴於族長,以家法懲治。

一、凡冠、婚、壽日會席坐次,不拘何門,但依五代時《江州陳氏家教》爲法。其家宗族七百餘人,自南唐至宋一十八世,每食設廣席,長幼以序坐共食,不待擺列。自今入席,子弟坐次,務要端正,毋學小人,手舞足蹈,毋許因酒而席中諠譁大叫,固宜肅靜,以聽席中尊長者之言。丈者出,而後出。

一、叔嫂不通問,男女不授受,古禮嚴矣。世之男女,瀆禮亂常,皆不以禮防之。吾宗規範,賴先世貽令,甚爲嚴肅,宜益遵循。一家之中,長幼有序,尊卑有禮。男子無故不入内庭,女子無故不遊外户,則禮防嚴而風俗敦厚矣。

一、凡產業,各宜遵守,毋忘祖澤,是爲善繼善述。其中有貧有富,富者蓋因早起夜眠,勤儉省約,而守已成之業,以致衣食温飽;貧者只爲少壯不努力,而白晝偷閑懶惰,博弈鬭狠,男不耕,女不織,搖脣鼓舌,不務生理,專以祖產售賣。賣之既盡,後世子孫何以依居?豈不上貽宗祖之羞,下貽子孫凍餒,爲名教罪人。慎之,慎之。

一、誇豪逞訟,非良家子弟。世人立心陰險,起滅詞訟,捏告官吏,詐騙財物,欺壓鄉里,而不顧惡名。噫!此豈吾家子弟哉!酷毒之害,果報之來,近在自身,遠在子孫,足爲殷鑑。宜當深戒子孫,有智術者,須學好事,毋習詞狀,毋好争鬭。事遇橫逆,則當直訴於官,以白是非,不可騰空架捏,以陷良善。小事許訴於族長,以情推處,庶不傷和氣。

一、家之中,大小事務,悉主於家長。爲家長者,所繫甚重。故弟兄、叔侄同居同事,自冠至老,不過五七十年之久耳。光陰如白駒過隙,必須立心公正,慎守禮法,以御群子弟,分之以職,受之以事,而責其成功。錢穀出入,務須明白;飲食衣服,務在均一。凡爲少者所爲,必資禀於家長,不可妄行,同心協力以助。朝夕飲食,除僕從外,共一爨,須要同食,坐者、立者,各依次序。婦女集於户内,飲食亦然。事礙不能赴者,從便。若得一異味或時物,不拘多寡,俱均饗之。

一、"忍"之一字，誠處家睦族之道。昔張公藝九世同居，不過一"忍"字，竊常羨慕之。夫"忍"字，義理最大，合族之人，凡有長短是非，若大若小，當痛加隱忍，以消怒氣，以釋惡念，以德報怨，用全親親之誼。

一、親戚鄉里，誠當相敬相愛。凡往來之禮，不可缺略，禮不在厚，但當以敬為主。古人千錢買鄰，蓋重其事也。睦鄰之道，當患難相恤，有無相濟，語言相戒，飲饌相酬。一切小忿，說過便消，仍復舊好，不留宿怨。躬自厚而薄責於人，雖百世可同居矣。

一、清白傳家，世為至寶。予今年五十有七，竊君之祿者一十二年，常俸之外，一毫不敢妄取，聽訟未嘗妄入人罪，此臣子之分也。繼今有能登科躋顯者，當遵家法，當佩吾訓，廉以律己，公以處事，仁以愛民，恕以待眾，以全令名，以保祿位。毋貪婪虐民，有累身家，世當警戒。

一、爭人田地，謀人產業，非君子之道。況膏腴田地，人皆欲得，而吾族仰藉祖宗之德，自有田產，願子孫勤力其中，足以供衣食。切勿立心尅剝，謀占他人所有。富貴貧賤，聽命於天，不可強求。司馬溫公曰："積金以遺子孫，未必能守；積書以遺子孫，未必能讀；不如積陰德於冥冥之中，以為子孫長久之計。"為吾子孫者，當勉之，念之。

謝氏家規後序

金華郡司馬謝子受公《家規》一十八節，詞直理明，誠傳家之至寶也。公生平節概，迥出人表。然而是書豈啻公之子孫可法，而世之子孫皆可誦可行者也。苟能熟讀玩味而有得焉，則脩身齊家、居官為政之道不外乎此。其有裨於世教也非淺，蓋可與《司馬溫公家訓》並行于世云。

洪武十九年二月望後，賜進士出身廣西布政使司參政眷生胡永誠撰。

先金吾希周府君歸休漁磯軒，不肖築木石居磯傍，杜門求聖賢書讀之，晨昏定省，以甘藜藿。從叔祖廷梓持郡司馬先公所作《家規》視予，二百年來，雖蠹魚鑽研，手澤如在，子孫固當佩服，細玩格言，有關世道，敬梓風世云。

萬曆三十二年歲次甲辰五月天中日，裔孫師教謹輯。

——萬曆《古歙謝氏統宗志》卷六《家規》

明成化六年正月黟縣環山余氏宗族家規序

余氏家規序

我祖卜居於斯,五世矣。厥始,姓系未繁,人文未著,里居族屬,多愿而樸,簡而真,無詬厲凌囂、鬭辯睚眦之習,殆所謂去古未遠,依稀一代醇穆之風也。近世以來,族漸繁衍,人或好競,然而敦龐一脈,尚有典型,以視他族之戈矛水火,終身不解,易世如仇,致煩官府,弗可究詰者,則吾族之所恥而羣心之所簡賤也。有心如此,正可以偕之大道,動之以木本水源,廣之以孝友婣睦任恤,於以興起仁讓,而返醇穆之初無難也。父老、兄弟,用是戒心,尊崇古訓,篤棐典彝,自尊祖敬宗、報本反始,歲時塋廟之儀,以及入孝出悌,少長疾徐,謹內外,別嫌疑,嚴嫡庶、慶吊、酬酢之節,共列若干條,雖下逮臧獲,情法亦所必悉,且董督維人,郵罰麗事。規條既鯑,大書匾額,懸示祖廟,使觀之者觸目警心。世世子孫,共相勗勉,毋滋悖離,毋斁家聲,則今日之飭綱肅紀非獨父老兄弟,簡修率良,實有同志。蓋祖若宗所式靈也,本支百世所紹述也,鄉鄰姻戚所視傚也,風俗教化所隆起也。雖不敢冀採風之君子、省方之大人表井間而殊疆里,庶幾祖武克繩,愆忘可免,以少光於燕詒,少裨於平章,則吾家立規之意也。夫是爲序。

時成化庚寅春王月之吉,玄孫舉人莊、衍同百拜序。

——民國《古黟環山余氏宗譜》卷二十一《藝文》

明正德十三年八月績溪縣南關許余氏宗族惇敘堂家規

惇敘堂舊家規十條

明正倫理。且天之所覆,地之所載,惟人爲貴者,其有倫理也。然不有以明正之,而徒望其自相親睦於天秩之中,豈可得哉?凡我一家之中,必父父、子子、兄兄、弟弟、夫夫、婦婦各安其位,斯可也。如生我者爲父母,及諸伯叔父母皆是父;我生者爲子孫,及諸堂從子孫皆是子也。先吾生者爲兄,後我生者爲弟,父母生育,一體而分,由親及疎,雖堂伯叔、緦麻兄弟,無不怡怡有恩。若夫男正位乎外,女正位乎內,非其配偶,不敢犯禮以相從。上自夫先祖之名諱,子孫不得重犯取名;下至於卑賤之呼喚,必須另爲別樣,勿使貴賤混淆。如此，則名分以正。名分既正，則倫理以明；倫理既明，則家可得而齊矣。

敦篤恩義。且家之所由齊者，在乎恩義之兼盡也。故爲子孫、弟侄者，必孝順父母，尊敬長上。夫婦謹閨門之則，卑幼盡撫育之方。倘父母有過，當怡聲下氣以幾諫，不可陷親於不義。父母在，不許各居烟爨。族中有賢良而顯達者，宜尊而禮之；有爲人陷害而不平者，宜衆力扶持，不可坐視。勿聽婦人之言，有間骨肉之情，以至於僮僕、婢妾，須善遇之，少加呵責。如此，則無恩掩夫義之失，家豈有不得而齊乎？爲吾族人，在所當知也。

崇重禮教。且冠、婚、喪、祭所以紀綱人道之始終者也。今後有事，一一遵用《文公家訓》以行。至於喪、祭用僧道，最宜痛革，不許崇尚，有壞風教。所有祀產田畝若干，坐落某處，某處每年或輪流耕種，或召與他人耕種，以終祭用，不得典賣。每遇清明、中元、生辰、忌日，凡所當祭之禮，皆自其中所取。若有餘者，可積蓄生放，令公道長者主之，或修理墳塋，或增置田畝。如子孫甚貧乏者，於冠、婚、喪、祭之時，量加資給，無致失所。若然，則不耗費而事可卒辦。況我先世皆清白相傳，積德行善，是以子孫蕃盛。當知古人修身、齊家之道、慎終追遠之心，俾孝敬之心油然而生，猶可復見於今日矣。

嚴謹訓誨。且子第七歲以上則入小學，從師讀書習禮，收其放心，養其德性，使知孝、弟、忠、信、禮、義、廉、恥之事。其聰明者，使之業儒，其於有成，以光大門閭；其庸下者，亦教之以農、工、商賈，各事生業，不得游手好閒，亦要勤儉，毋許奢侈。至於女子，必教之以謹言慎行，精於女工，勤於紡績，使知布帛之艱難。飲食、祭祀雖非所事，亦可預知，他日適人，必執婦道。若夫新婦入門，亦必教之孝敬，及其志之未變而預閑之，毋得爭長競短，有傷恩義。此皆齊家之道，所當深鑒也。

敬老慈幼。且宗族間尊卑、少長，其序固有定分而不可紊者。或有尊長年少、卑者年長，而至於年高有德者，在尊者亦須禮敬，不可少有凌忽之心。或有不幸孤兒、寡婦，優恤之情亦不可無，當得之財產勿侵，儻來之科派勿擾。其有堅志守節，尤當加敬，必爲之成嗣其後，是乃人之不幸，不願有如是也。此又理家者之周詳慎密如此。

交結姻戚。且我人親親之義篤於三族：父族、母族、妻族是也。今人但知其一，不知其二焉。妻子之親，人皆知所以厚；父母之親，尤所當厚。與夫伯叔、兄弟、姑姊、娣侄之親，亦當以禮遇之。至若娶婦，必須賢德，勿苟慕其富貴；嫁女必嫁賢婿，不可計家之有無。此又正家親親之始事，處心治事。如此，尚何有不可者乎？

奉公守法。且每歲該辦錢、糧差役等項，必須及時依期完納應當，毋致官司責辱。或有重大之侵，尋而家力之不堪者，所當陳訴蠲豁，不可恃頑推挨。或有家道優裕，田產增進，稅糧亦多，糧里解户，有所不免，亦須安分承充，不可推避，靠損他人，射利肥己。不知利未得而害已隨之，但守本分。所謂"欺公日日憂"者，庶可免矣。

整飭宗祠。且宗祠之建，本爲妥先靈而奉祭祀。因以合族也，是宜整飭，以肅觀瞻。豈容堆放木料、私家工作、借人居住及諸污穢等件？若不嚴加戒約，其褻瀆甚矣。今後敢有仍蹈前弊者，守祠之人稟諸祠董、族長，量罰銀兩，以爲修祠之費，庶有警於將來。

經理祭田。且祭之有田業，可久也。《傳》曰："無田不祭。"蓋謂此爾。吾宗祭社、祭墓，祭於春、秋，俱有田矣。而不知所以經理之，則佃户緣以爲奸，將豐而作歉也，以瘠而易腴也。昔之廣者，而今狹隘也。輪首茫茫然，聽其輸納之多寡而不較也；苟完祭事，雖賠貼而不惜也。其何以救末流之弊乎？今後輪首或四人、八人，不徒至佃户之家而收其租，必率同佃人而履其田，並其坐落、四至，查訪而諦視之，則年之豐歉不可欺，田之腴瘠不可易，而畝步廣狹較若畫一，豈得而侵損之乎？祠董、族長於祭畢之時，集輪首收租者而加考察，以驗其果至之與不至，毋聽其虛應故事而妄對也。有妄對者，而罰行焉，庶幾人知所警，而次年輪首亦惟率是而行之。其田或傾倒淹漲，輪首者議取衆物而料理之。

遵守《家規》。且《家規》《訓戒》，此蓋切於民生日用之常，將以示吾族人世守而行之者也。苟不體悉遵守，甯不託之空言乎？凡我同族之人，於前數條，各宜熟玩詳審，以相勸勉，互相告戒，同歸於爲善，以挽回太古之淳風，陶成仁厚之善俗。今日之族屬雖蕃，庶幾有周之成規也已。

以上十條，舊譜未有，今則參《經》《傳》綴成增入，無非欲人易曉也，其可忽諸？

正德戊寅仲秋之吉，子敬公四世孫欽拜手謹書。

——光緒《績溪縣南關許余氏惇叙堂宗譜》卷八《舊家規》

明嘉靖績溪縣積慶坊葛氏宗族家規

家規

規凡八條，前三條規之以言，後五條規之以罰，雖有輕重之不同，而規警相成之義則一也。苟戒之以言，而不思樂受；繩之以罰，而不思樂出，是自外于規矣。夫規也者，正也，違正法，則不得爲正人。今有人焉名爲憸邪，則孰有不報然其容、悻然其色者。然蹈憸邪之行，而欲辭憸邪之名，不可得已。吾族之人，焉可不加深省而以正法自律？

一、祖宗以來，嫁娶之家，悉皆名族。子孫宜體此意，締結姻盟，不可苟且，各宜與同分尊長知會。如有未當，各相禁止。凡嫁娶之期，族人俱赴迎送。門戶不相當者，不送迎。且娶親到門，合巹送房，情所宜有，必和而不流，乃爲可貴。若于成親之夕，探聽動靜，以資笑語，致使盜賊乘機竊去財物，甚爲不可。宜切戒之。

一、父母之喪，固宜自盡。自是而降，若期年，大功、小功、緦麻等服，或少而三朝，大而旬日，衣食之類，當從朴素。若親屬方歿，即衣鮮啖肥，非所以安此心也，宜互相戒勅。或有結親事體，禮宜整酒，適與喪期相值，則客固茹葷，主當從素，以嚴世教。

一、族人爭訟，不可逞氣，遽擾官府，須各以事理，白之族中尊長及知事者，托之處剖，則是非曲直自有定論。其是者、直者固得自伸，非者、曲者亦當降心下氣，聽衆勸諭，猶勝於輕造公庭，反獲罪戾。或輕眇族人，恃勢好訟，被屈之家，即于官府訴告，族衆名目，公爲申稟。又有一等狼心狐迹之人，每於宗族間舞弄機智，挑唆詞訟。若此所爲，雖無人禍，必有天刑。或有訪出得實者，衆共叱辱之。

一、祭祀所以追養繼孝，必躬必親，方能盡志。凡宗族合祭、分祭、墓祭，各依期約，赴集供事。如冠巾有不到者，罰銀二分。老病在官者，不在此限。且散胙聚飲，長幼之間，固當盡情。苟或醉酗忿爭，各棹之人，即行戒止，衆於來日評斷曲直。其相爭者，各罰銀一錢，曲者加罰銀一錢。同棹不勸止者，罰銀三分。

一、祖宗墳塋，妥其遺體，山場草木所以蔭庇風水也。且堂衆田地、山租并生放銀兩，又爲祭祀支費。苟或有不肖子孫，將衆產盜賣或侵佔爲己業，及魆砍墳塋木植，負賴輪放銀兩，不依期交付者，家長即以家法治之，責令照數還衆，仍於犯人名下行罰。盜賣衆產及侵佔者，罰銀十兩；盜砍木植者，罰銀一兩；負賴銀兩者，罰銀一兩。如不甘罰，經公呈告，坐以子孫敗墓之罪。

一、祖宗風水，子孫無許盜葬。盜葬者私治公告，以敗墓罪論，同前盜賣衆產事例行罰。近來，有於衆存山地會衆安葬非緊要風水去處，亦宜禁絕，以防微杜漸。自今以後，有求葬者，罰銀一兩；許葬者，罰銀一兩。如或擅葬，亦同盜葬事例。其前安葬者，亦令改正。

一、各處修整先塋、清理產業及收田地租苗、山草價銀，不可無人任事，今將冠巾者總立文簿，排寫名次，輪撥管事，每一年委八人經管。如輪該管辦，不行任事者，罰銀三錢；不該管辦，來擾任事者，亦罰銀三錢。

一、堂衆租穀、銀兩合支費者，該年管事之人，必須公同支給。或有狗私刻衆，不與同事八人知會者，罰銀一兩，仍責照數還衆。其有各處租苗擅收入己、不交還堂衆者，亦同此例。

——嘉靖《績溪積慶坊葛氏重修族譜》卷三《家規》

明萬曆五年三月休寧縣松蘿門呂氏宗族鳳湖街祭祀家規

夫人之一身，天地覆載之，君父養育之，師以教之，其恩皆不可忘者也。故人於朔、望或朝夕之間，焚香以禱于上下神祇，致祝於君親師，而奉祖先乃其職分之所當爲耳。但清明之節，尤吾祀先之大禮也，敢不謹其始而慮其終乎？故於是日，子孫各司其事，潔其儀物，務盡其誠，齊往各祖墳上祭掃。咸歸，次日，張掛世祖宋集賢院學士、刑部侍郎文仲公真容，焚香禮拜，子孫各序昭穆，不許參前越後。拜畢，宣讀《聖諭》曰："孝順父母，尊敬長上，和睦鄉里，教訓子孫，各安生理，毋作非爲。"孝順何如？父母之恩，昊天罔極。子之克孝，承顏順志。冬溫夏清，昏定晨省。生不真愛，死奚三牲？凡爲人子，宜各盡心。尊敬何如？相彼蜂蟻，尚知有上；人靈萬物，胡不敬讓？恭遜謙卑，不可傲慢；徐行後長，不可僭亂。人之敬長之當然。睦鄰何如？元自太始，總爲一體；雖分苗裔，實同根蒂。出入相友，守望相助；休戚相關，不忌不妬。凡在里豈不和睦？教訓何如？人有子孫，誰不知愛？反若怙恤，無益有害。訓其孝友，敦其信義；謹言慎行，克勤克儉。教爾子孫，復初明善。生理何如？當安人之一生，理財道大，商賈公平，農、工專業，士志功名，尤重道德。

事業雖殊,成器何別?衣食既充,一家和悦。非爲何如?不作非之所從,始於一念,差之毫厘,其禍孔熾。好勇鬥狠,縱酒撒潑;起滅詞訟,侵欺劫掠。人皆不爲,何等安樂!

一、訓已畢,猶恐人之不能戒勉,仍置"彰善""癉惡"二(部)[簿],有一善必記之,以感發人之善心;有一過必記之,以懲創人之逸志。由此相率勸勉,則一家皆善士,而爲禮義之門、世德之族矣。豈特世家而已哉?

一、清明積儲銀兩,遞年生放,典當花利。每見其日新月盛,無有定期,難以登載。只每年以清明爲期,分與殷實忠直子孫立領營運。至次年,約以清明日交衆。如外日交兌者,罰銀壹錢;過月者,罰銀壹兩。交清,復照前收領營運。

一、松蘿門鳳湖街我四房,一年一房,立一會首,遞年輪流挨轉,俱要清明前一日,會衆取齊辦事,不得臨期遲誤。其真容、族譜紙卷,上下交替,房派收領,互相傳。

一、祭儀,憑衆估值,猪一口,羊一腔,祭品若干,酒數若干。祭餘,照丁派領,設席相叙,各盡職,分尊卑長幼而坐,不得溷亂。如有以侄僭叔、以弟僭兄者,罰銀貳錢;如有喧嘩、酗酒、抵觸者,罰銀叁錢。如不服者,經公理治,重戒後次。

一、喜事:生子者,出銀一錢;娶媳者,出銀貳錢;嫁女者,出銀叁錢。力薄不及者,亦要男家代出貳錢。

一、清明日,除經商、公出(在)[外]者不究,或在家有大事,告衆,姑恕勉究。如十五以上,無故坐家不與祭者,罰銀伍分。

一、凡平居之際,不肯説好話,行好事,而有犯《聖諭》中一件者,記過,量罪輕重,罰銀多寡,以警戒之。

一、我四房堂衆墳山地利四分,輪流遞年收管,辦納匠差門户。有餘,方入清明內用。已上賞罰,俱入清明儲蓄公用。

一、遷歙始祖唐禮部侍郎即渭公世祖,宋集賢院學士、刑部侍郎文仲公,與嫡祖宗旺公神主,俱在府西宗伯祠內,遞年配享無窮。愚與父思忠、叔思憲別離祖居,繼籍繁昌,且永居於此,地利窵遠,生齒日繁,人心不一。以思報本追遠節寧,寧以祭不能源源而來,即酌議共出銀一拾伍兩,買到歙縣九都五圖黃龍溪户内鳥字號土名葛塘干民田一畝陸分柒厘,計一坵,東至出産人併鮑家田,西至吕繼壽田,南至方家及程小富田,北至官田,入祠收租,以供祭儀。稅入宗伯祠戶支解,領胙陸分,內除貳分與我四房子孫,或一二人每年自願去府入祠助祭者,以作路費之需,庶爲一定之規,永遠勿替,俾我孝思之心可以久暫而一致矣。後世子孫,寧不觀感興起而愈篤敬宗之義哉!

時皇明萬曆五年歲在丁丑春三月朔日,二十七世裔孫呂東遵父思忠之命,會集族衆,議論《祭祀家規》,編集條款,序次如右。頓首謹書。

——民國《重印新安大阜呂氏宗譜》卷五《松蘿家規》

明萬曆六年冬月歙縣沙南方氏家規

沙南方氏家規

竊惟我祖建立祠宇,條陳《家規》,良法美意,厥惟舊哉!嘉靖間,祠燬而家規不講也久矣。敬謀諸父老之敬事者,捐資鳩材,經營落成,承先之志少慰矣。其列祖《家規》六章,敢叙次推明,鋟石啟后,聊申垂訓之意。有不率者,輕則痛責罰金,重則削譜革祠。祖訓昭昭也,凡我同宗,永期佩服。

祖訓

一、曰序昭序穆。吾家父子兄弟,長幼之序,原有定分。凡我族衆,孝父母,生事葬祭,第長上應對交接,各依禮度,在途在家,拱立作揖。歲會、燕會,安分坐席,即此徐行後長,便成孝弟人家。

二、曰乃積乃倉。近立嫁娶、添丁之例,爲祖宗祠堂祭祀而設,務宜遵約生息,或買祭產,或備祭器,預防衆事,增葺新舊。亂規者,有罰,仍令子孫勤樹畜,廣貿易,治家從儉,皆是生財大道。

三、曰閨門肅清。風化起於閨門,別嫌明微,古明訓也。爲男者,勿以婦言亂正,勿以情慾瀆倫。爲婦者,專孝慈,勤紡績,主中饋,守貞潔。如有虧行,即在遣逐、削革之例。閨門肅清,風化美矣。

四、曰婚姻協宜。婚姻所以諧二姓之好,上承宗祀,下衍子孫,關係不小也。凡婚娶者,務擇故舊良善人家,求男女德性温醇者,稱家有無,饋贈及時爲之,罔流下賤。婚姻協宜,家道昌矣。

五曰毋倚富庶。家之富庶,由祖宗積德而致,正宜輕財重義,恤孤寡,周貧困,以盡敦睦之道。若倚富恃衆,則賤絕根本,枝葉必枯。孤貧者亦宜循理安分,不可放賴圖詐,虧體辱親不便。

六、曰毋作非爲。士、農、工、商,是本等生理,盡力爲之,皆可成家。若不顧理法,爲賊、爲盜、酗酒、賭博,逋負錢糧,放刁健訟,欺藐官府,數種惡孽,皆亡身敗家、辱族累親之禍也,果何利而爲哉?

《祖訓》六章,皆爲人之懿行,保家之良圖。族之子孫欲遵祖訓,必先讀詩書,明義理,大則立身揚名,顯祖宗於地下;小則飭躬勵行,求免爲鄉人,庶不負祖宗之遺訓也。恐世遠言湮,敬與推明刻石,永爲砥礪之資云爾。

萬曆六年歲次戊寅冬月吉旦,玄孫一俊頓首百拜謹述。

——萬曆《沙南方氏宗譜》卷一《沙南方氏家規》

明萬曆休寧縣林塘范氏宗族繼善堂家規

繼善堂家規　仲德公七世孫淶代衆訓言

訓男婦二條

凡爲吾家子弟者,忠君孝親,敬兄愛弟;睦族恤鄰,修身善世;閨閫如賓,風化是繫。毋聽婦言,傳之後裔。

凡爲我家婦女者,敬奉祭祀,孝事公姑;和處姒娣,順相丈夫;女工習尚,中饋勤劬。慈儉貞潔,賢婦之模。

再訓婦女二條

婦有四德:一曰婦德,謂德性和順,貞潔幽静。凡家内事務,俱盡爲婦女道理;二曰婦言,謂低聲下氣,無粗言惡語,不說人家長短是非。或教招子女,責戒童婢,亦不敢怒詈悍打,恐公姑、伯叔聽聞,惟從容訓戒之;三曰婦容,謂早起梳洗整肅,衣服不尚華麗,不嫌舊補,只在潔净。凡出入視聽,端莊穩重。相待親族、宅眷,通有禮數;四曰婦功,謂專心針指紡織,不好戲笑。照管菜園,料理厨下,精潔茶飯、酒饌,以奉祭祀;賓客及家中常膳,豐儉有節。不厭勤勞,惟恐懶惰落人後,古今賢婦,皆是如此。

婦有三從:在家從父;出嫁從夫;子既長成,夫不在家者,從子。何謂之從?凡外事聽其主張,不可干預;凡内事有關家務者,亦必説知,商量而行。不可任性執拗,失婦人順從之道。曉得三從,方成四德。諺云:"家道旺,内助賢。"各須記之。

——萬曆《休寧范氏族譜》卷六《譜祠·家規》

明萬曆休寧縣林塘范氏宗族怡樂堂家規

怡樂堂家規

通奉大夫盼雲府君手書《家訓三章》

凡爲同居者，父子有親，兄弟有義，長幼有序，朋友有信；夫和妻柔，姑慈婦聽；士勤詩書，農勤稼穡，工勤造作，商勤經營。無好賭博，無好爭訟，無酣聲色，無惑異端。過失相規，患難相恤；强不欺弱，富不欺貧。《家訓》具在，永不可違。幽有鬼神，明有法度。崇善抑惡，祖宗無私。

監事戒諭。凡吾門子弟，士、農、工、商，各勤其業，長幼內外，各守其禮。苟或疎違，有《家法》在。

監家戒諭。凡爲吾門女婦，孝順舅姑，和睦娣姒，善相夫子，勤理家園。若聽此言，是爲賢婦；不聽此言，是爲惡婦。

附錄 涞按，中表審理正葉兄伯鳴狀大父事實，有曰："爰立《家規二十條》，訓諸弟子輩，大都勉以修身、齊家、敦本和親之道。凡不率教者，有罰。"今懸之廳牌者，僅此三章，皆大父手筆。餘條已散逸，手澤不傳，曷勝懷悼？

通奉大夫松林府君《規誡四章》

聯族屬。毋以爾我，而有疎親。兄弟之初，實惟一人。岷之蚩蚩，乃協比鄰。

崇禮教。冠、婚、喪、祭，古禮有章。蠢爾佛老，惑世笙簧。毋蹈愚俗，而亂典常。

淑俊秀。讀聖賢書，儒爲君子。三德浚明，乃稱良士。利用于邦，毋累青史。

力本業。毋沉于習，而有佟心。毋惰四禮，而趨于勤。登天燎毛，我思古人。

附錄 怡樂堂申明《家規》《條例》引

予家同堂而居者十世于兹矣，"怡樂"之名，先世所遺也。堂成于正德歲之戊寅，時先大父世全公暨伯叔祖父，仰承支祖仲德公歷世貽穀，氣和志一，約束如影響，故堂構底績，即以"怡樂"名之。復著《家規》數章，以示子姓，語皆修齊大義。凡祀先追遠、睦族善鄰、應酬纖悉，與一切歲時公費，亦各有《條例》。懸之中堂，一再傳而人繁習異，祖宗之《庭訓》，若存若亡。於是，先大夫松林先生復述先業，以振家風，子姓雍肅者數十年。今則醇龐愈漓，情偽日長，吾村習俗，大都又異之異矣。涞解綬里居，睹聽不一,爲之悚然。猶幸而不使先大夫尊輩見且聞之,抑又幸而不多出于吾門也。乃與二三兄弟、叔侄申明祖父《家規》,每歲首,本堂團拜畢,即行宣讀,使人人熟聞其説,庶有所警戒。雖傳之數十百世,後猶之厥初,氣和志一,不至隳辱怡樂家聲,他日始可以見祖宗于地下。其《條例》及什物、産業等項,并附載于簿,以便久遠稽考,故爲之引云。

大明萬曆辛卯歲嘉平月,仲德府君七世孫淶頓首謹題。

——萬曆《休寧范氏族譜》卷六《譜祠·家規》

明崇禎、清康熙暨道光黟縣環山余氏宗族家規跋

環山家規跋

吾族之有《家規》,蓋自先達諸君子,上治祖禰,下治支庶;内治帷薄,外治庭階,敷綱陳紀,振前烈而垂後嗣者之爲之也。更數世而綱紀稍弛,人心之玩忽乘之,非綱紀弛也,所以弛焉者,玩忽之心也。雖然心一耳,與之以玩忽而多弛者,此心惕之,以敬畏而加振者,即此心而惕之,而加振者何物?語無新奇,事無觭僻,仍此《家規》焉已矣。間有人焉起而笑之,曰:"統一《家規》,昔既以振而弛,今復欲其弛而振,匪誕且迂不僅爾也。倬彼賢智,其孝悌貞良之行不習而利,烏用是規規者爲哉!若其冥頑,即日取孝子、悌弟、貞夫、良婦而董之、督之,迪者誡之,不以規爲琯,即如水沃石,甚者反唇相譏,積疎成怨,又烏用是規規者爲哉。"不肖光捫胸卷舌,默自詫嘆,泂如人言,否否是是,惡用是規規者爲哉。維予嚴君則斷詞以責之,曰:"人蓋妄言之,而汝安得妄聽之?如若所云,則先達君子立規苦心反爲過計乎?奚過焉?其思以規一世也,蓋以規世世也。又憂世世之未必盡循於規也,而書而誌焉,懸而示焉,固望後之克家者之修明之,不望其廢棄之也。如若所云,將甘跡廢棄,以獲戾于先達君子乎?"光因是肅然斂容,悚然改謝曰:"大人之言是也。"歷代先達,類皆浸灌於詩書,和懌於古訓,舉所以治邦國者,早從吾家定其規模。粵稽《譜序》,自鼻祖環山公伊始,我彥弼公則以明經應開天之選;嗣是而孝廉徽公著績祁州;莊公分符司馬;衍公出宰崇安,民懷其德;明經循公佐理建昌,九載奏最;嚴春公之諭天台;天爵公之尹茂名;予祖之朝卿公之司成碭山者,八祀鳴琴,振鐸宦業,俱堪不朽。若椽舍宣猷,則有瀚公之縣尉佐而幕府,職異地遷,政聲益邁;用賓公之簿叙浦,達人代興,宗風遞振。予父敬中公,年耄德邵,巍峨冠服,銜顯而身隱今日者,昭穆咸秩,偕族中父老,

重訂《家規》，儼然進光而命之。殆先達諸君子陰有鑒臨，其教光以治家也，即教光以治國也。小子光得不祗承明命，同族人之嚮義者，仰愁成規，弘獎善倫，稱先道古，勒言而附之簡末，猶敢曰烏用是規規者為哉！

時崇禎癸未歲嘉平月穀旦，裔孫後學丙子科舉人起光百拜謹跋。

環山家規跋

《家規》之設，由來舊矣。祖宗之垂法立教，早已備矣。嗣是而先達輩出，表章修明之功，又盡美盡善矣，植也烏容贅一辭哉。但恐時久物敝，《祖訓》漸湮，爰是偕族中志切先型者，共起而更新之，復懸諸祖廟，庶使歲時謁廟者俯拜几筵，仰瞻楹桷，誦嘉言，述懿行，勵人心，厚風俗。上承前謨於既往，下訓後嗣於將來，古道由此而常存，家聲由此而永振，是固克念吾祖立規之至意，抑亦與先達諸君子有同心也夫。

時康熙三十八年歲在己卯一陽月穀旦，裔孫後學辛酉舉人甲戌進士植百拜跋。

環山家規跋

吾讀《家規》，知先達君子垂訓立教之意至深遠也。惜乎廢弛既久，難起而驟行之。茲二三同志刻意振興者，又憂其法可行於古而不能行於今，且有今所已行而規所未載者，謂宜修飾而增損之，祥則謂法無古今，為在行之得其道，誠勿泥其跡而通其意，吾族《家規》固萬世可行也。至於養老恤孤、立學儲賑諸舉，雖已次第議行，亦不過即《家規》之意而推而廣之耳！夫先達君子立綱陳紀，自尊祖敬宗、入孝出悌，以及謹內外、別嫌疑、睦鄰御下等事，靡不體悉周至，誠是我族千數百人而盡恪遵《祖訓》，將見人心忠厚，風俗敦龐，於以登崇古處、興起仁讓無難也。祥用是偕族中父老重整《家規》，依舊懸示，俾樸而願者有所警發，秀而良者得以會通，無違其事，并無違其意焉，則得矣，又奚事修飾增損為哉？

時道光壬午年孟春月穀旦，欽點主政禮部郎中、十五世孫毓祥百拜謹跋。

——民國《古黟環山余氏宗譜》二十一《續藝文》

明崇禎歙縣東門許氏宗族家規

許氏家規　凡三十三則

尊崇族長。古者宗法立，而事統於宗；今宗法不行，而事不可無統也。一族之人，有長者焉，分莫踰而年莫加，年彌高而德彌邵，合族尊敬而推崇之，有事必禀命焉，此亦立法之遺意也。有司父母斯民，勢分相臨而情或不通，族長總率一族，恩義相維，無所不用其情者。凡我族人，知所敬信，庶令推行而人莫之敢犯也。其有抗違故犯者，執而笞之。

族正、族副。族人夥矣，有族長以統之，立爲正、副以輔之。謂其賢也，謂其才之足以集事也，亦衆心之所推戴而瞻仰者也。凡遇衆事及《家規》之所當行者，悉屬處分，毋憚勞，毋避嫌，務秉至公，毋得偏私阿徇，以致人心不服。每月朔日，會族長於祠，以書往月之事。有阻撓相犯者，其罰與犯族長同。

整飭宗祠。宗祠之建，本爲妥先靈而奉祭祀，因以合族之所也，是宜整飭，以成雅觀。豈容堆放木料、擅與工作、借人久住及諸污穢不堪之事？若不嚴加戒約，其褻瀆妨衆亦甚矣。今後，敢有仍蹈前弊者，守祠之人禀諸族長正、副，量罰銀兩，以爲脩祠之費，庶有警於將來。

彰善瘅惡。王道明而黜陟行，《春秋》成而褒貶著。竊《春秋》之餘意，行於一家，以輔相王道之所不及，奚爲而不可？吾族之人，不皆善人也，有不善可錄者乎？不皆不善人也，不有惡可書者乎？非明藻鑑以臨之，按跡以稽之，何以別淑慝而不勸懲？乃立"彰善""瘅惡"文簿二扇，善可書也，從而書諸"彰善"之簿；惡可書也，從而書諸"瘅惡"之簿。屢善則屢書，而善者知所勸；屢惡則屢書，而惡者知所懲。使其懲惡而爲善，則亦同歸于善，而吾立法之意抑亦衆人爲善之功也。樹德務滋，與衆旌之；積惡不悛，與衆乘之，曾爲作好作惡之累哉！

總理祠務。族長正、副，各有攸司。然祠務多非得人以總理之，寧免廢弛之弊乎？立本世賢素留心於祠務者也，今時立爲總理，自元旦以至卒歲，自門屋以至堂寢、垣墻，與夫樂器、田土之類，莫非事也，悉屬處分。以時舉行可也；以時修葺、查點可也；錢穀出入之數，隨時登録，以備稽攷可也。族長正、副，每朔會集，有不到者，聽總理議其罰。祠務有廢而不舉者，亦聽族長正、副酌而罰之。

元旦團拜。元旦,拜謁家廟,故人絡繹而來,皷聲三通爲率,禮生唱禮,序立祠前四拜。禮畢,行之居昭者,相與對拜,乃列於上,穆以下則從而拜之;行之居穆者,相與對拜,乃列於上,又昭穆以下,則從而拜之。以次遞拜而畢,以次列坐而飲,飲而有節,揖而俱退。凡此皆以叙昭穆、秩名分,重本慎始之道也。夫何此禮行久弊滋,間有無故而不至者,有入祠而放爆竹者,有不供酒于衆而匿私飲者,情殊可惡!是宜查名量罰者也。甚至不肖之人拋擲春盛,毁壞酒器,犯上亂儀。敢爲惡于一歲之首,則終歲之惡可知矣。即書其名于"癉惡"之簿,次日,召至祠中,痛加責治,庶知懲創以自新也。其族人名目,輪首先期書帖分投,或有經商未歸、疾病未愈、持服未滿,明開原帖交納,以便稽攷。

娶婦廟見。古者娶婦,三(月)[日]廟見,然後執婦功。吾宗自上世以來,雖不能盡合古禮,而亦存古禮之遺風。週歲新娶之婦,不得先後參差,俱于祠歲元旦以後,卜吉聚齊,以行廟見之禮。拜謁既畢,然後遍族婦而拜之,以叙名分。其非遭喪、懷孕、疾病、廢格不行者,罰照《舊規》。

慶賞元宵。元宵張燈,凡以祈風調雨順、時和年豐之兆也。群飲於祠,飲而有節,宗情浹洽,何樂如之!間有酗酒亂儀以妨衆樂者,罰有差。其新娶之家,例應請燈,務照尊卑、名分次第而行,毋許攙越,以起争端。其請燈之期,多于十三、十五、十四、十六,有所不同,有所不及也。而飲燈之人每較茶菓而越次規避,誠爲可惡!宜加痛革。

春、秋祭祀。人本乎祖而祭於春、秋,所以報本返始以伸孝思焉爾。於此不用其誠,惡乎用其誠?鬼神棲於幽,凡祭以黎明爲節。吾宗祭之(殆)[怠]也,直至巳午,人多不至。雖至而衣冠、禮儀不肅,曾是而何以交神明、伸孝思乎?今立《定規》,五皷聚齊,祭以黎明。而凡威儀、儀物之類,立糾儀禮生二名以察。其致祭之義,盡志盡物,期於感格。黎明而祭不舉者,罪其輪首之人;過時不至,與祭而衣冠、禮儀不肅者,罰其胙,仍書於《癉惡簿》,某人於春、秋怠一祭,三犯而治以不敬之罪。

春祈秋報。祈報之典,所以祀土穀之神。民賴土穀以生,而春、秋賽禱以祈報之,昭其生成之功,亦不忘本之義也。吾宗獨爲一社,非若鄉人聯異姓而爲一社也。且於祭祀之典嚴而且詳,奕世行之,守而弗墜。但衣冠禮節多有不循其舊,飲爵無籌,或至於亂儀,童子在席喧嘩,不能責其禮儀。此在族長正、副斟酌罰之。

清明墓祭。古之墓祭，非禮也。後世舉而不廢者，祖宗體魄所在，欲子孫識其處，蓋亦所係之重也。吾宗墳墓非一處，摽祀之典亦非一日所能遍也，有舟往者，有陸行者，是宜群族人而掃松楸也。然道途之遙，供億之煩，人情有所難，而輪首有所不堪也。乃定爲四十八分，析而僉九十六人，九十六人之中，而猶有不至墓所者。此豈有水木本源之思者乎？甚至沿途生事，朋比虛人；頒胙之際，飲而喪儀，醉而敗德；譏訕輪首，侮慢尊長。是宜查明，以罰其胙。有登舟而不至墓所者，其罰同。

經理祭田。祭之有田，業可久也。《傳》曰："無田不祭。"蓋謂此爾。吾宗祭社、祭墓，祭於春、秋，俱有田矣。而不知所以經理之，則佃户緣以爲奸，將豐而作歉也，以瘠而易腴也；昔之廣者，而今狹隘也。輪首茫茫然，聽其輸納之多寡而不較也。苟完祭事，雖賠貤而不惜也，其何以救末流之弊乎？今後，輪首或四人、八人，豈徒至佃户之家而收其租？必率同佃人而履其田，并其坐落、四至，詢訪而締視之，則年之豐歉不可欺，田之腴瘠不可易，而畝步廣狹較若畫一，豈得而侵損之乎？族長正、副於祭畢之時，集輪首收租者而加考察，以驗其果至之與不至，毋聽其虛應故事而妄對也。有妄對者，而罰行焉，庶幾人知所警，而次年輪首亦惟率是而行之。其田或傾倒、淹漲，輪首者議取衆物而料理之。

舉行冠禮。冠者，成人之道也。方童子之時，加冠於首而責其成人，顧不以禮率之，申命以戒之，盛服以期待之，而遽欲其盡成人之道，不亦難乎？吾宗於此禮，上世每襲行之。邇年以來，因循廢格，先王盛典湮没於巨族，甚可惜也。今後春、秋二祭，禮生習禮，定于前期二日演習冠禮，務要節文習熟，禮度閑雅。將冠之子弟，與其秉禮之父兄，族長正、副，集衆於祠，舉而行之，庶童子知所以爲成人，而他日所就未可量也。然此特有力而秉禮者之事，至於無力者，從俗可也。

正始閨門。閨門之中，正始之地也。幸而娶婦之賢，宜室宜家，而家道之成也，恒必由之。其或娶婦不賢，所謂"家人睽，必起於婦人"；所謂"婦有長舌，爲厲之階"。不事姑嫜，不順夫子；仇妯娌而欺比鄰，慢尊長而賊奴婢，放縱無恥而壞我門風，嫉妒尤甚而索人宗嗣。婦道至此，爲之夫與爲之舅者，尚優容之，以長其惡，其於正始之義何有哉！吾宗不幸而有此婦，初犯，責其夫；再犯，戒其婦；三犯，諭其父母、告諸宗廟而出之。

男女婚嫁。男女居室，人之大倫，而婚姻嫁娶以及時爲貴。方聘定、許配之初，尤宜慎擇，必其年相若而德相似也。上世以來，專尚閥閱，閥閱相宜，貧可也，吾不能厚，而亦不責人之厚也。閥閱非宜，雖富不可也。吾以厚望之，而彼將以厚責之，夷虜之道，存乎其間，辱我門第，取人譏笑。惟求其富，不論閥閱，今時之弊也。吾豈願族人而有是哉？戒之，慎之。

居喪弔喪。居喪者，人子之不幸；而弔喪者，人情之不容已。古人每用賻儀，所以厚死喪之家。今人賻儀概不受，而所以款弔喪者，深貽遭喪之累，其在我許尤甚。聚議有酒，三日有飯；送殯有飯，謝禮有酒。靡費不貲，勞擾不堪，中家以下，力竭于供億。至于殯葬送死，乃從薄，不亦見之左乎？承訛習舛，蓋謂上世之所已行，不可改也。殊不知禮以義起，而亦可以義裁之也，時俗於絹帛之類，悉從節省，而款族人弔喪之費獨不可以裁格乎？今後，居喪者不必勉強備此，而弔喪者亦不必責人以此。尊長臨喪，止揖，不得概行拜禮，抑亦秉禮之一端也。

養正於蒙。"蒙以養正，聖功也。"夫養於童蒙之時，而作聖之功基焉，是豈細故也哉！始養之道，莫要於塾師。今之塾師，難矣哉！工以役之，而非以師道尊之也，其朴作教刑，師道之所不免也。而父母之姑息者，豈惟尤之？又從而詈之，夫是則法廢而教有所不行矣。以此養蒙，而冀蒙之得其養哉？蒙之失養，本實先撥，又可望他日之有成哉？吾宗童蒙頗多，而設舘非一，隨地有舘，以迎塾師，幸毋陷前之弊。隆師傅之禮，懲姑息之愛，教導之預，則蒙得其養。雖無作聖之望，庶幾其爲成人，毋忝厥祖，不亦幸哉！

振作士類。士之肄舉業者，有志於科第者也。業之弗精，而有能以應舉及第者乎？饑寒困窮亂其心，吾未見業之能精也。營營內顧之私，衣食之累，悠悠歲月，浪過一生，而終於無成，甚可惜也。今後，凡遇族人子弟肄習舉業，其聰明俊偉而迫於貧者，厚加作興，始於五服之親，以至族人之殷富者，其諸月給燈油、筆札之類，量力而助之，委曲以處之，族之斯文又從而誘掖獎勸之，庶其人之有成，亦且有光於祖也。況投我木桃，報以瓊瑤，又何憚而不爲乎？

居家孝弟。孝也者，善事父母之謂也；弟也者，善事兄長之謂也。是蓋不學而知，不慮而能，自一念之善充之，則可以至於堯、舜。堯舜之道，孝悌而已矣，此之謂也。吾族之人，率其日用之常，其誰不爲孝悌？苟拘於氣稟，染於汚俗，滅天理而傷人倫，亦不免於不孝不悌也。但其始於小過，漸流於惡,不可不開其自新之路。今後,於不孝不悌者,衆執於祠,切責之,痛治之,庶幾懲已往之愆,冒將來之善,昔爲盜蹠,而今亦可爲堯、舜之徒矣。其或久而不悛,惡不可貸者,衆鳴於公,以正典刑。

敦義睦族。族之人,其初一人也。一氣流傳,至于雲仍而不可窮也,是可無敦睦之義乎？必喜相慶、戚相吊,歲時問遺,伏臘宴會,排難解紛,周急愛護,以分相臨而恩必洽也,以文相接而情必通也。族人群聚,一家人父子之相親也,是敦義睦族之道,祖有明訓,可以世守而服行之也。其或强欺弱、衆暴寡、富吞貧,恃尊凌卑,以少犯長,眇示族人而仇讐之,非吾之所敢知也,族長正、副而知此,願秉是非之公。

交隣處友。居必有鄰,人必須友以成,是二者保家淑身之道。交隣以和、以信義,所謂"患難相恤,疾病相扶持",皆和睦之積也,抑亦有相周之義焉；所謂"德業相勸,過失相規",皆信義之推也,抑亦有通財之義焉。吾之貧也,將有望於人；吾之非貧也,得不施之於人乎？否則,凌虐比隣,非所以自固；昵比匪人,非所以自淑。是在交與者慎之、擇之。

撫孤恤寡。父之于子,而見其成人；婦之於夫,而及爾偕老。是處人倫之幸,道之常也。不幸而值其變,固有無父而孤、無夫而寡者焉,此窮民無告,王政之所必先焉者,其尤宜憐恤也。爲何如哉？世之凶暴無恥者,欺人之孤,虐人之寡,恣貪饕之慘而奪其資,其孤寡者含恨飲忿,而卒於無所控訴也。彼人之心忍乎哉？殊不知天道昭明,殃慶各以類至。積惡,餘殃不於其身,必於其子孫。雖欲悔禍,將何及耶？今後,凡遇孤兒、寡婦,恩以撫之,厚以恤之,扶持培植,保全愛護,期於樹立,罔俾失所。爲之婚嫁,爲之表彰,伯叔、懿親不得而辭其責也。敢有蹈前之弊,或訪而知,或訴於祠,衆執而治於孤寡者審處之,俾善其後。

表彰節義。節義者,天地之正氣,士人之懿行,非所望於婦人、女子者也。今之婦人、女子,間有值人倫之變,或慷慨殺身,或從容就義,固有烈丈夫所不能者。彼蓋未嘗知學問之功,不過生質之美罔變於俗,而天綱地維賴以不墜。但限於無力,欲聞諸有司,區其門第,亦難矣,而況於奏聞旌表乎？是何以正風而勵俗也？吾宗以忠厚傳家,而立節守義者亦多。今特疏名於簿籍,第其事勢之難易,列爲二等,劑量胙之厚薄,每祭必頒以錫之,用示優待之意,抑亦表彰之義也。其忠臣、孝子、順孫、義夫卓然異行者,衆議處之,但率人道之常,人皆可能也,不及備録。

剖決是非。是非者，天下之定理，人心之公論。有是必有非，此是必彼非。但人情好勝，顛倒是非，欲逞其一己之私，而聽斷剖決是非，難徇乎一偏之見。苟偏黨阿徇，有一毫私意存乎其間，則差謬舛錯，人心之所以不服，而訟獄之所以不平也。今後，須秉至公，務合輿論，庶彼無所隱其情，而我不至枉其實。所謂公論起於鄉評，而況族誼之重乎？此在長者慎之。

救災恤患。人固以安靜為福，而災危患難亦時有之，如水火、賊盜、疾病、死喪，凡意外不測之事，此人情之所不忍，而推恩效力固有不容已者。其在鄉黨、隣里，有相周之義焉，有相助、相扶持之義焉，況於族人本同一氣者乎？今後，凡遇災患，或所遭之不偶也，固宜不恤財、不恤力以圖之，憐憫、救援、扶持、培植，以示敦睦之義。此非有所強而迫也，行之存乎人耳。彼忍心害理者，以秦越視之，甚至下井落石，亦獨何哉？

各治生業。生業者，民所賴以常生之業也。《書》之所謂"厚生"，文正之所謂"治生"，其事非一。而所以居其業者有四，固貴乎專，尤貴乎精。惟專而精，生道植矣。士而讀，期於有成；農而耕，期於有秋；工執藝，期於必售；商通貨財，期於多獲。此四民之業，各宜治之以生者也。上而賦於公，退而恤其私，夫是之謂"良民"。出乎四民之外，而蕩以嬉者，非良民也，宜加戒諭。其或為梁上君子，族長正、副訪而治之，抵而法。

擅興詞訟。訟也者，鳴己之不平，而亦人情之不得已者也。可已不已，謂之"好訟"；反復詰告，謂之"健訟"。故"訟"卦無吉，又曰"終訟凶"，戒之也。凡我族人，事之有不平，情或出于不得已，請眾於祠，備述顛末。自罵詈、鬥毆以至財產、帳目，族長正、副剖析是非，曲為處分，各得其平，退無後言。無箠楚之苦，無犯罪之罰，夫復何故而擅興詞訟乎？其在異姓，亦須忍讓，甚不得已，乃始經公，亦必聞於眾而後出詞，庶免擅興之罪。

鬥毆相爭。君子無所爭，言其恭遜，不與人爭。爭固不可，而況鬥毆以爭乎？其在他姓，就相爭也，我許之爭，其於是同行同飲而禍機伏焉，言傳風聞而報復行焉。酗酒逞兇而人不能避，詭計生事而人莫敢怨。詈人而惡其回言，毆人而制其回手。以氣凌人，以力虐人，率然臨之，若雷電鬼神之不可測，無因而至前也。或者不悟其為許而相毆焉，一人之力不勝，而旁觀者繼之，或三或五，群聚交鬥，其有弗勝者乎？否則，相與謀曰："此人也，某途某處可捕也，淫房、酒肆可捕也。"是可捕於神會之場也，是可捕於戲臺下也。邀截捕打，必於快心而後已。人之自愛者曰："我之非敵也，當自有敵之者，忍讓以惜財也,退縮以保身也。務我生理,而莫爲官司之擾也。彼誠釜中魚爾,侵燈蛾爾,又奚足較哉?"甚哉,許之愚也。猶曰:"人咸畏也。"率是以往,其將何所不至乎?始於鬬毆,或至人命。喪身亡家,禍不旋踵。吾特爲之爓破前非,凡若此輩,宜亟改圖。今後,族人相毆,猶得原情而裁之也。與人鬬毆者,薄治之也;無故毆人者,痛治之也。其不率者,率衆攻之,經公治之。戒一懲百,其此之謂乎?

遊戲賭博。"洵有情兮,而無望兮宛丘。"所以刺遊蕩也。今之遊蕩戲侮者異於是,職業不脩,放僻邪耻,迎神賽會,遊燈索錢,生事地方,詐騙酒食,使人不敢言而敢怒。至有爲梨園子弟,男作女裝,務以悅人,大傷體面。搆徒聚黨,登場賭博,壞人子弟,而亦有壞其心術,破毀家產,蕩折門户。若此之流,沉溺既久,迷而弗悟,宜痛戒治,使其改行從善,不亦可乎?

制御僕從。蘇子謂:"家有主母,豪奴、悍僕不敢與弱子抗。"族人既衆,而僕從必多,主微弱而僕驕悍,往往有之。有之而不能自治者,聲諸衆以治之。其或犯上者,罪不容於死。其見他房之主,坐則必起。少有犯者,痛加責治,仍遣叩首致謝於所犯之家,毋得寬縱,以啟效尤。僕不率者,重其罪;主姑息者,罪其主。此君子、小人之大分,不可不正者也,慎毋忽。

小過鞭朴。古人朴作教刑,又云"蒲鞭示辱"。蓋以過之小而鞭朴行焉,辱之也,教之也,非有傷殘於肌膚,使之懲創以自新也。父兄之於子弟,小有過者,而弗施鞭朴,隱忍含容,以至漸流於惡,是賊之也。凡因小過,情有可宥者,而欲盡抵於法,亦非所以愛之也。莫若執之于祠,祖宗臨之,族長正、副斥其過而正之,箠楚以加之,庶其能改而不爲官府之累,其明刑弼教之行於家者乎?

送官懲治。今之所謂"良民",不勞官府而治者也。蓋其以善自淑,以時輸賦,與世相安於無事,而又奚惡之可懲哉?彼不爲良民,而身犯罪戾,不應以下,吾得訓而戒之,原而宥之也。其不率教訓,不守《家規》,自不應以上,情不可恕,法不可貸,是不免於經公也。芟夷稂秀,以植嘉穀,齊心協力,竟送官司,以正國法,是可容一毫私意於其間乎?是可狥一人之私輕貸而不舉乎?族長正、副宜慎之,毋取譏議。

祭器樂器。祭器、樂器,或祭祀,或燕會,凡有事於祠者,必資以爲用也。後人不知所重,但其了事,視爲衆物,委而棄之,私而借之,以至毁壞、遺失。曾不惜前人製造之勞,而後事無備之患,弊也久矣。今立一簿以録之,如籩豆、簠簋、鑼鈸、銅器、碗碟、方盤、牲盤、酒海之類，具載簿中。先年輪首，於祭祀以後，即集次年輪首之人，面稽簿籍，照數交代，毀壞令其修，遺失責其償。輕者，置於祠中而器之；重者，寄附近土庫房内，有事則取而用之，事畢則珍而藏之。不得而私諸家，不得而假諸人。下年交代，亦如之。不率者，嚴其罰。循環傳遞，以示世守，不亦經常可久之道乎？

——崇禎《古歙城東許氏世譜》卷七《家規》

明崇禎休寧縣葉氏宗族家規

家規

先儒有曰："家難而天下易，家親而天下踈。"一家人父子、兄弟、夫婦，相親相狎，義勝易離，恩勝易玩，整齊最難。非有規以範之，未有不至于離且玩者。是以吾家教諭府君定《家規》十二條，爲後世子孫法。深究風自火出，家人之理，以人生不越言行兩端，日與家人接，亦只此二者而已。誠言有物而行有恒，身既正則一家自無不正，父父、子子、兄兄、弟弟、夫夫、婦婦而家道正，正家而天下定矣。吾家世世永宜勗之。

謹言行以法家，平好惡以齊家，重倫理以教家，正名分以範家，豫蒙養以興家，肅閨門以正家，敦忍讓以和家，教詩禮以傳家，務勤儉以成家，禁邪巫以閑家，息爭訟以保家，積陰德以世家。

首謹言行以法家。《易》曰："風自火出，家人，君子以言有物而行有恒。"又曰："言出乎身，加乎民；行發乎邇，見乎遠。"言行，君子之樞機，樞機之發，榮辱之主也。言行，君子之所以動天地也。可不慎乎？《魯論》曰："言忠信，行篤敬，雖蠻貊之邦行矣。"言行而至于孚蠻貊、召榮辱、動天地，豈有家人而不化且法者哉？故欲法家者，不可不先謹言行。

二、平好惡以齊家。《大學》之"傳"曰："所謂齊其家在脩其身者，人之其所親愛而辟焉，之其所賤惡而辟焉，之其所畏敬而辟焉，之其所哀矜而辟焉，之其所敖惰而辟焉。故好而知其惡，惡而知其美者，天下鮮矣。"好一辟，未免恃恩狎愛，漸至昵玩而侮；惡一辟，誰肯回心改行？必至扼腕而忿。侮與忿，家何能齊？而要自好惡不平始。故欲齊家者，不可不平好惡。

三、重倫理以教家。五倫之見于經傳者，昭如日星，人人共知共由，不能盡述。然父子親、夫婦順、長幼序、朋友信，此等人出而事君，必爲忠臣，爲良臣。摠之,倫常原于天性,不事矯飾,本慈孝以爲親,率唱隨以爲順,根友恭以爲序,袪虛假以爲信。合親、順、序、信以事君,倫理重而家教立矣。故欲教家者,不可不重倫理。

四、正名分以範家。《易》之"履"曰:"君子以辨上下,定民志。"《孟子》曰:"徐行後長者,謂之弟;疾行先長者,謂之不弟。"同族有兄弟、叔侄、母黨、妻黨,亦有親屬尊卑,彼此稱呼,自有定序。至于拜揖必恭、言語必遜、坐次必依先後,名分既正,情洽心安,名門故家之禮,原是如此。若夫恣意紊亂,蔑視尊卑,甚且有以庶並嫡、躋妾爲妻者,名分倒置而家道滅矣。故欲範家者,不可不正名分。嘗見故家大族,弟至兄室,揖坐不問倫序,而分賓主者,殊爲可笑。吾家向無此禮,亦以《家規》素範故也。

五、肅閨門以正家。《易·家人》曰:"女正位乎内,男正位乎外。男女正,天地之大義也。"《内則》曰:"男不言内,女不言外。非祭非喪,不相授器。其相授,則女授以筐,其無筐,則皆坐奠而後取之。外内不共井,不共湢浴,不通寢席,不通乞假,不通衣裳。男子入内,不嘯不指,夜行以燭,無燭則止。女子出門,必擁蔽其面,夜行以燭,無燭則止。道路,男子由右,女子由左。""嫂叔不通問,諸母不漱裳。"古人肅閨門類如此。縱使家道貧富不齊,如饁耕、採桑、操井臼之類,勢所不免,而清白家風自在,儀度自别。近見傷倫敗俗之家,往往自閨門不肅始。故欲正家者,不可不肅閨門。

六、豫蒙養以興家。按,《内則》有胎教,又有能言之教,八歲有小學之教,十五歲有大學之教,是以子弟易于成材。今俗教子弟者,上者教之作文,取科第功名止矣,功名之上,道德未教也;次者教之雜字、束笺、筭法,以便商賈;下者教之狀詞活套,爲他日刁猾之地。是雖教之,實害之矣。吾族中父兄,須知子弟之當教,又須知教法之當正,又須知養正之當豫。蒙養既端,則子弟成立,而家未有不興矣。故欲興家者,不可不豫蒙養。

七、敦忍讓以和家。泰伯讓而開周,夷齊讓以求仁,公藝百忍,同居九世。苟非忍讓,原於性真,安能弘開剏、甘窮約,聯九世如一日,聲施後世哉!蓋忍非强忍、姑忍,讓非推讓、故讓,念念綱常倫理,知有義,不知有利,躬自厚而薄責人。有此真念存于中,自然不期忍而忍,不期讓而讓,參不得一毫人爲意想。暫如是,久如是;常如是,變如是,方謂之"忍讓",方謂之"敦忍讓"。一人忍讓,一家自然恥忿而恥争,家道雍睦而和矣。故欲和家者,不可不敦忍讓。

八、教詩禮以傳家。傳者，傳之世世，永無窮也。以詩禮傳家，豈徒教後世誦詩書、習禮數、取功名而已哉？夫子庭訓，不外詩、禮二者，曰："不學詩，無以言；不學禮，無以立。"又曰："興於詩，立於禮。"則詩禮之係于人甚重。人苟涵濡於溫柔敦厚之教，則無躁急浮輕，自然心氣和平，出言有斐而不紊；循習于恭儉莊敬之教，則無邪倚傲慢，自然德性堅定，卓然豎立而不仆。既非頑俗鄙俚，又非波靡輕澆。傳之世世，豈不爲詩禮名家哉？故欲傳家者，不可不教詩禮。

九、務勤儉以成家。先喆云："大禹聖人，尚惜寸陰。矧兹吾人，當惜分陰。"又云："一歲之計在於冬，一日之計在於寅。"蓋言勤也。禮奢寧儉，不遜寧固，聖人倦倦以儉教人。老氏三寶，儉居一焉。蓋士、農、工、商，業雖不同，皆是本分內事，惰則職業墮，勤則職業脩。縱然富貴自有命定，饑寒斷然可免，內可以慰父母、妻子倚賴，外可以免媚里姍笑。然勤儉原相表裏，勤而不儉，奢靡浪費，勤亦無用。不思人生福分有限，若飲食、衣服、日用起居一一節嗇，留有餘不盡以還造化，隨緣隨分，自然享用不盡，可以優游天年。勤而能儉，家道成矣。故欲成家者，不可不務勤儉。

十、禁邪巫以閑家。師巫邪術，律有明條。蓋鬼道盛，人道衰，理之一定者，故曰："國將興，聽于人；將亡，聽於神。"況百姓之家乎？族中凡遇僧道邪術，勿令至門，一切超薦、誦經、拜北斗、披剃等俗，並皆禁絕。至于婦女識見庸下，其媚神徼福尤甚于男子。且風俗日偷，僧道之外，又有齋婆、賣婆、尼姑、跳神、卜婦、女相、女戲等類，穿門入戶，人不知禁，以致哄誘費財，甚有犯姦盜者，爲害不小。《小語》曰："三婆不入門，便是好人家。"各家夫男，須極力嚴禁，閨門始可防閑。故欲閑家者，不可不禁邪巫。

十一、息爭訟以保家。太平世界，家無獄訟，便是人世天堂。蓋訟事有害無利，要盤纏，要奔走，造機關，壞心術。且無論官府廉明何如，一做狀便被狀師騙，一打點便被歇家騙，一進衙門便被胥皂騙。有多錢，用得猶可，若是錢少，經幾呵叱，經幾穢辱，伺候幾朝夕，方得見官。無論理之是非，只要求勝，央人情，鑽分上，鬻產借債不惜，甚至破家，忘身辱親，冤冤相報，害及子孫。幾曾見會打官司人家有長進子孫否？要其自始，始于一念客氣耳！《易》曰："君子以作事謀始，始能忍，終無禍。"即有萬不得已，或關係祖宗、父母、兄弟、妻子事情，私下處不得，無奈何，亦只從直告訴，切莫架橋虛揑，致問招回。又須早知回頭，辨明即止，不可終訟。就是終訟勝得人，亦非好事。

故聖人于"訟卦"曰:"惕中吉,終凶。"又曰:"以訟受服,亦不足敬也。"此是錦囊妙策,人能存此息爭之念,自然身家可保。語曰:"忍得一時氣,免得百日憂。"知言哉。故欲保家者,不可不息爭訟。

十二、積陰德以世家。《易》曰:"積善之家,必有餘慶。"語曰:"不如積陰德于冥冥之中,以爲子孫長久之計。"未有積德之家而後不昌熾者。歷觀唐裴度還帶香山而位極三公;宋王曾買女還母而奕世貴顯;純仁以麥舟舉友喪,登高第而官至尚書;馮商以遣妾出父獄,即娠子二,聯第三元。其餘積陰德獲福者,難以悉數。摠之,德必積而後興,自一念以至念念,一事以至事事,無非積功累仁,真誠懇至。不求人知,不責人報。必如是而後謂之"積德",謂之"積陰德",庶幾世世食報於無窮矣。故欲世家者,不可不積陰德。

吾家教諭府君,生有流虹異夢之祥,長受業於大儒之門,躬行篤至,重倫常,敦義讓。居父喪,泣血苫塊,如禮廬墓三年。鄉人化之,表厥里爲旌孝,條定《家規》,首謹言行,平好惡,重倫理,正名分,以規其始,大本立矣。繼之以豫蒙養,敦忍讓,教詩禮,而教道行。閨門不肅,邪巫不禁,勤儉不務,爭訟不息,敗之道也。復閑邪以保其教,陰德者培本,始完造化,持家善物,故以之終其規焉。吾家數百年來,世守《家規》,即不能人人而若于訓,長幼序而名分正,敦詩書,崇禮義,青衿蟬聯,簪纓接武,居然大家,爲吾休望族,豈非以《家規》素肅而敬承有人哉!

論曰:有國者,匪直山川城郭以爲固,甲兵斥候以爲衛,所以維持人心而幹旋指使,獨賴有禮在。故曰"能以禮讓爲國乎,何有? 人有禮則安,無禮則危",最喫緊語也。至習以成風,豈能不偏駁? 有漸澆漸靡,漸悍漸倨,漸詭漸戾,漸肆漸迷,任保世者,當於群居各察其偏,因機化導之,此豈易易事? 昔漢王彥方以其義化鄉間,宋陳兢歷世同居,雖今古曠見事,敢謂人心必不可化? 任感化者,必難其人哉!

——崇禎《休寧葉氏族譜》卷九《保世·家規》

清康熙婺源縣清華胡氏宗族仁德堂家規

璞齋公家規序

嘗觀匠伯規、矩、準、繩,四法不離,乃思矩所以爲方者也,而以曲尺傳;準所以爲平者也,而以推鉋傳;繩所以爲直者也,而以墨斗傳。若云規所以爲圓者也,藉何物以傳哉!始悟規有不傳之傳,妙用從乎一心,心地員融,爲方、爲平、爲直,無不自我而造,得於規之中,超於規之外。規一時,規萬世,心心相傳,匠伯之所以至今常存也。吾身亦有規焉,言無規則謬理,行無規則拂經,動靜、起居無規則失常,是以《大學》之道必先修身以立規。得其規而善用之,豈惟規一身,直可規一家。因述我身之規,以立《家規》。

一、規聖賢,"敬"字以存心。心爲萬物之主,行事是非,皆由心之敬肆,分途爲人。不敬天地,不敬三光,不敬五行,不敬君王,不敬父母,不敬朋友,不敬上官,不敬賓客,豈待臨時始然?皆由起居動念時,自謂無知,不思檢點嚴束,遂生出無端欺天罔人罪惡。吾何以規之哉?存心須以毋自欺爲先着而敬始立,故有《心規》。

一、規聖賢,"恕"字以治身。身者,對人之稱,凡人一身,子、臣、弟、友皆職分之所不能逃者。人惟事事看得自是,不肯平心抑氣,不得於君則怨君,不得於父則怨父,不得於兄則怨兄,不得於友則怨友,所以同室操戈,同袍分袂,皆於上下、前後、左右妄起陵撥。不克降心自反,何嘗見有躬自厚而薄責於人者?吾何以規哉?治身須以能絜矩爲先着而恕始完,故有《身規》。

一、規聖賢,"謙"字以善世。《聖經》云:"吾非斯人之徒,與而誰與?"凡人業不能逃世以獨立,則在邦在家,何能居上而不驕,爲下而不倍哉?總由素無涵養,不明天道惡盈好謙之理,不識物情有角無齒之故。同堂不能相下,並行不肯讓先,所以風波莫測,戲謔成仇,皆於謙道未嘗講也。吾何以規哉?善世須以卑自牧爲先着而謙始盡,故有《世規》。

此"三規"者,非我師心自用強以誣身,竊以誤家者。翻盡無底書囊,而見千經萬典,聖之所以爲聖,賢之所以爲賢,皆是物也。始信古人豈欺我哉!嘗憶花甲言週以後,入乎規,出乎規,風雨晦明,念念密持,不敢時刻離者,只此"三規"耳!先聖以詩禮規,吾今得詩禮內之三寶以立規。吾子若孫,敬守毋忽。

璞齋先生家訓跋

康熙癸未冬,胡子綺仙率其子侄,請余講學於胡氏仁德祠。講畢,謁胡子調,我見某堂懸乃祖璞齋先生《家訓》,余拱立莊誦之,不覺心契神怡,而羨先生之規,一家爲得其要領也。蓋"敬""恕""謙"三字,自古聖賢皆由此做成,真詩禮內之寶。果能篤信而力行之,何患身不修、家不齊也?調我因索予跋之。余喜,先生之先得我心,"三規"不可闕一,而"敬"之一字尤重。高忠憲公曰:"學有無限工夫,'心'之一字是大總括;心有無限工夫,'敬'之一字是大總括。不敬則必怠且肆,而心不存自私自利。"傲慢待人,身不治,何以善世?故君子必以主敬爲本,外而整齊嚴肅,内而此心收斂,不容一物。時時提醒,無有間斷。以之治身,自能推己及物,不欲勿施;以之處世,自能察言觀色,慮以下人。此"敬"之一字,所以爲成始成終之聖學也。今先生以敬、恕、謙分爲身、心、世"三規",而余則合三規而一之,其要總在主敬,蓋不恕、不謙皆由於不敬。有家者宜各録一篇,置之座右,力行操持,其於善身而淑世也何難之有?爰跋數語,以答胡君調我之命。

紫陽同學施璜拜撰。

——民國《清華胡仁德堂續修世譜》卷七《序記》

清康熙黟縣橫岡胡氏宗族家規

家規

國重國法,所以懲刁頑;家尚家規,實以儆敗類。固以見國、家之一致,而知非有歧道也。我祖宗出膺民社,其於尊朝廷以化草野者,時見諸政譜中矣。豈其於家之所當箴戒者,而反略焉不講乎?不列于譜,其何以使後之人望之而生畏,以共底於淳龐也耶?爰詳誌《家規》列左。

一、曰敦孝弟。人生大節,首重彛倫,則五倫皆人生所宜務全者也。然其間有以天合者,則有父子之倫焉,有兄弟之倫焉。斯二者生本同氣,猶之枝葉同根,其尤切于人者,何如哉?然觀人子甫離胞胎,莫不知有顧復之親;稍長知覺,莫不知有手足之愛,是豈教之所能勖乎?夫亦天性使然也。性,人所同也,夫誰不當孝于親乎?夫誰不當弟于長乎?歷攷我祖宗屢傳以來,殫屬毛離裏之忱而竭友恭天顯之誼者,固難以枚舉也。兹之首列于譜者,豈徒以垂戒之具文?務欲使我族姓知罔極之恩、塤篪之奏,凛而遵之,以無忘此兩大之倫,而後知功名事業之傳,尚可期之成人之日,而明發友于之誼,務宜勖之于孩提之時,則敦孝弟之爲急務也。

二、曰睦族屬。人生天地,氣以成形,理以成性,而後始有此身。身也者,根乎一本,貫乎九族,推而至於千萬世,脉脉相承,系系相繼,永久勿斁。族姓攸繋,誠足重念也。古者,一身所接,必先親親之愛,次敦本支之誼,漸而旁及于民人之衆，庶物之細良有以也。近見世之人，不知敦本之圖，而薄視乎同姓之親，鬩墻起釁，同室操戈，冰炭相待，陌路興悲，比比而是。其族於屬之重，曷勝慨哉？今吾族藉祖宗之庇，雖不能顯赫當途，而其間廉隅自愛、清白自矢者，亦不乏人。由茲以往，惟祈互爲儆戒，交相勸勉，使一本之愛無虧，九族之誼務全，亦安有彼此之分以間我骨肉也耶？則睦族屬之爲急也。

三、曰勵人品。凡人一身，他務皆不妨徐及，而品行斷不可不嚴，則立品誠生人之最宜自審者也。古者，太上則矢志進取，出膺民社之寄，次亦操行純朴，居重鄉評之隆，則品之於人誠至切也。近見世之人，心術不正，每欲苟且以欺人；志念不軌，崇尚詭詐以媚俗。是品之不勵，尚可以爲人乎哉？吾族中雖不能盡皆淳良，而於心術志念之間，務宜洗滌陶汰，以求爲光明正直之士、端方清介之儒，而後見重於鄉者，遂以漸達於國也。不誠出處咸宜之要道乎？則勵人品之爲急也。

四、曰崇學校。性秉於天，厥曰有恒；習移乎人，因類以就。所以人非聖賢，非學以爲之裁成，未有不流爲下愚而莫之救者也。古者，庠序、學校，各異其名，而要皆以廣勵爲心，以諄切爲教，使人盡忠厚，俗尚淳龐，誠盛舉也。今之去古遠甚也，不務寔學而機械是尚，竊儒名以欺人，而動言章句爲無用，何怪乎服吉者色沮而明道者氣消乎？我族中崇尚學校，固已窺其一斑矣。自茲以往，惟祈父戒其子，兄誨其弟，孝慈友恭之大，綱常儀節之重，以與之朝夕講明之，庶幾不負學古有獲之益乎！則崇學校之爲急也。

五、曰務本業。人生世上，各有專業，以故士之子恒爲士，農之子恒爲農，而他務不足以間之。古者，士、農、工、商，職業惟勤，而家盡豐阜，人無敗德，此風不復覯矣。今之人類皆以名相尚，了無實心，何惑乎舍其本而他是圖也？我族中敦本業者，雖曰有人，而尤期共相勸勉，互爲諄誡，使各因其才以專圖其業，庶幾人無閒曠而家益饒裕矣乎！則務本業之爲急也。

六、曰正名分。尊卑有定位，不可混也；親疎有定制，不容紊也。綱常之重，倫紀之修，洵於是乎受裁矣。所以古今有一定不易之闓，上下有不相假僭之典。人而昧乎辨名定分，尚安可以爲人乎哉！務使家庭出入之際、閭里往來之間，不令幼以先長、卑以凌尊。一循其序，而不致少有紊亂於其間者，其於拜跪、坐立之節，疾徐、進反之文，咸彬彬乎盛世之遺也，又何有侵奪僭越之虞乎！則正名分之爲急也。

七、曰謹閨範。《易》繫陰陽，實肇男女之始；《詩》詠《關雎》，用著室家之正。所以治外者，尤必需乎治內也。古者，女子之生，著有明訓，班班可考矣。近見世俗之於閨範，多有不及古所云者，豈無故哉？夫亦世風使然，而教之不豫，以至此也。吾族中老成模範，難以詳述，茲惟是嚴內外之防，謹邪正之辨，使內言不出，外言不入，一其循乎婦道之規，庶幾無愧乎《詩》《書》所載也已。則謹閨範之爲急也。

八、曰儆游惰。凡人勞則思，思則善心生；逸則淫，淫則忘善，忘善則惡心生。是生人之善惡，視乎用心之勤惰，而初非一定之性也，明矣。所以古之聖人諄諄提命而多方以爲之訓者，豈好勞哉？誠以業精於勤而荒於嬉，稍萌逸豫之思，而職業之坐廢者，雖千馴莫追耳！惟是聚鄰而處，比戶而居，父勉其子，兄誡其弟，務以各勤職業爲心，而勿逸勿休之意自足以家喻而戶曉之也，豈猶有游手蕩佚之慮乎？則儆游惰之爲急也。

九、曰嚴匪僻。人品有邪正，心術分純襍。於此而不嚴爲之防，未有不相習爲固然，而莫之底止者也。故孟子曰："無恒産者無恒心。"誠以見人性本善，而蕩佚奢淫遂致下同於禽獸，爲可惜耳。所以古之教民者，每於人品心術爲兢兢，良有以也。今吾族中不能盡人而共出於一心，惟於歲時伏臘之際、春秋標祀之期，既咸集於宗祠，務必白其至意，以與我族子弟講明而切諭之，以禁其非心而共循乎正道，則蕩佚奢淫之患奚自而入之哉！則嚴匪僻之爲急也。

十、曰急賦稅。惟正之供，上取乎下，下供乎上，分固應爾也。苟三時不害而時和年豐，其於稅也，又何損於民之脂膏矣乎。然而今之人視催科爲無與乎己事，而任意拖延，恣情網利，致累圖役責比之不堪者，誠足憫也。今我族中賦稅，惟期日增，而務要及時以完公事，庶幾上無負於朝廷官長，下不累乎胥役。問之於心，不誠忠君愛己之要務乎？則急賦稅之爲急也。

十一、曰息詞訟。人之生也，有氣以爲之運用，則氣誠人生之所重也。每見世之人，徒恃乎氣，而於事之是非、理之曲直，皆置之而不問。迨其後也，勢不可已，甚且至於虧體辱親、破家蕩產，而追悔之無從者，良可慨也。故聖人明爲之訓曰："一朝之忿，忘其身以及其親，惑之甚已。"今與我族戒：設有所爭，必先審乎事之得已與不得已，而後持理以對，決不致有理屈詞窮之虞而受辱公庭、追悔私心者也。若徒恃一往不顧之情，而不計其事之可已而執迷不已，勢不至事後追悔而家產零落以取敗、忘恥辱之患者不止也，則息詞訟之爲急也。

十二、曰馭僕婢。自國家有大人之事,有小人之事,則事誠非一人之可以獨治之也。夫家國一致也,有大人以綜其成,自必有小人以分其治,則雖小人分屬卑賤,亦必馭之以道,而初非可以一概輕責之也。故聖人之教曰:"唯女子與小人爲難養。"誠非無説也。凡我族中,役使僕婢,勢不可無,務必馭之以禮,撫之以恩,示之以威,戒之以惰,用之以時,安之以業,則我心既盡,彼心自服,又豈有尾大不掉之虞,而致背逆逃竄之患也耶?則馭僕婢之爲急也。

古之有《家規》《禁約》,所以垂戒後人,儆惕當世,誠爲譜中之要道也。然非曒之所敢居也。曒自維忝居族中,分卑才淺,冒膺斯任,僭妄之罪,實已難逭。況敢妄列規條,欲以著訓當時,而防範後世,則莫大之罪,其將更何所容耶?但此編輯之事,實是難拒,家大人嚴命,所以不辭固陋,不避訕誚,而一聽乎罪我者之所爲,遂不得已而獨任之,究非曒心所敢安也。然今譜已粗成,於是冒列數條,附諸譜尾。揔而計之,亦不過使昭明乎綱常倫紀之節,崇本務實之業,治己治人之術,出入內外之防,事上使下之義,保身保家之計,庶幾我族之中人盡醇良,俗咸忠厚,家道豐裕,不致有誤公之愆;學皆篤實,不復襍邪僞之惑。各務正業,各養正性,依然三代之盛,而太古之遺也。至謂曒之僭妄無端而深痛責之,則曒之所拜而受之者也,何敢辭焉!

——康熙《橫岡胡氏支譜》卷下《家規》

清康熙黟縣橫岡胡氏宗族壯卿公家規

一、本家各處祖塚,所以上妥先靈而下蔭子孫也,歷年既久,福庇攸深。若盜一抔之土,神既不寧,禍必旋至。凡支下子孫,不得魃行侵害,蔑祖自便。如違禁者,族衆即行起鬨鳴官,以不孝罪論罰。

一、古者,三月而葬,禮典昭然。況祠內係祖宗居歆之地,使停櫬過年,匪特亡魂弗安,自取不孝。一遇祀典,瀆褻實多,具元旦拜慶,殊失行吉之禮。如違禁者,公罰銀壹兩,入祠衆用,無辭。

一、婚娶大典,人倫攸始,本家向有成例,遵行已久。嗣後,務要恪遵舊制,不得怠忽失禮。

一、嫁女向有廳堂公例,六房首同經理者,務秉公持正,足色足戥,即時收貯入匣，不得任意狥情。如有戥色不敷，經手者認賠無辭。嫁填房者，倍罰。

一、本家子孫，原屬本支百世，務宜輯睦敦倫，各盡以幼事長之道。或口角微釁，聽族衆從公息處。如有執拗，妄生事端者，率衆公舉，仍行議罰。

一、遇祭期，六房首務先一日净掃堂筵，鋪設齋楚。臨期，備列昭穆牌位，毋得紊亂。其祭品務宜豐潔盡禮，如潦草塞責，立另再整，仍行議扣管年常例。

一、清明祭掃，儀制、祭品，俱照祭簿備辦，六股首先行約，率子姓齊詣丘壠，序列告處，不得憚勞怠玩，以致廢禮。如違，重罰。

一、元旦慶謁，上年六股首詣各宅拜節。本年六股首自元日至人日，伺候迎送，毋得失禮。如違，計日議扣管年常例。

一、子姓各安生業，須尋向上一着。凡賭博、嬉遊一切踰於禮法之事，務宜謹戒。各家父兄，亦須董勅訓誨。

一、祠內衆銀收貯，經手者俱要洗心滌慮，至公無私，勿瞞心昧己，勿辭勞怠惰。凡遇公用，六房長先期商榷，大書於籍，不得侵公侵剋，必要會計明白，祖必佑之。如有剋剝侵漁，查出，見一罰十。即有朦朧隱匿，赫赫祖靈，當不與赦。

一、祠內祭祀器皿，原以盛供俎豆，豈可任資私用？嗣後，輪該管年，六股首不時照點收拾。如有私行竊用，股首竟不稽查者，一體並罰。

一、祠內祭田及各處山場庄業，俱係祖宗創遺，務期永遠遵守。若私行鬻賣，則破壞體面，滋生釁端，開罪祖宗多矣。違者，立令贖回，仍削其譜名，永不許入祠。

一、塚林蔭木及各處山場木植竹菓，俱是祖靈所依，蒸嘗攸係，不得斬伐私取。違者，議罰。

一、近宅塚基地田產，有出賣者，無得變賣他姓，須盡本家商量，從公估值。賣者不得故意高價，買者不得借禁筴謀。違者，令贖回，仍聽族衆議妥。

一、祠內祀田租谷及各山場柴價，交納時，須喚集六股首全理衆事者，眼同收貯入匣，不得私行兜收，指東掩西，私肥己橐。違者，加倍重罰。

一、仲賢公佈施廣安寺供田一處，立下寺殿基一片，兩寺僧人立像虔奉。本家子孫，遞年元旦，許股首六人拜謁，即時同回，毋得攪擾寺僧，致生事端。違，儀罰外，仍是生事之人承當，族衆不管。

一、祠内門庭,各置肩鑰關鎖,免致閑雜污穢,鑰匙付司年人收。惟喜慶正務,方許取討,事後即時繳還。如無事私開,至祠嬉戲,併司鑰者並罰。或有不肖恃强扭開者,較常重罰。如執拗,即以賊論呈理。

一、土名八角亭天字十二號、天字十三號基地式片,共税五分叁厘七毫七絲,本宅各得其半,該税式分五厘三毛三絲三忽。自我祖仲賢公好善樂施,一則輸官,建立社學;一則助衆,建立觀音堂,作縣治水口,其税現在本宅輸納。日後,子孫不得以税畝爲累,推入公籍,俾忘我祖宗名目。

以上條例,務在必行,傳自祖宗,載在家譜,非徒具文。今申飭以後,本族子孫,當體先人之垂訓之心,恪守遵行,庶几祖功宗德猶有厚望也。慎之,勉之。

——康熙《橫岡胡氏支譜》卷下《家規·壯卿公老家規》

清雍正休寧縣茗洲吴氏宗族家規

家規

一、立祠堂一所,以奉先世神主,出入必告。至正朔、望,必參俗節,必薦時物,四時祭祀,其儀式並遵《文公家禮》。

一、祠堂所以報本,子孫當嚴洒掃、扃鑰之事。所有祭器,不許他用。

一、宗法久廢,不可不復。吾宗自遷祖以來四百年,長房絶故,已非一日。今以次遞及,亦自有主宗之人。當於冬至、立春兩祭,立宗奉祀,其餘各支高、曾、祖、考,四時致祭。因事有告,則各以其小宗主之。

一、宗子上奉祖考,下壹宗族,當教之、養之,使主祭祀。如或不肖,當遵横渠張子之説,擇次賢者易之。

一、子孫入祠堂,當正衣冠,如祖考在上,不得嬉笑褻越。

一、諸處塋塚,子孫當依時親自展省。近塋樹木,不許剪拜。

一、墳塋年遠,其有平塌淺露者,子孫當率衆修理之,更立石深刻名氏,毋致湮滅難考。

一、祀田所入,充每年祭祀之費,歲不可缺。當清查税畝、字號、四至,另書一册,貯衆匣内,以便不時稽考。以後置者,當陸續載入。

一、朝廷國課,小民輸納,分所當然。凡衆户、己户,每年正供雜項,當預爲籌畫,及時上官,毋作頑民,致取追呼。亦不得故意拖延,希冀朝廷蠲免意外之恩。

一、祭祀務在孝敬，以盡報本之誠。其或行禮不恭，離席自便，與夫跛倚欠伸、噦噫嚏咳一切失容之事，立司過督之。

一、貧困將產業典鬻，此是萬不得已。凡受產之家，須估時值，如數清繳，不許貨物抬算，并不許舊逋準折，此祖宗數百年遺訓。違者，天必誅之。

一、有餘置產，當順來順受，不可有意鉤取，亦不得恣意自便，強圖方員。

一、族中子弟，有器宇不凡、資稟聰慧而無力從師者，當收而教之，或附之家塾，或助以膏火。培植得一箇兩箇好人，作將來模楷，此是族黨之望，實祖宗之光，其関係匪小。

一、族中子弟，不能讀書，又無田可耕，勢不得不從事商賈。族衆或提携之，或從它親友處推薦之，令有恒業，可以糊口，勿使游手好閒，致生禍患。

一、族內貧窮孤寡，實堪憐憫，而祠貯綿薄，不能賙恤，賴族彥維佐，輸租四伯。當依《條議》，每歲一給。顧仁孝之念，人所同具。或賈有餘財，或禄有餘資，尚祈量力多寡輸入，俾族衆盡沾嘉惠，以成鉅觀。

一、子孫賭博、無賴及一應違於禮法之事，其家長訓誨之；誨之不悛，則痛箠之；又不悛，則陳於官而放絕之。仍告於祠堂，於祭祀除其胙，於宗譜削其名。能改者，復之。

一、子孫以理財爲務者，若沉迷酒色，妄肆費用，以致虧陷，父兄當覈實罪之。

一、子孫須恂恂孝友，實有詩禮之家氣象。見兄長，坐必起，行必以序，應對必以名，毋以爾我。

一、子孫之於尊長，咸以正稱，不許假名易姓。

一、兄弟相呼，各以其字冠於兄弟之上，伯叔之命侄亦然。侄之稱伯叔，則以行稱，繼之以父。

一、卑幼不得抵抗尊長，其有出言不遜者、制行悖戾者，姑誨之；誨之不悛，則衆叱之。

一、子孫受長上訶責，不論是非，但當俯首默受，無得分理。

一、子孫固當竭力以奉長上，爲長上者，亦不可挾此自尊，攘拳奮袂，忿言穢語，使人無所容身，甚非教養之道。若其有過，法言巽語開導之。

一、子孫不得從事交結，以保助閭里爲名，而恣行己意，遂致輕冒刑憲，隳圮家法。

一、子孫毋習吏胥，毋爲僧道，毋狎屠豎，以壞亂心術。當時以"仁義"二字銘心鏤骨，庶或有成。

一、延迎禮法之士，庶幾有所觀感，有所興起，其於學問資益非小。若嚨詞幻學之流，當稍款之，復遜辭以謝絕之。

一、子孫自六歲入小學，十歲出就外傅，十五歲加冠入大學，當聘致明師訓飭，必以孝、弟、忠、信爲主，期底於道。若資性愚蒙，業無所就，令習治生理財。

一、子孫不得惑於邪說，溺於淫祀，以徼福於鬼神。

一、子孫不得修造異端祠宇，裝塑土木形像。

一、子孫進退，皆務盡禮，不得引進娼優，謳辭獻妓，娛賓狎客，上累祖宗之家訓，下教子孫以不善，甚非小失。違者，罰之。

一、俗樂之設，誨淫長奢，切不可令子孫聽復肆習之。

一、棋秤、雙陸、辭曲、蟲鳥之類，皆足以蠱心惑志，廢事敗家，子弟當一切棄絕之。

一、舉業發聖賢之理奧，爲進身之階梯，須多讀經書。師友講究，儲爲有用。不得冒名鮮實，不得紛心詩詞及務雜技，令本業荒蕪。

一、子孫有發達登仕籍者，須體祖宗培植之意，劾力朝廷，爲良臣，爲忠臣，身後配享先祖之祭。有以貪墨聞者，于譜上削除其名。

一、先祖遺書，荒亂後盡已喪失，所存《瑞穀文集》共計若干篇，計板若干片，貯之祠內，責令司年不時查考，毋致失落。

一、婦人必須安詳恭敬，奉舅姑以孝，事丈夫以禮，待娣姒以和。無故不出中門，夜行以燭，無燭則止。如其淫狎，即宜屏放。若有妬忌、長舌者，姑誨之；誨之不悛，則出之。

一、婦人媟言無恥及干預閫外事者，衆共叱之。

一、嫌疑之際，不可不慎。非喪非祭，男婦不得通言。卑幼之於尊長，有事禀白，宜於廳事，亦不得輒入内房。

一、家道貧富不等，諸婦服餙，但務整潔，即富厚之家，亦不得過事奢靡。

一、主母之尊，欲使一家悅服，切不可屏出正室，寵異側室，爲之以亂尊卑。

一、諸婦之於母家，二親存者，禮得歸寧，無者不許。

一、婦人親族，有爲僧道者，不許往來。

一、少母但可受自己子婦跪拜，其餘子弟，不過長揖，諸婦並同。

一、內外最宜嚴肅，男僕奉主人呼喚，入內供役，事畢即退，見燈不許入內室。姻家僮僕至，除傳視問安外，婦人不許接談。

一、女子小人，最能翻鬭是非。若非高明，鮮有不遭其聾瞽者，切不可縱其往來。一或不察，爲禍不淺。

一、三姑六婆，概不許入門。其有婦女妄聽邪說，引入內室者，罪其家長。

一、婦女宜恪守《家規》，一切看牌、嬉戲之具，宜嚴禁之。違者，罪家長。

一、側室稱呼及一應行坐之禮，不得與正室並。

一、遇疾病，當請良醫調治，不得令僧道設建壇場，祈禳祕祝。其有不遵約束者，衆叱之，仍削除本年祭胙一次。

一、子孫有妻子者，不得便置側室，以亂上下之分。違者，責之。若年四十無子者，許置一人，不得與公堂坐。

一、子弟年十五以上，許行冠禮。須能誦習講解，醇謹有度者，方可行之。否則，遲之。弟若先能，則先冠以愧之。

一、子弟當冠，須延有德之賓，庶可責以成人之道，其儀式盡遵《文公家禮》。

一、子弟已冠而習學者，須沉潛好學，務令所習精進，有日異而月不同之趣。若因循怠惰，幼志不除，則去其帽如未冠時，通則復之。

一、女子年及笄者，母爲選賓行禮。

一、昏姻乃人道之本，俗情惡態，相沿不改。至親迎醮啐、奠雁授綏之禮，人多違之。今一去時俗之習，其儀式悉遵《文公家禮》。

一、昏姻必須擇溫良有家法者，不可慕富貴，以虧擇配之義。其豪強逆亂、世有惡疾者，不可與議。

一、新婦入門合巹，本家須煩持重者襄禮，照所定儀節舉行。一切親疏長幼，不得效惡俗，入房要鬧，違即群叱之。

一、男女聘定儀物，雖貧富不同，然富者亦自有品節限制，用色繒多不踰十，或儀代，或花，或果餅、釵釧之類，亦隨時，不得過侈。其貧者，量力而行。至遣女粧奩，富者不得過費以長驕奢，貧者則荊釵裙布可也。

一、喪禮久廢，多惑於佛老之說，今皆絕之。其儀式悉遵《文公家禮》。

一、子孫臨喪，當務盡禮，不得惑於陰陽，非禮拘忌，以乖大義。

一、喪事不得用樂，不得飲酒、食肉。違者，不孝。

一、族有喪，衆當哭臨。至戚七日，其次五日，疎屬三日。於尊長四拜，平輩再拜，卑幼揖之。其有孝子順孫、義夫節婦，爲名教所重、人望所推者，及登仕籍者，均異數加敬焉。

一、喪禮，凡有賜吊，悉用素肴相款。出吊於人，亦茹素致哀，不得自處不義，陷人於惡。

一、祭禮並遵《文公家式》，只用素帛明潔。時俗用紙錢、錫箔之類，悉行屏絶。喪禮吊奠，亦只用香燭、紙帛，毋雜冥寶、經文。

一、冬至，尚祭始遷祖榮七公考妣，不別奉配，以隆特享。

一、吾家立春之祭，其正享、配享皆效做《鄭氏家規》，審慎斟酌而後定。非一人創見，亦非一時私意爲之，後人當謹守而毋忽焉。

一、立春祭後一日，以祖考賢良作宰用，設敬老育賢之席，以夫人貞節起家，用頒胙於族之孀婦。襃既往，勸將來，寓意甚深，後人當世守之。

一、時祭之外，不得妄祀徼福。凡遇忌辰，孝子當用素衣致祭，不作佛事。象錢寓馬，亦并絶之。是日，不得飲酒、食肉、聽樂，夜則出宿於外。

一、各支高、曾、祖、考時祭，當遵禮於四仲月舉行，務在各致追遠之誠。至饌之豐約，稱力而設，不能拘也。

一、季秋祭禰，感成物之始而報本也。竭力盡誠，是在孝子。

一、忌日之祭，只祭考妣，只設一位，實得禮意，不必援及高、曾，但高、曾時祭，務須及時舉行，不得怠緩。

一、各支高、曾、祖、考，義當奉祀。高祖而上，親盡則祧，當遵禮永守無背。

一、枝下升廟，須遵式製木主，不得考妣並櫝，不得單用白主，以作神羞。

一、祠堂祭畢燕胙，照昭穆次序坐定，司年家於尊長前奉爵斟酒以致敬。如尊長未到，卑幼不得先坐。或尊長已坐，其次尊長有事後到，弟姪輩皆起立，不得箕踞不顧，致乖長幼之序。

一、歲暮祀竈，各家具牲醴迎神，祭於廳事。

一、五土、五穀之神，春、秋社日，率族衆致祭。祭畢，飲社酒，先令子弟宣揚勸懲訓辭，然後就席。不得免冠露體，不得長幼無序。

一、鄉厲，定於清明日及十月朔日，率族衆於祠堂大門前祀之。

一、族講定於四仲月，擇日行之。先釋菜，後開講，族之長幼，俱宜赴祠肅聽,不得誼譁。其塾講,有實心正學,則於朔、望日,二三同志虛心商兑體驗,庶有實得。

一、先聖釋菜禮,除族講外,凡童子入塾首春、塾師開舘及仕進,皆行之,不得怠忽。

一、祭竈、祀社、鄉厲外,不得妄舉淫祀。違者,罰之。

——雍正《茗洲吳氏家典》卷一《家規八十條》

清乾隆績溪縣華陽邵氏宗族家規

家規

宗祠。《家禮》云:"君子將營宮室,宗廟為先。"蓋宗祠之建所以妥先靈而萃族渙,故自始祖以下,咸祀無祧者,水木本源之心也。有事於廟,則群昭群穆咸在,而不失其倫焉。若不建不修,則冠、婚、喪、祭之禮無自而行,同派連枝之屬無地以會。吾宗族屬,當以此為首務。

宗法。《禮》書云:"百夫無長,不散則亂;一族無宗,不離則疎。"士庶人家,祭法止於四代。有小宗而無大宗,其曰"大宗"云者,皆禮以義起也。蓋謂繼禰之宗同父兄弟宗之,繼祖之宗同堂兄弟宗之,繼曾之宗再從兄弟宗之,繼高之宗族兄弟宗之。四世則親盡,服盡而不為宗矣。然上盡于高祖,則遠者忘之;旁盡于三從,則疎者忘之。若是則族不可合,雖欲親之,無由也。故晚近士大夫家皆以始遷及有功德者為始祖,以準古之別子;其嫡長世世繼之為大宗,以準古繼別之宗。凡族人五世外,皆合之祠堂,序以昭穆,則始祖常祀,同姓常親。倘宗族有事,宜稟之宗長,會於宗祠,當興者,從公議行。設有忿爭,聽從處分,不可徑自告官,以傷祖宗一體之義,所謂"家之事,宗為政"是已。

族會。程子曰:"族人須相與為禮,使骨肉之情常相通。骨肉自疎者,只為面不相見、情不相通耳。"故古人有分歲除夕之會,有冠、婚、喪、祭之會,四時燕樂之會,凡以浹洽情好、聯屬疎遠於飲食燕享之中,而寓敦睦之誼,非苟然也。

書譜。一、男子之生,各有名行,所以辨尊卑、別長幼也。近有重犯祖諱而恬不怪者,有越次取行而無所忌者。其亂宗無禮,莫此為甚。以後,宗長立《譜系》一冊,凡子生三日,抱見祖先,次見宗長,書名,書其年月日時;既冠,書其字行;既娶,書其妻之姓氏。生子不告者,不書;不以禮娶者,不書;犯祖諱、重名行者,悉令改正。

忠上。一、忠上之義,擔爵食禄者,固所當盡。若庶人不傅質爲臣,亦當隨分報國,趨事輸賦,罔敢或後。區區螻蟻之忱,是即忠君之義。《傳》曰:"婺不恤緯而憂王室,野人獻芹,猶念至尊。"名列于譜者,省之。

孝親。一、孝爲百行之原,人子所當自盡者。大而揚名顯親,小而承顔順志,皆孝也。即不幸處變,亦當以大舜、閔子爲法。

弟長。一、兄弟乃天合之倫,世人多因財利之相競,或因婦言之讒搆,以致同氣乖離,視若仇敵,一體手足之義,弗思甚矣。《傳》曰:"易得者田地,難得者兄弟。"名列于譜者,省之。

正配。一、君子之道,造端乎夫婦,故居室之間不可苟也。男正乎外,女正乎内。相處有琴瑟之好,不可有反目之變,所謂"夫婦和而後家道成"也。若嫡妾倒置,使緑衣興嘆,宗長當攻而正之,惟"七出"有犯者議去。

擇交。一、朋友,五倫之一,人未有不須友以成者也。但損益殊途,不可不慎。故友得其人,則德業相勸,過失相規,其益多矣。比之匪人,則淫燕比昵,以樗蒲爲生計,以浩飲爲適情,士廢讀,農廢耕,工者技因不精,商者財因不阜。即千金之子,一旦被誘,未有不傾家者。名列於譜者,省之。

立繼。一、無後爲不孝之大,立繼以承嗣,禮也。凡族人無子,宜擇昭穆相應者爲嗣,須由親以及疎,不許擅令異姓入紹及螟蛉他人子,以亂宗法。違者,不書。

彰善。一、三代以還,全人罕覯。苟有一行一節之美,如孝子順孫、義夫節婦,或務學而榮宗,或分財而惠衆,是皆祖宗之肖子,鄉黨之望人,族之人宜加敬禮,貧乏則周恤之,患難則扶持之。異日修譜,則立傳以表揚之。

癉惡。一、人之行檢,雖恐懼修省,且未易致聲稱。況席祖父之庇,惟思般樂怠傲,上不足以光前,下不足以裕後,此無賴之徒,有識羞之。又有一等玩王法而不顧,奸盜、詐僞,行同禽獸,小則徒黔,大則處死,此尤爲辱先人而玷家聲也。名列于譜者,省之。

勤業。一、業精于勤荒于嬉。耕讀,男子職也,移于游談而男作荒矣;紡紝,女子職也,移于艷冶而女作荒矣。此則十人耕之,不能食一人;十女績之,不能衣一人,而家何由裕?吾宗男女,當務勤。

節儉。一、財者,難聚而易散也,故一朝而可以散數世之儲。苟服餙而工麗都，燕會而極鮮濃，物力無由取給。乃傾囊倒廩以希觀美，而不知有窮之積難應無窮之費也。若賭博、宿娼，其傾家尤爲易焉。吾宗子弟，當崇儉。

卹族。一、族由一本而分，彼貧即吾貧。苟托祖宗之蔭而富貴，正宜推祖宗之心以覆庇之，使無失所，此仁人君子之用心也。若自矜富貴，坐視族人貧困，聽其鬻妻質子而爲人僕妾，以恥先人，是奚翅貧賤羞哉！即富貴，亦與有責也，惟自爲不法、怠惰、奢侈致家破身辱者不足卹。

嫁娶。一、婚姻，人道之始，此而論財，識者鄙之。吾宗子女，年可聘字，爲父母者，須擇閥閱相當之家，備禮聘定，不必計其奩貲之多寡，尤不可下配匪倫。至本宗之婦，有不幸早年喪夫者，族內必共扶其節操。如婦人性情不定，寧任改適，斷不容入門招贅。若有遺孤，親房務須提攜成立，視如己子，不得任其阽危。

祀典。一、祭不欲數，數則煩，煩則不敬；祭不欲疏，疏則怠，怠則忘。先世所傳祀禮，與《家禮》稍左，然喪祭從先祖，自古記之。吾宗元旦拜天而拜祖，清明祭墓，中元祭于宗室。復設饌，祭王舅公于前堂，相傳舊矣。至于冬至祭先，乃古今之通義也。此禮若缺，孝子、慈孫之心安乎？若夫君子有終身之喪，乃忌日之謂也。生死忌日，齋戒致思。若必修因果，是禮中之非禮，俗弊宜革。

塋訓。一、君子爲宮室，不斬邱木，重先兆也。不肖輩不能自立，稍如意，即歸怨于祖。或發其塚而鬻其地；或妄信堪輿家言，收束骨骸，盜葬先塋；或侵入墳禁，凌犯昭穆。其忍心害理，莫此爲甚尤宜戒之。

重譜。一、譜牒之設，所以明世系、辨尊卑、聯疏遠也，宜世加修輯。尤宜寶藏，不可輕鬻他族，俾魚目有亂珍之弊。戒之，戒之。

教子。一、中人之性，得教則習於善，失教則流于惡。爲父者當督之，使歸仁厚，不可姑息。姿禀清明者，擇明師益友，輔之上達。即姿質庸常，亦要教之識字識數，令其習農、工、商賈之業，切不可任其遊手好閒、譏謗譴浪及結匪酗酒、習鎗弄拳，以入不肖之途。

惠下。一、婢僕爲人服役，至艱苦也，少拂家主意，鞭朴隨加，含淚吞聲，而應命趨事，猶恐復撻。此亦人子也，心何忍乎？此等女子、小人，當莊以涖之，不與戲謔；宜慈以畜之。使得飽煖，而仍盜竊，則責懲之。至年十五六以上者，防閑當謹，不可偶有踰越。

戒溺。一、世俗溺女，最可痛恨。彼來投生父母，何仇而致之死？若云家貧，甘苦可以同嘗，一絲一粒，皆有分定；若云難嫁，荊釵裙布，可以從夫；若云出腹生子，則得子有一定之命。豈不思殘忍不仁，天必斬其嗣。此等人天理盡絶，人心盡喪，罪惡與殺人同科，可不戒哉！

謹訟。一、受人欺侮，情固難容。然必須投告親族，評論曲直，寬以自解，鄉間調處爲妙。若逞意恃强，聽信訟師，則上馬難下，箭不由弓，破家蕩産，悔恨無及。惟父母之仇、祖墳被害、姦淫大變，不死不休，其餘皆可情恕理遣。

別嫌。一、物各有偶，無相瀆也。設恣淫行以瀆内外之防，是禽獸也。禮義之家，可有是歟？諺云："好男不看春，好女不看燈。"男忌花街，女忌佛殿。切戒。謹耳。

一、婦主中饋、供蠶織、養舅姑，無外事也。惟彼長舌，爲厲之階，人家父子相夷，兄弟相賊，比鄰仇讐，皆自婦言起也。凡在吾宗者，各宜正身率化，毋惑帷言。

——乾隆《華陽邵氏統宗譜》卷十八《家規》

清乾隆休寧縣西門查氏家規附祠宇紀事、祠規紀事暨祠貲紀事

祠宇紀事

一、本宗未建祠宇，向來各支僅有私祭，萬曆丁未，傑公、億公房子孫應光等，捐貲獨建，卜基於彼宅東隅朱紫巷，費約二千餘金。順公以下至彼父兄，有高誼者，俱請安奉。復念族内賢能亦當與列俎豆，今合衆酌議，當祀者，俱爲請入。至祠中所貯一切器皿，俱應先本門備置已物，餘俟各户物力豐牣，人文蕃盛，當大建祠宇於通衢，以崇報本。

祠規紀事

一、順公既承千八公祧，則千八公爲我查之太祖，順公爲我查之始祖。今另立千八公神龕于樓上安奉，歲時只冬至日，子姓端請其主于寢室，居順公之左，共與祭筵，以志展報。祭畢，仍奉主於故位。元旦次日祭畢，亦衣冠登樓祗謁，而後列序團拜，其餘時祭，不敢煩瀆。

一、祖德隆邵，除應祧者，不敢濫主入祠。今後有致身科目及有助鄉國者，請入；有隱居不仕、著書立言者，請入；有行能未著、不掛譏彈，子孫能捐

千金助祭者，請入；有朴願自守、族里推尊、子孫貧乏不能捐助者，亦請入；其餘子孫，不得夤緣請托。

前以十金助祭，方入神主，後復核減，今以五兩輸匭即入。其科目、仕貢斯之入祠，例不輸銀。

一、子孫一脉，歲時當叙，會聚觀禮，今與祭事者，不必載。如有他姓過房及血抱帶服者，不許入；貪圖貨利，結婚匪類者，不許入；滅祖忘親，擅賣先壟杯土者，不許入；不守四業，酗酒懶惰，充當府縣皂快者，不許入。

一、祖考在上，主祭者須禮度優閒，方可對越。今議科目出身者膺此任，否則，委之年高鄉老；又不則，委之青衿冑監，其餘無職及刀筆等塗，不許。

一、添丁者，輸銀一錢，年滿十五入席。入席者，輸銀五錢；游泮者，輸銀二兩；入成均者，輸銀三兩；發科甲者，輸銀二十兩，酌爲定式。添丁入席所輸，值年收用，其餘捐項，入匭收貯。今例以中副入貢、捐職者輸銀十兩，各輸銀兩。如係自領，利交值年收用。如照數支匭，則匭內生息，不給值年，例行無復更張。

一、元旦次日，約于午時到祠行祭；清明前一日，約于辰時祠祭。祭畢，即往祠祭，行已入席，在家子孫俱要竭誠從事。如察名不到及稽緩到遲者，罰銀三錢；有不得已者，事許親房先稟。

一、向時清明墓祭及次日享胙，禮度殊多沿舛。今酌於墓祭畢，親到墓所者，分麵餅二雙；次日已入席者，祠中行祭畢，每名給猪胙一斤、羊胙半斤。僕役在廊下伺候，唱名先行領去。至下午，只將祭祖餕餘會饗，不許再收食僕，以免喧填肆擾。其冬至與祭者，分饅首二雙，不到者，不給。

一、清明享胙，各炤昭穆序坐，以敦倫義。席內不許以尊凌卑、以幼犯上。倘有懷挾私仇、酗酒爭辨、攪亂酒席者，罰銀壹兩，即扶出不終與席。如奸頑不遵者，逐出本祠，不許復入。

一、輪管祀首，舊例已拈定年號。今祠內部署，統屬傑公、億公兩房，但輪首之家每着二人，協同料理諸事，務其冥財、祭品俱要豐潔，分胙俱要足秤。如苟且了事、輿論共鄙者，祀首罰銀壹兩。

一、婚喪之禮，有力者先期備酒通知，以便各房趨事。如清淡欲簡省，聽其自便。然事關族誼，不可以行通知之故，便至廢禮。一切慶吊，須如原例爲足。至喪家酬吊，力能具帛，須當一視，不可以貧富貴賤謬有軒輊。

一、肇禋堂祭器及一切傢伙，俱應光本門捐貲備置，輪年祀首有事，須通知渠房子孫，取出應用，無得借貸出門。內有遺失及損壞者，即時加倍賠償。

一、原立"清明乾、坤"二簿，前載條例，後載收支，殊不雅觀。今新立二簿，分上下門收執，其收支細脚，另立一簿登記，每年會首眼同族眾清查，以防弊竇。遺失簿書，照前規罰。

一、清明户名查永祀，向在傑公户下。萬曆廿一年，傑公户更爲查永昌，每年取本祠銀二錢，付彼辦納糧差。今又另立户名承役，詳注"排年事實"款內。

祠貲紀事

一、本宗先年祀銀，俱分各房子孫領去，多寡數目，歷注簿書，臨祭十日前，取利應用。後以人事參差，徵所不出，眾議置此，將南極宮園地着傑公、億公房承買，所得賣貲，貯爲祀費，當得價三十四兩；又應光鄉薦及維寧入泮例輸，三共銀五十兩。比因附搭不的，并本無存，應光等恐費血食，復輸己資廿兩，并清明剩銀一十五兩；又查道稜妻臨故輸銀三十兩，三共銀六十五兩。眾以前後祭貲，應光本門十捐八九，今議仍附彼門以一分二厘生息，每季索利支用，以示畫一。惟元宵放燭以正月十三日起，十六日止，費頗繁浩，本祠積貯不足以供，應光本門子孫復倡義，獨力承任，添丁者則炤例添燈一掛。

一、每年冬至祭畢，祀首將前項收支，上下手同眾清結，注明於簿。有剩利及他項輸入者，眼同封號貯存於應光本門，俟至五年總一清入作本。如足一年，祭祀分享，日後或積貯有餘，爲領銀者之累，眾共更之。

右《紀事》二十八條。

時皇明萬曆三十六年丁未歲仲春月，和卿公十一世孫應光謹記。

新輸祠貲紀事

自萬曆丁未祠宇鼎建後，如新歲團拜，上元張燈，春、冬二祭分胙享胙，及往夏祠諸禮，爲費不貲。向存本六十五兩，除歲收利息及添丁入席供用外，靈川、環川兩公房，歲貼不下二十金。雖事屬義舉，永終爲難。崇禎戊寅春，玄岳公念祠宇向屬本門獨建，豈可以蒸嘗無額，致令美舉弗終？今兩川公房又各輸資壹伯兩，支下子姓，凡先令入泮、成均者輸如例，并前存三宗，共銀三百三十餘兩。即令兩川六房輪爲祀首，歲取息，供祀事，其收支授受事宜，一前遵規，另立新簿記載。若兩川公貽燕既深，禮宜隆異；玄岳公肇造宗祐，功德尤屬不祧。清明祭三公，各致胙四斤，以示崇報斯文。今例增禮胙壹斤，主祭則致福三斤，其他祀禮，俱仍舊。惟清明享胙，邇則六人一方桌而虛其上位；上元張燈,祀首即望日置酒三席,凡斯文之輸助者皆與焉。其宿松支,崇禎五、七年,曾節輸銀十兩,有清明來展墓者,分胙享胙,俱如衆。或歲久而一來,則察彼地現在者,析胙增之。若入席已故及未入者,不給。蓋當日登譜進祠,爲玄岳公聯遠致意,非可以積累計也！并識于此。

靈川公房輸銀貲壹伯兩。

環川公房輸銀貲壹伯兩。

應性、維寧、維鼎、維瀛、士標,每輸二兩,共銀九兩,内維寧一兩,係照例補助。

維憲、維寅、維宋、維宦、維宇、維衡、維祚、維統、維垣、維基、維京、維章、維本、學徵、學玄、鶴翀、學胤、鶴來、宗哲,每輸三兩,共銀五十七兩。

崇禎十三年已卯春月,肇裡堂補記。

家規十五則　前未入記,今增附覽

夫家溫易慾,子弟有識,當□顏、柳《家訓》,深明警戒。獨内政侵染俗尚,宜防其漸,予著《規條》以垂永。

一、堂階,肅賓之地,几席净潔,文物攸關,乳婦不得襁負嬰孩污穢于此,且托言曬背,列坐遲階,宜行禁止。

一、游神出會,原非美俗,常有無賴惡少跟隨窺瞰,豈容婦女佇立門首、顯身出面、鼓人唇吻？宜行曉戒。

一、買辦交易,原非婦人所事,以後只許丁衆傳命門僕供役,不許擅出街坊貿易。即親戚問遣,亦只遣丁衆後門往來,不得令□婢前街出入。

一、各房内戚,如外甥、女婿之屬,雖不妨晏見,然男女内外,各有規戒,雖在外廳傳告,方許泛容晉接。若留酒飯,亦只在左右偏廳款待,不得在内地稽擾。

一、内外神明,凡有吉凶告禱,只宜如《家規》具疏自陳,不許用史巫□□,以紊家法。

一、六婆三姑入門,古今切戒。各房婦女,不許容其通謁,亦不許爲其調弄,暗行施捨。如有故違,除責門僕外,仍將本房勾引之人,着令家督處痛加笞責。

一、親戚出殯,婦女經過,本門供茶,亦是常敬。第喪家女屬,既屬凶事,悉用布罩頭,而主家侵晨盛餙,佇侯門屏,殊乖雅道,且送柩諸人觀望甚衆,值此只用婢泛供役，不必躬送。

一、婦女歸省母家，固是常禮，然亦不可久往，以生物議。如父母既終，業爲疏戚，不宜無故輕往。

一、不出閨門，婦人有戒。非有正務，豈可浪游？今後，有不得已之事，雖不整飾巾車，許告出。如效世俗，三五連袂出外者，家督定行面叱。

一、各房婦女，往來頻數，口舌易生，骨肉相夷，多由於此。今安居既定，非有正務，不得聚嬉閒談，至生釁隙。

一、各房人衆，吉慶居多，子姓不無避忌，且黃腸久駐，尤爲吾鄉澆漓風，久當約法，無得延再寒暑。

一、各房奴僕宿歇，雖三尺之童，只許在廳趨事外百。凡應役，亦如之，不容竟入內室。

一、圍墻內左邊舊土庫一所，門通僻巷，因此扃鎖。苟非切務，不得擅啟。

一、各色匠工，只在小偏廳安置。如粗宜作在對面倉屋，不許混擾廳堂。

一、幼蒙家塾，固宜密邇，亦當部署有方，不得在偏廳歇宿。

以上規條，各宜自相告戒，內敦和風，外挽漓習，庶幾門第有光，無負祖彌之垂創。不則所謂纖瑕微累，十手爭指也，願諸弟侄勉旃。

右《規約》爲牌，懸掛駿惠堂廳後。

曩自兩川公後，六房共事，諸凡悉遵家督，於是玄岳公舉行，制度無不詳備。而《家規》數則，特書大牌，懸于駿惠堂後，當日莫不凜遵，外內肅然，以正言而行于閨閣中，誠非易事也。斯則在昔，諸君子提躬克己，率由罔替，化行家室，復其質性之淳良，全其端莊之靜，一觀型有自也。而"三姑六婆"一條，益加嚴肅，至今百十餘年，泛無入我查門，徽屬尤爲僅見，邐邐嘖嘖稱嘆，欲效之而未能向也。躬行不忽，故各條中無敢少違。今也不然，人不一心，習染澆漓，視祖訓爲贅疣，怠惰不顧，向之嘖嘖者轉而訕籠之。余重慨焉，敢敬錄之，附于祠祀之後，俾後之人知祖宗于□衆中能行難舉之事，馴至今日，教爲之寢，爲可痛也。俯而思之，遺教尚存，整頓亦易。倘能正身率物，申以前規，嚴其約束，務以玩忽爲戒，庶幾舊家風度將不令而行矣。若任邅流，坐觀其敗而不救者，誠祖宗之罪人也。愚懦不恥，賢哲羞焉；祖宗有靈，寧無怒乎？嗟乎！脩廢舉墜，端有望于英豪，啟後恢前，慎無聽于婦女，惟願與共宗盟者早圖焉，勿使稱嘆者終于齒冷也。吁，無忽！

望八老朽漁汀漫語。

（潘寧録，卞利校）

——乾隆《增廣休寧西門查氏肇禋堂便覽》卷一《家規》

清嘉慶祁門縣中井馮氏宗族家規

家規

一、爲家長，必正己以正家，故須謹守禮法，以御羣子弟。凡非禮法之事，一毫不得雜于其心，則己正而家正，子弟必有從化者，而家世之傳可期以不替也。非特家長，凡有子而爲父，有弟而爲兄，有婦而爲夫，皆當正己以正人。不然，其身不正，如正人何？

一、子弟幼小，且令讀書、事六藝，勿令逐商賈、管門户。父兄之賢，當延明師以教，毋吝束脩贄師之禮。古云："賣金買書讀，讀書買金易。"誠哉！是言也。縱使命運未通，未能成大賢，亦不失爲禮義之士、詩書之家也。果若魯鈍，不能成學，方聽事田園、名户商賈，亦不爲遲。然商賈之利有時而盡，學問有成之利無可窮盡。子孫有識者，鑑之。

一、子弟出入、居處，必有交游之人。當擇端莊之士，尚禮、義、廉、恥者，庶幾過失相規，聞善相告，而行己接物之有益也。苟或言行詭譎、心地不莊，快於講法、勤於逞訟者，敬而遠之。

一、男子家門不和，皆由惑於婦言。男子剛腸幾人？古人尚如此，況今人乎！爲子孫者，當明於燭察，勇於裁斷，婦言自不能入矣。婦言見幾而從化，漸無言矣。古人刑於寡妻，信哉！

一、商賈貨殖，亦治生之一助，古人謂之"廢舉"，謂物賤則人皆廢而不舉。我則舉之而停貯之，貴則賣之也，又謂之"人棄我取"，即廢舉之義。大要先存心地，及於貨物之真，勿以水和米、灰插鹽、油亂漆、大稱小斗、輕出重入。如此，則壞了心術。縱然得利，而造物者之不饒人也。

一、子孫仕宦，不拘職任內外大小，皆當存心於忠君愛民。廉以律身，仁以出治，恕以處事，寬以御衆，而輔之以勤謹和緩，公正明決，未有不保終者。設不幸而橫災撓抑，亦安於天命，但思己無所以致之之由，則君子奚愧焉。

一、宗族之衆，雖服窮親盡，然同出於一祖，猶同一家，歲時慶吊，來往禮饋,皆不宜蹙縮。中間或貧歉而婚喪不能自舉,或孤寡不能自營,吾子孫稱家有無,量力資助,既得義名,亦有隱德。爲善之事,只在目前廣行方便爲是,何必務爲高遠難行者,然後謂之爲善耶?

一、立心須持正大,於鬼神敬而遠之,如淫祀、迎賽等類,皆非禮義之正也。且鬼神聰明正直,善者福之,惡者禍之。但務爲善,鬼神自然降福,不必禱祀也。苟不孝、不忠、不義、不信,雖千百禱祀,而鬼神方怒之不暇,何福之有?

一、冠、婚、喪、祭,禮之大者,《文公家訓》既嚴於此。切見近代各習頹風,或過於奢侈而不節,或不尚禮義而鄙吝。今後,族中務以《文公家禮》爲式,稱家有無,以行其儀。

一、君子之道,孝、悌、忠、信而已矣。吾族自始祖以來,代有顯人,不離斯道。若子孫有能讀書學問,繼述先志,居官而著忠良之績,居家而著孝順之實者,通族共表揚之。

一、婚姻,人倫之大者,凡嫁娶貴乎及時,尤在擇良之家,氣味相似者。不可苟慕一時之聲勢貨利,婚合匪人,以貽門閥辱也。

一、男子學業,務出於正。凡諸庸下,皆不可爲。《聖經》《賢傳》、禮、樂、射、御、書、數,此爲正者,其次醫卜、地理,或可以資身備用。樂惟琴可學,以其資德而養性,他如琵琶、簫管一切俳優之類,切須禁戒,毋令習也。又如弈棋、摸牌、雙陸、骰子,凡諸無益之事,既足以廢學喪志,又足以蕩產敗家,爲蠹之大者,後生尤宜痛絕之。

——嘉慶《中井河東馮氏宗譜》卷一《家規》

清道光休寧縣孫氏宗族家規

家規引

嘗觀古今人作家訓者,魯馳之貽穀,豐苣之燕冀也。茲訓以家言何謂?夫家者天下之則,立則者聖教之先也。顧惟遵先賢規矱,撮其大要,彙類成編,闡綱常倫紀之懿,端習尚澆漓之弊;和以協其情,敬以嚴其分;崇雅黜奢之語,鍼時砭世之說。揆情度理,酌古準今,條條肯綮,件件樞機,其孝友、睦婣、任恤之文備矣;冠、婚、喪、祭、燕享之式定矣;親疎內外、豐嗇蓄散之宜審矣。止可垂世範俗,權可通變宜民。讀者循忠孝之旨,耕者守勤儉之方。嚴而不峻,恕而不縱,斯正大之規,自可家喻戶曉,世世行之者也。百代之子孫如其規,四方之風化如其家,則訓在一宗,善在天下後世矣。而治平之道,非寔其於此哉。噫!布帛之文,菽粟之味,欲念厥紹者,當識其首,作《家規引》。

明宗法。宗子有君道焉,一家之所宗也。宗其繼始祖者,百世不遷者也,一家之人宗之,是爲"大宗";宗其繼高祖者,五世則遷者也,三從兄弟宗之;宗其繼曾祖者,再從兄弟宗之;宗其繼祖者,堂兄弟宗之;宗父嫡子,親弟宗之,皆爲"小宗"。宗易于上,則戚單于下,故五世則遷也。一人之身,五宗隸焉。家有大事,則大宗命小宗,小宗述,群子弟聽命焉,必賢者而後可任此責也。宗子未必賢,則公擇族中之賢者以替理之,是爲"宗長";宗相匪其人,另舉以代之。尊始祖則敬大宗,尊高、曾、祖、禰則敬小宗,尊祖故敬宗,敬宗尊祖之道也。

立宗長。宗長乃相宗子者也,自處亦須和順,存心務宜慈仁,立身宜節儉尊重,待人宜恭敬寬恕,處事宜正大公平。和順則刻薄不生而無暴虐之禍,慈仁則姑息不事而絶縱肆之端,節儉則可以禁奢而俗人賴以常裕,尊重則可以範俗而子弟可以取法,恭敬則不狎侮而得人心,寬恕則能容忍而宥小過,正大則無私心而多寬厚,公平則不偏曲而無比昵。八者備,然後足稱宗族之長,而人心可服。倘宗族有家務相爭,宗長須會集本家親衆,議論是非,分別曲直,必合於天理,當於人心。輕則曉諭,重則責罰,財產爲之分析,倫理爲之整頓。如處分不服,然後共鳴之官府,以聽斷鞠。若有挾私受賄,故意武斷以傷合族,宜重斥之,宗長幸留神焉。

勵臣職。君臣之義,通於天地。凡族有登科第、躋臕仕者,無論資格,但有一命之寄,務爲忠良,上不負天子,下不負所學,若漢關西楊氏,世稱清白吏子孫可也。其不仕者,居王土,均王臣也,各當奉公守法,錢糧、丁役,依期輸納。毋得肆意拖延,以致上罹官刑,下累族償。切宜戒之。

供子道。父子之倫,天親也。人子事親,貴竭力以事焉。多方奉養,承順親心,雖孝極尊顯,猶莫報罔極之恩,而少以不孝乎?父必慈而能教,子必孝而善箴,方謂之"慈孝"。世人或偏愛少子,以致兄弟多爭鬭,性情多不和,往往有之。父固失慈,子須婉言諷勸,如孔子所云"幾諫",以諭親是也。疾則侍榻迎醫,親調藥餌;歿則哀毁自致,竭力殯葬,以報父母,以慰親心。倘子弟有忤逆不孝,父母、家長,日逐規戒。倘不改,以法律治之。一繼母之賢慈者最少，如子能致誠孝敬，視親母尤加重焉，或可化而爲慈。即不及感化，而子之孝仍不可衰也。爲人子者，當盡己之心以順親之心，而孝道得焉。

篤友于。兄弟一體而分，若手足然。試觀發祥之家，未有不起於雍睦者也。近世人家，兄弟相牴牾，大要有二：溺妻妾之私，以言語相謀；較貨財之入，以多寡相爭。或因兄弟蚤亡，或因子姪暴戾，彼此懷慰，互相矛盾，甚至興訟不休，子孫世爲寇讎，良可哀也。通族當念同胞之親，必須平心觀理，不惑妻子之言，不聽細人之謗，輕財重義，情分相投，在父母當以欣然樂也。倘父母既歿，亦當緩急相顧，如形之與影，聲之與響，乃興家造福之道。些少財產，些微言語，不以此介意。小兒戲嚷，各責其子。不以此關心，則嫌隙不作，而和氣自融，外侮不生，家道日昌矣。

宜室家。夫婦乃人道之始。夫爲婦之倡，婦爲夫之助，故爲夫者當以正道自持，和而且敬。和則情相投而無怨言，敬則禮相接而無侮慢，久之陶鎔德性，家道日興矣。況夫爲妻綱，爲妻者固當從夫之命，如妻言有理，亦當從其勸諫。如婦人驕悍而挾制其夫，牝鷄晨鳴，爲家之禍，當嚴戒之；戒之不從，斥之可也。若論娶妾一事，有嗣不可，無後固宜。倘無後而妻不容妾，其罪在妻，當以無子妬去；倘有嗣而寵妾凌妻，其罪在夫，當以失叙論罰。妾若無禮，宜重責之。

擇交游。朋友之交，係五倫之一，然而匪人則傷，自古記之。語曰："蓬生於麻，不扶自直；白沙在泥，不滌自黑。"故讀書者必擇直諒多聞之士而友之，則德業日新；業農、工、商賈者，必擇誠實忠厚之士而友之，則習尚不壞。倘始交不慎，與浮浪輩群處，終日酣歌、博弈、嫖賭、戲談，甚至災及其身，以累其親，雖悔何及？故交游不可不慎也。

端蒙養。凡人非上智，未有不由教而善者，如古姙婦有胎教之法，《禮·內則》有始學之教，皆不可不知。即今常情，教小子者，能言時，教之稱呼及唯諾，耳提面命，切不可教以戲謔之言。四五歲，教以謙恭遜讓，以收其放逸之心，溫和安靜，以消其剛猛之氣，有不識長幼、尊卑者，當一一示之。七歲則入小學，讀蒙童雜字、《孝經》等書，即與訓解，教以孝、悌、忠、信、禮、義、廉、恥，以養其心；教以灑掃、應對、進退，以養其身；教以忠、孝、節、義、詩詠篇章，以養其性情。及稍長時，出就外傅，漸次讀書，先之以《論》《孟》，繼之以"五經"，無怠無荒，庶幾列有造之料而遠澆漓之習也。爲子弟者，宜知之。

定生理。居家以治生爲先，庶民生理，惟士、吏、農、工、商、賈、醫、卜八事。生理不治，正孟軻氏所謂"救死不瞻，奚暇治禮義"。吾宗爲父兄者，須量子弟材質，俾各執一業，以爲俯仰之貲，不可縱其遁蕩。如力足以自給，天資聰明，須專志讀書，親賢友善，顯親揚名，固在生理之上也；次之爲商、爲賈、爲農、爲藝，各隨其資質。或家貧而質美可以讀書，心明可以爲醫卜，力專而可以爲農、工，限于貧乏不能給者，各宗長勸其本房兄弟給助之，無使失所，可也。不可爲僧道，亦不可爲衙門皂卒，以玷辱祖宗。倘有爲之者，黜之，不許入祠堂，入宗譜。

敬師友。發明義理，指引塗轍者，師之功也。漸摩誘掖，忠告善道者，友之力也。人生五倫，賴師友而明，可不重歟？故凡宗其德行、宗其學業、法其藝術者，皆謂之師，師之即當敬之尊之，終身不可怠慢。即己富貴而師貧賤，猶當敬禮不衰。凡同窗同業，皆謂之友，友之即當敬之愛之，終身不替。如師非其人，而誤師之，所當遠之，而禮不可失也。友務慎擇，不可苟交，交而復絕，悔之晚矣。如端莊嚴正之師，直諒多聞之友，終身親依，可也。又有子弟輕逸驕縱，其父兄不知檢束，與浮浪輩群處，或師友歌舞、博弈、酣飲、戲談，甚至放僻邪侈，無所不爲，後自悔之，已無及矣。原其所由，豈非父兄不爲子弟隆師取友、教以正道而致然歟？故爲父兄者，當延師以訓誨之，擇友以觀摩之，而不患子弟之不成矣，勖之哉。

重教訓。教子弟，當戒其浮薄，去其奸僞，而真品出焉。蓋謹厚忠信，人所愛敬；輕薄奸僞，人所厭惡。或挾術用智，慢視尊長而不聽其教；或高視闊步，輕視尊長而不循其禮。凡我子弟，幸勿效之。且士君子立身行事，自有法度，孝悌其根本也，器度其規模也，言動其樞機也，節操其質幹也。無忠孝則根本蹶，無器度則規模隘，言動不慎則樞機壞，節操不堅則質幹朽。縱其聰明，徒增罪障；縱有富貴，徒多惡孽。《教家要略》曰："無瑕之玉，可以爲國器；孝悌之士，可以爲家瑞。"古人云："寬厚留有餘地步，和平養無限天機。"有志者，當自勗諸。

習文藝。德行尚矣，文藝者，士人之所當習也。先之"四書""五經"，以植其基；次之《通鑑綱目》，以廣其蓄；參之諸子百家，以繹其趣；上下古今名物，以惠其蘊，其學亦云止矣。至於文論、表策，則本之程以定其式，繼之以墨卷以咀其華，此固習文藝者之必不可廢也。若好觀雜書，若佛老等經；好作雜技，若曲調等詞，乃文藝之蠹也，教者罰之。

序尊卑。尊卑有序，則上下和。凡宗族人等，不惟我之父母當敬也，伯父、叔父、從兄、族兄亦莫不然；不惟我之子弟當愛之，從弟、從侄、族侄亦莫不然。隨行隅坐，恭聽慎應。見必衣冠，不敢露頂跣足；遇必拱立，不可徑行過越。若卑幼騎坐，須下行禮，俟尊長過，方得自便。違者，罰之。

　　睦宗族。宗族衆矣，原其始，皆祖宗一氣所分。祖宗昔年之同胞，今日子孫之同族也。一樹千枝，總是一樹；一源千派，總是一源。澆薄之風，視若秦越，是不知重祖宗反親骨肉也。但分殊齒別，不能無長幼、親疎之等；禀殊質異，不能無智愚、貴賤、貧富、强弱之差。乃祖宗之心，惟願子子孫孫得安樂爲快也。爲同宗者，務體祖宗之心，尊長則恤卑幼，卑幼敬尊長；【賢】智教愚昧，愚昧聽賢智，富貴恤貧賤，貧賤輔富貴；强衆扶寡弱，寡弱親强衆。彼此相維，情義相孚，有無相濟，患難相顧，此謂睦宗，此謂美俗。乃若尊凌卑、幼侮長、富欺貧、貧害富，奸猾者逞才以欺衆，驕慢者挾勢以凌人，是族中之蛇蝎，人類之虎狼，祖宗之大罪人也。被害者果有明証，投之祠堂，量其輕重，或責或罰，毋得容恕。

　　別男女。男女者，禮義風化之所關，嗣族姓氏之所係。一或無別，風化衰而嗣續紊、家政壞矣。必須別嫌明微，以立閨門之大義。昔季康子與其從祖母隔閾而語，孔子聞之，謂其男女有別，況齒與分之相若者乎？子孫自十五以上者，卑幼不得擅入親屬尊卑房内，必尊長呼唤方入。僕從之人，更加嚴謹。僧道、醫卜、星巫，無故不許往來。倘有疾病祈禳延醫，止許中堂，凡手藝之人皆然。如叔嫂不相授受，男女不共厠浴，不共椸架，不通乞假，不共燕飲，不通衣裳，不許拜認他人爲父母、姊妹，自已亦不許拜認與人。女子出門，必須乘轎，夜行以燭，雖年少不得露行，雖年老不得入寺觀燒香、出外看戲。閨門嚴肅，庶嗣原正而風教行矣。違者，責罰其夫。

　　重婚姻。婚姻者，上以承宗祀，下以繼後世，禮莫大焉。擇德爲上，論年、論族次之。今之結婚姻，大率論財，或厚貲以耀聘，或竭財以侈裝，名爲爭門面，其寔已漸破家矣。自古有納不教之女者，(求)[未]有不傲舅姑而輕其夫；招不教之壻者，未有不驕其妻而家室不和，亦何利於富貴哉！先儒有婚姻之論，詳且明矣。求婚取，德爲上，如孟光、桓少君之類；覓壻亦當取德，如南容、公冶長之流。次則素有家教、忠厚禮義之族爲妥。婚禮古有六，今省其半，如納采、問名、納吉、納幣，俱以聘定兼之，親迎、醮子、醮女、奠雁、受綏等禮，不可不行，事之無害於禮者，從便可也。新婦入門儀節，俱照《家禮》行之，切不可效野俗。世有從襁褓時議婚，或指腹爲婚者，及其長成，若遇不肖惡疾,或貧苦喪服,或從宦遠游,多至棄信負約,以致争訟成讎。故男女議婚,當待其長,一言爲定,斷不可偶背,此通族所宜知之。

恤親鄰。鄰里、鄉黨及異姓親友,皆以義相合。尊於我者,如我尊長之禮敬之;少於我者,亦如我之卑幼愛之。若遇危急患難,量力賙濟;田土相聯,遜讓界畔;借挪財物,不得稍吝;節序期會,毋嫌菲薄,切勿遺忘。遭盜賊、水火,協力救護,不可乘機掠取。有來假借,隨力給與,而假者亦須切記償還,但不可計利。毋得以强凌弱,以衆暴寡,以富欺貧。而居弱、寡、貧者,亦毋得妬嫉他人之隆豐,妄起私心。他家有孤弱之幼不能自立,委曲扶持。或以小事争競,從中相勸,調和解釋,語言嫌隙,不必介懷。佃僕、兒童相犯,各治之;六畜相踐,各收之。以此相勸勉,自成仁厚之風矣。

重喪祭。親喪、祭祀,固人子所當盡禮,儀節須厚薄得宜。世俗蓋有二弊焉,宰牲、演戲是也,此風一成,非但無補於死,徒增罪業耳。凡遇喪祭,只宜買現成牲物,不必演戲。凡衣衾、棺槨,稱家之有無,須必務寔。衣衾用布,棺木宜老杉,乳結厚密,内外多用生漆、石灰,取其堅固。爲人子者,當以親柩歸土爲急務,不可因卜地艱難以致回疑莫决。倘暴露親體,于心其何忍乎？家廟四時之祭,名爲禴祀蒸嘗,宜取辦時出之物而將之,惟出殯之祭,少長男女、各依位拜奠。其忌日、除夕之祭,各家舉行之。若祠内有春、秋二祭,則子孫齊赴祠堂,各循昭穆,隨班行禮,毋得長幼紊亂。此乃報本追遠之道也,若因循怠惰,廢墜祀典者,家長宜嚴責之,令其殯葬。

謹塋墓。塋墓者,乃祖宗體魄所藏,子孫命脉攸關,可稱大事。葬地勿近人家住基,勿近河岸水邊,勿與豪强之墓相聯。擇地勢宜高,宜向陽,宜乾厚。墳塋宜豐隆,多用石灰,界限宜清楚。若地寬,父母合葬爲妥風水。亦不宜遠離,以致子孫經年不履其地,或被風雨傾塌,或遭狐鼠穿穴,猶然不知,甚爲不安。大凡頹塌者,宜纍砌之,培植封界,蓄養樹木。祖塋之傍,毋得干犯盜葬私墳及盜賣與人,俱以不孝論。又或盜砍木薪、縱畜食踐者,衆子孫責治之。有被他人侵犯疆界、斬龍絶脉等情,衆子孫當同心協力,鳴官究治,復業後已。

禁争訟。族中之人,有秉乖戾之氣者,多至争競、争閧不已,甚至興訟,不畏官法,不惜身家,小事搆成大禍,往往有之。如此之輩,倘不急勸諭,則家風日衰,家業漸敗矣。凡族人事有不平者,須勸之以和睦,切勿聽其自然,以致成訟。家長當察其事情真寔,從公分剖,勿輕擾官司,但以曲直論是非,不必以尊卑名分論矣。或以富欺貧,以衆凌寡,以强侵弱,以刁鑽無藉罔害良善者,家長當以家法治責。倘有强梁執梗,不肯輸服者,送官懲治,勿輕縱之。

崇儉約。儉,美德也。《禮》:"與其奢也寧儉。"聖訓昭然。近世富貴之家,往往競以奢華相尚,食則膏粱,衣則文繡,甚至將祖宗之積蓄敗之一朝,可不哀哉！蓋作法於儉,猶恐其奢,苟不知崇儉,是謂"敗子"。吾願爲子弟者,當知斯意也。大凡飲食、衣服、宫室、納聘、嫁女及壽筵、喪祭待賓之類,俱以簡約爲妥,但毋失之太嗇耳。推而至之,毋侈言以招尤,毋侈行以招辱,皆儉德也,可垂範後人者也,此惟可與高明者道,難與俗人言矣。

供賦税。夫田地者,朝廷之土宇；糧差者,國家之賦税。吾民得以安居足食,享太平之福者,皆朝廷所賜之惠也。税糧不完,是頑民矣。務各宜依期早納,公事畢,然後治私事。語曰:"公事完,心便寬。"每有奸猾鄙吝,拖欠不完錢糧,致累里長,宜深責之,令其完納。如不遵依,送官追治之。

(潘寧録,下利校)

——道光《新安孫氏宗譜・孫氏支譜》卷六《家規》

清咸豐黟縣灣里裴氏宗族家規

家規 共十二則

早完國課。耕田食,鑿井飲,誰之力歟？踴躍輸將,庶不愧爲良民,是亦祖宗所深與也。必待官司斥責,胥吏追呼,而賦究不能免,適足爲梗化之莠民耳。凡我族人,其共戒之。

敬修家政。洗腆用酒,事親之道,豈盡於斯歟？至情至性,毫不見於庭闈之間,雖曰具衣冠,拜堂下親弗與也。借父櫌鋤,慮有德色；母取箕帚,立而誶語,是尚可以爲人乎？兄弟者,一體之分,伯氏吹壎,仲氏吹箎,聚順之休,詩人羨之。若騂騂《角弓》,行道之人傷之矣。君子之道,造端夫婦。相敬如賓,左氏以爲美談。凡有唱隨之道者,尚其致慎於帷薄之内,而益惇内行乎。

撫恤孤寡。父見子成人,夫與婦偕老,人間至樂也。不幸而孤而寡,此天下之窮民,王政所必先者。吾族或有此輩,有力者宜悉心體恤,周其衣食,俾無飢寒之苦,而有晨夕之需,庶幾不得乎天,尚得乎人。

訓飭子弟。學富五車,才儲八斗,佳子弟也,而不多得也,則涵養培植之方要矣。即賦性未堪讀書，而能任耕稼之責，不與里巷相徵逐，亦未始非佳子弟。若溺酒色、耽樗蒲、吸洋烟，則非承先啟後之人，防閑宜峻矣。父兄之教不先，子弟之率不謹，是誰之過歟？

勸釋詞訟。屈膝公庭，俯首悍役，不惟喪家，且復壞品，大愚也。宜以公道悉心勸釋，不得袖手坐視。當局者亦宜降心以從，勿復負氣不悛，大傷和氣，非怯也，畏公議也。萬不可恃險健之才，矜刀筆之利，動與人訟，且陰唆人訟。惟事關倫紀，或祖塋、祖山，萬不獲已，則不得不然。否則，斷勿片紙入公門。

敦尚農桑。流火授衣，有國者尚講稼穡之艱難，況居草野者乎？男勤乎耕而腹可果，女勤乎織而纘可挾，農桑所以爲衣食之經也。若男作亡賴，女抱琵琶，鄉黨自好之士羞面見之矣。

端立品誼。士、農、工、商，四民各有正業，讀書其最上也。即負耒耜、牽車牛，或執技事上，亦皆有裨於民生，關於日用，未始不可。贍衣食，供妻孥，斷不可不顧流品，已淪於卑賤，累及於子孫。

敬聽訓言。先哲有言："勿以善小而不爲，勿以惡小而爲之。"又曰："爲善未必蒙福，然理無不可爲之善；爲惡未必蒙禍，然理無可爲之惡。惠迪吉，從逆凶。"信斯言也。曷其奈何弗聽？

革薄從厚。厚福者，必寬厚，寬厚斯福愈厚矣；薄福者，必刻薄，刻薄斯福愈薄矣。故愛人即以自愛，損人即以自損。以私意祈人之福，人未必福；以私意幸人之禍，人未必禍。徒誤用其心思，自壞其心術耳！

去奢崇儉。量入爲出，治國之道，即治家之道也。侈心一生，而用絀焉。汗血得之，沙泥視之，是自取貧也。故婚嫁、喪祭、歲時伏臘以及燕饗饋贈，皆宜斟酌以定其制。不孫之害，視之固尤甚焉，與其底於不足而求諸人，曷若存其有餘而貽諸後？

毋專己利。遇事必反覆審詳，求其至是，使人己胥安。若我事事要便宜，則人事事不便宜矣。我受其利，人必受其害，而我終亦不能享其利，專利之所以釀禍也。近譬之方，宜敬而聽之。

勿談人短。好議論人短長，妄是非時事，此澆薄之流，馬伏波深爲子弟誡焉。況言人不善，如後患何？子輿氏之言，尤爲子弟所宜佩。

——咸豐《灣里裴氏宗譜》卷一《家規》

清光緒七年六月蕪湖縣正堂批准徙居蕪湖之歙縣範川謝氏家規告示

欽加同知銜、賞戴花翎、特授蕪湖縣正堂、加四級、紀錄十次楊，爲給示曉諭事。案據周皋舖老民謝樊祚，文生謝玉書、謝夢池，監生謝森，文童謝秀冬，民人謝杞祚、謝昌后、謝其令、謝昌茂、謝世海、謝漢昌、謝大起等禀稱：竊齊家必本于修身，戢頑尤先于祈示，是則《家規》之所急需者也。緣身自明由徽歙喬遷治下東鄉，支派繁衍，向已恭請《宗規》，相安無異。迨遭兵燹，祠宇無存，《宗規》遺失，僅於同治五年建造後進祠宇。近有不法之族丁，行爲不軌，身等欲約束而維艱，欲姑寬而不得。現雖合議建造祠宇，恐復有頑梗者致隳重務，爲是備呈《規條》，叩請給示，以全宗祠，以肅族體，等情到縣。據此，除批示外，合行給示曉諭。爲此，示仰該族人等知悉，自示之後，爾等務各遵照後列《規條》，永遠奉行，慎勿違犯。倘有不遵，一經告發，定提究懲。該族房長等亦不得因有此示，恃長欺凌，挾詐妄控，致干重處，決不稍寬。各宜凛遵毋違。特示。

計開《規條》：

急公税，全宗祠，修譜牒，敦孝弟，重墳山，興公堂，慎祭祀，課讀耕，獎人才，息爭訟，戒酗酒，禁賭博，親善舉，懲遊嬉。

右仰知悉。

光緒七年六月初六日示。

告示

寔貼宗祠曉諭

——民國《歙西範川謝氏支譜》卷一《重請〈家規〉告示》

清光緒績溪縣東關馮氏宗族家規

家規　本白沙家譜

《書》曰："作善，降之百祥；作不善，降之百殃。"《易》曰："積善之家，必有餘慶；積不善之家，必有餘殃。"無非勉人爲善而戒人爲惡也。然有不鑑此者，恣行己志，小則殞身滅姓，大則覆宗滅嗣，可勝嘆哉！且吾宗自馮侯得姓，至五十世祖蘩公，大唐時任歙尹而家於歙，厥孫延普公始遷績北居焉。

迨今數十餘世，子孫蕃衍，繼志述事，代不乏人。其先塋丘壠，松楸雲密，每歲清明拜掃，舉族相集，敢尚禮義。此非祖宗善積，厥躬慶流，後裔又烏能有今日之盛耶？每惟根本之禮不可廢，尊祖之義尤不缺，吾因而知愼終之道，前人固盡之矣。自是厥後，追遠之責，豈不在吾與你子孫乎？吁！物本乎天，人本乎祖，其可忽哉？以此推之，莫不皆然。與其驗之於今，孰若質之於古？與其託諸空言，孰若見諸實事？昔《柳氏家訓》有云："余見名門右族，莫不由祖先忠孝勤儉以成立之，莫不由子孫頑率奢傲以覆墜之。成立之難如升天，覆墜之易如燎毛。"范文正公有云："吾宗族甚衆，於吾固有親疏，然以吾祖宗視之，則均是子孫，故無親疏也。"余深有感於斯，而家之事不敢妄議，願與爾等究《易》書之旨，參柳、范之言，斟酌《家規》，俾吾子孫遵而行之，庶幾流餘慶、斂百拜、睦宗族，而無負聖賢之格言也，是宜條列於後云。

一、爲子者，必孝以奉親；爲父者，必慈以教子；爲兄弟者，必友愛以盡手足之情；爲夫婦者，必敬讓以盡友賓之禮。毋狥私情以乖大義，毋貪懶惰以荒厥事，毋縱奢侈以干憲章，毋信婦言以間和氣，毋持傲氣以亂厥性。有一於玆，既虧爾德，復隳爾胤。睹玆祖訓，實繫廢興。言須再三，各宜謹省。

一、家之盛衰，係乎積善與積惡而已。何爲積善？恤人之孤，賙人之急；居家以孝弟，處事以忠恕。凡所以濟人者，皆是也。何謂積惡？欺凌孤寡，陰毒良善；巧施奸佞，暗弄聰明。恃己之勢以自强，克人之財以自富。凡所欺心者，皆是也。是故愛子孫者，遺之以善；不愛子孫者，遺之以惡。《詩》曰："毋忝爾祖，聿修厥德。"天理、人欲，自宜修克。

一、家之隆替，關乎婦之賢否。何謂賢？事舅姑以孝順，奉丈夫以恭敬，待娣姒以溫和，接子孫以慈愛，如此之類是也。何謂不賢？淫狎妒忌，恃强凌弱；搖鼓是非，縱意狥情。如此之類是也。嗚呼，人同一心，事出多門。福善禍淫，天道昭鑒。爲婦人者，不可不愼。

一、本支派原同一氣，必尊卑有序，無相凌越。

一、弟兄、叔伯，有同產業，須分明遜讓，毋致爭競。

一、尊祖敬宗，和家睦族，毋因利害義，有傷風化。

一、祠宇修葺，春、秋祭祀，毋失期廢弛，有違祖訓。

一、各祠墳墓、山林界上，毋失於管顧，有所侵據。

一、讀書尚禮，輕財尚義，毋驕而且吝，有玷家聲。

一、婚姻擇配，朋友擇交，毋貪慕富豪，有辱宗親。

一、睭貧恤寡，濟物利人，毋吝慳弗與，有乖大義。
一、珍玩奇異，喪家斧斤，毋貪愛蓄藏，有累後胤。
一、冠、婚、喪、祭，稱家有無，毋襲俗浮屠，有違家禮。
一、房舍如式，服饎從儉，毋僭侈繁華，有干刑憲。

——光緒《績溪東關馮氏家譜》卷末下《存舊》

清光緒績溪縣仁里程氏宗族繼序堂家規

家規十則　外附殯葬、祭祀二條

父母一

一、人子須愉色婉容，切戒唐突父母。若稍唐突，雖日用三牲之養，猶爲不孝。

一、人子切戒任性。溫寶忠母夫人云："性急人一味自張自主氣質，使父母難當；性慢人一副不痛不癢面孔，亦使父母難當。"戒之。

一、人子須知，天下無不是的父母，切戒自以爲是，反以父母爲非。如舜之事親，尚安有不是處？然不得于親，卻只一味負罪引慝。

一、人子須愛父母而不可愛妻子。朱柏廬云："聽婦言，薄父母。爲人子者內省，其能安乎？"戒之。

一、人子須愛父母而不可愛貨財。其有代父掌家及治生者，陰圖利己，上不可以告父母，下不可以對兄弟，譬如小人，其猶穿窬之盜歟！戒之。

一、人子須出必告，反必面，冬溫而夏清，昏定而晨省。

一、《禮》："子婦，不命適私室，不敢退。"今有夫婦整日相對而不面父母者，大非，其于鰥父孀母者，尤不相宜。

一、人子行事，須告稟父母。溫公云："凡子受父母之命，必籍記而佩之，時省而速行之。或有不可行者，則柔色和聲，具是非利害而白之。待父母之許，然後改之。苟於事無大害，當亦曲從。若以父母之命爲非，而直行己志。雖所執皆是，猶爲不順之子，況未必是乎？"

一、父母分以田宅，微不有均，能值幾何？退有後言者，非。

一、父母所生之子，不能皆富而無貧。父母或念其貧者，薄有周給，諸子當順而從之，退有後言者，非。若子貧而擅售膳田者，大不孝，衆共屏之，仍鳴公治罪。

一、《禮》："父母之所愛，亦愛之。"凡子孫及奴婢，曾蒙父母憐惜者，在己當倍加憐惜，切戒妄生嫉惡之心。

一、曾子養親，必有酒肉，將徹，必請所與。凡爲人子者，宜效曾子，不可因父母有所與而退有後言。

一、父母年老，凡床帳、臥褥、飲食、湯藥，人子須自點檢，不可委之奴婢。

一、父母年老，而有幼弟、幼妹者，一切婚嫁之費，當量力營辦，切戒吝惜小費，致傷父母之心。庶弟、庶妹同此。

一、人子須隨分盡孝，不必富貴而後盡孝。如子路負米、曾子采薪，何嘗不是孝子？

一、人子須及時盡孝，不可待他日而後盡孝。皋魚云："樹欲靜而風不寧，子欲養而親不在。"豈不永爲終天之憾？

一、兄弟數人，貧富不一。貧者不能養父母，富者便當任之，不可互相推諉。

一、父母有過，固宜諫，然宜幾諫，不宜直諫。

一、人子事生母易，事繼母難，然亦別無他法，不過爲人子，止於孝而已。千古來，善事繼母者，自舜而外，莫如薛包、王祥二人，可爲後世事繼母者法。

一、婦事舅姑與子事父母，其道同。凡古之孝婦，如少君提甕、龐氏紡織及陳孝婦養姑之類，爲子者，時時對婦言之，亦必有感悟處。

凡族有不孝者，告諸族長，族長當申明《家規》而委曲誨導之。再犯，則扑之；三犯，告諸官而罪之，永屏族外。

——光緒《續歙仁里程繼序堂專續世系譜》卷首上《家規》

清光緒歙縣新州葉氏宗族家規

愉省齋公家規二十條

一、君臣大義，不因顯晦有殊。居官者固當靖共爾位，即士庶未曾通籍，試思朝廷宵旰不遑，無非爲撫綏百姓計。我輩得安居樂業，常享太平，光天化日，皆君之賜。念及此，則忠愛之心油然自生，教訓子弟，皆勉爲聖世之良民。尊君親上，好義急公，力圖報効，隨分可以自盡。

一、孝弟爲人生根本。父母爲此身所從出，兄弟即父母一體所分，屬于毛裏，比于手足。故聖學以《孝經》爲首，王者以孝治天下。人能孝弟，如樹本根深，則枝葉暢茂，事業由此恢宏，福壽由此綿遠。否則，根本既拔，枝葉有不立稿者乎？薄俗孝哀於妻子，悌哀於妯娌。試觀《禮記》云："婦事舅姑，如事父母。"《尚書》云："矧惟不孝不友，刑兹無赦。"世之爲妻子、妯娌者，當知炯戒矣。

一、祭祀之禮，庶人祭三代，所以報本追遠也。今雖族屬疏遠，支派不同，然祠堂合一，親疏咸在，宜一體祭祀。設有分居各祀，則當四時祭其本支。至于歲暮合親疏祖考一祭，庶其不失同宗之意，其祭以敬爲主，不拘豐儉。

一、子弟資性兇橫，禮貌粗俗，皆因不讀書之故。自今宜延明師，以教子弟，端其性行，熟其禮節。有志者，講通義理。或習舉業不及者，亦要粗知章句，稍知文墨，不失爲君子。然讀書先要安詳恭敬、孝、悌、廉、恥，超出等輩，使宗族愛重，鄉黨敬羨，可也。若反粗暴，無一點儒氣，與常人同，則何必讀書爲哉？念之，慎之。

一、文公《小學》書，凡人倫日用之常，立身行己之道，備載于此，爲父兄者，當教子弟熟讀。通曉義理，斯能有所感悟，不爲非禮之事。然愚者不肯向學，尤當致意。凡于宗族長少聚會之時，或摘切要數條，令敏達子弟講讀，申明大義；或摘問數事，驗其記否。其不能記者，慚愧于心，退必自學。如此耳提面命，終不至憒然無知。

一、婦者，家之所由盛衰，所當重也。聘問之時，不必論其貧富，但擇其門第，訪其家政與婦之性行如何。不可苟慕其富貴，而得婦不賢，以爲他日之患，亦不可因其貲裝有無以發争詬。

一、嫁女必須勝吾家者，則女之事人必欽必戒，此先哲之明言。自後，女之聘人，不必論其貧富，但擇名門與婿之賢者，則許之。聘禮之來，隨其豐儉，切勿争較，以失親情。貲裝之辦，稱家有無，切勿勉强，因以自累。

一、男女不授受，古禮嚴矣。世之男女，瀆禮亂常，皆以禮防廢弛。吾家規範，賴先世貽謀，甚爲嚴整。自今宜益遵家訓，男女有别，尊卑有禮，内言不出，外言不入，則禮防嚴而瀆亂弭矣。

一、先哲有云："名門右族，莫不由祖先忠孝勤儉以成立之，莫不由子孫頑率奢傲以覆墜之。成立之難如升天，覆墜之易如燎毛。"此萬世格言，繼嗣承受家業者，宜勤儉以守之。勤則辛苦不已，不已則何事不就？儉則省約不費，不費則何物不存？然儉則近于鄙吝，取人誚惡，故日用自奉不宜過侈。若冠、婚、喪、祭及祖塋、祖屋并禮節、人情等事，亦當盡力勿吝，但用度適中，不可妄費耳。

一、誇豪逞訟，非良家子弟所爲。世之人，有立心陰險、志行奸邪、起滅詞訟、捏告官吏、詐騙財物、欺壓鄉里，使人稱爲毒蛇猛虎，則忻忻樂受，不顧惡名流毒之害，近在自身，遠存子孫，足爲殷鑒，繼嗣宜深戒之。凡子孫有智術者，須學好事，毋習詞訟，毋尚爭鬬。事遇橫逆，則當直訴於官，以白是非，不可架空鼓捏，以陷良善。同族之人，凡有一切事情，不許輒告，但訴於族長，以辨曲直。不服者，然後赴官懲治。

一、患難相恤，有無相濟，此同宗之義也。世俗見利忘義，宗族貧患不相顧者甚多。自今族有貧乏者，宜相賙給，患難必極力救援，吉凶慶吊，不可失禮。其有鰥寡遺孤，勿使流落失所。凡遇歲時伏臘，必隨物豐儉，設席相會，大小必赴，庶幾情不相疎。

一、合族之人，固有親疎遠近，然以始祖視之，則均是子孫也。世之族人，有以富貴壓貧賤者，有以強大欺弱小者，長幼無序，尊卑無統。自今宜以祖宗爲念，家庭相會，出入相遇，悉以尊卑、長幼自序，以情相愛，以敬相承。凡有凌犯尊長，欺侮等輩，不合于禮者，族長以家法治之。

一、一家之中，大小事務，悉主于家長。爲家長者，所係甚重。然多聽信婦言，偏執己見，陰立奸計，私藏私蓄，待各爨析居，得己受用。及群從亦立奸心，私蓄私貨，靡所不爲，故同胞兄弟、至親叔侄遂因私心分門割户，視如讐人，誠世所醜。自今爲家長者，必須立心公正，處己勤儉，無私意，無偏向。又須如司馬溫公所說，必勤守禮法，以御群子弟及家衆。分之以職，授之以事，而責其成功。錢穀出入，務要明白；飲食、衣服，務要均一。爲群從者，凡百稟行，不可擅專，尤當用心也，助以舉家政。其父子、兄弟、叔侄，須要會食，婦人亦會于内庭。事妨不能赴者，從便。勿私蓄私造飲食，以啟分端。凡僕妾有志忠義者，厚遇之；離心者，逐之。

一、"忍"之一字，誠處家睦衆之道。昔張公藝九世同居，不過一"忍"。自今合族之人，凡有長短是非，若大若小，當懲忿窒慾，痛加隱忍，以消怒氣，以釋惡言，以全親親之恩。爲吾子孫者，尤當佩服終身，可也。

一、鄉里誠當相敬。凡有往來之禮，不可缺失。隣舍之密，較他不同，古人千錢買鄰，蓋重其事也。睦鄰之道，當患難相恤，有無相濟，賢否相戒。一切小忿，不留宿怨，更加忠厚存心。躬自厚而薄責于人，如此則百世可居矣。

一、清白傳家，世爲至寶。今予竊君禄者數年，常禄之外，一芥不敢取于人。蓋平生所能，惟操履一事而已。繼嗣有能學古入，官者當遵家法，當佩吾訓，忠以事上，廉以律己，公以處事，仁以愛民，恕以及物，以全令名，以保禄位。若不聽吾訓戒，欺公玩法，見利忘義，則明遭王法，陰受天譴，豈能逃哉？昔盧坦爲河南尉時，杜黄裳爲尹，召坦曰："某家子與惡人游，可察之。"坦曰："居官守廉，雖大臣無蓄。其積財者，必剥下以致之。使其子孫善守，是天富不道之家，不如恣其所爲以歸於人。"宜鑒此言也。

一、貧富在天，非人所能也。故富者不可驕奢自足，當好義好禮以處其富；貧者不可貪求自污，當安分安命以守其貧。能處富，則富可久；能守貧，則不終貧。毋失志以取辱。

一、人之處世，不拘貧富，須要士、農、工、商，各居一業，斯無游惰之患，庶幾貧可給而富可充矣。然貧者莫若以農爲本，今人不知農爲人之常業，反以爲賤事而不肯爲此，其所以貧也。設有富者，又不能授子弟以職事，不幸一旦傾財破産，無以聊生。欲爲士，而未嘗讀書；欲爲農，而不耐勞苦；欲爲工，而巧不及；欲爲商，而貲不足。游手游食，落人下風，皆因不務生理所致也。戒之，戒之。

一、爭人田土，謀人貲産，非仁人君子之事。況膏腴之地、堆垜之財，人人競慕，惟有勢力者得之。吾家藉祖宗之貽薄田曠地，若能勤力其中，足以供衣食。自今切勿立心尅剥，謀占他人所有。觀司馬温公曰："積金以遺子孫，子孫未必能守；積書以遺子孫，子孫未必能讀。不如積陰德于冥冥之中，以爲子孫常久之計也。"勉之，慎之。

一、族長不守家規，爲子弟者，反覆委曲開論。及終不能聽，然後會族告于祠堂，以彰其過，更立以次賢者主執家法。若子弟不遵家規者，族長以家法懲治。其不服者，齎此赴官，以不孝論。

——光緒《新州葉氏家譜·脩省齋公家規二十條》

清宣統彙輯明嘉靖至清同治休寧縣富溪程氏宗族祖訓家規

富溪程氏家規叙

一寸之矩，而天下後世不能外者，盡制也；一念之微，而一家之子孫不能外者，盡倫也。予觀老友程啟曒氏此訓，《條約》備具，率因乎人情，而裁之以禮義，易知易從，然皆本乎此心。一念所同然者，其亦一寸之矩矣。循是矩則身安而家日以興，悖是矩則身危而家日以頹。孰謂一寸可少哉？且今天下之制器，無論工拙，未有捨先王之矩而能獨出一法者，而乃於盡倫者有未然焉。先人明訓，或以陳言剩語視之，斯亦誠弗類矣。噫！保身保家，人人所同。中夜以思，吾知其將惕然，必不肯安於此也。

予故爲書數語以誌之，果然，則程氏子孫雖百世無可虞矣。如其否也，則前所謂區區者，亦皆陳言剩語類也。可不念歟？

萬曆七年仲春望日，賜進士、中憲大夫、知溫州府、加俸進階各一級、前監察御史裴覺山洪垣書於大雲山舘。

程氏規訓叙

家國一道也，國有法，家有規，均所以制治防危而不可廢焉，此也是謂。雖無老成，尚有典型。言上有道揆，則下無違之法守也。吾家自宋中書舍人府君起家，迨今五百祀矣，世守祖訓，欽遵聖諭，由是義聲文獻賴以弗墜。歷吾高祖而降，孫枝蕃盛，雖服踰祖免，而同堂共居猶自若也。竊恐生齒日繁，人情日異，於是倡會族屬，振復祖訓，紀之以條規，申之以懲勸。

蓋父母，天地也，宜尊敬而奉養無違；兄弟，手足也，宜友悌而急難相顧；妻子，百世之始也，宜教勗之以振先業；閨門，萬福之原也，宜警勸之以啟後人；家庭，天倫之攸萃也，宜交相親愛而和睦之是敦；鄉黨，宗族之所在也，宜廣加謙遜而驕傲之不作；祭祀，先靈之在上也，宜誠敬而盡禮；墳墓，先魄之所藏也，宜拜掃而以時。習士進者，宜脩飭而以起家爲心；服農、商者，宜勤儉而以裕家爲志。庶乎各安其職，以仰承聖諭、祖訓而不背於義矣。（烏乎）[嗚呼]！鄭氏之謂義門者，此也；石碏之謂義方者，此也。雖然徒法莫行，人存政舉，吾人勉夫，群從勉夫，世世勉夫。

嘉靖三十七年季冬吉旦，嗣孫疃頓首拜書。

聖諭："孝順父母，尊敬長上，和睦鄉里，教訓子孫，各安生理，毋作非爲。"

聖訓敷言　吏部尚書臣王恕注解　吏部尚書臣許讚著贊

孝順父母

解曰：事奉父母，而不忤逆，便是孝順。父母生身養身，劬勞萬狀，恩德至大，無可報答。爲人子者，當於平居則供奉衣食，有疾則親嘗湯藥，有事則替其勞苦，和顏悦色，以承順其心志，務要父母身安神怡，不致憂惱。父母偶行一事，不合道理，有違法度，須要柔聲正氣，再三勸諫，務使父母不得罪於鄉黨。如或不從，越加敬謹，或將父母平日交好之人請來，婉詞勸諫，務使父母不得罪於鄉黨，不陷身於不義而後止。此孝順父母之道，爲百行之本，萬善之源。化民成俗，莫先於此。故聖祖首舉以教民，欲我民間各盡事親之仁，輩輩爲孝順子孫也。

贊曰：天地生人，爲物之首。氣分於父，形育於母。父母之恩，天地爲偶。孝養順從，深恩莫負。隨其職分，竭力所有。服勞供奉，幾諫無咎。定省扶持，同子及婦。顯親揚名，大孝孰右。孝有大小，理無先後。天地鑒臨，百福皆受。聖訓明明，是尊是守。

尊敬長上

解曰：崇重長上，不敢怠慢，便是尊敬。長上有本宗長上，有外親長上，又有鄉黨長上。若伯叔祖父母、伯叔父母、姑兄姊、堂兄姊之類，便是本宗長上。若外祖父母、母舅、母姨之類，妻父母之類，便是外親長上。鄉黨之間，有與祖同輩者，有與父同輩者，有與己同輩者，而年長者便是鄉黨長上。本宗長上與外親長上服制雖不同，皆當加意尊敬，遠別拜見，常會則揖，行則隨行；進酒則跪，命起則敢起；不命之坐，則不敢坐；問則起而對，食則後舉箸；遇鄉黨尊長，亦當謙恭，爲之禮貌，是先輩者，則以伯叔稱呼；是同輩者，則以兄長稱呼。坐則讓席，行則讓路。此尊敬長上之道，有謙卑遜順之意，無乖爭凌犯之罪。化民循理，莫切於此。故聖祖次舉以教民，欲我民間各盡敬長之義，人人爲賢人君子也。

贊曰：人以類聚，名分攸宜。名有長少，分有尊卑。以少凌長，狂悖之知。以卑犯尊，暴慢之爲。尊之敬之，惟德之基。致恭盡禮，和氣柔詞。或坐或行，維後維隨。飲食聚會，進勸歡怡。我敬長上，人亦我師。宗里遠近，咸樂秉彝。聖訓巍巍，是勉是思。

和睦鄉里

解曰：交好鄉里，不與爭鬥，便是和睦。鄉里之人，住居相近，田地相隣，朝夕相見，出入相隨。若能彼此和睦，不與計較，交相敬讓，無所爭差，則喜慶必相賀，急難必相救，疾病必相扶，婚喪必相資助，有無必相那借。雖說異姓，有若一家，日相與居，自無疑忌，作事未有不成。若不相和睦，則爾爲爾，我爲我，孤立無助，嫌疑互生，作事難成，豈能長久相處？化民和好，莫切於此。故聖祖亦舉以教民，欲我民間興仁興讓，以成仁厚之俗也。

贊曰：斯人同處，鳥獸匪儔。鄉里之交，親近易求。讐則不計，好則廣脩。和不相爭，睦不相尤。出入相友，患難相周。有無相濟，喜慶相酬。維持夾護，同樂同憂。一鄉同心，一里同謀。人無異類，譬彼同舟。生聚依養，太平優游。聖訓章章，是欽是由。

教訓子孫

解曰：指教子孫，使知禮法，便是教訓。人家子孫，幼時便當以孝、悌、忠、信之言教之，使知如何是孝，如何是悌，如何是忠，如何是信。知道卑尊上下，自然不敢凌犯。莫教他説謊，亦莫教他惡口罵人。待稍長，資性聰者，擇師教之讀書，務期德器成就，爲國家用，光顯門户。若性資庸下，不能讀書者，亦要指教，使知謹守禮法，勤做生理，不可縱其放肆驕惰，自由自在，便去喫酒、賭博，無所不爲，家門必被其敗壞，產業必被其蕩散，故子孫所以不可不教訓也。家法之嚴，莫過於此。故聖祖亦舉此以教民，欲我民間後輩賢達，家門昌盛也。

贊曰：子以傳家，孫以繼子。才與不才，教之於始。賢與不賢，教之所使。教之子孫，成敗由此。勿教驕惰，勿教邪説。教之善道，訓以義理。恭讓接人，嚴退行己。勤於耕讀，精於藝技。克持風家，廣行宗祀。子子孫孫，世世繼美。聖訓昭昭，是教是履。

各安生理

解曰：生理即是活計。若攻讀書史，士之生理也；耕種田地，農之生理也；造作器用，工之生理也；出入經營，坐家買賣，商賈之生理也。至若庸愚，不會讀書，無產無本，亦不諳匠藝，與人傭工，甚至挑脚，亦是生理。不安生理者，即是懶惰飄蓬、游手好閒、不顧身名無藉之徒也。若能各安生理，士之讀書，必致富貴榮華，歡父母，顯祖宗。農、工、商賈，亦必衣食豐足，可以供父母、妻子之養，亦可以撑持門户，不爲鄉人所非笑。化民勤業，莫切於此。故聖祖亦舉以教民，欲我民間力致榮貴，家洽人足也。

贊曰：人之有家，生理爲大。不力不食，無產無賴。安此生理，莫慕乎外。士安於學,方進未艾。農安於穡,力作爲最。工業器用,利濟無害。商通販易,有無相儈。維勤維儉,家計以泰。不安生理,漸習侈汰。家計窘落,追悔【莫及】。聖訓昭昭,是欽是會。

毋作非爲

解曰:非爲即是不善。若殺人放火、姦盜詐僞、恐嚇誆騙、賭博撒潑、行兇放黨、起滅詞訟、挾制官府、欺壓良善、暴橫鄉里,一應不善不當爲之事,皆非爲也。人若爲之,大則身亡家破,小則喫打坐牢,累及父母、妻子,有何便益?若能安分守己,不作非爲,自然安穩無事,禍患不作。化民爲善,莫切於此。故聖祖亦舉以教民,且不曰不作,而曰毋作,是亦禁治之意,欲我民間不犯刑憲,保全身家也。

贊曰:作善降祥,作非受厄。善惡之分,惟人所擇。良心不泯,非心且格。寇攘姦宄,戒禁絕革。勿貪人財,勿冒人籍。勿占人田,勿奪人宅。勿尚忿爭,勿事博弈。凡此作爲,自爲惡逆。幽有鬼神,明有刑責。爲善爲惡,孰損孰益。聖訓嚴嚴,是警是擇。

"孝順父母,尊敬長上,和睦鄉里,教訓子孫,各安生理,毋作非爲。"這六句包盡做人的道理。凡爲忠臣,爲孝子,爲順孫,爲良民,皆由於此。無論賢愚,皆曉得此文義,只是不肯著實遵行,故自陷於過惡。祖宗在上,豈忍使子孫輩爲此?宗祠內宜倣鄉約儀節,每朔日督率子弟,齊赴聽講,繼宣《祖訓》,各宜恭敬體認,共成仁厚之俗,尚其勉之。

聖祖仁皇帝上諭十六條

敦孝悌以重人倫,篤宗族以昭雍睦。
和鄉黨以息爭訟,重農桑以足衣食。
尚節儉以惜財用,隆學校以端士習。
黜異端以崇正學,講法律以儆愚頑。
明禮讓以厚風俗,務本業以定民志。
訓子弟以禁爲非,息誣告以全善良。
誡匿逃以免株連,完錢糧以省催科。
聯保甲以弭盜賊,解讐忿以重身命。

世(祖)[宗]憲皇帝萬言《廣訓》 坊有刻本

上諭十六條,聖人之言,廣大精微。萬言《廣訓》,明切謹密,修身、齊家之道，遷善遠罪之方，總不外此。宗祠內，每月朔，宜敬謹講說，務要明白痛切，使人感動，共成美俗，庶無負聖天子尚德緩刑、化民成俗之至意。

《祖訓》曰：凡爲子孫者，孝父母，友兄弟，謹夫婦，教子孫，睦宗族，和鄉隣，勤學問，重本業，崇禮教，推賙恤；毋驕樂，毋遊惰，毋好閧訟，毋習賭博，毋徇私以防公，毋恃勢以斂怨，勿用婦言以爲厲堦，勿縱橫逆以紊家政，毋敗德以賊身，毋淫蕩以辱先。一切有犯，永敗名德。言之諄諄，爾宜深惕。

凡爲婦女者，孝舅姑，敬夫主，和娣姒，慈子婦，別尊卑，謹言行，守閨範，攻女事；宜誠敬以奉先，宜勤儉以治家；毋驕恣以違訓，毋專制以自遂，毋多言以啟爭，毋悍妬以敗類。一行不謹，終累全德。婦職當修，各宜深省。

申訓曰：人家之盛衰，係乎積善、積惡而已。何謂積善？存心以仁，處事以恕。揳至公無我之私，懷濟人利物之念，汲汲如不及，拳拳而不忘，居之無倦，行之以忠是也。何謂積惡？恃己之勢以凌物，尅人之財以肥己，嫉中正如仇隙，視憲行如飲食；放辟邪侈，行險陰謀，謂善小而不爲，謂惡小而爲之無傷；居之不疑，久而無厭，自絕於天，自滅其性是也。是故善而加勉，斯爲積，自滿則爲過。過而能改，斯爲善，不改則爲惡。事非一朝，由來有漸，故善積而不可掩，罪大而不可解。《傳》曰："積善之家，必有餘慶；積不善之家，必有餘殃。"天道昭然，能毋懲創？

家之隆替，由婦人之賢否。何謂賢？慎言修德，整容飭工，居必貞静，動由禮義是也。何謂否？驕悍嫉妬，縱慾敗度，搖鼓事非，爭競長短是也。蓋婦人之賢者，必能守規戒，安名分，宜室家，相夫子，家道得不因之而隆乎？其不賢者，蔑視長上，不守規訓，肆意妄行，悖戾無忌，漸漬以惑其夫，邪蕩以縱其子，家道得不因之而替乎？故和氣致祥，乖氣致戾。萬世之始，百福之原，係乎婦人，不可不慎。

《程氏家規》蓋奉颺"六訓"，以繩約其子姓者。有家之閑，同井之睦，胥此乎在。本縣遍鐸村塢，得程者覬而義之，亟錄爲程氏勸，爲程【氏】則，爲吾休勸。渝瀛施天德批於鳴琴之署。

有匹夫而思化鄉人者，私心儀之。本縣議舉鄉約，誠欲得其人以託焉。締觀程者民之家規，纖細具備，非有公督責，而自爲家謀有足多者。在家而家，在鄉而鄉。喜而書之，以觀厥成。休寗令祝世禄書。

祝令墨跡尚在居仁堂或脩齊堂處，予曾見之。

祖訓敷言

孝父母。父母者，吾身之所自出，於人倫爲最重，亘天地而莫大者。《詩經》曰："父兮生我，母兮育我。拊我畜我，長我育我。顧我復我，出入腹我。欲報之德，昊天罔極。"噫！父母之恩，大如天地，非父母則此身何自而有乎？人子設能竭力承事，終身不衰，亦未足爲報也，而況悖忽如路人者乎？夫人之所以名爲人者，以其天性有仁義也。親不知愛而悖忽之，此與禽獸何異哉！然慈烏尚能反哺，羔羊尚知跪乳，又禽獸之不若也。故曰："不得乎親，不可以爲人；不順乎親，不可以爲子。"蓋孝爲仁之本，百行之原，故思修身不可以不事親，思事親不可以不知仁。事孰爲大？事親爲大。移於君，則爲忠；移於長，則爲悌；移於衆，則爲慈。由是觀之，則事親之道，豈不爲大、爲本、爲當先務者乎？夫孩提之童無不知愛其親，此倫理天性之本然也。迨長有知，反有不能如初者，何哉？蓋緣或蔽於利欲之私，或衰於妻子之溺，或傷於責善之嚴，或疑於愛憎之偏。良心既漸，怨望遂生，不知自反，竟成忤逆。夫天下無不是的父母，父母之心，公如天地，無不慈愛。風雨霜露，無非教者，人自取之，何敢怨尤？萬一不謹而遭其變，尤當自省自咎，委曲承順，順受其正，庶可回天。其或不然，亦必如虞、舜，如薛包，如捐如祥，烝烝不已，終致允若。爲法於天下，可傳於後世，始可以爲大孝也。

友兄弟。兄弟者，天成之親，本同一氣，天性良能。兄必愛弟，弟必敬兄，正如一身肢體，連屬不可分裂，而亦不可贅續。故必癢痾疾痛皆切吾身，是謂同氣也。其不然者，或間於妻，或誘於利，乃至休戚不關，形如痿痹，情意不通，辭氣莫浹，遂相學而責望焉，則是手足不自掉而自殘，豈成人哉？《柳氏家訓》曰："人家兄弟，無不義者。盡因娶婦入門，爭長競短，偏愛私藏，以至悖戾，分門割户，患若仇賊，皆婦人所作。男子剛腸者幾人？能不爲婦言所惑者，鮮矣。"是以《棠棣》之詩言兄弟而及於妻子，蓋以家人離必起於婦人也。故使兄弟居雖同室，迹如路人；生雖同胞，情猶胡越。噫！骨肉同胞不如義合之異姓，況有視其親兄弟不如妻之兄弟者，何其惑溺之甚也？如《詩》所謂"死喪則孔懷，急難則相助"。雖鬩于墻，外禦其侮，況有良朋亦永歎。所以凡今之人，莫如兄弟也。爲兄弟者，當以天性骨肉爲念，妻子、財利爲戒。毋憂戾父母，毋崩散門户，實予家之慶幸也。尚其勉之。

謹夫婦。夫婦者，正家之始，天地之大義。而婦者又家之所由盛衰也，上以奉祭祀、事舅姑，下以育子孫、繼宗嗣，衣服飲食，皆所需焉，關係匪輕。

其可忽乎？故古人娶婦必擇其性行、家法，而不論於財勢；必謹於媒妁，而不貪於苟合。苟爲不然，多有不肖背盟之訟，索求失望之爭。及婦入門，不循婦道，有視翁姑如路人，或至悖逆者；視妯娌如仇敵，或至毆詈者；視丈夫如兒孩，事爲皆出其口者；或嫌惡如惡臭，甚則常懷異志者。又有妬悍陰毒，不容妾媵，甯陷夫於無後者；誣造長舌，悖亂親屬，甘罹家庭於傾覆者。或視街衢如檻曲，或視閨閫如囹圄，或犯淫竊，衆惡叢集。當斯之際，噬臍何及矣！觀古人之慎擇者，禍福利害何如哉！雖娶婦之道固如是而當擇，而爲夫之道尤當自守。《禮》曰："夫和妻柔。"又曰："夫和而義，妻柔而正。"挈矩之道，亦宜存省。故必倡之以孝敬，率之以謙謹，導之以和順，勸之以勤儉。恩以安之，義以正之，和而勿流，嚴而勿暴。事有未善，必先諭之；諭之不率，然後戒之；戒之不從，明以正之。然必先之於身，身不行道，而能行之於妻子者，未有之也。噫！婦性之僻，妬忌爲最；男子之偏，色慾爲甚。乖戾反目，於斯爲多。然古人之可效法者，不以疾貧背盟如廷式，不以貴顯忘舊如宋宏，不惑財豐如裴坦，不惑妾媵如君實，此夫道之正也。寧斷鼻截耳，不以盛衰存亡易心如曹令女；寧勤勞孝養，不以宦娶曠棄改節如鮑女宗；疾廢不奪志如宋女；逮下不專妬如太姒，此婦道之正也。且夫所重於娶婦者，欲其相吾，上事父母，下撫子媳，和吾家衆，成吾家道，養吾之身，輔吾之德。如使縱其一己之欲，隳吾家而壞吾德，是無益而有損，何足重哉？《經》曰："禮始於謹夫婦。"夫婦者，正家之始也，得其正則家齊，失其正則家亂。可不慎哉？可不鑒哉？

  教子孫。子孫者，宗祀所重，家世所屬。雖欲庶繁，惟賢是賴。欲求其賢，非嚴以教之，不可得也。《學記》曰："古之教者，家有塾，黨有庠，術有序，國有學。"孟子曰："人之有道也，飽食煖衣，逸居而無教，則近於禽獸。"聖人有憂之，使契爲司徒，教以人倫，父子有親，君臣有義，夫婦有別，長幼有序，朋友有信。孔子曰："少成若天性，習慣成自然。"是故上自國都，下及閭巷，莫不有學。始從胎姙，以及孩提，莫不有教。其教也，必以其道；其養也，必以其方。故成才易而善人多，家國以之齊治而長久者，此也。後世之教則不然，方其有娠，物慾是縱。及在孩提，則又誘之以奸詭，教之以辱詈。及其從師，欲嚴督者，惟以記誦詞章爲務；欲寬遜者，乃以同流合污爲善，於古人教養之道，則邈然無一毫之介意。及其既長，是以爲子或至不孝，爲弟或至不悌，微而罔法不道，甚則亡身喪家。當斯之際，欲求其賢而孝悌，承祀克家，何可得乎？凡今之爲教者，在腹宜範太姙，孩提當法孟母，父兄必嚴，師友必賢。以孝、弟、忠、信、禮、義、廉、恥爲本務，以記誦詞章爲游息，善則誘之，惡則懲之，毋從詭隨，毋事姑息。夫如是，則雖中人之資可以成性，下愚之資可以無惡，漸染不污，必無橫異之禍。循習向上，自有興福之仁，而家世之攸賴，可保於他日矣，於戲！古之教者而豈徒哉！念之，念之。

　　睦宗族。宗族者，同根共氣，莫不聯屬，如千枝萬葉而本則一也。故推五服而上，同一高祖也；推同居而上，同一遷祖也；推各族而上，同一始祖也。嗟夫！世人有與宗族欺凌鬥訟者，是悖戾其始祖也；與同居服屬欺凌鬥訟者，是悖戾其遷祖、高祖也。故欲尊祖敬宗者，必先睦族。族不能睦，非惟悖戾其祖，而廟祀之禮亦或由之而廢矣。是故古者祫祭會食，以序昭穆之情，明長幼之序；因情制服，以別親疏之分；悖叙秩禮，以昭尊卑之義。生則恩愛以相樂，死則賻奠以相哀，故宗族之義重而有不睦者，亦鮮矣。雖然非獨宗族之義固當如是，而母族、妻族莫不皆然。晏子曰："自臣之貴，父之族無不乘車馬者，母之族無不足衣食者，妻之族無不有飽暖者。"若晏子可謂能睦其族、尊其祖、孝其親者矣。《禮》曰："雖富貴，不敢以富貴加於父兄、宗族。"況以少凌長、卑踰尊、幼不遜悌而犯欺賊傷者乎！是則聖人之所逐叱逆亂之道也。夫欲睦族齊家，而不重長幼之序，定尊卑之分，心祖宗之心，法聖賢之法，是猶惡濕而居下也。雖然在下，固宜盡在下之職，而在上者亦當莊以自持，恕以及物，是則挈矩之道立，雍睦可必矣。其鑒此而體諸。

　　和鄉里。鄰里者，居止相比，朝夕相接，出入相親，緩急相需，有兄弟世契之義焉，其道當和而亦當擇也。諺曰："遠親不如近鄰。"言其相資之切也。孔子曰："里仁爲美，擇不處仁，焉得知？"諺曰："百萬買宅，千萬買鄰。"言當擇也。孟子曰："出入相友，守望相助，疾病相扶持。"又有鄉飲之禮，會洽鄉人，以正齒位。其平居之禮，年長以倍，則父事之；十年以長，則兄事之；五年以長，則肩隨之，父齒則隨行，兄齒則雁行。鄰里交際且然，而況於宗族家庭哉！是故鄰里親睦，鄉黨禮讓，貧富相資，緩急相賙，善過相規，強弱相濟。又有寬厚諸賢，如拔藩却地者，逐婦伐棗者，唾面自乾者，誣金不辨者。夫如是，仁恕禮讓之風生，乖爭鬥訟何由作？嗟乎！世之爲鄰里者，既不能追復古風，豈應反加傷敗？或勢強凌弱，或仇怨構訟，或因錐刀之利而傾家蕩產，或以頃刻之忿而忘身及親，何惑愚之甚耶？適足自弊，豈鄰里之道哉？吾家僻處深山，頗存古風之一二，社有輕財重義之名，實昔人志向有存也。後人宜覩名思義,黽勉毋失,不亦偉歟? 不亦美歟?

勤問學。問學所以成德也。《書》曰:"惟斆學半。"言受教僅居其半,而半須自學也。故必遜志務時,敏念終始。典於學,未達則問,未能則學,居處必習,游息有養。如是,則精義利用,德修罔覺。然非師友,雖欲問學而弗可得也。故人生而蒙長,無師友則愚。推明義理,指引塗轍者,師之功也;漸摩誘掖,講學責善,友之力也。此君臣、父子、長幼、夫婦之倫所以必藉師友而後明也。故師友不可以不重,而尤不可以不擇也。孔子曰:"友直,友諒,友多聞,益矣;友便僻,友善柔,友便佞,損矣。"是知氣習美惡最能移人,趨向苟若,成就頓異,故擇友不可不慎也。孟子曰:"友也者,友其德也。"夫古人之為友者,善則相勉,過則相規。今之友者,拍肩執袂,歌舞酣遊,一言不合,忿怒相加,或至抵毀,或成讐釁。噫! 友益之道,豈如是乎? 故古人取友情淡如水,愈久愈真,以觀感薰陶,與之俱化,如入芝蘭之室,不聞其香,蓬生麻中,不扶而直,德日益而過日損,學問日進於高明而不自知也,其可忽歟?

重本業。本業所以厚生也。人自有此生,則養生送死、婚嫁禮節、賦役交際、衣食器宇,皆民生日用之所不能無者也。苟無以資之,則坐困而無比數矣。故聖人重之,因其勢而利導之,教之生道以業之。生業有四:曰士,曰農,曰工,曰商,凡人必業其一以為生,當隨其才智而為之,然皆不外於專志堅精。勤勵不息,乃能有成;仰事俯畜,可以饒裕。如生禀乖蹇,亦可免於凍餒,未有無所事事、流於遊惰而可以為生者也。若夫賢哲行義之士繼厄於窮困,雖至此而不變。下此一等,鮮有不因此而流於污賤,以為非者矣,大而僭逆強亂,小而誘竊攘奪,靡所不至,莫不由於志行墮虧、不務生業而然也,焉可以細故而忽之哉? 故凡為士者,必以聖賢為期,生民為心,達則兼濟天下,窮則獨善其身。如徒尚虛文,陷溺心志,無益於道,非所取也。若為農者,上順天時,下察地利,樹藝耕耘,不憚勤苦,三餘有瑕,經史可務,心義或迷,賢明可就。士出於農,古人所重。至於工藝,專精為善。商賈之道,勤慎是務,順道而行,義利可取。計術空勞,造化有數。噫! 吾徽地褊人稠,業商賈者十居八九,吾人稍有才智者,士業不可後也。不得已而服賈,當以先賢為心,義利為介,敏於力作,鬥智爭時,隨分為經。毋詐偽以損人,毋蕩散以傾資,毋奸險苟得以壞心術。(亮)[諒]之,勉之。

崇禮教。禮者,天地自然之秩,人事當然之則,大而冠、婚、喪、祭,小而動、止、語、默,顯而王公卿相,微而閭巷家室,無處無日,不能無禮,可以別嫌疑,明是非。《詩》曰:"相鼠有皮,人而無儀。"人而無禮,曾禽獸之不若也。冠、婚、喪、祭,當遵《文公家禮》;居處、出入、慶吊、交際,宜守《温公襍儀》。雖然禮文不可偏廢,如徒趨其末而忘其本,猶無禮也。《語》云:"禮者,敬而已矣。"又曰:"禮云禮云,玉帛云乎哉?"孔子曰:"生事之以禮,死葬之以禮。"孟子曰:"惟送死可以當大事。"故喪祭為諸禮之事重,喪祭之禮,必以哀敬為本,居喪之節,哀毁居廬,切於身者,必誠必敬,咸服五服,踰月而葬。稱家有無,勿作無益。《經》曰:"卜其宅兆,而安厝之。為之宗廟,以鬼饗之。"而況塋墓體魄之所在乎?故塋址不可不擇,而保守不可不謹也。擇地之道,非葬術、公位、房分、子孫禍福之謂也,避五患,防水濕、風、蟻、石而已耳。世人有信陰陽,公位、年命不利,久而不葬,以致暴露者;有窮乏凌替、惑於術家而改葬者;有子孫貧富不齊、較爭錙銖,不顧公議從而毁没者;有鬻墓地者;有鬻膳田者;有逆葬者;有侵葬者。是皆不仁不孝,惑之甚者也。(烏乎)[嗚呼]!凡我子孫,其思之,其思之。世世保守,毋懈毋怠,豈特祖宗之福而已哉!

推賙恤。賙恤者,亦行之一端,仁政之先務也。文王當政,施仁必先鰥寡孤獨,孔子周急不繼富,晏子賴以舉火者三日,范公廣置義田,古人之賙恤者如是也。蓋仁者以天地萬物為一體,民同胞而物五與,故曰:"親親而仁民,仁民而愛物。"物且愛之,況同類乎?故自吾孝親之心而推之,兄弟為友;次推之,宗族為睦;又推之,姻戚為媾;又次推之,朋友為任;再次推之,衆人為恤。仁人之心,自然憫怛。忍見吾同類之困厄,豈能恝然而不一動其心乎?孤弱者扶植之,貧乏者濟急之,誣枉者申明之,疾病者滋養之,急難者救援之,死喪者賻助之,無適而非,此心之發,忠恕之道也。夫恤者,恤衆也。於衆若是,其孝友、睦姻、親賢之道可知矣。雖曰一視同心,親疎、輕重、厚薄、緩急自有其序。於戲!世人於親親之義,尚不能盡,乃有子富而父貧者,況於疎遠者乎!或有盡財力於疎遠,而親近則邈然如路人,是則沽譽於人之徒也,是謂悖道,為其薄於親也。夫親疎、輕重,天秩常經也,而有權存焉。若夫好賙恤而不中道也,猶有仁心之發也,比之為我者有間矣。歷數古人宦顯之最者,上而晉、楚,下而石、王,歷代巨萬之家,不可勝數,當時一毫不拔,後世竟亦何存?未聞其子孫富於晏、范之後也。然晏、范為萬世瞻仰,彼則為萬世非笑,獨何心哉?蘇老泉之父好賙恤,終至空乏而不悔,後生三蘇;婺源畈上老人興義學以教鄉人,而汪氏子孫歷代貴顯。報効之事理固難,必君子之心豈為是乎?故積而散者,達人之明哲也;銖守終身者,愚人之昏塞也。

吾人稍有智識,則當鑒古徵今,隨力而行,不亦煢獨無告之幸歟？非徒煢獨無告者之幸,而子孫未有不被其澤者矣。念諸,思諸。

申訓條規

一、齊家之要,必以振"三綱"爲重。三綱者何？君爲臣綱,父爲子綱,夫爲妻綱也。家長者,亦家人之嚴君也。《易》曰："乾知大始,坤作成物。"乾者,君也,父也,當總其綱而主其大始；坤者,臣也,子也,妻也,順成天施而代其終。故綱舉而目張,統一而順序。凡一家之事,家長主其綱,擇家衆分任之,而使之行。子弟若婦雖有才智,亦必禀之於上,不敢擅專。如此,則大綱振而彝倫叙,無不舉之事矣。

一、家長爲一家之主宰,家衆之視效,當反身威如,正位乎内外,莊以持己,恕以及物,普一體之公,通上下之情。總其大綱,詢謀而庸察,辨事,情勿遽暴怒,言不妄發,行必當理,好惡不偏,義利必辨,待下勿疑,處事以公；直而温,信而勇；有可愛而不能忘之德,有可畏而不可犯之容；崇謙和之行,敦仁之風。如此,則家衆儀型,罔不從令,家庭肅雝,内外無怨,和氣生而百福臻矣。

一、百行之修,本在一心。欲正心者,必以立志爲主。志在於道德,則無修而非道理；志在於名,則無修而非名；志在於利,則無修而非利。夫志不在是而假是以爲名,或志在是而物欲得以裸之,則朝滿而夕除,陽掩而陰著,吾未見其有成也。志苟立於道德,則以仁義中正爲主,孜孜不已,念念在兹。造次必於是。顛沛必於是。動静不忘,表裡如一。人言不能摇,勢利不能屈,私欲不萌,本體澄定。萬善具足,百行以出。積中而形外,篤實而光輝,物有不化而家有不齊者,未之有也。

一、子事父母,婦事舅姑,當晨昏定省,服勞奉養；問衣視膳,扶持几杖；容貌必恭,執事必政；言語應對,下氣怡聲；愛其所愛,敬其所敬；承順養志,事不專爲。受命則籍記速行,畢則返命；事有不可,則正氣柔聲,具白利害。無大害者,亦當曲從；有過則下氣柔聲,怡色以諫；諫若不入,起敬起孝,悦則復諫；有疾則寢侍不離。凡此皆事親之大經也。

一、兄弟均是父母一體,須要心常相照,情常相聯。財有不給,多寡則相通；濟事有不妥,大小悉相計議。平居則相歡叙,有變則相禦護,無分爾我。今人不知一體之義,動因小小利害,或爲財産,或爲婦人言語,遂成忿争,貽憂父母。愛妻子而不愛其親，豈惟悖德，抑亦逆天之甚者也！省之，警之。

一、子弟之於兄長，務宜恭敬，不得倨肆怠慢。坐必侍立，行則徐候，提挈必代其勞；語言應對，須要誠謹；怡下不得戲謔，誼嘩傷剌。若見嗔怒，自當直受，勿得餙辨；如有曲情，亦當含忍，次日以告，相知者據事理以諷釋之，不可厲聲抗辨，致傷和氣。謹之，慎之。

一、節序會宴，必以尊卑爲序，男女皆然。會集之容端而肅，群居之容和而莊。毋得品藻長上優劣，互相排毀，訐人之私，但當稱人之善以爲法也。

一、婦以中饋、紡績爲職，以柔順貞靜爲行，相夫子以宜家，處上下而無失。須要常常檢束，不可閑行浪語。無故不出中門，無敢干預外事。此婦人之極則也。

一、交接之人，尤宜審擇。敦厚忠信，能攻吾過者，親之；諂諛輕薄，傲慢褻狎，導人爲惡者，遠之。見人嘉言善行，則敬慕而記錄之，思與之齊，然後已。不拘長少，惟善是從。

一、冠禮乃人道之大端，當遵《家禮》，以責成人之道，使之尊重，以成厥德。

一、婚禮乃通兩家之好，志向難一，不能盡效《家禮》，亦宜酌古參今，勉而行之，使知嗣事室家之大者也。

一、喪祭之禮，尤人子所當盡心。得爲不爲，是儉其親；不得爲而爲，是僭其分。當稱家有無，毋儉毋僭，其諸禮儀節，並見《文公家禮》。

一、遭大故，爲子孫者，當盡送終之誠，哀痛之切，不得飲酒食肉，混處閫內。功、緦袒免，各盡其制，毋得簡略。

一、錢糧乃朝廷正供，當依限輸納，切勿拖延。務令本家糧賦輸納在各里之先，不煩催科，庶國爲良民、家爲肖子。

一、親族吉凶，往復之禮，貧富相濟，義所當然。今人不分貧富，一往一復，無往無還，豈君子之情，古人之風哉？吾家宜革蔽俗，敦厚風，顧不美歟？

一、鰥寡孤獨及操志不苟、貧而無告者，衆當憫恤賙給，毋得視爲路人。其守道履正之人，素處篤厚，被人欺虐、誣陷者，當爲之理直；因而乏財者，亦當隨力資給，庶見泛愛親仁之實，用而興禮義之風矣，亦義舉之一端也，不可不知。

一、諸祖墓肇自後唐，歷至國朝，世守無異。誠恐支繁弊生，謀貪不肖，隱禍難知，不得不預防嚴戒。倘爲富豪誘賣，風聞訪知，衆坐賣人立贖。苟恃强梁，正以《家規》，鳴以公治。果實貧乏，則舉大義，勸諭親房代贖，俟賣人有賢嗣，交補代還贖。嗚呼！祖宗望於子孫者，保墓為要，子孫受其庇蔭發達，宜毋破金甌，以慰在天之靈。或患五犯者，當行遷葬；或有失所者，按譜跟尋，必得之而後已。

訓規條約

一、家之最長者，為家長；推有齒德、眾所敬服者一人，為家正，輔家長，總主家教；有學行公直、果斷精健廉幹者二人，為典禮、典事，輔行《家訓》，彰善糾惡，攝理庶務。凡推舉彰善稽過，家長主之，家正佑之，攝理者奉而行之，諭而書之。家庭有事，則攝理者以告家長、正，集眾議定，乃命各從其事。

一、婦人，推年高有德者一人，為閨門楷範，以掌婦訓；有賢能者三人副之，輔其勸率。

一、立《規例牌》四扇，家正收執，以訓勉其子姓；"彰善""糾過"簿兩本，典禮、典事者收執，但遇善惡，隨即書之，至期審議，以定賞罰。

一、攝理庶務之人，出入不常，故立牌。隨牌交授，隨牌更代。交牌之際，必稟家長、家正，推擇更代，仍以年月日期某人代掌，書於《彰善簿》，以便查考。如無其人，則付家正收藏以俟。

一、立《賬籍》四本，每房收執一本，以防更匿之弊。至期付出，以公眾算書。

一、子孫各須恪遵家教，謹守法度，每事必咨稟於家長、家正，議而後行，毋得專為。如違而生事者，行罰不貸。

一、子婦未敬未孝，不可處，有憎疾，姑教之。若不可教，然後怒之；若不可怒，然後聲於家長以正之。

一、子弟操行不檢及違訓者，初則諭之以禮，戒之以法；再犯，告於眾而共勉之；勉之不可，則罰之；恃頑不服，則責之，仍斥絕之，不容宴胙。能自新者，復之。其犯悖逆、奸惡、盜賊者，則責令父母，經公理治，毋得縱其辱先。

一、家眾是非臧否，不可顧忌不言。在上有失，亦當直諫。若有難改之過，眾當共言以諷之；不聽，則法言以匡之，務令自改。如不省悟，強辨飾非，聞諫愈甚者，則書於籍以懲之。其家正及攝理庶務之人，如有背訓挾私及停擱規事，此而不行者，初則諷諭之，再則糾書之，三則擇賢能者以代之。

一、童幼不得抗抵尊長，有出言不遜，制行悖戾者，誨之；誨之不悛者，筮之。

一、娶婦三日，禮拜堂上，諭之以《祖訓》，使知遵守，乃教婦初來之意也。

一、諸婦各宜謹守《家訓》，或有是非，事情難決，必先禀於掌婦訓及副者，聽其剖析分釋。如有不遵訓誨，然後舉於家長，依例行罰。

一、婦有懶惰妒忌、鼓舌是非而致人爭競者，初犯戒之，再犯罰之，三犯倍罰。不服者，絕之。

一、有悍忤之婦放恣，抵觸翁姑者，初犯戒之，再犯罰之，三犯倍罰。如有紊亂大倫，不可格化者，責令其夫明以律禮出之。

一、婦有悖逆傷化因而自絕命者，族衆毋得吊祭。如外家恃勢擾害，衆則以理正之，力相維持，毋使陰邪得計，以啟效尤，流禍宗族。

一、婦女及家人有犯，例坐夫男，家長爲其得以戒止，重"三綱"也。若有犯而不行戒止，是縱之也，故當坐。若已行戒止而不從，是紊"三綱"矣，自當罰其本犯。若婦女家人有犯當罰，而夫男長者狥私曲護，恃頑不服者，斥而絕之。

一、子孫有立德、立功、立言、亢宗善俗者，婦女有孝行、貞烈者，生則饋胙以獎之，歿則揭名以祭之，仍書於籍以示勸。

一、每月朔、望，咸集於廳事，講論身心，懲勸得失，庶不致於懈怠也。

一、責罰輕重之例，書於《糾過簿》之首。首事。

一、彰善之辭宜顯，如有人孝行，則書曰"事其親，能云云，可謂孝矣"，俾不能者知所勸；糾過之辭宜婉，如人有不悌，毋直曰"不悌"，但云"事兄之道，有未盡善"，姑書以俟。或能會日自陳者，衆又從而誘掖獎勸之。

一、《易》有言曰："何以聚人？曰財；理財、禁非，曰義。"人非財不聚，事非財不行。今恒儲敷出不均，惟念祖宗一脉，不以多寡有無爲拘。後又興助者，以賢名旌之。

一、儲蓄必擇富厚之家公廉之人掌之，庶無後弊。其賬目必書明白，以備查考。不得放借侵尅。違者，查出倍罰。不服者，以理繩之。

一、值會之家，整備祭物，應候祭事。至祭日，夙興灑掃，陳設祭物及彰善、糾過位，然後肅衆，毋致懈怠。

一、會日，男婦夙興整潔服餙。質明，齊赴祭所致祭，務盡孝思之誠，行宣《祖訓》《申訓》，彰善、糾過，燕胙稽籍，毋致失禮褻慢。

一、會日，如有他故，當先禀於家長。若規避託故不赴者，則以"未向善"

書籍。

一、燕胙，自十五歲以上者，皆得以齒序坐，使明親長之義。其十五歲以下及婦女，雖不預燕，皆得餕餘，亦俾均沾福惠也。

一、《規約》初立，遽難責其一一遵守，姑限一年，使之通曉規義。知而故犯，然後行罰。若夫男不行曉諭而致婦女犯規者，坐責夫男。新婦一年之内有犯，亦如上例。

一、前項《規約》，皆據理揆情公定，凡吾子孫，務須實踐恪守，以圖永久。如違，輕重照例責罰。若故犯梗罰者，衆聲其罪以絕之，庶使衆心有警，而永保無弊也。

程氏訓規後叙

於戲！吾家世守先訓，衣冠文獻，繩繩不乏。無何邇來生齒繁多，風氣頹靡，間有溺於流俗而不自知者。雖有長老振作，才智輔相，終亦難逭齊傳楚咻、一暴十寒之弊。深思痛省，寧不慨歟！由是奉《聖諭》於堂上，俾顧諟而儆惕焉。猶恐有志修省者不得大路而行、正門而入，莫之適從，復宣《祖訓》，繼以《申訓》而戒飭焉；爲之《條規》，使知其率由焉；爲之《條約》，使知其懲勸焉。噫！家庭之間，恩常掩義，若今戒勉之言，幾至深刻者，則以澆俗之餘，施教之始，顧亦不得已焉耳！爲父兄者，果能存心教養，律己以嚴，行之以恕，訓而迪之，糾而率之，使不中、不才咸底於中才，安有棄人耶？爲子弟者，當思敬順父兄，率由《祖訓》，各自省改，互相勸勉，日勵日勖，弗懈弗違。俾狡僞者反其誠，暴慢者致其恭，則吾祖宗之家法有引無替，而衣冠文獻繩繩益光矣。究圖纘述，惟在來者，曷俟多言焉？

隆慶元年季冬望日，裔孫文潞謹序。

《書》曰："惟民生厚，因物有遷。"概觀世運，厚則治，薄則亂。其在於家，祖宗以厚德啟其後昆，則寖昌寖熾；子孫削薄其德，則喪敗隨及，此不易之道也。吾家自昔盛時，欽遵《聖諭》，恪守《祖訓》，人興禮讓之風，家敦雍睦之行，衣冠文獻，繩繩振作。邇來教化不明，人心陷溺，視《訓規》爲具文，謂禮教爲迂闊。流俗痼弊，甘自暴棄，漸成痿痺之不仁，有負祖宗之明訓。自遭亂離，人心儆惕，豈非去浮薄、復淳厚之會乎？竊恐有志修省者莫知適從，因是敬錄《祖訓》，恭摹塋圖，合爲一卷，俾率由焉。願吾家父兄各以此勖其子弟,規勸戒勉,修其孝、弟、忠、信,守此倫理彝常,漸漬化成,馴致醇篤,從兹推愛同敬,禮讓興行,風俗樸茂。俾家聲不墜,日引月長,是琳之所厚望也,是琳之所厚望也。

同治三年甲子冬月,裔孫執琳續叙。

休寧學博涇潘先生筠軒,以邑《富溪程氏訓規墓圖》一卷相屬爲之文,顯謨受而讀之,秩然以倫,燦然以章。程氏起家宋中書公,前之邱墓可考者,自東晋新安太守公以迄於今,千有餘歲,皆在新安江畔二三百里中。所緝錄《訓詞》,自明以來,克臻於美備。蓋其浸淫繁衍,奕奕繩繩,爲此邦文獻之家久矣。然而敷訓陳規,相警相續,所以維門祚、期久遠之心亦危乎艱哉!聞嘗觀先儒創制一家之政,懼子若孫之久而不承也,於是爲之財以贍之,爲之禮以教之,爲之《條約》以導而防之,著輯其書以宣而永之。有志之士,相師而起,莫不有保世滋大之心。然且或數傳而流失隳壞,高、曾之矩矱忽焉、蕩焉!又或田宅棄而苟遷,子孫而不知先人邱墓何鄉者,往往而然,是非作者之過也。於戲!典午而還,帝王數易姓,而故家舊族能不與之俱遷?豈偶然哉?豈偶然哉?

江南故多著姓,今寇亂十餘年而始平。夫劫運乘除,天地概滿盈,復涫厚之會也。故瓦礫荆棘,昔之閎閈崔巍也;荒原廢井,昔之人煙稠襆也,而靡然浮動之氣掃除亦盡,程氏毋亦有異其舊乎?然則嗣守典型,恢宏其基緒,以復家聲。使宗族之人讀訓考圖,動念前德,修行慎習,相嬗於無窮,爲人子孫之志,事在於是矣。顯謨從軍東來,羽書閒暇,綴言於編,亦良幸云。

同治四年歲在乙丑春正月下浣,楚平江鍾顯謨叙。

——宣統《富溪程氏祖訓家規封丘淵源合編》

清宣統績溪縣璜上程氏宗族家規

家規

家訓與宗譜相表裏,無宗譜則世系不明,無家訓則遵循無自。故昔人于家譜後隨附家規,漢、唐而下,若顏氏、若歐陽氏并紫陽氏,皆各有嚴例,揭諸中堂,以示子孫。蓋欲以爲之裔者爭自濯磨,率履不怠,以效法於古,其詒謀誠深遠也。今聖天子在上,四海同風,其頒之月吉者,不啻五令三申矣。然族衆難以戶曉，謹擇昔人之懿訓，彙而成牒，間孝友、姻恤之義，婚媾、喪祭之禮，以及尊卑、貴賤之別，分門立論，嚴而不刻，恕而可行。凡族之人，務宜恪守，毋干憲典，以墮家聲。謹將條目列左。

家本第一

家本者何？存心是也。人生世間，凡物受用有盡，惟此善根受用無盡，故曰："耕堯田者有水慮，耕湯田者有旱憂，耕心田者日日豐隆。"家之長久，皆係如此，故存心先焉。

一、積陰德。忠孝、節義之事，能實體於躬，則謂之德。至若濟人之困，扶人之危，不欺孤，不凌寡，全人之婚，活人之命，廣行方便，恩澤及人。或説一句好話，或存一點善心，人雖不及知覺，天地神明必共鑒之，這便是陰德。將來福澤，近及於身，遠及於子孫，譬之樹木，根既培而枝葉自然暢茂。司馬溫公曰："積（金）〔書〕以遺子孫，子孫未必能讀。積陰德於冥冥之中，以爲子孫長久之計。"又曰："積善雖無人見，存心自有天知。"先正格言，各宜猛省。

家範第二

家範者何？修身是也。家之淑慝，皆係於身。身若不正，（就）〔孰〕克有正？故曰："身不行道，不行於妻子。妻子不能行，而其餘可知。"故修身先焉。

一、謹言語。家長之言語，家人所承聽也。古之君子，居喪不言樂，祭祖不言凶，公庭不言婦女；對父兄則言慈愛，接卑幼則言孝敬。苟啓口有失，則家之中從而效尤者多矣，故齊家者以謹言語爲貴。

一、慎舉動。家長之舉動，家人之模範也。古之君子，上堂則聲必揚，入戶則視必下，手容恭，足容重。推而飲食起居，莫不以禮，非徒寡身過，亦以示家則也久。出入、進退，少有失度，則己先輕率，何以責人之持重？故齊家者以慎舉動爲貴。

家政第（二）〔三〕

身範，端矣。身之所屬，不外五倫。《書》曰："惟孝友于兄弟，施於有政。"故必父子親、兄弟睦、夫婦相，元氣周流，藹然爾室，方可爲一家之政，故明倫次於修身。

一、勵臣節。君臣之義，通於天地。凡族有登科第、膺臙仕者，必夙夜在公，無忝厥職，如漢關西楊爾清白吏而後可。若夫居草莽者，身履王土，悉爲王臣，其錢糧必依限完納。青衿不得出入衙門，以及包攬隱漏、犯法亂紀等事,連累本族。三尺凜凜,各宜儆惕。

一、盡子道。父母生身,懷胎十月,乳哺三年。即使竭力承歡,不能報其萬一。凡爲子者也,不在朝山拜頂,也不在持蔬三年,只要朝夕承歡,左右奉養。如父母有命即從,有言即聽,有怒則順,有憂則解,有過則怡顏婉諫,有疾則左右調持。愚者耕田供職,秀者揚名顯親。臨終,衣衾、棺木,勿苟且惜錢;既殯,卜地安葬,勿久露骸骨;歲時祭掃,臘社毋忘。如此奉行,便是大孝。倘有忤逆逞凶,不顧親養者,當指名詣祠,以不孝律罪之。但屬家庭之變,又當原情寬宥,罪減一等。

一、敦孝友。兄弟手足,同氣連枝。迨其長也,或因枕邊之言,或因財物之末,往往骨肉相殘,小則鬩墻,大則訟獄。不知錢財如糞土,妻妾是外人,貴賤竊通,那得都如一樣?姁(裡)[娌]、子侄,豈全無半言?昔張公【藝】九世同居,惟在一"忍"。大被同眠,炙艾分痛,豈非以凡今之人莫如兄弟乎?即父母分授田地或有不均,亦當自安義命,不必妄生嫉怨。他如異母之弟、遺腹之兒,必體親志,照業均分。倘或聽信刁唆,爭田爭地,親在則心下不安,親歿則陰靈不悦。不悌即是不孝,有此,族長平治。不服者,赴公。

一、正嫡庶。妻、妾之分,不可不謹。妻子爲言齊也,於夫有敵體之義;妾之爲言接也,於夫有服事之義。故妻雖陋不可輕,妾雖美不可寵,家道之興廢,實有肇於此。倘有寵妾凌妻者,投明族長,當共斥之。至有一種妒婦,夫無子而不容娶妾,自甘敗絕,亦當鳴尊,擬以妒與無子之例。

家禮第四

冠、婚、喪、祭,爲《家禮》至大至要。今冠禮雖云久闕,而元首之尊固不可忽。至若婚姻、喪祭,各有典刑,毋容隕越,以亂懿章。

一、重婚姻。婚姻者,人道之始,擇德爲上,論年次之。故凡議婚者,嫁女必勝吾家,娶媳務擇名族。倘有不孝子弟貪財滅義,不別清污、娼優、隸卒等類,妄爲結納,玷辱宗祊者,族衆當令其更改。邇來一等陋俗,或兄接弟婦,弟接兄妻,皆敗常壞俗,族長當嚴戒之。又有於襁褓時輕許爲婚,亦有指腹爲婚者;及其既長,或因家貧,或因惡疾,以至退悔逮獄者多矣。今後,男女爲婚,必俟其長,雖曰天合,庶無後悔。司馬溫公曰:"凡議婚姻,必當察擇其婿其女之性情及家法何如,勿苟慕其富貴。婿苟不肖,今雖富貴,安知異日不貧賤乎?婿苟賢矣,今雖貧賤,安知異日不富貴乎?"婦者,家之所由興也,不擇淑女而概慕其粧奩,彼恃其富貴,鮮有不輕其夫而傲其舅姑者,養成驕妬之性，異日爲患，庸有極乎？

一、慎喪葬。父母壽終，正人子盡力之時。凡一應衣衾、棺木，必須親手檢點，竭力盡情，毫不可苟。昔曾氏曰："慎終。"孟氏又曰："惟送死可以當大事。"正此意也。古者三月而葬，今人每每高厝以待卜地，乃竟有延數十年而不葬者，至露骨抛體，於心安乎？嗣後，凡有親歿者，即當安葬。如必欲卜地，亦須着意尋求，一妥魂魄，毋得以悠忽，以干不孝之罪。

一、嚴祭祀。父母即葬，罔極深恩，何忍遽釋？故凡歲時伏臘，春露秋霜，正動人子以風木之感。至於列祖列宗，雖遠毋忘。凡子孫十五以上者，俱限某日某時齊集，起伏興拜，盡其如在之誠。有嘻笑失儀者，罰；無故不到者，罰。如此日子弟或應試，或外出經商者，不在此例。祭畢，依齒序坐，酒三巡，飲一箸，對尊長作揖辭歸。貪飲亂事者，責。

家廟第五

古者，將營宮室，宗廟爲先。凡遇吉、凶等禮，必往告之，以永孝思，事死如生之道也。故祠堂建則神有所棲，宗子由此而立，《家規》由此而遵。宗廟之設，烏容已乎？

一、置祭田。家廟之有祭田，原以備祭掃也。其田不許族人承種，召佃耕之。租稻，管祠者彙齊入倉。本年祭品等項，公同立《帳簿》一本，凡一應出納，面爲登記清算，各書花押於其上，以免改塗之弊。其稻存貯本倉，爲祠堂辦事，不得借公肥私，亦不得私假族人。倘係鰥寡孤獨，貧不自保，或親老不能舉喪者，諒爲捐助。如或經手之人借端射利，查出，見一罰十。修理祠廡，另擇賢能者以代之。

一、立宗法。《家禮》以宗法重，不立宗法，則事無所統。故昔人之於家也，有宗子，有族長，有典事，有家相。宗子者何？大宗之嫡長子也。族長者何？年高有德，足爲一族之望也。典事者何？強明端重，可以任族之務也。家相者，凡綱常倫教，冠、婚、喪、祭之儀，必得一人以講明其理也。宗子立，則一族之事皆任其剖決，不獨以主祭祀，故昔人所云宗子者，有君道焉。然必才德兼備，始克勝任。倘大宗或未必賢，又不可立旁支以亂宗法，故必更立族長、典事、家相諸人之有德者以輔佐之。凡是非屈直，平心剖決，以敦族好，不可自作好惡，以失其平。至禀事之人，亦當靜聽裁處，不得恃強執拗。違者，懲責，以肅家規。

一、修宗譜。譜牒之作，所以明世系者，致孝思也。其義有二：譜者，普也，譜載名諱、字號、生卒、葬地，以示人之不忘也；譜者，布也，敷布流澤，明繼立、別親疏、序昭穆、稽實行，以示後人之不謬也。世之人，苟無宗譜，則不知身所自出。即有譜者，越三十年而不修，則必至遺忘多矣。愈久愈湮，後來不得其實，故重修之爲貴。凡子孫有賢達者，宜勤修輯，近則三十年，遠則四五十年。慎勿視爲故牒而不加意，以干不孝之罪。

一、謹名諱。齒繁居渙，取名多有雷同，或同字而派異，或派異而名同，或孫同祖諱、侄同叔名，以致尊卑不明，稱語不便，甚非明同姓之道也。自後，生子者必於本祠祭祀之日，富者持銀某分，次者某分，貧者某分，交與祠內執事者，登記於簿，經營生放，以爲續譜之需。然後告于祖先，謂某年月日，託賴祖庇，得生一子，今投祠請派取名，以承宗祀。命名之時，必須查譜，免致雷同。其銀悉付執事之人，輪流經營，次年交盤之日，俱要本息完杜。凡借銀之人，定要田地典質，庶無逋欠，免致貽累值年之人。倘祠內有覬覦頓生、侵漁公銀者，許合族之人一齊攻罰，除反償正項之外，仍以家法戒之。如勢豪不服，即以滅祖滅宗鳴官律問罪。有徇情私庇者，合族齊攻。

一、明宗祀。凡祖考神靈入祀者，必從昭穆之列，毋得僭越，所以叙尊卑也。凡母出廟絕者不得入，異姓承繼者不得入，奸生、妓生及干名犯義者不得入，喪德者雖老死弗入。惟立德者雖夭亡亦附之，固於報本追遠之中而寓勸善懲惡之意也。今日之子孫，即後日之宗祖，可弗修德力行以爲百世享祀之基哉？

一、敬塋墓。塋墓爲祖宗魂魄所藏，子孫命脉所係。其四圍餘地并墳山樹木，皆所以覆庇先靈，不得偷賣盜砍，有傷祖脉。至墳塚左右禁地，必須嚴禁，不得挾有分之山，倚强傍祖開穴，斬龍絕脉，爲禍甚大，各宜惕省。犯此者，鳴官重究，必令遷移。

某皇某年某月重禁。戒祖之禁，前已煌煌，乃雍正某皇某年間，不遵《家訓》，起而盜蔭魆葬者，不一其人。幸祖鑒不爽，首禍者已陰受罰，惟魆葬之徒尚未有處，今姑從權議罰。有傷公祖者，罰即起遷；不傷公祖者，罰銀入公，書其山向。其不遵罰者，直削不書。倘復不戒於後，《家規》胡由整肅？爰申嚴禁，嗣後，無論公祖、私祖，但有盜蔭、魆葬、佔境等項，許即向大公説明，除家法重處外，仍罰其蔭價，還其境地，魆葬者，立即掘起。如有恃强不服者，公同赴公禀究。凡我族衆，共遵毋違。

家族第六

本支既繁，無以聯之，則愈渙矣。親族人者，正以安先靈也，故必視爲一體，不以吳越歧之，則尊尊、親親兩得之矣。

一、別尊卑。尊卑者，分之所定，凡分屬父兄、叔伯，皆謂之尊；分屬子弟、侄孫，皆謂之卑。卑以承尊，禮在則然。爲子弟者，凡遇尊長，言必遜，貌必恭，命必從，行必讓，坐必起，乘馬必避，不可傲慢倨侮，目越於禮。倘有以卑犯尊，視分之親疏，以爲罪之輕重，輕者罰，重者責。但有一等匪類，每自倚分長，欺壓子侄，借端騙害，又當反坐，以儆刁頑。至各屬僕人，尤宜儆戒，勿令強悍無知，干犯族衆。倘有此等惡僕，重責家長，罰銀請罪。

一、和族黨。族黨雖衆，自祖宗視之，皆吾一體也。苟睽戾乖離，則敦睦之謂何？凡族內有不平事，須同心幫助，休戚相關，勿置度外。倘有顛沛流離者，當諒爲周給；貧而無棺木者，議幫殯殮。至若衣食無措，不得已而自鬻於人，合族當斂金贖回，以承宗派。倘貪戀婦女，或生事取禍自陷者，削去譜名，不在歸贖之列。

家訓第七

家之興替，係於子孫，而起化則在閨閫，是以中也養不中，才也養不才，故人樂有賢父兄也。女正乎內，男正乎外，天地之大義也。非有以順之，則大失興家之道矣。

一、教子弟。父母之於子也，當教以義方。有聰明者，訓之《詩》《書》；質椎魯者，董之耕鑿以及工商、技藝之類，各聽其所長而教之，必須擇師友，稽出入，不可令其游手好閑，以致懶惰；又不可任性使氣，養生驕傲。舉凡酣歌、博弈、酗酒、嫖賭等弊，嚴爲禁止，毋許姑息。不然，日後長大，則放僻邪侈，無所不爲，災及其身並累其親，悔之何及？故教子弟者，以嚴爲貴。

一、肅閨門。閨門爲萬化之原，人道之始也。故凡婦女初來，爲夫者當教他勤儉孝順。稍有不聽，即爲戒飭。若溺愛執席，養成悍妒之性，不孝公姑，不順夫婿，不和姒娌，不安奴婢，淫佚剛愎，穢行彰聞，良由婦教之不蚤也。更有一等悍婦，妻奪夫權，干預外事，深爲可恥。故曰："身不行道，不行與妻子。"齊家者，以正身爲先。

一、崇儉約。儉，美德也。《禮》："與其奢也，寧儉。"聖訓昭然。邇來侈靡相尚，甚者一日而費萬錢。不思以有盡之財而供不經之費，何以善後乎？但凡飲食、衣物、宮室、嫁娶以及喪祭之禮，俱以簡約爲要，但不可失之大嗇，故治家者當留有餘以爲可繼。

家業第八

士、農、工、商，各有其業，苟本業不務，必至而蕩流匪爲，此者有之，惟各安生理，家道自爾興隆。

一、勤耕織。語曰："一夫不耕，饑之本也；一女不織，寒之本也。"故凡有田地者，宜及時耕種，蓄水以防旱，積穀以防饑，慎勿懶惰，自取空乏。爲婦人者，又當織蔴檯、治絲繭、主中饋，蚤起晏眠，以爲内助。倘好吃懶作，搬是播非，辱及其夫，惟家之索，故必男女勤謹而家道始成。

一、習文藝。欲振家聲，必先讀書，是文藝者士人進身之階也。凡教子者，先之"四書""五經"，以植其基，次之《綱鑑》、子史、百家，以廣其識，須刻意攻苦，不可慕讀書虛名。至家貧無力延師、應試艱于資斧者，或親屬，或公祠，諒議幫費，以成其志。倘得一衿，或登科第，公祠俱給銀某兩，以爲花紅旌獎，令群弟子觀感奮興。但此既得進步，凡對一族之人，必須更加謙抑，爲通族作些好事，不可倚勢橫行。違者，懲以家法，所以貴不敵親也。

家勸第九

民之秉彝，好是懿德。但中人之性，無以觀感之，則不與，故家有勸善之典，以助朝廷旌獎之所不及。

一、旌獎孝友、節烈。孝爲百行之原，而能承順者幾人？兄弟爲同氣之好，而能友愛者幾人？婦人之義，從一而終，能守節者幾人？禍起不測，能奮身與難者幾人？本族凡有爲孝子，爲悌弟，爲節婦，爲烈婦、孝女，概爲立匾，稽其生平，直書其事，以爲懿範，仍呈當道官長，以憑旌獎。

一、旌表尚義德行。恩澤及於一方，而尚義者重；五倫實體於躬，而德行者尊。此天地正氣所鍾，而家道由此以昌大。本族凡有孝、弟、忠、信、公平正直，惠及鄉族而爲人望者，此等善人，豈能多得？合宗當立匾直書，令人景仰，仍聞於公，以旌良善。

家禁第十

人恒過而後能改。過而不改，斯爲惡矣，懲之者，所以愛之也。罰期於無罰，其以是夫？

一、禁家訟。爭訟者，破家之由。況本族搆難，尤屬同類相煎乎？以一朝之忿，悍不顧身，兵連禍結，屢歲不已。迨身受庭扶，虧體辱親，家業飄零，其事仍成畫餅。追憶前非，悔之何及？此皆因本族無剛正直言人，故至此。

嗣後，有不平事，當投鳴族長，公同處分，不許突赴官司。倘不由衆處，竟行赴公，并已經處論、刁悍難平者，許户長連名作証，公祠幫費，以儆刁頑。其主事刁唆者，亦同重懲。但户長必秉公剖決，令人心服。若作好惡，顛倒是非，抱恨者有屈無伸，則又非鋤強扶弱之理，當擇賢能者而易之。

一、禁刁惡。忠厚爲傳家之本。各安本分，則一族自然雍和。近有一等刁惡，終日游手好閑，抹牌擲骰，酗酒撒潑，夜宿烟花，揮金如土；又或拐帶婦女，興販人口，穿墻鑽（壁）[壁]。如此等惡，以至天理不容，家業消敗，全不自反，回心改過。見本族稍富者，即若是他仇人，百計謀害。或借遠年田土，或借分家不均，或搆逃人，或搆賊盜，或暗害，或明傷，致令無罪之人反受其苦，謂之"族蠹"。自後，倘有此等不肖子孫，捉獲送官，依律處死，譜削其名。

一、禁淫嫖。禮始於謹夫婦、別男女，若有不肖子孫，不遵禮制，恋淫荒亂，敗壞人倫，此係"十惡"百禁，犯者依律致死。至於嫖人婦者，敗彼門風，縱使人禍倖免，而天道好還，報在妻女，甚且觸怒神明，陰減壽算，隱削科名。罪孽之大，未有過於此者。宜慎戒之。

一、禁賭博。人宜執業，而賭博則曠廢時日；人宜端品，而賭博則甘伍下流。牌骰一到手中，世事皆置度外。其始起於貪人之財，其終必至蕩己之產。嗚呼！祖宗百年辛苦，創之艱難，子孫一日荒亡，敗之容易，從此金盡床頭悔。噬臍之莫及，詬聞室內，甘低首面。無言前日履厚，何如今日一貧？至此不獲，人加憫憐，反云我自作孽，不得已，或至展轉而爲賊盜，豈不大墜我家聲？尚其戒之於先，勿貽懊悔於後。

一、禁雜賤。士、農、工、商，皆爲本業。有一等不安分者，入衙爲隸卒、爲書吏，舞文弄法，連累本宗，爲禍不小。至於爲優戲，爲人奴，爲僧道，皆係下賤，概不入譜。

以上款目，平庸無奇。但能恪守奉行，便是聖賢的學問。凡我同支，各宜修省，毋勿嚣言。

——宣統《璜上程氏宗譜》卷首《家規》

民國績溪縣魚川耿氏宗族家族規則

家族規則

第一章　組織事項

族長、房長處於監督之地位。茲本鄉有長、族有正之義，定名"族正"，設爲組織之法如左。

第一條　族祠中設族正一人、族副二人至八人，視族姓之大小，定人數之多寡。或爲純粹義務，或酌給津貼，亦視族力之厚薄，公議定之。書記一人，公議酌定月給。其餘族中之耆老、正人、秀士，雖無專司之事，同有協助之責。

前項族正、族副，不拘年齡，由族長、房長擇族中有知識道德者數人，齊集祠中，公議定之。

第二條　族正、族副服務之期，定以五年，但得接續，以一次爲止。如有事故時，得照前條另舉之。

第三條　族正總理族務，保存祠產，勤修祭祀暨後項規定各義務。族副贊助族正，行其職務。書記聽族正、族副之委囑，辦理文件等事。

第四條　族正、族副如有營私侵款情事，由族長齊集族衆，證實即取消其名義。如係侵蝕族款，並責令照所侵之數，加倍賠償。其公正、勤能暨與第七章第三十一條之規定相符者，得由各房長公稟官廳獎勵之。

第五條　族正、族副於官廳委託之事務，應遵照履行。至地方公事，不得挾衆阻撓干涉，致犯刑章。

第二章　調查事項

官治以戶籍爲設施着手之先基，《族規》亦以戶籍爲清釐入手之要務，故設爲《調查表》於左。

第六條　戶數之調查。甲戶若干，乙戶若干，丙戶若干，僑寓外省者若干，次貧若干，極貧若干，列表登記之。

前項之甲戶、乙戶、丙戶，以人口多寡爲標準，十人以上爲甲戶，十人以下、五人以上爲乙戶，五人以下爲丙戶。

第七條　年齡、人數之調查。五十歲以上男女各若干，三十歲以上男女各若干，二十歲以上男女各若干，六歲以上男女各若干，僑寓外省者若干，出洋者若干，合計男女各若干，列表登記之。

前項年齡，逐年遞進，務須按年登記。

第八條　職業之調查。政界若干，法界若干，學界若干，軍界若干，警界若干，農業若干，工業若干，商業若干，礦業若干，其他雜業暨勞働家若干，其不屬於各項之無職業者若干，列表登記之。

前項之政、法、學、軍、警各人數，以現時充任者爲限。

第九條　資格之調查。文官分高等、普通；教員、畢業生、肄業生，分高等師範大學、專門學、中學、高小、初等；法政學分大學、專門學、講習所；軍事學，陸、海、軍之上級、中級、下級；警察學分警官、巡士。各得人數若干，列表登記之。

前項之人數，連同僑寓外省者并記。

第十條　財產之調查。動產、不動產，萬元以上者若干户，五千元以上者若干户，五百元以上者若干户，年納直接稅二十元以上、十元以上、二元以上者各若干户，列表登記之。

第十一條　人事之調查。衰老者若干，殘廢者若干，錮疾者若干，鰥寡孤獨者若干，成年未婚者若干，過時未嫁者若干，生男、生女者若干，死者若干，殀亡者若干，受破產之宣告者若干，受公權之剥奪者若干，列表登記之。

第十二條　調查之時期暨手續。每年於清明、中元、冬至聚集祀祖時，由族正督率，各就各房，詳報分載，務取翔實。季冬由族正送之鄉董，鄉董賫之縣長，縣長受而藏之。師古時民版之遺意，立凡百政治之根源。

第三章　遵守事項

先聖、先賢，其嘉言懿行應設爲訓辭者多矣。兹就國民性之亟應矯正者，設爲《族訓》於左。

第十三條　曰(特)[持]正。《禮》經有云："父慈子孝，兄愛弟敬，夫和妻柔，家之肥也。"是慈孝、愛敬、和柔，爲父子、兄弟、夫婦之常經。惟是俗靡而民偷，恒重利而輕義，獲巧取之富，乃博家人之歡，大勢所趨。遂群注於權利之途，爲溫飽之計，而貪鄙所得，邪淫繼之，卒至利其家者，實以害其家，此皆始基不正誤之也。嗣後，尊長之對於卑幼，務以嚴正相繩，庶卑幼之對於尊長乃以清正相應，將見鄉多正人，國多正士，禮教以明，人倫以立，國利而家自肥矣，故先之以持正。

第十四條　曰博愛。愛衆親仁，爲弟子職，西儒則更推之愛國家、愛種族。顧使一族之衆、一鄉之人猶且爭氣結怨,恃强構訟,不特有慚合群進化之義,亦非任恤睦婣之道也。嗣後,務率其族之人,推愛身之念,以愛其家;推愛家之情,以愛其族;更推愛族之義,以愛其鄉。迨其愛護之觀念允實彌滿,則進而達於國家、種族矣。推其克愛與不克愛之故,一公私之判耳!蓋私則爭,爭則交惡;公則讓,讓則相愛矣,故次之以博愛。

第十五條　曰尚信。人而無信,不知其可。今日者言則非虛,誇則誶佞,行則非說,隨即反復,欺詐成風,外人訕笑。推其害之所極,經濟因無信而阻滯,事業亦以無信而墮落。信用既失,困難隨之矣。嗣後,務率其族之人,言必期其踐,行必徵諸實。即至事實變更,履行障礙,亦必有確實之證據,明白之表示,直視欺人爲負心莫大之惡,庶乎近道矣,故復次之以尚信。

第十六條　曰崇儉。儉以養廉,古訓具在。今則眷屬之服飾、宴客之酒殽、戚好之饋贈,以及婚嫁慶吊之儀文,踵事增華,富者倡之,貧者傚之。故終歲所得之數,亦足抵中産收益之額。祇以日用之耗費,恒苦不足,致使遠道親朋經歲不相往還,成年弟子過時每多怨曠,且有薄洗腆而厚稱觴,惡含殮而美釋奠者,不求實益,專務虛文,共知其非,群以爲苦。若有迫於勢之不得不如是者,則以世俗之耳目累之也,是宜授之以節。嗣後,務囑其族之人,稱家之有無,量財爲出入,舉凡時世上一切爭相仿效之新裝,在所必禁;人事上牢不可破之繁文,在所必革。久之,將各以儉約相矜,而以奢侈爲戒,庶家給人足,日企敦龐矣,故終之以崇儉。

第四章　勸導事宜

地方應興之利,事類甚夥。兹就時勢之需要,促進人民之責任心,設爲勸導如左。

第十七條　曰勵學。環球交通,文明日啟,非復閉關時代之可以安常習故也。一國之强弱,一家之盛衰,無非視其人物之知識、能力爲進退,是教育普及爲保國、保家惟一之要素。特是新舊相嬗,爲之父兄者,不免審慎遲回,是延誤其子弟也。顧教育不責在師長,而子弟失學責在父兄。自今以往,族學、鄉學各從其便,普通、專門各因其材。才美者,培成之;力紲者,資助之;無才力者,則於義務教育畢業後,即令進以職業教育,於農、工、商各就一業,務使一族之人各俱有公同道德、獨立能力而後已。女學亦宜並重,惟不必陳義過高,但教之明禮教以正性情、習書數以理家事,以及手工、縫紉、飼蠶、繅絲、績麻之學,已堪爲賢婦、賢母之責。其俊秀而有力者,欲求精到之學術,則聽其自爲之。禁纏足，減刺繡，庶男子各得內助之賢，省無限食用，多無限生息矣。

第十八條 曰勸業。生貨出口少，熟貨出口多者，其國強，此西人之言也。吾國生產事業，群趨於商之一途，而於工則墨守師承，不知增高審美思想。即其所謂商者，亦不過作外貨之分銷與原料之轉運而已，此漏卮所以日甚，財力所以日絀也。嗣後，宜趨重工業，天然品則講求種植之法，人工品則研究精進之術，使聰明才智之士破除官吏思想，從事實業，倡導興族強國，皆基於此。

第十九條 曰墾荒。宜穀上地，大率已墾作農田，爭相耕作，其荒山荒地遺利正多。中地宜麥、棉、茶、麻、桑、竹、桐、木、瓜、果、芋、蕷、蔬菜之屬；下地宜榆、柳、雜樹、蘆葦之屬，審度土性，分別墾植，以廣生計。其麥、棉、茶、麻銷路尤廣，亟宜廣求種植良法，倍收出品遺利。且官荒開放，造林有獎，但須稟報備案，即予保護，有利無害，曷亟圖之。惟種煙有禁，犯者嚴懲，是宜永遠禁絕。

第二十條 曰儲蓄。獎勵其國人從事儲蓄，此某國人近十年來之計畫也。其言曰："利在眼前，不可不儲蓄。"蓋謂儲蓄資力，一爲侵略計，一爲防護計也。我國民顧夢夢然，日以有用之財，爲無益之事，一身一家之緩急，且不可恃是，可慨矣。嗣後，無論何業團體，亟須組合公同儲蓄會，務令月有所積，歲有所贏。儲之既久，資本自厚，即用以擴充其本業，研求其進步，而公司之結合，此爲其基礎，社會之發育亦於此而促進。和眾豐財，數善備焉。

第五章 禁戒事項

國法應禁之事多矣，其有法令所禁而窮於稽查，或法令未載而有乘人道者，設爲禁戒於左。

第二十一條 曰禁嫖，曰禁賭。冶遊、聚賭，此皆近世風行之惡習，巧者藉爲夤緣利祿之媒，拙者則有沉溺流浪之憂。每見子弟之陷溺其中者，始則墮志耗神，繼必廢時失業，父母不之顧，妻孥相飲泣。及至負債纍纍，蕩產傾家，弱將爲丐，強且爲盜。以有限之歡娛，易無窮之痛苦，誠屬不值。即或未至此極，而嬉酣無度，游惰成風，既已害己於爾家，亦將禍及其國。嚴戒青年，各宜猛省。

第二十二條 曰禁溺女，曰戒凌媳。同一己出，乃溺而斃之；冀其孳生，復凌而虐之。干天和，絕人道，莫此爲甚。其溺女者曰無以養也，無以嫁也；

其凌媳者曰不盡婦道也，不勤婦職也。不知今日女子工藝日見發達，稍長即教以生活能力，在室亦藉以佽助食用，始雖損己，終且利己也。從古家庭倫理互重慈孝，姑惡而責以引咎作苦，姑慈而率以守禮維謹，一逆而難，一順而易也。嗣後，族中有溺女者，即報官懲治；有（浚）〔凌〕媳者，即鳴族處理，毋令乖戾之氣隱伏於民間也。

　　第二十三條　曰戒偏。祖父母之於孫，父母之於子媳，每因愛憎之顯分、厚薄之不平，以致叔侄、兄弟、娣姒積怨蘊恨，輕者析居，重者涉訟，直至易世而餘嫌未化，猶引以為口實者，比比皆是。卒之其愛者因驕慣而成棄材，其厚者亦以揮霍而致破產。偏之為害如是，可不懼哉？嗣後，為家長者，務須一視同仁，賢者親之，不能者憐之，庶和氣致祥，家道永昌矣。

　　第二十四條　曰戒刻。貧苦之民，仰賴地方富室。每見豪強之戶，其妻孥之華侈、子弟之浪費，盈千累百，曾不少吝；獨於苦力之工資、急難之借貸，每至較及錙銖，重其盤剝，怨毒所積，以致盜賊起於肘腋，游惰見於子孫。刻薄為家，理無久享！嗣後，族中之有力者，務以刻薄為戒，而以仁厚相期，作鄉里之善人，即以貽家庭之餘慶。各宜勉之。

　　第六章　扶助事項
　　慈善事業，博濟良難，家濟其家，族濟其族，似隘實博矣。分舉扶助之事項於左。

　　第二十五條　苦情之扶助。如鰥而衰老、寡而青年、孤而無依、獨而無靠者，各視其質，或為工役之安插，或為資財之貼補，由族正、族長等協同親族，公議行之。親族有力，仍責成其親族。

　　前項之孤寡，務令入學或習藝，為永久生活之計。

　　第二十六條　廢疾之扶助。如盲者、聾者、啞者、癱瘓者，一如前項之辦法，年壯者，務令習藝。如有神經病者，則給之食而為之醫，禁止其自由行動，勿令發生危險。

　　第二十七條　遇難之扶助。或患病，或遭喪，及有其他急難之事而貧苦無力者，由族正、族長等協議親族，公同佽助之。如猝遭水旱之災，其極貧無食，勢將凍餒者，族中先為安撫，一面舉報官廳履勘，分別撫濟。

　　第二十八條　成美之扶助。有子無力婚娶者，有女無力遣嫁者，由族正、族長等協議親族，限制其用費，酌量補助之。

　　第二十九條　貲財扶助。《族規》既訂，經理得人，以後，如迷信之祈神拜佛，或求壽，或求子，或禳病，均可捐貲入祠；其有多田豐收、鉅商獲利，以及達官歸老、積有餘俸，均應量力捐資，名曰"族費"。即以之辦理上項慈善事業暨修理道路、橋梁公益之用。更有好善之家，願捐長年費者聽，惟不加強迫。

第三十條　心力扶助。以上扶助各事項，規畫執行，動必需人，其無力捐貲而願盡義務，得減省其執行之經費者，其善行與捐貲無異。其農隙工餘願合力修路補橋，服各項公益，力公役者亦同。

第七章　戒法事項

賞罰之權，操之政府，不容侵越。然不有軒輊之分，又無以別善惡而資觀感。今廣《家訓》之義，設爲法戒事項於左。

第三十一條　曰法。祠中分立"道德""事業"兩簿，如族人中有與第三章暨第六章各條之事項相符暨他項可法之德行者，則登記其名字、事實於《道德簿》；有與第四章各條之事項相符暨他項可法之事業者，則登記其名字、事實於《事業簿》。其有特殊之行誼暨特殊之功效者，則由族正、族長仿照學校畢業辦法，發給証明書，載其事實，一面禀報官廳註冊備案，仍由官廳嘉獎之。更有合於《褒獎條例》者，則詳請道尹、巡按使咨部，呈請大總統褒獎之。

第三十二條　曰戒。祠中分立"失德""敗行"兩簿，如族人有違反第三章各條之事項者，有阻撓第六章各條之事項者，暨有其他失德之事迹者，則登記其名字、事實於《失德簿》；有破壞第四章各條之事項，有觸犯第五章各條事項者，暨有其他敗行之事迹者，則登記其名字、事實於《敗行簿》。如自知悔悟，力改前非，則爲之註"改過"字樣。如實係改行修善，逾年無過，則爲之加入"註銷"字樣。再逾二年後，實有道德事業可紀，仍得如前條之規定辦理。

前項失德、敗行之登記，先由族正、族長傳知，或函知，令其改悔。如立即改悔，有事實可證明者，得免其登記。

介謹案：政體變更，漸歸法治。家族者，國家之籥體也；家族自治者，即國治之模型也。長沙縣知事陳君繼良本私家之法規，爲勸世之導言，撰此《家族規則》，行之湘省，所屬各姓家祠并呈皖大吏採擇，通行仿辦介細。繹其宗旨純正，法意周密，誠能依法行之，實足以救世而勵俗，興族而強國。雖呂藍田《鄉約》之完美、王士晉《宗規》之周備，無以逾此。因附錄於此，以爲後世子孫之則傚云。

——民國《魚川耿氏宗譜》卷五《家族規則》

民國祁門縣京兆金氏宗族家規

錄先賢范文正公家規

一、爲子者，必孝順以養親；爲父者，必慈祥而教子；兄弟宜友愛，夫婦宜敬謹。毋循私情以乖大義，毋貪怠惰以荒正業，毋縱奢侈以干憲章，毋聽婦言以間和氣，毋惹橫逆以擾門庭，毋耽麴蘖以亂厥性。有一於此，既虧爾德，復壞爾躬。

一、家之隆替，視乎內助；和與不和，由於婦人之賢否。若其賢者，事舅姑以孝順，奉夫君以恭敬，待姒娣以溫和，撫子孫以慈愛，如此之類是也。如其不賢，不孝而忤逆，無子而妒忌，恃強凌弱，鬥舌搖唇，縱意廢財，循私背義，如此之類是也。嗚呼！男子治外，婦人治內。堂堂丈夫，勿聽婦言。牝雞司晨，爲家之索。

一、祠宇損壞，當及時修理。春、秋祀典，必有期奉行。倘有棄倫滅理、吝財惜費、侵欺祭儀、違梗衆議者，以不孝論。

一、始祖考、始祖妣，以及支祖墳塋、祭産，時時考究，具載詳明，以防他姓侵占、庄佃隱瞞，毋得推諉憚煩，循情容忍。

一、宗譜，每三十年即要重修，務遵舊譜《凡例》，不可偏循愛憎，忽略典故及妄收非類，改竄支派。凡此祠墓、譜牒，尤當責備賢者、科甲、明經、庠生、儒士所宜留心，銳意倡率。勿同庸衆，視爲緩圖。

一、本宗人雖衆多，昭穆不紊，務宜依分稱呼，依次祭拜，有倫有序，有祀有義。毋以小凌大，毋以強欺弱。能存大體，始成大家。

一、至親兄弟、伯叔，同氣連枝，尤當輕財重義。凡有產業家貲，分析必均勻，用費必公明。長者勿懷私，幼者宜遜讓。苟有爭奪，釁至閱牆，所得甚小，所損已大。

一、出仕者，必忠君愛民，廉潔正直。若直道忤時，雖退猶榮。若官方有玷，雖居顯位，有愧家聲。

一、子孫以讀書爲正業，如遇頑不能業儒者，即力佃而爲農，執技而爲工，服賈而爲商，亦皆正業也。切不可入衙門爲隸卒，好遊蕩作娼優，從邪教爲僧道，習大乘、無爲、準提等教，聚黨燒香，有干國禁。

一、婚姻必擇忠厚良善之家，不必仰攀富貴，或子女驕傲，恐致家室不和。尤不可貪財好色,或與奴佃爲親,或娶娼妓爲婦,及抱養豚年新婦,終有嫌隙,虧損身家。

一、衣裳襪履,確從定式,毋得好奇喜怪,極侈窮奢,是曰"服妖",必招禍祟。

一、婦女毋得聽與尼姑、齋婆、賣婆、媒婆等往來,此等之人,多搬唆是非,離間親戚,以爲獻媚取財之計,攪亂門庭,爲害最大。又不可縱婦女遠朝名山、誦經居室、寄拜僧尼、假宿庵寺,非惟不雅,實乃不祥。

一、冠、婚、喪、祭,稱家有無,遵行《文公家禮》,毋得襲用僧道,有違祖訓。慨自教化不明,理淪義晦,世俗之見,惟以持齋奉佛、施道布僧爲善,妄希非常之福利。於是凡可以爲一身計者,損人利己,陰謀險行,無所不爲。至有父母不顧、兄弟不恤、親戚無情、宗族寡誼者,而猶自以爲善人,無怪乎求福而不蒙天佑也。凡我宗族孫子,要當遵聖賢之言,行聖賢之道,以惇倫盡義爲善,而不雜於僧道之説,則孝友、睦婣、任恤六行始於勉強,終於自然。行之既久,鬼神昭鑒,福自身得,慶貽子孫,天理、人心相爲而表裏,興衰之機由已決焉,可不慎歟?

——民國《京兆金氏宗譜》卷一《家規》

民國祁門縣平陽汪氏宗族家規

家規

敦孝弟。《詩》云:"哀哀父母,生我劬勞。"又曰:"凡今之人,莫如兄弟。"可見孝弟爲人生第一件事。身處家庭,務要盡得此理。古負米、刻木、哭竹、臥冰,俱是人子行孝的事跡。至于田氏荆花茂盛、姜家大被同眠,兄弟何等友愛!族中倘有忤逆雙親、高堂缺養,及兄弟閱墻者,衆共殛之。

訓子孫。小成若天性,習慣如自然。身爲祖父,不能教訓子孫貼,他日門户之玷,豈是小事?但培養德性,當在少時。平居無事,講明孝、弟、忠、信、禮、義、廉、恥的道理,使他聞善言又戒放言、戒胡行、戒交匪類,無使體披綢絹、口厭膏粱。其有天性明敏者,令從良師習學。不然,令稍讀書,計力耕田畝,毋誤終身可也。

別尊卑。益年養老,帝王且然,況鄉黨莫如?齒理宜尊敬,彼與我祖父非屬雁行,則在諸父之列。至族長,尤爲一姓綱領,匪可等夷目之。每見風俗澆漓，小加大，幼凌長，齒讓之道蔑有。願族人以爲戒。

嚴內外。《內則》云："男不言內，女不言外。非喪非祭，不相授器。"男女相瀆，便非佳事。須要愼閨門，別嫌疑，非同父子姪，不得穿房入戶。奴僕無令不許進中堂，婦女無事不得出外遊。至于入寺、賽願並觀演劇，尤宜禁絕。

業耕讀。《書》云："惟土物愛。"《禮》曰："雖有至道，弗學不知其善也。"耕、讀兩途，乃傳家要務，舍此二藝，即工、商尤非世業，況淫心舍力，坐銷歲月，不親經史，不知稼穡，豈是安身立命之計？今後樸者耕，秀者讀，各守常業，庶可承先裕後。

尚勤儉。陳眉公曰："貴自勤中得，富從儉裡來。"可見居家之道，以勤儉爲本。男懸耒耜，女休蠶織，衣食從何取給？取之盡銖錙，用之如泥沙，倉廩安能不空？務早作夜休，各盡其業。又念一絲一菽，非祖宗辛苦所遺，即一己血汗所出，如此則家道可興。願族人三復是言。

睦宗族。蘇老泉云："族人其初兄弟也，兄弟其初一人之身也。"以此思之，何如親睦？願族人喜則慶，憂則吊，富者周貧，強者扶弱，安樂者救災難。歲時伏臘，彼此歡聚，毋致情義乖離。間有紛爭，須向族長分剖，不可遽興雀角。

明嫁娶。嫁女必須勝吾家，娶婦必須不若吾家。古人之訓，取其習知甘苦，能盡婦道耳。凡嫁女，不須扳豪門、附勢利、貪財禮，但取舊家子弟忠厚相傳及能讀書業農務正者，便可許配。媳亦視其閫教嚴肅、習俗淳厚之家，即締姻。若富貴之女，佚樂驕奢，必非門戶之福。

重墳墓。墳墓，先人兆焉，子孫命脉所由關也。蔭樹、來脉以及山場界段，須加意照管。倘有派下不肖子孫鑽穴竊葬，盜伐蔭木，皆以不孝論。或外姓暗侵飛占，合族協力同攻，一有推諉徇情，即合族之蟊賊也，立絀其丁。王惠子曰："世俗上墳，拜祭一畢，即亟亟圖歸。"所以界限、樹木失于查考。必須周迴繞視，界石在否？樹木枯否？被人砍伐否？地上有新掘坑及泥埠否？或無埠而土動，如陰埋骨瓶等可疑事，俱要勘明。

時祭掃。古人過墓生哀，雖發於一時，而所以哀痛之意，究未嘗刻去諸懷。吾族每祭前十日，宗子傳諭各房，開具子姓名目，示某日齊集某處先壠。不到者，即行處罰。惟祭前一日，着人墓前誅茅修理，庶臨祭時得以致其追慕之忱。祭品務期潔净，採山釣水，均可薦羞。至祭畢飲福酒，昭穆各以次坐,恪守規度。喧譁者跪,酗酒者杖。或至爭鬭者,加倍責之。張氏曰:"墓爲先人體魄所藏,當拜掃之時,俾無荒圮,禮也。"然寒煙蔓草,愴焉生悲,斯至情不能已者。故朱子稱湖南風俗猶有古意,人家上塚,往往哭盡哀,他處則不然。今世俗或假拜墓之便,延賓晏飲,甚至歌管喧譁,漠無哀思。噫!俗敝甚矣,謹追遠之禮者,其思所以維之。

慎交友。從古自天子以至庶人,道德事業,身心學問,多賴友以成。但良朋難合而損友易親,須於訂交之始,擇其品學兼優之人,上則執弟子之禮,奉之爲師,以資其觀感;次則設榻相迎,親之爲友,以資其切磋,庶皜年白首可宗。倘或辨之不早,誤比匪人,以致耳濡目染,漸流匪僻而不自知,豈不以一日而誤終身哉?錢唐何論曰:"君子以文會友,以友輔仁,必須趨向正當,切磋琢磨,有益於己者,始可日相親與。"又曰:"學問之功,與賢於己者處,常自以爲不足,則日益;與不如己者處,常自以爲有餘,則日損。"故取友不可以不慎也,惟謙虛者能得之。

辦國課。三限兩稅,國有常典。須辦官稅,先期輸納。即或年荒歲歉,亦要設法以杜官債。蓋錢糧分毫爲重,諺云:"若要寬,先了官。完了糧,蓋了墻,門前犬吠莫驚惶。"切不可拖欠,至差拘比較,有礙臉面也。錢鶴灘曰:"以下事上,古今通義。賦稅之征,國家法度所繫。若拖欠錢糧,便非良民。"故國課早完,何等自在!亦爲義務所當盡者。

戒健訟。《易》曰:"訟有孚窒,惕,中吉,終凶。"蓋言訟不可長也。故本族抱屈於人者,外姓則鳴地方公直,與族宜鳴户尊、房長,彼自照情理處。縱偏袒喫虧也有限,決不可輕質公廷。倘逞客氣,執迷不省,一則傷了族鄰和氣,一則費了無限錢財。范魯公曰:"訟事有害無利,要盤纏,要奔走。若造機關,又壞心術。且無論官府廉明如何,到城市便被歇家撮弄,到衙門便受胥吏呵叱。伺候幾朝夕,方得見官。理直猶可,理曲到底喫虧,受笞杖,被罰金,甚至破家,忘身辱親。"總之,爲念客氣,故不可不戒。倘關係祖宗、父母、兄弟、妻子情事,出没奈何,上聞諸官,只宜從直告訴。官府察情度理,更易明白。切莫捕風捉影,致招斥回。萬不可聽訟師、棍黨教唆,財被人得,禍自己當。省之,省之。

禁邪巫。異端之教,害及身世,其説最易惑人。每見世之高明者,亦爲所煽,以致沉溺其中,浪費糧錢,敗壞風俗,誣世惑民,殊堪痛恨。凡遇此輩,須嚴加屏斥,切斷之以理,勿爲所誘。汪信民曰:"禁止師巫邪術,律有明條。"蓋鬼道盛,人道衰,理之一定者。故曰:"國將興,聽於人;將亡,聽於神。"況百姓之家乎?故一切左道惑衆,諸輩宜勿令至門。至於婦女,識見庸下,更喜媚神邀福,其惑於邪巫也尤甚。僧道之外,又有齋婆、賣婆、尼跳神、卜婦、女相、女戲等項,穿門入户,人不知禁,以致哄誘費財,甚有犯姦盜者,爲害不小,皆宜預防,杜其往來,以免後悔。此是齊家最要緊事。

建祠堂。《禮》有之"君子將營宫室,宗廟爲先"。蓋報本返始,尊祖敬宗之道也。後緣此建祠堂,爲祖宗憑依之地,子孫享祀之所。自春徂秋,雖士庶之家,亦得登堂酬德,展厥孝思。而子孫之不肖者,亦可于此示戒。祠堂之所係,顧不重歟?合族宜同心協力當造焉。何士(進)[晋]曰:"祠堂乃祖宗神靈所依,子孫思祖宗不可見,見所依之處,眼見祖宗一般。時而祠祭,庡親大體,必加敬謹。"凡棟宇有壞則葺之,罅漏則補之。此事死如事生、事亡如事存之道,族人所宜首講者。

立户長。宗子主祀,禮也。或年幼分卑,不能表率一族,必擇族中才德兼優、爲族所推重者,立爲户長,又於各房擇年長者爲之贊焉。合族有事,主持有人,即子弟有不肖者,亦得循規懲戒,庶公舉有成,家法得申。張一棟曰:"户有長,以統一族之衆,而後一族有主。猶家有長以統一家之事,而後一家有主。"然族之立,不必徒以年分,須擇平素爲人端正、剛直不阿,可以統馭一户、協服人心者,以爲之長。事有關宗祖、合族利害,彼自會衆商権,不退縮推諉,輕敗乃事,族中所宜急舉也。

修譜牒。譜之修,爲人第一件事。苟代遠年湮,生卒莫考,何從彙稿?今議嗣後三十年一小修,五十年一大修。小修只本抄謄,大修則醵貲刊刻。吾願子孫賢者,慨然身任其事,每年將合族生葬事項,勤寫系格,以備異日採録,庶大修有基,不勞而成。慎勿以爲浪費推諉退縮,有負前人之仁孝也。胡五峰曰:"甚矣,譜牒之當修也,則昭穆有序,親疏不遺。百世之下,猶足以知其分殊而本一。不修則喜不慶、憂不弔,不以至親相視如途人者,鮮矣。"陳北溪曰:"譜系者,人之根本也。根本不明,則顛倒無據,未有不忘本姓而冒他姓、妄攀他宗而紊本宗者矣。"

慎名諱。昔有云:"諱名不諱姓,姓所同也,名所獨也。"是知名也者,尊卑、長幼有所屬,不得溷淆以紊族次。自修譜而後,族之取名,須細閲譜載名字。如有任意取名,以孫犯祖、以後同前者,罰修祠宇。茅鹿門曰:"同姓名諱,昭穆不順,何以明序?鴻雁微物,尚不亂行。人乃不然,至以侄輩而同叔派、孫行而僭祖稱，於理安乎？"然避諱之法，當別以字，此拘拘於音。昔賢云："父名晉肅，子不得舉進士。"設父名仁，子遂不得爲人乎？故避諱止避本字，音則不必避也。

貯宗譜。譜系所載，皆宗族祖父名諱，收藏貴密，保守貴久。每歲清明祭祖時，宜各帶所編發字號原本，到宗祠會看一遍。祭畢，仍各帶回收藏。如有鼠浸、油污，磨壞字跡者，族長同族衆即在祖宗前量加懲戒，另擇本房賢能子孫收管，登名于譜，以便稽查。或有不肖子孫鬻譜賣宗，或謄寫原本，瞞衆覓利，紊亂支派者，不惟得罪族人，抑且得罪祖宗，衆共絀之，不許入祠，仍會衆呈官，追譜治罪。

——民國《平陽汪氏宗譜》卷一《家規》

民國黟縣環山余氏宗族家規

余氏家規

聞之以法正人曰"規"，蓋規定若者爲適法，若者爲非法，使人知所取法。其有非法者，得規誡之，俾共趨於正軌。吾族列祖所訂《家規》，其大綱有十：曰嚴宗廟，曰省塋墓，曰重祭祀，曰正彝倫，曰崇禮教，曰辨內外，曰睦族鄰，曰重輸納，曰禁游俠，曰御僮僕。其綱又別爲目，計共四十三條，懸於祖廟，使子孫觀覽取法，亦古人規正之意。其後族丁繁衍，付之棗梨，以期傳播多而喻曉易。立教垂訓既詳且備，茲編《宗譜》，更應仰體先志，載之篇首，昭示百世，庶展卷者觸於目、惕於心，得以遵循而不悖也。

家規提綱

一、《家規》條件，採輯諸家成法，惟撮庸行之，常人皆可知可行，分例載之。其他所犯，或有條所未悉、律所當罪者，自可比類議罰，難以詳悉。《家規》之設，專主於教，宜無事於法，然不能不借法以行教。有豪強違抗者，衆共攻之，必致之法，雖因而致死，衆共聞官，明白其事，毋使反噬。

一、凡所謂罰者，扑之，從一至三十。願罰一錢，抵扑一十；婦人罰布一丈，抵扑一十。婦人有應扑者，從其夫並姑或伯叔祖母扑之，其輕重俱要麗事。凡言加等，以五遞加；言倍罰者，照數倍罰。

一、《家規》：議立家長一人，以昭穆名分有德者爲之；家佐三人，以齒德衆所推者爲之；監視三人，以剛明公正者爲之；每年掌事十人，二十以上、五十以下子弟輪流爲之。凡行《家規》事宜，家長主之，家佐輔之，監視裁決之，掌事奉行之。其餘家衆，毋得各執己見。拗衆紛更者，倍罰。

一、家長總主一家之事，家佐以輔家長不及。務要至誠待下，言不妄發，行不妄動，謹守禮法，以教其下，應古人以身教之意。臨事之際，俱要公正，不撓克稱。所舉有不稱職者，議罰，另推相應易之，以端其本，仍紀過以警其後。

一、監視糾一家之是非，所以齊一家之則，務秉心公正，無所顧忌容忍。在上者有過，則當反顔直諫，求其必改；在下者有過，則責以大義。其有兇狠不奉規教及有憑藉而故肆梗者，必當行之勇決，毋得洟忍異懦，阻畏而止。不稱職，衆議易之，仍記其過，以警將來。

一、每歲，掌事子弟俱以冬至日交代，先須拜謁祠堂，書祝致語，以拜家長，然後領事。

一、立"勸""懲"簿四扇，監視掌之。族內有孝子順孫、義夫節婦及有隱德異行者，列爲一等；務本力穡，勤儉幹家，爲第二等；能遷善改過，不得罪鄉黨、宗族者，爲第三等。每月朔，告廟畢，即書之《【勸】善録》。族有違規，扑罰者隨事輕重，每月朔，告廟畢，即書之《記過簿》；其有勇於服善而能改復，書《勸善録》以美之；三録不悛者，倍罰。三年會考，如終不悛而倍罰不服者，則削之，不許入祠堂，仍榜其名於通衢。

一、造牌二扇，一刻"勸"字，一刻"懲"字，下空一截。族中有善、有過者，直書，掛於祠堂，一月方易，庶知善善惡惡之戒。

一、每月朔日，家長會衆謁廟，將前月內行過事迹，或善或惡，或賞或罰，詳具祝板，告於祖廟，庶人心有所警醒。其有未完者，監視重令掌事隨即行之。如或延滯，以致廢寢之患，議罰。

一、每歲正旦，拜謁祖考。團拜已畢，男左女右，分班站立，已定擊皷九聲，令善言子弟面上正言朗誦《訓戒》。訓男云："人家盛衰，皆由乎積善與積惡而已。何謂積善？謹守《家規》，孝以事親，悌以事長，慈以惠幼，持身以禮，處事以義，濟人利物，廣收陰騭，皆是也；何謂積惡？恃己侮人，剝衆益己，欺心害物，與上慢宗祖，下蔑族衆，不守《家規》者，皆是也。是以能愛子孫者，遺之以善；不善愛子孫者，遺之以惡。《易》曰：'積善之家，必有餘慶；積不善之家，必有餘殃。'天理昭昭，然各宜深省。"訓女云："人家之和與不和，係乎婦人之賢與不賢。何謂賢？事翁姑以孝，奉丈夫以順，待叔伯母以和，撫子孫以愛，勤儉治家，不生外禍，皆是也；何謂不賢？上逆舅姑，下傲夫子，淫狎妒忌，挑唆是非，懈惰闒茸，皆是也。天道甚近，福善禍淫，爲人婦者，不可不畏。"誦畢，一揖，男左女右，各送餅茶，然後各歸臘祭。至飲福時，亦行此禮。其有無故不出者，家長議罰。

《家規條例》詳載於左。

嚴宗廟第一凡四條

一、祠堂之設，所以盡尊祖敬宗之心，報本反始之意，實有家名分之首務，開業傳世之本也，可不重乎？常須修輯完固。倘遇雨漏，許掌事者就便動支衆銀，買瓦翻蓋，毋許延視，以致頽壞。掌事違遲，議罰。

一、凡侍奉香燈，仍照十一房輪流管辦，每房一月，俱定晦日交替。耳門鎖鑰，除朔、望啟閉，聽衆拜謁；餘日，焚點已畢，隨即關鎖。毋許縱放鷄犬在內作穢及使用工匠、堆積物件，以致褻瀆。其內外廳堂、樓閣，俱是管月之家三日一掃，務要時常潔净。違者，議罰。其有衆用椅棹、祠內器物，如或遺失，亦是管月之家賠償。

一、凡議處《家規》事宜，俱在祠堂，以示請命於祖、不敢自專之意。毋許三五成群，會集門首、街心及各私第譏誚。違者，議罰。

一、凡族中有事，入祠堂者，務要嚴整衣冠，正立長揖，儼如祖考在上，不敢相聚嬉笑玩狎。或近出遠行，皆當謁告，歸亦如之。

省塋墓第二凡二條

一、各處墳塋，係祖宗藏魄之所，除清明祭掃外，務宜不時展視，無令外人斫毀木枝及放畜踐踏，以致荒穢。族中子弟併家下奴僕，有犯此禁，即時獲送家長，重加罰責，以警其餘。隱匿不言者，一體重罰。惟八都墳塋隔家稍遠，除清明外，正、九、二月十五日，以理掌事十人特往看謁，清理樹木界限。有衆侵害，叮嚀地佃，謹守無失，併收各處租苗。如或失期及怠不往者，議罰。

一、凡各處墳塋，宗族有往殯葬者，務要稟命家長，會同族衆往視，須無礙昭穆、斬奪龍脉及妨害各家者方許。如有恃强要結，偷殯盜葬者，定行擧伐，仍重罰以警其餘。

重祭祀第三凡六條

一、凡祭田之置，所以敬潔備物，誠不可缺。向有祀産，後因分析而多寡不一，難以復合。應從時議，儲積資財，以備續置。其有合出數目、條件，俱載《儲積簿》中，掌事輪流接管，務宜從公舉行。如有違時徇私，監視檢出，議罰。

一、凡歲時祭品，合用牲醴、儀物常數，俱載《家禮儀式》，仍照十房每年二房輪流管辦。其值年之家，務要先期養牲，預備庶品。前祭一日，其牲迎至省牲所，聽家長省牲。其餘祭品，俱送祠堂，聽掌事照數典視。或有不潔不備，監視議罰。

一、凡祭祀，務要孝敬，以期感格。前祭三日，掌事稟命家長，揭示中堂內外，齋戒積誠。隨同祭主省牲已畢，掌事將儀品依式陳設，與值年之家同宿祭所。達旦黎明，鳴皷一周，男女俱要鮮潔衣冠，照依排定班次，隨班行禮。如有怠慢不恭、離集失次、跛倚欠伸、噫嚏嚔咳、喧嘩失容之事，督禮檢出，議罰。

一、祭畢餕餘，俱照僉定位次，就席行禮，務要情意流浹，互相規戒，謹守家法，從容盡歡而罷。毋許別群離衆，私領福胙及爭長競短。談論閑非，紊亂酒席者，議罰。

一、清明墓祭，俱照簿中原定儀品，值年之家辦設，會同族衆，序謁行禮。

一、始祖忌辰，值年之家預先備定祭品儀物，俱照《值年簿》中，稟命家長及會同族衆，序班行禮，以盡孝思。祖妣忌辰亦同。其餘各廟忌日，所出子孫，亦素服致祭正寢，以伸思慕，不許遺忘苟簡。違者，有罰。

正彝倫第四凡十一條

一、子事父母，要在先意承志，就養無方；父母有教，則當敬受，佩之勿忘；父母若有命，則當歡承，行之勿怠；父母有疾，則朝夕侍側，躬進湯藥，毋得妄委他人；父母有過，則和悅以諫，倘若不從，愈當無失愛敬，以期感悟，毋得遽恃己是，忿恨以揚親過。其衣服飲食隨辦，不貴過分，務必使父母之養有厚於己。侍側毋得戇詞屬色，凡事毋得徑情直行。父母年老，或無兄弟，毋得棄親遠遊。違者，量事輕重，議罰。婦事舅姑，孫事祖父母，其體一也，亦要一體遵守。

一、人子或因自幼驕縱，養成狠暴。或因娶妻育子，惑於私昵，遂爲忤逆不孝。初犯，罪該致死，姑從寬，規外倍加議罰；三犯不悛，呈官，置之典刑。父母姑息容忍者，并罰父母。

一、間有悍妻傲婦，蔑視舅姑、恣肆忤逆者，家長呼至中堂，舅姑上坐，責令長跪，誨諭省改；再犯，從重扑罰；三犯，令夫出之。如縱容，坐以不孝例論。

一、父母後妻，子於繼母，情至難處。有繼母者，子當一體愛敬。母雖懷毒，父雖偏愛，猶當委曲承順，不得生忿失禮。蓋父母雖不慈，子不可以不孝也。違者，量情輕重，議罰。如子既盡道，猶不得乎親者，監視率其親屬，審實曉諭，必令其省改，毋致子有失所。如或怙惡不悛，則是得罪祖宗，違犯《家規》，從公議罰，仍處其子，免令被害。

一、兄弟至親，或前後異母、嫡庶異等，並是同氣連枝，兄友弟恭，兩相愛念，當如手足相顧可也。或溺於財產，偏聽妻言，致生閒隙，紾臂鬩牆，視如讐敵。甚者懷怨不釋，延及子孫，以啟敗亡之禍者有之。家中倘有不念前弊，爭長競短，家長召至中堂，或財產事端，務與分剖明白。其拗曲不讓，逞兇鬭毆，罰之。弟理曲者，重罰之。

一、夫婦之際，人倫之始。夫以義帥婦，婦以禮從夫，以端五倫之本。婦悍潑不順夫者，家長命其主婦率衆婦，召省諭之；三不悛者，告其母家，出之。若或夫淫蕩破家，非道毆撻其妻者，議罰其夫。

一、凡子弟有妻子者，不得更置側室，以亂上下之分。違者，議罰。若年四十無子，許置一人，不得與公堂理會及依倣嫡婦，非禮稱呼。若艱於無嗣，而嫡懷妬忌，不容娶妾者，家衆勸諭之。三省不悛，責歸母家思過；反而不悛，則會議出之。如夫溺愛嬖妾，致傷其妻者，重罰其夫，仍出其妾。

一、凡嫡庶相處，自有定分。然爲嫡者必惠其妾，毋得懷妬而輒虐之。其爲妾者，當敬其嫡母，毋得僭分侮慢。違者，嫡議罰，妾倍扑之。

一、凡少母，但可受自己子婦跪拜，其餘子弟，不過長揖。諸婦並同。違者，議罰。死後忌日，亦同。

一、婦人不賢，亂家之媒。凡姒娣之間，必和氣浹洽，毋得爭長競短，蠱惑其夫，以致內外失義。違者，罰布；曲者，倍罰之。

一、凡父母在堂，不許卑幼私擅用財。其有愚駿無知，或被光棍誘饕飲食、私借財物、質賣田地者，親屬知之，即告其父母，從家長、監視追究重責。若係光棍，外人即當聞官，族人重治，所借錢物，或追入官入衆，不許給主。其父母已故，犯此者，責其親屬照例戒治，毋得陰施陽掩，乘以爲利。違者，倍罰。

崇禮教第五凡八條

一、凡子弟十六已上，許行冠禮。須能諳記"四書一經"，通曉大義，方許行之。否則，直至廿一歲。弟若先能，則先冠以愧之。

一、子弟當冠，須延有德之賓，庶可責以成人之道。其未冠者，不許以字稱，不許以號呼，庶幾合於古人責成之意。

一、女子及笄者，母爲選賓，製辭字之。

一、婚姻，人道之本，親迎醮啐、奠雁授綏之禮，人多違之。今一袪時俗之習，恪遵《家禮》以行。

一、新娶之婦，三日廟見，拜謁舅姑，本族男婦俱要會集中堂，男左女右，以次拜見。尊者直受四拜，敵者答之。饋送茶餅已畢，監視正立中堂，朗誦《家規》，使知謹守勿失，復拜而退。自後，朝夕仍照舊規，躬詣各宅，送茶請安，以示婦順之道，三日而止。

一、凡新娶，開筵賓客，主賓俱須恭敬，毋得戲謔、索茶、鬧房，以及亂領子弟、僮僕混擾。違者，議罰。

一、宗族喜慶憂戚，相爲悲樂，吊禮須不問親疎。其禮俱要三朝，不許廢怠。

一、宗族接見，務要循禮，毋得穢言戲謔、俗語稱呼，議論曖昧之事。違者，議罰。

辯內外第六凡六條

一、閨門內外之防，最宜嚴謹。古者，婦人晝不遊庭，見兄弟不踰閾，皆所以避嫌而遠別也。凡族中婦女，見燈毋許出門，及傚傚世俗，往外觀會、看戲、遊山、謁廟等項。違者，議罰。

一、男不言內，女不言外，禮也。凡男子言辯，有議及閨內婦人，有出堂媒言及閫外之事，議罰。

一、本族男婦接見，自有常禮。但居室密邇，而道路往來，倉卒相遇，務照舊規，各相迴避，毋許通問玩狎。違者，重罰。

一、女子年及十三以上，隨母到外家，當日即回。餘雖至親，亦不許往。違者，重罰其母。

一、婦人親族有爲僧道者，不許往來。

一、婦人毋許訊問師巫及昵於邪說，作會誦經，設齋佈施，以邀福祉。違者，議罰。

睦族鄰第七凡三條

一、家族人衆事繁，争辯多所不免，但不可輒興詞訟，煩擾官府。各備其情陳之，家長會集監視、親族於祠堂中，將兩下究其顛末，分剖孰是孰非，毋得一毫挾私偏向。然後於直者勸其涵容，曲者省其輸服，務與調停處分，以息其争。如或執拗，不從衆議者，議罰；曲而不從者，倍罰之。倘若有肆梗怙終、悍黠健訟、背規忘祖之徒，家衆詳具是非，揭帖呈官。官必賜允，决不長奸縱惡也。

一、鄰里、鄉黨，貴尚和睦，不可恃挾尚氣，以啓釁端。如或事尚辯疑，務宜揆之以理。曲果在己，即便謝過。如果彼曲，亦當以理諭之。彼或强肆不服，事在得已，亦當容忍。其不得已，聽判於官，毋得輒逞血氣，怒詈鬥毆，以傷和氣。違者，議罰。

一、邇來盛族大姓，恃强相尚，少因睚眦之忿，遂各集衆鬥打，興訟求勝。風俗惡薄，莫此爲甚，而殞命滅門多由此也。族衆務宜痛懲，毋相傚傚，以保身家。其有子弟三五成群，譏此賽彼、甘〔於〕靡蕩、造端生事者，族衆不許干預外，仍各重罰，以警其餘。其有輕聽膚愬、望風鼓衆者，一例重罰。

重輸納第八凡一條

朝廷賦税，須要應時完納，無煩官府追比。倘拖欠推捱，致受笞扑攣擊，毋論於體面有傷，且非詩禮之家好義急公者所宜。各有錢糧之族丁，悉宜深省。

禁遊俠第九凡一條

祖宗家法，於本家子弟，非課以讀書，即責之務農，故堂聯有曰："一經詒訓孫謀遠，數畝深耕祖澤長。"至於商賈、技藝，隨材治業，則資生不患無策。近世閒遊子弟，假稱豪俠，或於衙門内外、街頭巷口，遇事生風，以譏談拳勇爲酒食之媒。即間有公道，亦叢指摘，所以上則取嫌於官府，下則招尤於親鄰。搆禍滋釁，損壞家聲，莫此爲甚。我族子弟，如有前項行爲，家長、家督即宜呼來面斥，痛懲其非。如剛狠不馴，衆共鳴公重處，以儆傚尤。

御童僕第十凡一條

一、家下奴僕，無所統率，致多恣肆，不論各房遠邊，分作十班，擇伶俐十人長之，其長一年一易，俱要繋腰，以別貴賤。有呼即至，有令即行。如有抗違主命、侵害各家山場及在外飲酒生事，并自相詈毆者，其長禀於家主，重治以警其餘。

——民國《古黟環山余氏宗譜》卷一《家規》

第二節　宗規與族規

明嘉靖三十二年十一月歙縣城東許氏宗族宗祀條規序

宗祀條規序

嘗聞本固者枝必茂，源深者流必長。水木之理如此，人之有祖也亦然。當其先世，積德累仁，故其子孫繁衍，支派綿長，其理亦猶是也。然則仁人孝子之心，豈不知所報乎？吾家宗祀，相傳遠矣。粵自贈大理評事規公遷歙，常有祭禮，世代遼遠，已不可考。迨夫暹公復居城東故址，自始祖以下，各祭以時，歷世相傳，其禮不廢。至前元時，榮甫公同堂兄弟凡一十有六，咸盡尊祖敬宗之心，則又以暹公爲不遷之祖，歲特祭焉。惜乎元末兵燹，不能獲覩當時成規，而其家乘所紀墓祭之禮，猶有所存。厥後子孫，繁衍遷居，各一支祖禰，則各祭於其家，而於始祖之祭遂不復舉。

正德間，族兄廷冕府君慨思宗祠不建，無以妥祖宗之靈而爲饗祀之所，乃取本族舊有義蓄及助之者，得白金若干，鳩工聚材，爲之幾年，而祠堂落成。中架爲龕，則立七暹公之主爲不遷之祖；大宣義公、三進士公爲不遷之宗，左右兩龕，各以世次而立。然歲時雖有常祭，始因祭田不足而儀文未備，爲之復者，常慊如也。嘉靖壬子之秋，族兄朴菴尚質告諸族人曰："人本乎祖，水木本源之恩，寧無報乎？矧先世始祖之祭，久不復舉，誠爲闕典。"僉謂欲復其禮，非祭田不足以供祭祀之費，其祭則尊祖例，而以七暹公爲主，大宣義公、三進士公爲配焉。歲以春、秋二仲月之望，制爲禮式，嚴立條件，使子孫知有所法而世守焉。然則朴菴倡爲此舉，使先世久廢之典一旦舉而復行，可謂賢矣。尚望後之賢者繼先世之志，守今日之規，子孫繩繩，引而勿替，庶不墜先人孝友之澤，以成禮義之風，則宗祀饗於無窮，而子孫必蒙其福矣。所有議行《條規》，具載於左。

嘉靖三十二年十一月吉旦，裔孫心萱鈇謹識。

——崇禎《古歙城東許氏世譜》卷七《宗祀條規序》

明萬曆十四年十月祁門縣清溪鄭氏族規

鄭氏家規

吾家自祖以來,其奉先、睦族、遇下,各有定額,但行之既久,不能無弊,其通變損益以趨時者,今日不得不然也。于是上遵國法,遠稽祖訓,近采衆議,酌成《家規》。夫規之爲言戒也,又言式也,事有不趨于時,不合于理,不可縱也,故戒之。戒之而趨于時,合于理,可世守矣,故式之。此規之所由立而人之所當遵也。其或有干于此者,則禮罰炳炳在也,條陳于後,期毋犯。

右《家規》立自嘉靖三十五年,屢經僉議,逐條斟酌,至後益加詳妥。兹因《家乘》既成,摘其要略,附梓於末,以便觀守云。

時萬曆十四年丙戌孟冬月吉旦	族老	之珍
		之錫
		應祥
	族首	奇□
		端陽
		之汶
		之琦
		應綬
		應龍
		一治
		伯昱
		伯洪　共立

——萬曆《祁門清溪鄭氏家乘》卷四《規訓·客辯》

明萬曆休寧縣林塘范氏宗族宗規

林塘宗規

一、新正三日,入祠展謁。禮畢,奉龍牌,宣《聖諭》。畢,序少長坐,有爲善者,各尊長稱名獎勸;爲惡者,隱名諷懲。少許,行果酒禮,子姓中或有規避而先回,或素正直而引嫌不赴,各舉罰如約。

一、元宵勝節,掌祠者照舊督役,放燈于祠庭內外,十三夜起,十七夜止,須自隄防風燭,並不許酒食徵逐及劇戲、巫師董褻狎祠中。

一、祭器。禮有藏遺書、衣物等制,所以示世守、肅明禋也。先儒程子亦言:"祭器、坐席,皆不可雜用。"今欖桌之類且致遺失,敬守之謂何?以後,祠鑰掌祠者收管,常加扃閉,非祠中公務不開。其籩、簋、豆、爵各什物,再查清,皆籍之簿,不敢別用,不敢他假。每年祭事竣,祀首照數交於掌祠,逐一查貯,敝則脩造,失則罰補,毋隱毋狥。

一、贍祭田地、屋租,各將四至、畝步、丈尺與置買年月文契,共抄謄一本,名之曰《林塘范氏祭產簿》。其各花利,俱輪付祀首經收,辦祭儀、餕席等項。如祀首未堪托付,即令該支房長收貯,臨期給辦,庶不誤事。仍常查佃户、地隣,毋致侵占疆界及改換段落等弊。但祭產尚少,每歲祀事,雖取給清明祀首,而所費亦多,子孫繁衍,貧富不齊,法非可久。今議于每年祠簿上支,餘銀不必分領,只陸續置膏腴田地入祠中,范繼宗户除納糧差外,酌量增給。值年祀首,日後田產充裕,祭餕有餘,初上清明銀兩,亦可議免。豈特貧者無累,即吾族文正公良法可漸舉行矣。如陸續置買不敷,聽尚義宗彥樂助祭田若干。祖宗英爽,必有善報。

一、祠銀積聚甚艱,浪費甚易,劑量盈縮,惟尊長力主之,子姓亦宜相體。目今餘銀,不復分領,固省唇舌。然節年置祭田,又恐本銀漸少。今議即以萬曆二十年爲準,本銀若干,毫釐不動。以後,每年只支利息,除脩理祠墓、橋梁及祠中正項公用外,餘剩利多寡,儘數買好田地,毋得妄費。其(見)[現]領銀人户有并還本者,即通衆議選各房生意順遂、信行端厚之人,領放生息,親筆登簿,照期交納。其一切收支帳目,經手者亦明白開簿,一年一揭總,清明日憑衆稽查。凡祠內有犯約應罰者,初犯俱罰米壹斗,再犯貳斗,以次遞增,米照時價納銀,通登名于簿紀過。

一、樂助乃賢孫肖胤所爲,亦祖宗之所期望者,在本人雖出仗義,在衆人則當爲紀名。今將先年撥入祠田園若干人,及助銀建祠、脩祠及節次置祭田、祭器若干人,查據清明舊簿與石碑已載、未載各名數,同登《祭產簿》內。而脩理先塋,平治村路,凡爲公事勞費者,皆列名,仍刊入《宗規》,以勸將來之仗義者。

一、墓祭。吾宗自始祖而下,世代遼闊。但據《譜記》所載,唐宋以來,舊業相傳者若干,墓除各圖山勢、地名載之《家譜》外,每年于清明前,家長照舊規,率衆分行展墓,共伸孝思。内遷祖千九公及子聖甫公、孫廷瑞公爲本村三大支衆祖,尤當崇禮致敬。以上相傳各墓地,若有本姓子孫侵葬盜賣,或外姓謀買占業者,各支下即會衆檢舉,仗義鳴官。蓋人各有祖,上下所同,害及祖宗,官亦心惻,必令改正退還乃已。其本宗塚林内請王坦,内有無祀墳塋,亦屬清明祀首依舊標掛,毋得遺略。

一、送死大事,尤甚于養生,必葬之以禮,然後送死之事始畢。徽俗拘溺風水,忍棄親棺于厝地。富者貪穴徼福,延以歲月;貧者役志營生,忘其根本,至有終其身而不葬者。父母生子謂何?言之汗出,聞之酸心。今請王坦厝基已滿,疾風折樹可虞。府縣以孝教民,明文催葬且急,各宜自省,稱家有無,速行安葬,以畢人子大事,庶食可下咽、寝可安枕耳!或厝後無子孫者,衆爲瘞之。

一、吾家倫理,上賴祖宗垂訓,禮法森嚴,子姓雍肅,向來並無不孝不弟、暴横敗倫、酗酒撒潑、引誘唆訟、姦盗詐僞等事,故能袝食一堂,共饗祭拜。以後,子孫如有經犯前項過惡,即係忤逆祖宗,非我族類,除姦盗聽族長、房長率子弟以家法從事外,餘犯,與衆黜之,生不得齒于宗間,殁不得袝于家廟。其有自悔、自憤,改行遷善者,衆仍收錄,以開自新之門。

一、風俗美惡,繋于所習;移風易俗,在乎豫教。父兄教之未素而遽絕之,中者、才者不忍也。今後,但有子弟不遵《聖諭》,經犯過惡,各房長指事詈責之;不改,鳴于該門尊長,再三訓戒之;又不改,于新正謁祖日,鳴于宗祠,聲罪黜之。罪重者,仍行呈治,然止黜其身,弗及其子孫。

一、冠、婚、喪、祭,風俗攸關。吾家相傳,喪祭之禮,俱合文公儀節,各鄉所推,惟冠禮未甚舉行,殊非《家訓》。蓋鄉之盛衰,係于人之賢否,成人之道,自冠禮始,不可忽也。今幸復有行者,賓贊之謝誠樸,爲文亦無大費,各父兄迭相效法,漸成禮教,庶挽頹風。婚娶,貧富不同,各隨豐儉,但須良賤有辨,不隳家聲,方杜齒議。以後,有故違《規約》、貪財妄耦者,何以見祖宗于地下?衆議祠、譜兩黜之。

一、士、農、工、商,各習所業,安生理以遵《聖諭》。乃祖宗垂訓,大要四民之外,俱屬異端,家法所禁。按,《家譜》内載,洪武年間,有藤溪陳盤先生書稱:吾邑不信浮屠,惟陳宅及吾范宅二家文獻足徵,嗣承宜恪。今族中乃有子孫爲僧道者,違訓甚矣。無後爲大,當自思之。

一、閨門嚴肅者，其婦流必深居簡出，良以風化攸繫，閥閱名族之所稱爲清白者也。然正家之責，在于男子，"四德""三從"之訓，亦須粗爲講明。若以姑息爲愛，稍聽婦言，則非但唇舌漸多，傷殘一家和氣，而昏惑日深，釀禍不小矣。務相禁戒，各婦女非本宗嫁娶、吊喪，毋得輕出。齋婆、尼姑又其甚者，尤加嚴禁，不許往來。違者，罰及夫男。

一、凡有孝子順孫、義夫節婦，皆繫聖朝作養、上司培植所致，大裨風化，禮當敬崇。各門尊長查的鳴衆，即動支祠銀壹兩，備辦花紅皷樂，率本宗職官、斯文、族衆，登門獎勸。有堪奏請表揚者，或本家貧乏，族衆合力舉聞。

一、隣舍皆我同里，在祖宗時，待之各有恩信，有禮義。故彼雖屬中户、貧户，莫不賴我庇植，感我德意，一切約束，相率順從，非獨畏我財力之衆有以壓之也。年來族中子弟，間有自恃上户家聲，每與譃狎，一言不合，輒逞怒詈駡，甚則毆之，或虛張駕言恐嚇之，縱未詐財，已爲招怨。況復有酒店賠禮，自致輕褻者，如何服人？各門中但遇此等子弟，須極言禁止，使其省悟。雖云寬待各隣舍，實所以厚待我子弟也。倘村隣委果強梁，犯非其分，則法網難逃，彼將自取于我何尤？

一、村中住屋衆僕，雖各房多寡不同，收養久近不一，其爲主僕之分均也，均當待以恩義。即有小犯，原情寬貸，不必分爾僕我僕，多生計較。回視祖宗時氣象，便可見矣。但僕等或有恃力互争，酗酒生事，凌虐同村里隣，詐欺經過商販者，送該門房主，即行責戒，以儆其後，不得偏護，自遺伊戚。若其事關繫主僕體統，則合力禁治，無致效尤。蓋主僕分嚴，徽稱美俗。倘有暗地助黨，縱其犯分，甚至構訟，反爲得計者，是與僕輩爲類矣，祖宗鑒察，必陰殛之。

一、死者行稱，凡神主得入祠堂者，舊用五字成語順序世次，蓋以諱事神之禮，今稽恭、寬、信、敏、惠以下，序列參差，統緒難別，衆定議自"惠"字下，用恒、衡、泰、華、嵩爲序；"嵩"字下用貌、言、視、聽、思爲序；"思"字下用宮、商、角、徵、羽爲序。完日，另定各字，以次貫珠，世代畫一。雖歷傳久遠，譜諱易明。

一、生者行名，自吾祖而下，歷世以金、水、木、火、土相生取一字。今傳至"火"字，子姓繁多，字音重複，衆議取二字爲名，即以"火"字輩始，上用一字分世代，下一字仍以五行。如"土"字已週，生齒愈衆，五行字亦難取，則下一字聽便用。惟上一字不可易，繫嚴支派、序昭穆者，林塘子孫相與守之。

上一字開後：文、宗、宣、旦、武、志、安、康、遵、紹、和、順、介、壽、允、存、懋、忠、同、達、體、國、義、榮、期、養、良、貴、長、式、大、成。每世用一字，用畢，再擬以四字爲句，避尊也。所取字義，無非期後人忠君體國，立身孝友，出爲良弼，入爲真儒，求不負先大夫承前啟後至意。

一、簿籍，"清明、祭産"二簿外，新置《范氏宗祠神主稱諱簿》一扇、《范氏添丁簿》一扇，《稱諱簿》將以前各神主，照萬曆十九年祝版詳細填寫，以後照式續上，用備遺忘；《添丁簿》自六歲外，不論貧富、曾否上清明，俱登乳名、官名、嫡庶、姓氏、生年月日，用備查考，且防乞養異姓等弊，及其受室生子女，以至卒葬，悉照《族譜》書法，填註本名之下，皆預爲譜牒計也。每歲俱于清明日對衆書之。

一、先年《思本簿》所載《凡例》及節年補議簡省事宜，俱列《清明簿》，皆袝享燕毛，財穀登耗、源流所當參考，茲不贅。

一、冠、昏、喪、祭，里社五祀、八蠟、焚黃等禮，與統宗祠款相同，鄉厲祭壇禮節，詳載《林塘宗規》刻本。

一、塘祭。吾村以林塘名，由居室東有蒼松千百株成林，下有大塘十餘畝，冬夏不涸。而子姓當科之年，或有顯者，塘必先爲之兆，因靈其塘。每年清明前一日，祀首用三牲、奠酒、楮錢、香燭，先後並行二拜禮，祭以祝文，率爲常典。祭塘祝文：維大明萬曆　年歲次　月朔，清明前一日干支　，領會事信士范某等，謹以牲醴敢昭告于本境林塘之神而言曰：維神昌毓，大展我宗。衍滋蕃庶，肇此多士。顯異呈奇，無開不先。神之靈，亦赫矣哉。天之生民，有物有則。其持節秉貞、克忠完孝者，非神其疇翼之。倘有干常蔑理，自底弗類者，亦惟神是懲是救。尚饗。

附錄

新安林塘范氏宗規序

《宗規》者何？以規宗也。宗何以規？規而後宗也。蓋吾邑有林塘范氏宗云，宗有始者，有委者，有始始也者，有委委也者。不爲之規，何以宗焉？范之始爲唐宣歙觀察公，范氏凡七族，胥以爲宗，而林塘爲特著。成化間，故有《宗規》。今晞陽觀察公起，而規始備焉，則始委委之義也。有能紹明世述先猷、啟後緒本，幽明禮樂之際，其在斯乎？其在斯乎？昔夫子觀鄉而易王道，輿情、積習與歲時更始，上日，宗廟子姓咸集，尊在則宣《聖諭》，親在則申約法。被袞伐鉞，狗于衆庶聞之，而有不勸且懲者，非夫也，作元旦規第一、元夕第二。雨露既降，悽愴何？其百世不遷之主，嵬然中龕，分支考妣，左右饗焉。主鬯有儀，分獻有節，洋洋乎羹牆見矣，作清明祭第三。祧閣之祭，祧年而一舉，左右龕主，以派遞遷。古有鄉先生祭社之典，有其舉之，謙讓未遑，豈尚俟百年累世之積乎？作祧祭第四、配祭第五。齋明盛服，儼若著存。几筵之設，準諸廟主，品物必虔，較量必審，餕惠後焉，作祭儀、祭席第六。什物嚴局，不可以假簿籍而時脩焉。祭田粢盛所自出，祭貲財用所自裕，量入爲出，積扐爲盈。司計者務在得人，先文正有遺筴焉。表其人以勸來者，作祭器第七、祭田第八、祭用第九、紀義第十。《周禮》重世墓，率官府掌之，原祭非禮，識者嗤其不達。俗泥堪輿，久事浮厝，始則慎重，久則因循，概于嚴祀、邀福二者交病，作墓祭第十一、十二、速葬第十三。俗之靡人久矣，族指萬億，亡良冥蹈，寧保無二三中才之養，賢者責焉，作諭俗、豫教第十四。冠、婚、喪、祭，準諸典禮；士、農、工、商，執一業以終世，庶幾哉秉禮宗乎？作四禮、四民第十五。男正位外，女貞先焉。忠、孝、節、義率于是出，訓誡、獎勸之方，當亟講矣，作男女訓第十六。毗鄰世講，襄夙親焉，小人難養，昔談尚志，作睦里、馭下第十七。死者以行諱，生者以行名，尊名譜世，于禮意深乎？敘諱于祝，追遠斯詳。登名于牒，防僞斯密，作諱行第十八。土穀明馨，春、秋昭報。族屬之祭，以消沴禳福，歲時賴焉，作社祭、厲祭第十九。里名林塘，木氣升而水德王，助順效靈，章章較著，作塘祭第二十。嗚呼，備矣！觀察自序而別家國之分，有難易嘆焉，詎謂國踈而家親乎哉？不佞不謂然，匪規宗之難，以宗規宗之難也；匪宗規之難，以身規宗之難也；匪身規宗之難，以宗規身之難也。族屬繁矣，恣睢者托之乎豪舉，儉嗇者托之乎本實，要以不遜固陋，流弊亡極，兩者交相爲病難矣。踰禮凌節，則反之以朴；難上困下，則進之以禮。不有躬行，孰與顧化？即諄諄督責，多言何有，不亦難乎？宗之悚然懼者，吾約法申乎未也；宗之瞿然惑者，吾禮物齊乎未也；宗之忻然忘者，吾精誠格乎未也。故讓如田氏，忍如公藝，躬行如萬石，尚論者難之。氣抗萬乘而通之九族則拂；勇奪三軍而施之五服則窮。故有毛屬裹離，拊肝膽而使臂指亡所事，忍且讓則尤難之難者也。觀察公兢兢名實，清脩無上，始爲劇邑，繼典名郡，既而臯江以西，全省業已易，施之國，約而齊之家，夫何難于三者？以身而規宗足法，以宗而規身，亦亡乎不法矣？始唐觀察公而委之，由今觀察公而始之，將范氏之宗永永其有興矣。有能紹明世述先猷、啟後緒本，幽明禮樂之間，其在斯乎？其在斯乎？乃書之以爲序。

萬曆甲午中秋

賜進士出身、工科都給事中、侍經筵官、前翰林院庶吉士邵庶譔。

宗規自序

先正于齊治有難易之別，何居家親而國踈？親則恩勝，踈則義勝，義易決而恩易流，不有禮以節之，其于齊也，不亦難乎？此《家規》之所繇作也。吾宗自唐宣歙觀察使公遷居休陽之丁山，以博村名里，止善名堂，啟佑後人，一軌于道，所爲垂訓者大矣。

歷數傳，支遷散處，或越郡都而猶然隸吾休，吉凶相慶吊。相守祖墓者，爲族凡七，吾家之林塘，其一也。家有觀察宗祠，載之郡乘；祠有規，載之《思本簿》。自成化元年以來，班班可鏡。嗣後，子姓蕃滋，禮緣義起，俗與時移。嘉、隆之間因革，纖悉更詳，罔非思本遺意，今之俗又迥異于昔矣。人心江河，迴瀾匪易。家故老聚首，昕夕談之，小子不敏，勉承順指，申明舊例，參酌變通，爲《條約》二十有八，次儀節，次祝文，次具脩，次祠祭。各圖考，諸凡續前垂後，事幽理明，或款開，或附見，皆本宗所事事者，聲爲六卷，總之曰《宗規》。言雖不類，大都以禮爲節文，禮主敬，敬則和生，和則恩洽。故《易》曰："利者，義之和也。"《詩》云："於緝熙敬止。"《書》曰："欽厥止，其于至善之道思過半矣。"夫惟止善而後見齊治之易易也。推之各族，宜莫不然。吾宗欲齊家者，惟在法祖。

明萬曆辛卯嘉平月，裔孫中憲大夫、江西按察司清軍驛傳道副使涑頓首謹序。

范氏宗規跋

昔人謂三代以還，人漸譌而趨愈下，故今之不可還爲古也，勢所趨也。嗟乎！道果以今昔二也乎哉？昔萬石君三代一家不易人而著孝謹，張公藝三代一族不易人而同九世，王彥方三代一鄉不易人而成表正。夫以三代之化再覯于一家、一族、一鄉也，何今之不可古乎？然以三代之化之復也，而獨復于一家、一族、一鄉，則萬石、公藝、彥方諸君子必有爲之地者矣，意者其範之有規而孚之有本耶。予姻家范君晞陽，以經術飭躬，蹈以加脩，著吏治以潛見之合者，加名實于朝野。已乃直道忤時，角巾私第，足跡不入城市，獨帥其族人相與行古道而立之《凡例》，名曰《范氏宗規》，大都不外尊祖敬宗、惇族宜家之意，而壹稟于禮，以起救維風而歸之厚。予受而卒業，而嘆王道之易易也。雖然此范君帥族人者也，非其所以帥也。范君不申令而有孚，族人不煩言而顧化，則必有出于此《宗規》之外者。吾以是知三代之化將復見于范氏矣。予歸，自請告宗父老，即有《家規》之命，得范君教率族人，踵而行之，獨愧予所以躬率族人者，不若范君而未敢誣吾族，人非三代之人也。

時萬曆癸巳王春月人日

賜進士出身觀禮部政通家眷生練溪汪可進著

《林塘宗規》原有二十餘款，修譜時，分八款，入祀儀下，右三序，乃序《宗規》原本者。

——萬曆《休寧范氏族譜》卷六《譜祠·家規》

明萬曆休寧縣商山吳氏宗族宗法規條

商山吳氏宗祠記

休寧故多鉅姓，吳最著，邑中族姓，吳幾半。吳故多鉅宗，商山之吳最著，比廬而居，連亘數里，稱"吳里"也。吳故家邑之西廓，至宋，有子明公者道商山，樂其勝，徙焉，是爲商山始祖。後九世有國録公、文肅公兄弟，並以文學顯，相繼登宋進士，世所稱"江東二吳"也。於是，吳一本二支並著邑譜。入國朝，文肅公之後既有祠祀矣，獨國録公未有祠，而國録公之裔孫處士世録者居恒嘆曰："吾曹席先世遺業，有以蔽風雨，亦足矣，獨奈何靳一椽先人哉！"乃卜地搆祠，初得址，卜未吉；再卜，得吉址。乃聚族而計祠事曰："凡我族人，饒貲者佐之貲，饒力者佐之力，不給，當以吾從兄弟四室之貲力繼之。"衆驩然曰："唯命。"輪鍦貫役者，踵相屬也。乃庀材鳩工，爲地若干步，爲屋若干楹，戒衆而經始，閱歲而考成，堂寢奕如也，門垣屹如也，且諏日脩祀而處士卒矣。於是，諸長老相與議曰："《詩》不云乎'本支百世，于以奠之'。宗室犕下，吾兩宗故以支分，而我爲長。文肅公既自爲別祖，吾其祀始祖而以國録公而下十二祖配則。"又曰："祠非處士弗成，是能光大吾祖者，其以處士祔焉。"曆日之吉，奉十四主入祠，灌鬯獻醴，咸洽于度。既畢祀，聚族而餕，昭穆秩如也，禽如也，自是歲以爲常。既三歲，處士之子太學生國卿，偕孫太學生應魁，請記於余。予按，古持手而食者，不得立宗廟，然自朱考亭議易爲祠以達貴賤，今制固未有禁也。夫宗之言尊也，尊祖故敬宗，敬宗故收族。祠之言思也，思吾孫子，其麗不億，其始一人而已，遡之一人，故尊敬而能收百世而下，有能明本支之義，舉宗室之奠，起而爲祠，以率祖合族者，斯亦足録矣。昔周盛時，其大夫恪治宗室而羞蘋藻，詩人歌之，以徵王化之隆。比其衰也，三川之民，有被髮而野祭者。孔子蓋歎焉，以爲不及百年，此其戎乎？禮之興廢，其關世登降如此。吾徽故多世家，或徒以富厚權力任俠爭强大，而不知有禮。予叨從政府後，懼不能致世于禮，以助明天子惇睦平章之化，覩吳氏之相先以禮也，忻治徵焉，於是乎記之。

光禄大夫柱國少傅兼太子太傅、禮部尚書、建極殿大學士、知制誥經筵起居注、總裁會典郡人潁陽許國撰。

商山吴氏宗法序

吾郡山崒巍而水揚波,故人磊砢而英多,抑豈無以磊砢故剛激澎湃而佐于鬭?吾郡閻閭盤錯而爪甤綿延,故世族稠而居衾,抑豈無以族稠故紛涵猜貳而漸于渙?孰有磊砢而不虞鬭、族稠而不虞渙也者?吾郡覺吾邑差善,吾邑又商山吳差善也。商山之吳,自宋子明公始,以國錄、文肅二公顯,厥後奕奕,世有令聞,若先名賢基仲公、蘭皋公、義夫公,名理薮致雅,可羹牆矩矱。近世有處士和齊公者,今孝廉諱應試者之大父也,倜儻能義,以承先裕後爲已任,嘗聲大衆保祖墓之侵漁,而搆祠統宗,以嘉魂魄,以聯子姓,昭穆諄諄。申蒸嘗之義,重《葛藟》之庇。故月旦明而風俗美,有繇來矣。亡論梓里簪纓,推以爲化國,即今父母李公以公事駕其里,輒嘆山川與人物競貴,且有概其俗之近讓而遠囂也。惟茲二三長老暨孝廉之尊人不忌戒心,恐有一二淮陰結習,稍弗戢弗訓,無寧家聲之謂何?其二三顛毛,宸即厥咎。于是合長、副即宗祠,討舊章而規之,命孝廉君求質于余。余憪然有當于中,是規也即古鄉司徒、黨正之遺,而今朝鄉約之設,《聖諭》諄諄之象指也。條款不襲虛套而務切實,敷文不餙華纈而務通曉,制義不酷裁割而務均劑,勸戒不責,難能奇行而務日用彞常,大都動水木本原之思,篤同氣聯枝之誼。故上治、下治、旁治班班有紀,可程于襜帷里室之中,可率于婦畯稚孺之輩,可通行于素封壁立之家,可泚奸頑悍戾之纇而伸善良長厚之氣,簡而覈,近而有法,規良至是。抑是役也,謹《祠規》,申孝弟,皆和齊公之緒教,而孝廉之尊人成先志,以從長老之後董是役者也,庶幾哉厥美攸終,無忝奕世舊服以當邑大夫獎望至意哉。吾郡而盡商山吳也,無虞磊砢而近鬭、族稠而易渙矣,是爲之序。余《祠規》云爾,若違祠議,則有許師相之文在。

賜進士出身、工科都給事中、侍經筵官、前翰林院庶吉士眷生邵庶書。

宗法規條序

裔孫應試不敏,竊憶垂髫之年,目擊先大父廢節而嘆也,則惟先子明公、國錄公宗祠未立,故神不其餕而戚戚焉。木本水原之思隨發而保祖墓,粥者反之,侵者正之,爲政于家,請政于郡,祖墓保而後喜可知也。猶未也廣,而卜祠址,獲吉兆,聲義于衆,捐貲合力,度地鳩材,百堵皆作,落成有日,而後喜可知也。又未也政,欲折節習于禮者,改舘嫻于文者,議興典則,而坐憂勤,抱恙不起矣。迄于今,牆屋既設,尊俎粗陳,已舉時修歲事之蒸嘗,未展檢身齊衆之條教。幸有列祖之德猶彰，家塾之訓具在；又幸有今長老不忘典刑，我嚴君志成先德，吊締造之惟艱，虞憲成之不易，合大衆而尋之，以舊章緝爲《祠規》。夫祠之設朱考亭所以權廟制而申士庶之孝養也，祠之規陸象山所以通宗法而著合族之章程也。規之爲義，以中周旋，以取無私，人人可反諸身無他阻；規之于祠，臨以祖宗，質以神明，人人可式諸尊親無他嫌。其事俎豆有常儀，集神也；墓地禁侵粥，寧魄也；昭穆秩行列，辨分也，宗正司紀綱，董衆也。表孝節以興芳躅，恤孤窮以保危亡也。獎善勸禮，以作興鼓舞，而奸頑謠騁、放辟權豪，必督必擯，以懲不類、討不訓也。其文不華而質，不深而顯，其義獨取今《聖諭》孝順數事，緣民間堂奧塗巷可日用常行者，近衍而類推之。思深哉，真可以規矣。大都先大父之遺綱，而今長老與我嚴君採酌而彰明之也。規完，謂應試能文，命之序。試不敏，手斯編也，惴惴焉。倘疎虞顛越以首羅大罰，如羅三尺之是懼，其何能贊一詞？抑是規也，非刑書寬大明恕、鄉黨自好者能勉哉。試願與昭穆儕輩共勉之，以承列祖之靈，以光大先大父之遠猷而質成于長老，猶顧後之視今，亦猶今之視昔也。即試言不足金石也，許師相、邵都諫之名言，其得而弁髦諸。先是，許師相言有祠未有規也，故顓言祠。今邵都諫言爲規并爲祠也，故重言規。裔孫試故合而識之，以附爲《家乘》云。

萬曆癸卯秋，裔孫應試百拜謹言。

禮儀

一、正月元日，拜祖所以報本，團拜所以敦族，是皆禮之至嚴至大者也。前一日，首家先詣祠，洒掃整潔。旦日早至，燃香點燭，命值祠僕一人，至各家鳴鑼，約率以辰時爲候，至祠拜祖。如有來遲及不待禮畢而先回者，罰在祖前拜八拜，贖罪改過，《祠簿》記名。如三犯，罰銀叁錢入祠。

一、元旦祝文：維皇明萬曆某甲子歲元旦之吉，裔孫某等恭肅拜賀。惟我列祖，祐茲庶孫，永昌厥後。敬此。告者。

拜賀儀節：通贊二人，執事四人，整班二人。

序立：執事者就位；昭一行就位，穆一行就位；昭二行就位，穆二行就位；昭三行就位，穆三行就位。啟戶，執事者各司其事，跪，三上香，斟酒，獻酒，奠酒，獻菓，奠菓。告祝，俯伏，興，平身，鞠躬，四拜。化財，闔戶。禮畢。

一、團拜禮：一行上立，二行東立，三行西立，四行、五行皆下立。立定，共四拜。尊長七十以上者答揖，不拜。拜完，脩序而出，先一行，次二行，次三行、四行、五行，毋以少先長，首家各送巧餅一雙。

一、祭祖日，取元宵、冬至二節，主祭三人，於禮當以宗子主祭。倘宗子幼稚及有過、禮貌不揚者，則以族長主之。雖在族長行列，而童幼不成立、德行有虧及庶孽，皆不可以主祭祀，當以肩次年尊者代之。然祭之任誠爲至重，必須衣冠整肅，致敬盡禮，以對祖宗之靈。當主祭者，不宜遜謙；不當者，宜揣引退，毋得僭亂。如有年高力衰，不便隨班起拜者，先行四拜禮，退立于傍。舉通引、執事、司樽、糾儀共十四人，於祭前二日，首家議選知禮有衣服者開名，各送一帖，使得辦衣演習，至期供事。如有大故，不能承職，即將原帖繳回，首家另換一名。如臨期誤事及在家不至祠祭拜者，罰銀照前。

一、元宵祭儀：通贊一人，執事十人，司樽一人，整班二人，通序立，執事者各就位。主祭者就位；昭(二)〔一〕行就位，穆一行就位；昭二行就位，穆二行就位；昭三行就位，穆三行就位。啟戶，詣盥洗所，引盥洗。復位，通、執事者，各司其事。降神，引詣酒樽所，司樽者舉冪酌酒，復位，跪，三上香，斟酒，獻酒，酌酒，俯伏，興，平身。通參神，鞠躬，四拜。

進帛，行初獻禮：引詣酒樽所，司樽者舉冪酌酒，詣神位前。通進祝，引跪，獻帛，奠帛，獻酒，奠酒，獻饌，奠饌。開讀，俯伏，興，平身，復位。通鞠躬，四拜。亞獻、終獻同。侑食，徹饌。進帛者取帛，進祝者取祝，望，辭神，鞠躬，四拜，闔戶。禮畢。

元宵祭文：伏惟三陽周浹乎兩化，一氣潛通于九原。肅雝庶孫，咸對越之。匪懈伊叚，列祖畢綏。我以思成。牲牷具陳，神其尚饗。

一、冬至儀節，與元宵同。

冬至祭文：伏維日當陽復，方新節屆。嚴霜普降，欣愴駢至。明禋肇興，肅肅班前。既盡志以盡物，洋洋在上，庶來格而來歆。尚饗。

一、清明祭墓，惟易村窵遠，祭品須整肅，與下首面稱，查明而去，免至彼處臨請墳隣，不潔，自取輕慢。上下手各擇賢能一人同行，每人給餅二雙，毋得假委幼童、伴僕，虛應故事。違者，罰銀乙錢。清明前數日，首家預出帖，於某日摽掛衆墓。上下手眼同發票，每至一處，散一票，係一餅，俾令幼童各知墓所，免致捷徑邀票。不然，徒知有餅而不知有祖也。

一、祭品：三奠雞三隻，魚三尾，兔三箇，酒三席。每席殽五味，茀五楪，菓子五楪，首家備。隨食五楪貳百箇，堆果五楪十七個，豬羊各一腔，牲獻十俎，不拘品色鮮醃，務拂滌整潔，首家備。酒三注，蠟燭四對，香，祭文，焚祝紙。

一、散胙：每人弗貳個，隨食二個，生胙壹觔。主祭、執事者，各加堆果一個。

一、祭器：棹、櫈、香几一箇，香棹滿堂紅一付，大香爐花瓶一副，中燭臺三副，爵九隻，三奠碗、橐各九隻，小爵一隻，酒海一副，茅砂盆一箇，殽楪三十，菓子楪七十五，錫獻壺二把，牲獻架十箇，面盆架一箇，托帛祭文盤二面，以上皆祠備。

酒壺二把，酒鍾、橐各十箇，筯十四雙，小銅香爐一箇，香盒一箇，三事件一副，盥洗盆、帨巾一副，絲帕二方，拜氈四條，棹圍十條，猪羊盤二箇，燒紙架一箇，以上可借用。

一、祭之爲義，內以盡志，外以盡物，致誠敬也。祭首歷十數年始輪一次，且今酌其所用，不費毫末，但勞其力而已。爲子孫致祭於祖宗，乃分之常也，務相虔修祀，以盡子孫報本之道。今所立規，禮有定式，物有定品，富者不可繁縟太過，貧者不得鄙陋不及。如有臨期托故不行祗應，不如儀者，是乃背祖忘本之人，衆加叱責，仍令照舊供事。

一、祭神如神在，盡至敬也。凡在祭時，跂立傍語，顧盼謔笑，當拜不拜，及執事禮儀不恭，贊、引錯喝者，皆慢上而忽衆也，皆整班糾儀舉。祭畢，罰神前拜八拜贖過。

一、凡與祭者，俱要衣服整雅，一色青服。若白領色衣，如赴筵之狀，非誠敬也，寧布韋粗疏無害，但貴整雅可耳。有孝服并易從吉，蓋祭祖乃吉禮之大者也。

一、宗祠內所以棲先靈、修祀事，所貴尊嚴，不容褻玩。除會賓外，造作者不得假爲居肆，迎賽者不得假爲臺場。雖講學、婚娶者，亦不得假爲舘舍。違者，重罰。

一、祠祭萃會之時，誠敦本睦族之地，交接相見，一遵名分相呼，行坐有序。毋得以強凌弱，以衆暴寡，以富欺貧，以大忽小。務須德業相勸，過失相規，患難相恤，不負同宗共本之意也。但干祠中合應興利除害、修墜起廢之事，許諸族人言議。若言不及公，或假公報私，興爭端者，不許在祠內紛擾。

一、凡行禮之際，諸僕從小僮只許在廊下祗候，不許輒升堂溷亂。違者，罰及其主。

一、值祠僕二人，各住門廊屋一間，免賃。但遇祭，值祠應役。凡祭之前一日，首家命洒掃祠宇，鋪設齊整，祭日在祠聽差，祭完犒以酒肉。

一、樂人，前數日預定，至期早到，毋致誤事。只與工銀，不給飲食。

一、出銀入祠例。

一、外立《宗譜》一簿，各人名下，詳其生時，辨少長也，以便日後修譜諜計耳。凡新冠，即許入祠拜祖受胙，諒身家肥瘦，分爲五等：一等者入祭祀銀三錢，二等者貳錢伍分。三等者壹錢伍分，四等者壹錢，五等者伍分。極貧無力者，聽以盡孝誠而已。

一、新冠之後，祭即要担銀入祠，《宗譜》上名，註生時，定銀數。有已冠，拖延不入拜祖者，罰出銀加倍。

一、新娶入祠銀，亦分五等：一等者出銀伍錢，二等者四錢，三等者叁錢，四等者貳錢，五等者壹錢。此銀須先担入祠，然後娶親。如至期無銀，在取親之家本房尊長及同本門尊長、支年首家率衆，閉大門不開，此乃各鄉各族之大例，是以名曰"開門銀"也，未有先娶親而後緣門取討、推挨多寡之弊。今後，凡有失於先入銀而即娶親者，罰在本房尊長及本門尊長併支年首家。娶親之家，罰出銀加倍。

一、聘女入祠銀壹兩，此銀出自討親之家，故不分等，亦要先担銀入祠，註名上簿。查親戚相當者，然後受聘。如或貪財，不擇門楣者，衆叱勸戒。或有私聘，希躲前銀，至於嫁日，終不能掩，此等罰出銀三倍。

一、童生入學，出銀伍錢至貳兩止，俱照等第納，充謁祠儀，祠中支銀伍錢，辦花紅果酒，行舉賀禮。入太學者，出銀貳兩，充謁祠儀，祠中辦花紅果酒，行舉賀禮，照前例。

一、中鄉試，除辦謁祠儀外，出牌坊銀壹拾兩入祠，祠中支銀叁兩，行舉賀禮。中會試者，入銀倍之。

一、例監生授職，除辦謁祠儀外，出銀伍兩，入祠公用，祠中動支銀一兩，行舉賀禮。

一、受誥勑封贈祖父母及父母併本身妻室者，除辦謁祠儀外，出俸銀伍兩，入祠公用，祠中動支銀壹兩，行迎恩舉賀禮。

一、支用祭儀價例：元旦，紙燭銀壹分伍厘，巧餅九十雙，銀伍錢。元宵，九奠饌銀貳錢，餚十五楪，銀壹錢伍分，隨食堆果銀貳錢伍分_{隨食貳佰箇，堆果十八箇}，香紙燭銀貳分，弗銀壹兩叁錢伍分_{共九十箇，每箇除骨熟肉陸兩}，樂人銀壹錢捌分，猪、羊各一隻，銀貳兩柒錢，净腔肉壹百觔，須自宰牲户猪山羊。如買屠人水猪胡羊者，罰。

冬至，祭儀照元宵例。

清明，掛錢紙銀壹分伍厘，掛錢餅銀柒錢。

易村摽栢：猪首一箇五斤，鷄一隻二斤，魚一尾二斤，肉二斤，粿米五升，柴乙分，燭一對，金銀紙馬、香紙銀一分半，易村飯米三升五合，易村并路上酒腐銀二錢，轎夫五人自吃，工銀貳錢。

一、以上祭品，臨祭支日侵晨，上、下手面稱查數。倘不精、不爛、不準、不如儀式，下手舉明，即罰上手之家。如通同互隱，衆人查出，二家併罰。

一、散胙，上、下手眼同發弗，隨食生胙，一時不便，每人散一票。下午持票至祠領胙，上、下手查發票多少，照猪、羊稱準分數以待。倘弗多人少，及猪、羊肚雜九奠，饌三席，餚皆撈首家之勞。

一、祠中正月半算帳，上、下手交替，將前數項入祠銀查清，併一年收支，與下手覈實上簿。或有收支不明，越例浪費，毋得通同容隱。日後查出，兩家均罰認賠。

一、祠内生放銀兩，每年加利壹分貳厘錢，連年以來，被人散領，名下不納本利入祠，惟轉票而已，此領衆銀中之大弊也。自今新立《祠規》，盡收各人名下本利入祠，不許亂借。擇支下子孫首殷實者，衆坐二三家分領，每年元宵，送利入祠，或五年、十年，又更換領。果殷實者，爲祖宗出力，不得故推，庶無拖欠之失。

一、祠中祭器等及匣内筆墨物併祠堂門鑰，俱該年祭首承管收藏，上輪下接，交替之時，照艸查點明白，下首批筆單後，某人收明無失。如有損壞、遺失，經手人修賠。私自取用併借他人者，罰銀叁錢。

一、祠中田地、山塘、屋賃等租，新立水牌，俱輪首家經收，必須一一如數取完。如若懶惰，不行取討，欠缺之數盡是首家賠補充足。

一、《祠規》雖立，無人管攝，乃虛文也。須會族衆，公同推舉制行端方、立心平直者四人，四支内每房推選一人，爲宗正、副，總理一族之事。遇有正事議論，首家邀請宗正、副裁酌。如有大故難處之事，會同概族品官、舉監生員、各房尊長，虛心明審，以警人心，以肅宗法。

一、凡有孝子順孫、義夫節婦、名宦功德及尚義爲善者，宗正、副約會族衆告祠，動支銀壹兩，備辦花紅、皷樂，行獎勸禮，即題名于祠，甚堪奏請表揚者，合族共力舉之。

一、凡在學，家事貧乏，有志向上，勤苦讀書，每歲祠中量給紙筆、燈油之費。其可以自給者，不在此限。

一、本族支派四房，間有愚昧，不思一本之義，或立各門之私，凡有一言一動，輒便恃強欺弱，倚衆暴寡，必以取勝爲榮，誠上不體祖宗垂裕之心，下不念子孫綏和之意，豈有識見者之所爲哉！今後，倘有此等事情，宗正、副會族長公同酌議，分別是非曲直，責備本門之賢者，務使和釋寧靖，不諉事少年以退。

一、凡族人雖衆，原皆本乎一祖。但其間所發，有貧富，有強弱，有衆寡，有邪正，然人品固有不齊，亦皆從祖宗德澤中來也。若富欺貧、強凌弱、衆暴寡、邪害正，此皆欺蔑祖宗、敗壞風俗之輩。各支倘有此等惡人，雖被害者懦弱，不能申訴，各宗正、副不許容隱，即當代爲陳稟始祖之前，悉聽宗正、副據理剖斷，毋從毋枉。

一、凡舉事，以衆君子成之而不足，一小人敗之而有餘。今後，族中凡有義舉，衆當協力贊襄，其有設法陰壞者，宗正、副即會族衆昭告始祖前，量情輕重責罰，以警其餘。

一、族中家事殷富者，固自己勤力所致，實祖宗積德而發。若能施仁仗義，扶賢助能，解紛息争，賙貧給匱，不爲怙妮之態，而且光大之志，不爲一身之謀，而有舉族之慮，此皆上念祖宗篤厚之意，下體宗族一本之思，誠尊祖敬宗之輩、孝子慈孫之流也。宗正、副無没善泯行，須揚表而旌異之以示勸。如有爲富不仁，損人利己，害衆成家，嫉賢妒能，醖釀禍胎，起滅詞訴，聞人之釁喜災樂禍，陷人之阱陰設陽施，此皆刻薄存心，酖毒造意，悖逆祖宗，欺蔑族類，誠一鄉之大蠹、百世之罪人也，宗正、副無畏勢阿縱，須舉首而明正之以示懲。

一、婦人懷嫉妒之情，丈夫有沉惑之僻，家世之敗壞，起于婦人之長舌，而瀾于丈夫之沉惑。今後，各支婦女如有抵觸翁姑、夫婦反目、妯娌戕傷、朝夕罵詈、不守閨閫禮法者，誠爲悍婦。若不痛加禁治，必致倣效成風。初犯，責罰夫男；再犯，宗正、副會族衆登門斥辱本婦，改過則已。

一、族中或有一等棍徒，名爲"轎扛"，引誘各家驕縱敗子，酗酒、習優，宿娼、賭博，不顧俯仰，必致傾家破産喪身而後已。此等惡俗，猶爲可恨，宗正、副約會族長，呈官懲治。

一、凡族中有交結異姓、傷殘手足者，此皆悖逆祖宗之輩。倘以事犯，祠中當以不孝論。

一、凡各支祖墳，倘有不肖子孫盜賣及有富豪謀買，或恃強侵葬，甚至斬棺裁脉、紊亂昭穆者，此皆欺蔑祖宗之徒。倘有犯，宗正、副據實呈治，以不孝論。

一、凡生事死葬，人子事親之始終。向來徽俗拘泥風水，委棄暴露，甚至數代不葬，子以貽孫，孫以貽不可知之人，俗弊至此，惑之甚矣。自今已後，吾族各家但有可葬之地，即當安葬。爲子孫者，暴露其親而顧俟時以求風水之利，何耶？切宜深省。

一、主僕分嚴，徽稱美俗。近來各鄉巨室之僕，每每侵漁致富，贖身出屋，越禮犯分，抗僭無比，自今即當預爲之防。倘有此等，宗正、副訪出，將贖身之物追入祠中公用，仍拘原僕，聽宗正責罰。或有豪奴凶惡，抗忤主輩，有傷大體，宗正、副即行拘入祠中，從重責罰。

一、族中婦女無知，專信巫婦，妄言禍福，扇惑人心，假以祈禱，哄騙財物，深爲可惡。今後，倘有此等，各宗正、副查報宗正，即追巫婦所騙財物，仍重罰本婦、夫男，俱各入祠公用。

一、愚夫愚婦，每因小忿，意在詐騙，或服毒自縊，或投水沉身，圖賴他人。如遇明公在上，察其真情，未必能中彼傷，而愚命則自殞矣。縱得燒埋，竟于死者何益？反復思之，誠爲可哀。各宗正、副倘遇情出迫切之人，興言及此，作速以理，省會規戒。如其執迷不聽而甘自棄者，宗正、副會同族長、品官、舉監生員人等，備情呈治本犯家長。

一、婚禮不賀，古之典也，又況賀而謔乎？始進不正，防微謂何？倫理所關，反古宜亟。自今新娶者，衆與行合巹禮，毋得效世俗，入房戲謔。違者，議罰。餘儀遵文公禮式。

一、親序不明，徽俗大弊，貽笑他邦，甚焉不美。如女夫有子婿之稱，外甥爲女之子，表侄爲妻兄弟之子、兩姨夫之子，皆是也。豈可以女婿坐于岳父、岳母之上，外甥坐于外祖母舅之上，表侄坐于姑夫、姨夫、表伯母之上？此固習俗相傳，大乖禮法。今後，本族但遇前項各親來會，惟以等級序坐，不須過遜。本族有往各親之家者，亦照等級序坐，不宜僭越。如有過遜及僭越者，察出，量力科罰，入祠公用。

一、《聖諭》（四）[六]言，至大至要，木鐸以徇道路，婦畯亦當稟持。即有至愚至魯之輩，縱難事事孝順，亦豈可作忤逆？雖難事事尊敬，亦豈可肆侵侮？雖難事事和睦，亦豈可日尋爭鬨？雖難事事盡善，亦豈可甘爲姦盜詐僞，致庭内有被捶之老人，門前有尊拳之雞肋，道途有寃號之負販，淫溺有家雞野鶩之喻、當爐倚門之漸？以若所爲，上玷祖德，辱及門風，貽誚路人。彼頑恬不知怪，爲之族長、宗正者，寧無靦顔乎？今後，有此輩，初當理諭之；不改，鳴鼓攻之；不改，合族赴公廷首，治之不貸。

一、族中若有素行端方、尚志爲善、被人排陷、誤遭無妄之災者，雖本人家事寒薄，合族當極力拯援，以爲向善者勸。

大抵宗法之立，無非尊祖睦族、勸誡子姓，共成羡族，各宜遵守。毋玩毋狎，則昭穆由此而序，名分由此而正，宗族由此而睦，孝悌由此而出，人才由此而盛，爭訟由此而息，公道由此而明，私忿由此而釋。不惟光耀宗祖，且垂訓後世于無窮矣。爲吾宗者，尚其勖諸。

——萬曆《商山吳氏宗法規條》

明萬曆休寧縣宣仁王氏宗規

宗規

《聖諭》當遵。一、"孝順父母，尊敬長上，和睦鄉里，教訓子孫，各安生理，毋作非爲。"此六句，包盡作人道理。凡爲忠臣，爲孝子，爲順孫，爲聖世良民，皆由此出。一切賢愚，皆通此義，只因逡巡不加遵守，故自陷於過惡。祖宗在上，豈忍使子孫輩坐此？今於衆族會祭宗祠時，特加宣誦，各宜體行，共成美俗。

祠墓當展。一、祠宇，宗祖神靈所依；墓塚，宗祖體魄所藏。子孫思宗祖不可見，見所依、所藏之處，即如見宗祖也。祠祭、墓祭，皆屬展親大禮，必加敬謹。凡棟宇有壞，葺之；罅漏，補之；垣砌、碑石有損，整之；蓬棘，剪之；樹木、什器，愛惜之。或有奸人侵害，盜賣、盜葬，則同心合力復之。患無忽小，視無逾時，若使緩延，所費愈大。此事死如事生、事亡如事存之道，亦《聖諭》孝順内第一急務，族人所宜首講者。

族類當辨。一、審族辨類，聖賢不廢。世以門第相高，間有非族認爲族者，或各宗同姓而混處一里，或他郡異縣而冒姓雜居本鄉，或繼同姓別宗子爲嗣，其類匪一。然姓雖同而祠不同入，墓不同祭，是非難淆，疑似當別。儻稱謂亦從叔侄、兄弟，後世將若之何？此譜中所以嚴爲之防，非得已也。神不歆非類，處己處人之道，當如是也。

名分當正。一、非族者辨之，衆人所易知、易能也。同族者，實有名分，兄弟、叔侄，彼此稱呼，自有定序。近世風俗澆漓，或狎於褻昵，或狃於阿承，乃有謔號混名相稱者，意雖親而反疏之，非禮也。我族於趨拜必祈於恭，言語必祈於遜，坐次必祈依於先後。不論近宗遠宗，俱照名分序列，情實親洽，心更相安，故家巨室之禮，原自如是。又有尊庶母爲嫡、躋妾爲妻者，大乖綱常，徒遺垢笑。又女子已嫁而歸，輒居客位，甚非古道。吉水羅念庵先生家，待出嫁女于歸，仍依世次，別設一席，可法也。若同族義男，亦必嚴遵約束，不得凌犯疎房長上，有失族誼，且寓防微杜漸之意。

宗族當睦。一、《書》曰"以親九族"，《詩》曰"本支百世"。睦族，聖王且爾，況凡衆人乎？觀於萬石君家，子孫醇謹，過里必下車，此風猶有存者。末俗或以富貴驕，或以智力抗，或以頑潑欺凌，雖能争勝一時，已皆自作罪孽。況相角相仇，循環不輟，人厭天怒，未有不立敗者。嘗謂睦族之要有三：曰尊尊，曰老老，曰賢賢。名分屬尊，行者尊也，則恭順退遜不敢觸犯；分屬雖卑而齒邁衆老也，則扶持保護，事以高年之禮；有德行可採，賢也，賢者乃本宗楨幹，則親炙景仰，每事效法，忘分忘年以敬之。此之謂三要。又有四務：曰矜幼弱，曰恤孤寡，曰周窘急，曰解忿競。幼者年稚，弱者寡恃，人所易欺，則矜之。一有矜憫之心，自隨處爲之効力矣；鰥寡孤獨，王政所先，況吾同族得於耳聞目擊者乎？則恤之，貧者恤之善言，富者恤之金帛，皆作德也；衣食窘急，生計無聊，雖或自招，數亦蹇產，則周之，量己量彼，可爲則爲，不必責其報，不必求人知也；人有忿則争競，一人勸之遂平，一人助之氣愈激，然當局而迷者多矣。息難解紛，族人責也，亦累善之一事也。此之謂"四務"。若夫引申觸類，爲義田、義倉、義學、義塚，教養同族，使生死無失所，皆豪傑所當爲者。善乎！陶淵明之言曰："同源分流，人易世疏。慨焉寤嘆，念兹厥初。"文正公之言曰："宗族於吾固有親疏，自祖宗視之，則均是子孫，固無親疏。"此格言也，人以祖宗之念爲念，自知宗族之當睦矣。

閨門當肅。一、男正位乎外，女正位乎内，聖訓也。君子正家，取法乎此，其閨閫未有不嚴肅者。縱使貧富不等，如饁耕、採桑、操井臼之類，勢所不免，而清白家風自在，儀度自別。或有不行寡居，則丹心鐵石，白首冰霜，如譜内所載貞烈、淑媛、守節諸婦女，炳燿後先，相傳不朽者甚多，皆風化之助,亦"三從四德"、姆訓夙閑養之者素也。若狗身妄娶,門閥不稱,家教無聞;又或賦性不良,凶傲、妒忌、惰僻、長舌、私溺子女,皆爲家之索,罪坐其夫。若本婦委果冥頑,化誨不改,夫亦無如之何者,輕則公堂不齒,重則告祠除名,或屏之外氏之家。祠中據本夫告詞,詢訪的確,當于祖宗前合衆給以除名帖付証,庶閨門有所警矣。要之教婦在初婚,擇婦必世德。《語》曰:"逆家子不娶,亂家子不娶。"《顏氏家訓》曰:"娶婦必欲不若吾家者。"蓋言娶貧女有益,非謂遷就族類,娶卑鄙之女,以貽禍也。倘能慎此,庶無前患。

蒙養當豫。閨門之內,古人有胎教,又有能言之教,父兄又有小學之教、大學之教,是以子弟易於成材。今俗教子弟者何如?上者教之作文,取科第功名止矣,功名之上,道德未教也;次者教之雜字、束賤,以便商賈書計;下者教之狀詞活套,以爲他日刁猾之地,是雖教之,實害之矣。吾族中各父兄,須知子弟之當教,又須知教法之當正,又須知養正之當豫。六歲便入鄉塾,學字、學書,隨其資質;漸長,有知覺,便擇端愨師友,將養蒙詩、孝順故事,日加訓迪,使其德性和順,他日不必定要爲儒者、爲縉紳,就是爲農、爲工、爲商,亦不失爲醇謹君子。

姻里當厚。姻者,族之親;里者,族之隣。遠則情義相関,近則出戶相見。宇宙茫茫,幸而聚集,亦是良緣。況童蒙時或同里塾,或共嬉遊,比之路人迥別。凡事皆當從厚,通有無,恤患難,一切皆以誠心和氣遇之。即人負我,我必不可負人,久之,人且感而化矣。若恃強凌弱,倚衆暴寡,靠富欺貧,捏故佔人田地、風水,侵山林疆界,放債行利,違例過三分息,滾騙斂怨,皆薄惡凶習。天道好還,尤急戒之。

職業當勤。一、士、農、工、商,所業雖別,是皆本職。惰則職墮,勤則職修,父母、妻子仰給於內,姻里、九族觀望於外,係匪輕也。然所謂勤者,非徒盡力,實求盡道。如士者,則須先德行,次文藝,切勿因讀書識字舞弄文法,顛倒是非,造歌謠,匿名帖;生員、舉、監,不得出入公門,有玷行止;仕宦不得以賄敗官,貽辱祖宗。富貴不能淫,貧賤不能移,威武不能屈,方謂丈夫;農者不得竊田水,縱牲口,作賤欺賴佃租;工者不得作淫巧、售敝偽器什;商者不得紈袴冶遊,酒色蕩費,亦不得越四民之外,爲僧道、爲胥隸、爲優戲、爲椎埋、屠宰等件。犯者,即係故違祖訓,罪坐房長。

賦役當供。以下事上,古今通誼。賦稅、力役之征,國家法度所係。若拖欠錢糧,躲避差役,連累里長,取罪官司,追呼拷問,甚至身遭枷責,家聲頓虧，玷辱父母。分内賦役，仍行一一供給，是何見之左也？我族子姓，務將一年本等差糧須先辦納明白，討經手印押，收票存証。上不欠公錢，下不貽私議，何等自安？此良民職分所當盡者。

爭訟當止。太平百姓完賦役，無爭訟，便是唐虞世界。一等無聊子弟，喜訟妄行，不知訟事有害無利，苦支費，苦奔走。造機變，又苦損心術。且毋論官府廉明何如，入城市便被歇家撮弄，入衙門便受皂呵叱。偵伺幾朝夕，方得面官，理直猶可，理曲到底受虧。遭笞杖，遭罪罰，甚至破家，忘身辱親，冤冤相報，害及後人。曾見會打官司人家有長進子孫麼？此其要何在？在一念客氣始，不可不慎。《經》曰："君子以作事謀始，始能忍，終無禍。"始之時，義大矣哉！即有萬不獲已，或關係祖宗、父母、妻子等，亦只從直告訴，毋架橋捏怪，以傷雅道，致問招回。須知訟不可終，早團結局。聖人於"訟"卦曰："惕，中吉終凶。"省之，省之。

節儉當崇。老氏三寶，儉居一焉。人生福祿，各有限制。若飲食、衣服、日用起居，一一樸嗇，留有餘不盡之享以還造化，優游天年，是可以養福；奢靡敗度，儉約鮮過，不遜寧固，聖人有辨，是可以養德；多費多取，至於多取，不免奴顏婢膝，委曲迎人，自喪己志，費少取少，隨分隨足，浩然自得，是可以養氣。且以儉示後，子孫可法，有益於家；以儉率人，敝俗可挽，有益於國。世顧莫之能行，何哉？其敝在於好門面一念始，如爭訟好贏的門面，則鬻產借債，討人情、鑽刺，不顧利害吉凶禮節；好富厚的門面，則賣田嫁女，厚賂聘媳，鋪張發引，開厨設供，倡優雜還，擎鮮散帛，浪用綾紗。又如招請貴賓、宴新婿與搬戲許願、預脩祈福，力實不支，設法應用。不知虧己狗人，所損日甚。此皆惡俗，可憫可悲。噫！士者，民之倡；賢智者，庸衆之倡。責有所屬，吾日望之。

守望當嚴。上司設立保甲，只爲地方，而百姓輩乃復欺瞞官府，虛應故事，究致防盗無術，束手待寇，小則竊，大則強。及至告官，得不償失。即能獲盗，牽累無時，抛廢本業，是百姓之自爲計疎也。吾族雖散居，然多者千烟，少者百室，又少者數十户。兼有鄉隣同井，相友相助，須依奉上司《條約》，嚴謹施行。平居互譏，出入有事，遞爲應援，或合或分，隨便邀截。若約中有義男不遵防範、踪跡可疑者，即時察之。若果有實跡可據，即鳴諸宗祠，會呈送官。若其人自知所犯難掩，畏罪自盡者，本主具備實情，一紙投祠約，各房長証明，即爲畫知存照。儻有内外棍徒詐索，即以此照經官究治。蓋思患預防,不可不慮。奢靡之鄉,尤所當慮也。

邪巫當禁。禁止師巫邪術,律有明條。蓋鬼道盛,人道衰,理之一定者。故曰:"國將興,聽於人;將亡,聽於神。"況百姓之家乎!今後,族中凡遇僧道諸輩,勿令至門,凡超薦、誦經、披剃等俗,並皆禁絕。違者,祠中行罰。惟禳火祈年一事,關係大衆,姑狥人情行之。至於婦女,識見庸下,更喜媚神徼福,其惑於邪巫也,尤甚於男子。且風俗日偷,僧道之外,又有齋婆、賣婆、尼姑、跳神、卜婦、女相、女戲等項,穿門入戶,人不知禁,以致哄誘費財,甚有犯姦盜者,爲害不小,各家家督須皆預防。如嚴守望家數,察其動静,杜其往來,庶免後患。此亦是齊家喫緊一事。

四禮當行。先王制冠、婚、喪、祭四禮,以範後人,載在《性理大全》及《家禮儀節》者,皆奉國朝頒降者也。民生日用常行,此爲最切。惟禮則成父道、成子道、成夫婦之道,無禮則禽獸耳!且禮不傷財、不廢時、不失事,至易至簡,不知何故不肯遵行?吾族禁邪巫,守正禮,自祖宗相傳以來,可按譜而知,惟在子孫之所效法焉。試言效法之大要,冠則賓不用幣歸,俎止殽品、果酒,不用牲,一惟從儉。凡族有將冠者,衆則同日行禮,長子、衆子各從其類,贊與席,如冠者之數,祝詞不重出。加冠醮酒,祝後次第舉之。拜則同庶人三加之禮,初用小帽、小深衣、履靴,再用折巾絹深衣、皂靴,三用方巾或儒巾,服或直身,或襕衫員領,皆從便。婚則禁同姓,禁服婦改嫁,恐犯離異之律。女未及笄,無過門,夫亡無招贅,受聘擇門第、辨良賤,無貪下戶貨財,玷辱宗祊,不顧廉恥,自犯祠、譜"兩出"之條。喪則惟竭力於衣衾、棺槨,不作佛事,棺内不得用金銀玉物。吊者止款茶,途遠待以素飯,不設酒筵。服未除,不嫁娶,不張樂,不與宴賀。衰絰不入公門。葬必擇地,避五患,不得泥風水徼福,至有終身不葬,累世不葬。不得盜葬侵祖,尤更不得火化,以犯大辟。祭則聚精神,致孝享,内外一心,長幼整肅,具物惟稱家有無,不得爲非禮之美。此皆孝子慈孫所能盡力者。

右《宗規》十五款,總之皆遵《聖諭》之註脚。我族中賢父兄,必不肯以不善望其子弟,各須叮嚀遍戒。每聽《聖諭》後,洗心向善,盡作好人。有過即改,不可護短,日積月累,自有無窮福澤。祖考鑒臨在上,共默相之。

——萬曆《休寧宣仁王氏譜》卷六《譜祠·宗規》

清康熙徽州新安太原王氏宗族宗規

宗規

一、爲子者,必以孝順奉親;爲父者,必以慈祥教子;爲兄弟者,必以友愛篤手足之情;爲夫婦者,必以恭敬盡賓對之禮。毋徇私乖義,毋逸游荒事,毋罔法犯憲,毋信婦言以間和氣,毋學博弈以廢光陰,毋耽酒色以亂德性。凡此數端,各宜深警。

一、家之盛衰,係乎積善、積惡而已。何謂善?恤寡憐貧而賙急,救災拯難而資扶,居家孝悌而溫和,處事仁慈而寬恕,凡濟人利物之事皆是也。何謂惡?欺孤虐寡,恃富欺貧,陰毒良善,巧施奸僞,侮弄是非,恃己勢以自強,剝人貲以自富,凡反道敗德之事皆是也。愛子孫者,遺之以善;不愛子孫者,遺之以惡。慎之勿縱。

一、家之和與不和,皆係婦人之賢否。其賢者,奉舅姑以孝順,事夫主以恭敬,待妯娌以溫和,撫子侄以慈愛,御奴僕以寬恕,如此之類是也。其不賢者,狠戾妬忌,恃強欺弱,搖脣鼓舌,面是背非,爭長競短,任意所爲,以壞家政,如此之類是也。福善禍淫,天道昭昭。爲婦人者,可不鑑此?

一、先世祖宗墳墓,坐向、地名、字號、畝步,具詳各業,毋斬丘木,毋侵疆域。或貧無以資生,有出售者,許枝下子孫贖之。如不贖,方許疎枝以贖,勿得售諸他姓。敢有此等,乃率族計議,陳之以理,懲其不孝之罪。

一、冠、婚、喪、祭之禮,雖稱家之有無,清素爲好。勿習世俗,浮華鬥靡,有違家禮。

一、子弟當冠,惟延有德之賓,庶可責成人之道,其儀式並遵《文公家禮》。

一、族之婚姻,娶婦必擇其賢,嫁女必擇其德,可也。人家盛衰,貧富不同,常也;貧娶其賤,女從其夫,貴也;富則嫌貧,貧則慕其富貴,然也;先貧後富,先富後貧,命也。貧族之女,多被媒妁圖充口腹,瞽惑許賤以玷宗也。以後,務要骨格相等,稟知尊長許聘,禮也;若以私聘非類,告以良賤爲婚,悔也。

一、娶婦見于舅姑諸尊長,三日,舅姑引婦見于祠堂,其儀式並遵《文公家禮》。

一、喪禮久廢,世俗多信浮屠之誘,供佛飯僧,俗習已久,卒難變乎。今按禮文，子之喪親，朝夕奠哀，中心哭泣。殯送舉樂，豈可安乎？今皆屏絕，其儀式並遵《文公家禮》。

一、喪服有五等：曰正服、加服、義服、降服、報服，五服然也。今人遭喪，恬然不考其制，不服其服，以致義失親疎。自後遭喪，的派有服男婦，務遵《御製孝慈錄》，禀承問答，釋疑定制，各服其服，得見衰、功、緦服親疎遠近，族義無失。

一、祭祀以盡報本之誠。遇節，該年祭首辦，其合用祭儀，按依家禮、祭圖，先期陳設。是日，族衆偕臨，祭畢散胙，禮筵不得過奢，亦毋太儉，惟在持久不廢。

一、祠堂之設，所以報本，重禮也。每歲正旦，集少長以叙團拜之禮。立春、冬至，遵依家禮祭祖，不可失。

一、宗譜乃收宗族，厚風俗而無下流。詎知貧者售其譜書，莫能制焉。冬至之日，乃一陽之始，當以設筵會族陳譜，曰"明譜會"，庶使貧售而不售譜，以見族大義遠無失。

一、諸處墓塚，年遠平塌淺露者，當奉潔土培之；被人侵者，當清理覆之。若無碑石者，即便立之，亦要深刻名氏，免致湮沒難考。

一、族兄弟、伯叔、子侄，相呼各以其字。同輩之上者，必曰某字兄；同輩之下者，必曰某字弟之類。伯叔命侄曰某字侄，侄稱伯叔曰某伯父、某叔父之類，不許爾我。

一、族人枝派，一脈相承，所以尊卑有別，長幼有序。毋以恃富欺貧、恃尊凌卑、恃强欺弱，有違不義，務以禮爲先可也。

一、族人儻因財產口過，互相是非，務從族長賢明者公議釋判。勿得擅便經公呈醜，不惟二家廉恥有虧，尤且失於大義。賢者鑒改，鄉黨稱之。

一、族人處於鄉黨，勿以勢利欺貧，凌寒趨熱。是吾族者，在上尊之，在下愛之；是吾親者，以親敬之；非吾親族者，以鄉黨年齒待之；非吾儕者，視爲常人也。

一、讀書尚禮，交財尚義。富不欺其心而勿自驕，貧不失其志而勿自賤。各守其素，毋致有玷宗風。

一、兄弟、伯叔，同氣之親，分產析業，務在公平。毋狥偏頗，有乖不仁。

一、收族是崇本之義也。或是其族而不認，非其族而認之；或扳貴豪，不齒貧賤，因利害義，有傷風化。

一、族内，倘生無以娶、死無以葬者，其富而好禮之士，慨念而賙賻之。不惟篤同宗之義，尤且善格天心，必昌厥後。

一、塋田之置，崇墓祭也。在各枝子孫輪流歲收其租，每屆清明節，五日內，務備祭物，舉各房長少，遍歷先壠，拜掃致奠。將胙分食，以房分爲拘，必照人數均分，惟在幼未娶者，例當減半。遞遞承之，歲以爲常，其不因登丘墓而起孝思乎？慎勿歲遠漸忘，泯其處所。

一、宗派散越，近居異鄉，遠遷他郡，莫能會覯。一日旅途相遇，問是同宗，分派精確及行第名分相呼，方見宗族百世不忘祖也。

一、子姓止知食夫稻、衣夫錦之富，不知祖宗積德而有今日矣。且富貴貧賤皆由天運循環至此，汝恃富勢，舌壓貧族，何況他人乎？吾宗先世，族有富饒田疇千畝，好善樂施，德義至重，亦且臏廢。汝之輕傲驕奢，必致後昆澆漓潰敗，鄉族貶議，可不傷哉？故書此以勉後人。謹之，戒之。

一、譜之修，爲其族大蕃衍，遷居者多。若不葺續，誠恐世遠人殊，富族欺貧而不認，貧族畏富而不親，必致相遇如途人。予乃秉心會衆，采搜的確，倣舊補綴。是吾族者書之，非吾族者不載。若其貪賄，妄收非族及於誹謗者，天厭之，天厭之。

一、子姓仁不忘其祖，義不遺其族，禮不失其節，智不潰其家，四者之行，本之德也。

一、族賢者，尊其祖，敬其宗，思其源，閱其譜，而知分派源流，德若君子之風也；不賢者，欺其宗，背其族，忘其本，棄其祖，不識同根本末，德若小人之草也。

——康熙《新安太原王氏宗譜》卷二《宗規》

清道光二十八年十二月婺源江灣蕭江氏宗族新增規條

查譜內：身爲他房嗣子，或並祧別房後，原爲繼絕起見未便，年長尚不婚娶，即如文鼇公嗣元煦爲子，年逾花甲未娶，卒；大標公嗣元熒爲子，年將四秩未娶，卒。按，《家乘》《莊志》內載："無力不能婚嫁者，嫁女，給銀拾兩；婚娶，給銀拾貳兩；再續娶，亦準減半，給銀陸兩。"鑿鑿可據。嗣後，凡有年已成丁，力難婚娶者，宜早赴義莊報明，請給婚費。成婚後，力不能贍妻子者，例應食米支給，請給莊米贍家。惟望同族以宗祧爲重，萬勿輕忽，遷延歲月，仁見螽斯衍慶，裕後熾昌矣。

道光二十八年戊申冬十二月，第三十二世孫元煒同侄賡續修《家乘》，謹查歷次吊修舊譜，每多遺失，今更有全部無存者。宗譜至要，理宜謹守。設有遺失，他年易肇異姓冒宗之弊。此次修成分給後，諸賢裔宜各珍藏，勿令損壞。如倉卒力難保護，報明義莊，補給珍守。以後續修，倘再有遺失，殷實者罰捐貲產，擴充義莊經費；在莊領給月米者，停給莊米一年；例不食米力，又未裕者，量罰銀四兩，充作莊内修理之用。罰後，始準補給執守。

——道光《蕭江家乘》卷首《新增規條》

清宣統祁門縣韓楚二溪汪氏宗族宗規祀典暨宗訓

宗規祀典：訓以開宗，祭原返本。燕貽駿奔，篤親惟敬，紀《宗規祀典》。每歲首宣講《聖諭十六條》官音高唱："敦孝悌以重人倫，篤宗族以昭雍睦，和鄉黨以息爭訟，重農桑以足衣食，尚節儉以惜財用，隆學校以端士習，黜異端以崇正學，講法律以儆愚頑，明禮讓以厚風俗，務本業以定民志，訓子弟以禁非爲，息誣告以全善良，誡窩逃以免株連，完錢糧以省催科，聯保甲以弭盜賊，解讐忿以重身命。"

逍鐸春聲土語長歌："國正天心順，官清民業安。妻賢家道足，子孝父心寬。男要勤，女要勤，三親六眷不愁貧。衣也儉，食也儉，四時八節無睱欠，樂樂利利親賢仁。有恒業更有恒心，光天化日無游民。家家同慶熙堂春，親親長長天下平。聽聽聽聽麼聽聽，忖此春聲。"

元旦，祠堂族長中立，洪音宣於拜祖後，衆裔環聽毋譁。宣畢，乃以派序上堂團拜，以次立，守祠曼聲唱鐸歌。歌竟，乃咸坐頌禧。

宗訓

凡裔丁生，三年能食，食則免乳；能言，毋向其呼父母、長者小名與呼人諢號缺項，毋導以謊。七齡，男女悉入蒙塾，離本生，依保傅宿，學習方言，音語中聲，指畫文字，算數習演，進退應對，灑掃揖讓，容步運動，體操嬉戲，如風鳶、蹴鞠、秋千、軒輊、彈棋、打球、抛墮、吊綫、解環、投壺、射覆、猜謎種種。唱和倫常，淺近大意，歌音辭曲。觀演古今中外倫物典故傳奇，玩識天地、山川、動植、器用粗細諸圖畫。暇閒，娛以蒔藝華藥、栽種蔬果、畜察雞犬、養飼禽魚，以頤陶情志。教者必擇選於哲達賢婦之中，必求其寬裕慈惠、溫良莊謹、敏而慎言者，爲師保、傅姆。塾有規，課有本，均參遵欽定之學堂程度，詳備迭謹而申其宗旨。貲費由社會、族裔義捐籌辦，經筦由通族默推投匭，同多者舉，輪期三年，滿或易或仍，必賢望公認者。及十有一年，則男、女分入正學堂，課加廣，程加密，主義普通加謹，教者亦別男、女師，期五年滿畢業，乃辨志，各從專門定業，爲士仕、商賈、農牧、工藝、軍兵，各務精進。及年二十，各冠、笄醮配，咸成人立家。有大故則遲娶，十稔無子，可置妾，妾多年無出，遺任從疏屬之鰥而貧者，乃更置，毋竝妻母雙納。六十後，乃引年休養，煢獨者公養，以監塾、監局優簡諸任；女則大歸鬖老養，以撫嬰治蠶、綿棉紡織、麻苧漚績、紉縫衣履、飲食内政，副教師傅之貳；廢疾者，亦以閽踾清閒工役收養。世世子孫守此，庶種族競爭而保無游民，故君子不出家而成教於國。若夫咬得菜根之論，門高可懼之誡，所以鳳昌而麟振者，祖德先芬，哲學家久詳言之，所謂補偏救弊弗贅。顧齊家本在修身，修身必豫教，教必自子幼孩、婦初來始，則必立學有家塾，有族塾，由小而大，合而分，終始典完人格，以保我子孫。

《訓條》列如右。

一、家塾，即小學堂，以育體德，養蒙也。師必擇於諸母之哲達、堪保傅者，合教族内男、女，八歲以至十歲，期三年，滿各分入大學族塾。塾各有《規章》，另詳備。

一、族塾，即正學，以育材智，升造也。族男、女，年十一歲則分教，別内外，男曰"力行"，女曰"實求"，各五年期，習普通。畢業乃務專門，定志爲士、商、農、工、軍五民，師傅必品學兼優公認充當，功課必積分升降，程度必寬簡而恒，閲六日一休息。《塾規》另詳備。

一、賦局，興仁義，以成教，聯家國也，《規章》另詳備。大指經催爲官清賦稅，以時供完國課，圖差催逋欠佃租，以奉上也。

一、世僕，本宅宅田，田葬主山，養有莊業，世世應役，有文書，憑主治。其有歷役五世後敏富而束脩自好者，准許買募、婚配、貼產，換立文憑。其故僕給還文書，開豁爲齊民，列以惠下，勿棄才也。惟不得以子息寄名叫娘，貪小狥私而齓名分。

一、秩裔間有邁種亢宗，功德在人，爲邦家光者，歲鄉飲酒禮成，必書其姓名，詳其事實於社會之申明亭；身後，祔其主於宗祠饗，以昭崇報、勸繩武也。

一、秩裔苟有不率訓教，頑惰無業，違《祖訓》而悖《聖諭》者，歲鄉飲宣講畢，必長、正共著其名於申明亭外，去其姓，以示族之所不齒。卒苟能改，則已免。

一、秩裔苟有橫逆斁倫，侵陵祀產、祠墓，盜變族居村基，住賃外人，開罪宗祖者，即合衆告祠斥革，仍行鳴官懲究，以警敗群。支祀亦視此為據。

一、秩裔苟有暴棄、甘入下流、污貪逼嬬、賄匹非耦、比匪盜竊、辱亂宗緒而玷羞門户者，亦據此斥革，逐出祠外，以謹清門之污。

以上所定《宗訓》，乃薈萃歷代祖規，綜挈綱領，以競種而教於家者，其各宗祖先訓散見，不及備載，謹據録其規目如右。

——宣統《韓楚二溪汪氏家乘》卷二《文獻宗訓》

清歙縣虹梁程氏宗族德卿公匣規條

德卿公匣規條　壽宗支下壹本

一、司匣四人，公舉每分一人，一司銀錢帳目，一司祭器，一司封條、圖書，一司鎖匙、租斗。

一、司匣不得父子、兄弟相繼，如出自公論者，聽。

一、司匣缺人，定以五日内公議舉人充補。

一、老紙筆匣，在前編者有智、仁字號兩匣，向存華爵公處，非關急務，不准擅開。今公議仍交伊孫立志收管，匣内每年秋收給辛水穀壹担，務宜小心照應，毋或疎忽。每匣封條四紙，四分長各書一紙，每年六月十五日，算帳畢，請分長一齊至家驗封。

一、現在存行匣所有紙筆并新舊歸户，公同檢明，寫列號簿，歸於一匣，公交登元公支下尚晧、覲、潞、嘉儀、鼎銘、銓收貯。每年六月十五日，分長同司匣至收貯之家驗封。嗣後，如有紙筆，隨時收入此匣。此匣封條，亦照老匣公封。

一、遇有要事，須開紙筆匣，議定四分長、四司匣及另舉四人監督同開，不准多人混雜。

一、紙筆出入，立有出入帳，不得暫時疎懈。

一、收租，司匣四人公同經管，亦不得以有扣算爲辭，徇情不遵，即以弊論。

一、租穀，於算帳前概行糶訖。

一、公事，責成司匣，應請各分長公商者，不得延遲。

一、凡集議公事，司年齊人集於司銀錢之家。

一、墳山枯樹，於大寒前後，四司匣邀同各分長驗訖，然後砍去，賣錢歸匣。

一、祭器，另立《祭器簿》，交司祭器者經管，不准私當。如有私當、借當等弊，一經察出，公同重罰。忠莊公、文季公玉帶兩圍，四分長公封交司□□□□收藏。每年九月初一日，請四分長驗□□□□，預爲修拾。送陽後一日，即請四分長驗明加封，原交司銀錢者收。倘有私當、私借等弊，公同重罰。又沉香帶兩圍，一併公封。

一、墓祠，冬至日祭，匣內定例，開支足錢五千文，與值年者備辦。其錢定於冬至前十日給付。

一、標祀祭儀，值年承辦，所用銀錢，定於清明前十五日向司銀錢者支取，辦後逐款開入大帳。

一、支下輪值燈頭，匣內貼足錢柒千四百文，又貼米叁斗、荳叁斗、大秤菜油式觔，俱照時價折錢。豬肉呆發錢九百六十文，定于十二月十五日發。

一、支下輪值燈頭，下次匣內貼紋銀壹兩五錢。今議定發元絲銀壹兩五錢四分五厘，定於正月初五日發。

一、支下輪值文季會，匣內貼元絲銀六錢，定於正月二十五日發。

一、支下輪值春、秋兩社，每戶匣內貼紋銀四錢。今議定發元絲銀四錢壹分式厘，社前十五日發。

一、支下輪值羊頭，匣內貼租穀六石，秋收量發。

一、支下輪值重陽戲頭，匣內舊規貼紋銀叁拾兩。今議定發元絲銀伍拾兩，其銀八月二十日發。

一、□□□租，宗祠社屋內，石倉一口，每年交納租銀貳兩。又匣內自置大木倉一口，亦貯社屋內。司匣四人遵照向例，每逢二、五、八日，臨倉公收，按號收訖，當給佃戶收票爲憑。收租既定，逢期交納，司匣者各宜早晨即集倉前，以便佃人隨到隨收，毋得延遲不至，致佃戶覊留守候。

一、租田爲祭祀根本，所有租穀，必須年清年款，不得任佃戶掛欠。設有掛欠未清者，四司匣務於霜降之前追找清訖，毋得懈怠。倘儘九月不交清者，議定不論支丁、外姓，定於十月初一日，司匣將欠的名、欠租數目，開彙清單，即請各分長到齊，公同嚴追，限以五日償清。如敢放刁不償，即行呈官究追，所有費用，匣內開支。如實有掛欠租穀之佃，而司匣者不公同追找清訖，十月初一日又不彙單，不請分長嚴追，司匣與佃戶定有通同之弊。所欠租穀，不論多寡，責在司匣四人照數賠償。該佃之田，公同起回，另召人佃，不得容情。

一、匣內祀田，皆係硬租乾穀，以熟包荒，不論豐歉，籽粒無讓。設遇水旱天災，亦有高低田、早晚禾之不同。有實受傷而來請看驗者，四司匣公同臨看。果係中禾實在傷壞，公估應讓若干，責其實交若干，照數收到，批明租簿，給以作訖收票爲憑，本匣（既）[概]不苟取。如酌讓已足，而佃戶仍借端勒揞不交清者，即以掛欠論。

一、祀田，議定嗣後俱照額租收穀入倉，不准收銀錢作穀。倘有通情，公罰司匣四人，其佃人之田起回另召，不得容情。

一、祀田，不准佃人私退小買，如有掛欠租穀及私退小買者，察出，立即起業另召。即無掛欠等弊之佃，亦須十年一換，新批仍與原佃人耕種。

一、起業論佃不論田，凡係此佃所種之田，一并起回另召。

一、租酒照例。

一、租穀不得於本年出糶。

一、糶穀，四司匣公同議定時價，寫帖兩個：一帖水巷口，一帖社屋門口。每逢二、五、八日開倉。自出帖日爲始，先儘支下買，五日之後，方准賣于外人。如未出帖，不准開倉。

一、糶穀，立有《糶穀簿》，按號收銀，出票發穀。

一、糶穀，四司匣公同臨倉，司銀錢者收兌銀訖，發小票。司《租簿》者照小票換大票，司封、司倉者然後開倉，照大票挨號付穀。其銀不押不欠，期票不收。收下穀銀，隨即按號公封，交司銀錢者收。疎忽不封，即以弊論。

一、糶穀，每號不准過五擔。

一、支下糶穀者，照議定時價，每擔讓三分。

一、司匣不准買匣內穀，以杜挪移虧欠之弊。

一、租穀糶出之日，司匣開支時錢六錢，爲請倉福及賞守倉人之費。另開支足錢壹千六百文，付司匣之值年者，備辦鮮雞用粉乾襯、鮮魚、鮮肉、雜會、蕨粉、□蛋□□殽,共兩席,請四分正、副長八人齊集於司銀錢者家,查核租簿,照數結算。將所有賣得穀銀公同併兌,每封五十兩,零頭銀另包,一併謹封,標註年月號頭,分長書押,交司銀錢者收。然後邀各分長八人及四司匣,至值年家,一同散福,每人三甲酒壹壺。掃倉三日,因循不請併封,分長及支衆等即當理論,以杜移挪之弊。

一、存銀不准借出,以免挪移虧欠之弊。

一、存銀存錢,於算帳日呈出公驗,四分長核算總帳,現在存有錢若干、存零銀若干,應湊坐足本年下半年及次年上半年完糧米、辦祭祀,及一切津貼支用之數,當公兌出,交與四司匣。即將餘存銀兩無論多寡,四分長重復加封書押,交司銀錢者收入銀匣。司封者將銀匣加封,交司銀錢者收藏。議定辦何公事,四司匣請分齊到,到拆封。司匣私拆,即以弊論。

一、分長當公兌交司匣支用之銀,司銀錢者比將完糧之銀,一總兌出爲一封,餘者兌作十兩一封,零頭作一封,四司匣亦當公封書押,交司銀錢者存入收支帳匣。先儘存銀支銷,存錢用訖,然後邀齊司匣四人,公拆一封支用。再用訖,又照前公拆,司銀錢者不得一人擅拆。倘有擅拆等弊,其三人經查明白,即行申說。

一、錢糧、營米,司銀錢者經手。二月開卯,即將匣內各户正則以及營米,一概掃完清訖,不准分納。其糧券於算帳日呈出公驗,然後歸入收支帳匣。下郡轎金盤纏,匣內開支。如或因循遲納,以致長批到圖,派取事費,經手者賠,毋得開支。

一、匣內所有田地、山塘、屋宇以及雜項租息,俱立有簿,司匣四人儘五月內逐一追討清訖,收入總帳,不得任其有絲毫掛欠。如有掛欠不清者,分長及支衆等,即詰司匣四人何以任其掛欠原由,立即公同分別追理,以杜因循狗私、移挪餙混之弊,公同追理清楚,然後頒發算帳酒。倘有不交納清訖者,立即追業另召,毋得容縱。

一、匣內銀錢,除坐常支外,再存五十兩,以備匣用。盈餘銀兩,如墳墓、祠宇、道路、橋梁及一切有光於吾鄉公事、善事,隨時斟酌,請告分長,公商舉辦。如現有盈餘銀兩,司匣不請公商辦事,凡係支衆,咸得理論。

一、舉□公事,經各分長公商估定,歸司匣承辦。司匣四人一同秉公辦理,不得偷逸推諉。

一、議嗣後司匣者,倘有虧空等事,分長及支衆等即行查核追理。如虧空銀錢，追償銀錢，不得援前陋弊，以屋宇、山地作抵。如恃强硬抵，即以欺祖論，公同呈官究治，斷不寬容。

一、司匣設有虧空等事，一面公同理追，一面限日交盤，另舉人充補。

一、司匣倘有虧空及通同舞弊等事，凡屬支衆，一經見實，即宜指名申說，以便公同理論，毋得避嫌涵縱。

一、司匣四人，雖有分司，然皆爲典首。如其中有一人舞弊，其三人見知，即當告明大衆，公同理論，庶幾可告無過。設知而狥私隱蔽，至分長、支衆察出，所有虧欠，責在四人攤賠，不得以各守分司爲辭。

一、匣內出入銀兩，議定曹平九四兌九五色銀。

一、算帳發胙，定於司匣經管銀錢之家。

一、算帳交盤日期，定於每年六月十五日，支衆齊到，閱算各帳，追討租息清訖。每親身到者，給折算帳酒錢壹佰文，永爲定規。不准再增，亦不復減。

一、算帳酒之設，緣所以聚齊支衆，閱帳核帳，杜絶侵漁、虧空等弊。或有掛欠租息不交清者，以便公同追理，一年即一整頓，非虛設無因之款。近來支下只知此項爲匣中年常規矩，分所應得，往往親身未到公處。至紀名頒胙之時，數人而洸一人代爲報名領取，殊失前人設立此款之意。雖此項以一支丁而論，所得不過百文，合支衆而統計之，爲數不少，況其多者乎？凡屬支下，當思匣被侵漁，公業難保，不追租息，銀錢胡來，一切必至廢馳。今公議，嗣後，除高年步履維艱者及有廢疾者准委人代領，其餘支衆，是日必須親到公所閱帳，公同理事。候各帳核清，租息追訖，方准紀名頒發。如未親到公所，洸人代領，概不頒給。司匣濫給，司匣賠償。違議不遵，公同斥罰。

一、司匣於算帳日前，各帳預行謄清給算，不得臨時匆忙訛錯。

一、算帳日，匣內開支足錢弍千文，與司銀錢者備辦三牲、香燭、紙箔、酒舖、中堂，四司匣一同敬神盟誓，以示無私。各事既畢之後，三牲作三殽，雞用粉乾，□用鮮魚，添辦蕨粉元一殽、襍會一殽、葷包一殽、□粉一殽、海蜇一殽，計八殽，共二席，請四分正、副長八人，收貯老匣一人，司匣四人同散，每人三甲酒一壺。

一、公事小費，俱司匣辦後開支。

一、匣內，房屋隨時修理費用，十兩以內，司匣四人主之；十兩以外，請各分長公同估定，仍歸司匣承辦。

一、匣内，祀田設被水衝沙漲及田塝坍塌，隨時搬沙修理費用，十兩以内，司匣四人主之；十兩以外，請各分長公同估定，仍歸司匣承辦。

一、標祀、祭冬祀事，司匣四人輪流承辦。

一、祀田照例辦，不得任情增減。應發銀錢及支付日期列后。

一、標祀，照舊例定清明前三日，風雨無阻。

一、支下年六十歲以上及司匣標祀到墳，匣内各給輿金貳百四十文外，另穿轎稅錢三十文，一同交給。不疎懶總穿混于轎金之内，致壞轎金定例。

一、標祀，到墓支丁折胙：黃里充，每人給盤纏錢弍拾文；山坑，給籌一根，議定給折胙錢弍百文，永爲定規。

一、□□□□，議定給折胙錢三十三文，永爲定規，不得再議加增。

一、標祀，支丁年七十以上不能到墓者，照到墓支丁，給每處胙一股。

一、標祀，支丁年七十歲以上，仍到墓者，加胙一倍；八十歲以上，再加一倍，照旬年倍之。

一、新冠到墓標祀者，司匣須查明宗祠上過冠禮，然後發胙。如未上冠，不准給發。

一、頒胙定于標祀日午後，鳴鑼一次，執籌至公所報名領取。倘遺失胙籌，每根罰銀五錢。

一、遷居淳安、休寧支派，來里一同到墓標祀者，除照例頒胙外，每人另給盤纏錢貳佰文。

一、匣内，發義租，凡支下年十六歲以下之孤及寡而無子者，或有子而未出幼者，六十歲以上無人奉養者，及有廢疾者，每年九月十五日，匣内給發租穀壹担。

一、義租，除在前已發人名外，嗣後，倘有領義租者，須本人先向本支支長言明，察其實應周恤，候六月十五算帳之日，代其向各分長申明。候各分長示，司匣登入《發義租簿》，於其名下註明年月日，某人□□□，六月十五日，一體給發。若不由本支支長□□□□聲明示給，司匣不得擅專。如有既受祖宗矜恤而不安分守己，違法不端者，公同停其義租。

一、逢大、小現年及逐年排年，司匣者於值大現年之年，齊集該甲各户，公同酌議，照糧派費。其排年亦照糧派定若干日子，照日出費，公同立據存匣。充當者須立"立承攬"，然後准其領銀承當。

一、匣内田地、山塘、屋宇，支下租佃者不少，所有租息，務宜按期交納清款。至於支下輪值公事，俱有津貼定規。即排年、保長亦有貼辦定例，俱定有日期。司匣支發，不得因身值辦，借端勒揹各租。司匣者□□□□初一日發叁拾兩，議定唱戲叁本。重陽日無戲，責在戲頭，照祠例罰戲一本。其銀皆輪值戲頭之家房長率同支下，至司匣處領取。

一、輪值耀宗公支下重陽戲頭，照舊例歸司匣承辦。除宗祠津貼租穀外，所賠銀兩，匣內開支。

一、輪值耀宗公支下燈頭，富、壽、榮三公支下輪流代當，津貼照定例。

一、師、亥二公支下，推出燈頭一股，已議定四分輪當，津貼照定例。

一、黃里（冲）[充]守墓人，每年清明標祀到墓，給社秤米餅柒勷半，係我下門羊頭備辦，帶去開發。守墓人交出山租錢叁拾叁文，即與羊頭收。

一、山坑祠僕，標祀前一日，來領鎖匙，給折麵錢式拾文。標祀日，司匣之值年者，給發辛力錢壹百叁拾叁文，外給大小米餅計社秤拾五勷，係我下門羊頭備辦，帶去給發。又紙錢拾捌竿，亦係羊頭備辦，帶去交祠僕掛。

一、金魚山守山人，每年六月十五日，給發辛力錢捌□□□□□侵害。如或失察，惟守山人是問。凡籍□□□□□雜木樫枝，守山人得六分，匣內得四分；硬柴，匣內六分，守山人四分。其刀工在守山人所得分頭之內，并不另給。匣內所收樫枝四分，坐出兩分，為司匣、監工伙食、茶水之費；又坐一分為開山、收山神福，匣內淨得一分。硬柴亦如樫枝，坐出三分，匣內淨得三分。所有花樹及養成雜樹，毋得毀傷。支下殘害，公同重處。

一、清明墓祭，禮生十人，每分二人，值年者一人，下首一人。值年者於五日前具知單，各請書知，以免臨期誤事。

一、清明標祀，到墓支丁，給胙籌，領取折胙錢。所有祭儀，四分正、副長八人，司匣四人，禮生十人，共二十二人散。

一、祭冬，禮生照清明例。

一、祭冬，支下支丁不到，所有祭儀，四司匣及禮生人散。

一、標祀、祭冬，吹手人夫工食，司匣值年者照向例給發，不得增減。

一、司匣照舊例，每年秋收給辛水穀叁擔正。

一、□□□□□□賀義銀。

一、□□□□□□儀銀。

一、拔貢、優貢賀儀銀。

一、貢、監生員，南北兩闈鄉試元卷銀。

一、中舉賀儀銀。

一、進京會試元卷銀。

一、中進士賀儀銀。

一、榜下知縣、教官賀儀銀。

一、點翰林、中書主事賀儀銀。

一、點三鼎甲賀儀銀。

一、自舉人以上及出仕者,到墓標祀,匣內送輿金。

——清代後期《德卿公匣規條》,清抄本

民國歙縣桂林洪氏宗族宗規

宗規

粵自觀察公肇居黃石下,迨朝公八子播遷故國他邦,三十餘世,繩繩子姓蕃碩,往往詩禮相傳。雖車書同倫,而風俗異習,若規不立,何由式矜?故歲時烝嘗既有節目之則,而立身行己豈無標準之儀?況婚姻、嗣續尤所當嚴,忠、孝、廉、節各宜克盡。敬援舊例,略補新條,名曰《宗規》,凡一十四款,不簡不煩,自是宜家敦舊,非文非野,信乎!法古通今,後裔來昆,務遵恪守。

明祖訓。孝順父母,尊敬長上,和睦鄉里,教訓子孫,各安生理,毋作非爲。爲人之道,不外是矣,世有忠義烈士、仁孝完人,皆由此經驗而出。然必身體力行,不自軼於範圍之外,庶幾同族同倫悉臻美善。

展祠墓。祠,祖靈所依;墓,祖魄所藏。子孫思祖宗不可見,見所依、所藏之處,即如見祖宗一般。自宗祠、支祠、家寢,皆祠之類;自始祖墓、歷世祖墓,皆世守之墓。凡棟宇朽蠹則重葺之,碑石傾折則重整之,蔭木則厚培之,荆棘則淨夷之。或被人侵害、盜賣、盜葬,則同心合力復之。此保守之責,專在子孫。

重譜牒。譜牒所載,皆祖先名諱,收藏宜密,保守宜力。每歲春正,各門開載,先一年聘、配某鄉某氏、某生子名某,備呈司祠,收錄入譜。無論近在本地,遠在他邑,每至十年甲歲,續錄各派紀載,以清明後三日,會衆統祠,公同驗看。該譜如有油污、墨染、霉爛、塗抹字跡者,厥罰不貸。

辨族類。類族辯物,聖賢不廢。世以名第相高,間有非族認爲本族,或同姓不宗,或自外來遷,或繼異姓爲嗣,或隨母帶來撫育者。種種非我族類,適足以覆我祖蔭,亂我宗枝,此類之所以當辯,而辯之所以不嫌於嚴也。凡我洪系,如有故蹈以上等弊者,以背祖論。

正名分。同一支系,而有大宗、小宗之別;同一配氏,而有正室、側室之分。此無他,嫡、庶故也。嫡、庶之間,毫不容假,其在桓公有命曰:"無易樹子,無以妾爲妻。"即此意也。至於兄弟以齒序,叔姪以分定,家世倫常,亙古不易,易則足上首下,倒置乖方。所以世家巨族兢兢於名分之間,敦倫紀以肅家庭。

嚴嫁娶。男有室,女有家,而嫁娶之制作焉。第家世名門,不與賤伍,凡在受聘之家,務先擇門第、辨良賤,而後通婚媾。否則,苟且聯姻,徇貨財,賤骨肉,垢及同族,玷我宗祊,致干兩出之條者,責在本女父兄並房長、族長。

睦宗族。睦族之要有三:曰尊尊,曰老老,曰幼幼。所謂尊尊者何?或身膺民社以勳績著,或望隆國士以才學稱,尊者而可不尊之乎?所謂老老者何?福有五,壽爲先;尊有三,齒居一。鄉舉介賓之禮,國推養老之恩,老者而可不老之乎?所謂幼幼者何?《康誥》曰:"如保赤子。"具有親愛提攜之義,施以教育,則小子有造,成人有德,幼者而可不幼之乎?此外,有厄於天命者,曰鰥寡,曰孤獨;逆於當境者,曰窮急,曰忿爭。鰥寡則矜憫之,孤獨則體恤之,窮急則周拯之,忿爭則排解之。一族之大,貧富不等。富者捐金以賑貧,族爲之置義田、義倉,建義塾、義塚。教養有資,生死無憾,則同族皆感激矣,善乎!文正公之言曰:"宗族於吾固有親疎,自祖宗視之,均是子孫,實無親疎。"合一族爲一家,和親康樂,人造其福,天降之祥。

褒孝義。吾族有孝義實迹,本房長隨時報名,宗祠按照核實,著名登簿,或請官長棹楔,表揚善行;次則揭其名於兩廡,以褒彰之。見則必敬,與敬老同隆;歿則超進入祠,四時享祭,與報功同隆。反是而不孝、不弟、不義行爲,本房長隨時誥誡,不服則聲明本祠,斥責不貸。

揚節烈。壼內之修,蓄而爲潛德,發而爲幽光。有願輕生完節者,有願矢志柏操者,此節烈婦也。族內如有此等節烈之婦,本房長隨時報名,宗祠按照核實,著名登簿,或請官長棹楔表揚,次則揭配氏於兩廡,以褒彰之。歿後免照例出資,即予入祠享祭。或列節孝專祠,崇修祀典,旌其異也。

肅閨門。男正外,女止内,聖訓也。君子正家,閨門未有不肅者。縱使貧富不齊,如饎飪、灌園、操井臼之類,勞所不免,而清白家風自在。或有不幸寡居,則丹心鐵石,白首冰霜,列之傳記,皆風化之助,亦以"三從四德"姆訓夙嫻、養之者有素也。或有賦性不良，頑梗妬忌，強悍堅僻，長舌爲厲，皆爲家之索，罪坐其夫，輕則移郊不齒，重則告廟除名，以昭炯戒。

豫蒙養。教育之道，自古重之。八歲入小學，十五入大學，是以子弟無棄材，罔不成材然，此乃修身養性、道德教也，不在勳名。今者學校林立，亦有大學、中學、小學各校，其進級有差。大同之世，華夷合撰，學究中西，不得株守一家。但成人在始，始基勿壞，馴至學成，乃稱完璧。推之爲士、爲農、爲工、商，分科造就，無不因教育而成，無不自蒙養而始。此蒙養之所以當豫也，豫則立，不豫則廢。

勤職業。士、農、工、商，業雖不同，皆有本職。昔韓昌黎有言："業精於勤。"勤則職業修。然所謂勤，非徒盡力，實要盡道。如士首德行，次文藝，勿以讀書識字舞文弄法，造謠書狀；在家勿以好名干公署，在邦勿以通賄玷官聲。農者，勿逋租稅。工者，勿作淫巧。商賈，勿紈袴冶遊，勿嗜好蕩廢，並不得於四民外爲僧道、爲胥隸、爲妓館、伶臺。有一於此，率非其職，務非其業，罪坐本人並房長，分別據實除名。他如藉端搆訟、預修祈福、斂財演戲，皆足以荒廢職業者，一切戒絶之。

禁邪巫。禁止師巫，律有明條。世間往往有一種邪教，設齋供佛，誦經拜斗。此等荒謬不經，足以害人，切宜厲禁。無如婦女無知，易於蠱惑，更喜媚神徼福，中于邪巫尤甚。不惟僧道已也，又有卜婦、相婆、齋姑、女僧，種類不一，穿門入戶。若不知禁，小則説因證果，設齋許醮，累耗多金；大則冶容誨淫，慢藏誨盜，釀成大慇。夷門之禍，伏於此矣，可不警哉？亟宜預防，杜其往來，庶免無妄之災，此亦關於齊家最要一事。

循四禮。男子二十而冠，所以別於舞勺舞象之年也。元服加榮，成人在始，故冠禮重焉。男子有室，女子有家，有家室而後夫婦之道成，有夫婦而後父子之道成。倫有五，造端夫婦，故婚禮重焉。至于喪，則致其哀，祭則致其嚴，莫不有禮爲之節也。喪有禮，宜於殮，衣衾如制；宜於殯，輿櫬如制；宜於葬，封土如制。祭有禮，裳衣之設如制，粢盛之奉如制，犧牲之薦如制。凡此冠、婚、喪、祭四禮，不可缺一。古者制禮，鰲訂盡善，不傷財，不失時，不廢事，至易至簡，以期適於民用。伏惟始祖明倫立教，常行四大典禮。世祖並著《居家儀則》，如冠則加冠醮酒，次第行三加之禮；婚則禁同姓，辯良賤，禁服婦改嫁，免干離異之條；女與婦，毋在家招贅。喪惟量力喪務，不作佛事，棺内不得用金銀、玉器；服未闋，不嫁不娶，不聽樂，不與宴賀，衰絰不入公門。葬必擇地,避五惠,不得泥風水,惑形家。至有終身不葬、累世不葬,不得盜葬、侵祖葬,不得水淹火化,致干律禁;祭則聚精誠、致孝享、序長幼,將事恪恭,具洗腆,稱家有無,無憝於禮,此皆孝子慈孫所能盡力者。

——民國《桂林洪氏宗譜》卷一《宗規》

民國婺源縣濟陽江氏宗族蒙規

江氏蒙規

蒙規一

家之興由子弟多賢,子弟賢由於蒙養,蒙以養正,豈曰保家?亦以作聖也。童蒙以養心爲本,心正則聰明。故能正其心,雖愚必明,雖塞必聰;不能正其心,雖明必愚,雖聰必塞。正心之極,聰明天出,士而賢,賢而聖,雖下愚亦可爲善士。曰:"養心有要乎?"曰:"有。"其目在下:

頭容直,毋傾聽,毋側視。

口容止,毋露齒,毋喧笑。

手容恭,毋散手,毋掉臂。

足容重,毋疾行,毋蹺股。

貌必肅,謂見於面者毋懈惰。

容必莊,謂見於身者毋放肆。

氣必舒,應對須和柔,毋急遽倉皇。

色必温,毋暴厲。

視必端,毋回顧,毋斜睨,毋視非禮。

聽必謹,毋聽戲言,毋聽淫語,毋聽俚歌。

言必慎,毋出惡聲穢語,毋怪異,毋戲毋欺。

動必畏,舉足動手,開目出語,俱要畏慎。

坐必正,毋跂倚,毋箕踞。

立必卓,毋俯首仰面。

行必安,毋疾行,毋蹶步,毋先長者。

寢必恪,毋伏睡,毋裸體,毋晏起,毋晝卧。

規曰:頭口手足,身之物也;貌容氣色,身之章也;視聽言動,坐立行寢,身之用也;統會之者,心也。道之所以流行,天命之所以於穆不已也,童蒙習之,持之,悠久不息焉。不識不知,順帝之則也;下學上達,聖人也。故曰:"蒙以養正,聖功也。"程子曰:"聰明睿智,皆由此出。"

蒙規二

孝親。凡人家於童子,始能行、能言,晨朝則引至尊長寢所,教之問曰:"尊長興否?昨夕寒暖何如?"習成自然。迨入小學,師教童子晨揖,分班立定,細問定省之禮何如?有不能行,則先於守禮之家倡率之。童子良知未喪,最易教導,此行仁之端也。

弟長。童子始能言、能行,必教之讓坐、讓食、讓行。晨見尊長,即肅揖,應對唯諾,教之詳緩敬謹。自幼習之,亦如自然。迨入小學,不別貧富貴賤,動坐立行,俱以齒序。晨揖,分班立定,必問在家、在路見尊長禮節何如?有不能行,則敦切喻之,先於守禮之家倡率之,此由義之端也。

尊師。童子始能言、能行,遇有大賓盛服至者,教之出揖,暫立左右,語之曰:"此先生也,能教人守禮,可敬也。"由幼稚即啟發其嚴畏之心。迨入小學,先禮服揖為師者,然後諸生肅揖。言動視聽,容貌氣色,為師者敦切曉誨,使之勉勉循循,動由矩度。此嚴恭謹,畏之所由起,而動容周旋,中禮之基也。

敬友。童子始能言、能行,教之勿與群兒戲狎,晨朝相見,必相向肅揖。迨入小學,必教之相叙以齒,相觀為善,更互相敬慎,勿相聚戲言、戲笑、戲動。善則相學,惡則相諱,勿相誹詰誇競。由童稚而教之,所以養心正性,遏人欲、循天理之基也。

規曰:孝親,仁之始也;弟長,義之恒也;尊師,禮之則也;敬友,智之文也;仁、義、禮、智,心之蓄也,童子習之,所以正心也;鳶飛魚躍,活潑之妙也。故曰:道也者,不可須臾離也,可離,非道也。

蒙規三

誦讀。凡訓蒙童,始教之口誦,次教之認字,次教之意識。口誦則教之遍數,使勉勤精熟;認字則教之先其易者,如先認"一"字、"人"字,次認"二"字、"天"字之類;意識則就其所知者啟之,如孝以事親、弟以事長之類。行步拱揖,皆有至理;起居食息,天命流行。孔子之申申夭夭,周旋中禮,只在日用常行之間而已。初學,便須告之曰:"即此便是聖賢工夫。"使之心思、意識日長月化,勿强其所未識,優游漸漬,雖愚必明。

字畫。凡童子習字,不論工拙,須正容端坐,直筆楷書。一竪可以覘人之立身,勿偏勿倚;一畫可以覘人之處事;勿彎勿斜。一八如人之舉手,一踢挑如人之舉足,均須莊重;一點如烏獲之置萬鈞,疏密毫髮不可易;一繞繳如常山蛇勢,寬緩整肅而有壯氣。以此習字,便是存心工夫。字畫勁弱,由人手熟神會,不可勉強取效。明道云:"非欲字好,即此是學。"

詠歌。凡童子十歲以上,每日寅卯時誦書,辰巳時習字、歌詩,未酉時誦書、歌詩,五人一班,歌詩三章,俱歌正雅正風,餘俱端坐肅聽。由二班、三班,歌遍即止,歌者出位拱立,聽者居位拱肅。命年長者二人糾不如儀者,初犯,誨;再犯,罰;三犯,跪斥。俗有作詩對者,每十日以五日習之,餘五日歌詩。蓋歌詠所以啓發志意,流動精神,養其聲音,宣其湮鬱,滌其忿戾之氣,培其中和之德。習之熟,積之久,氣質潛消默化,有莫知其所以然者。

習禮。童子始能言、能行,尊者朔、望謁祠堂寢室,引童子傍立,使觀尊者拜揖之節,然後漸教隨班後拜,又教以古人坐法。迨入小學,朔、望懸孔聖像,帥諸生四拜。不如儀者,罰。十歲以下者,教學坐法,使知古人收斂身心之要;十歲以上、十五歲以下,使習灑掃,應對須和適,唯諾須肅靜,進退須謹慎。暇即習冠、婚、祭、射禮,喪禮亦可講明。童子於禮由幼而習,以至於冠,步趨食息,皆圍範圍,則匪僻心不能投間而入,中和之德日益純固,資雖下愚,亦可以過人矣。

規曰:誦讀所以致知也,字畫、詠歌所以游藝也,習禮所以修身也。致知也者,開明心也;游藝也者,存養心也;修身也者,防範心也。童而習之,長而安之,勿助勿忘之妙也。孔子曰:"吾無行而不與二三子也。蒙以養正,聖功也。"

——民國《濟陽江氏統宗譜》卷一《紀述三江氏蒙規》

民國婺源縣遷浙江金華縣竹馬館李氏宗族宗規暨修正宗規

宗規

一、忤逆者,削。

一、不悌者,責;不悛者,削。

一、淫惡者,削。

一、亂倫者,削。

一、爲盜者,罰。至經官受責,是辱及父母矣,削之。

一、賭博爲淫盜之媒,犯者,削之。

一、彈唱入梨園者,書名不序行。

一、充衙門三班皂快者,削。

一、披剃入空門者,削。

一、賣髮妻者,削。

一、隨母出嫁,即繼惟其後者,書名不序行。

一、母既出嫁,已與廟絶矣,於父名下不書氏,於子名下書嫁母某氏生,不載生卒。

一、禮分嫡庶,嫡所生者,雖幼必先於庶;庶所出者,雖長必後於嫡。若嫡無子、庶有子,於父名下書娶嫡某氏,載生卒;取庶某名生子幾。後子若顯達,再于子名下書娶庶母某氏,載生卒。

一、承繼之統,有不易之序,非分者,猶爲僭越,況異姓乎?故非分在本族,猶不爲亂宗。今除前已繼入譜者外,後永不許繼外姓。違者,衆共鋤之。

一、娶婦宦門及庠生、監生者,書官其某名、庠生某名、監生某名之女,其餘止書娶某姓。

一、嫁女,同。

一、爲人僕,書名不序行。若爲父母喪,不得已者,贖即序行。

一、凡序、贊、傳、紀,前所有者,毋容略。

一、凡生員,於名下書府庠或縣庠;監生,書援某例。

一、鄉飲,名下書飲賓,餘不書。

一、舉人、進士,於名下書某科某榜首,有富貴加鄉黨者,削。

一、出仕,於名下書某省某府某州縣官,有貪污刑酷者,削。

一、鄉約,昔爲銓選,今屬喚充,不得復援舊例,妄與生、監並列。

附:族内子孫,有貧而賣房屋者,只許買主管業,不許析毀。如有違者,族内共阻之。

一、孝悌著聞者,贊揚之。

一、卓行出人者,贊揚之。

一、婦節貞正者,贊揚之。

一、撫孤有成者,贊揚之。

一、賑恤多人者,贊揚之。

一、鄉評足重者,贊揚之。

一、博物洽聞者,贊揚之。

一、治家有法者,贊揚之。

一、訓子有方者,贊揚之。

一、譜十八部,載定各房領存字號。自道光壬寅,公議每年冬祭,《宗譜》不必帶祠勘驗。至繳譜重修之日,若典賣於非族,無譜歸繳者,斥革。

一、族居星散,俱已各立字派,難相記憶,雖舉字以告,亦莫知其尊卑。今冠以字母,通稱於諱之中,俾不問而知某字爲某輩,尊卑易辨也。

——民國《竹馬館東李宗譜》卷一下《宗規》

修正宗規

一、忤逆者,斥革出祠。

一、不悌者,訓教;不悛者,斥革出祠。

一、淫惡者,斥革出祠。

一、亂倫者,斥革出祠。

一、盜竊經官處分者,斥革出祠。

一、賭博爲淫盜之媒介,犯者,斥革出祠。

一、彈唱入梨園者,書名不序行。

一、披剃入空門者,斥革出祠。

一、賣妻及子女者,斥革出祠。

一、隨母出嫁,即繼爲其後者,書名不序行。

一、母既出嫁,已與廟絕,於父名下不書氏,於子名下書嫁母某氏生,不載生卒。

一、禮分嫡庶,嫡所生者,雖幼必先于庶;庶所出者,雖長必後於嫡。若嫡無子,庶有子,於父名下書娶嫡某氏,載生卒;取庶某名生子幾,後子若顯達,再于子名下書娶庶母某氏,載生卒。

一、承繼之統,有不易之序,非分者,猶爲僭越,況異姓乎?今除前已繼入譜者外,永不許繼外姓。違者,衆共鋤之。

一、娶婦宦門及大學、中學,或與大學、中學同等之學校畢業者,書其官某名、某學校畢業某名之女。嫁女亦同。

一、凡序、贊、傳、記,前已有者,不得溯追再叙。

一、高小以上之畢業生,無論男女,均於名下書某學校畢業。

一、出仕，于名下書某省某市某縣等。如有貪污刑酷者，斥革出祠。

一、族内子孫，有貧而賣房屋者，只許買主管業，不許析毀。如有違者，族内共阻之。但傾壞者不在此限。

一、《宗譜》十三部，各房編號分存。如有損壞、遺失，歸保存人負責。但因不可抵禦之天災人變而損毀者，不在此限。如典賣於非族，無譜歸繳，除從重議罰外，永遠不許再存《宗譜》。

所有《贊楊條例》，仍照舊例引用。

——民國《竹馬館東李宗譜》卷一下《修正宗規》

民國婺源縣清華東園胡氏宗族族規

族長協立規條十則

一、子弟以孝悌爲先，有不孝不悌者，約會入祠，分別輕重責懲。違則呈治。

一、士、農、工、商，各有一業，如遊手好閒、賭博、盜賊、姦淫不法等事，隣右家長首報，入祠呈處不貸。至發覺敗露，并隣右家長以徇庇呈論。

一、族内有事相爭，不許違禁打降毆尊，不許遽爾投約控理，必先報明祠首，約入祠，分別是非調處；不服，然後投控。違則先以逞兇好事家法繩論。鰥寡孤獨，被橫欺凌，公道扶植，更勿徇徂。

一、祠堂内則置鎖，在村住者值月，上、下首交代，椅、桌、櫈等物，不許移借。非婚祭公事，不得擅開祠鎖，不得堆積物件。其三門外，毋許曬柴，毋許放猪，毋許安置禾斛、木料及工匠造作。其左旁陰溝，毋得壅塞，致水入祠。違則家長報知理祠，罰銀一兩入衆，以爲污家廟、假祭器者鑒。否則，併家長呈治。

一、溪潭、林洲及各處墳山，概行加禁，魚則先兑銀，後發魚，依次出賣，無得賒押。違，責令家長公罰。其山及洲竹木，巡行捉獲，給賞手一兩，其犯者除償賞手外，家長仍送入祠，以違禁驚祖理論，家法責懲。不願責者，罰銀，加禁安葬。違，併家長呈治。

一、生殖，遞年經手之人，定於正月十五日本利兑訖。如過期一日，罰銀一兩入衆。

一、衆銀，原因寨山殘害，以其餘木出拚，得價存衆。今除修祠宇、墳墓各支外,仍生殖以爲門户支給,非各房所敷之費。如殷富分領,有自坐本房一股者,則此房一應清明祠宇,均不許入,拔出族外。

一、已上《家法》,如恃頑不遵,家長徇庇,一并呈處。其費則祠内支給,其出身則各房分理九人,向祖宗神前拈閹閹定,不得退縮。違者,公議重罰。

一、同事諸人,各宜洗心滌慮,務使此衷可對祖宗無愧,不得懷私,不得恃强爭勝,致敗公事。如有懷私者,查出重罰;如有相爭害事者,則將本人名字書某事敗壞,貼出三門外,俾族人共見,永以爲戒,不許復入祠理事。

一、凡出入賬籍,上、下兩房分立二簿,逐壹記清,會衆入祠,眼同對明,然後總結,登諸統簿存匣。其各房股實經手放銀之人,向祖宗神前拈閹,登名統簿。自一閹始,至來年二閹,賬籍銀兩,開載明白,交付下手,以次傳收,不得懷私。如有,查出公罰。

凡此十條,協議已定,決不徇情,非與族人多事也。蓋不如此,匪但有愧於七賢儒祖,并不及三煙兩灶尚有頭緒。是以志在必行,毋至干犯,自貽伊咎。

世賢祠族長　　之志　之佑
　　總理　　紹聞　孟相　應室　鳴謙　天玉
　　分理　　能微　孟玉　孟璨　孟源　聯登
　　　　　　應斌　應銓　世篆　永康

合同

立議合同世賢祠族長之志、之佑等,原因本祠内外事務,不得經理之人,以致家政不修而子弟失教,財源不開而公務不急。所以祠宇污壞,祖塋莫保,可爲長嘆息者,此也!今身等修祠、修墓,欲使將來事事就緒,爰公舉總理、分理十有三人,既立《規條》十則,責令房長、家長,俾各遵守。如不遵者,分理拈閹具呈,其閹定退縮者,固當悉照《家規》。但恐有各懷私意,使閹定任事之人獨受其責,或靳費不應,或陽爲衆而陰爲私,則蹈前覆轍,必至敗事。日後,如有仍前覆轍者,許經事之人執此理論,責令敗事之人賠償費用。違則呈治撥族,以不孝論,仍衆償經事之費,使不被累。公議合同一樣九張,付分理九人各執爲照。

——民國《清華東園胡氏勳賢總譜》卷三十《雜録》

第三章　家典與家法

第一節　家典

明萬曆休寧縣茗洲吳氏宗族家典

家典記

家史氏曰：往余不肖嘗述先隱君《家典》，而爲之序云："余之欲爲是約也，二十年所，每以精力不能行之，輒中止，然委心不能以一曙忘也。"萬曆二年夏，會三從兄弟梅山、台山二君帥族孫某某等造余而言曰："余族自七公以來，雅以家行推于鄉。至族父光十八公、光廿九公等糾會龍江、桃源諸族，益大紹明之，际先世章矣。迨嘉靖中年，謬聽堪輿家言，毁移廳宇，以至人事不能齊一，則要束不遑申明之。比者既協心創堂舍，稍復舊規，益有光焉，是我族氏中興之祥也。不齊一家行以爲族運助，則予輩重有責矣。日後，若子若孫指而言曰：'我茗洲《族約》自某時某等廢。'豈不爲口實哉！以此惟齊整化條，發明舊約，使世世若子若孫有持循焉而企首言曰：'我茗洲《族約》自某時某等廢，而自某時某等復立，至我若子若孫有重賴焉。'豈不至快哉！夫族湊也，聚也，使族人恩意相流湊而宗因以亢也，必資於《約》約之不可緩也。"余聞若言，自以余爲講，若未能於以因族之爲《約》而佐行之，則有餘矣。遂諾而書之于首簡，惟世世若子若孫遵行之，毋忽。

一、吉禮。元日參。《家禮》："正至，朔、望則參。"尚矣。但元日之參，獻歲發春，非朔、望比。是日，族男子吉服，登堂上，禮拜天地；次登祠樓，謁祖考。畢，復至堂上，卑者、幼者舉榻拂席，揖族之尊者而躋之上位，乃退。而以次行拜禮畢，則序坐，推族彥，奉《聖諭》《族約》，宣示族屬，以與之更始。中有不遵《條約》，縱惡不改者，是日，父老面叱戒。如三犯者，竟斥之，不許登堂，不得與會。如遇族中有大議，間有故意拗衆絞群、無狀不遜、恃强梗敗、壞例約者，罰，<small>罰銀式兩，入衆篋</small>，族衆於堂上，仍鳴皷群叱之。

初冠，則謁族長于廳事。冠禮廢已久，族男子冠之日，當請族之長、族之先進至堂上，行一長揖禮。未有字者，即字之。冠者有輸貲例，納銀叁分，隨貯入衆笑。

婚則委禽。新婦入門，內族男子吉服，具儀往賀之，具儀壹錢，婿則貳陪之以覆，復銀叁錢，收貯入衆篋。

初許聘，亦告于族。凡族人許聘女，其婿家送公堂花菓儀，則收貯入篋，公堂花菓銀共伍錢，外皷樂之需叁錢，聽。其家若用皷樂，即犒樂人；如不用樂，亦聽其訾省。聘書出門，族長暨諸男子皆以吉服送。許聘之家以婿家送來酒饌，隨設席邀請族之長及送書者飲。

遣女。族人遣女，婿家送公堂禮，視舊例，壹兩，即收貯入篋。族男婦送嫁，須吉服。遣女之家以婿家送來酒饌，如許聘時，邀請送嫁者會飲。

降誕日，稱觴于堂。族男子年三十及四十歲者，有輸貲例。三十者輸銀壹錢，四十者輸銀貳錢。自五旬已上以至百歲者，其所輸之貲，亦當與壽等。如五旬者出銀五錢，六旬者陸錢，七旬者柒錢，八旬者捌錢，九旬者玖錢，百歲者壹兩。視其年高下而輕重之，掌歲辦之家，則具觴榼，率族之衆，吉服登堂，稱觴祝賀。其壽者所應輸之貲，隨付衆入篋。族之婦自三旬以上者，所輸貲視男子等第減其半。

生男。族生男，當依造屋丁銀則納於衆，但間有贏窘不一，今酌議減其四矣。造屋，每丁銀柒錢，今每生子銀叁錢。當於三日內即入篋。

一、喪禮。族屬臨吊三日，戚屬七日。三日之外，擇日而殯。吊日，族男婦黎明須櫛洗，素冠服臨，吊〔晚〕[輓]如之。

送殯。闔族素冠，服禮服，祖道奠禮。

一、祭禮。三元祭、歲除祭。祭之日，首事者呼旦趣辦，促行禮，不可過亭午，其品物亦須精潔如式。諸族子孫，俱青服鞋襪以臨祭。違者，罰，罰銀壹分；故不出與祭者，罰，罰銀貳分。如先一日出家及老耄病甚者，不以此論。

忌日之祭。須於正寢或祠樓下設奠位，不可於樓上兩披間苟且完事，以爲高、曾、祖、考瀆。

春正月廿日，有天穿之節，氾掃竈突，而祝竈神於寢樓。

春秋祈社。先祭而後專社。舊分兩社，其事宜俱詳《兩社簿諜》中。如族人一應應輸銀數，今一併入衆篋，不許兩社復有徵取。

臘月廿四夜，禮謝神帥，如舊例。

一、歲辦。清明。祖墓共四處，取衆堂銀，買辦物品，先一日掛拜。有黟縣祖墓,亦當立常儲,每年二人往掛摽,庶日後不至失業,且亦爲孫子者尊祖之一念也。

支年。以近年新立例爲率,倘不滿其數,掌歲辦之家補出。其賜佃僕臧獲之粿、腐、肉,亦須斤兩各如數,粿樣、腐片亦須大且厚,有舊式。違者,罰,罰銀伍分,入衆篋。

一、條約。《聖諭》六條:"孝順父母,尊敬長上,和睦鄉里,教訓子孫,各安生理,毋作非爲。"

明尊卑。吾族一門,生聚頗蕃,然服屬則戚,比來以幼犯長,以卑抗尊,甚至有反唇相(稽)[譏]、拳毆相加者,此與蠻夷鹿獸何異?今後有此者,衆罰之,酌其情之輕重,以示罰,自一錢起至三兩止,仍責令陪禮服罪。倘有户婚、田土,事不得已,尊長不恤,以至抱屈,亦當請稟族長,以分曲直,亦毋得憤激,輕自犯逆。如族長不能平决,然後聽聞之官可也。

別內外。族以私居舍不便,諸族子及鄰家子、佃僕有事關白,不免直入房舍內,殊爲燕褻。然不知隨處皆有內外,以廳宇私舍言之,廳宇爲外,私舍爲內;以私舍言之,門閾之外爲外,閾之內爲內。自今族男子毋許進族婦房閾內,叔毋得進嫂房閾內,姪毋得進伯叔母房閾內。有事或相接關白,則於門閾外候立白事。諸子孫違者,罰銀叁分。倘有伯叔等在舍中,諸少婦亦毋得入伯叔等舍中。違者,罰手巾壹條。

嚴坐立。吾族自《條約》不明,諸坐立、趨蹌之節,置之不講,有父立而子坐、兄後而弟先、伯叔疾而姪徐,相與狎,習以爲恒常,以爲當然,頗不知怪。在父兄亦隱忍受之,亦不之較。少有言者,則出誚詈語以抵,此極敝俗也。諸垂髮幼者,見一事則攘臂越前,袒裼環視,雖賓客在前,按臂拍肩,不知趨揖,不知讓避,不衣不袴,不鞋不襪,露體環擁,豈成冠冕之族?今後,諸子姪先坐者,見父兄、伯叔至,則起立,待父兄伯叔坐,然後異席而坐。如父所坐之几席雖有剩空,亦不可就並坐;即異席坐,亦不可爲箕踞狀。諸垂髮者,見賓客至,須衣鞋前揖;否則避去,不可露躰短褐、柱倚壁闑,自甘如僕隸之流。違者,衆叱之。

辨服色。吾族一門,出入不免慶吊相隨。倘有吉慶事,諸男婦須皆吉服作賀。有父母重服者,回避不賀可也。如逢伯叔至親,則暫換吉服往賀,亦不爲過。至作吊送殯,須要素布直身整勑,不可於服色間將就,以至禮節凌替者。其孝子、孝孫、孝姪等,亦當如禮,製衰服,不可蔑忽。至請族人行殯祭禮,亦當素布直身海青。

敦族好。族自七公以來,雅以積善敦義見稱,未嘗徵訐自善、搆釁生隙如胡越。今當愈講世德,益敦族義,遵《條約》行之,不患族之不昌大也。

寢外侮。外侮之來,皆由自我招之。由小隙以成巨釁,由微不謹,以至大不可救,比比皆然,不可不慎也。倘事係衆族,有關祖宗綱紀,義不容己者,須協力禦之,毋得推托不理。其或悻悻鬭狠,以取尤釁,雖關於衆,亦不可助長以濟暴也。

勑婦德。族婦往往有不肯整餙裳裙,閑嬉堂前,沿坐閒路,以至男尊長不能取道來往者,甚至以狂言抵觸族之男尊長者。今後有此,婦則責坐於夫,母則責坐於子,使知迴避。其觸犯長上,則酌輕重行罰,以示懲戒。

重勵恤。族中有孝子順孫、義夫節婦,家不給者,取衆堂生販銀息,量加賑助。

謹婚聘。婚配不在財富,須擇門楣相對之族。如或彼族素無姻婭,一旦輕與婚聘,門第不對,鄉都誚笑,是人自以奴隸待其身,以卑下待其子。我族即不當與之並齒,生不許入堂,死不許入祠。

戒靡費。我族喜搬演戲文,不免時屈舉贏,誠爲靡費。自今惟禁園笋并保禾苗及酬愿等戲則聽演,餘自壽誕戲盡革去,只照新例出銀,以備常儲,實爲不貲。其視豔一晚之觀,而無濟於日用者,孰損孰益,必有能辨之。

戒禽獸行。淫縱所爲,古人自爲禽獸行,誠然矣。有犯此者,訪出,當以官法重典治之。然於男則責坐父母,婦則責坐舅姑,或議罰,或議罪,決不當輕恕,以至敗壞倫俗也。

戒賭博。博弈之類,或春間暇日,適情可也。但以此行賭,不免長爭鬭風,戒之。

戒競訟。族雅以長厚名,戚屬有是非,只於族長白之,毋得逞恃健興訟。

送房飲。婚娶之家,如舊例,具常饌,設席邀族中諸男子、少年者,盡歡而飲,畢則送婿入內舍,行合卺禮。婿婦交拜畢,惟撒帳而已,外此一切鄙野夷俗,如抱朴子所言"戲婦"之法,問以醜言,責以慢對,盡革去。犯則罰,罰銀壹錢,入衆篋。其茶菓仍聽如前例折一半,折銀貳錢四分,至拜堂日付出,入衆篋。

慶賀飲。諸壽誕之家,既如例輸貨入衆篋,則置酒聚族合懽,其席亦聽爲厚薄可也。

喪事飲。照舊例飲。

一、仕進。族有初進學者，衆具賀儀伍錢，爲衣巾之助。其進學者，則二倍之以覆，壹兩伍錢，入衆。有中舉者，輸拾伍兩；中進士者，輸叁拾兩；有歲貢納粟出仕者，輸銀柒兩；有吏員出仕者，輸銀伍兩。

一、預借。衆堂之貯，已入兩社者，不復究矣。今新立貯法，設無少錢，母不能以生子錢息也，酌議預借，族人量力應出，俾日後遇喜慶、誕子事例，照數扣消。然只聽本銀算除，不許算加利息消扣。

一、生貯。生貯計帳，管年房首掌之，仍請族賢能二人兼掌。或借出，或收入，俱三面對衆出納，必着實當頭，方可券借。至歲除大祭日，將銀帳交割下輪管年之家，已畢，方可與祭。如不交割明白，不許舉祭，坐在首家賠貱。仍置鎖四把，各房承管一把。其交替之時，并帳目物件，取具收領一紙，遞年如約。仍外置簿四扇，每房各置一扇，依時各各明注出納，以備參照。其銀匣須寄房屋堅固有殷實之家。

一、廳宇。管年之房，十日一洒掃。有壞漏處，將公堂銀依時修繕，雖時時暫有費，然費少而實寧永也。祠樓下左右，毋許諸婦經布，其匠人、經布、雜作使用，聽之，但不許租用棹櫈。其門闌屋前庭埠，不許曬穀、曬苧、漿線、放猪於內。違者，罰，罰米三升。

一、什器。衆堂棹椅、器物、門扇之類，只於廳堂備用，毋許擅移出堂外、入私舍。違者，罰。每一件罰銀壹錢入篋。其各門門鑰，俱管年之家承管。所衆器物，歲暮上輪下接，交替之時，取具收領一紙。如有損壞、遺失，責令年首修賠。

一、佃僕。毋許私將出賣他姓，以致敗壞體統，啟生訟端。有違此者，罰，罰銀壹兩，仍責令贖還。

一、祖墓。祖墓不許侵葬、盜賣，祖宗自有合同文書，遵守毋違。

一、衆產。衆產有私自盜賣者，罰，罰銀壹兩入篋，仍責令贖還。

一、衆券。族人有領收契文者，俱盡檢出，貯入衆篋內，仍立券票五張，各房收執一張，以防參閱。

一、衮户。

一、賀儀。族人凡遇吉慶事，年首備菓盒，率衆往賀。其本家照前例應出銀數，三日內，同菓榼回送堂中，當即入匣。如無銀，即付首儕，布疋加倍，當頭付衆入匣，照例逐日起息，毋詞。其應出銀，俱並照九伍銀色。

一、蔭木。本族前後山竹木并水口中洲墩上楊木等柴，往往有毀害者。今後倘訪獲，砍木竹一根者，罰，罰銀壹兩；損支杁者，罰，罰銀壹錢。不可輕恕。

——萬曆《休寧茗洲吳氏家記》卷七《家典記》

明萬曆休寧縣泰塘程氏宗族宗瀍志

一枝曰：宗，尊也，謂族人之所尊也，是故宗有君道焉。上治祖禰，下治子孫，旁治昆弟，親親相及，繫而有統，以族得氏，蓋莫尊於宗哉。志《宗瀍》。

一枝嘗爲《宗約》三章，序曰：人之生也，本之爲祖，統之爲宗，散之爲族。祖也者，吾身之所自出，猶木之根也；宗族也者，吾身之所同出，猶木之支幹也，是皆生理之自然而不可忽者矣。故君子明有生之道者，莫先於尊祖，其次敬宗，其次睦族。崇祠墓、敘譜系、廣慈惠之三者，尊祖、敬宗、睦族之實也。祖尊而後人知興孝，宗敬而後人知興弟，族睦而後人知興仁，斯其無悖於生理矣。予嘗讀《方氏宗儀》，竊有志焉，而未之逮也，乃酌其可行者，定爲《宗約》三篇，與族之賢者相從事焉。

一、曰尊祖。立祠祀始遷祖，而以先代有功德者祔祀。月朔，舉族謁祠肅拜。歲以冬至祀，其日，夙興盛服，詣祠相揖，趨及門，啟門，以次入，序立。司祀者以時羞獻奠，再拜。祭畢，相率以齒會拜，齒之最尊而有德者爲宗正，面北立，餘以齒東、西相向。宗正抗聲讀《祖訓》曰："凡爲吾祖之後，曰敬父兄、慈子弟、和族里、睦親舊、善交游、時祭祀、力樹秋、勤生殖、攻文學、畏瀍令、守禮義。毋悖天倫也，毋犯國法也，毋虐孤弱也，毋胥訟也，毋胥欺也，毋鬬争也；毋爲奸慝以賊身也，毋作惡逆以辱先也。有一於此者，生不齒于族，没不入于祠。"衆拱而應曰："敢不祗承長者之訓？"復戒之曰："慎思哉！勿墜先祖之祀。"咸應曰："諾。"乃揖而出。孟春之吉，如冬至禮。夏至日，素服謁祠奠拜，不讀訓。清明墓祭，如夏至禮。凡祠墓有荒穨者，以時修葺之。

二、曰敬宗。立譜紀世系、名字，以族之文而有行者掌之。置《譜稿》二本，歲正祭畢，聚族人，登前一歲生卒、嫁娶、葬之月日、氏、地，而書其行之臧否。其有事親孝、事長弟、睦姻戚、和鄉里、臨財相讓、臨難相恤、修德務學、謹行體仁、爲衆所推者，則書之；累有可書者，没則爲之立傳於譜。其有犯前訓者，亦書之，能改則削之，久而愈甚，則不削而泯其名。婺源龍山宗農部霆議云:"族之有譜,祖其祖也。有祖則有宗、有族,敬宗收族,斯尊祖之實也。非其族而同之,是鬻祖於人;果其族而外之,是遺祖於道,均之謂'悖'。如不知而誤收之、誤遺之,則誤也,非悖也;知之真矣,而復濫收焉、故遺焉,是誠悖矣。誤可言也,悖不可言也。是故修譜者有重責焉,族之同尻者,耳目所習,祖考所沿,譜之易也;異尻者,則行迹疎而傳聞謬。譜斯難矣,非難於不悖也,亦無誤之爲難爾。雖然諺有之'真者難罔,贗者難餂'。虛心而致審之,亦何誤焉?至於所謂'悖'者,既知其非,而曷以收之?曰利所誘也,執所震也;聯事交好,情所牽也。怨望毀謗,又有敗事、敗名之慮焉。四者不同,皆鬻其祖者也。既知其是,而曷以遺之?曰:我祖之顯,曷與共之?我族之盛,曷使玷之?彼行之尊,我曷卑之?甚則睚眦舊隙,雖共墓有服之親,亦所不叙,四者不同,皆遺其祖者也,是故非族不可同也。先有誤者,今當正之;正之不獲,則指實以辯焉,的族不可遺也。先有誤者,今當收之,議或不協,則信傳信、疑傳疑焉。夫既知之矣,亦正之收之而已矣。弗正弗收,而徒辯之、疑之,何也?當正而不克正,可收而不克收,則於中能無隱乎?己不克爲,則俟論定於後人爾,此譜書之義也,何也?譜以本其祖也,本源既同,則盛衰微顯悉非所論,況乎炎冷與時遷消長無定執,貴而賤,賤而貴,貧而富,富而貧。才智之後暗劣,暗劣之後才智;文學者椎魯,椎魯者文學。衰微果常在人,而顯盛果常在己乎?惟以盛而扶衰,以顯而啟微,俾吾祖之後皆盛皆顯而不止於吾一派之盛且顯焉,正吾尊祖之義也。正爲人先者,屬望於其後而責諸其賢者之至意也。不如是則傷先祖之心,傷先祖之心則賊仁矣。賊仁傷祖,惡在其爲譜乎?此的族之所以不可遺也。若非祖所傳派,而吾濫收之,吾祖果饗其祀乎?分生別姓之誼,有如是乎?非族而祖吾祖,是罔吾祖矣,罔祖則蔑義。蔑義以罔祖,亦惡在其爲譜乎?此非族之所以不可同也。二者之弊,皆起於錯認立譜之義故爾,何也?原其設心,非爲念祖,而譜惟閥閱是誇爾。以誇閥閱各生驕,驕則各益固矣。妒生刻,刻則妒益深矣,此所以雖知其族之的而忍於遺之也。以誇閥閱爲心,則以同于人爲德,非利不與而利則售之,非執不與而執則附之,非情不與而情則溺之。情之所愛者溺,則亦於所畏而曲成之矣,此所以雖知其族之非,而樂於鬻之也,譜果閥閱之謂哉!夫姓與氏本各其祖,非後人可得而出入,如屠如甄以技氏也,而名德上卿出焉。至於聞與聞人以凶德氏而黨也、源也、茹也,皆夷族也。後之賢者、顯者,未始不姓其姓、氏其氏,亦何藉于閥閱乎?何也?惟祖所在也。祖也者,身之所從出,非吾所得而誣也。是故三蘇之才豪,僅能上譜四世;韓魏公亦僅上知五世。我朝葉文莊公,亦不知其族所自出,何有於閥閱之藉哉!是故矜先世之閥閱而欲專之,致的族有不得祖其祖者,非也。慕人之閥閱而攀附之,遂捐己之本祖者,尤非也。是故收的族者,祖吾祖也,仁也;辨非族者,使人各祖其祖也,義也。仁而篤則義益嚴,義而正則仁益廣。是故譜之義有大本焉,立身行道之謂也;有大經焉,尊祖收族、重祠保墓是也。若其事目,則凡愛敬之節，不可以一端言也。目以佐經，經以滋本，譜之義廣矣、深矣，此古先聖王之所以爲教者也。分生別姓，天地之大義也，悖先王之教則無以立；悖天地之義則無以生。故曰'悖'不可言也。豈獨不可言哉？固非所忍言矣，是用與同盟者議焉。"

三、曰睦族。歲爲禮儀之會，以聚族人，冬至祭畢，舉族會於別堂，宗正坐堂上，次長者率昆弟子姓，奉觶稱壽畢，皆拜，遂以次飲酒，相拜如禮。司譜者執譜，北面抗聲讀曰："凡我族人，有善惡者，悉書於籍，毋隱。"別設二席於兩楹：東曰嘉善之位，衆推有善者書之，司禮請就位，宗正命以酒，俾少者揖之；西曰思過之位，衆推有過者書之，有能改過者，亦命以酒。於是，宗正取譜所載傳緒盛衰絕續之故，明言之而告以常訓，曰："爲善如嗜醇酒，去惡如遠毒螫。慎思哉！勿墜先祖之祀。"衆拱而應曰："諾。"乃揖而退。夏至序會，不飲酒，不相拜，讀譜之儀如之。歲正慶拜，如冬至禮，不讀譜。凡族人不與於會者六：悖倫紀者、鬭爭者、相訟者、虐鄉里者、言僞而行違者、過累書而不改者，皆會之所棄也。歲爲燕飲之會，以洽族人。其時以春、秋祀日，其物以時祀之餘，其肴以五品，其酒以九行爲節。其禮主於敬讓，其言爲孝、弟、忠、信。勿褻也，勿譁也，勿違禮也。擇子弟二人爲司禮，以佐酒，酒至，揖請飲；既飲，揖請肴，皆後長者。酒凡三行，司禮者歌詩一闋，以侑其詩，則《棠棣》《頍弁》《行葦》《蓼莪》《葛藟》，唐之《杕杜》，雅之《黃鳥》。歌三闋，長者講說古今嘉言善行，以示訓。將歌也，將說也，司禮揖曰："請肅以聽。"衆皆拱而應曰："諾。"燕畢，揖而退。凡族人見必揖，雖貴賤貧富不敵，皆以其屬稱。吉必慶，凶必吊，死以其屬服而群哭之、群祭之、群葬之。歲行周恤之禮，以給族人。凡同族者自十畝百金之家以上，隨其財產厚薄，歲出銀穀，以爲積貯，俾族長與族之富者掌之，立簿二本，籍其數以稽出入，歲量族人所乏而補助之。其贏則爲棺槨衣衾，以濟不能葬者。若嫁娶者、產子者、死喪者、疾病者、患難者，皆以私財相贈。立司禮一人，以有文者爲之，俾相族人吉凶之禮；立典事一人，以有才幹者爲之，俾相族人之凡役世；擇子弟一人爲醫，以治舉族之疾；擇有德而文者一人，以爲舉族之師。自族長而下，主財而私、典事而惰、相禮而野、司教而怠、不能睦族者，歿則告於祠而貶其主不祀，其有行乎於家、稱于鄉、文學勛業可爲世範者，歿則爲之加服而特祀之。富而以財濟人者，亦祀之。

——萬曆《程典》志卷十九《宗法志三》

清光緒暨民國黟縣鶴山李氏家典

鶴山李氏家典序

新安爲朱子桑梓之邦，民多讀朱子之書，服朱子之教。其所著《家禮》一書，凡冠、昏、喪、祭諸大典，炳如日星，允宜遵而行之久矣。我鶴山僻居黟北，自始祖福安公喬遷於此，歷四百餘年，子孫繁多，務農通商，風氣雖稱古樸，而冠、昏、喪、祭之禮多率真而未講求，殊歉然也。客有從海陽茗洲來者，述及吳氏風俗之美，其父老秉禮而服義，其子弟循矩而蹈規，一族如一家，視講學爲菽粟、布帛，朔、望有塾講，四季有族講，雍容於一堂之上，休哉，何風之古而俗之醇歟！及讀其《家典》一書，始知吳子約廬先生篤學力行，動必以禮。其所手訂者，大要以朱子爲宗旨而旁及於近世諸大儒之書，以四禮爲大綱，而致謹乎步趨、進退、周旋之際，祛世俗之謬僞，行古道於今日，洞海內所當奉爲圭臬者也，而我族則尤宜亟採之以爲法。世禄于是謹録《吳氏家典》二十條，復就我族所常有之事，章程未立，致多齟齬者，斟酌十三條。民國五年，十五世孫啟寉又增五條，共三十八條，俾族人朝夕觀省，着力奉行，庶幾挽澆薄而從忠厚，飭然有紫陽闕里之餘風。末復《附議》十篇，其冠、昏、喪、祭及不作佛事諸議，所以明古禮，雖百世不易。此外，如學田、義田，目下力雖不逮，而心則未嘗一刻忘，異日力量充裒，當邀二三同志實力舉行，以成素志，使茗洲不得專美於前，而我族庶駸駸乎禮讓成風云。是爲序。

光緒三十四年孟春月，十三世孫世禄謹撰。

一、祠堂所以奉先世神主，四時祭祀，典禮攸崇。第歷年既久，不無滲漏腐敗之虞，端貴隨時修葺，不可聽其頹壞。

一、祠堂所以報本，子孫當嚴灑掃、扃鑰之事。所有祭器、字畫、椅棹、戲橋等物，不許他姓借用。

一、子孫入祠堂，當正衣冠，如祖考在上，不得嬉笑褻越。

一、宗祠初成，子茂公、子科公、文才公等六十一人《議墨》，曾嚴禁打豆、打麥及堆放一切物件。祖訓森嚴，自宜凜遵。嗣後，凡收割之時，豆、粟、穀、麥及豆萁、稻草等一概嚴禁堆放。如違，則以不孝罪其家長，毋得徇情。

一、族中男婦物故，入祠殯殮，於禮原無不合，惟不許在祠久停。且如正月，從元旦以至初七、七月十五、十二月二十四，以及冬至，祀典關重，新殁者不准入祠殯殮。已停者,宜先搬移。倘有不遵,罰洋拾元,入敬德堂,以示懲警。如再不遵,則是冥頑不靈,將該支革出。

一、歷代塋塚,子孫當依時親自展省。近塋樹木,不許剪拜。

一、墳塋年遠,其有平塌淺露者,子孫當率衆修理之,更立石深刻名氏,毋致湮滅難考。

一、大聖廟以上一帶,名曰"老園";獅形以上一帶,名曰"下山頭",以及天井坑、羊角山,祖塚林立,不許後人添葬,並不許本族、外姓竊取泥土。倘敢故違,送官究治。查咸豐十年族長尚錦等曾議禁及此,其《議墨》二張具在。後世子孫,務宜凛遵。

一、凡有家產者,必有賦稅。各户當依限輸納,不可任意拖欠,務期令我族錢糧輸納在各里之先,不煩催科,庶於國爲良民,於家爲肖子。

一、子孫須恂恂孝友,實有詩禮之氣象。見兄長,坐必起,行必以序,應對必以名,毋稱爾我。

一、卑幼不得抵抗尊長,其有出言不遜、制行悖戾者,姑誨之;誨之不悛,則衆叱之。

一、子孫固當竭力以奉長上,爲長上亦不可挾此自尊,攘拳奮袂,忿言穢語,使人無所容身,致失教養之道。子孫有過,宜法言巽語開導之。

一、族中子弟,有器宇不凡、資禀聰慧而無力從師者,當收而教之,或附之家塾,或助以膏火。培植得一二個好人,作將來模楷,此雖族黨之望,而寔祖宗之光,其關係匪小。

一、族中子弟,不能讀書,又無田可耕,勢不得不從事商賈。族衆或提攜之,或從他親友處推薦之,令有恒業,可以糊口,勿使游手好閒,致生禍患。

一、子孫賭博、無賴及一應違於禮法之事,其家長亟宜訓誨之;誨之不悛,則痛箠之;又不悛,則陳于官而放絶之,仍告於祠堂,于祭祀除其胙,于宗譜削其名。改者,復之。

一、子孫毋習吏胥,毋爲僧道,毋狎屠豎,以壞亂心法。當時時以"仁義"二字銘心鏤骨,庶或有成。

一、枰棋、辭曲、蟲鳥之類,皆足以蠱惑心志,廢事敗家,子弟當一切棄絶之。

一、族内貧窮孤寡,實堪憐憫,而祠貯綿薄,不能周恤,最爲恨事。夫仁孝之念,人所同具,惟冀族人見義勇爲。或賈有餘財,或仕有餘資,量力多寡輸入，裨族衆盡沾嘉惠，以成鉅觀。

一、長子出繼，顯然背禮。程子有言："長子不得出繼，爲父後故也。"若長兄絶世，弟子入繼，則當以長子承重，繼祖之宗也。

一、牧養異姓，即爲亂宗，律令昭垂，自應嚴禁。我族雖間有收養外姓爲己子者，然宗派所關，不得不嚴。異日當公同議禁，以免宗族淆亂。

一、婦人必須安詳恭敬，奉舅姑以孝，事丈夫以禮，待娣姒、鄰里、姻戚以和。無故不出中門，夜行以燭，無燭則止。如其淫狎，即宜屏放。若有妬忌、長舌者，姑誨之；誨之不悛，則出之。

一、婦女宜恪守家規，一切打紙牌、唱小調，宜嚴禁之。違者，罪其家長。

一、三姑六婆及長舌之婦人，不許入門。其有婦女妄聽邪説，引入内室者，罪其家長。

一、節孝最可貴可敬。嗣後，遇有節婦竪匾額、牌坊者，其捐輸衆會之款，不拘多寡，族中必購爆千邊、燭一斤以賀，以示鼓勵褒獎之意。

一、鰥寡孤獨，廢疾之人，窮而無告。他人遇此，猶將惻然矜恤，況在族人，其可漠不相關？或更利其孱弱而欺凌之乎？若不幸有之，族長等應正言申斥，不得徇情。倘怙惡不悛，則除暴安良，勿惜餘力，庶合上天栽培、傾覆之意，與夫養肩背而斷一指之義。

一、昏姻必須擇温良有家法者，不可慕富貴，以虧擇配之義。其豪强逆亂、世有惡疾者，不可與議。

一、古者，男子三十而娶，女子二十而嫁。近世嫁娶多早，此中有關男女壽夭及子孫體氣之强弱，現律亦有早婚之禁。願我族人，各體此意，斟酌適中行之。

一、冠禮久廢，時俗惟於娶親前一日，請族中尊長加冠于首，略存古禮之遺。維時親族來賀，必藉物以將意。我族向有送雞（蚤）[蛋]、索麪、鮮亥等禮，惟目下百物騰貴，送者虛糜銀錢，受者不適于用，殊無謂也。今酌以收大錢二百文，每家請一人吃飯一餐；收大錢四百文，請通家吃飯三天。其菜照向章七碗，鮮亥只計有無，不計多寡，以禮不在口腹也。此外，或至親，或交情最厚者，收洋一元、兩元，請通家吃飯三日，以及煖房酒、花燭酒，或辦四盤，或辦十碗，此兩事隨家豐儉，無庸拘泥。他如壽誕、生子、添孫、得功名、嫁女各事，只照送二百文、四百文之例，無庸另外辦物。

一、族中有家庭寒素者，當清心節嗇，經營足食之路，于接待賓客、弔喪問疾、時節饋送之事，一切均可不講。然所謂不講者，非絕其事也，謂不必以貨財爲禮耳！如吊喪則以先往後罷，爲助賓客則樵蘇供爨清談而已，饋送則僅以土物一二將意而已。如此則于禮不廢，而于財不匱。人固不宜以物輕情薄讓我，我亦無須乎外強中乾，以貽他日財用不繼之患。余嘗見人有舉債以盡一切儀文者，且自解曰："硬馱門戶軟馱債。"甚矣，其愚也魯！論禮，與其奢也，寧儉。願與族人共三思之。

一、女子出嫁，納銀于祠，名曰"兌天堂"。考舊章，花轎英洋三元，官轎英洋一元五角，小轎即青衣轎大錢八百文。目下風氣大開，踵事增華，盈餘之家，多用執事。公議九個頭執事，加英洋一元，合洋四元；雙班九個頭及四十個頭執事，加英洋三元，合洋六元；六十個頭執事，加英洋五元，合洋八元；八十個頭以及一百個頭執事，均加英洋七元，合洋十元。其洋限三日前兌交，極遲，上半年限七月十五兌清，下半年限十二月二十四兌清。宗祠亦宜預辦加重花餅壹勛、封條二十張以賀。倘敢故延，元旦即將利市餅扣除，其餘冬至、清明發餅，祥、祿二公均由己會扣清，將款歸入眾會。

一、喪禮久廢，多惑于佛老之説。如俗所謂轉燈、拜懺、做道場之事，務皆絕之。其儀式宜遵《文公家禮》。

一、親死而作佛事，是不孝也。唐盧州刺史曰："天堂無則已，有則君子登；地獄無則已，有爲小人入。"世人親死而禱浮圖，是不以其親爲君子，而視爲積惡有罪之小人也。何待其親之不厚哉？就使其親實積惡有罪，豈賂浮屠所能免乎？族人宜味斯言而共禁之。

一、喪事不得用樂，不得飲酒、食肉。孔子曰："喪與其易也，寧戚。"違者，不孝。

一、史搢臣有云："人子服闋，流俗相率慶賀。至期，笙歌燕飲，結綵披紅，謂除凶而就吉。夫恨未終天，歡成一旦，孝思罔極，豈無餘哀？何喜可賀！悖謬甚矣。"近觀我族，亦有所謂賀人脱孝之風者，故特舉之以告族人。

一、祭禮宜遵《文公家式》，只用素帛明潔。時俗所用紙錢、錫箔之類，悉行屏絕。喪禮吊奠，亦只用香燭、紙帛，毋雜冥寶經文。

一、《茗洲家典》："冬至祭始遷祖，以隆特享。"其餘若春祭、秋祭、四時之祭，皆經審慎而後定。惟立春後一日，以祖考賢良作宰，用設敬老育賢之席；以夫人貞節起家用，頒胙于族之孀婦，襃既往，勸將來，寓意尤深。吾族日後如子孫繁衍，會產略豐，則此舉尤當倣而行之。

一、光緒三十三年，公議新丁捐錢二百文，以後遞年元旦，發丁餅一雙，到祠團拜，加發餅一雙。新婦謁祖之始，將姓名錄入簿上，捐錢一百文，第二年元旦發喜餅一勒，族人已無異議。惟會産無多，養老、興學、敬節各事未能舉行，殊以爲恨。嗣後，族中支丁，尚祈見義勇爲，踴躍輸將，俾義舉可以次第開辦。特無以鼓勵之，孰從而趨赴之？今酌一襃勸之法，凡曩日曾捐輸銀錢、田地，有字據可查者，必逐一抄録列後，以彰其名。嗣後，子孫有願意樂輸者，凡輸洋十元以上，每年元旦加發餅一斤，只及其身；五十元以上者，發餅照上，及其子孫；百元以上者，發餅二斤，子孫不絶，另許刻特牌一塊，配享始祖。其輸田地、屋宇者，價目照時估值登簿，鼓勵之法與輸洋等。無後者，則祠中每年清明必寫包，登山拜請，世世無窮。

一、先教後用，聖人所重。此次所訂《家典》三十八條，皆修身、齊家、事親、敦族之要，使不因時宣講，則族衆婦孺從何得知？昔茗洲朔、望有塾講，四時有族講，故風移俗易，成自易易。我族舊例，凡正月初四、七月十五以及冬至，族人咸集宗祠祭祖。嗣後，每年當于此三日高聲對衆宣講，令人人飫聞其訓。歸家則父誠其子，兄勉其弟，夫勵其妻，庶幾家喻戶曉，敦讓成風。

——民國《鶴山李氏宗譜》卷末《家典》

第二節　家法

清道光婺源縣龍池王氏宗族家法

家法

一、敦孝友。《書》稱："君陳孝于親，友于兄弟。"夫子稱之曰："是亦爲政。"蓋家、國無二理也，況吾家本孝友信義之門，先世《遺訓》具在，爲子孫者，宜世守勿失。苟有故干長上，先責以理。抗而不服者，聞諸公庭，依律治之。

一、睦宗族。昔張公藝九世同居，范文正公置義田以收宗族，二公高誼，至今深人嚮往。凡事以遜讓爲是，不可因小忿傷大義。又況保守身家之道，正在慎之於始。

一、重家學。吾族鄉賢接踵，家有餘師。凡屬成人，自能知所取法。而聖狂之介,尤在童年。"少年若天性,習慣成自然。"語不妄也。子弟初就塾,必擇其嚴毅方正、可爲師表者教之。苟非其人,毫釐之差,謬以千里,不可不慎。

一、別男女。《易》"家人"卦曰:"男正位乎外,女正位乎內。"男女正,天地之大義也。不正男女,家風何以厚哉?凡出,男子宜從右,女子宜從左。違者,罰在本房族長。

一、崇典禮。養生送死,自有一定禮制,智者過,愚者不及,皆非也。且如祭葬之類,宜遵《文公家禮》,不豐不儉,乃爲合中。賢智之過,不稱有無,祇欲自家爭體面,亟宜戒之。

一、遠佛老。佛老之説,最惑人心。人死豈有輪迴之理?修齋供佛,何益於事?若以爲孝,則一切小人皆能之。苟謂必如是,父母方脱地獄,則又以父母爲有罪之人矣,世有孝子而罪其父母者乎?

一、勤生業。天下之事,莫不以勤而興,以怠而廢。子弟之俊秀者,固當奮志向上,自强不息。其不能者,亦須各治一藝,雞鳴而起,孜孜然必求其事之成、藝之精而後可。

一、節財用。理財之道,入之無數,不如出之有節。苟能節用,則所入雖少,亦自不至空乏。嘗見世之好華靡而不質實者,鮮不壞事,故光武以帝王之家而猶戒公主勿用翠羽。子弟輩須知,漸不可長。凡土木之事,不得已而後作;服飾之類,只宜以布爲美;婦人首飾,不必華麗。能如此,則是守富之道。

一、戒爭訟。好爭非君子之道,爭之不已,則必至訟。訟豈盛德事哉?訟者之辭,皆無實之辭,甚足以壞人心術,且至費財破家,何益之有?故或有外侮,亦宜靜以制動。若以非理訟人,尤爲不可。故《易》"訟"卦云"終訟",受服而猶有終朝三褫之戒。

一、毋倚勢。從古以來,未有不因恃勢取敗者。子弟輩血氣方剛,或恃力,或恃財,縱情一往,不自斂飭。又安知勢之强於我者,不轉以勢制我乎?正宜以此自反,方是守身保家之道。

——道光《龍池王氏宗譜》卷首《家法》

清同治祁門縣武溪陳氏宗族崇公家法

崇公家法三十三條

叙曰：七世長銀青光禄大夫、檢校、右散騎常侍守江州長吏、御史大夫、上柱國、賜紫金魚袋佺崇叙曰："《易》云：'家正則天下大定。'固知治家之道雖古，其猶病諸是。古聖人垂五教，敦九族，使後人知勸而行之，庶乎其可也。"蓋我家襲秘監之累功，承著作之《遺訓》，代專孝弟，繼業典墳，自是子孫廣衆，存歿僅十代，會元二千人。祖創孫謀，竊有餘慶。自我聖王高拱，首敷孝治，恢振義風，錫以沃恩，表之閭巷，吾家屢蒙恩光多矣。時恐後來智愚不同，賢肖不一，倘謬敦睦之教，必乖荷負之理，何以副當今叠賜之恩也？今設以局務，垂以規矩，推功任能，彰善懲惡。公私出納之式、男女婚嫁之儀、蠱事、衣粧、貨財、飲食一切，條分縷析，合子子孫孫，自一庄以至數百庄，自一世以至千百世，惟知謹守歷代成規，無越家範也。

一、治家不可不立綱紀。所謂綱紀者，猶網之有綱也；所謂紀者，猶裘之有挈領也。治家無綱紀，則泛而無統，豈爲門户之福？改立主事者一人、副事者二人，束轄弟侄，令出入有常，各司其職，毋相奪倫。即如老幼切用之費，男女婚配之類，三日茶飯之給，節朔聚會之需，更有遠邇姻親、吉凶使客，凡筵席、饋送諸事等件，一任主事配紐推行。所謂萬事理而無一事錯，此人擇善會計經營、多方擘畫者爲之。若優游不斷之輩，返致廢事。一立庫司二人，作一家之頭目，爲衆人之觀望，即如諸庄之契券，諸庄之糧税應納。如公門破費，再有大小緊急諸用，必計出若干、納若干，盡經庫司紐出，不可妄支虛費一文，庶有限之才可濟無窮之用。此二人不拘長幼，捴在擇其克家之儔、能斟酌財物者爲之。若倚財在手，任意支用，奢費日益不足矣，何以應諸其用？

一、衆庄各立二人爲首，爲一家之捴管，計其田地、山塘上下廣狹，與收其租税多寡缺少，年年具數回報，家正取入庫司，以便用費。具收租税，酌意酬算，不可因算誤數。若寔多報少，本少報多，無有足據，不免有生子侄之嫌疑也。侄小七嘗説："財是腦髓。"以彼言計意在心則無染矣。且吾家歷宿室無私財，厨無異爨。財錢一節，所當兢兢。慎之，慎之。

一、差定弟侄十二人，名曰"宅庫人"，付主事手下，一人造酒、醋麯；四人知倉庫,雖交領諸莊共給穀斛,併管押莊各四時逐日舂米糧,出入上簿,主事監之;二人分知園圃、牛、羊、猪、馬等事,輪日抽倩莊客,鋤種菜蔬,以充日用;一人知晨昏,開閉門户,早使伺候,兄弟子侄勾當,出入由人管束。近家四原田土,監收禾、桑柘、柴薪,以充日用。其出入優劣,准莊事例。

一、立勘合司二人,掌勘男女婚姻之事,並排定男女第行。男爲一行,女爲一行,不以叔孫姑侄,但以所生先後排之,貴在簡要。自一週以至十八歲之間,則求問新婚,稍有宜吉,付主事依則施行。求問則二十以上,則成婚皆只一室,不得置蓄奴隸。女則待人家求問,亦屬勘司酌當。此二人須擇會陰陽術數者任之,置《生長簿》令領,候諸房生長,劃時申報,則當隨時上簿,以便排例行第。

一、丈夫出,除勾當外,並付主事手下管轄,逐一聽主事差遣。稍不遵者,具名申呈,聽家長處分。有弟侄,除差作外,凡入門晨昏定省事,雖具巾帶衫裳,稍有乖儀,當行科罰。

一、會客併嫁娶,仰主事紐配諸莊應付布辦,其餘吉凶、筵席、官宦,遠邇矜客迎送之禮,事事如法周旋。

一、新婦歸甯,凡新聘者,至歲節,或發遣歸,接送禮儀,俱臨時酌度當。

一、男女婚姻之禮,凡初定,用釵子一付、緋綠二段、絹五疋、綵一束,酒肉臨時酌當。迎送花粉等物,並出主事紐,女則與銀一十兩,隨意打造物色,毋令虛閑破費,以傷骨肉至情。

一、蠶院一所,每年正月,每庄抽一人,歸長者束轄,修治簇器。至時,令婆母四十以下者,名曰"蠶婦"二人,同看桑柘,仰主事配紐諸庄應付。成就蠶後,同共抽取,却令蠶院首將絲綿等均平給付,以見成功。其得蠶多者,除外賞之,所以激勸也。其蠶種仰蠶院收留,至春首,每婆給二兩,女孩各於婆母房內看蠶,桑柘出,均平付給。

一、婦人脂粉、插花等事,每年至歲節、清明,仰庫收買歸給付。

一、婦人染漂,每年各任意染一疋染色,錢庫司紐配,諸庄應付,專令一人。

一、薦席者,每年冬庫司紐配,諸庄各房各給一付。一有事,西疇作農役者,每月給草鞋三雙;婦人、婆母,夏首給草鞾一緉,出庫司紐配付給。

一、立刑杖一所,凡兄弟、子侄有過愆者,少加刑責,等級於右。

一、諸過失及酒醉細事,雖不干人者,乃若不刑,無以懲勸,此等各決竹篦十五,下放。

一、不遵《家法》,不從長命,妄作非爲,好賭争鬪,各決一十五下剥落,各給衣裝歸。三年,改則復用之。

一、醉酒、無禮觸犯人者,各責竹篦十,下放。

一、妄使諸庄錢穀,入於市纏,淫於酒色,羞耻敗俗,劈杖二十下剥落,各給衣裝,歸役三年。知過自改,復之。

一、立五人於廨堂,管祇候公私、應納王租、出在勾當、投過詞狀、應奉衙廳,並要謹節應用。宰殺合用迎接,祇待往來賓客,且書院、廨院爲一家之領袖,切要周旋,仍擇明方册、善籌劃、立操義節才者舉而任之。

一、每年夏税絲、綿、絹,仰庫司紐配。諸庄絹、綿歸於鼉,婦女織造者,新婦自四十八以下,各應付絹二疋,女孩各應付絹二疋,婆嫂自四十八以上者,免。

一、俵丈夫衣莊,自二月中給春衣,每人各給絺葛衫一領,秋給寒衣。自年四十以上至尊,各應付絹一疋、頭帽一頂,並出庫司紐配給付。

一、每歲鞋襪,冬至、歲節、清明,仰庫收買,各給一雙,以資寒暑之用也。

一、立書堂一所,計二十間,在東岸。每年正月,擇日起舘,至秋八月解散。童子年七歲,令入學堂,至十五歲出學。逐年堂内抽二人歸訓,一人爲長,一人爲副,其紙、筆、墨、硯,並出宅庫收買應付。

一、先祖有道院一所,專爲旦夕焚修,上則祝聖壽,下則保護於門庭。或則子孫能繼志者,亦從其所爲。應有需醮等事,須差請者。

一、先祖有法神一所,歷代祀之。若有繼之者,事雖允從,應有起造屋宇、埋葬龜卜、祈禱等事,一一委之,以保家門者。

一、立一人學醫,以備老幼疾病,須擇諸識方脉、醫術、藥性之人。藥料之資,取給於主事者。

一、除差定新婦八人掌庖爨事,二人修羹菜,六人知湯水及布席。堂内所事,此八人不限年月。但遇擇娶新婦,則以替之。

一、每日三時茶飯,於外廊同坐,作兩次,四十以上至五十者作先次,取其外赴勾當,故在前也;自五十以上者至尊長同坐次後,以其閑緩,故在後也。差後生新冠者二人排布,祇候茶湯等事,其鹽、醬、菜蔬、穀味,出副主事酌當。

一、節序春屬會飲,於廳堂同坐,主事者至時差十人後生排布祇候,先次學生童子;次未束髮女孩一坐,已束髮女孩一坐;次婆及新婦一坐,二丈夫一坐。費用之物,惟冬至歲節、清明,主事紐配,諸庄應付。餘節出宅庫,隨所有取置合宜。

一、非節序,丈夫出勾當,五夜一會酒,至五行止,所以勞其勤也。惟老所便,仍令知酒人別醞好酒,以備老長者取給。

一、諸房,令主事每月給油一勛,茶、鹽十兩,老病者便週旋。

——同治《武溪陳氏宗譜》卷一《家法三十三條》

清光緒績溪縣東關馮氏宗族家法

馮氏家法

近龔璱人先生叙《懷甯王氏族譜》有曰:"欲子孫之必賢,有道乎？曰聖者弗能無已,姑稱祖父之心而明惠之,以言則有二術焉:曰《家法》,曰《家訓》。《家法》,有形者也;《家訓》,無形者也。《家法》如王者之有條教號令,《家訓》則如王者之有條教號令之意。《家訓》以訓子孫之賢而智者,《家法》以齊子孫之愚不肖者。"是譜之宜立《家法》,所由來舊矣,因書《家法》。

一、子得罪父母,初須從寬杖責,仍令長跪服罪;再犯,逐革。婦得罪舅姑者同。

一、奸淫亂倫,確鑿有據者,男女并逐革,所生子女同。

一、盜賣家譜,盜賣祀產,以及砍賣祖墳蔭木者,逐革。

一、毆打有服尊長者,逐革。

一、妻得罪夫男,弟得罪兄長者,重責。

一、誆騙、偷竊、窩盜,重責。

一、開賭、宿娼、酗酒,重責。

一、行止不端,有實迹者,重責。

一、凶暴鬥狠,重責。

一、凡小子無知,得罪父母,得罪尊長,交結匪人,或與女子戲謔及竊人物件者,由父兄在家杖責懲誡。

一、子婦毆打父母、舅姑,乃倫常大變,非《家法》所得而治,當由分長鄰右立刻綑逆子、逆婦,送官重治。

——光緒《績溪東關馮氏家譜》卷首《祖訓》

清光緒績溪縣梁安高氏宗族家法

家法

《家法》準。或謂罪無大小,皆待治於國法,而《家法》止治小罪,立之何益?不知小過不懲,將成大惡,故小懲而大戒,爲小人之福,此《周易》"履霜所以戒堅冰"也。既立《家法》,期於必行。又恐行之不善,或行《家法》而遂僭國法,或行《家法》而反壞家法,此豈立《家法》之意哉?何謂行《家法》而僭國法?蓋國法有五刑之屬,而《家法》不過杖責與驅逐二條。若罪不止此,即非《家法》所得而治矣。假使泥《家法》之名,因而置人於死,如打死及活埋之事,此行《家法》而僭國法也。何謂行《家法》而反壞《家法》,杖責、驅逐皆祖父施於子孫、尊長施於卑幼者,假使尊長有過,而卑幼遂假《家法》之名,以施於尊長,是欲行《家法》而先爲悖逆,此行《家法》而反壞《家法》也。故《家法》止於杖責、驅逐。若罪不止此,則送官究治,不得私立死刑。杖責、驅逐之法,尊長可施於卑幼,卑幼不得施於尊長。行《家法》者必以是爲準云。

杖責罰跪

一、凡小子無知,得罪尊長,或與女子戲謔及竊人物件者,其父兄隨時在家自加杖責,仍令長跪服罪。

以上各家《家法》,不必入祠。

一、成人以上得罪於父母尊長。

一、竊取族內物件。

一、在族外有姦淫事跡。

一、與族內婦女笑謔。

一、聚賭。

以上由分長或族長引入支祠或宗祠祖前,杖以竹板。杖之輕重多寡,視其罪之大小、身之強弱。既責,仍誠心化導,務期悔悟。

逐出革胙

一、悖逆不孝,其罪最大。而父母在,又不能逐出,姑從寬由分長、族長綑入祠堂重責,悔悟即已。倘終父母之世,曾不悔悟,於其父母沒後,即將此子逐出境外,並革去祠胙,生前死後,永不歸宗。後雖或有別功,或其子孫有功,皆不准贖。如其婦非不孝,則生前同逐,而其婦死後,仍准入譜。至其子以下,照常回族入祠。

一、毆打有服尊長者,逐革。如因尊長毆其父母,及病醉、病狂,不在此例。

一、盜賣《宗譜》及祖墳地基,砍賣祖墳切近蔭木,致傷祖墓者,逐革。

一、在族內姦淫、亂倫明確者,男女並出。

以上四條,俱永不歸宗。

一、在族內姦淫形迹未著,將男子逐革。

一、在族外行竊者,逐革。

一、素性凶暴、毆鬭傷人者,逐革。

一、行止詭異、交結邪匪者,逐革。

以上四條,若能在外改過自新,仍許親房保其回族歸宗。或生前未及回族,而終身不至爲大非者,死後仍許歸宗。

一、子婦毆打父母、舅姑,乃倫常大變,人所不容,非但逐革已也,分長、鄰右即行將逆子、逆婦送官重治,免生逆案,株連宗族。

——光緒《梁安高氏宗譜》卷十一《家法》

清光緒績溪縣南關許余氏宗族惇叙堂家法

惇叙堂家法

一、《家法》以尊治卑,不得以卑治尊。凡族中子弟犯《家法》,叔伯、父兄得以家法治之。若叔伯、父兄犯《家法》,子弟、晚輩不得藉口祖宗之名,以下犯上。

一、《家法》治輕不治重,《家法》所以濟國法之所不及,極重,至革出祠堂、永不歸宗而止。若罪不止此,即當鳴官究辦,不得私行山鄉惡俗,有重責傷人及活埋者,此乃犯國法,非行《家法》也。

一、《家法》,老幼、婦女無笞責之條。婦人有過,其姑與夫在家笞之可也,毋得公然笞責,所以重羞恥也。

一、《家法》,以跪香服罪爲正,以上立法嚴而行法恕,不可輕用。

一、貧人迫於飢寒而犯盜竊,其盜竊尚在本族,比盜他姓罪輕,《家法》不能不立此條,以重廉恥。然必每年宣講《家訓》,每歲遵行《家禮》,每事舉行

《家政》，然後可以行《家法》。若不講《家訓》，是不教而殺；不行《家禮》，是無風化；不舉《家政》，是無恩澤。專行《家法》，惡人未必感服也。

計開：

一、男婦逐出，永不歸宗。

子孫悖逆其祖父母，祖父母生前屢戒不悛，使其祖父母含恨以死，罪無可解者。

淫穢逆倫，醜迹明確，共見無疑者。

有心掘傷祖墓者。遠山盜葬與砍樹誤傷墳墓者，不在此例。

至於飄流在外，陰結匪黨、行踪詭秘及爲凶殺劫盜者，除革逐外，仍禀縣立案，以免後累。

以上由合族族長、宗長、房長公同告祖，具書犯《家法》之男女名字於板，釘於祠門邊。其人生不得入族居住，死不得進主，不得上譜。男犯，有妻子者，無論妻子同出與不同出，其妻子照常回族居住，没後照常進主上譜，例載譜"書法"條内。

一、暫革祠胙，逐出改過，取保歸宗。

初次行淫逆，幸事未成者。

好鬭行凶，屢次傷人身體者。

好姦、犯盜，不顧廉恥，傷風敗俗，玷辱祖宗者。

以上族長、房長公同以紙書《革條》，書"暫行革胙、逐出祠堂"等字，貼祠門旁。如三年改過遷善，依舊歸宗；如係行凶者，三年後仍須由親戚取《保約》存祠，保其不復行凶，方許歸宗。

一、不革不逐，停胙。改業復胙，終身不改，死則貶入幼殤主列。

爲俳優者。

爲皂隸者。

爲人奴僕者。未冠童子依人而服事人，非奴僕比，不在此例。

爲玷辱祖宗之業者。

以上停胙不給，改正業，乃給胙；終身不改，死後進小主於幼殤之列，不許配享昭穆。

一、笞責跪香。

十六歲以上男子，怒駡尊長，因尊長毆之而回手者。

十六歲以上男子，動手與婦女戲侮者。

十六歲以上男子，不飢寒而犯竊者。

十六歲以上男子，於祖墳山採細木爲薪者。

以上族長或其親長，令跪祠堂祖宗前，用細竹枝成把笞其背，傷皮而不傷骨，不用竹板，恐成板花，或受傷也。笞之，仍令跪香服罪，並跪叩所犯尊長，戒不再犯。

一、跪香。

十六歲以上男子，初犯怒罵尊長者。

十六歲以上男子，與婦女口出戲言無禮者。

婦女得罪於翁姑者。

以上族長引至祖宗前跪香，教而遣之。

——光緒《績溪縣南關許余氏愔叙堂宗譜》卷八《家法》

清光緒休寧縣新安朱氏統宗祠規家法

新安朱氏統宗祠規家法

一、凡各派中，有婦女坐地招贅夫婿入門者，本人及子孫，永遠不許入祠。

一、凡有他姓再醮之婦，帶有前夫之子入門者，本人及子孫，不許入祠。

一、凡有抱育螟蛉、收義子入門者，本人及子孫，永遠不許入祠。

一、凡有甥繼舅家、侄繼姑家者，本人及子孫，永遠不許入祠。

一、凡各派中，有不肖支丁盜葬衆祖山、盜賣衆祖地、盜砍蔭木者，本人及子孫，永遠不許入祠，笞在一族。

一、凡有五倫不分、上下烝淫者，《家法》從事，本人革出，子孫準入祠。

一、爲匪不法，本人革出，子孫準入祠。

一、凡有支丁自甘身爲奴隸下役者，不許入祠拜祖受胙。

一、凡有出賣《族譜》、冒認宗支者，本人及子孫，永遠不許入祠。

一、凡有支丁自出他姓，入贅婦女者，察其非奴隸之家，準其入祠。如子孫實係親生，非妻前夫之子，準其回宗。

一、凡有隨母下堂回宗者，實係嫡支嫡脉，準入祠。

一、凡有支派，無論遠遷近居，因寒微未識宗族，實係嫡支嫡脉，準入祠。

一、凡有支丁悖逆長上者，家法從事，宗族取保立約，任其改過自新。

一、凡有聯姻，大姓配小户者，修譜某氏邊填"□"字樣，以紀其事。

一、有來源不清，非姓冒姓者，如敢應試，統宗大衆阻考。

一、祭祀產業，倘派中有不肖支丁盜當盜賣，作中私相授受，家法從事，本人革出，督令一族贖回。

一、朱宗寡婦，設後有轉醮他適者，子孫孝賢，迎接回門終養。殁後，神主不得入祠。

一、凡有孀婦青年守志清貞者，長率支丁禮拜，以播芳聲。

一、凡派中有乏嗣，本房有丁應繼，不肯繼者，大衆理【論】。抑有外房謀繼，而蔑藐親房者，顯係謀繼，大衆理論，不準。

一、派中有賢能支裔倡興，能辦理衆事者，大衆獎勵，以成其志。

一、各派中有能復春公墓地、重建宗祠者，準十三朱祖宗容上畫像。

一、各派中有爲官出仕者，培捐祭祀田地，大衆宜勸毋勒，不得苛求。

一、凡遇統宗正事，各派中酌定照丁批費，不得額外批捐苛求。如有賢裔自願另捐，亦勿推却。

一、凡各派中有乏嗣者，本族九服之内無可繼者，惟以統宗各派擇繼，房族無阻。

一、凡各派中非犯《祠規》《家法》，倘或鼠雀紛争，仰令本族處斷，大衆不問。

一、凡族内有忠、孝、節、義及有功勣勞於祖宗者，乏嗣，本派理應代爲立嗣。族内無可承繼，惟以統宗承繼。實係赤貧苦寒，本族袝祀配饗，以妥先靈。

一、凡有甥繼嫡脉舅家，十三派衆議，不准入祠。

——光緒《新安朱氏宗祠記·新安朱氏統宗祠規家法》（抄本）

清宣統績溪縣仙石周氏宗譜家法

周氏宗譜家法

一、《家法》以尊治卑，不得以卑治尊。凡族中子弟犯《家法》者，叔伯、父兄得以《家法》治之。若長輩犯國法，自有官治；若犯《家法》，晚輩不得藉口祖宗，笞責尊長，但公請長親評論，請其改過，免陷刑戮，以辱祖先。

一、家法治輕不治重，家法所以濟國法之所不及，極重至革出祠堂，永不歸宗而止。若罪不止此,即當鳴官究辦,不得僭用私刑。山鄉惡俗,有重責傷人及活埋者,此乃犯國法,非行《家法》也。

一、《家法》老幼婦女無笞責之條,婦人有過,惟其姑與夫在家笞之可也。如果不孝翁姑,辱罵丈夫,既不忍出,又不可坐視,惟入祠罰跪,男子不得動手拖扯,所以重羞恥也。

一、《家法》以跪香服罪爲正,以上立法嚴而行法恕,不可輕用。

一、貧人迫於飢寒而犯盜竊,其盜竊尚在本族,比盜他姓罪輕,《家法》不能不立此條,以重廉恥。然必每年宣講《家訓》,每歲遵行《家禮》,每事舉行《家政》,然後可以行《家法》。若不講《家訓》,是不教而殺;不行《家禮》,是無風化;不舉《家政》,是無周恤恩澤。專行《家法》,人何能服?

計開:

一、男女逐出永不歸宗例。子孫悖逆其祖父母,祖父母生前維祠堂照《家法》屢戒不悛,使其祖父、父母含恨以死,罪無可解者;凶惡莫制,欲傷害人命者;淫穢逆倫,醜迹明確,合族共見無疑者。

一、有心掘傷祖墓者。遠山盜葬與砍樹誤傷墳墓者,不在此例。

私賣《宗譜》與他姓及僞派者。

至於飄流在外,陰結匪黨、行踪詭秘及爲凶殺劫盜者,除革逐外,仍禀縣立案、鈔案,以免後累。以上由合族族長、宗長、房長公同告祖,具書犯《家法》之男女名字於板,釘於祠門邊。其人生不得入族居住,死不得進主,不得上譜。男犯,有妻子者,無論妻子同出與不同出,其妻子照常回族居住,没後照常進主、上譜,例載宗"書法"條內。

一、暫革祠胙逐出,改過取保歸宗例。

初次行淫,幸事未成者。

好鬭行凶,屢次傷人身體者。

犯姦、犯盜,不顧廉恥,傷風敗俗,玷辱祖宗者。

以上族長、房長公同以紙書《革條》,書"暫行革胙、逐出祠堂"等字,貼祠門房。如三年改過遷善,依舊歸宗。如係行凶者,三年後仍須由親戚取《保約》存祠,保其不復行凶,方許歸宗。

一、革而不逐改過歸宗例。

男子不孝父母,婦人不孝舅姑,及男子不正凌辱其妻、婦人不順凌辱丈夫,已經停胙不改者;前條例罪當暫革,而有父母、兒女勢不忍逐者。以上照

第一條，書罪名男女於板，釘祠門內，革出祠堂，仍許在族居住。三年改過，準其謝罪復族。如終身不改，死後不上譜，不進主。

一、不革不逐，止停祭胙，改過改業復胙，終身不改，死則貶入幼殤主例。

男子不孝父母及婦人不孝翁姑，已經笞責跪香而不改者。

爲優伶者。

爲皂隸者。

爲人奴僕者。未冠童子依人而服事人，非奴僕比，不在此例。

爲玷辱祖宗之業者。

以上停胙不給，改正業乃給胙。終身不改，其有子者，死後進小主於幼殤之列，不得配享昭穆。

一、笞責跪香例。

男子不孝父母，婦人不孝舅姑，已經跪香而仍不改者。

十六歲以上男子，怒駡尊長，因尊長毆之而回手者。

十六歲以上男子，動手與婦女戲侮者。

十六歲以上男子，不飢寒而犯竊者。

十六歲以上男子，於祖墳山採細木爲薪者。

以上，族長或其親長令跪祠堂祖宗前，用細竹枝把笞其背，傷皮而不傷骨，用竹板恐成杖痕，或受傷也。若不孝婦，示辱而已，仍令跪香服罪，并跪叩謝所犯尊長，誓不再犯。

一、跪香例。

男子初犯不孝父母，婦人初犯不孝翁姑者。

幼童男女初犯怒駡尊長者。

男子與婦女口出戲言無禮者。

迫於窮饑、盜人食物者。

以上，族長引至祖宗前跪香，教而釋之。

——宣統《仙石周氏宗譜》卷二《周氏宗譜家法》

民國績溪縣澗洲許氏宗族祠規家法

祠規 附家法

一、祠爲祖宗神靈所憑依，凡棟宇有壞急葺，罅漏急補，理宜嚴整致敬。

此爲事死如事生之道，族人所當首講者。

一、祠爲通族公建以妥先靈，宜潔净嚴肅，毋許私家堆曬雜物。至祠内什器，尤不得妄行借出，以免損失。違者，便屬慢褻祖先，議罰以示懲儆。

一、宗祠鎖鑰，應由首事者輪流執管，非本祠公事，不得私行啓閉，以絕流弊。違者，議罰示戒。

一、每歲春、秋二祭期，前一日，由首事將祠宇拂拭潔净，祭饌必早預備，理宜豐潔，以致孝敬。此爲報本要義，不可疏忽。

一、宗祠獻柱，每邊各懸一牌，以備各派神主入祠書名其上，待冬至日上午，一同升祔龕中，并上祝版。每主出瓦一百二十片，有功名者倍之。

一、鰥寡孤獨，王政所先。韓公《原道篇》亦言之，况在一族？聞見既確，尤爲可憫。如遇此等窮人，貧無立錐，萬難存活，而人品公正者，宜集衆公議，設法撫恤，或議籌公款生息備用，以仰體祖宗一脉而篤親親之意。

一、本祠匾額，凡誥封、科甲、節孝、盛德、文行遠播及寵異功名之有實跡者，皆准其懸掛，並准其立傳刊譜。

一、此次進主，頗多幼殤冥配者，原因亂後死亡散失，幾於接續爲難，故爲此權宜變通辦法，下不爲例。凡嗣後幼殤冥配、僧道、娼優與夫出嫁之婦，均不得入祠，以嚴禮法而重宗祐。至婚姻嫁娶，須擇閥閱相當者，不可下配匪倫，致辱祖先。違者，即不得入祠。

一、族中以强欺弱，倚衆暴寡，恃尊凌卑，以幼犯長，靠富欺貧，捏故佔産，誣人名節，挑弄是非，唆訟滋事，盜竊損物，以及一切犯法、違理、不平之事。凡此惡習，最爲大害，准被害者禀祠，亟應會衆研究，實則由祠衆酌量情節輕重，公同議罰。如所禀屬虛，即照反坐例，以懲誣害。倘不受罰，由祠呈官究治，庶得稍挽敝風，免玷祖先。

一、君子爲宮室，不斬邱木，重先兆也。凡人不能自立，稍不如意，輒歸怨於祖，或發其塚而鬻其地，或盜伐墓木，售價肥己。及祖墳前後左右掘挖盜葬，不顧祖墳之傷損者。忍心害理，莫此爲甚。倘族中有此等不肖子，亟宜會同族衆，力攻其罪，重則斥革，不許入祠，輕則罰令祖宗前笞責。

一、受人欺侮，情固難容，然必須投告親族，由祠調處。若逞意興訟，兩造機詐百出，欲罷不能，破家蕩産，悔恨無及。惟父母之仇、祖墳被害、姦淫大變，應力申雪，其餘皆可以情恕理遣。至禀祠時，應繳祠費洋三元，爲會衆膳食之資，此外不必致謝。

一、中人之性，得教則習於善，失教則流於惡。爲父兄者，各宜督之，使歸於仁厚，各習一業，切不可聽其游手好閒、烟賭、酗酒，以入不肖之途。

一、三代以還，全人罕覯。苟有一節一行之美，如忠臣、義士、孝子、順孫、義夫、節婦，或開義學以育村，或分己財以惠衆，與夫倡行義舉之事，皆屬祖宗肖子，宜紀其實跡於籍，異日修譜，當由祠立傳以表彰之。

一、無後爲不孝之大，立繼以承嗣，禮也。照例立繼，先擇親房昭穆相當者，謂之"應繼"；親房若不得其人，或有其人而不肖，則擇遠房賢能者，謂之"愛繼"。蓋承嗣所以承祧，非承産也。應繼則無論繼産有無，皆應承繼；若愛繼，必視繼産厚薄，酌貼本生父若干，一貼之後，本生父不得干預繼産。其親房應繼，本生父貧苦者，亦視此爲準的。若本房有人，尚無不肖情事，而因事不睦，棄親就疏，擇繼於遠房者，便以越分奪繼例論，不許接系。至立繼之後，或繼子游蕩破産，准其稟明宗族退繼，另立繼子，斷不許擅令異姓入紹及螟蛉他人子，以亂宗祧。違者，亦不得入祠。

一、男子之主，各有名行，所以辨尊卑、別長幼也。近有重犯祖諱者，有越次取行者，其亂宗無禮甚矣。以後，宗祠應立《譜系》一總册，各房立分册，各擇讀書明禮者司之，每歲冬至日，彙入總册一次。凡子生三日，抱見司譜者，書名并年月日時，殁亦如之，應送書譜者每名五十文，以爲酬勞。其犯祖諱、重名行者，悉令改正。凡我宗人，遵行不怠，將來修譜，既易集事，又無遺誤。

一、本祠公款，或得之祖遺，或集諸衆力，理宜慎益加慎。嗣後，兩門各派一人，以一人記賬，一人司出入。凡動用公款，必先集衆議妥，方准開支。每歲正月，定期換班，接手核實交代，不得虧空分文。違者，除追清外，仍議罰洋加倍，以重公款而昭大信。

一、譜牒之設，所以明世次、聯疎遠也。宜效康節公，三十年重修一次，庶免遺佚之患。

一、吾族貧瘠，當勤樹藝。查閩省有地瓜、川省有石綿、山左有美綿、浙江有茶子，皆易而多獲。如此等類，宜訪覓教種，俾通族之人皆得地利，以裕生計，將見事畜有資。稍知自愛者，必不肯爲非，且游閒無業之輩，盡納之於樹藝之中，一切弊害，不革自除。易澆漓而歸仁厚，庶足以光一族，仰對祖先。

一、本祠首事人等，宜倣國家新定選舉法，由族衆投票公舉，以得票多寡爲去取準繩。一經選定，不得推諉。一年一次，善則留任，不善則不舉。如肯任勞怨而公直者，謂之善；如毫無建白而詭譎者，謂之不善。其被選者，只論公正，不論有無功名。選人者，必平日省事正派，方准列名投票，以防弊端。至被大衆留任至五年之久者，其爲正直勤勞可知，應列入《紀善籍》，以表勞勩。異日修譜，當立傳以表彰之。

一、《祠規》者，所以整齊一族之法也。然徒法不能以自行，宜倣王孟箕《宗約》（議）[儀]節，每季定期由斯文、族長督率子弟赴祠，擇讀書少年善講者一人，將《祠規》宣講一遍，并講解《訓俗遺規》一、二條，商榷族中大事體，各宜靜聽遵行，共成美俗，實爲祖宗莫大之光。應置《紀善籍》一本，每歲終，將本族之有大善者，由公核實紀籍，以示風勵。其《宗約議註》，另列一牌。

一、右列二十條，皆從舊牒《祠規》、前賢《宗規》與夫近事之宜整者酌量參訂，通族核定，以示勸誡。苟能遵行不息，所以睦族敬宗者，胥在乎此，願宗人共勉之。

——民國《潤洲許氏宗譜》卷十《祠規附家法》

第四章 規約、族約、戒約、議約與合同文約

第一節 規約與族約

明正德休寧縣率溪程氏祠堂族約書後

書率溪程氏祠堂族約後 畢郁

嗣續賢則能克厥家、亢厥宗，苟爲不肖，是爲弗克負荷之子，其失豈小也哉？余姻友程君師魯領其宗老用衡翁，命作爲《忠壯祠祭約》數條，間以示余閱，其間有謂"德業相勸、過失相規、患難相恤"之語，蓋有得諸《藍田吕氏鄉約》之旨；有謂"廢疾不能自存者，量加矜恤"之語，蓋又得諸范文正公"恩例俸賜，均諸族人"之旨。其他"有善必襃，有惡必貶，祭祀蒸嘗，必以宗子主之"之類，蓋又得諸公羊大居正《春秋》"命有德討有罪"之旨。於乎世之家，其成也，未必不繇夫嗣續之賢；其敗也，亦未必不繇夫嗣續之不肖，家之成敗盛衰所由分。我師魯其賢乎哉！且師魯未仕人也，《祭約》一編，皆天理民彝，有不容泯滅者也。夫人果能守而行之，其於朝家化民成俗之意，豈無所裨也歟？尚治此心而不息，他日效用明時，上以利吾君，下以利吾民，則於家倍爲有榮，而其先烈益且有光矣。《經》曰："居家理故，治可移於官。"於師魯望之，雖然家之興固繇夫嗣續之賢，國之所以廢興存亡者，又豈不在於賢邪？《傳》曰："其人存，則其政舉；其人亡，則其政息。"遂引而伸之，以爲當國者之憂。

——正德《新安畢氏族譜》卷十七《詩文志》

明萬曆歙縣岩寺汪氏十六族家祠祀約

家祠祀約 萬曆壬辰【汪】道昆書于曼碩堂

新都文獻之國，禮義出焉。顧文公之《家禮》滋繁，當世之俗禮不雅。禮莫重於祭，祭莫重於祠。道昆亦嘗協輿情，建祠事，第以人心不一，兼之人力

不齊，迄今尚未落成，當事者之咎也。河清可待，人壽幾何？乃屬十八弟道暉酌議家祠祭禮，務在通衆兼雅俗，而折其衷務在守常，略煩苛而主其減。有不如約，罰必及之，凡在同祠守而勿失。否則，爲絕物，爲亂群，爲蔑親，爲（倍）[悖]祖，非我族類，相與迸之。由此遵行，庶幾《家禮》可興、古禮可復，疇昔之祠事，其益弘多矣。

——萬曆《汪氏十六族近屬家譜·典籍》

明萬曆歙縣岩寺汪氏十六族建家祠約

建家祠約　萬曆丙子【汪】道昆書于太丞齋

吾郡以文獻著，閭右率立宗祠，律以《周禮》則踰，附之文公則合。比來徒取輪奐爲觀美，奉先之謂何？自吾宗遷里中，凡十有八世，迄今會食者僅數十百指，祠事未遑，夫何子姓浸蕃、禮數浸廢，甚或視奧祚若唐肆，棄期、功若弁髦？藉令本始不忘，其不泚顙者幾希矣。文學諸弟道暉等聚族而扺道昆伯玉，以禮起家，幸從鄉大夫後，立社廟，立宗盟，則今日事也。伯兄豈有意乎？道昆舉宗祐之靈，敢忘本始？是舉也，毋敢恩諸長老，請與諸兄弟籌之，必稽度，必量力，必因時。經始有則，度則弗愆，程力有差，力則弗詘。三歲告成，時則弗亟。大小授事，其惟一心。毋植黨，毋敗群，毋侵官，毋避怨，舉此若折枝耳！夫復何難？凡我同盟，所不力此舉以亢吾宗者，非夫也。《禮》曰："尊祖故敬宗，敬宗故收族，收族故宗廟嚴。"乃今嚴宗廟以收族敬宗，請自不肖之身先之矣。幸而克舉，禮教可興，異日者，願與諸兄弟維新胥後約。

——萬曆《汪氏十六族近屬家譜·典籍》

明萬曆歙縣岩寺汪氏十六族世墓户從約

世墓户從約　【汪】道昆

吾宗自思立公遷歙，歙以別祖祖之，自是以來，丘墓具在。乃今履畝經稅，立户同歸，蓋歷七朝、更十世，堂斧可跡，圖籍可徵，郡中諸世家無兩矣。上之則筆迹龍驤，厪有封樹，沮于不專；下之則居方類族，各有司存，闕于不壹，故未遑也。吾郡皇皇義舉，不憚徵發從之。我王祖扶義而興，保世表俗,于是乎在丁時。十有六族,無慮萬夫,即損魁父之丘,何有東海?凡我近屬,永肩一心,斂財必以己先人,經費必量入爲出。諸所出入,受籍特書,質諸宗廟之靈,庶幾無愧。由是序昭穆而爲譜,肅烝嘗而爲祠,率用此耳。

——萬曆《汪氏十六族近屬家譜·典籍》

明萬曆歙縣巖鎮百忍程氏宗族族約

張東沙曰:"孔子云:'人無遠慮,必有近憂。'言寡圖之害也。今夫世之人抱智稱才者,何限丘金積玉?被綺縠文綉,日引醇濃甘臘以膏腴,賜第宅土田,雄於里黨,此其心志、耳目何弗厭足者哉!而燕翼貽謀之道,顧罔有徵焉。故有朝猗頓而暮窶乞,祖父爲卿相,赫奕馳駟馬,而子孫衣懸鶉,傴僂爲廝養士,豈非寡圖之過耶?《傳》有之'有禮則安,無禮則危',此善敗之本,隆替之迹也。"余欲族人明本支之派,崇敦睦之風,守禮義之規,紹祖宗之美,戒悖亂之行,杜喪敗之原,作爲《族約》一篇,期與見諸行事,非徒爲文具者矣。

一、編譜所以睦族,睦族所以體祖宗之心。夫祖宗之身,初則一人,分而子孫,至于千萬,其人皆祖宗之遺體也。但自一世衰服至五世而緦,緦後服窮,遂以爲無服之親,有相視如途人者。不知服有親疎,情通遠近。假令無服之親可視如途人,則無服之祖亦視如途人而不顧乎?凡我族屬,盍思人之生也,同一父母,孩提之時,飲同盂,食同案,卧同衾,匍匐步趨之同堂,喜笑憂怒之同氣,情何親也?及長而有子,子而有孫,孫而又孫,則衆寡異形,強弱異勢,賢愚異行,貧富異財,貴賤異等,遷徙遠近異居。或相聚而相角,或日隔而日踈,曾有念及父母初生一體之誼者乎?今爲是譜以合族,使覽者觀夫千枝萬派之廣,同本於一人;服窮親盡之衆,同出於一胞,油然而生孝弟之心,藹然而篤愛敬之義。慶吊則相通也,貧富則相邮也,患難則相扶也,斯無負祖宗生我之意,而可傳子孫百世之緒矣。

一、易得者財産,難得者兄弟。古人如子臧之節、季札之讓,其清風高誼,至今人羨而樂道之。故凡族內多兄弟者,務思遜讓以全手足。苟因財失義,因產致争,未免見譏宗卻,貽笑鄉鄰,甚則爲毀家之漸,可不戒乎!吾家自曾大父以來,屢世同居,上司旌獎。後因人衆析爨,先府君讓多取寡,卒全宗誼,可爲後世法也。凡我族屬,皆宜效之。如或恃尊凌卑,用智詐愚,以強欺弱，有所侵奪，告于族長、房長，分其曲直。

一、物聚則閧，人聚則爭，乃勢之所不能免者。凡我族屬，處家處鄉，當以禮義相先，毋務爭閧以啟訟端。或遇外侮所加，不得已而應之，衆宜協力禦敵，執理取勝。或不幸而鬩墻，亦宜明禀尊長，剖論和解，以杜訟端，毋逞私忿，以傷公義。其有連結外奸，欺騙内族者，族共鳴鼓而攻之。

一、議不孝有三，無後爲大。族人有不幸無子者，思欲繼祀，務請族長、房長取名分相當之人，或依世次，或擇賢能，立之爲後，以承宗祀。不可以弟爲子，以侄爲叔，紊我天倫；亦不可收養異姓，混我宗枝。如不得已而有外戚來繼者，明注其人之下，俾異世子孫各有所考，而本宗不爲所亂也。

一、墓祭，古禮也，觀孟子墦間之祭可見矣。本族每屆清明，合族老少，悉詣朱吳村始祖塋前拜掃，依《文公家禮》舉祭，協諸禮而協矣。第行之日久，而人心有賢否，財力有盈縮，以致出銀辦物多至愆期，殊非百代通行之法。亟當會議酌處，著爲定規，永遠遵守。毋作不良者之俑，寔宗祊之大幸也。

一、吾族遷居巖鎮三百餘年，祖遺雖有舊譜，久未續編，以故護公而下，祖墓莫知何在。今賓親往溪源查明，理宜拜祭，以展孝敬。且護公而下，溪源族人遞年標祀，猶可言也。若琪公而下三百餘年，曾有孝子慈孫持麥飯一盂、清醑一滴，以澆其墳土乎？賓每中夜興思戚焉，以悲失在先世，悔無可追矣。亟當舉行墜典，以慰先靈。第員公一門，遠寓蕪湖、建平，漸有離祖之意。雖本鎮諸祖，不過遞年遣人代祭，未有親上祖父丘壠，以伸其誠敬者，況婺祖乎！今年仲春，予詣富饒，觀墓畫圖，親見芸夫牧子踐蹂其上，塚有頹者，碑有仆且缺者，日就蕪没，心内惻然，付之浩然一嘆而已。嗚呼！員公子孫，須念爾祖。

一、古人爲宮室，不斬於丘木，所以護松楸而棲神靈也。故凡山田、墳墓、柴薪、樹木，皆當培養，勿剪勿伐，以取蔭益，不惟死者得安，而生者亦蒙庇矣。近有不肖元輔，擅砍衆墳樹木，自遭兇死，復絶其祀，可爲明鑒。今後，但有效尤之人，取墳木以爲材，竊柴薪以爲爨，族共鳴鼓而攻之。

一、凡族人相遇於道，尊長少立，卑幼進揖，仍立路旁，以俟其過。毋得傲忽，疾行先長，以蹈不恭。

一、凡族内有喪之家，須依《文公家禮》儀節舉行。富厚者不必過制，貧乏者量減行之。其有貧困之甚者，各助銀三分或五分。如富厚者願多助銀三五錢或上兩,聽其以意行之。

一、宗族之大,子孫賢也;子孫之賢,能讀書也。能讀書則能識字,匪特可以取科第、耀祖宗,即使未仕,亦能達世故、通事體而挺立于鄉邦,以亢厥宗矣。先孝長公嘗爲文示後人曰:"吾之子若孫,須學問,須修譜牒。比見位高金多者,至疎族以陵,吾不願汝曹爲也。三世不學問、不仕宦、不修譜,即流爲小人。"嗚呼!前人明訓如此,凡我族屬,寧惜以一經教子?

一、人生斯世,士、農、工、商,各執一業。吾邑地狹人稠,無田可耕,故人多逐末,奔走江湖,車馬舳艫,幾半天下。爲族人者,縱莫能上之讀書爲士、下之力田爲農,至于爲工、爲商,守分安生,何所不可?乃有不務生業、游手好閒、賭博騙財、誘人爲非者,真盛世之敝民,鄉族之巨蠹也!族中此輩數人,曾有一人昌盛者乎?宜亟改圖,以從於善。

一、譜內所編祖宗源流事蹟,賓皆竭力旁搜,積以期月,不遑寢食,不畏寒暑,考據精詳,辨別真的。信之吾心而無疑,質之先靈而無愧,然後乃敢筆之於譜,以成一家之書,以期傳信之永。稍未明者,即存其疑,非比諸族承訛襲舛,遠迹華胄以相聯綴,吾心亦獨苦矣。凡各房得譜,務加什襲珍藏,不可輕視。每歲正旦會聚及清明祭掃之時,詳問族人生卒、婚葬等事,隨即增記于續後篇中,令後之續譜者易於考索,且不至失真也。

一、族人名諱,當依古法,每世共取一字爲行派,而次第排之,庶昭穆各相聯屬而他派不得以混淆矣。今取二十字于後,俟二十世完滿,後人續之。

詩曰:一道思良守,三賢可用功。志存昌以敬,惟尚立廷中。

——萬曆《歙西巖鎮百忍程氏本宗信譜》卷十一《族約篇第九》

明萬曆休寧縣城北周氏宗族宗祠規約

宗祠規約

一、新正團拜謁祖,例於正月初二日,合本宗子姓,俱衣冠正肅,齊赴宗祠,昭穆叙班參禮畢,序少長坐。族中凡有善者,衆加獎勸;爲惡者,衆加抑懲,亦與改過自新之意。三戒而其惡不悛者,譜削其名,祠不容入,庶善惡有所勸懲云。掌祠族長令執事散大餅、飲果酒而罷。故違不趨赴者,舉出取罰。

一、元宵勝節燈燭,輪該管年祀首照舊督役,放燈點燭于祠堂中庭中,不可缺，亦不可侈費派飲、攜妓入祠，昭非褻慢。香火以十三夜起，十七夜止，須自隄防風燭。

一、祠祭，例於清明、冬至節祭之前二日，祀首躬帥人役，洒掃廳堂、門宇、各龕前塵網，厨竈潔净。預定主祭執事花名粘壁，即行通知，以便習禮。令善書者恭寫祝版如新式。凡祠中等事，預辦正齊，得毋臨時倉卒，失禮取罰。

一、祠内不可演古、飲酒，有吉慶事會飲者，聽。事畢即行收什，洒掃謹慎，聽掌祠者封鎖。

一、祠内，本姓子孫毋得招惹閑人賻飲作踐。會文者，聽。

一、祭品羊、豕，先一日陳牲。次晨，五案、五果、五菜、三饌獻，不可加，亦不可减，立爲《規例》，以保悠遠之計。

《宗約條規》開坐于後。

一、先儒論貴家巨族，必立大、小宗法，乃可以合族。今《宗法圖》注於譜，長房嫡子一人，立爲宗子，此宗祖元氣也。族長輔之享祭，燕飲序昭穆。若宗子爲惡，不義不仁，敗壞家法，教而不悛，族長通衆，擇宗子，本房小宗賢者代之。其子苟賢，仍命主之。

一、凡各處簽業墳山及樂取田地，登入《祭産簿》。其苗利以作祭費，本姓子孫，毋得侵葬、盜賣。或外姓謀買，會同各支，通知族長，執令改正。不服，告官懲治。

一、先墓窵遠，難於遍歷，衆備帖式，每遇節祭，宗子、族長預先依式具帖，通知各支會同，以十五歲以上者臨墓標掛祭拜。故違不行者，例罰入拜掃用。

一、祭祀銀積聚艱難，浪費甚易，凡子姓亦宜體諒。今立《收支簿》，宗子收掌，輪當祀首催取，同族長秤明投匣。先完錢糧，次儘祭費及脩理墳塋正用，餘伏祀銀，通衆議選各房生意順遂、信行端厚之人，領放生息，親筆登簿，至期交納。一切帳目，清明日憑衆稽查，揭算明白，得毋狥私。

一、清明之日，各支先將《宗譜》對衆呈看。不持至者，罰銀壹錢；有損污者，罰銀一兩；有失者，聞官治罪，追究獲出，仍罰銀拾兩，入拜掃公用。

一、先《承祀簿》《附享簿》所載各支添丁、卒葬、生殁年月及婚嫁等事，至清明日，報知族長登簿，預爲脩譜之計。故違容隱不報者，察出倍罰。

一、清明祭儀掛餅，自有定規，祭品不得增减，務宜精潔。祀者毋得收買不潔牲禮，以充祭儀，褻瀆祖宗。違犯者，例罰。

一、當祭掃之期，子孫有因飲博生事及和訟坐視，不行祭掃，出外六十里之內，不趨赴者，例罰。

一、祭畢，散胙各物、果品斤兩，上、下祀首較秤，俱如舊例。燕飲序昭穆，或飲五行、七行，亦照舊規。凡子姓，遵守祖訓，毋失倫序，言談毋得放肆，忿爭不致酬歌，必須敬謹。違犯者，例罰。

一、各支有生子及新娶者，出祀銀一錢；五歲入席享饌者，出祭祀香一部，納銀五分，入拜掃用。

一、各支嫁女，諒出公堂銀，分上、中、下，上富者乙兩，中者伍錢，次者三錢。受聘擇門第，辨良賤，各父母不得將男女爲貨，輕易許聘，作賤骨肉，玷辱宗祊。自犯者，衆舉族長，告官懲治，著令改正。

一、祭器皿、饋爵、凳、棹、面板等物，衆議宗子及祀首管理應用。祭畢，祀首查點收貯，毋得徇私別用他假。違犯者，取罰。

——萬曆《重修休邑城北周氏宗譜》卷七《宗祠規約》

周氏宗規序

蓋聞俗奢示之以儉，俗儉示之以禮，所以明禮以維風，正身以範俗，胥於族長、宗子責也。周氏代有聞人，克篤其祐，故其族繁且滋。但承累世之富饒而加以叔季之漓風，則習尚之僻未必盡無，而況賢傑挺生，典刑具在。既彰之以條教，而欲匡族人以矩，尤當明著于譜，而欲其知所率從。使嗣武者而皆若于訓焉，則家不異俗，人可寡過而明。時之觀民風者，必將以是族爲首稱矣。抑《家訓》之一十八條，迺仰松公作爲《規約》，著之譜牒，以垂訓後人者也。余歷覽其概，見其用心倫理，以紀綱風教爲本源，種善積德爲培養，拳拳于誠諭訓勉之言，何其切歟！昔先正謂繼天立極者爲乾坤之大宗子，則敦睦善族者爲一家之宗子，信矣。而況治天下有本身之謂也，治天下有則家之謂也。周氏子姓，尚其胥戒勉之哉！

萬曆戊戌正月吉，吉齋袁國棟識。

明五倫。五倫，人道之要，爲人者不可不知也。君以養士，貴乎有義，爲臣者效忠貞以報君，如孔明事（照）[昭]烈，君臣稱爲魚水，斯謂義矣；父子貴乎有親，劬勞養育之恩，等於天地，爲父母者亦須慈愛其子，爲子者誠心竭力以事父母，無違悖逆，斯謂親矣；夫婦貴乎有別，所當遠嫌，古人執雁，蓋取其終身節義不忘,爲夫婦者相敬如賓,不相褻也,斯謂別矣;長幼貴乎有序,凡於尊長之前侍立應酬之間,謹言語,遵恭敬。王制曰:"父輩隨行,兄輩雁行。"不相僭越,循乎禮義,斯謂序矣;朋友貴乎有信,與我合志同盟,德業資之以相勸,斷金利澤,過失籍之相規,凡言當近于信義,庶可復也,斯謂信矣。

嚴名分。嘗聞禮莫大於分,分莫大于名。蓋名分者,先王所維上下而定民志者也。故子路有"爲政何先"之問,而夫子曰:"必也正名。"蓋名分逎天序大秩,人所共由,尊卑之禮,秩然而不可紊者也。宗族原乎一本,理當和睦,五服雖盡,尊卑名分猶存,于禮不可干犯。行坐之際,亦當謹守,不可違越次序。已往不咎,以後子姓恪守祠規,循乎天理,以全名分。故違僭越者,通族舉之。

冠禮。吾姓族衆人繁,居住不一,以致冠禮之廢久矣。今剏宗祠,遵行冠禮,凡子弟冠者,先期一日禀知尊長,舉族中一位賢能者作賓,閑於禮者執事,俱冠者親請。至期,赴祠堂,隨班行禮畢,惟命冠者拜謝。合用香帛之類,本等衣巾,俱冠者自備。蓋冠禮由來所尚,以責成人之道,定不可廢。但古禮人厭其煩,多不能舉。今擇簡易,凡我子姓,務宜遵行。或居住寫遠,私於本家冠者,聽,爲其不廢古禮之意。

婚禮。婚姻之禮,自古重矣。今之世情偷薄,貧富不一,其《家禮》納采、問名、親迎之設,廢之久矣。今既不能舉,然本族倫序常禮定不可廢,但娶婦之家先期一日,請聞闔族通知,迎親問候,事畢而散。聽其娶婦之家,擇日姑舅領新婦同衆謁祠,參拜宗祖。合用香帛,婚者自備,行四拜禮。

喪禮。喪事之禮,先人悉以《文公家禮》行之。第今族中貧富不一,然爲風俗之壞,專以佛事爲尚,使古禮多廢。殊不知佛始于漢明帝時惑亂中國,明帝之前而有千百世,寧無生死輪迴者乎?此浮屠誑誘之言,不足信也。凡我子姓,遵守《祠規》,隨其貧富,稱家有無,葬之以禮,祭之以禮,各盡人子之心。如衣衾、棺木、擇地、壙記、磚灰之類,固不可缺,惟墓誌石尤當緊要,亦不必請文,洗族中擅書者,用青石二片。如無青石,方磚代之,其上爲蓋,其下爲底,書"誌銘"二字于面上,用錐畫文如左。

先考某府君,字某、號某,周姓出宋益公七世孫信六公後,宋居四都周家塢,十五世孫伯昌公重遷縣北。高祖某、曾祖、祖、父、母,都　氏,娶　都氏　公女,生子　,生女　,適　都。考生　年　月　日　時,卒　年月　日　時,以　年　月　日　時葬　處之陽　山向。孝子　孫　謹誌。

先妣孺人，都　氏，父　　，母　氏，生　年　月　日，以時年十幾歲歸吾父　，生子　　，生女　　，適都，卒　年　月　日時，以　年　月　日葬　處之陽。孝子　　孝孫　　謹誌。

其餘一切，不必妄費。戒之，戒之。

謹祭祀。嘗聞士有田則祭，無田則薦。又曰："有牲則祭，無牲則薦。"蓋庶人無常牲而有常薦，春薦韭，夏薦麥，秋薦黍，冬薦稻，取其新物相宜，以盡報本反始之敬也。宗祠祭祀，(以)[已]有定規，不必重述。吾族家廟，遇節祭、薦新、忌日，當事死如事生同，不必強爲烝嘗，諒力陳設，庶羞務在精潔，致祭誠心，如祖宗洋洋乎在上，則祖考來格來歆，安得不蔭佑乎？

輸賦稅。差稅乃國家重務，吾民門戶也。俗云："有丁當差，有田納糧。"任土作貢，亦籍少伸報國勤勞王事之意也。今之條編事例，依期完納，免累身家，迺爲良民也。吾族子姓，或同甲朋戶，秉公均派，則上不紊官府，下不貽累一人，方爲尚義人家也。勉之，勉之。

端蒙養。教養蒙童，人家之首務。凡我族人，有子弟者，當要擇師，竭力教養習學。達則爲之上人，不達者亦通明理，行正道，做好人，不致鹵莽愚頑，終身有益。人生幼小無知，內有賢父兄，外有嚴師友，未有不成者也。

睦宗族。吾族貧富不等，兼之遷徙不一，居處離逖，吉凶慶吊之禮，前人不廢也。今之世態炎涼，趨富遠貧多矣。諺云："婚姻喪祭，鄰里相助。"況同本一脉，親親之義至此蕩然而廢，無異途人矣。今議定：凡遇吉凶慶吊，無論貧富，吉則慶，凶則吊，諒力資助，以盡其敬。如能守此，則風俗淳厚，宗族親睦矣。

守塋業。墳山係祖宗體魄所藏之處，子孫發源之自，責任匪輕。每遇清明祭掃，躬身督令，務加培整。來龍發脉，左右護衛，乃墳墓根本所係，尤當蓄養蔭木，以加興隆。吾族子姓，遵守祠規，務加嚴禁。祠堂乃祖宗魂靈所倚之位，子孫根本之地，門墻爲防衛之設，所係不小。凡有損壞垣墻，通知宗子，即行脩理，毋得倒壞。

慎婚姻。蓋婚姻爲人道之始，須當擇其門第，辨其良賤，必察其婿與婦之行及家教何如，勿聽媒妁之言，輕易許聘。苟慕一時之富貴，婿苟賢矣，今雖貧賤，安知異日不當富貴乎？倘爲不肖，今之富貴，安知異日不貧賤乎？婦者由家之所盛衰也，貪圖奩儀裝飾而娶之，使婦挾其富貴，褻慢其夫而傲舅姑，嫉妬姒娌而藐視宗族者，養成驕妬之性，異日爲患不小。殊不知婚姻論財,夷虜之道,此文正公言是也。吾族婚娶者,當熟詳之。

正閨門。蓋閨門萬化之源,家之興廢,由內助之賢否也。凡爲婦者,必欽必戒,恪守婦道,孝順舅姑,和睦姒娌,撫育男女,夙興夜寐,親操井臼,主持中饋,勤事女工,鹽織必親,喪祭盡禮,此乃婦道之正務也。勿以長舌撒潑、悖逆舅姑、褻慢其夫,敗倫傷化,風俗所係。果犯"七出",聞於宗祠,令母氏責認而去,免致玷辱宗祊。

古禮,男女不親授受,凡養女七歲,須令學習女工,諭以"三從四德"、溫柔婉婉,不可縱令出外遊嬉誼笑。蓋在家遵承教命,出嫁必致勤循禮法,孝順舅姑,無違夫子矣。

息爭訟。爭鬥告狀,乃不仁之事。夫子曰:"聽訟,吾猶人也,必也使無訟乎?"蓋不以聽訟爲難,而以無訟爲貴。爭鬥告訟,忘身敗家之所由起也。今吾族子姓,務遵祠規,或有不平,宜當含忍、遜讓爲先,當思一本,勿因小忿而吳越相視,鷸蚌相持,是自伐其根,自涸其源。祖宗一體之義,何哉?

勤生業。蓋士、農、工、商,各有本業。士者勤學好問,必至登名;農者力耕苦種,必至於積粟;工者專心藝術,必至於精巧;商者夙興經營,必至於盈資。各勤其職,理之正也。儉迺治家之本,一儉則勝於求人,其有布帛、菽粟,未常不是儉中蓄也。男子務生理,勤於外;婦人務紡績,勤於內。如此,未有不成家也。

珍譜牒。族譜之脩,所以序昭穆、辨尊卑、萃渙散、聯屬人心、志事實者也。使後世子孫知宗派源流,不忘所自。刊印之後,編排字號,備儀告于家廟,頒行給付各房收掌,保守珍藏於家,不許泛濫填寫。每遇節祭之日,各執付祠查勘,如有損污者,例罰;有失者,聞官,以棄滅祖宗不孝治罪,追究原譜,仍例罰銀,入拜掃用。

積陰德。司馬溫公曰:"積書以遺子孫,子孫未必能讀;積金以遺子孫,子孫未必能守。不如積陰德于冥冥之中,以爲子孫長久之計。"誠哉,言也!凡我族人,務行方便,廣積陰功,勿壞方寸,以種子孫福苗。歷觀後來人家,子孫蕃衍、富貴悠久者,未有祖宗不積德而致之也。爲善之意,不能盡述,有爲善陰隲之書。鑒之,鑒之。

揚善。尚義疎財者,乃風化敦厚之俗也。吾族鶴山叔獨刱祠宇,以妥祖宗神位。兼有子姓尚義者,但出所積之資,祀祖濟衆。惟二十金以上,凡遇節祭之日,除應得席面外,加半席。餘年之日,發引之時,闔族素服,動公衆銀，置奠儀，設一路祭，或祭彼家，隨班行禮，讀祝舉哀。祭畢，送至墓所，以彰踈財仗義、敬祖睦族之心，外置《揚善簿》一本，紀其實跡。脩譜之時，表贊其德，以旌其善，族人不得嫉妬而泯其善。

懲惡。吾族賢否不一，或有等不肖子孫，游手好閑，不務生理，不遵聖諭，撒潑抵觸父母，(歐)[毆]罵尊長，天理不容，致使衣食不給，貽玷先人，莫大之禍。倘有如此者，本房訪出，鳴于宗祠，責罰警戒。教而不悛者，族長告官治罪，以殄其惡。亦當秉公，不得懷挾私讎，通族舉之。

右《家訓》一十八條，迺先府君述祖宗遺訓，用以規戒後人，垂示永久。今不肖重述其概，備載于譜，使吾族子姓須時常記念，永爲彝訓。仍于春、秋祭祀、宗族會集之時，對衆講究，務在詳明遵行，方爲孝子慈孫也。

萬曆戊戌歲季春之吉，裔孫思松天泰謹識。

周氏宗規後序

蓋聞天下不自平平於國，國不自治治于家，則齊家爲急先務也。余家先績【溪】胡里人，十三世始祖六公宋爲國學上舍，因見兵亂，尋隱不仕，僑寓于海陽凶山之塢。及子姓蕃衍，遂姓其地，名曰"周家塢"。我明六世祖伯昌公、伯光公，自周家塢徙居市北家焉，世業耕讀，商賈相繼，素稱雅俗。生齒日繁，好尚不一，敦崇道義者皆然，違越禮讓者亦有。余先君嘗慨支派易睽，本始靡溯，乃竊《周官》以九兩係民義，作譜以聯族屬，猶曰："敬宗睦族之心未之達也。"叔父鶴山公刱祠宇以修祀事，本宗百世不遷，昭穆以世遞降，子姓兄弟望松楸而群蒿有寄，履霜露而怵惕可伸。《禮》曰："尊祖故敬宗，敬宗故收(譜)[族]。"斯可以觀先君志矣。夫有祠以報本反始，有譜以聚渙合離。倘人心不齊者，不訓之使齊，何以一道德、同風俗？祠誠虛器，譜亦彌文也。余客寓姑熟，聞縉紳大夫譚治理，每以家先之，遂於暇日述先君之舊章，考諸儒之典，酌風土之宜，取其近禮就俗、便於常行者，摘爲《周氏宗規》，俾吾族人人行之，世世守之，期臻禮義相先之地，比屋可封之俗矣。蓋天下之本在國，國之本在家，家之本在身。吾族子姓，尚期戒勉之哉！

皇明萬曆戊戌歲季春之吉，裔孫思松天泰盥手謹書。

——萬曆《重修休邑城北周氏宗譜》卷九《家訓》

明天啟婺源沱川余氏宗祠約

余氏宗祠約序

夫族之大也，以知孝祖宗也。其知孝祖宗也，以知學也。或曰："萬物本乎天，人本乎祖。"凡屬爲人，自知尊祖，何假學爲？噫！私欲障蔽，良心銷亡，不藉學以醒之，其流禍未有極也。祭田，祖田也，希盗鬻焉；丘木，祖木也，希盗斲焉。甚則一抔之土，祖宗所托以藏魄者，亦冥然悍然不顧，傷龍斷脉，殘祖圮族，而思以盗葬焉。如是而尚可爲人乎？不可爲人，其可爲子孫乎？夫人而至於不可爲人，不可爲孫也，則不如無生矣。祖宗亦不願有此孫，宗族亦不願有此人矣。藉令斯人而知學，則水木本源之念油然而興，春雨霜露之懷愴然以動。見無禮於祖宗者，驅之如鷹鸇之逐鳥雀焉，何至以身犯不韙而爲名教之所不容也哉！

吾余氏自希隱府君以來，爲世十九，爲丁千餘，簪紱之英，逢掖之士，世不乏人。人曰族，云大也。余曰："非然也。惟人人知孝，而無有不肖子剥削祖宗者奸其間，乃爲大也。"《孝經》不云乎："卜其宅兆，而安厝之；爲之宗廟，以鬼享之；春、秋祭祀，以時思之。"此生民之本也，事親之終也。諸侯藉田百畝，卿大夫圭田五十畝，士庶人亦有祭田墓地。禁樵牧，示人孝也；盗鬻、盗葬，是不孝也。不孝者罪大，吾族豈宜蹈焉？吾宗有祠，祠有田，前人剏置，爲萃渙也，爲保墓也。曩時管理非人，盗鬻祠租；邪説煽惑，盗葬祖墓。祖靈怨恫，衆心驚惶。支下紳衿，名爲知覺，亦未有鳴鼓而攻之者。彼固不孝，而坐視其不孝者誰歟？豈愛情面重於愛祖宗歟？豈祖宗之利害與子孫之利害不相關歟？則吾輩亦與有責矣。

天啟甲子，祠舉清明之祭，余得請家居，叼與陪祀。時文學叔原盈、廣文叔臨甫、大理卿兄大部咸在，扼腕前蠹，欲釐剔之，屬余一言。余不獲辭，即以諸公之意稍爲敷演之，名曰《祠規》，計二十則，并以九世祖墓與田地山之土名、坐落索之，理祠事者亦既開列明白矣。既脱藁，請正於諸公。諸公曰："區畫之周也，井井然；薄惡之戒也，殷殷然。而先世丘隴產業所在，又秩秩然。即不學者覽之，亦從此知學矣。知學則孝先，孝先則族大，鏤板而令家藏一册，可也。"遂敬書於首簡。

天啟四年九月吉旦，賜進士出身、資善大夫、南京吏部尚書裔孫懋衡謹撰。

余氏宗祠約

祠規

一、立嫡爲宗子，選有識、有守、有才者四人相之，震一公下貳名，震四公下貳名。凡祠事，宗子總理，四人共理。每歲清明，半月前，祭首以其應辦之事，預會宗子與共理者計之。

一、宗子主祭，及各與祭者，先三日沐浴齋戒，不飲酒，不茹葷，不吊喪，不問疾，儀節並依《文公家禮》而行。祭日，宗子與共理者專管祀事，無雜他務。

一、宗子及與祭者，的于清明先一日，齊詣祭所，習儀監牲，仍將祭品、祭器備查停當，免致臨時缺誤。

一、陪祭及執事者，俱要各服本等衣冠，依班次序立。在廟肅肅，不得喧嘩。違者，公罰。凡欲瞻拜者，須更吉服，毋穿素服。

一、祭所陳設，大書"孝先"二字，昭示子姓。《檀弓》曰："宗廟之中，未施敬于民而民敬；墟墓之中，未施哀于民而民哀。"近世風俗，或饎文具而少誠意，或留心於近親而忽略於遠祖。孝道浸衰，又或伐丘木以爲材，侵祖塋而盜葬，不尤喪心之甚乎？切宜戒之，毋蹈不孝。犯者，祠內同族衆聲罪。

一、舊例。祭畢，十五歲以上分支序立，聽名領票，齊往川內各祖塋標掛。其五十歲以上，行止聽便。上午，於鎖銅山橋頭；下午，於大夫橋頭，各驗票領餅一箇，赴各祖塋瞻拜。後因領過餅者不到墓，又人衆費浩，遂革。

一、子姓執事家廟及充祭首者，出仕與七旬以上陪祭者，送餅一雙，以明酬勞、禮賢、敬老之義。其餅，直祠內筭給。

一、舊例，祭日，未刻叙宴，六人一席，猪肉一器，蒸乾魚一器，腐飣一器，酒二瓶，照昭穆坐。後因人衆棹繁，祭首力不能辦，廳事又不能容，萬曆三十九年起，免宴，止散胙肉，十五歲以上納丁銀者與焉。其肉直祠內筭給。

一、祭撤後，祭首將猪肉請宗子與理事者公同稱明，仍與各門司胙，清查各門納過丁銀人數，照數散胙，每丁柒兩。

一、子姓年及十五歲者，清明日，詣祭所納紋銀九分，註名《年譜》，方給胙肉。其未納丁銀者，不載名，不給胙肉。

一、川內各祖塋掛掃，四保、五保共二日，三保須二日，並在清明後五日之內，毋得遲緩。到塋，須芟柴草，潔兆域，毋得虛應故事。九保水路、墩補一夫人汪氏墓及七保胡田灣、八保棠下,并吳村頭各族祖墓,新、舊祭首二十餘人,同行掛掃,以便識認。所携物:豬肉四斤,乾魚一斤,豆腐四斤,餅二十雙。其食米俱新首辦,亦須二日。其水路、吳村二處墓隣,各餅二雙,祭首領送,不得尅落。過期者,每人罰銀一分。不行者,罰五分。

一、餅、肉各照時估,不得虛抬浪費,至干物議。

一、祠內,不許內外人等賭博、群飲、頓料、堆磚,損壞門窗,偷竊器皿。違者,公罰。其損竊者,責賠償,理事者不許阿縱。如違,併罰。

一、各祖墓理事者,每歲遍省一次,遇壞即修,毋得任其坍塌。宗祠寢堂、兩廊、門屋,遇漏即蓋,毋得任其淇朽,此第一義。留心,留心。

一、租課及山場所入,理事者公同收支,毋得苟且。稍有蓄積,續置稔田。其出納之數、續置之產,每歲備載於籍,與衆稽核。明無侵漁,乃見宅心之清白,主計之精詳也。若假借名目,擅鬻祠產,以不孝論,當即勒還,其偽券等於故紙,不得管業。犯者,申官嚴行斷理。其祠租逐年催足,毋聽佃欠。欠者,追租易佃。

一、祠稅寄本圖二甲,已近百年。輪充里役之歲,每糧一石,連糧編貼銀叁兩,此定規也。況今官收官解,使費省約。天啟癸亥之役,索貼無藝,衆有煩言。蓋祖宗門戶,子孫充當,非代他人,更縣比也刻削太過,物力不支,祠事破壞,誰執其咎?今定充里之年,每石連糧編并貼役,共肆兩貳錢。如以爲見少,則一甲、三甲、七甲願爲代勞,必不得於定數外增一分也。如理事者狥私多貼,衆人不認,責其賠償。

一、祠產對易,名曰圖便,實則滋弊,今一切禁革。有違者,公罰理事人各銀叁錢,仍不准對易。

一、每歲春社後,理事者以上年舊管、新收、開除、實在數目,分送三門縉紳、族長一閱,使知一年盈縮之數與樽節之功。其理事上、下手交代,須將經管契券銀帳公同交盤,毋得疎略。

一、孝、悌、忠、信,乃生人大閑,循之者吉。凡我同族,宜勉。

一、姦盜詐偽,乃聖世戮民,蹈之者凶。凡我同族,宜戒。

齋戒示式

余氏宗祠爲循舊章、以昭報本事。茲以是月某日清明,舉行祭禮。凡與祭人員,務要三日前齋戒。至期,先一日齊詣祭所習儀,質明,肅恭行禮。如不赴習儀及臨時違錯者,公罰。

一、主祭宗子。

一、通贊二員。

一、引贊二員。

一、分獻十二員。

一、司樽一員。

一、司祝一員。

一、司碾一員。

一、司壺二名。

一、司爵二名。

一、司和羹二名。

一、司焚帛一名。

一、司樂。

一、司餅二名。

一、司胙八名。

祭首輪充

一、清明祭首，張村、燕山、理源、燕山輪充。每歲正月，理事者於該門年相近者，不拘已、未納丁銀，編十二名或十四名朋充，毋得脫漏。

祭品定供

一、祭席十三棹，每棹殽五碟，雞、池魚、火肉、燒骨、猪肉，果五碟，枝圓、棗、栗、柿、餅五碟，醋、醬油各小碟，羹。肉汁和菜者。堂上陳設：酥餅一副，吹糖一副，祭盒貳擔，五穀五盤，紅蓮花壹樹，四時花肆樹，奠帛十三束楮，猪壹口，羊壹口，薰肉壹肘，薰魚一尾，鵝壹隻。凡祭品及酒，俱務精潔，庶靈顧歆。

祖塋〇俱在十六都

一世　始遷祖希隱府君，姓余，諱道潛，字希隱，號東窗。宋重和元年王昂榜進士，迪功郎，桐廬縣主簿。宣和二年，賊方臘寇睦州，府君避地黃墩，再遷沱川。墓在本都四保，土名笙竹坳，雙馬飲泉形，亥龍入首，壬山丙向。

一世　始遷祖妣夫人張氏，墓在本都四保，土名春子塢，獅子伏階形，酉辛龍入首，庚山甲向。

二世　宋處士宗元府君，諱翫，字宗元，號碧溪，行三。墓在本都五保高段,蓮花形,丁未龍入首,坤山艮向。

二世　宗元孺人黃氏,墓在本都四保冢林下余平基地內,亥龍入首,壬山丙向。今黃村子姓住屋罩占,墓僅數步,人豈空桑出哉？孝子慈孫,當悚然亟還其舊觀矣。

謹按:新石碑稱宗元公墓者,因文祥族長據巳《翁公譜》而誤書也。今考舊譜及祭約,俱載此處係孺人墓,且高段舊碑稱宗元公墓,此爲孺人墓明矣。

三世　宋處士君輔府君,諱翊成,字君輔,行九。墓在本都四保笙竹塢,金盤堆果形,丁未龍入首,坤山艮向。

三世　君輔孺人張氏,墓在本都四保程家灣,吊鐘垓撞鐘形,亥龍入首,癸山丁向。

四世　宋朝散小四府君,諱誠,字端仲,號沱峰耕隱,行四。墓在本都四保瓦瑤塢,數錢下櫃形,亥龍入首,癸山丁向。

四世　小四夫人汪氏,墓在本都四保瓦瑤塢青龍頭,折股金釵形,子癸龍入首,丑山未向。

五世　宋處士百十二府君,諱子法,字世則,行十二。墓在本都五保南源庵倉塢,猛虎出林形,酉辛龍入首,庚山甲向。

五世　百十二孺人李氏,出汪村。墓在本都三保充頭鎖銅山下坦,虎形,丁未龍入首,丁山癸向。

六世　元上舍府君,諱德忱,字忱叔,號東軒,行千九。墓在本都三保戴相塢口東邊,過山虎形,亥龍入首,乾山巽向,加壬丙二分。

六世　上舍孺人張氏,墓在本都三保充頭水梘塢口,蛇形,丁山癸向。

七世　元杭州路學正宜一府君,諱宜高,字惟甫,號鼎峰,行一。起家鄉薦。墓在上舍公穴右。

七世　宜一夫人江氏,諱足,旂坑江古修翁女。墓在本都三保理坑口東邊旁皮塢,庚山甲向。

八世　元衢州路明正書院教諭補一府君,諱蘇翁,字伯吳,號三溪,行一。墓在本都三保張村住後,甲山庚向。

八世　補一夫人汪氏,諱若蘭,出休寧汪村。墓在本都九保水路墩下山。蛇形,丁未龍入首,坤山艮向。

八世　孺人程氏,諱弟,出同里後溪。墓附補一公穴右。

八世　孺人程氏,諱末,出同里後溪,墓在本都三保枚坑胡家住後,犀牛望月形,甲山庚向。

九世　元池州路判震一府君,諱元啟,又諱震祖,號仁齋,行一。墓在本都三保理源葉家灣,將軍按劍形,亥龍入首,亥山巳向,加壬戌二分。

九世　震一夫人胡氏,諱福德,出清華東園。墓在本都三保理坑口東邊,艮山坤向。

九世　元處士震四府君,諱元善,又諱震拱,號梅齋,行四。墓在本都三保枚坑胡家住後,眠犬形,甲山庚向。

九世　震四孺人汪氏,出汪村。墓附程氏未孺人穴側。

九世　繼孺人黃氏,出休寧山後。墓附震四公穴側。

附遠代族祖有後墓俱坐落本都

巳翁公,百十二公第三子,墓在三保充頭宮鋪後。

巳翁孺人李氏,墓在二保石鼻頭大庄前。

崇七公,巳翁公子,墓在一保小沱大竹邊。

崇七公孺人凌氏。

補二公,宜一公次子,墓在三保枚坑坳,在嵐山麓□家住後、寒塘公墓下首。

補二公孺人汪氏,墓與補二公同穴,在梅坑坳。

補十七公崇七公長子,遷小沱外村,墓在小沱葛後山。

補十七公孺人詹氏,墓在小沱詹家住後。

梓二公補二公長子,墓在本里充頭水梘塢。

梓二孺人汪氏,墓在本里充頭水梘塢,與公同穴。

梓三公補二公次子,墓在本都三保張村社塢口。

梓三孺人汪氏,墓在本都四保筆竹坳金星開水窩,亥山巳向。

來同公補十七公長子,喪於北徐州。

來同孺人宋氏。

以上族祖有後之墓,其枝下子孫另自標掛。

附遠代族祖乏後標掛墓俱坐落本都

君弼公,配張氏,墓在黃村上灣青龍頭。

小九公君輔公次子,配汪氏,墓在四保黃村柏木坦。

招撫公百十二公次子,墓在八保吳村頭。

招撫孺人氏,墓在三保瓦瑶坑戴相塢。

崇二公招撫公長子,墓在七保胡田灣。

崇三公招撫公次子,墓在八保棠下,蟹形。

崇五公招撫公第三子,墓在八保棠下,蟹形。

補五公崇二次子,配查氏,墓在三保高段里塢口。

補十彥良公崇三長子,墓在黃村下灣俞家住後。

補十五彥張公崇三次子,墓在下灣俞家住後。

以上族祖乏後之墓,每歲清明,祭首標掛。

祠田

按,弘治甲子春,族眾斂丁糧銀共五十三兩有奇,以備生息。銀不多也,經理得人,出納清白。至嘉靖末年,田以畝計者六十有八。其勤勞最著者,裔孫墺也,曾輯《祠蓄錄》,其勾稽甚悉。嘉靖癸亥春,始營祠宇,豈非有餘蓄而議創構乎?隆慶初年以後,萬曆十六年以前,理祠事者托名完祠,鬻田近四十畝,所侵冒不貲。至萬曆十八年,裔孫純似接理,止有田二十三畝。前此之經理者,忘祖剝眾,可謂有人心乎?噫!往事無論矣。今所存租據,裔孫同寵若、侗懋、敦西、元報者,保墓葺祠,享先散胙。於是乎在後之人,其尚謹守之、充拓之哉!

一保

一、下干小坑口溪邊,木字九百七號田五分七釐三毫,晚租柒秤柒斤,佃項勝奉。

嘉靖三十三等年買朱裕者。

一、東坑後坑口葛塢,木字八百三十六號田一畝一分二釐,晚租拾秤拾斤,佃姜光。

嘉靖三十七年買余清高者。

一、下干,木字七百九十七號,內取田七分六釐二毫,早租柒秤拾斤,佃余廣大。

嘉靖三十八年買余守光者。

一、檀木潭,又名八畝圢,木字九百十三號田六分七釐七毫,晚租拾秤,佃項勝奉。

嘉靖四十三年買余兆右者。

二保

一、長壟脚,賴字一百十七號,內取田三分七釐七毫,早租肆秤拾斤,佃姜法、姜旺。

嘉靖二十三年買余壚者。

一、充下柄,賴字一百十九號、一百六十九號田二畝七分九釐七毫,晚租貳拾秤,佃吳六十、查宇。

嘉靖十五年陸續買余燈者。

一、方考坑,賴字七十三號田四畝二分九釐,晚租叁拾肆秤,佃姜法、姜旺。

嘉靖三十三年買余純厚者。

一、充下茶焙坑口,賴字一百六十八六十九號田八分二釐,六五晚租捌秤,佃戴成。

嘉靖二十二年買小連、城社原買余李佳者。

一、大干段三畝坵,賴字三百三號田一畝四分,晚租拾肆秤,佃程興。

嘉靖二十二年買余李佳五秤,三十九年、四十三年買金賢四秤又伍秤。

一、大干段,賴字三百號田五分五釐六毫,早租伍秤,佃程興。

萬曆十七年裔孫大理寺卿啟元批入祠者。

一、充下倉塢口即江六塥,賴字一百二十四號田一畝一分二釐,七五晚租拾秤拾斤,佃金岩記。

嘉靖三十一年買余純德捌秤,四十年買余兆佑貳秤拾斤。

一、長壟下,賴字七十六號田八分八釐八毫,晚租拾壹秤,佃汪記、汪小。

嘉靖三十一年買余純德者。

一、南坑詹塘塢冷屋前,賴字六百八十二號田四分二釐九毫,晚租肆秤,佃查美。

嘉靖四十年買余世澤兄弟者,其賣契原是伍秤,因步數少,作硬租肆秤。

三保

一、宗祠前,及字一千二百五十六號田一分五釐,晚租壹秤拾斤,佃余任先。

嘉靖三十九年買余岩進者。

四保

一、枚坑圳上,萬字一百十七號田二分七釐六毫九絲,晚租叁秤,佃余寄成。

嘉靖四十二年買余俊德者。

一、中洲段，萬字六百五十四號田一畝三分一釐，晚租拾伍秤，今收拾壹秤，佃汪松芝。

嘉靖四十一年對易余儲叔侄者。

一、程家灣楓木坦，萬字六百五十六號田一畝四分，三五早租拾玖秤柒斤，佃余德成。

嘉靖三十七年買余九思柒秤、余子防肆秤、余洲右捌秤柒斤，因乏水，於吊鐘垓塢口開塘注水，水不便放。又賃與吳盛燒瑶，瑶廢併平，以田肉薄，暫納租拾秤，仍議加。

一、張公橋下，萬字一千二百九十二號田一畝六分一釐四毫，晚租拾肆秤，佃張六十。

嘉靖三十七年買余榮者。

五保

一、杉樹灣即墩頭，方字九百七十四號田三分一釐四毫，晚租叁秤拾斤，佃汪記良。

嘉靖二十六年買余鉌者。此田萬曆二十年汪仕得托張五來說，其田坐伊父墳首上，彼以五保高塝上晚租肆秤求對。佃汪倫稅未過付，各照舊納。

一、金崗嶺楊梅樹塢，方字一千一號田五分二釐一毫二絲，晚租肆秤拾斤，佃汪社男。

嘉靖三十六年買余鉌者。

一、金崗嶺杉樹灣，方字九百七十一號田六分五釐四毫，晚租陸秤，佃汪桂芳。

三項共租拾肆秤。萬曆十七年大旱，佃戶領銀捌錢，又酒食銀乙錢五分，買余璋小塢嶺租一秤。又出銀貳錢八分六釐挑塘。

一、高塝底，方字八百十二號田五分，晚租肆秤，佃汪□麟。

嘉靖四十一年買余修德者。

一、金崗嶺呈大塢，方字九百十七號田七分三釐五毫，早租捌秤，佃汪社男、記得、記華。

嘉靖四十年買余俊德者。

一、古城寺白石塢口，方字六百十四號田一畝五釐，晚租捌秤，佃姜黃。

嘉靖四十一年買余俊德者。

一、古城寺上，方字一千二百九十二號田一畝三分九釐九毫，晚租拾叁秤柒斤，佃汪松芝。

嘉靖四十一年買余俊德者。萬曆四十四年二月，余養槐兄弟求對，以早晚租拾伍秤對易，坐落開於續置之內。

一、南源庵古樓垓，方字二百四十四號田二畝六分九釐，八八晚租貳拾伍秤，佃余新成、玄三。

弘治十八年，余士新以本田柒分五釐、晚租柒秤求對百十二公墳前高塝下第二基地，除存墓路外，以地三分七釐五毫對之。又買汪五保本號田二畝，晚租拾捌秤，係全業。

一、南源庵井叚，方字二百十六號原晚田一畝一分，今改早租拾壹秤，佃余大。

弘治十八年對易余士新租叁秤。萬曆二年，余節弟姪求對庵基造倉，以本田租陸秤拾斤相易。又萬曆十年買余記滿租壹秤拾斤，外余妹弟姪租壹秤。

續置

一、三保土名詹家塢，及字六百五十二號田九分，早租柒秤拾斤，佃程廷遷。

萬曆四十年買程廷遷者。

一、四保土名楓木坦口，萬字號田四分五釐，早租肆秤拾斤，佃俞興孫。

一、五保土名黃泥田，方字號田一畝一分五釐，晚租拾秤拾斤，佃李汝承。

萬曆四十四年，余養槐兄弟以二號租拾伍秤，求對古城寺上晚租拾叁秤柒斤。

一、礱子口高塝下，方字一百七十六號田一畝，晚租玖秤，佃余三姑四秤、瑞成五秤。

天啟四年十月買余同彥者。

一、四保土名桐木圫，萬字一千八十三號田四分五釐，早租肆秤，佃張文達。

一、同處土名鳥兒潭，萬字一千八十三號田三分五釐，晚租叁秤，佃張文達。

一、五保土名朱大段，方字一千二百七號田八分五釐，晚租捌秤，佃張文達。

前三號田，裔孫、南京吏部尚書懋衡買張文元者，天啟元年冬批入祠，共租壹拾伍秤。

一、四保土名水坑，萬字叁佰貳拾柒號田一畝五分三厘一毫，晚租拾貳秤，佃胡興廣。

前田裔孫、尚書懋衡買余同禄者，天啟四年冬批入祠，計租壹拾貳秤。

祠地
二保
一、賴字七百二十八號南源汪王廟基地五分九釐七毫。
三保
一、及字一百十七號張村後山腳今余酉元屋背，補一公程氏弟孺人墳地一分九釐九毫。
樂義户類税
一、及字一千二百五十五號理坑口宗祠裡、外并祠後地，税三畝一分二釐四毫舊係早田，正德六年，買余文祥、余阿詹、洪輝及對余友松者。
一、及字一千二百五十六號宗祠門路地二分六釐八毫，舊係早田，計租肆秤拾斤，係余璋者萬曆十二年祠將坑裡塢晚田六分六釐三毫，計租柒秤，內取陸秤對易璋前地，係全業。
四保
一、萬字六百二十二號程家灣吊鐘垓君輔孺人張氏墳地四步，税一釐五毫五絲七忽。
一、萬字九百二號黃村塚林下宗元孺人黃氏墳地，税四釐一毫五絲四忽。
一、萬字一千一百二號黃村塚林下青龍頭君粥公墳地，税一釐三絲。
一、萬字九百四十九號黃村柏木坦小九公墳地九步，税三釐二毫五絲九忽。
一、萬字號黃村下門俞宗讓住後彥良、彥張兄弟墳地，宗祠僉業。

五保

一、方字七百七十二號高叚宗元公墳地。

九保

一、髮字一千號水路墩補一夫人汪氏墳地。

八保

一、身字四百號塘下崇五公、補四、補八、補十二、補七、可久、報同公墳地一局，舊有石碑，萬曆九年丈量，清華胡氏毀碑罩占，祠訴於縣，承葉茂芝眷丈及江琉丈勸釋，邑侯趙石梁公給照，重立石碑。宗家今世業墳，公正洪騰請業票一樣三張，余氏、胡氏、公正各收票一張爲照。

一、身字四百四十八號吳村頭余招撫公墳林一局，稅三釐三毫。

祠山

一保

一、木字三百八十五號小沱程家塢通山三十二分中，該一分六釐七毫。

一、木字一十號小沱汪峰山通山十六分中，該五分；又一號通山九分中一分，原二號，新丈作一號。

前三號山，買余純知兄弟者。

一、木字四百二十五號小沱黃二柏山通山十六分中，該一分。

嘉靖四十五年買余若圭者。

二保

一、賴字八百五十號南坑詹塘塢通山八分中，該一分，稅六釐六毫。

嘉靖二十一年買余岩兄弟者。

一、賴字八百五十五六七號南坑上坳山三號，通山全業，稅共三畝五分。

承上祖、上舍公山，又嘉靖三年，價銀十二兩買余社原承祖余文忠批扒，并已買分數在內。

三保

一、及字一百七十七號理坑口旁皮塢宜一孺人江氏墳山三釐三絲。

一、及字一千一百零四號土名戴相塢上舍公宜一公墳山六分八釐五毫一絲。

一、及字一千二百四十六號土名高叚坑裡塢口灣兒塢余補五公墳山一釐一毫。

一、及字一千九百二十八號充頭下坦橋頭塢百十二公孺人李氏墳山三【分】三釐四毫。

一、及字一千九百四十號充頭官鋪下水梘塢口上舍公夫人張氏墳山三釐四毫。

一、及字號枚坑胡家垓補一公配程氏未孺人墳山一釐三絲。

四保

一、萬字六百八十八號土名春子塢希隱公夫人張氏墳山一畝七分九釐二毫六絲。

一、萬字六百八十九號土名春子塢。

一、萬字六百九十號土名春子塢連號希隱公墳山四分二釐六毫三絲。

萬曆十二年八月，價買俞（瑤）[謠]弟侄承祖俞宗起原買余廷功、廷瞿、余鋺等分數。

一、萬字六百八十九號土名楓木坦、長塢二號山地通山合該分數。萬曆十二年八月，價買俞謠弟侄承祖俞宗起原買余廷功、廷瞿、余鋺等分數。

一、萬字七百六十三號、四號土名瓦瑤塢小四公墳山，宗祠承上祖并買俞佳承祖原買百七公下余士南、余宗正、宗右兄弟叔侄分數全業。

萬曆九年清丈，票收墳山名曰蕎麥塢熟山一畝六分七釐五毫四絲，後被雜亂冒收。今稅四分一釐四忽，實不止此。萬曆十二年八月，宗祠用價買俞謠弟侄承祖俞宗起原買余廷功、廷瞿、余鋺等分數三號山共一契。

一、萬字號土名瓦瑤塢小四公孺人墳山，今荒不起科。

一、萬字六百九十號至九十八號土名筭竹塢坳君輔公墳山二畝九分六釐。

五保

一、方字七百七十二號土名黃村高段宗元公墳山地四步，稅一釐五毫四絲。

一、方字一千四百八十六號土名倉塢口即大夫橋頭連號荒山一畝七分五釐，今丈荒。

前山，嘉靖十五年買俞佳承祖俞祖顯原買余遠成、余盈缶、余思進。

一、方字四百九十三號土名倉塢，又名古樓垓即南源庵百十二公墳山熟山八分二釐二毫一絲一忽，於内墳前地一段，并青龍、白虎山及住基前土壩塝一條，向係南源庵余足弟侄冒種菜樓竹木。萬曆十五年，理祠事人德純、希儒、一明、世傳、正究、足等覺虧，托中還合同佃約，每年交硬租貳秤拾斤，衆與俵佃一張，不許少租，不許掘壞墳左右臂。

一、方字號板坵棗木坑通山一百四十四分中，該一分。今丈荒，不起科。

一、方字號石梘坑通山一百三十二分中，該一分。今丈荒，不起科。

前山，嘉靖四十三年買余榮者。

七保

一、此字號土名椰木塢即胡田灣王家住後崇二公墳山三釐三毫。

九保

一、髮字一千號土名水路墩補一公汪氏若蘭夫人墳山一分二釐九毫四絲。

祭器

一、銅爵壹百貳拾箇，價銀貳拾陸兩。

裔孫南京太僕卿一龍置者，貯祠倉內。

一、奠酒漆盤拾叁面，宗子收。

祠約

一、祠約三十二葉，板十六塊。

裔孫尚書懋衡捐貲刊刻，并買紙刷印，散族衆，其書板貯本家。

紀助

一、裔孫南京户部右侍郎、贈工部尚書懋學，萬曆乙酉、丙戌、庚寅三年，共助銀叁拾兩，祠內費用訖。

一、裔孫南京太僕卿一龍，萬曆己丑年，助銀伍兩，祠內費用訖。

——［明］余懋衡撰：《余氏宗祠約》

清康熙九年四月歙縣上北市混堂前太原王氏宗族族約

行列小引

家係肇基緱山，歷唐、宋迄今，世遠代遙，其先世俱有行列，載在《家乘》。欲令後之子若孫思高、曾之遺軌，服先人之榘䂻焉耳。今自唐大中丞仲舒公以來三十世，自婺源武口希翔公二十八世，迨及宋教授世忠公，歷世又幾一十有八，族姓繁興。其間，分自徽城王村、梓里、上干、白陽等派，第歷傳序次，虞其或紊，且徽之六邑以及江南、兩浙支分他省州郡，散無可紀。惟我王村之西皋等派，若不重爲釐定，將毋尊卑倒置、長幼失次，以後嗣而犯厥祖之諱者，不數數乎？茲與族人約，凡我仲舒公三十一世"廷"字以下，宜照次命名。即或居址遼遠，暗相違背者，亟當除舊更新。如妄出意指，不遵斯約，則隕越貽羞，定從公罰。爰爲作歌一章，計五十六字，俾我族家弦户誦，用昭法守，繼此瓜瓞綿綿。若字句有盡而繁衍無窮，則更相迭和之任，是所望于吾家繼武者。

歌曰：惟德崇大，業永斯存。克遵祖訓，家國相承。弘師尚友，仁孝思增。彝常繼美，萬利咸升。元魁漸懋，學紹天文。聖朝錫治，道義觀成。爲光奕世，佑啟良昆。

康熙九年歲次庚戌孟夏朔日，公訂于德基堂。

余家自婺源武口始祖希翔公，歷傳至宋景定三年，卜居郡城上北市湜堂前，先世宗譜，歷歷可考。逮本支呈蔭公遷居西皋，子姓紛繁，析居遠近不一，自明嘉靖乙丑年間，廷昇公修譜之後，鮮有繼者。今裔孫之策思念尊祖睦族之義，自諸逖處無稽、咨訪難及外，謹將本派可考者輯録成編，捐資鋟梓，告成給散，排列字號，以永其傳，俾後裔收執珍藏，勿致遺佚以滋混冒之弊，庶無忘策惓惓慎重之意也。

翔公支下二十八世裔孫之策謹識。

——康熙《新安太原王氏宗譜》卷十《行列小引》

清乾隆三年七月歙縣大程村程氏宗族公捐祠規祭條

公捐祠規條禁　徽州府楊大公祖示同

特授歙縣正堂、加三級趙，爲籲恩給示，以昭勸懲、以垂永久事。據三都六圖候補管勾廳程世燦，候選州同程示燿、程士昂、程埧、程豫、程沂，候選經歷程鎮，候選主簿程鍾，附貢生程壿，生員程仕、程塏、程赤，監生程垠、程琰、程有釗、程長庚、程鐠、程沆等具呈前事。呈稱：切惟睦族敬宗，敦倫爲重；興廉講義，風化所先。故孝弟行於一鄉，則俗尚咸歸淳謹，而條教嚴於宗族，庶法度無不凜遵。世燦等因見族氏丁繁，人心渙散，蓋緣宗祠所有山塘，不止百金之產，租息無多，支用莫給，以致祠務廢弛，人習游惰。今世燦、士昂、埧、壿、豫等共輸千金，以爲宗祠春秋時祀、教孝明倫，及闔族周貧拯急、勸學興賢之舉。其有夙昔不遵憲化、敗檢踰閑者，亦加屛斥之，條以示過邪之意，則不獨孤貧無告之人緩急可資，亦使作奸犯科之輩入祠知懲。茲閤族公舉程士皓、程士瑨、程有韜、程有柏、程有錦、程大禧六人督管祠務，檢束同宗。誠恐不肖冥頑慮其不便於己，蓄心敗壞，違約不遵，使爇等徒費經營，不能永久，且恐私相教戒，難以服從。爲此，合祠公懇並粘具宗祠所議各條，伏乞憲大父師俯鑒輿情，恩准給示，嚴禁頑梗之徒遇事生非，敗壞《條約》，庶使恪遵永守，不致廢於半途，則周族咸沐憲仁於無涯矣，上呈等情。據此，隨批：該紳仗義捐資，洵屬有光宗祀，子姓沾恩，自宜恪守《規條》。准給示。至公產久經遺失，亦不必刻意搜求，致傷族誼，則支丁更感寬洪之德在案。合行出示嚴禁。爲此，示仰程氏閤族人等知悉，自後各遵《條約》，永遠恪守。如有頑梗之徒遇事生非、敗壞規條者，許督管祠務人據實指名，赴縣呈稟，以憑立拿究處，斷不姑寬。各宜凜遵毋違。特示。

計開：

一、進主。凡有誥命者，奉神主上樓，每位出銀八兩；有官職者，奉神主上樓，每位出銀十六兩。如子有官職，奉其父母神主上樓，每位出銀二十兩。如倚勢違例，強奉上樓者，公呈理治，神主仍毋許上樓。其平等男婦神主，仍安奉樓下。

一、忠孝素著，實跡昭彰者，歿後，宗祠設祭，公奉神主上樓，不在出銀之例。

一、秉公持正，有功于祠者，歿後，神主公請上樓，不在出銀之例。

一、年在三十歲之內守節者，歿後，神主公請上樓，不在出銀之例。

一、異姓繼子，原以承續宗祧，然亦不得紊亂本支。凡承繼者，其子孫神主俱入左側龕座安奉，更須注明"由某姓入繼"字樣。如隨母再醮來者，嗣續永遠不得入祠。

一、設立義學。凡年當肄業者，力量不及，准赴義學讀書。其脩金供膳，俱係祠內支應。

一、童生應院試者，每位祠送卷資三錢；入學後，赴鄉試者，每位祠送卷資二兩；赴會試者，每位祠送盤費銀陸兩。

一、入泮者，祠送花紅菓酒銀二兩；中舉者，祠送花紅菓酒銀四兩；中進士者，祠賀禮銀陸兩；出仕者，祠內設席公餞。如爲官清正，宦業無資，子孫實在貧窘，其歿後，神主准其上樓，不在出銀之例。

一、鰥寡孤獨，貧苦無告者，每年祠送炭資五錢。

一、無論本姓、異姓，凡在本村，多年無祀，墳塋傾塌，祠內估值掩蓋，以免暴露之慘。

一、支丁年踰四十，力不能娶者，俟其議婚之日，祠送賀禮銀十兩。

一、每年自十一月起，至次年正月止，支更巡守，每夜三人，公議給油燭工食銀一錢二分。

一、公舉督理祠務者六人，每位遞年俸金二兩。公立《循環簿》二本，出入登記，以便稽查。如出入不清，委托懷私者，公議另行舉換。原係司事六位，於乾隆四年又公舉士瑾總理。

一、原係祠內田地、山塘，雖屬無多，亦宜仍歸祠內經管，收租輸糧，以作正月、六月演戲祈福並一切公事之用。

一、遞年以秋分日祭祖，族長主祭，其禮生任司事，具請。祭畢，將收支各賬查結清楚。其飲福卮，請主祭及年七十以上者，並禮生、管祠六人，外人不得強入。至春祭，以正月十三日為定，亦照此例。

一、自後，在祠內掛匾者，出銀十兩，入祠公用。其科甲並從龔門出身及忠、孝、節、烈樹匾，不在此例。

一、公委老成僕役一名，看守宗祠，晨昏焚香、洒掃，以及照應祠內棹椅、器皿等事，每年給工食銀四兩。如怠惰不勤，敗壞器物，公估倍償。

一、不孝不弟，乖倫滅理，有傷風化者，初犯，祠內以家法責治。如仍不悛，呈官律究，并逐出不許入祠。

一、匪竊不端，初犯，祠內加責；再犯者，呈究；三犯者，逐出不許入祠。

一、盜砍來龍水口樹木並挖松明，罰戲一本。如恃強違拗，公呈究治。

一、各家墳墓，皆係同支祖宗。如或放牛作踐，及暗害、盜砍樹木并挖松明者，公呈究治。

一、恃強橫行，武斷是非，違阻祠例者，公呈嚴究。

一、水口各庵，如有恃強騷擾、任意作踐者，罰銀五錢。

一、堆貯物件，縱放豬牛，作踐宗祠、社屋者，罰戲一本。

一、宗祠安奉先靈，理宜清潔。嗣後，訓蒙並優人不得仍在祠內作寓。如有故違、恃強不遵者，公呈究治。

一、遇有公事，係督理六人應酬，外人不得強入混擾。違者，罰銀五錢。

一、祠內棹櫈、傢伙，不先申明，恃強竊用者，罰銀二錢。如看守者不報，罰銀一錢。

一、督理祠務六人，如遇以上款例，狥情隱縱，不行舉出，照例倍罰。

一、凡獲盜砍來龍水口一切樹木，實有刀斧確據，詣祠呈報者，祠內公給賞銀一兩。如挾私妄報，并無確證，公議倍罰。

乾隆叁年柒月二十日示。

仰督理祠務人抄錄，常川懸掛祠宇。

——乾隆《新安大程村程氏支譜》卷下《文獻附錄》

清乾隆六年十一月歙縣東門許氏宗祠條規

書宗祠條規後　裔孫日化

建廟原以妥先靈，故修祠必先龕座，重本始也。在規模《條例》雖志有日，必從先祖。然因革損益，繼述之善，又賴後人。不得不酌古準今，使考于禮制，合乎人情，而後見大家體統，非同苟簡從俗已也。

一、祠中神主，向論龕座，不序昭穆，殊爲失次。考宗廟之禮，原所以序昭穆，是子孫入祠坐次，且悉照祖宗昭穆爲序，而祖宗坐位昭穆先亂，何以示子孫乎？今議龕座中列爲始祖，並所奉不祧之主坐次，餘悉以世次，分左昭右穆，相循而坐。此正名根本，千古不易之論也。

一、祠中向以遐公爲始祖，會公另祭。今考會公，由池初遷居東門，且合族群往墓標祀，則會公亦當立爲始祖中列，不得與遐公比例。

一、祠中神主，自三進士公以下，至榮甫公等，始以祖宗積德二十字定行列。其自至順公以及壽甫公等四世支祖，不立主位，竟無承接，亦屬闕典，今補奉入。

一、祠中舊主參差，大小不齊，原非舊規享祭定式。今議重造新牌，端整壯觀，式有一定，嗣有進主者，于祠中請去，照式莊書，不得異同。

一、祠中出主饗祭，前人固意在尊祖，而以今日考核，祭禮當以位列中龕專席特獻爲敬，不必出主爲敬也。且考古太廟祫祭之禮，遷群廟之主于太廟合祭，是移卑以就尊，未聞出尊以就卑。前人一時制禮，謂始祖有像在樓，未便移動，故出主于堂，以獻饗耳。後人因之，遂相沿至今。今值修整之時，不可不原前人之意而變通之，總期不失乎尊祖敬宗之意而止。況前人遺漏闕典，亦樂有後人增損改正，于其間又不必盡以不變例爲善也。嘗考《四書大全註》"宗廟之禮，所以序昭穆也"，而爲參訂之。凡廟主在本廟之中堂，皆東向，及其祫於太廟之堂中，則惟太祖東向，自如而爲最尊之位，此以不出爲尊也。群昭之入于此者，皆列于北牖下而南向；群穆之入于此者，皆列于南牖下而北向，此出卑以就尊也。蓋群廟之列，則左爲昭而右爲穆，祫祭之位，則北向南爲昭，而南向北爲穆也。

一、神主既居寢室，不與社共堂，則祭祖之日，不必祭社。且春、秋社祭，自有常期，即祭遠公，亦當先期。如一日共祭，孰先孰後，于禮有不相安處，今改訂之。

一、祠中祭祀，分法九十七股，原爲各家好義出貲拜祖而設，非不在此分法內者，即于祖宗無與也。但拜祖以人多爲榮，如一人而兼數分，則至祠者少，殊爲失觀。今議其家凡有祭祀一股者，即註一人名目承當，其多分之家，聽其自酌，攤于其家之兄弟、叔侄。如有分法而不自來拜祖者，罰胙。

祭禮

事久無有不變之道，故因革損益爲古今制禮之原。況族巨人稠，相沿既久，其廟中儀文度數安能止取乎不變？但變而不失其正，即變古猶之遵先，又何必諱言更制哉？謹定《儀注》于後。

一、中位不祧之主，以正獻爲尊，儀當從隆，約合平日三棹之儀，聯爲一席，設在座前。又增設祭盒二棹，列于讀祝位以下、粘禽八仙香案諸儀以上。及其行禮也，奠帛則以十段，以中位有十主，每獻，爵俱十，饌俱三。主祭者正獻後，隨詣左昭位前行禮，即詣右穆位前行禮，凡三處。初獻禮畢，復位。再行亞獻，終獻禮亦如之。

一、左昭位前分獻之儀，不可太儉，亦約合平日三棹，聯爲一席。其杯箸先設于席上者，如左昭主數外，更增設豬、羊粢盛于兩傍。及其行禮也，凡一獻，主祭者止獻一爵三饌，羹共一罇，飯共一甑，帛則存其十，爲正獻，餘量分作左右可也。

一、右穆位前，如左昭行禮。近年，上下左右共辦十棹，以祠首十家，一家各辦一棹，以爲便也。今仍以十棹，分合列之，以九棹聯爲三席于中堂，以一棹設于前樓遠公座前。但向來宗某會共一龕分獻，折銀四錢七分。今以一棹之物，總易以胙，使每祭一主俱得受胙，不復六年一主始得受一分獻也。

一、十四日，整列《祭儀》，先行視牲，告獻毛血。習儀畢，即上樓祭遠公。

祭畢，候中堂祭後，隨祭樓上舊神主。

一、春、秋祭期，定于二、八月十五日，此本祠例也。十四日習儀，須先將原額禮生四十二名令其必到，或有往外未歸者，以其子弟性端雅者代爲之。選定衣冠整肅者，列名于單，以次日行禮，預習嫻熟，庶幾臨祭自無失儀。

一、祭日，禮生某人執某事，集齊站立堂下，候副長于左階，照單唱名，升于堂上，齊於祖前先行四拜禮，旁立，聽通贊唱班，各執其事。其非執事者，不許一人立于堂上左右。

通贊二人，引贊二人，中席獻帛一人，獻爵十人，執饌一人，立（右）[左]手；候進爵進饌二人，左席獻帛一人，執爵一人，執饌一人，立右手；候進爵進饌二人，右席獻帛一人，執爵一人，執饌一人，立右手。候進爵進饌二人，讀祝文一人，侑食執壺共六人，每席用二人執壺，左右斟酒，司降神壺盞二人，徹饌共九人。即用各席獻帛進爵饌之人。

司樽三人，禮生中年高者主之，糾儀二人，照看焚帛四人。

此康熙辛亥歲，予先君修整宗祠時《條規》也。衆議僉同，遵行已久。惟"祭禮"一節，原額禮生多不與祭，漸失舊規。今予叔蓬翁毅然特起而振興之，建祠修譜，一人獨肩其任。斯祠也，規模宏敞，輪奐重新；斯譜也，統緒詳明，訂正精確。所議《條例》，摭前規而厚宗黨，遵古制而協時宜，更於宗族有光焉。願族氏相與遵守，無怠無荒，永綿盛典於勿替云。

乾隆辛酉冬月　日，其璨謹識。

——乾隆《重修古歙東門許氏宗譜》卷八《規約》

清道光二十九年徽州府新安瑯琊王氏宗族規約

勖子篇

有子説："孝弟爲人之本。"孟子曰："堯、舜之道，孝弟而已矣。"這孝關繫甚大，往來古今，無邊無際，都是這箇，都是從雙親分剖的精氣。試看在母腹中，母呼亦呼，母吸亦吸，養的是母胎，茹的是母血。一旦離裹出懷，纔有性命，然何處不傍着父母？故成人以後，必要將父母一肢一節，一念一動，下至涕唾几杖，無不盡情承懽，而一點空靈真骨血方不抛却。乃人之習成不孝有三：一曰驕養。喜怒之發，凡事事依從，浸至桀傲日生，馴伏無法，小而言語戇觸，大而侮亂背常。昔珍爲嬌兒，今流爲逆子矣；一曰私財。財入吾手，便謂吾有。而在父母手者,又謂吾得有之。財足則忘親,財乏則覬親,求財不得則怨親,甚且以單父雙子爭財囉唣者有矣。少長互推、棄親不養者有矣。不知我未帶一財來而襁哺無缺,以至今日乃忍心較算耶?一曰戀妻子。妻子習狎父母嚴重也,美味錢財,欲以娛妻寵子;佳會良辰,欲以擁妻抱子。不思子爲我子,而我爲誰子?夫妻固自好合,當呱呱待哺時,豈解戀妻耶?父母之尤望子孝者有四:一曰老,二曰病,三曰鰥寡,四曰貧乏。當少壯時,食息起居猶能自理,乃至扶杖易僕,寒夜寂苦;又如坐臥不適,薦蓆可憎,親所賴子惟此時,子所難奉,亦惟此時;又如老境失偶,寒燠誰溫?就使兒女滿前,時而聚,時而離,漏深長處不可問,枕邊淚濕與誰同?又有撫字財匱,婚娶力竭,望美味以垂涎,思輕暖而忍氣。吁嗟!身從何來而失養若是耶?蓋父母生育,功侔造物,推乾就濕,慮病扶危;悉心護持,然後成人。既成人矣,男教以學,女教以正。婚嫁時至,損耗精神。事尚未周,晚景已逼。人命無常,流光易失。萬一蹉過,上天下地,尋覓無門,悔何及也?總之,天下無不是的父母,諄諄教誨,無非望我成立。即使譴呵盛作,鞭朴頻加,終是愛我念我。善哉!梅溪王公見人禮塔,呼而告之曰:"汝有在家佛,何不供養?"又彌勒偈曰:"堂上有佛二尊,懊惱世人不識。不用金彩裝成,非是旃檀雕刻。即今現雙親,就是釋迦彌勒。若能誠敬得他,何用別求功德?"

友愛篇

古人謂人倫有五,而兄弟相處之日最長,君臣遇合,朋友會聚,久速固難必也。父生子,妻配夫,其早者皆以二十歲爲率,惟兄弟或一二年或三四年,相繼而生,自竹馬游戲以至駝背鶴髮,相與周旋,恩意浹洽,猜忌不生,其樂能有涯哉?乃有不相往來,不通音問;生雖同胞,情埒吳越;居雖一室,迹若路人。結異姓爲弟兄,迎譎夫爲上客,家衆操戈,野鬼瞰室,豈非《佛經》所謂"第一顛倒相"者乎?兄愛弟曰友,弟愛兄曰恭。薄待兄弟,便是薄待父母,真知重父母者,未有薄待兄弟者也。其有不和,多因妯娌讒搆,或有簧舌卑賤挑逗是非,以爲快樂;又或有險心戚族兩地離間,樂禍幸災。無剛腸男子,迷惑聽信,鬩墻之起,不忍言矣。至於財產,尤宜看破,不可爭執。蓋財物易求,兄弟難得。朋友尚通有無,何況共乳手足?所以法昭禪師偈曰:"同氣連枝各自榮,些須言語莫傷情;一回相見一回老,能得幾時爲弟兄?"又曰:"兄弟同居忍便安,莫因毫髮起爭端;眼前生子又兄弟,留與兒孫作樣看。"

營葬篇

凡人子葬親，亦人死歸土云耳。古葬禮，大夫三月，士踰月，故不葬則不變服易食，哀親之未有歸也。今人有貪求吉地，遷延日久者；有既葬多疑，屢行起掘者。不思古人卜地之義，惟是孝子慈孫重親遺體，不爲風水所侵、蟲蟻所蝕、耕犂所及，他日不爲道路溝池，如是而已。豈以親之骸骨爲子孫福利之具哉！又有兄弟議多，分房牽制，既擇年月日時，更疑山水偏向，則是父母多生一子，反增一日之暴露。須知人之禍福，各有因緣，年復一年，幾無安土之望。或遭水火，更有焚溺之虞。爲人子者，獨能貼然於心乎？故地有龍穴沙水，土色堅凝，實在可信，不必多疑。而葬法必須如朱文公《家禮》所載，用炭研碎作格，石灰箍土互築，可驅潮氣並截樹根。若力不能者，揉土極細，加工堅築，勿計時日。每見今人棺柩甫下，慌忙掩杵，未踰時，扶塚去矣。即有堅結之地，難免陽水之漬，切宜謹戒。至權厝一事，萬不可久，久則雨水侵淋，日氣下蒸，未及歸土，木已就腐。仁人孝子，尤當念之。

周急篇

古人垂誡曰："凡人在顛沛患難之中，善用一言解救，上資祖考，下蔭兒孫。"況念念積德陰功，時時行方便哉！特足衣食者，不知饑寒之苦，或貧病交侵，或危急重困，輾轉躊躇，既負慚愧之顏，又絕更生之望。試設身處此，何等光景？幸得自足，徒爲子孫謀，而眼前苦人，一錢不與，不知水火、盜賊、疾病、橫災皆能令我家業蕩廢。亨豐席盛，亦是天地庇之。日中則昃，月盈則蝕，古今來有不敗之家哉？一旦無常，祇供後人酒色賭蕩之資，何如相通相濟之爲厚也。此理至明，只人不思量耳。昔范文正公爲參知政事，告諸子曰："吾吴中宗族甚衆，於我固有親疏，自祖宗視之，均是子孫。且祖宗積德百餘年，始發於我，若獨享富貴，不恤宗族，異日何以見祖宗於地下？今何顏入家廟乎？"於是，恩例俸賜均與族中，並置義田，應濟貧乏。其子純仁，克承父志。嗟乎！向使何曾、石崇輩周急行仁，功德當半天下。思其究竟，可吁可畏。

閫訓篇 附溺女歌

婦人者，伏於人者也，柔順靜婉，中饋修飭，爲婦之道。乃有挾制丈夫，不敬翁姑，不和姒娌，凌虐悍妒。種種惡習，雖其秉性之劣，亦由男子有以養成之。語曰："教婦初來。"蓋婦人賢明者少，愚闇者多，須凡事諭之以理，切勿溺愛床笫，輕信語言，令之專制。其原尤在未嫁之時，父母朝夕訓誨，今日在家事父母，即異日事舅姑、丈夫之法；在家待兄弟姊妹，即異日待妯娌、小姑之法；在家使奴僕，即異日馭婢僕、侍妾之法。少有過差，委曲開導，久之馴伏，純熟德器，若自然矣。昔李晟封西平王，適崔氏女元旦歸謁，晟責之曰："有姑在家，合治酒食，待賓客爲懽，何得來乎？"却不許見。其隆禮敦教如此，他可知也。

何龍圖溺女歌："虎狼雖至毒，猶知有父母；人爲萬物靈，奈何不如彼？生男與生女，其道一而已；生男既收養，生女胡不舉？我聞溺女時，其苦狀難比；胞血尚淋漓，有口不能語。呷嘤盆水中，良久乃得死；吁嗟父母心，殘忍一至此。荊釵與裙布，未必遂貧汝；隨分而嫁娶，萬民當記取。"

睦族篇　嘗見祥卿公《家訓》篇十二，則惜其簡編殘缺，不能盡錄。兹僅列其四云。

自高祖以至元孫，則爲九族，遞而推之，皆得以族稱。聚族於斯，人蕃情渙，孚之者惟樸誠耳。老則加敬，毋欺其貧弱；幼則相憐，毋忌其英尤。試觀同族之人，平日交接雖疎，忽聞我有榮名，彼必深爲慶幸；忽聞我有外侮，彼必代爲憤懣。無他，情誼關切，觸之而即動也。世之異姓投洽者尚篤於兄弟，矧我同宗祖者顧可薄視之乎？如有薄視之者，即共目爲異類可也。

息訟篇

兩間太和之氣，原爲盛世休徵；一門雍睦之風，便是盈庭嘉瑞。然而族蕃情渙，口舌之爭所不能無有人焉。優容無度，識見不超；小忿介懷，釀成讐怨。不能自爲主張，而借端挑釁者相乘而起矣。爭而勝也，吾之功利可肥囊；爭而不勝也，人之咎害不及己。此弊人自不察耳！夫苟恕以存心，推己及物，祇求情之各安而止，則凡基產界限，所爭不過尺寸，我以讓先，人必以讓應。排解者秉公以決之，兩情有不允服者乎？至於他端之慮愬，得一極力婉勸之人，自無不釋然冰消者。如有外患之至，可解則解之。不然，勿爲敗群，而可爲戎首乎。

課讀篇

《動物篇》云："子弟才，則族將大。"夫子弟之才不才，亦視父兄之教何如耳。爲父兄者，行端學裕，庭訓豈盡傷恩？否則，擇嚴師、益友以課之，而德進業修自可立待。苟貧者難於資斧，富者吝於束脩，甘愚守拙，雖有賢子弟，亦無如之何也。予與族約，不問貧富子弟，須令識字。觀其資性之敏鈍，以爲志趨之進止，敏者勖之以讀，鼓其氣而遠期之，師友之。前忠敬備至禮節勿疎，教者、學者均知所感，而有不勉成其才者哉？此人之所以樂有賢父兄也。

力田篇

農爲國本，仰事俯畜，於焉賴之。原隰磽瘠，非人力倍勤、土化有法，其欲稻粱與與、黍稷翼翼也，難矣。惟念家世恒農，業耕本非賤事，誠不憚手胼足胝、沐雨櫛風以求得乎？上農之所入，則凡貿遷、術藝皆不如力田之足恃也。雖豐凶不時，盈歉異數，而耕三餘一、耕九餘三，不幾有備無患哉！人亦竭蹶圖之，而本富之道在是矣。

時大清道光二十有九年歲在己酉麥秋月穀旦，滄溪懷德堂新鋟。

——道光《新安瑯琊王氏宗譜》卷首《喪禮禮制十條》

清光緒績溪縣南關許余氏宗族惇敘堂宗祠規約

宗祠規約

作奸犯科，國家有例，犯國法者，鳴官治之，非家法所當治也。家法祇以祖宗前杖責爲止，杖責以上非宗祠所可預聞。鄉蠻宗黨，往往有活埋、活葬慘情，妄謂家法爾爾。不思治人家法，自己已罹國法。即家法杖責、跪香、革逐，亦必悖倫逆理、盜賣祀產等情有關宗祠，乃可。非關宗祠者，宗祠爲之排解，不得妄施家法，開宗族以強欺弱之釁。尤有事關宗祠，非家法所能預定，又非家訓所能備載，不得不另立一則，以定準繩，謂爲規約。有背約者，闔族阻止之。阻之不可，再議擬家法以治之可耳！

一家稱呼。我祠雖分兩姓，本是一家，不得以我許爾余相稱。於外姓人通姓氏，固當曰"敝姓許，敝姓余"。在本族相稱，當曰"我某分，爾某分"。頭門無"許氏宗祠"匾者，示外人祠有兩姓也。又不顔"許氏宗祠"者，示外人

第四章 規約、族約、戒約、議約與合同文約

許、余本一姓也。人稱"許家祠堂"者，建祠時余未分，稱未定也。又曰："余、許同宗者，'余'字前平仄調也。牌主洪二公書姓'余'者，閤族之外祖也；遠公數世書姓'許'者，閤族之嫡祖也；以下不書姓氏者，許、余不分也。然此猶迹爲一家，尤貴以心爲一家，一自有'許''余'二字橫據心中，各持門戶，雖遵守規約，無益也，亦思十八世祖爲親兄弟乎？設使當日命長子從外家姓，則今日長分姓余矣；命三子從外家姓，則今三分姓余矣。試問抑又何説而又不可固執不通？若仕版、糧册，余則余，許則許，豈能撤去姓氏？即如譜牒中《叙》《傳》，正當歷叙本源，闡發明顯，何能抹去'許''余'二字？如欲抹之，是猶告以人名而曰他伊彼，竟不知他伊彼爲誰也。真小兒、婦嫗之見，膠固不通。如洪二公父子一切墳面、牌主以外祖、舅公稱，必洪二公之貽意，真識見深遠。不但改氏外裔，永遠奉爲嗣祖，即不改氏外裔，亦永遠不二其心，後人不得妄改稱呼。今二分下間有以下邳名郡保皖畫世家，皆訛也。自來同姓而郡名、世家不同者頗多，蓋本源不同也，我祠之余，仍高陽之余，六侯之家，與下邳保皖隔別，如朱文公屬紫陽郡，朱太祖屬沛國郡，豈姓朱皆必以紫陽名郡乎？如舜後之胡，以金紫爲世家乎？李改之胡，以明經爲世家，豈姓胡皆必以金紫爲世家乎？我祠之余，當以高陽六侯爲正，一祠之內，各別其郡名、世家，是分兩家矣。否則，以洪二公循善堂爲世家，以我祠之余，始於良安稱良安郡，理亦洽當，且按宗譜，與元吏保皖之余闞，年紀少於洪二公，又與洪二公不同鄉里，不同宗祠，扯爲世家，其見譏於不學無術事猶小，其隱開一祠兩家之釁事甚大。我祠子孫，當恪守規約，毋懷二心。"

同姓不婚。同姓不婚，《周禮》則然，應毋庸贅。然我祠既有兩姓，而又同出一姓，必定規約，以昭世守。各派丁世居故土，兩姓同出一姓，不能爲婚，人人知之。恐有散居遠處，不知本源，與他祠妄結婚姻，許與余爲婚，有礙本祠之余。余與余爲婚，雖各別其源，終屬同姓。余與許爲婚，余自許改，亦屬同姓，皆不准。

妄行過繼。過繼之事，國家已有成例。愛繼、應繼，例之所准也；異姓過繼，例之所禁也。本祠許、余一家，繼之正理也。我祠向不准外甥繼舅氏，近有無知婦女，欲圖繼立外甥，妄援上世，藉口不知上世文福公之祀余，與近世他姓之繼舅者異。近世是合雜姓爲一姓，我祠是分一姓爲兩姓，並無異姓入祠亂宗。至兵後，族中繼立，往往糊塗妄繼。有抛親繼疎，志在繼產；有跨祧遠房爲兼祧；有一繼兩家爲兼祧。今理世系，概删改之。間有以兵後人丁稀

少從權辦理者，皆不甚越禮，如提起殤丁以繼孫之類。此後，殤丁亦不准提。凡拋親繼疎，拋長繼次，一子繼兩家，跨祧遠房，皆不准。至他祠入繼，各家世數，訛錯不同，不得入繼，恐顛倒尊卑。惟水村與本祠最親，世數明白，如昭穆相當，年齒相符，准其過繼，必議擬其人於宗祠功勞如何，不准濫繼。

　　配合女殤。兵難年時，人家男女，死於非命。爲父母者，痛念不忘，致兵後往往以殤丁選配殤女，入祠享祀，遂寖成風俗。在山鄉衰替，宗族不懂事務，任其施爲，而名宗大族皆阻止不准。如殤丁已不得入正座，反聯他姓幼亡女鬼，配坐中龕，受闔族衣冠拜祭，不特於理不合，抑且不能享受，永遠不准。有混進者，查出，議罰。

　　發給丁票。兵前舊例，凡新添壹丁，祠中發給丁票壹張，分春分、冬至兩期來報，隨手登於《總譜》，取票貲錢若干，百年後進主時，將票繳銷。今譜成後，照例頒行。

　　靜凈宗祠。宗祠供奉祖宗，最要嚴肅靜凈，一切借做作場、堆置棺材、攤曬穀麥，永遠不准。蓋借之則斧鑿刀鋸之聲吵鬧祖靈，鋪張狼藉，齷齪不堪，如做棺材，鬮合材縫，極力敲撞，最易損壞石版地面。續俗，人屆六十，往往辦材以待百年。若人丁稠密時，接踵堆放，祠堂幾如棺材店鋪，故皆不得徇情濫借。宗祠物件，凡會場等用，均不准借出，恐被損壞，措辦維難。凡霉雨、大雪後，管祠人必入祠審視，如有小漏，即當理蓋，小不修，則大壞。

　　懸掛匾額。向例，自進士以上，准懸匾額。如屬"欽賜"字樣，直竪匾額，則不論功名大小，皆准懸匾，一切雜匾皆不准。兵後，懸頌揚匾兩額於報功祠中，以助貲有功故。嗣後，正堂仍遵舊規，不准破例，邊屋照頌揚匾以功論。

　　進主毀主。神主牌格式，已載《祭禮》。與不祧神主內，復立《進主、毀主規例》。自十九世以下，分左昭右穆，用大白粉牌，界以朱絲，按次填寫，座滿則毀主。自高祖以下不毀，合本身，取五世則斬之義。逐年進主，則用單牌，由祠中發給，庶大小一樣，免致參差不齊。貧家無力者，於春分、冬至進主傍祠中設祭，則不寂寞。有力者，准其於平日進主，但不准苟且，務必選擇良（晨）[辰]，請禮生設祭告廟。凡隨時所進神主，仍按昭穆，不得隨意安放，致多紊亂。如單牌既多，詹宗祠朝向，大利之年過，上大粉牌，將單牌焚化，牌灰用厚密綢袋盛貯木匣，藏於龕座下。候大毀主之年，合毀主牌灰，卜地埋之。道光時，毀主牌灰埋油坑口船形上。新進之主亡，隨即登入《總譜》《祝版譜》,取牌費錢壹錢貳分,祠中收取工費錢壹錢貳分,司譜人收。

公衆標掛。自訓公以上四代,有四墓戶祀產,由四墓戶管年人措辦祭儀,供給飡飯,合水村兩祠公同標掛。又自天澤公至十七世祖添蔭公兄弟,與太外祖洪二公、太舅公、良英公、孝子墳前身夫婦,皆祠中標掛。校場、和尚塢許侯義塚,大都乏嗣之鬼,祠中應備紙錢焚之。惟覆鐘形、霍家園兩處,不可拘定斯文數人,以多邀派丁到墳為是。凡祭儀、散福、給胙,祠事有盛衰,年歲有豐歉,隨時制宜,照《事宜譜》辦理,不能定一。

與祭禮生。凡春分、冬至祭祖,與祭禮生必有頂戴文武蔭襲以外,必真正捐納功名,如孔生、介賓、鄉約功牌,必其人品行端方、名望素著者,乃得與祭。若猥瑣、陋鄙、邪僻之徒,適足玷辱宗祠,貽笑外人,概不准與祭。而老人亦不在與祭之列,以其不諳禮體。餘見《祭禮》內。

頒胙飲胙。兵後,宗祠產業大半荒失,所得熟田,以祭祀為重,餘則不能復古。兵燹以前,有特祭胙、斯文胙、老人胙,其貲出於產業。其產業係派下批助,分立祺、禎公房下文源一家,領胙肉九十餘斤,今則均無稽考。現收熟田租息歸於混同,總曰祀產。光緒初,修祠竣工,餘洋壹百圓,二祭吹手與禮生頒胙,出其子金。嗣後,值事振桂欲將其銀換寢室前梁,道宣、積霖、文源爭執,取贖烈婦之役,質於章姓南街店屋,而老人胙又於近年添增。因二祭寂寞,欲多其人整肅衣冠拜祖,作喧熱之計,其貲均無出,產由公堂祀產勻省。日後,祠事興隆,各項當分別立產,刻下仍隨時敷衍,凡老人不得眛爭。飲胙,俗謂之"散全碗",例應與祭禮生所飲。昔年老人飲胙,另有桌位菜儀,不在與祭飲胙之列。兵後,屆近丁稀,凡公謹幹辦老人與非禮生老人,或屬族分長,或品行端方、才識高超之人,入祠議論祠事,可資以維持者,理合同飲。若平常派裔,祠事毫不關心,入祠徒博一醉飽,概行不准,其供給之貲,亦無所出。儻日後闔族盛旺,衣頂林立,賢能衆多,又當另議。

朗讀祝版。二祭讀《祝版譜》,必字義明通之人高聲昌朗讀之。不諳字義者,雖在與祭禮生之列,不得含糊妄讀,徒博胙包。如諳字義,則無論禮生與否,當整飭衣冠讀之,同給胙包,夜同飲胙。

拜祖留飡。兵後,人丁稀少,春分、冬至,遠處特來拜祖者,十里以外,頭夜供晚飯一飡,正日供早飯一飡,自覓歇宿;五里以外,供早飯一飡,俱一葷一素。自人丁稠密,則不能。

主行事務。一族之中,事務頗繁。論名分固當以族長居先,論事務又當以賢能爲正。若一一推諉，族長恐其懦弱，則遇事不能支撐，愚蠢則主事多所償敗，故以賢能爲主，不可拘定斯文、族長。

管理祠堂。一年之中，收租辦祭，事亦繁多，必一二人常川管理。其在殷實之家，肯出管理，不取倖資，暗不剥蝕，身後自當論功報享。若平常之家，不能不取倖資，但以祠堂出息十中之二上下爲度。凡有事火食、人功，另支。必由公舉，不得戀霸。一年進出，標掛後出具清單，實帖祠内，以昭廉净。

鳴祠品理。凡派丁與親屬有不平之事，鳴祠理論，原造俗語謂之"開祠堂門"，被造謂之"關祠堂門"。然必事關宗祠，方與公道品論，勿使成訟，庶與《家訓》所謂"息争訟"者相符，切不可各爲其黨。但祠堂門不准任其苟且開關，反致多事，必須備儀，先請祖宗，再各如品理人數，備筵延請。蓋理當如斯，非品理貪嗜哺啜。

選充祠差。凡派丁入祠品理，及一切犯《家訓》《家法》者，必須傳唤其人入祠，而傳唤之人受祠董差往，謂爲"祠差"，與衙門差役賤爲皂隸者不同，必選一二人充當。要本分伶俐，勤於行動，善於言語，毋譖唆多事，春分、冬至，同領胙、飲胙。

認真收租。兵後，宗祠租息較之於前，十不三四，管祠收租，尤要認真，不可藉祠勢而苛索加重分熟，不可認情面而懷私减讓斗升，必須一一公平，照大概局面稱量。租息雖不及從前，而猶不得謂爲寒族。兵後，收租辦祭，日漸微薄，其勢日下，幾不可挽回，皆收租者之咎。近年整頓辦祭，用度數倍於前。加之遞年邀議《族譜章程》，春分、冬至派丁來祠供給，均租内開支。今反新置正條數錢，無非收租之認真與不剥蝕而已。嗣後，有徇私認情面者，致租數不敷，查出，議罰。

篤厚根枝。嫁女已見《婚禮》。兹更切近言之，人家祖父譬之根本，子侄譬之枝椏，女兒譬之花朵。篤厚根本，則枝椏發生，有生生不息之勢。花朵縱極鮮妍，時到則落；未落時，不過華映而已。譬之女嫁，往來不過閙熱而已，而有良心者絶少。女死後，由表而疏，由疏而斷。世之不賢婦，待婿與女，勝於待兒與媳，將家貲明暗劃與之，不賢夫男阿順之。試問根枝、花朵孰爲重乎？族内有輕根枝而厚花朵，因而致事，莫與品論。

——光緒《績溪縣南關許余氏惇叙堂宗譜》卷十《規約》

民國歙縣漁梁姚氏宗族承澤堂族約

姚承澤堂族約八條

敦孝弟。聖賢明訓，首重人倫。《論語》云："孝弟也者，其爲仁之本歟。"孟子曰："堯、舜之道，孝弟而已矣。"人而不孝不弟，猶木之壞其根也，枝葉何從暢茂？吾族子孫，務要曲意承順，無違父母之心；處己謙卑，以盡敬長之義。若有輕慢父母，凌辱長上，小則責懲，重則革逐。

睦宗族。宗族爲一脈之親，豈容疏遠視之？《書》謂"敦叙九族"，敦之云者，聯以情；叙之云者，秩以禮。世人不明，動因小忿小利而傷和氣。揆諸一本，能無愧乎？昔蘇州范文正置義田以厚宗族，其高誼固不可及，亦當慕其遺風。切不可因些微小事，以致爭訟。如有此等，衆行攻罰。

尚誦讀。名門巨族之重於世者，惟能敦詩説禮也。吾族以閥閱之裔分遷此地，世繼書香。爲其後嗣，豈可不思自勵乎？人而讀書，上可以取功名，次亦不失爲儒雅，再次而家聲、門户以之撐持，則人不我欺。吾願族内子弟，皆當教之讀書，毋姑息，毋一暴十寒。又必尊師重道，造就入彀，久必有成，於以光耀門閭，豈不甚美？

勤職業。一夫不耕則受之飢，一婦不織則受之寒，古之訓也。凡有職業而能免不飢不寒，舍勤則無救濟之法。吾願族之爲夫者，莫辭胼胝之勞；爲婦者，莫憚縫織之瘁。如此持家，非惟飽煖以養天和，抑且富足而生禮義。倘不勤職而或流爲匪僻，以犯國之禁令者，當與衆共棄之。

慎婚娶。匡衡有言："妃匹之際，生民之始，萬福之原。"則婚娶何如鄭重哉！今人嫁女不擇門户，止圖禮儀之多；娶婦不論氏族，惟求粧奩之盛。甚或結婚不正，玷辱宗風，大可慨矣。吾族若有此等，會衆公議，革祠削譜，以警後來。抑或戚誼不終，因病不幸死者，俗有"吵死"名目，乃惡習也，不許效之。縱出於威逼，由當初聯婚之不慎。我不吵人，亦不容人吵我，惟酌從厚殮可耳。

嚴繼祧。立繼一項，所係甚大。承繼本派，則祖爽來享；承繼外族，則祖爽不享。何則？以其血脈不相貫也。吾族若有無子，則以兄弟之子繼之；如兄弟無人承繼，則以親房應繼之子繼之；如親房又乏人承繼，則擇本族昭穆相當者入繼。倘以孫繼祖、以弟繼兄者，尤屬亂宗，定行禁止。

重墳墓。墳墓乃祖宗體魄所依，其四向界址、塚上柴樹，或爲勢豪所侵，或爲樵採所傷、犁鋤所及，甚至不肖子孫貿易他人。不孝之罪，莫大於此。我族昌溪太湖圩下村鯨魚上水形，若非浩宗公以桂公力爲整理，幾爲豪棍侵陷，甚可懼也。必須時加照管，務使一草一木不得妄動，庶足以妥先靈而蔭後嗣。

崇祭祀。祭祀者，追遠報本之孝忱也。《祭義》曰："祭不欲疎，疎則怠；祭不欲數，數則瀆。"吾族祠祭、墓祭，必以其時，俱有定規，必誠必敬，庶不失之疎與數耳！祭畢，序少長，列坐飲，先人餘福，亦先人所欣喜焉。其祭産、租利，載之《公膳記》，各房輪流承值，毋得變易。世世守之，毋或替。

——民國《歙南武擔姚氏漁梁上門支譜》卷首《族約八條》

第二節　戒約、條約與合同文約

宋慶元四年正月績溪縣龍川胡氏六架祖宗合立禁養蔭庇基墓山地文約

六架祖宗合立禁養蔭庇基墓山地文約

新安龍山里胡霆、胡電、胡霢、胡霖偕侄孝先、孝明等，共承父親念五公田産，進糧拾萬。爰憑親戚闔分，産業各自經管，上念祖父教育創業之恩，下念叔侄謹節守成之義。誠恐世遠人繁，不肖或有之，當以木本水源思念祖宗墓塋爲重也。居此地，陽基、墓塋、蔭庇山場爲急務。若不立文約禁戒，恐不肖者藉己有分，或至變賣，坵隴難存。於蔭庇山場，或至掘損，致生災禍，自害本支，莫此爲甚。有幸字號土名金紫山前墳地七十步，山三畝，殯始祖常侍公；又墳地一畝半在擇木前，殯父提幹公；又奏字號土名水村庄墳地四畝，殯太師魏國公；又衆存蔭護陽基有攝字號土名汪杯石水口石山九畝；又其字五十二號山八畝、五十三號山四畝、五十五號石山七畝，土名白石山等處蔭庇陽基。立約之後，子孫永遠保守，毋許變賣掘損。如敢違犯，望賢達子孫經官懲治，坐以不孝罪論。立此文約，永遠執照。

宋慶元四年正月元宵後一日

　　　　立合同文約胡霆　電　霢　霖　孝先　孝明

　　　　親戚許仁　洪山　程慶　戴尚

——民國《龍川胡氏支譜》卷四《六架祖宗合立禁養蔭庇基墓山地文約》

明景泰至嘉靖祁門縣竹溪陳氏宗族墓山墓田新舊券約并戒約三首

墓山地券約

二十一都陳子美等各承祖户陳子清等，經理本都七保土名道院等處祖墳山地，爲因遷葬年遠，子孫蕃衆，住居四散，失爲照顧，致被陳舟興等侵損，及栽長竹木在内。今衆查勘得各號祖墳山地，俱於洪武年間陞科，在各户供解。有舟興等開心見誠，各願將各爲業處所退還衆人管業。子美等議將道院等處墳塋，俱以墳環爲則，四圍各去四丈，不許栽長竹木外，其餘有苗利并空閑之處，並立文聽前去用工栽塋，鋤捍長養。日後，務要同衆眼同入山，砍斫竹木，俱以二分爲率，内除一分還栽長之人工食，一分作山本衆存，迭年買辦福儀，醮掃祖墳。爲此，今將各號祖墳山地開具于後。

計開云云云。

右件自立文之後，各宜遵守，不許悔易，及不許私自入山盜砍竹木，并於各號祖墳山地及案山四至内，再不許侵掘、盜葬等項。違者，聽遵守賫文告理，甘罰花銀伍兩歸衆，於墳塋内支用，仍準不孝論，照例改易。今將分爲四處，迭年輪流爲首拜掃，毋得失誤。今人少信，立此文簿一樣四本，各收爲照者。

　景泰三年四月初八日立約人陳子美　　　約
　　　　同約人陳惟善　陳勝禎　陳狉茂　陳恭安
　　　　　陳麗生　陳必昂　陳汝崇　陳孟迪
　　　　　陳孟通　陳孟進　陳德能　陳如海
　　　　　陳永隆　陳　其　陳正禮　陳正道
　　　　　陳志昂　陳熙政　陳善德　陳重興
　　　　　陳浩禮　陳旻山　陳文浩　陳文顯
　　　　　陳文昇　陳守忠　陳守容　陳師尹
　　　　　陳思仁　陳思道　陳思政　陳思永
　　　　　陳可郁　陳添泰　陳榮昌　陳福安
　　　　　陳原芳　陳瑞興　陳明德

墓山田地新約

二十一都陳皎、陳志廣、陳樞，二十二都陳儒四房人等，因族蕃居散，八七公已上諸墓歲事之脩，或舉或墜，上無以慰先靈，下無以睦群從，殊為弗安。今四房均備價值，共買前田三號，并取贖墓前餘地，以供祀費，庶奉先之孝、睦族之仁兩盡而無憾。各房子孫，敢有私買前田及地并各派墓田者，罰銀四十兩，仍準不孝論。本族買者，以謀買論罪，毋得執業；外族買者，務要告官取贖，毋得姑息。所有衆存墓山，已後敢有盜賣、盜葬者，與私賣墓田同罪，仍要改遷。侵取山利者，犯一賠十。恐後無憑，立此券約，刻入《祀錄》，永為照者。

嘉靖十年季冬朔日立約人陳皎　　約

同約人志廣	志美	志道	陳珊	志靈	嘉言
嘉定	嘉器	志正	志高	志方	元龍
陳誥	陳試	陳讚	陳謨	陳玖	陳杭
陳稠	友浩	文富	文翰	文斐	隆安
陳杲	陳鐸	同安	天極	天山	玉蘊
玉精	玉琢	玉城	良琬	子鈴	資貴
玄祐	陳璋	陳瀚	陳珂	陳瓚	陳班
陳璁	陳璞	陳珌	陳珩	陳圭	陳岩
陳振	陳興	尚素	陳善	陳錦	寄寬
福保	陳簡	岩保	陳忠	陳情	陳旦
陳楷	陳理	廷芳	廷珩	定邦	永邦
陳材	陳熊	陳榮	陳灼	陳祿	陳繼
日敬	日隆	子瑞	陳讓	陳脩	陳蘭
陳秀	陳寶	陳壽	陳堯	陳欽	陳冕
陳用	陳立	陳表	重興		

以上新舊券約凡三，新券立於嘉靖之辛卯，舊券立於景泰之癸酉。癸酉，通族也；辛卯，近支也。今是錄所載，先之以通族舊券者，見新券乃所以續其舊，而其宜共嗣守而不可違者，不惟近支為然也。族人名氏，余於舊券每村惟存數人，餘皆略之。而於新券獨致其詳者，彼有《景泰世墓錄》可考，此惟見於是錄云。

睦族戒約

二十一、二都四萬公後裔，桃源裏村陳珂、陳璞、陳巖、陳謹、陳珩、陳忠，外村陳志政、陳志靈、陳志美，竹溪口上街陳同安、中街陳玄祐、陳子鈴，下街陳樞、陳理、陳庭芳，彎潭陳定邦，竹源陳旦，界首陳文翰、陳隆安、陳浩，車田陳詔，李源陳讓、陳冕等，因遠祖墓祀久曠，四房近年創置祀田，及今各房樂助，歲收租利頗足，以供祭燕之需。但恐事久弊生，宜防其漸，各房與祭者務要禮義相接，恩意相周，毋得乘群聚之勢，以逞私憤為無用之辨，以啟爭端。或事涉祭燕，立論雖公，而詞色失之峻暴，小至相詈，大至相毆，其為尊祖睦族之害不小。今擬每年四房推舉司正各二人，祭燕之間，公同糾舉，先詈者罰銀五錢，先毆者罰銀壹兩，起而應之者，減其半，罰照犯者人數，不以房分為論。如有不服，司正質諸鬼神，洗心以斷曲直。再不服，然後呈官不恕。恐後無憑，立此戒約為照。

嘉靖十三年閏二月朔日	立約人陳珂	陳璞	陳巌	陳謹
	同約人志政	志靈	志美	陳珩
	同安	陳忠	玄祐	子鈴
	陳樞	陳理	庭芳	定邦
	陳旦	文翰	隆安	陳浩
	陳詔	陳讓	陳冕	

——嘉靖《竹溪陳氏墓祀錄》卷三《墓山墓田新舊券約并戒約三首》

明嘉靖十三年二月祁門縣竹溪陳氏宗族樂助田券約

樂助田券約

二十一二都萬五公房桃源外村陳志方、陳嘉訓、陳璪、陳嘉器、陳瑄、陳璽、陳嘉應，萬七公房桃源裏村陳璞、陳琴、陳復興、陳忠、陳弘義，萬八公房竹溪口下街陳梓、陳楷、陳庭芳、陳庭實、陳允照，萬九公房高塘李源陳讓，今因始遷祖子京公而下至本支祖八七公，近年雖創有墓田，而歲入有限，上而祭掃不足以盡尊祖之孝，下而燕飲不足以盡睦族之仁，各情願將自己民晚田共計陸畝陸分貳厘，租共計柒拾貳秤，入助於墓，少盡仁孝之誠。入助之後，世為衆業，子孫毋得執異。各號土名、四至、田數、租數，散見各圖，茲不具載。所有稅糧，四萬公房各照各田數，分布各萬派下子户供解，毋得牽拔多寡。如違，聽遵守人賫錄告理，罪其不孝，仍依此契為准。恐後無憑，立此文契，刻入《墓錄》，永為照者。

嘉靖十三年二月朔日立助田契人

　　萬五公房桃源外村　志方　嘉訓　陳瑑　嘉器　陳瑄　陳璽　嘉應

　　萬七公房桃源里村　陳璞　陳琴　復興　陳忠　弘義

　　萬八公房溪口下街　陳梓　陳楷　庭芳　庭實　允照

　　萬九公房高塘李源　陳讓

　　　　——嘉靖《竹溪陳氏墓祀録》卷三《樂助墓田券一首》

明嘉靖績溪縣龍井胡氏宗族戒約

戒約

一、世道不古，人心滋偽。不待親盡，已若塗人，惡乎可哉？輯脩譜系之後，凡親疎交接之間，當明尊卑之禮，有德業則相勸，有過失則相規，有患難則相恤，不失故家之遺俗也。

一、譜所以別尊卑也，凡稱呼當正名分，切勿以富欺貧，以勢凌弱，妄誕稱呼。貧弱雖不能與較，豈不見哂於賢哉？

一、自今而後，凡生子嗣取名者，務以行序稱呼，勿以繆錯紊亂班次也。

一、吾因以前取名者未有規則，是以隔房疎遠，不知尊卑所以相接，稱呼未免錯亂，名分何由而正也？取字五十箇，擬作五字一句，句法不拘意義，惟同宗後之取名者，世世務可將此五十字依次□取，以成班列。雖居隔遠，房分親疎，路途相接之間，得其名則知其或父輩，或子輩，昭然明白，稱呼自然，便當不至卑踰尊、尊降卑也。若不遵依，非吾之族也。謹示。

伯、世、希、光、大、貞、忠、志、士、成、天、昭、昌、應、德、邦、祥、允、可、清、廷、獻、弘、嘉、瑞、克、繼、本、奇、榮、文、行、英、賢、俊、信、善、尚、時、中、恭、敬、惟、良、厚、思、正、永、承、宗。

右自忠公及今二十五世之裔孫取名者，宜以"伯"字爲始也。

一、每歲祭掃祖墓，老者引幼者，同往凡某公、某妣之墓，逐一指示之，使子孫相繼記之，不致遺失，實爲敬祖保墓之要也。

一、今後，凡無嗣者，當就親房摘繼。國有正法，不可摘養異姓及贅婿，紊亂宗族。

右《凡例》附《戒約》共一十二條，乃譜之綱領也者，必先考例《戒約》，須知懲勵以興起之,豈徒觀而無益哉?

——嘉靖《龍井胡氏族譜·戒約》

明嘉靖祁門縣竹溪陳氏宗族墓祀戒約

墓祀戒

墓祀胡爲而戒哉?祀以盡孝,戒不孝以終其孝也。

吾宗由宋元來,散處已久,墓自十世而上,祀無統屬,亦累矣。頃以墓田既備,歲合族之散者,共承祀事,而宗好亦因以尋,則一物行而兩善得矣,此余輩之所深幸也。然合則衆,衆則其心異,其氣盈;異則難一,盈則易逞,鮮不因事而起事。夫不能行所無事而至於起事,不惟罪獲宗黨,危逮身家,人且指而議之曰:"是舉也,固義之端,亦爭端也。"則兩善未得而三害至矣。使先人而有知也,將居歆其祀乎?抑唾而弗受乎?此又余輩之所深懼也。小嫌細故,皆足至此。而先継被犯爲甚,継今有犯,每房推練達世故者二三人,虛心善處,得直則已,萬無閟於衆口,別起風波,至不可支,非過計也。易成者衆務,難終者亦衆務也。必視遠祖如近親,惜公費如己出,任衆事如家事,不以利害爲前却、久暫爲勤惰,始克濟。否則,吾未見其能終也。慮終而痛戒,則幸常幸,懼無懼矣,不亦足以少慰先靈而逭不孝之誅哉!若或誘於私囑,或將爲己謀,或過於防閑,倡爲姑息之説,以灰衆志,以沮公論,以乖成約,以隳先業,以遺後患,又皆不孝之大者也。凡我宗親,尤宜刻骨。

各房值年次序:

壬辰,萬五公房。

癸巳,萬七公房。

甲午,萬八公房。

乙未,萬九公房。

右週而復始。

——嘉靖《竹溪陳氏墓祀録》卷三《墓祀戒》

清康熙三十五年五月休寧縣首村朱世德等立議墨合同

立議墨合同人世德、以治、元亮、希茂、朝郁、朝禄、朝清、自熙等,吾族創立宗祠,始於明季。崇禎二年,闔族批丁,各出樂輸,共建祠宇,以盡人子報本之忱。構工將半,緣與隣村訐訟,以此未得告成。至於順治十五年,闔族批丁,樂輸約計百有餘金,以爲遞年修葺祠屋,兼納錢糧。其銀雖有批領,不能生息,于事無濟。至康熙四年,支丁貢自客外歸來,見祠宇損漏,邀同志,倡議闔族公舉。凡支下嫁女公堂,誕男長口,取其二項,公貯入匣,係之興、朝綱管理,遞年于長至日,菓酒敬祖畢,公同族衆,清算注簿,向無異議。至康熙十六年,復舉元凱、自盛、希茂、希珪管理,照遵前人規議,所貯祠匣銀兩,遞年運籌生息,收支出入,皆如前規。至康熙二十三年,復交自盛、希珪、德魁、可松管理無異。豈于康熙三十三年,有田來當祠銀,祠内不從,因此訐訟,是以任康、可松等不願管理。今奉縣主金批,議立管祠。今闔族公議,共舉朝益、邦遜、邦積、國英等,蒙批在簿,准任管理。但執事者務要潔己奉公,廉貞自守。既無瑕疵,族衆自無異議。設有恃強任事者,傳知各門支下子孫,集衆公論。恐後人心不一,立此議墨合同一樣三張,兩社各執一張,存匣一張,永遠遵守爲照。

一、議膺任祠務,原非自愿樂從。因下爲族衆推舉,上爲祖宗出力,吾族長幼,人各虛心體貼,無得妄生異議,肇起爭端。但執事者既任其勞,無使再任其怨,族衆倘有無知不法,恃強横逆者,傳集族衆,呈官究治。

一、議任事者務要潔己正人,不得狥情懷私。今既議執事者三年交換,現任者自宜敬謹其事。倘遇事有疑難,即商之于衆,抑可以杜無知妄言之口,又可以爲後接任者之規。

一、議坐穀價照時值,先付銀,先發穀;後付銀,後發穀。但佃户來約看穀之日,即議付某人收,輪流挨次,不得爭執高低。倘有將首飾來抵押,計重一兩,只押七錢,議定冬至日清償。如不清付,將原首飾典内押銀,票付本家取贖。金珠、寶石概不押,免後爭執。

一、議各項《條規》,當遵前簿舉行,無得異説。

康熙三十五年五月　　日立議墨合同人　　世德　押　　以治　押　　希茂　押
　　　　　　　　　　　　　　　　　　　世宰　押　　元亮　　　　朝郁　押
　　　　　　　　　　　　　　　　　　　　　　　　　以恬　押　　朝禄　押
　　　　　　　　　　　　　　　　　　　　　　　　　以愉　押　　朝清
　　　　　　　　　　　　　　　　　　　　　　　　　　　　　　　自熙　押
　　　　　　　　　　　　　　　　　　　　　　　　　　　　　　　希雅　押

　　　　　　　　　　　　　　　　希祝
　　　　　　　　　　　　　　　　希孟　押
　　　　　　見議人　朝珍　押
　　　　　　　　　　朝聘　押
　　　　　　　　　　傑壽　押
——散件文書，原件藏安徽大學徽學研究中心特藏室

清雍正歙縣潭渡黄氏宗族濟美祠禁斫竹約

附濟美祠禁斫竹約

　　昔者，黄山樓畔，四圍修竹參天；濟美祠中，一院清陰覆地。是以蒼稍含霧，人歌《淇澳》之章；翠篠摇風，客咏"渭濱"之什。抑且烟籠個個，照几席以常青；雨洗竿竿，映鬚眉而俱緑。豈特一祠蔭衛，實開闔族觀瞻。洒邐者絶少栽培，徒知戕賊，索龍孫于土内；掘損舊階，覓稚子于草中。掀翻古砌，竊材作器，寧思粉籜愁雲，取瀝和丸，罔顧蒼筠泣露。若不早爲保戢，必致漸就凋零。故未禁之前，縱知弗問；自約以後，雖久必查。倘同會背盟，當秉公而議罰；設宵人違禁，即集衆而責懲。務俾狐鼠潛踪，斧斤絶跡，庶幾免墮湘妃之涙，成君子之林矣。故約。
——雍正《潭渡孝里黄氏族譜》卷六《祠祀·濟美祠禁斫竹約》

清乾隆三十四年二月歙縣漁梁姚氏宗族起造支宗祠議約

闢思義公祠爲衆廳説

　　吾祠稱爲衆廳，果昉自何時乎？人不得而知也。四支未分，本無統祠。既分之後，各有建立，則本支由廳改祠，應無疑義。觀《宗譜》載永樂十八年《承澤堂記》，即可知衆廳爲我思義公已業，且清丈亦載明係姚思義户，與他支無關也。或謂即璉祖官廳，説亦近是。但明成化及乎萬曆，兩次修譜，並未載斯業爲公業，則分授我祖而始以"承澤"名堂歟，亦當然本支承受己業也。謂之衆廳，直思義公屬下之衆聽已矣。當清乾隆三十四年，下門思德公支與本支議建宗祠，固是美舉，闔族贊同，以本支廳屋並基地衆業爲基址，其餘石鼓、石柱等項工料，概歸思德公支丁擔任，訂定六年完工。如期滿不成，

思德公支情願犧牲用費，與思義公支承管，思德公支無得異説翻悔。此蓋漁梁兩支莫不欣喜努力，以底於成。詎料人心不齊，坐失機會，致使彼熱心人長吁短嘆，以不能達其目的爲恨，更使我舊廳摧敗難以復原而太息痛恨不休者，又奚止什百如彼之當事哉？噫！天下事合而分者易，分而合者難。田氏門庭荊花復茂，乃千古所僅見，何況分居十代，子孫蕃衍，而强使復合一家乎？於情於理均有不可得。無何，咸豐八年，洪、楊軍再陷徽、歙，焚掠太甚，本祠遭毀，瓦片無存。同治初，世界平靖，重建享堂及頭進，思德公支執前約强爭，是何欺陵之甚耶？若瓦礫場中猶有從前石鼓、石柱踪蹟，亦可證明當日已成之象。且同治初年，亂前老者抑復不少，並無人證明同進神主之往事，是强詞朦蔽，無理取鬧耳！最後解决贏得，情商讓造，爲敢族誼以靖爭端之約。然細究文義，如曰"彼此不得生枝侵佔，則仍根據逾期不成"之語，爲各管各業之美詞。又曰"倘遇會場，仍照舊章"，則止遵行臨時暫假之例，作自退結束之常套。似此情節，却無解説之必要。然恐年深月久，真相莫明，而妄誕之流傳最足駭人聞聽。矧近日有乾隆、同治兩朝據約之披露，能保他日不指思義公之己業而爲宗祠之公業乎？所幸本支祠既成立，内堂懸額曰"承澤堂"，頭門懸額"思義公祠"，則見前人如此，已不知受盡多少艱難困苦。吾輩小子，顧可忽諸？是以不容不闢其説也。雖然吾宗深明大義之人正自不少，各有祠宇，毋貳爾心。大都情義不終，每起於一二人煽惑。若論我祖，孔懷誼篤，於掀天簸浪中，能以"不見兄不復還"之誓，上格天心，則人非木石，頑冥豈猶不能知感乎？余作是篇，終慮其不念同宗，致鬩於墻而召外侮。苟使讀者各存公道，各憑良心，是是非非，毋爲過分之言動，斯爭端永靖而族誼永敢矣。

附録　乾隆三十四年二月立同議據

立同議思德公、思義公支下人等，爲起造宗祠，以安祖靈，以敢族義。思義公支下自願將竭字一千五百四十四號、一千五百五十號、一千五百五十一號、一千五百五十五號，總共四號，土名南宫頭號内廳屋壹間，併前後餘地，歸衆改造祠堂，思義公支下人等不得返悔。思德公支下人等捐資銀兩、工料，亦不得推諉。爲此，聚族公議，兩支下人等永無異言。凡族同人，務其一心，庶無二念，成功之日，勒石標名。誠恐人心不齊，立此議約兩紙，各執一紙爲據。

乾隆三十四年二月　日,立同議各支下族長吉承諱正俋。

又立議定規:上、下兩房長支下人等,今因建造宗祠,揀選本年八月初三日,興工起造。其上門廳屋併基地一片,係思義公各支己產,自願推出,合族建祠。倘有上門廳支下人等阻撓公務,聽憑房長處治,公罰紋銀拾兩,入眾公用。其前、後進原議合進神主。建造之日,俱係思德公支下輸捐銀兩,思義公輸批廳屋并基地建造,言定陸年成工。屋內毋許堆塞,以進神主。此係兩相情願,亦無威逼等情。後恐支丁違背,捐銀不符。倘逾期,祠屋如工不成,則新造之屋與上門人承管,德公支丁永遠無得異說。倘有此情,聽憑爲首人執據呈公究治,以不肖之罪論。恐後無憑,立此議據存照。

乾隆三十四年七月　日立議據思德公支下等同思義公支下等。

思德公支下正俋　正傳　戀康　戀遠　錫爵　一桂　一銘　一鈞　一星　明璋　永萬等。

思義公支下大璲　光淞　光湧　光渭　光洋　光棟　光槐　光洄等。

——民國《歙南武擔姚氏漁梁上門支譜》外卷《闢承澤堂爲眾廳說》

清乾隆五十七年正月歙縣棠樾鮑氏宗族宣忠堂堂約

重修宣忠堂堂約　并序

明嘉靖中,先尚書於祖居前爲堂,取制誥語,名之曰"宣忠"。堅壯閎敞,歷二百四十餘年,子孫昏喪事,咸在於是。其力田者耒耜禾秉或頓其中,踩躪無不至。又風雨鳥鼠,日有損焉,我先人之業且墜於地。歲己酉,侄志道歸自江都,見而傷之,乃鳩尚書後人凡百十有一,各輸金半兩,未冠者率十減四,而身董其成。於是仍其基址,易以梁木,踰歲告成,遂還舊觀。堂東有樓,尚書追祀孝子公於其上,志道并新之,與眾爲約,歲遞掌其管,非昏喪賓祭不得啟,毋㒵以他物,則皆曰:"諾。"已而,志道婦汪獻疑曰:"諸宗苟有隙宇,農瑣何爲陳於斯? 君之新是堂也,可謂保先業,未可謂便於人也。"志道曰:"然。然則奈何?"曰:"堂之後故有餘地,余居恒節衣縮食,薄有私財,請爲屋以共積貯而收其什一之租,以修時祀,可乎?"志道曰:"善。"既成,眾莫不稱便。始工之興也,志道及婦後先請命於余。余聞而嘉之曰:"復祖之業而不專其勞,成夫之志而曲體乎人之情,是難能也。"書其事而揭之壁,并著其約,俾後之人監焉。堂右有井,近於厠,汪舊汲於此,苦其不潔,茲并移厠遠之,而浚其井；又平治其衖，以便出入者，都爲銀凡三千五百二十七兩。用附識之。

乾隆五十七年正月，宜瑄識，時年八十二歲。

堂約六條

一、曰堂後達內室第一層門，公同封閉。書房、馬房舊係各房分管，今書房改爲倉房，馬房改爲柵欄，公議公同管業，不得如前執爲已有。

二、曰宣忠堂并祠屋管鑰，收存管年之家，惟遇歲時伏臘、冠、昏、喪、祭日准開，其餘不得擅入。如支裔迎會新親及搢紳先生來往，許先聲明，暫時開用，過後隨將桌椅拭抹潔净，毋得污穢大門外柵欄。非昏喪及標祀等事，亦一概不準擅開。

三、曰宣忠堂原公存爲昏喪事用，各房支裔，均毋許堆貯農具、柴薪、糧食及一應什物。其東首祠屋上有樓，舊爲供奉祖先之地，今香火日衆，公議移奉樓下，更宜肅静。一切他事，并在所禁。即有造屋、製棺諸正事，亦不得藉詞破例，并毋許宣演保安法事以擾先靈。如各房或有修設度亡焰口，適遇天雨，準將邊廳暫開，其火燭務須小心隄防，毋致疎虞。

四、曰堂內桌椅、祭器及門扇、窗榻等件，均毋許移出外用。即遇焰口法事，亦止準在原處用，仍不得損壞。

五、曰祖遺《雲南圖》，向例元旦張掛，以便元妙觀提典展謁，及各莊僕叩首。履端伊始，體制攸關，是以向例凡遇老幼喪柩，不得停占過年。今訂以百日爲率，如遇喪故厝葬，趕於限內或臘月半後有柩在堂，不及出殯者，許暫移置堂後。總以百日爲限，不得過期。如違，以悖祖論。

六、曰宣忠堂屋後空地，土名後坦，其地業原係長房承分，今志道別自捐貲，建置一字平簷屋八間，議以東邊四間歸長房承管，餘四間二、三房各管兩間，聽各房堆貯農具等物。志道之特建此屋者，實爲敬恭先人堂構起見，各房支丁，亦當自愛。分撥之後，止許各房輾轉租用，準堆物，不準居住。每間每年定以租金足錢三百文，仍歸於各房，以爲齊英、孟英、同英三公祀事添用，不得租與外人。如有損壞，各房自行修理。

以上公議《堂約》六條，實以先人二百餘年遺澤，復加整頓，以期世守。凡屬支裔，宜有同心。第恐積久玩生，是用揭於座隅。如有故違，以不肖論。即志道後人，亦一體遵守，毋以違祖干議。

尚書公支裔見以逢位居長，因久客蘭溪未歸，故公推宜瑄主議，其同議者并列於後：

宜瑄　宜瑗　宜度　宜湘　宜珮　宜瑶　宜積　廷璧　廷鑰　廷佐　廷訓　廷卿　廷召

廷嘉　廷祥　廷柱　廷傅　廷貞　廷鑒　廷道　廷琮　廷瞻　廷禧　廷祈　廷魁　廷禪

廷運　廷璵　廷鈞　廷迪　廷珵　廷通　廷裘　廷璋　廷表　廷鏞　廷禮　廷迎　廷禎

廷鎧　廷灼　廷嵩　廷邃　廷淳　鐘元　鐘和　鐘清　鐘梁　鐘良　鐘正　鐘泰　鐘漢

鐘源　鐘文　鐘蘭　鐘豫　鐘美　鐘孝　鐘堯　鐘鶴　鐘本　鐘馥　鐘陽　鐘耀　鐘芳

鐘棣　鐘級　鐘茂　鐘基　鐘發　鐘綸　鐘球　鐘澤　鐘圻　鐘鼎　鐘璜　鐘衡　鐘立

鐘振　鐘藝　鐘金　鐘萊　鐘瑜　鐘昱　鐘昌　鐘杰　鐘莊　鐘茹　鐘晟　鐘著　明經

明彩　明禮　明輝　明智　明瑞　明聲　明珊　明綬　明星　明熙　明建　明城　明海　明揚

明均　明環　明點　明綱　明奎　明吉

——嘉慶《棠樾鮑氏宣忠堂支譜》卷十七《祀事》

清光緒績溪縣東關馮氏宗族家戒

家戒　本白沙家譜

百行奚先？曰忠與孝；五倫孰重？曰君與親。綱常須正，倫理在明。奈何子孫蕃衍，消長不均，毋以強而凌弱，毋以富而欺貧。服族雖遠，名分猶存，毋以親爲塗人，毋以疏而踰親。宜患難而相救，勿相稽以反脣。用以光乎祖考，期無愧乎平生，致家和而族睦，使俗厚而風澆，庶斯譜之不虛作，而家範之爲有成。願爾子孫之繩繩，毋忽吾言之誻誻。

——光緒《績溪東關馮氏家譜》卷末下《存舊》

第五章　譜牒規約

第一節　譜啟暨修譜通知帖

明嘉靖十九年十一月休寧縣泰塘程氏宗族重修族譜啟

重脩族譜啟

竊惟譜以叙世系、籍以紀典章，二者乃相須以行，而實世家之所重者也。故三世不脩譜，君子譏非大族；二代之缺文，孔子傷其無徵。顧我泰塘，遷自秦祖，遡世二十有一，計年四百有奇，詩書相傳，鄉里碩望。但譜雖續脩而未鋟梓，是焉足憑；文雖大備而無紀籍，所以散逸。遂使世系罔聞，而親親之道薄；考證無地，故盛美之弗彰。實先世之遺志，爲今日之急務也。況今日藉祖宗之庇，家聲克昌；賴山川之靈，英賢輩出。特恐及此譜不續脩，鋟梓之無日；文不搜羅，訂籍籍之無時。文章漸散於丘墟，祠墓將廢於荊棘。各派之源流難於究索，而非我族類得以溷淆，實非以尊祖收族而稱世家者也。珪等每念及此，實切寒心。且繼志乃孝之先，見義以勇爲貴。故忘卑陋，勉欲效勞。但事體匪輕，須得族之高年特達者爲之綱領，俾珪等得厠前驅，庶數世之遺志克成於一旦，而曠古之盛事有光於千年矣。

謹啟。

嘉靖庚子一陽月朔日，靖師公房裔孫子珪頓首拜書。

——嘉靖《世忠程氏泰塘族譜》卷首《重脩族譜啟》

明嘉靖休寧縣左田黃氏宗族會譜修墓啟

會譜脩墓啟

瑜竊謂義能收族，在父兄、子弟之多賢；孝不忘先，究水木本源之獨盛。滿床袍笏，述乃前知；奕葉衣冠，藏而後發。故抔土必欽乎始祖，而譜書尤重於大家。況軒轅以貴開宗，子孫千億；而縣尉以賢垂裔，體魄柏林。頫則當修，繁寧失紀？幽明交感，猿兔遶而鳳麟生；存没相関，松楸成而竹簡載。實此時之急務，宜吾輩之允功。第衆事易成，胥待叢哀乎衆力；繄大功不朽，安能遺漏乎大方？彼東西南北之人，雖聖猶勤問墓；此鄉黨州閭之族，非鄙誰不敬宗？故柏林之臺，祖墳尚在，且左田之派，人物京昌，拳石未加，爲我心惻。芳名不續，視古風微。掩璧無光，華胄豈渝於遠慕？積金有用，不貲勝費於異端。

凡我族類之真，幸悉懇誠之告，一舉可兩得。墓修譜成，百金非獨揮，誼高績偉。平地爲山幾簣，又遠仞墻；尺牘、紀文若干，還須鉅筆。計以日，計以月，磚役、石役、雜泛役；某也賢，某也才，大書、特書、不一書。信子孫之有人，泉扃潤色；見宗族之盛舉，梓刻同心。式探百萬之囊，敢避再三之瀆。非私幸也，惟公鑒之。謹啟。縣尉公墓石瑜已造黄土坑朱家山上，因訟連年力乏，故弗克成。子孫日後完竪，以終吾志，宗祖豈不佑哉？

——嘉靖《新安左田黄氏正宗譜》卷首《會譜脩墓啟》

明萬曆三年休寧縣璜源吴氏宗族譜啟暨回啟

譜啟

我《璜源吴氏族譜》自六將仕、三友公續編，迄今凡三百六十餘年。後諸公雖嘗繼續之，然意在速成，未加詳考，至今亦百三十餘年矣。自伊公以上世次，宜正而未正也；自十五世以下，系圖宜續而未續也。蓋族雖多彦，志不暇及；力有餘閒者，心或不在焉。予子應期嘗蒐輯先世諸公所續家藏譜墨，及石嶺宗丈希瓚公所寄譜，而日披閱之于焉。本石嶺之譜，以正傳訛；據諸公之譜，以集傳記；訪諸房之名號等列，以續《系圖》。彙編分卷，録以成本。予因其功已就緒，乃爲之删繁就簡，存信缺疑，辨是非，定議例，爲更定本，俾録藏之，以爲後作者之張本。既而又與同門諸子侄群聚相籌，以爲譜非一家之私書，與其乎録之而獨藏於家，孰若梓行之而分佈於族？使之家有傳而世共守，庶不失乎立譜收族之本意。然欲成梓行之功，須藉衆力之助，而人或異好，志不相侔。夫固有欲助而不能者，亦有能助而不欲者，是固難取必於衆也。乃僉議取我思凱公下義聚所入者，以爲鋟梓之費。而在諸房有好義不吝者，聽計其本枝合用工價而勸給之，即於卷首爲書刻曰"某公房刊"以見之。其有欲助而不能與，能助而不欲者，不強索之以求必得也。是蓋以事雖出於義舉，在人或無助義之心。功必期於有成，不負厥初之念故也。爰述本意，用啟族賢。

皇明萬曆三年歲次乙亥秋月吉旦，裔孫燁拜啟。

回啟

嘗謂尊祖敬宗，譜莫重焉；正名辨分，譜莫先焉。故家乘之續，譜牒之編，誠仁人孝子之所當用心者也。我《吳氏宗譜》，在璜川則枝分始於堯公，在石嶺則派共源於瑀公，故世系一遵石嶺之譜爲正者，誠確論也。先世諸公，間嘗嗣而修之，皆未梓以廣其傳。由茲而來至於今，圖之當續也，已有七世，年之相去也百三十餘。作於前雖美而彰，述於後弗盛而傳，不幾愈遠而愈失其真乎？今族叔祖汝乾、時可會集同宗，重修譜牒，欲捐所費，以成鋟梓之功。故先之通啟以達其意，次之條開以質其疑，深有見於譜非一家之私書，而欲協同於一族之輿論也。閱其序系，考其傳注，黜浮崇雅，皆有按據。或本之舊譜載籍，或稽之斷簡殘篇，信以傳信，疑以傳疑，允合史書之家法，而無一毫遷就於其間。迹若涉於獨裁，而心實本於公義，將見濬其源者其流長，培其根者其枝茂。因之以復大吳氏之宗祊也，不在茲乎？茲誠美舉。自慨愚庸，文不能以贊詞，財不能以厚資。敬復斯啟，少竊古人愛莫助之之意云。

萬曆三年歲次乙亥秋月吉旦，族侄孫錦林、珪、孟華、文昊同頓首拜復。

——萬曆《璜源吳氏族譜》卷首《譜啟》

明萬曆四十年十月休寧縣曹氏宗族輯梓曹氏統宗譜通知帖

輯梓曹氏統宗譜通知帖

竊以譜牒之尚，其來遠矣。非徒矜閥閱、誇門第，寔以尊祖宗、收族屬、辨昭穆、別異同也。吾曹自青州而遷休寧，自休陽而分各邑，雖居處遠近不同，而多歷年載，世緒不紊者，孰非譜牒以統束之也？是以屯田內舍諸公世輯家乘者，良有意也。至於弘齋公，又能述祖宗之功德，起後裔之孝思，三復譜錄，厥功懋哉。迨茲以降，歷年三百而無以紹之者，將至玉石不分，朱紫淆溷，豈第慶吊不通，視為途人而已哉？余伯祖高州公懼斯道之久廢，乃銳意於修輯，搜今考古，述舊增新，業將垂成，未梓即世。先大夫繼出，篤志於斯，務抵於成,廣濬源流,稽求始末,近自本宗,遠迄諸派,編以"世系",叙以"事略",直書特書,可謂備矣。不幸厥功未完,忽先朝露,以致生平功業竟作未了軒也。痛念祖父手澤弗能鎸布廣傳,何以爲子孫述先志?乃承藉先人之遺筆,率循伯祖之舊章,詢於父老,咨于眷姻。欲彰前賢忠孝之德,期補後人行誼之詳,旁求遠邇,以作統宗,三易寒暑,幾于有成。自知狗尾續貂,難逃僭竊之罪;惟務光昭先德,切于睦族之誠。苟同源共本,豈遺貧賤?非一脉原宗,安認富豪?猶恐遺三家村落之枝,失一人隱微之行,殊非統宗之意,豈盡收族之心?敬陳片言,敢布腹心。凡我宗盟,垂鑒鄙衷,或自南遷而來,向未入譜;或弘齋公以後再未續編,俱以出處、行誼、生娶、卒塋,歷示細詳,俾便修輯。且軒原以孝祖睦族爲心,非爲媒利沽名而舉。繼志述事,惟知竭誠于己;樂輸、義助在于好事爲之。衆(輕)[擎]易舉,庶幾速成。如是則前人之令德可彰,而後來之宗系不紊也。倘宗盟父老更以見聞垂教,以咨軒之不逮,使得補而改之,深所愿也。先期預聞,容面求教。謹白。

皇明萬曆壬子歲孟冬月吉旦,休寧縣曹村宗末嗣軒頓首拜具。

——萬曆《休寧曹氏統宗譜》卷四《輯梓曹氏統宗譜通知帖》

明萬曆休寧縣曹氏宗族給付統宗譜約

給付統宗譜約

甚矣哉,統宗之難也!吾家自屯田内舍、主簿歸耕,諸祖世輯家乘録,皆未梓。至弘齋公,究心十載,始成家録,鎸而布之,厥功懋哉。歷今又三百年矣,其間伯昌、明遠、靜菴、高州諸公固嘗屬意于斯,亦僅僅于祖派本支耳。迨先大夫,乃篤志統宗,三易寒暑而業垂成,惜乎未梓而逝也。軒痛先志之未了,于是遵遺筆,率舊章,增附新添,補其闕略,幾更裘葛而始梓行,庶可以報在天之靈矣。區區之心,敢云備哉?凡受斯譜者,當念作之艱難,宜兢兢業業,世守弗失,毋貪厚利而售異類,以取不孝之愆。如違約者,宗老族長鳴其罪而督責之,追其譜以屬族長,仍罰白金壹觔,祭祀公用。不受命者,鳴之于官,逐而黜族,庶幾知有警戒而家聲不墜也。嗣軒謹白。

——萬曆《休寧曹氏統宗譜》卷四《給付統宗譜約》

明崇禎十一年三月休寧縣古林黃氏宗族續譜通知帖

續譜通知帖

譜牒之式，起於歐、蘇，法史例而成編也。名族故家，昭示來裔，使知其祖之所始、派之所分、履歷、行實之所著，千百世之源流賴以不紊，誠良法也。人當遵六十年一修之法，繼述相承，乃成望族。不然，莫爲之後，雖盛不傳，非孝子仁人之用心也。不肖文明嘗讀本族譜牒，知其來舊矣。宋淳熙，有文益公修。迨元皇慶，有立公修。國朝，洪武有宗三公修，成化有生莆公修，嘉靖有左田積瑜公會本族玹公、杲公合修。

迄今七十餘年，合歐、蘇之修法已遠，迄今不講。竊恐世遠人湮，莫能紀述，尊卑紊亂，遷徙不明。異日子孫欲求聯屬，其可得乎？明懷是懼，究心草創，承上接下，增續八世，藁脫數番，寒暑十有餘更，而後次第有成，不急鋟梓，何以壽其傳哉？明故不避僭踰，敦請族長暨同志諸公，齊赴宗祠，披閱譜藁，退邇世次井然，奕葉文章燦然。覽者孝弟之心油然而生，樂觀厥成，相與裁例。以今戊寅暮春爲始，設局于祠，謄續各支世次。但名位之下，《小傳》闕略，今開藁分致各支填注清白，免至臨期有更改之煩，俾董事者炤原藁續入《總譜》。完日，仍當通知各門房長，赴局簡閱無議，然後清刊。族中之藁，朝夕促注，計日可完。第有商居閩、楚、江、浙外郡之遙者，難于集議，顓茲續輯梗概并世系奉覽，希即會同在處列位，炤式填注。或有前人傳狀、志序、詩文，表幽光以籍不朽者，祈速開藁并世系付局，以便續入，聿成全書。然而，纂輯務繁，不肖寡陋，或有疎略，統冀高明裁奪，玉成盛典。謹此具聞。

時崇禎十一年歲次戊寅三月　日，具。

————崇禎《古林黃氏重修族譜》卷一《續譜通知帖》

清康熙十八年正月徽州徵修方氏族譜小引

徵修方氏族譜小引

《方氏族譜》者，譜環岩派十八門方氏之族也。方氏本炎帝十代孫太子雷公，而居歙東鄉者，以漢贈太常卿、尚書令、洛陽開國公儲公三十二世孫希道公爲著。希道公自宋天聖九年縣東鄉遷環山，一傳爲孝廉惟中公，再傳爲高公行念五。子姓漸蕃，初析爲十八門，又廣而爲二十門。二十門舊有《統宗譜》，歷今百有餘年，人多散處，續修甚難。先君子殫心掾羅，成《方氏族譜》若干卷：首《圖像》，志景仰也；次《原始》，詳所自也；次《世系》，序昭穆也；次《支派》，匯同姓也；次《錫命》，重恩榮也；次《文翰》，存典籍也；次《家訓》，嚴法戒也；次《丘墓》，謹保守也；次《考證》，明確據也；終《附錄》，表女德也。凡此十卷，實本先君子纂定，或稽之舊譜，或訪之四方，有關風教，隻字不遺。自申、酉迄今，肩鑰什襲，三十餘年矣。前年夏，不幸先君子考終，治命以是囑付不肖。不肖敬承遺言，抱痛鐫心，讀禮之餘，艱於舉筆。擬當服闋，用錄成書。竊恐先君子裒輯未全，尚多闕略。敢告同族，系出環岩派二十門者，本某公、系某門、諱某字、某號、某謚、生某年、卒某歲、娶某氏、葬某處、生子女，或世居本門，或近遷某地，或儒或賈，或仕或不仕，一切忠臣孝子、節婦義子、勳業文章、幽潛隱德，有合於十卷之義例，而未經先君子表揚者，望一一指示，謹采以入，用光宗祊，不肖不勝懇禱之至。

康熙十八年正月，環山祥里不肖淇蓋叩首謹白。

——康熙《方氏族譜》卷首《徵修方氏族譜小引》

清康熙三十二年三月歙縣向杲新安吳氏重修族譜知單

重修族譜知單

族譜者，譜宗族，所以親吾親也。派衍雖蕃而支聯世合，庶一展卷而源流畢具，昭穆秩如，猶然相叙一堂，而祖德宗功千古如在也。

吾族顧自王弼公至道還公以來，其間歷修多譜，雖命名不一，總以誌宗族，不没親親之誼也。迄今又幾二百年，由新安而之外郡者，分遷星散，人益蕃盛。苟不修緝，後將焉考？予兄弟切念先人之志，恒以不克繼述是懼。今者敬遵舊譜而復修之，是以遍告吾族，乞將各支派下從八十七世以後，先列系圖，後開實行，或某公、某字、娶某氏、生某年、卒某歲、葬某處，一一開載清晰，總序一稿。或本支復遷他處，其責任在親房，務須稽查真確，不得妄收異類以紊吾族。倘有異姓入繼與本支出繼異姓者，亦須嚴察，概置不列。

俟秋，予親奉祖本，踵門查領。明春，各稿會載成帙，便即酌議付梓。戮力同心，其襄其美，庶乎纖流不失、萬派朝宗而先人譜族親親之志久而益彰矣。

康熙三十二年三月穀旦，向杲九十八世孫允文、允良謹具。

——康熙《新安吳氏考系·重修族譜知單》

清康熙三十九年正月歙縣環岩方氏宗族徵修歙方氏統宗譜啟

徵修歙方氏統宗譜啟

竊聞《詩》咏篤親，椒條著美于蕃衍；《禮》隆收族，葛藟常庇其本根。蓋木有本而水有源，故仁率親而義率祖，自軒轅爰始錫姓，凡胙土者十有四人。迨姬周，乃益封藩，得賜姓者千八百國，自是條分枝播，莫不源遠流長，亦有官倉庫而長子孫，以及郭北東而別氏族。青牛白馬，稱號攸分；五鹿三鳥，系傳各異。迨漢、魏初，崇流品，暨齊、梁，愈尚清華。南渡衣冠，聿推王、謝；北朝譜牒，咸重崔、盧。而衒鬻婚姻，顏之推所爲深恥；矜誇門第，崔桃簡以是貽災。甚或鄙棄單寒，攀緣貴勢。滿武秋無聞東晉，宜掛彈章；蕭文終絕遠南齊，謬承華冑。故必博稽而慎辨，乃爲睦族而敬宗。惟我歙州，夙稱方姓。遡黃山之肇祖，自紫府之仙翁。冕紱蟬聯，門多列戟；詩書鵲起，家有傳經。蓋從宋代以濬源，實自環山而衍派，支分十八，人滿億千。統宗之祠廟雖嚴，合族之譜圖尚缺。比年離析，舊國荒凉。或宦學于四方，松楸莫問；或播遷于九域，桑梓虛存。兹遇二十四世，省元門曾叔祖諱懷德，字懸思，橐解千金，誼敦一本。追思祖德，謝康樂於是作歌；能讀父書，班孟堅方將自叙。迺顧予而歎息，遂授簡以輯修，不揣顓蒙，力肩偉任。雖文慚鏤管遠遜陸倕，而世授青箱有同王氏。夙承萬石之教，書馬足而粗成；頗窺百氏之篇，視鳳毛而多愧。願持油素受襄陽耆舊之言，爰執奇觚述楚國先賢之傳。惟望族中群彥不吝江上德音，爲穆爲昭，鴻雁之飛翔有序；孰疏孰戚，牛羊之踐履勿加。庶幾丹塹成編，儼諸父兄弟之咸在青絲綸簡，使幼子童孫而共知俱念家聲，勉成國器。不獨五服親屬油然動起孝之心，且令百世本支愾乎識承祧之義。謹啟。

康熙三十九年正月吉旦，祥里門二十七世孫淇蓋拜具。

——康熙《方氏族譜》卷首《徵修歙方氏統宗譜啟》

清康熙四十三年八月休寧縣月潭朱氏宗族修譜啟

月潭朱氏修譜啟

　　蓋聞土姓之錫肇自《夏書》，而國族之繁系於左氏。凡瓜瓞之日衍，恐奕葉之易淆。讀史遷《自序》之文，司馬是重黎一本；玩子雲反騷之句，揚侯乃汾祖真傳。歷數先民，大以水源木本爲念；憫予小子，敢以年湮代遠爲辭？宗支是重，譜牒宜修。惟我朱氏係先火正苗裔，出自高陽國，本邾婁授社鄰於宗魯。自地遭楚併，遂去邑從朱，代有偉人，多勒勳於史册，世稱望族。每散顙於寰區，據徽之一派，亦分枝於兩省，源從吳郡，更徙金陵白下，重遷黃墩寄蹟。舜臣公身膺戎旅，自唐末造，兵戍婺源；諱瓌，茶院公，唐僖宗時。韋齋公官拜迪功，當宋偏安，家留南建。文公父也，諱松。至臨溪，爲休寧之祖；臨溪公諱瓚，自婺闕里始遷臨溪。粵月潭，爲特起之宗。月潭公諱興，自臨溪再遷月潭。試上溯乎蘆村，均爲一父之子；再進推乎茶院，孰非一祖之孫？惟兹月潭之支，越四傳而大顯；實我竹溪遠祖，聯九族以成書。竹溪公諱汝賢，月潭公四世孫，官至提舉；弟竹窗諱汝清，明州同知；竹林諱汝弼，歐寧丞；竹軒諱汝輔，湖南承宣使，兄弟同居，世稱義門，首家修譜。棣萼聯輝，勳階并貴。紫陽義居之號，賜自宋朝；家有紫陽義居賜宅，宋度宗朝建。白岳聖人之宅，建由獨力。休寧明倫堂，係竹溪公建，事詳邑志。甲第極雲霄之上，園亭據山水之間。此月潭一派至今繁衍者也。乃臨溪之三世，實先月潭之遷；有時公之一支，獨著環溪之勝。時公無號，其子坦遷環溪，臨溪公之曾孫也，月潭公則臨溪公之元孫也。此歙縣環溪派也。留臨溪而不徙，守高唐之祖塋，此本邑臨溪派也。蘭等族居月潭，派分闕里。自提舉公刊年譜，而後黃海代有亢宗；提舉汝賢公去文公五世，修《宗譜》及《文公年譜》，重刊之。粵齊宗公修《家乘》，而還白嶽未鍾靈秀。齊宗公提舉六世孫，成化壬辰修譜，至今九十三世，遞三百年未修。惟三百年之遺緒失墜，致十三世之譜系無聞。不揣輕微，欲蒐輯夫家乘，庶幾近易用起，例自月潭書法，不厭其詳，詳夫祖先名諱、生卒年壽、行第、紀事，務求其備，備及子女嫁娶、郡邑姓氏、官階，庶見竭蹷而成一書，行將連類而全完譜矣。謹啟。
　　康熙四十三年甲申歲八月朔日，茶院二十七世孫國蘭拜書。

——康熙《新安月潭朱氏宗譜》卷首《啟》

清康熙休寧縣重修藤溪陳氏宗譜徵錄啟

重修藤溪陳氏宗譜徵錄啟

族之有譜，上以疏木水之本源，下以別支派之次序。生死記其年數，婚嫁正其世類。有善則彰，遺行永著。誌出遷以俟將來，示葬地而傳不朽，所以教親親、垂世世也。吾族之譜，自元以邅，雖已數作，然荒蔓無存；由明而下，曾經兩修，皆簡略弗詳。矧今代遠年湮，枝繁流廣，莫之紀載；又更桑田滄海，轉徙播越，無能稽考。若不乘時修輯，竊惟氓隸之夷橘且成枳，尤虞攀緣之屬梟乃附鷟。豐嘗閱前牒，仰述先朝，衣冠赫奕，莫盛於藤溪；閥閱重光，最顯于石門。何至近代崛起無人？返顧曩日，懷慚罔地，急昭百世之芳躅，希勒一族之鉅典。毋使服親等諸行路，庶其遠派不忘本宗，幸甚。

二十六世宗黃坑派豐熏沐頓首拜具。

——康熙《藤溪陳氏宗譜》卷首《徵錄啟》

清乾隆二十三年正月績溪縣華陽邵氏宗族會宗小啟

會宗小啟

吾始祖康公食采於召，受封於燕，以召為氏，系出於姬。迨至平公，東陵郡望衍於雁門，漢錫邑耳。迄于坦公，始新遺愛，神祖降生，所為衍慶於嚴、徽間者，百有餘族，凡稱世家，成巨族，我邵殿最。而發源於古歙華陽者，百二公也，迄今未集譜牒。茲欲會修徽、嚴，艱於薈萃，家各為書，難免舛訛。不揣固陋，第將百二公下諸宗理其緒而分之，比其類而合之，編為若干卷，使各派有志論世者開卷有得，而後世之念切宗盟者，或以此為告朔之遺焉可也。聊具數語，赴告吾宗，若非其種，尚冀捐之，毋帶薋雜薰，令歸同器。謹啟。

時皇清乾隆二十三年歲次戊寅春王正月吉旦，紋川叙倫堂譜局具。

——乾隆《華陽邵氏統宗譜》卷首《會宗小啟》

清乾隆婺源縣雲川王氏宗族修譜事宜

修譜事宜

一、祠首擇吉集合族紳衿耆老，會議公舉協理揭首掌修。人員已定，隨印《紅簿》，裝釘開填，各揭首名下，卜吉祭告，其與事人員俱對祖畫押。祭畢，饗胙，祠首再發《紅簿》，交協理轉授各揭首，謄寫各房人丁某名、某字、行某、生人年月、男女婚嫁併歿葬向。新、舊譜底定，一月內交清。各家遠遷者，各揭首郵信催彙。協理再查明生丁，清斂丁錢。再接掌修入祠，磨勘編排，行第勿錯。必候各卷編次草式俱成，然後擇吉興工。如草稿未成，萬勿急早鳩工。至所刊各式樣板，俱係匠工領樣自刊，不筭工。

一、總理，祠首任之，專司出納度支，毋得侵預。譜內文卷，因革事宜，主文自有秉筆，并非祠首越俎參知之務。

一、協理，公舉年尊望重有才力者共八人，督催揭首丁錢《丁簿》，助祠首典司出納，買辦物料，管理工匠。每二人為一輪，必要在祠值日，以便料理，對筭字數，發板收板，俱登記明白。

一、揭首，謄寫《丁簿》，催斂丁錢，每房舉一人。若丁多者，約二百丁舉一人。要擇公正而善書者，方勝其任。

一、掌修，編次各項文卷，磨勘《丁簿》，編排行第，悉心校對，毋致差訛。擇紳士中公正練達、知大體居心忠厚者二三人任之，庶不予智滋事。

一、辦板，梨板為上，現成鋸鍚板塊者，江西書坊中，有人採販最多，每塊可比尺寸定樣，或與刻工包斷送局亦可，大約每塊不過叁分，臨時斟酌。但用壹塊則筭價壹塊，破壞退還，包斷自好，宜在冬月辦。其次，則家中梩板，但鑲板要牢固，鑢鍚已成，發板、收板亦逐塊登記，以防竊作釁薪。

一、發刻，不論《文獻》《世系》字樣大小，統計每字壹百，定工食九五色銀叁分陸厘，可以包寫在內。大約大楷字《序》，每字壹雙銀叁厘；中字《序》，每壹字銀貳厘；大字草書《序》，每壹字銀肆厘。書皮頂大字，每壹字銀伍厘；書口簽壹條，每壹字銀叁厘；圖章貳大方，每篆壹字計銀亦伍厘。至頒譜小圖書，只每雙叁厘，不論字數。若字不如式，扣減工價。所有《宗祠圖》《墓圖》，約計圖壹雙銀伍分，包繪在內，字數另算，亦每百字銀叁分陸厘；《陽址圖》貳篇，須精細詳盡，形勢工巧，每篇銀貳錢不等。惟做邊，每塊銀叁厘。

一、課功，倘匠工多班，先發文獻，次發世系，字有大小，要每班勻派，毋令苦樂不均。字不楷正及省筆，斷定另寫另刊，本家不補費。其加改字樣，若稿本錯落，本家認；工人錯者，匠工認。托板布，每人戶布貳尺，月給神福貳次，每人火酒半提，豬肉大秤各叁兩，香紙在外。其供神燈油、上紙糊，工自認。初起安神，散工謝神，即用本家請酒肴饌，不必另給神福。搭板油，亦工自認。

一、待工，進門起工及新年歲末，俱請酒。端陽、中秋，用六簋酒飯。譜成，待戲文酒，不然，即折戲儀壹封，外用鼓吹，凡做邊、刷印、裝釘工人同預席致謝。另外，無花紅賞手。

一、給工食，初入門，本家墊柴、米、油、鹽銀壹兩零，候刻字壹萬，即令鏟空印樣，修補交清，依數給付工食。其墊底銀定作伍次扣除，以杜預支、多支之弊。

一、買紙，要校譜樣式，採買厚白好紙，逐把點張，免缺。

一、刷印裝釘，定每本包工食九五銀貳分，不論厚薄，其棕帚、香油等項俱在內，惟書殼、掩紙、扣線、印墨本家自辦。釘線要用宋樣，刷工亦各給圖裙壹條，神福及歲時并竣致謝酒食，亦如刻工。但本家另自僱工，不可聽刻工包攬。

一、發紙，逐把數清，缺則補足，總計總筭，聽工人裁用。有破換補，留作掩紙。印壞者，工認，照價扣除工食。

一、頒譜，祠首卜吉，叫戲祭祖，然後優觴以勞任事諸人，合族紳衿咸與。其演戲費用，約派譜內，每給譜壹副，酌出銀若干。

以上事宜，準今貽後，開列條款，使續修者得有考據，不致各務茫然。至於審時酌用，潤色變通，要在聰明者臨行活動，各有權度耳。

所存舊板，祠首須每年春月用花椒磨粉，和滾水，取板羃，一次攤乾入架，可免蛀傷。

今衆又議，自乾隆丙子歲起，以後每新丁元旦報名者，出錢拾文，付祠生殖，以爲後來修譜之費，祠首即於元旦給餅壹對。如不出錢者，祠亦不給丁餅。此議行，亦修譜長策也。

——乾隆《婺南雲川王氏世譜》卷一《修譜事宜》

清嘉慶九年祁門縣中井馮氏宗族諭修家譜啟

馮氏諭修家譜啟

族譜與志乘皆足以傳不朽,志乘或百年而一修,或數十年而一修,族譜亦然。《新安馮氏族譜》修於明嘉靖間,蓋二百餘年於茲矣。族大支繁,遷徙星散,我派乃延魯公之後,世居歷口中井,與親慈明公、回羽公之墓相倚。讀書習舉子業者,百不得一二人顯達。然不急爲修輯之,恐世遠年湮,親疎倒置,其失於先人一本之義者,非淺鮮也。愚等不揣固陋,敬集同志,設局寒舍尚禮堂,以本年正月念二日開修,以季春刊刷。凡我宗派,或一水而分出,或異流而同源,咸未周知。爰是敢告宗臺,果不遐棄,則宜各攷其世系,詳其人物、里居,定爲草稿,於二月內早赴譜局較正。毋以偽亂真,毋以少陵長,毋貽魯魚亥豕之訛。實係一脉,收而錄之;如非其種,鋤而去之。庶幾家譜與志乘并傳,新譜與老譜輝映矣。如過季春,不將本派草稿來局,先後次序已定,不能補入。預此通知,以待有志者之事竟成焉。

謹啟。

嘉慶甲子春月之吉,庠生光岱撰。

——嘉慶《中井河東馮氏宗譜》卷一《馮氏諭修家譜啟》

清嘉慶十九年婺源縣隱溪燉煌洪氏宗族邀修通宗譜啟

燉煌郡洪氏邀修通宗譜啟

譜者,普也,譜一族而敬同愛,世澤乃以長存;輯者,集也,集衆論而反始窮源,支派於焉不紊。故紀載莫先於家乘,而纂修貴會夫宗盟。惟我洪氏,系出共城,勳高史册。保姓而字加點畫,協當年水德之隆;分土而地受燉煌,因古郡酒泉之舊。至唐則恩褒護國,在宋則諡美忠宣。下歷數傳,益生多士。或掌制摛文,鑾坡鵠立;或承流宣化,花縣鳧飛;或講道傳經,楷模藝苑;或潔身絶俗,歌咏《考槃》,代有聞人。數難更僕而緬肇基之駿烈,尤增追遠之深思。始遷於歙者,唐昺公也,從師而愜買鄰之願,再遷於婺者,我長史也。省墓而廣卜吉之詩。輪溪之里蔚然,山環水複;黃荊之墩宛在,址舊名新。九百祀源遠流長,誰懈夫春祀、夏禴、秋嘗、冬烝之禮;數千里瓜綿瓞衍,已遍及西江、北海、東吳、南楚之邦。苟非葺譜牒之勤,何以萃宗祊之渙?況夫閱前編之歲月,六紀有餘;詢近代之雲礽,兩傳無攷。爲仕爲隱,境已過而行實難稽;孰存孰亡,事已久而傳聞多異。以其時則可矣,敢數典而忘之?鳳等情深聚族,誼切明倫,葛藟之枝葉雖繁,出原一本;螽羽之振繩孔盛,生總同懷。爰約遠近之宗,共襄修明之鉅典。伏望博洽鴻儒纂修椽筆,榮同華袞,片語皆良玉精金;嚴比鉞鈇,一字幾驚神泣鬼。誦先芬於陸氏,不讓士衡;述祖德於謝家,罔慚靈運。則明倫講讓既抒仁人孝子之情,而睦族展親并無別井殊鄉之見矣。謹啟。

時皇清嘉慶十九年歲次甲戌季夏月穀旦。

——民國《燉煌郡隱溪洪氏宗譜》卷首《老譜邀修譜啟》

清嘉慶黟縣南屏葉氏宗族修譜事宜

附錄修譜事宜

一、修譜,先設公局,分定總修、綜理、彙世系、繕寫、繪圖、校對、監刷等項,各款列名,以專責成。

一、設局後,各支分理世系者,彙齊稿本,查實事跡,以便總理分類登載。

一、譜用聚珍字版,譜司係婺邑人,先立定議單。文獻,每盤元銀貳錢;世系,每盤銀一錢一分;墓圖,每盤銀二錢,兩圖合一盤,加填字注,作世系一盤筭。公鐫墓圖至五代,餘圖俱各自認工價。村圖叙文,計工扣筭。或補換字子,係本家自辦梨木,另倩小木,造成大小譜字子、字料,以備臨時補刻。所有鐫工、飯食等項,俱譜司自認,外逢朔、望及起、完工,本家各送神福一次。

一、譜司未到門,須預辦一切應用家伙,便伊自爨。

一、譜紙,採在青陽縣隔山楊西冲地方甘維翰槽一百觔,約一萬一千張,其價足錢二十三千八百文,一張作譜一頁。須先期定槽,揀選白净,免致臨時受急。

一、監刷,日派四人,黎明至局,逐字校對。夜派值宿二人,以便早晨預發譜紙共若干,破碎者,當刻更換。晚間查收刷印若干數目,務宜細心查對,以防遺失。另立《號簿》,派定每人收二十帙,候刻竣日,合送局內,排定次序。另倩書坊人裝釘,每部計四本,工價錢壹百文。

一、在局支丁司事，每人各盡所長，俱自行登名拈單，逐日輪流到局襄事，不得臨期推諉。

一、領譜之家，先自登名立簿，每部工價銀貳兩，先兌銀，後領譜。其譜匣除公存五箇外，餘俱自辦工價。

一、修譜使用，俱係各支樂輸，并非動支公項。支丁到局司事者，公局不設伙食，惟備茶水，免致多費。此皆修譜節略。緊要物件，時價高下，因時裁酌，不拘成格。

——嘉慶《黟縣南屏葉氏族譜》卷八《修譜事宜》

清道光二十年正月歙縣吳清山統宗祠重修新安汪氏宗祠通譜啟

重修新安汪氏宗祠通譜啟

敬啟者。歙東吳清山汪氏江南新安始祖統宗祠，廼崇奉我三十三世祖漢吳新都侯澈公字子明、三十六世祖晉黟縣令道獻公字君奉、四十四世祖越國公華公字英發神像，兩旁配享各派支祖。祠自唐天祐三年創建後，將傾塌，于道光六年重修，堂構遂煥然一新。祠後即澈公暨夫人氏方、道獻公暨夫人氏胡墓，迄今千有餘載，霉雨淋漬，傾圮塌瀉，僅存尺數之餘，難忍一日之視。客冬，各派詣祠議修，意欲台層階級、墓護石垣，深歎計費之不貲，惟懷斯舉之匪易。適會煙村族派盛如宗人展拜墓所，即動水源木本之思，慨然以興修獨任，此誠孝思之篤者也。顧祠墓之賴以不墜者在馨香，而子姓之得有稽考者在譜牒。雖休邑富祚族于乾隆乙未年修有宗譜，而我汪氏支繁系衍，其間未免無遺。末等議將統祠隆慶四年公藏未刊《譜稿》，與前道光六年所集《祖墓祠志》合刊成帙，流傳各派，俾各派領去。將隆慶四年以後迄今支系，各自填明顯宦事蹟、諱名、生殁，俟五年後歸入統宗祖祠，以便開設譜局，大修宗譜，再行給發，庶幾稂莠難混、真偽莫淆。所現在刊給《統譜》，每部工價與祖祠進主配享每名主費，并各議條開列于後，諸貴族幸其共體斯志也夫。謹此啟知。

計開。

一、議各派領譜者，進神主一名，配享主費二十兩，炁嘗銀四兩；領《統宗譜》一部四兩，主牌一兩，共計二十九兩。

一、議統祠自後修譜，設立公所，一應雜費，祠有租息應給，均不取派，只取刊工、紙張、刷印墨費。

一、議祠內已進之主，在祠配享者，給領譜一部，費銀四兩。其賢裔仍欲報本，進近父祖主者，聽憑自願，其費亦照前條。

一、議進主配享，道有遠近，時有後先，公議分期四次：五月十八日一次、七月十九日一次、九月二十四日一次、十一月十六日一次，須預將主位職名開明，并牌費先行送局，以便裝刊，俟期登座。

一、議各派書札往來，公所暫設徽城小北街機巷對門汪裕泰醬園隔壁便是。

道光二十年正月吉旦，吳清山統宗祖祠公具。

——道光《新安汪氏宗祠通譜》卷四《重修新安汪氏宗祠統譜啟》

清道光二十一年績溪縣城南方氏徵修家譜啟

城南方氏徵修家譜啟

蓋聞宗分小大，裔皇垂門內之書；禮別親疎，燦爛觀廟中之典。從來望族不少綈紬，自古高華原多譜牒。迺雲仍未及，忘田相為何人？姓氏偶同，拜汾陽而不愧。魚儼然而冠鄭，狐無端而帶令。所以族託高平，冒西朝之勳舊；銜深決埋，視南杜為仇讐。豈知芝草自有靈根，嘉瓜非無宿蒂。葛綿綿而在滸，椒苯苯以盈升。苟非遠採旁搜，豈易窮原竟委？我宗方山肇迹，受氏軒皇；顯允壯猷，垂勳周室。官拜太常之秩，六月之奏雪殊奇；爵封開國之公，瞬息之回天有驗。遞至白雲高臥鑑水湖邊，遺像描摹容星臺上。由梅州之司訓，作華陽之令公。挈仙眷以移家，柳拂陶潛之宅；愛名山而託處，花明任昉之溪。既遠祖之堪稽，豈本支之難溯？洎我城南，族分滸里，三支之一，綿柳山萬禩之芳。宋學博澤被春風，明碩儒輪扶大雅。遼王贈額，長吏刊碑。六百年氣象更新，巋然愛堂階之擴；五十載丁支倍盛，蔚乎賴祧主之靈。無如圖系雖成，簡編未輯。舍各分乎南北，散處城鄉；眷遠別乎東西，幾同陌路。茲效歐陽永叔家冊勤修，謬學蘇氏、文公譜亭作記。爰念四宗而後，十甯以還，風木蓼莪，代標亭館；松筠冰雪，每建祠坊。循良偕名宦俱傳，科第共儒林並顯。以及丹崖逸叟、香社耆英，書畫不乏名家，樵漁亦多雅士。而且入從珠閣，譽擅萊妻；紀自瑤編，賢稱韋母。祥麟威鳳，徵徵增志乘之光；劣虎優龍，炳炳壯門庭之采。伏願闔族諸臺下，才儲潘岳，祖德先陳；詞絢陸機,家風備述。曲而有直,莫顛倒乎天吳;稱而非誣,準公評於月旦。體大孝終身之慕,義率祖亦仁率親;推君子反古之情,等而上者順而下。庶幾搜羅盡善,採擇有由。仿趙氏之鳩宗邁籍,談之數典,佇見一編蒐輯;李文簡手記成書,定當百世流傳。魏了翁濡毫作跋。謹啟。

大清道光二十一年歲在重光赤奮若余月,教諭公二十五世孫建寶槐溪氏拜手書。

——民國《績溪城南方氏宗譜》卷一《舊啟》

清咸豐二年婺源縣曉川倡議大修統宗譜啟

咸豐壬子倡議大修統譜啟 曉川五十九世孫南春梅嶼

統者何?《釋名》緒也,《說文》紀也,《史記》樂書注領也,是以緒領而紀之之謂也。天子統天下,諸侯統一國,史傳統古今,統之義大矣哉!

我《濟陽江氏統宗譜》,顧名思義,非一支一派、一州一邑云爾也。粵稽舊譜,大修統修,豈無成書?如漢之《江氏實錄》、晉之《江氏統序》、隋之《江氏世圖》,而淺見寡聞,無從考實。所得而見者,前明虎溪派所修《嘉靖庚子譜》,一時會修者,我婺之外,五縣咸集;徽之外,寧國之旌德、涇縣;本省之外,江蘇之鎮江,浙之錢塘、西安、龍游、江山、常山、開化、蘭溪、湯溪、遂安,江西之鄱陽、浮梁、鉛山、德興等邑,他省不一見焉。以云統修,不能無遺憾也。康熙甲子、乾隆丙戌二譜,亦不外安徽、江西、浙江三省。《嘉慶庚辰譜》,羅雲派與我謝坑、花園、曉川各自立局,《謝坑譜》之來會者,婺三十六派,其餘江西、浙江及本府近處僅四十派,不勝自檜以下之歎。《羅雲譜》雖未得見,更可想而知也。以云統修,更不能無遺憾也。庚辰之役,春任其事,雖年富力強而名利兼營,不能專心致志,拾遺補缺,舛誤尚多。疑以傳疑,不覺形諸序言,而有大修宗譜之志。光陰似箭,又三十三年矣,置之弗問,若可有而可無。作而行之,則至大而至重。噫!三百年來,四度舉修,一斑可見,不戛戛乎其難哉!主修者畫地自限而潦草以塞責,協修者畏難苟安而怠忽以從事,遂至有名無實,掛一而漏萬焉。

年來所晤,族之賢者,皆有志於譜事,每一敘及,不勝欷歔嘆息。今年羅雲錦瑜暨再侄人鏡念念在茲,若迫不及待者,蚊力豈可以負山哉!而爲其所當爲,敬宗收族之思,水源木本之志,遐邇有同心也。然以派論,則河南、金陵、山陰、臨淄諸派不能退處其後；以大宗論，則我謝坑、曉川二派不妨擅專於先。雖各支各派山遥水遠，族大人繁，未必能同心同德。然律以愛親敬長之分量，則誼無可推；本之孝子慈孫之天良，自感無不應。路之遠者，勿以勞辭；族之盛者，勿以難辭。近修支譜者，公而忘私，勿以已成辭；人力式微者，當務爲急，勿以乏力辭。春等既以統修爲名，經費决不較量。興三百年之缺典，立千萬世之規模。所望諸宗臺通知各鄰里，邀集各紳耆，各備支譜，共歸統修。各盡厥心，各慎迺事；鼓舞踴躍，惠然肯來。不遺一派，不缺一支；以集大成，流傳奕祀；光前裕後，斐然成書。其樂爲何如哉！爰溯夫派之本源，酌乎地之遠近，審乎時之久暫，僭擬章程，佈告宗族。損之益之，尤冀明以示之。謹啟。

此次大修統譜，非一支一派之事，舉三百年未舉之典，會三百年未會之人，叙三百年未叙之行。豈敢無知妄作，以取僭竊之罪？明嘉靖以來，四次會修，敝派忝居宗子，皆爲領袖，因力不足，邀集未遍。今年人鏡計偕北上金陵、臨淄，便由之路，各省縉紳先生亦得晤叙。用是酌以咸豐三年，先致書河南、臨淄、山陰、金陵諸宗派，有同志者，出爲領袖，是木之從根，水之發源。敝派樂於附驥，務集敝省宗人，赴局聽命。

一、佈《啟》於咸豐三年，若俟回信，須遲歲月，各省遠派信息，往來不易。如旌德之金鰲、開化之桂巖諸大派，聚會維艱。擬三年佈《啟》，務望四年内覆信，以便分送《紅格》，五年收聚《紅格》，六年開局，七年展候一周，以免遠道大族齎送不及。領譜之期，准於咸豐八年。

一、《紅格》前列格式，逐一載明，以期畫一。照來稿刊刷，免局内復謄，致滋舛錯。

一、送各派《合簿》一帙，望將各領袖台甫及某派某地方詳列簿首，領譜幾部，一切指點事宜，亦載簿内，仍抄存一簿備查。專送者交原人帶轉，寄送者望封入覆書内，俾得照簿遵辦。以後往來，得盡登簿，如同執照，亦免傳言之誤。領譜之日，兩相核對，以杜諸弊。

一、此次統修，務求循名責實，近省須專派司事，親到面商。至於遠省通都大邑，希望同志者就便稽查，務使周知，靡有遺失，以襄盛舉。

——民國《濟陽江氏統宗譜》卷二《歷代譜序》

清咸豐七年十二月績溪縣荊州胡氏五義堂徵修家譜啓

荊州胡氏五義堂徵修家譜啓

蓋聞宗分大小,喬皇垂門内之書;禮別親,燦爍觀廟中之典。由來右族不少綈緗,自古豪華原多譜牒。乃雲仍鮮識,忘田相爲何人?姓氏偶同,冒汾陽而不愧。魚儼然而冠鄭,狐無端而帶令。豈知李叔雖孤,終列屬籍;狄青有祖,不附梁公。芝草自有靈根,嘉瓜非無宿蒂。苟非旁搜遠採,奚由竟委窮源?我族系出宛邱,望隆安定。拜將軍於西晉,居左相於南朝。僕射以保障垂勳,中丞則殲魁著績。

粵稽考水始祖,諡贈"明經",昌翼公苞符闡發,《易》飲三爻道統,肩承薪傳一綫。繹思齋開講院,暢情池淪靈源。再傳而難弟難兄,官盡居乎樞要;累代而文孫、文子,職歷任乎清華。由是澤注芳塘,宗開鼎族。樓營一鑑,誇午橋晝錦之坊;水抱雙泓,興甲派春官之第。梅巖、環谷,七哲飛聲;杏苑瓊林,一門拔萃。逮我本支祖仁興公,始則家移障麓,喬木鶯遷;繼則宅卜荊山,華堂燕集。義門篤慶,五星符太史之占;讓里安和,萬葉食先疇之德。麟翔赤水,鳳起丹山。名題星斗光中,足躡青雲之路。捷奏泥金紙上,身尋紫陌之春;開細柳之營行,作長松之都尉。而且花生鏤管,鵲起鱣宮;錦奪談經,鴻飛上舍。文章名世,探七業於星源;理學傳家,踵雙湖於練水。孝友施於有政,睦姻勒爲一書。或游十叟洲前,餐多菊水;或隱八公巖下,修到梅花。漁樵不乏清流,農圃亦多高士。以及璇閨勁節,綺閣堅操。樓頭樹倚冬青,傲雪嬬娥之草;林下風披薴綠,凌霜慈姥之花。摹郭泰之碑銘,應光鶴隴;讀瀧岡之阡表,合借龍宮。

顧自乾隆壬午,設局方塘,纂修統譜。年經百載,瓜瓞蔓施周原;慶洽千家,芝蘭紛披楚畹。丁支浩衍,丙舍傍增,矧多異屬遷居。每嘆鄉闈遠隔,渙而未合;等陌路之相觀,睽則難親。豈宗祧之可溯?兹就來荊遷祖,敦水源木本之思;藉承往哲遺徽,續澤底岡頭之系。擬效歐陽永叔家册分編,謬學蘇氏、文公譜亭作記。伏冀各分諸宗丈,才儲潘岳述祖德以陳情,詞絢陸機誦先芬而見志。曲而有直,莫顛倒乎天吳;稱而非誣,準公評於月旦。等而上即順而下,義率祖亦仁率親。仿趙氏之鳩宗邁籍,談之數典,行見一編;蒐輯李文簡手記成書,定當百世流傳。魏了翁濡毫作跋。謹啓。

炳　鳳鳴

燿　鳳飛

文彩　德成

族長承梓暨董局派裔鴻翔　肇岐同拜具

鴻元　秉忠

鴻燾　欽明

國琛　騰藻

咸豐七年青龍丁巳嘉平上澣穀旦。

——光緒《荆川明經胡氏五義堂宗譜》卷首《徵修家譜啟》

清同治七年四月績溪縣華陽舒氏宗族續修統宗譜捐輸啟

續修統宗譜捐輸啟

逕啟者。我族自前明以來，議修宗譜者屢矣，會格於時事，皆不果行。咸豐戊午間，庠生正儀公仰承先志，博采兼搜，已有成稿，將謀剞劂，適寇亂中止。正儀公旋即謝世，所遺稿本，幸賴族人世模藏帶奔走，致未散。洎寇患甫平，而世模公又謝世，此事遂寢。近因葺修祠宇，子姓麕集，僉謀所以續成之，苦於費無所出而又難其人。爰合族公議，每丁各輸制錢千文，女口減半。其有素稱殷實者，除出丁口外，另行量力加捐。至於纂修諸役，因材任使，各展所長。凡我族人等，各將考妣名姓、年月生卒、墳墓及生丁名字、年庚，趕緊開明報祠，核對登譜，俾前人未竟之志籍得告成於今日，不惟先靈是賴，抑且不負正儀公搜羅編輯之苦心與世模公抱缺守殘之至意也。願告宗盟，共謀蕆事。此啟。

時同治七年歲次戊辰孟夏月穀旦。

——同治《華陽舒氏統宗譜》卷十七《捐輸啟》

清同治八年四月歙縣新館鮑氏宗族得子簿小啟

《得子簿》小啟

族莫重於增丁，人莫大乎有後，此得子關係所以甚鉅也。吾祠舊有是簿，生子必報，並輸添丁錢百文，以充祠中公用。自咸豐季年，吾鄉兵燹之後，族中傷失甚多，寥寥嗣續，則得子一端尤爲珍重。況以後派弧矢於四方，椒蕃於外邑，豈無其人？若非於始生命名之初詳明登簿，則閱年歷月，難以核查，誠非所以重宗祐、聚氏族之道也。今春，《祠規》重加公議，酌量復舊。醜類之烟氛既靖，則承平之氣象重新。繼今以往，吾族誕靈育秀，翥羽而起鳳毛者，豈少也哉？是簿之續，誠有不容緩者。是爲啟。

同治八年己巳孟夏浴佛日公議立。

——光緒《歙新館鮑氏著存堂宗譜》卷二《啟》

清同治十年十月績溪縣梁安高氏宗族修譜知單

修譜知單　三十九世裔孫富浩善養

具知單。高氏宗祠爲尊祖敬宗、修祠理譜事。蓋自禮隆報本，孝思莫切於明禋；化啟敦倫，姓氏首詳夫世系。我高氏支分東海，國建南平，在李唐隨宦而遷在梁安，久推望族。慨自紅、羊①過劫，文獻凋殘。方今黃鳥言旋，室家安集，瞻前顧後，觸目驚心。在他族無祠，且勇於建祠，況吾族現有祠，何忍視其圮壞？在他姓有譜，尚亟於修譜，況吾姓多無譜，豈竟任其淪湮？爰集同宗，用倡末議，祠堂固宜整飭，《宗譜》趁此纂修。經費或派或捐，各宜勉力董事，有終有始，無不和衷。使祖宗之靈爽有所憑依，何必捐修寺觀？俾子孫賢愚皆知原本，勝如刊布經文。嗟夫！堂堂冠帶之倫，豈竟春露秋霜不如豺獺？濟濟簪纓之族，奚忍年湮世遠下等輿臺？從此廟貌維新，薦馨香於勿替；尊親永篤，延宗派於無窮。庶乎無忝所生，家聲丕振，克昌厥後，世澤常新矣。

同治十年十月　日，具。

——光緒《梁安高氏宗譜》卷十二《修譜知單》

清同治十三年歙縣新館鮑氏宗族徵修宗譜啟

徵修徽州歙縣新館村鮑氏宗譜啟

吾族自晋新安太守元始公諱弘官是邦，厥後子孫散居歙邑，共二十九派。至遷他省郡邑者，更指不勝屈。新館一支，則皆德彰公諱受派下也。公

---

① "紅、羊"，分別指太平天國領袖洪秀全、楊秀清。

於明洪武間由棠樾贅新館曹氏，遂家焉，是爲新館始遷祖。又六傳，集宋又諱欒，曩概樂檀暨其侄善煇、善燿二公，倡建宗祠，迄今五百餘年矣。自粵逆蹂躪後，祠宇荒落，丁口頓衰，遷避者多不復作歸計。良爲德彰公之十五世孫，集公之後，曾祖尚志公諱曾尚，於乾隆中葉遷浙江會稽縣，別建支祠。

同治己巳，伯兄存曉緣通籍乞假回祖籍省祠墓，見之愍然，爰合從叔志桐、胞弟存賢力謀修葺。差幸規模粗復，惟譜牒向無刻本，舊存簿籍，兵燹後尤多殘缺，因捃羅遺文，將事修纂，旋以散館入都不果，臨行囑良成之。良復遍採舊譜，遠溯新安始遷之祖，近徵新館散處之支。其間，名字互異，時地兩歧，紛如亂絲。寒暑七周，甫得漸就釐正。然他徙者尚多遺漏，代遠地遥，素隔音問。況亂離之後，存亡聚散，尤不可知。若不及時採訪，後必數典而忘其祖矣。

爲此，謹具緣起，遍告同宗，凡係新館派者，請查明開列，以便彙編付梓，并希轉輾訪查，封寄以速爲禱。至刻資，見由會稽派捐備，未敢動派。一自分譜有日，得蒙酌量津貼，敢不拜嘉？所有應開各款列右：

一、各派多係八公之後，須詳明某公派下。其在八公之外者，亦須註明自出之祖，以便編查。

一、同宗命名，向有字行，雖或異名，仍須註明譜行，庶世系不紊。其別號等項，一體附載。

一、生卒年月日、葬地並娶某氏、生幾子、某名，均詳載。

一、側室有子者，載。

一、爲人後者，註明本生父某以子出嗣及嗣人之子爲後者，均詳載。外姓養子不列，以子紹外姓者，仍載，以俟歸宗。

一、各分文、武出身，科分、職銜、蔭襲、歷任地方，以及旌表、封贈等項，均合詳載，并仍恭錄《誥敕》一通。

一、忠、孝、節、義，事實可傳，或經採入志乘者，另附傳記。即有一二端可傳者，亦載之，以示來兹。

同治甲戌春，會稽派存良謹啟。

——光緒《歙新館鮑氏著存堂宗譜》卷二《啟》

清光緒九年二月續溪縣荆州胡氏五義堂續修宗譜知單

續修宗譜知單

啟者。我族源開婺水,澤播芳塘。至遷祖仁興公來居荆川,派衍五房,丁支日盛。雖於乾隆間曾赴芳塘,修入統譜。歷今百載,子姓殷繁,較前十倍。即外遷者,亦復不少。渙而莫合,散而無稽,誠恐一本之親相視幾同秦越,且因年湮代遠,列主未祧,致使祖龕盈滿,昭穆世次混而難分。爰此集族商議,計自遷祖以下,統五房之支裔,踵厥芳塘,續修《家譜》一帙。前經啟告,各分皆知此事。雖未詳言,而義實所難緩。茲擇來正二十六日開局,合具知單,一并通知,所有規條開列於左。凡我族姓,各宜凜遵。尊祖敬宗,報本追遠,在此時也。特此預白。

一、各家祖先行述、傳贊、墓志、碑銘、壽文、輓章,以及生前著作,有關大義者,亟宜彙鈔,交局付梓,以垂不朽。

一、祖先名登誌乘,即宜照誌所詳事迹,鈔錄入譜,毋庸更改,致多岐誤。其有捐建宗祠、興立祀產、修葺橋梁、道路一切義舉,均宜撰作序、記,昭示來茲。

一、我族身登科第,代不乏人,偉略經綸,卓然可紀,允宜銘諸鐘鼎,俾其流傳百世,毋任就湮。

一、孝友、節烈,尤為綱常名教大有所關,如已建坊,固稱榮幸。如因無力呈請,致使幽光潛德難必顯揚,即應備細周詳,爲作傳贊,以俟大史採風,旌其閭里。

一、隱逸、壽考,領山水之佳趣,居鄉黨之達尊,無懷葛天之民歟? 抑昇平之人瑞歟? 安可不表而彰之?

一、生、沒各名下,所有刊刻傳贊、小讚及圖像、墓志、輓詩等項,公費外出。

一、譜牒遵芳塘成式,五世一擡頭,先書功名、職銜,次書"諱某、字某、號某,生某年、某月、某日,某歿某年、某月、某日,葬某處,生幾子,長某、次某、三某",如有小傳,即載此處;再書"元配某氏,生某年、某月、某日,歿某年、某月、某日,葬某處",如合葬,則書"合葬某處";再書"繼配某氏生、歿年月、葬所,同元配,子某元配出,子某繼配出"。如元配無出,則書"子皆繼配出"。三續、四續,亦如之。妾未扶正,書"側室";已扶正,書"繼配"。各家祖先生殁年月、墓所,及生人誕生年月,自行開單交局。

一、立繼承祧,先於本生父下註明"第幾子某出繼與某爲後",復於繼父下註明"摘立某人第幾子爲嗣",以續宗緒。倘抱取螟蛉甥繼母舅、婿繼岳丈,則非種必鋤,不準入譜。

一、修譜公費,男丁出錢五錢,女丁出錢貳錢,分作兩年抽拔,每年按月交局。其錢若干,當給《執照》一紙。如無《執照》,妄稱交楚,希圖狡賴,定即以家法嚴追不貸。

一、祧主,男婦每牌,出錢壹錢。

一、子姓外遷,莫稽處所。譜內不得不註"外遷""無考"等字。如果里居住址洞晰周詳,必須着令親房遠則具信通知,近則親往探訪,開寫《丁單》,諭令來局,溯本尋源,切勿以盤費維艱,聽其行止。宗支一脉,關係非輕。倘有疏虞,陰隲何在?凜之、慎之。

一、大小董事,自備火食,公衆祇給茶湯、紙墨與筆。夜間有事,給予燈燭。

一、以上準情酌理,立各規條,派丁諒不違拗。惟望諸董事竭誠盡敬,圖功攸終。俾闔族倍神其鼓舞,則拭目可觀厥成也,勉旃毋怠。

光緒九年二月　日,五義堂譜局公具。

——光緒《荆川明經胡氏五義堂宗譜》卷首《修譜知單》

清光緒二十一年四月績溪縣東關馮氏宗族譜啟附修譜議規

乙未東關馮氏修譜啟

啟者。我祖延普公於唐咸通、乙酉間,由歙南吳輝遷績北白沙街,越五世而生、誧、謌三公,分爲知、仁、勇三派。我祖誧公,仁字派支祖也,轉徙外馮村而居焉。越十四世而生住公,住生三子,仲子達宗公始遷城內東關,所謂東關派者,則系自邑北外馮村而遷者也。厥後人文蔚起,科第聯綿,而於《宗譜》世系初未曾理及。然當代遠年湮之際,兼之兵燹頻仍,人物彫謝,門第變易,死亡轉徙,不可勝計。若不乘此時將譜系亟爲追理,則愈久而愈難稽考。爰集族衆商議,酌定《修譜章程》,今已局設東關宗祠之右。但此舉費用浩繁,除丁口外,惟賴殷實派丁慷慨樂施,勿吝捐助,則祠事幸甚,譜事幸甚。謹啟。

附列修譜議規

一、議每男丁出足錢二千文，女口出足錢一千四百文，雙祧者加倍。其錢每分派定，司事經收，限三年內繳清。開盤以前繳者，每洋給錢五十文，以作回水。開盤以後，有帶欠并不全繳者，本身及祖、父母三代不准入譜。如經手者催收不力，或已收延不繳衆，即以欺祖罪論。如果實心幫辦，俟譜事告竣，議獎。

一、議捐輸，仍照癸未年祧主舊章，能捐足錢二十千者，准其爲祖進一特祭；能捐足錢十千者，准爲祖進一配享；能捐足錢五千者，准其爲祖進一副配。如捐數符特祭正、副配之數者，亦可照數補足。如有饒裕派丁抗不肯捐者，本身不准入譜。其或有捐百千及數百千之多者，俟譜告竣，分別酌獎。

一、議追支理系，責任匪淺，每分必由司事邀同老成數人，按户稽查。有功名者，詳其品秩；有節孝者，詳其行實。其餘生殁派丁生年月日，并已葬墳塋，必須一一查明，然後隨登《草譜》，以便帶局斟酌謄正，核對發刊，不得潦草塞責。若生丁係何功名，必須驗明《部照》，方准入譜。其任事人伙食，各處派丁供應。

一、議各分無夫之婦負義他適，以及異姓亂宗之子，身家不清之派，該派親房不得受賄收入。至一切亂倫犯分，有關名教，以及侵蝕祠產等事務，須赴局報明查究，該派親房不得朦隱庇護。倘有此情，即行鳴族議罰。但各等情弊若非有確憑實據，亦不得挾嫌混報。

一、議各分立繼等事，務憑祠內明文，族長預先序次昭穆，秉公辦理。其繼事已成者，務將《繼書》早日交局驗明，免至理系之日争論長短。

一、議各分有住傳旁支，該派親房務要細心查考，名某字某號某，係何功名、生於某年某月某日，已殁者殁於某年某月某日、葬某處、配某氏、生幾子某名。有繼配者，配某氏、生幾子某名；有側室者，側室某氏，生幾子某名。但有可稽考，總須一一開明，免致遺漏。其有產未嗣者，親房務爲立繼，業歸繼子承執；或無近房可繼，遠房亦可，該親房不得覬覦產業，致絕祀事。如果係無可繼者，亦須將該產設法妥爲亡人安頓，該親房不得據爲己產。

一、議生殁派丁，所刊功名、生辰、忌日，并葬某處、某山向，俱是大衆認費以外，有繪圖者，每圖貼衆錢柒百文；有繪像者，每像貼衆錢五百文；有立傳者，每頁貼衆錢一千文；有作贊者，每贊貼衆銀五百文。其圖、像、傳、贊或不自爲，而請衆代爲繪作，貼錢議照加倍。再有刊刻墓址，詳註界限者，議貼錢一百四十文。

一、議各分有遠遷之家，恐一時未及周知，該派親房務要趕早具信通知。或令其速行回里，理系補捐，親房不得置之不問。如有此情，即以不義罪論。

一、議所領族譜，除宗祠坐存外，無論各分領譜與各家領譜，其譜價若干，候《草譜》創就，約有幾本，再行具貼關會。

一、議各分派丁，無論男婦，以本年四月十二日開局爲限，開局以前亡者，爲老亡，不取分文；開局以後亡者，爲新亡。除前所付之錢不算，再每男亡，出足錢二百文；女亡，出足錢一百四十文，入譜局公用。

一、議修譜之舉，所以尊祖敬宗，祠内倘有不肖支丁故生異議，謡言惑衆，抗不繳錢者，定即鳴族重處，斷不容情。

一、議經兵燹後，亡人難免遺漏，譜事告竣之日，須從俗放焰口。

以上《議規》十二條，各處派丁，務各遵行毋忽。

光緒二十一年四月，梁安東關馮厚倫堂公具。

——光緒《績溪東關馮氏家譜》卷末中《雜志》

清光緒績溪縣修輯錦谷程氏宗譜勸捐啟

修輯錦谷程氏宗譜勸捐啟

大凡事難謀始，尤宜慎於圖終；功樂告成，而更虞乎經久。此承先者必貴裕後也。吾族發祥篁墩，忠壯公之勳業，赫奕天壤，炳彪史册。及藥公卜遷仁里，傳三葉而子姓以繁。師和公又以避亂居錦谷，雲礽椒衍，文武蟬聯，固已成巨族矣。惟是世遠年湮，丁繁處散，若僅守《統宗老譜》四本，則藥公暨師和以下世系將何藉以爲考証乎？此《錦谷族譜》特修之宜亟也。于是族之人謀集開雕，曾于丁巳孟秋設局于惇庸堂。現今各派各分世系業已付梓，而序、傳、圖、贊亦經敦請掌稿補撰。竊念公衆存儲實爲有限，而剖剛支用所費不貲，倘任其事廢〔牛〕[半]途，功隳末路，諒非仁人孝子所敢出此也。況譜成之後，會合需資，非籌經畫，置産興公，經事者能不躊躇乎？用是佈告同宗，約齊同志，共踴躍以輸將，弗逡巡而觀望，各發天良，同襄盛舉，亦未必于敬宗收族之道無小補焉。彼金布衹園，緇林尚因而托鉢，豈纂成家乘，賢裔反吝于解囊也哉？所祈及早慷慨，量力捐資，則克終如始而垂之永久，上以篤前烈，下以奠宗祊，其列祖在天之靈定默佑于無窮耳。謹啟。

——光緒《錦谷程氏宗譜》卷四《啟》

民國三年婺源縣濟陽江氏邀集各派修譜啟暨公議規約

甲寅邀集各派啟

敬啟者。我《江氏統宗譜》自同治戊辰續修後，迄今將五十年。其間，生齒蕃殖，人事變遷。又中更患難，世界改造，國是未定，禮教不修；社會無彰癉之公，學子慕歐美之化；自由平等之説嗜之若膾炙，倫敦紀飭之訓棄之如弁髦。所賴搢紳之家明長幼、別疏戚，始之於彝倫之敘，推之爲比鄰之洽，廣之即大同之象，人人親其親、長其長而天下平。然則敬宗收族之所關，豈細故哉？然則我《江氏宗譜》之續修，又豈可緩哉？峰青歸耕以來，久不預聞世事，惟念宗譜關繫至重，擬集族人商訂續修，擇於本年八月初一日起，儘半月内，在婺源北鄉謝坑江村統宗祠，敬俟各派列位宗台駕臨，妥議一切規則。路費各派自備，膳宿由祠内供應。峰青先捐助洋銀二百圓，爲開局之用，諸祈公鑒。

《濟陽江氏統宗譜》局江峰青等謹啟。

附　承佑祠公議規約

一、生丁派費：每一男丁收洋四角，虛丁、兼祧均照筭。

一、領譜價目：臨時計篇帙多寡，酌定價值，總較上屆二十四元之數有減無增。後因紙價驟漲，幾至加倍，公議每部加洋銀十元。

一、各派認領：各派送《紅格》來局時，訂定領譜幾部，每領一部，預繳洋十元。倘後不領，此項預繳之洋不得退轉。

一、譜司工價：議定文獻世系，每盤擠工、印工共洋一角；容像、墓圖每圖刊工洋二角二分，新加圖像，每件刻工洋三角；新修誥敕、傳贊、銘志，每盤擠工、印工洋二角；基圖、祠圖、世系界綫圖，均臨時另議，餘與上屆略同。准乙卯夏季擇期開工後，譜司另議，局給飯食，工價另訂，較原議已溢出。

一、另派費用：各派新容像、新墓圖、新誥敕、傳贊等類及《紅格》，錯誤翻盤，工費暨另立分遷費用，均各派自認。

一、收集《紅格》：以乙卯年春季爲限，紅格到局，丁費隨繳。

一、開局日期：乙卯二月擇吉開局。

一、執事人員：局設總理一人，主持局内出入款目、修正規則一切事務；

總纂一人，主管徵文考獻、訂訛正謬編纂各事務；協理一人，協同總理、總纂主管局務。以上三人，均不支薪水，其來往伕價，由局支給。仍須常有一人駐局，又另設管理銀錢一人，司帳兼庶務二人，校勘二人，謄錄二人，監刷一人。以上八人，除在局膳食外，每月各支薪水洋三元。如有請託外人送信、會派等事，臨時酌給川費工資。

一、清查宗派：同姓有來歷不明者，不得濫收。

一、接待來賓：各派除執事員外，有因本派事務來局者，局待隨便飯食。其來往川資，各派自認。

——民國《濟陽江氏統宗譜》卷八十《雜志二》

民國十年五月績溪縣洪川程氏宗族修譜公啟

修譜公啟

逕啟者。緣我宗祠族譜失修已久，誠恐年湮代遠難以考訂，爰集本祠司事暨各派人等公議決修，費用支絀，先行議定普通捐，每丁每口各認捐大洋三元。現先着各派自將世系所有各名目查開明白，迅寄來祠，以便彙綜編修。自本年舊歷五月起，至壬戌八月止，確定一律理清，預備付梓排印。定期迫促，務祈各派諸君迅即查開世系，并將各認丁口捐洋一并寄帶來祠。事關族譜，切勿自誤，不勝盼望之至。此啟。

時民國十年五月　日。

——民國《洪川修譜議事雜錄·修譜公啟》

民國十年五月績溪縣洪川程氏宗族修譜廣告

修譜廣告

吾族自明處士應鱗公遷居績南洪川，是爲遷居洪川始祖。綿延迄今，歷世逾二十，繩繩繼繼，派別支分。洪、楊亂後，其散處四方者，亦所在皆有。惟宗族愈盛，統系岐，年代愈遠，稽考愈難，則續修譜乘爲我族第一要務。辛酉，本祠司事暨各派人等公議興修，爰在洪川設局纂修，分任捐款募項，積極進行。凡我同宗，見廣告，請將先代及本身之名號、官階、職業、遷居始末、生歿日月、嫁娶氏族及壽文、墓誌、著述、筆誌等著作，例可入譜者，均請錄寄其有珍藏之舊譜、家乘，無論斷簡殘編，并請檢寄來祠，以資參考就迎。調查必周必詳，期無罣漏。水源木本，源有同情，凡我族人，幸垂鑒焉。

民國十年歲次辛酉五月　日。

——民國《洪川修譜議事雜錄·修譜廣告》

民國十一年三月績溪縣洪川程氏宗族修譜募捐公啟并簡章

修譜募捐公啟　并簡章

逕啟者。我族修譜、祧主，并宗祠修理等項，刻不容緩，舊歲業由本祠司事倡議興工。奈工程浩大，統計各項經費，不下四千餘元，除各派應認丁口捐外，欠用尚巨，在在需洋，事恐停頓。爰於春分日闔族重議，僉謂眾擎易舉，集腋成裘，計惟有各派丁互相樂輸特別之捐，庶幾洋到事行，各項工程不難指日告竣。事關闔族重要，幸勿觀望。是為啟。

公議《特別捐章程》列左：

一、議捐至三百元者，列入族譜倡修項下，并上配三代能幹三配。

一、議捐至二百元者，列入族譜贊修項下，并上配二代能幹二配。

一、議捐至一百元者，列入族譜協修項下，并上配一代能幹一配。

一、議捐至百元以下、五十元以上者，列入族譜襄贊項下，并給以相當之配享。

一、議配享普通捐，仍遵舊例，分上、中、下三配。五十元為上配，三十元為中配，十元為下配。

一、議特別、配享等捐，以本年春季起，至癸亥春季止，此後非有重要祠事，不得開捐。

一、議捐款分本年六、十兩月、癸亥三月，為三期交付。第一期交付，九折；第二期交付，九五折；第三期交付，足數無折。

一、議捐至五百元以上者，另行公議，從優酌獎。

民國十一年三月　日。

——民國《洪川修譜議事雜錄·募捐公啟》

民國歙縣府前方氏宗族修譜通啟

本屆修譜通啟

敬啟者。我府前方氏，受姓軒轅，迨隆周元老大夫溥涵公，世系修明，甫得攷證。越六十六世，至宋迪功郎、徽州教授孟生公卜遷州治之前，是爲府前方氏一世祖。再十二世爲硯莊公諱至時，以宗祠傾圮，提議興修，兼足譜牒，時清康熙己亥年也。由清迄今，歷年數百，祖屋毀廢於紅、羊，宗册蝕凌于風雨。爲國等忝爲教授公支裔，表揚先烈，曷敢後於恒人？用是鳩工庀材，盡心營建。幸賴衆擎，規模備舉，我崇閎之祠宇，蓋已恢復，舊觀已然。尤有不能已於言者，人事代嬗，譜牒幾至淪淹。今兹不圖，後將安及？爰商族衆，一致主張，決議重修宗譜，以期昭示來兹。用特通函，凡我族衆，迅將五代以上祖考名諱、事蹟，下逮己身子孫，詳細開單，彙交（敝處）①，俾便登記，以資進行，幸無掛漏是幸。此致

府前方氏諸宗人公鑒。

新安府前方氏修譜籌備處啟事。

通訊處：徽城東門頭方盛泰號。

——民國《府前方氏宗譜》卷首《通啟》

第二節　牒規與譜約

明天順元年九月祁門縣武溪陳氏宗族家譜定規

家譜定規

一、吾門來派，自漢陳寔之後，至於陳武帝之時，家於湖州府，後遷潯陽，今之德安縣義門是也。由唐至今，稱爲顯族。又因唐末黃巢之亂及五季之僭，子侄星居，吳、楚、秦、蜀，在在有之。後世子孫，見斯譜者，即加尊敬，毋圖苟利，擅鶩他族，切勿置身於不義、不肖之徒。慎之。

---

① 此處"（）"爲原文使用之括號，收錄時，特保留其原貌。

一、吾門宗派，自唐、宋、元，井井有條，因遭南宋、遼、金之窘，其門頗有遺缺。後景炎、元間，鄉盜發塚，採取各隴碑銘、墓表、壙記，是以取之，疑者缺之。

一、吾門糧差，各有定規，乃朝廷正務，不可慢也。凡秋收催趲，預先完之，爲保家之士。若有違誤拖欠，決非善策。此等之事，屬於族長提督。

一、吾門之衆，善惡不等，除犯"十惡"内，務要集衆戒之，教訓導之。非利害如是，勸教以行正道。

一、男女婚嫁，不得大肆筵宴，務尚浮華，只稱家之有無。毋得屠宰牛、馬，僭用海味，但依鄉例，殽只魚、豕，果只梨、栗。或有貧者，不能如是，請族長者爲首，各房毋分親疏，隨其多寡資助，以成其事。

一、婦人之道畫一，不游庭，夜行以燭，古之禮也。若有長舌搬唆是非，離間骨肉，初必教之；教之不改，則撻之；撻之不改，則出之。

一、吾族中有無嗣者，即憑尊長處商議，有子應繼者，毋得抱養他姓之子，侵其祖產，以亂宗枝。及招贅女婿，必另擇基址，不許縈亂我家。

一、埋葬、吊祭等事，凡有喪者，初喪三晨，七七之期，率各房大小男婦，莫問親疏，各遵服式，臨柩哀泣。供佛飯僧，亦許從俗。葬之遠近，從其便也。若無葬地，可效北方人族葬之法，男左女右，左昭右穆次第。豈可聽信術言，揀擇風水之謬，侵欺祖隴，併或以勢加行？此謂不孝之子，不義之孫。縱然富貴，豈得其長久乎？

一、大族之下，豈無爭競？除不遵處外，方許經官，明正其罪，無得輒便佀犯。詞訟，許族長呈官。如族長不能公正理斷，或挾其私仇等情，仍許族中有施設人理決。

一、借(代)[貸]之事，吾宗之衆，貧富不等，當代有之。週人之急，濟人之貧，故爲義也。年月雖多，限其滿過，務要從容取債，毋致逼迫。若連年接算，有乖大義，豈不知姑蘇范希文置義田云？

天順元年庚戌歲秋九月吉旦，嗣孫崇拜書。

——同治《武溪陳氏宗譜》卷一《家法三十三條》

明弘治徽州黄氏宗族會通譜管理規約

噫,譜之會通難矣哉!我新安黄氏,自晋太守公官新安、家新安,至今千二百年,子孫星散四方,各譜其譜。考其所自出,共太守公一人也。我族兄悟齋先生思濟、行可、軒禄以弘治庚戌收族,修《會通譜》,譜未成而二兄物故矣。迨今十有餘年,殊無繼其志者。予因是與悟齋二子昱、岳遍告諸黄,諸黄率以爲然,囑予畢其事,重編翻刻,得成卷帙。以板計之,凡五百;以字計之,凡若干;以白金計之,凡若干。噫,譜之會通難矣哉!上賴太守公在天有靈,而俾充會通之心,叙千二百年人之昭穆爲一家,合千二百年人之事業如一日,豈非幸歟?凡各族得譜之人,不昧初心,以敬宗保族爲重,而守奉斯譜,子孫繩繩相繼於無窮,實故家文獻之有據也。其或族人而圖利鬻斯譜於非族之家,爲族尊者,議其罪而告於宗廟,聞於公庭,追其譜,付族之賢者掌之,庶乎警于衆也。嗚呼!法之嚴者,愛之深也。凡我族人,謹受毋忽。

五城黄濩識。

——弘治《新安黄氏會通譜》卷末《黄氏會通譜號》

明嘉靖休寧縣泰塘程氏宗族散譜號暨譜牒管理規條

《族譜》五卷,共壹百捌拾陸板,計字伍萬有奇,更歷六載,始克告成。茲會族議,列號散貯。凡我宗盟,宜當世守其間。如有貪財貨鬻者,賢良訪獲,當鳴族黨,責令贖取歸衆,仍加貶罰,斯亦懲勸之一端也。

——嘉靖《世忠程氏泰塘族譜》卷末

明萬曆四十年八月婺源縣三田李氏統宗譜引暨譜局條款

重修三田李氏統宗譜引

粤稽吾族,派衍天潢,因亂各遷,析田爲記,于是三田之祖分而三田之支,又各爲分,愈分愈衍,流源莫辨。故先世諸君子各田自修,以清源而濬流矣。至嘉靖戊午,新田激公不憚煩勞,倡率三田大會于界田鄱源僧院,歷六載,而癸亥告成,參考之下,宜無闕文。迨閱藏本,人僅書名,事多遺漏,板已散失，家乏全書。即當時所修，止二十九世，并二十九世猶未完也。今族屬日煩，世次相叙，殆三十二世于茲矣。昔朱紫陽以三代不修譜輒甚之爲大不孝，誠重之也。況今已四世乎？統宗合族，在此時矣。（弟）[第]地遠族煩，一時難以邀集，非散引通知，何以鳩衆而聚議？且我理田爲三田嫡裔，提綱總領之責，誼不容辭。爰是遍請吾宗，凡屬三田之分徙者，或係已會，或係未會，願相率詳集，列其名行、字號、生年、死月、娶氏、藏地，并生卒、出巡、行實、文贊、坆圖，一一開録，發至本局，以便謄梓。蓋係吾宗枝，必收録以表親親；非吾族類，不妄緣以滋瀆亂。則兹刻也，固亦率祖率親之鉅典云，幸而勿視爲緩圖而迂之。

譜局《條款》開述于後：

一、此刻之舉，前明源流，後登英俊。但生齒日繁，一時或收未盡，諸□宗即于目下詳開支派，以送本局，庶免遺漏。設或後時，則刊本已成，或難插入，免致得罪。

一、支派即開付邀集來會人，以便録刻，其後聽賢能者至局查視。

一、議鐫刻工價、紙張各費，本局預充應用，不敢充領，以致啟疑，候送《譜稿》時計費登領。

一、丁費，縉紳、斯文聽其自重，餘每丁量貼刻板工食銀乙錢。至統會，公議任從量助。

一、文章、誥敕、忠孝列傳，每字乙佰，量貼紙板工食銀乙錢。

一、墳圖，每乙箇量貼紙板工食銀乙錢。

萬曆四十年壬子歲中秋月穀旦，理田洪先　春融

　　　　　　　　　　　　　新田端明　之彦

　　　　　　　　　　　　　界田居之　鏜

　　　　　　　　　　　　　界田一璣　裳吉　全具

　　　　　　　　　　——康熙《重修三田李氏統宗譜》（不分卷）

明萬曆徽州汪氏統宗譜規約

汪氏統宗譜規約

嘉賓曰："譜之有約，約人心也。"我汪地遠族繁，嘗於《收支寶録》備載其事矣，此曷從而約哉？要亦自從其可約者約之耳。夫人苟有敦本厚族之念，

則焉往而不可約哉！兹約也，款有十二，簡而易，要而近於人情。凡知之者，非益於人，必益於己也。是故里黨之會，白頭如新；萍水之逢，傾蓋如舊。或約之言，或約之心，亦各存乎其人。

一、祖宗名諱，無論遠近，如越國公諱華，顯然之類，固不可犯。至於各支始祖以下，凡于名諱，亦自當避。今見各族多有忽略，故首及此。

一、我江南汪氏始祖漢龍驤將軍文和公墓，在嚴州府淳安縣去九里，地名邵石山，今名石軌渡；次則新安始祖晉軍司馬叔舉公諸墓，在徽州府績溪縣，地名登源洞；又次唐越國公華公諸墓，在徽州府歙縣北去七里，地名雲嵐山，其廟宇則在本府烏聊山。我汪後人，凡經若地者，無論士民，苟便事宜，禮當謁拜。若婺源縣院判汪公同買租肆百餘砠，歙縣推府汪公瀋創修墳祠，皆矢力於王之雲嵐山，此則尊祖敬宗之厚道，而存乎其人也。

一、凡汪姓者相會，必詢支系、遷徙、墳墓、人丁多寡、出處、事業，彼此咸記藏之，以爲支譜、統譜後日所脩之張本。

一、宗族會晤，必以代數爲詢。至於叙禮，各隨其人，要惟吾心之安而已。

一、朱文公有言：“凡子孫五代不修譜者，不孝。”覩譜中《餘思四錄》，則於文公之言，我汪後人益宜慎諸。

一、宗子之法，時論不可行之庶民，今統譜弗敢也。古人立法，法通上下，譜中嫡長即宗子也。天叙典禮，無事安排，循名定之，立賢輔之，存乎各族而已。海南瓊山丘氏《家禮儀節》，吾徽《璜溪金氏族譜》，而於宗法亦云。

一、譜發行各有先後不同，已詳載於譜後矣。今此仍有前後文字缺者，必係彙緣之書而非本局所發也，今領譜者慎而辯之。

一、《統譜》乃我汪千百年來未成之典，其中艱辛受謗，不可勝言，今也幸完始終，而領書之家不啻奉先之祭田，傳家之重器也。期戒後人俾毋鬻外，仍於每年各族聽其祭先會族之日，必考證其全書，無恙乃已。

一、前後譜序文字，法當楷書。緣貨譜者摹做混真，故書字樣各有不同，或帶行書，或異其人。如《譜約》及《後序》，婺源汪鳳徵書；《告廟文》，婺源汪邦礪書；《十二原》書通譜後，休甯西門汪一初書之類，受書者於此亦當有辨。

一、《統譜證要》一書，實便檢閱，而各族支派遷頭，詳載其中，今於《統譜》已入、未入，咸得考之于斯，慎毋易易視也。

一、各所領譜書之中，注完字號，而總共字號之數，則發書完日，備載

《證要》。

一、蘇明允以所作《蘇氏族譜》示歐陽公，公曰："吾嘗爲之矣，是不可獨使吾二人爲之，將天下舉不可無也。"我汪《統譜》既成，謹述斯言，系之於約，爰以告諸族人。

一、各宗子弟，而父兄養正于門外，《統譜》雖不能悉也，當於一、二、三之卷，於圖考之，於按誦之，可於汪氏初識其淵源之自也，次識其生前啓後之基也，三識其各宗散處四海，本於一家之遷頭也。隨其支頭，泝其本支，不啻過半矣，此則十五歲以前皆當識此。若夫《通譜》一百七十二卷，依世爲圖而叙派之同異，依圖爲按而文義之攸分，前之序文，後之序跋，中間諸文之類，則在人人以漸通焉。嗚呼！身非空桑，生非食粟，必如是，其庶幾乎！

《規約》終。

（潘寧録，卞利校）
——萬曆《汪氏統宗譜》卷末《汪氏統宗譜規約》

明崇禎十四年十一月休寧縣臨溪吳氏族譜譜規

譜規

譜之作，所以明親秩分而收族也，而尊祖敬宗之義實繫焉。籍令族而弗收，是爲"棄祖"；非族而收之，是爲"罔祖"。兹譜廣詢而靡遺，嚴核而靡混，棄與罔庶其免矣。然使世守弗慎，則不無散逸，彼攀附者借之而竄入，其何以防之哉？彦昇故帖狄公遺像，良可慨嘆，是以預防於後在乎無濫于初。爰集公議，編號著例以頒，各派世世守之，毋或失墜。同是尊祖敬宗之思者，尚其慎諸。

一、譜編叁拾壹號，爵、德、齒三大房各領拾部，元孝以輯譜之勤，領一部。其各房中又各分領，則在本房自爲酌議，務求得人，併嚴覺察，以永世守。

一、各房收譜，務什襲珍藏。每年於標祀團公日，各執赴公所會驗，污壞者，罰銀　；損失葉數者，罰銀　；私借他族謄抄者，定以非我族類斥逐之。或有遺棄轉鬻者，除斥逐外，衆共經官究治，仍坐本房房長、子姓押查追出。

一、自今歲爲始，立《空格簿》三册，三房各執一册。每歲會譜之日，各房支下，舉前一歲凡有生殁、娶葬，各照世次，開列款單，送公所會集，如式備書册内,俾後賢之有志續輯者一閲册而昭然。
　　編列領譜號數:
　　第一號,爵房仁德公枝敦義會衆收。
　　第二號,德房以德公枝文班收。
　　第三號,齒房叔淵公枝衆輪收。
　　第四號,爵房伏興公枝道機、元光、元富輪收。
　　第五號,德房本大公枝邦勳、應鳳收。
　　第六號,齒房叔祥公枝衆收。
　　第七號,爵房貴三公枝一文、元惠、元勳輪收。
　　第八號,德房以常公枝房長次第收。
　　第九號,齒房叔寶公枝希公房衆收。
　　第十號,爵房貴三公枝油潭派所志梓輪收。
　　第十一號,德房本房公枝邦周收。
　　第十二號,齒房冕公枝惟賢收。
　　第十三號,爵房貴七公枝培村派文護收。
　　第十四號,德房本立公枝光裕收。
　　第十五號,齒房叔淵公枝上四房衆收。
　　第十六號,爵房伏興公枝陽湖派上德收。
　　第十七號,德房本義公枝應聘、邦武收。
　　第十八號,齒房叔祥公枝道亨、道茂、道宗收。
　　第十九號,爵房貴二公枝油潭派應明、大才輪收。
　　第二十號,德房本立公枝三房輪收。
　　第二十一號,齒房叔寶公枝榮仁公房次第收。
　　第二十二號,爵房貴七公枝培村派文復、文璧輪收。
　　第二十三號,德房本積公枝邦魁、應召收。
　　第二十四號,齒房叔淵公枝下四房衆收。
　　第二十五號,爵房伏希公枝陽湖派之英收。
　　第二十六號,德房趙奴公枝時秀收。
　　第二十七號,齒房叔祥公枝之鎮、元宰收。
　　第二十八號,爵房岩鎮公枝思孝、元賢輪收。
　　第二十九號,德房起榮公枝之翰收。

第三十號，齒房叔寶公枝竹生公房長次第收。

第三十一號，齒房崇仁公枝元孝收。

外編三號，督鋟三人各領壹部。

第三十二號，爵房勝明公枝有沐收。

第三十三號，德房浚明公枝懋才收。

第三十四號，齒房雲生公枝元讓收。

以上譜共叁拾肆號，俱憑各枝酌議，會集三大房，公注收領。倘世久事殊，又在各枝賢達善通以保其傳，永昭世守之光云。

崇禎辛巳歲一陽月謹識。

——崇禎《臨溪吳氏族譜》卷首《編略》

明崇禎歙縣東門許氏宗族譜牒管理規約

崇禎甲戌之秋，家諜鐫成，告諸合族，願珍者藏焉，然亦不可漫無所紀也。定以字名，列爲號數，庶免差謬之誤。今取天干十字之名，每字擬以十二部爲率，以應地支之數，是亦謂天地交而陰陽和，宗族睦而子姓蕃衍，萬世於無窮也。印裝共計壹百貳拾部，主名編定，各領收藏，原板即行銷毀。

族長允諒謹識。

——崇禎《古歙城東許氏世譜》卷八

明崇禎婺源縣桃溪潘氏宗族譜牒管理定規

續修給譜議

一、族譜自正德丁丑修訂，世系、源流井然。迄崇禎辛未，百有餘年，支胤益繁，疏屬漸恐失次。又嘉、隆以來，登仕籍者，勳業炳耀，龍章寵錫。雖載國史，未備家乘，無以詔後人也。用議續譜，族孫儔領其事，伸、桴輩佐之。其鋟梓世系資費，以新入譜丁計名輪銀，或壹錢，或柒分，或伍分，以貧富爲差；其文獻闡揚，各自備貲，餘費不給，尚義者助焉。自辛未冬，閱壬申十月，譜成，《世系》計一世至二十六世，凡五卷；《文獻》凡十六卷，共二十一卷。刷印《世系》一百二十本、《文獻》一百本。時他潘有謀入《族譜》者，椿年公派因分領《世系》六十本、《文獻》五十本，詳加訂正，如城西中平，歙、休他族，概不附入。郡大夫陸公、邑長令李公、大光禄吴公爲之序,皆諄諄此義,後起者可考也。其分給譜本,編字排號,書領者名字于下。每丁、壬二歲查點,不到者,罰儆;鬻與他族者,鳴官追出,并出族不叙,永爲定規。

給譜字號詩:一脉數村衍,相傳世代真。流長源共派,枝茂貴同根。禮義家風舊,功名業日新。鳳毛聲譽顯,麟趾子孫群。勵志能光祖,忠君始孝親。永懷敦睦意,恪守彝倫箴。

右一字,給譜一本,全本《宗支圖》、《文獻録》,半本《宗支圖》。

——崇禎《婺源桃溪潘氏宗譜》卷末《續修給譜議》

明崇禎休寧縣古林黄氏宗族譜牒管理規約

給譜名號引

給譜名號者何?虞其始而謹其終也。虞始謹終者何?蓋以是譜竭十餘年之心血而獲底厥成,苟不謀其所以善其事者,則有以至重之典一旦隳之矣。竊見今時宗譜之濫弊者三:譜成而刻印弗時;刻印時矣,而匪人妄售;匪人妄售者,多繇稽考無序,以故奸弊日滋,非族紊亂。嗟乎,其所以嚴宗族之辨者,適以爲混宗之媒,有譜之不若無譜之爲愈矣。兹刻印已成,定其數目,編其名號,即削毁其板。繇一而十,繇十而百,井井可紀,庶善始而善終者歟,明願我族共珍重之,毋取戻焉。

名號(略)

鐘銘:皇皇列祖,潛德孔張。播於厥鐘,聲聞遠揚。曰我族胤,慎守珍藏。毋鬻非類,自戻紀綱。

——崇禎《古林黄氏重修族譜》卷四《給譜名號》

明崇禎休寧縣臨溪吴氏族譜編略

譜則略

家史氏曰:先王之世,辯之氏族,統之世系,而家教以興。迨其後,姓氏不命於上,於是族自爲譜。譜雖一家之書哉,實以補國書之所不逮,其義例、體裁蓋不可不謹焉。是故支派各分而統緒相接,惟散而能收,詳而不亂,斯一展卷而昭然,譜《系諜》第一;諜具矣,舉其人之行事以實之,及於生卒、婚葬備書，故足術也，譜《系諜》第二；賢者率德踐猷，以戀作求，而念爾祖，而笄幃著節，亦足維風，譜《行業》第三、《貞淑》第四；一命而上，皆可亢宗，顯融詩禮之傳，式籍衣冠之彥，譜《仕進》第五、《文儒》第六；尊祖敬宗，乃可收族，則嚴祀是先。若翰墨譔述，族盛事紀焉，非以侈紛華，特以徵有信也，譜《祠墓》第七、《哀文》第八。雖然集有八也，而本之則在敦睦世講，庶幾無忝於先德，籍令鄉鄰功、緦，途人袒免。樹敵於盟而不知其非，則後之視譜亦猶越人之視章甫耳。語曰："勇可以奪三軍而不可以加九族，節可以抗萬乘而不可以施周親。"凡我族之人，尚其謹于名分之等而興仁興讓，篤于休戚之誼而相恤相收，則彝倫益序，風教益端。家之譜信，可以佐國之史也哉。此作譜者之所深望也，此觀譜者之所務守也。

譜例略

家史氏曰：譜以彰既往而勵方來，傳其所信，斯足徵也。故時之先後異代，事之顯晦異跡，因以考證焉，而去取詳略乃可得而斷矣。是以訂舊章、定新例而譜爲八集：一集《系諜》，卷凡二，自得姓以迄本支，源流可遡也；二集《系傳》，卷凡七，斷自遷新安始，實跡可考也；三集《行業》，卷凡二，斷自遷臨溪始，聞見可逮也；四集《貞淑》，斷自國朝始，令甲可信也；五集《仕進》，斷自遷新安始，記載可據也；六集《文儒》，斷自國朝始，學較可按也；七集《祠墓》，斷自遷臨溪始，世守可憑也；八集《哀文》，斷自遷臨溪以及於茲，掌故可稽也。是皆無輕去，無輕取，凡以略所當略而詳其不可不詳耳。略者，譬諸河源之難紀；詳者，如自龍門抵大陸，有至，有過，有播，有同，《禹貢》無不悉書焉。蓋不敢如馬、楊二家之務博，亦無庸竊附歐、蘇二氏之懲羹吹齏而太狹焉者也。所以彰先代之實錄而足爲後人之文獻者，或在茲乎？是則竊取之微意云。

譜議略

家史氏曰：余聞荊州驃騎有三世不修譜之戒，而竊歎譜之爲要也。吾族之譜，作者凡幾見，《仁福公譜》于熙寧佚而不傳，靡得而紀云。盤谷學諭，宋末文人也，當恭帝德祐時，國事倥傯，猶修譜是亟，雖有訛誤，待後來之反正。然更胡元，兵燹之餘，而宗緒昭然可溯，則譜之所係重矣哉。厥孫希賢公之在至元，相去僅四十載，稍變其體式而訂之，如考定五公、第大公父子之相承，確乎其有據哉。信于譜諜，爲功臣，而于學諭不失爲順孫也。及我明萬清公以文學事帙括而猶究心譜學，會考《饒譜》，以正章、穆、平之世次。其所載或有遺漏，然自序云："全聚公派，一時不能歷考，而全興公派不知者，亦不敢臆說，固猶闕文之遺意也。"即或有訛之者，適見其譜之瑕瑜不相掩矣。嘉靖中，時齋公承諸譜之後而折衷之，以接九十年未修之緒，體式、義例自成一家。據年促世遠，辯第十四之非本支而另注六、七兩公於旁，非卓識定見而能若是乎？即質稍勝華，然譜政難於質耳。諸譜外，聞爵房傳銖公嘗輯《譜系》，銖公老于學究，窮年蒐討，第私筆私藏，殺青未竟，族之人罕見其稿，其是非公私無可得據，乃亦不必據之矣。自嘉靖壬寅迨今，百有餘年，譜之修亟矣，而譜大宗則難也。篁墩《宗伯譜》、程鯆溪《司徒譜》，汪尚滋多言，烏後之作者乎？是以寧狹毋廣，寧覈毋文，惟譜我臨溪一族，以備後之賢而顯者譜大宗之考徵云爾。

譜考略　凡七條

按譜系，泰伯遜荊蠻，在商高宗五十六祀壬子也，《時齋譜》載自祖甲三十三祀乙未，相差四十有四年。及考泰伯生於高宗二十二祀戊寅四月，則《時齋譜》與諸譜皆同。若乙未則年七十八，幾大耋矣。太王之薨，王季之立，固當已久，何謂知其欲立而遜也？仍以壬子爲始。

按，二十六世涉公，字道深，又名厥由。宋末《盤谷譜》於厥由下載有彰、穆、平，分爲三世。景泰間，《萬清譜》特徵饒《五彩山譜》及《餘干志》，刪去彰名，列穆、平爲厥由弟，以訂其誤。嘉靖間，《時齋譜》又遍考長沙王諸傳記，以明萬清之訂爲甚確。蓋五彩山由長沙王生而始名，其譜去古未遠，最爲明備。況饒遷自大司馬而著自長沙王涉公，即司馬父而長沙祖也。寧有父子、祖孫之相承而脫遺三世不禰其父而禰其高、曾者？《饒譜》可徵，則景泰、嘉靖二譜詢實錄也。

按，吳氏遷新安，傳自少微公始，諸族皆以遷祖祖之。考唐貞觀十四年下詔，大徵天下名儒，於是義方公自豫章講學於新安。是時，遂遷居休寧石舌山，子少微公第進士，爲左台御史，與武功富嘉謨并以文章著名，稱"吳富體"。《新安文獻志》、名宦祠所以首崇之也。若遷徙之自，則不當以其赫赫而爲義方公掩矣。

按諸譜系，六十二世叔溱公官太子贊善，銓公長子也。左海司徒新刻，獨據《王提刑譜序》，云："舍人之孫瑤遷富饒，生叔溱，叔溱生矩，矩生明，明生超，唐興元間，自平江遷居海寧。"其說或亦有所從來。然其譜不知何在？而第聞此序，今考明公生二子：長道隆，次道超，吾支爲隆公後。載超公而不及隆公，則遷石田無祖矣。又考世系，明公生唐代宗大曆九年甲寅，至德宗興元元年甲子，興元止一年，次年改貞元，纔十一歲耳！豈遽生次子超且壯而能遷也？況敘載瑤遷富饒矣，歷三世不聞他遷，何超突遷自平江乎？攷《一統志》，平江乃後梁置縣，唐朝未有是名。考《休寧縣志》，隋開皇十八年，已改休寧，唐末不當復稱海寧。《王叙》訛誤種種，若此則瑤生叔溱之爲訛誤可類決矣。故《時齋譜》特於二代世系注之甚悉，證之甚明，以見叔溱公之父子相承也。奈何誤而使叔溱公不得父其父而父其叔耶？

按舊譜，六十八世五公諱宗，生一子第大；六公諱徹；七公諱誠，生二子景安、景元。左海司徒新刻乃稱宗公行五，生一子景元；竦公行六，生三子；誠公行七，生二子，長第大，次景安，兩相抵牾。今考《時齋譜》云："五公喪父，五月始生，無弟也。"因考之古譜系，五公父深之公壽僅二十一歲，歿唐宣宗大中九年乙亥十月，五公生大中十年丙子三月，相後政五閱月，則爲遺腹子，無弟明甚。又考《盤谷譜》，六、七乃自蘇來令歙者第十四之曾孫。《希賢譜序》云，唐天寶中，有自蘇來令歙者，亦家休邑之石田，則六、七非五公弟又明甚，舊譜誤在冒其弟，新刻之誤不惟誤其弟且易其子矣。況七公之子二，景同行更可爲可驗，安得以景元子五公、第大子七公哉？且以五公次子諱竦爲六公徹之諱，則尤訛誤之一徵也。《時齋譜·附錄二世圖紀下》。

按譜，六十八世五公生二子，長第大公，次竦公。其後，第大公子團公始遷臨溪，竦公始遷澄塘。在五公原世居石田，未嘗遷也。及見《澄塘譜》，以五公爲始遷祖，竦爲二世祖，蓋亦推而宗之，以明其所自出云爾。今考《時齋譜》，五公偕妣汪氏葬楊坑上塢，在石田東數里許，寧有歿葬本鄉而生遷他鄉者乎？且第大公偕妣黃氏尚葬石佛，亦僅去石田二里，又寧有父遷他鄉而子葬本鄉者乎？若澄塘、石田，休、歙相距三舍餘，既遷矣，而何以葬于石田之隣壤哉？不原其推宗之意而泥以爲遷，則團公當遷自澄塘，不自石田矣。特考之以明遷臨溪之自，俾後世因《澄塘譜》而滋惑焉。

按譜，七十世團公始遷臨溪，在後晋天福五年，墓葬孫荒瓦窑潭漁翁撒網形，內乘龍氣扞庚向，外收沙局扞丁向，家乘具載足徵也。《左海司徒新譜》乃云遷於後漢乾祐元年，團公墓在蓁祈園地而興公墓即今標掛團公處。

噫！果如所譜,不幾令穆竄昭壙,而昭之魄虛無所依乎？無亦司徒公爲訛言所誤耳！遷之先後,其訛猶小。墓域之游移,則曾未覩吾家乘而訛傳之者也。乘載團公葬五保二百二十二號孫荒瓦窑潭,與公葬四保五千四百五十五號瓦窑坑大葉林,所混者只"瓦窑"二字,而"潭"與"坑"已自各異。且瓦窑潭上有孫荒之總名瓦窑坑,下有大葉林之并稱,土名甚迥別也；五保與四保,區界甚遼絕也；二百二十二號與五千四百五十五號,數目甚懸隔也。其號數、四至,有宋開禧間分産官印《闔書》可憑,有國初己字號僉業保簿可據,歷三朝七百餘年,世傳世守,無稍變遷。若夫園地,萬曆九年清丈,尚非吳氏僉業。至二十年始買于程國瑞,豈五代以來皇皇遷祖之體魄曾一抔之土而寄封寢於他姓之壤乎？況與公瓦窑坑大葉林之墓經界,實蹟昭然顯著乎？善乎,司徒令侄伯適先生之言曰："以歙人斷休地,必不詳於休人斷休地。"奈值司徒騎箕,訛誤未正,猶然臨溪、溪南之各譜其譜也。囊歲墓辯詳矣,兹之申辯於此者,以見司徒之非成心毋使後之論譜者,謂吳司徒之譜吳,與汪司徒之譜汪,爵同而譜亦同也。

——崇禎《臨溪吳氏族譜》卷首《編略》

清乾隆五年十一月歙縣大程村程氏宗族焚銷譜板告墓文

焚銷譜板告墓文

大清乾隆五年歲次庚申仲冬十一月戊辰朔,越十有七日,甲申宜祭之辰,不孝男豫,孫男沂、沉,曾孫男肇綿,謹以剛鬣柔毛、清酌庶饈之儀頓首百拜,敢昭告於皇清國學生、考授儒林郎、候選州同知、誥贈奉直大夫、顯考聞益府君程公,暨例贈安人、誥贈宜人、顯妣汪太宜人之靈而言曰:嗚呼,痛哉！男以險釁,早邁閔凶。無怙無恃,煢煢我躬。爰念遺誥,夙夜在衷。十餘年所,心焉如疴。兩親體魄,尚滯櫕宮。頻求馬鬣,龜筮弗從。山邱罪集,何地自容？所幸比年,漸邀福佑。王父之阡,筮有吉繇。蔵事嘉平,時日非後。支譜勉成,棗梨是授。仰繹言提,用正訛謬。祠地隘湫,欲拓罔就。謀建屏墻,改觀於舊。唯斯三者,先訓丁寧。以次粗舉,弗蹶於行。乃荷天眷,并獲佳城。葱葱鬱鬱,在儀之坰。嗚呼我父,實默有靈。矢志在昔,目未能瞑。故不令葬,迫男以成。今見有緒,含笑九京。遂示吉兆,爰窀俾營。若在於男,疚心曷已？事雖仰承,懼失條理。精爽式憑,以授以指。今奉柳車,來葬於此。日吉時良，新阡式啟。所輯《譜圖》，適竣於梓。敢告墓前，用銷以炬。將歸里門，聚族而與。遲緩之愆，冀蒙宥許。敬因陳奠，具告所以。吾親昭鑒，歆茲酒醴。嗚呼，尚饗。

——乾隆《新安大程村程氏支譜》卷下《各文續錄·焚銷譜板告墓文》

清乾隆五十五年婺源縣遷浙江金華縣竹馬館李氏宗族修譜諸項紀事暨規約

庚戌紀事

一、告祠，令各房長出資五分，買辦祭品，擇吉於三月某日致祭。

一、分任、首銓，肇植于一相臣暨男升璇，綜理叔翰。以秉筆銓予，又房長西李子賢位三，東李文房德隅，行房佐臣，忠明房有功，信房三、九、七，義房旭彰，前房升明。

一、以後，每房銓能書者一人記生。

一、開局，延請梓譜金邑陳子德、張景良、范惟上等六位於祠刷印。

一、科費，每新丁四分，故丁二分；雜費，婦女每口米一勺、豆半勺，十六兩秤，包局自膳。

一、印譜一十九部，每部約銀一兩二錢。其預墊銀一兩，算利二錢，止收一兩。

一、容像、墳圖，除始祖外，或刊或畫，皆聽自便，另自出費。

一、傳、贊，亦除舊譜所刊者，再為重刻。其新增者，另自計字出費。

一、譜事既竣，各房計費派銀，買辦豬、羊及演戲，祭畢領譜。

一、開載祠田土名坵口於左，每田必載明租若干，以杜欺吞。

一、譜從歐體，重遡源也；兼以蘇體，便稽查也，是宜同為一式。但蘇體通於行序接續，而西李之無考者居多，難以挨次，故止從歐體，且兩體者加費，而西李故省一焉。

族譜久不修葺，其間生齒不知凡幾，洎婚娶、卒葬、繼嗣、游庠，例應備載者，概致闕如，故修譜宜急而譜中之傳、贊尤宜慎。蓋以昭示來茲，不可不從其實也。吾祖雖王裔，而世傳唯耕讀，耕固無富聯阡陌，讀亦未有理學流芳之美，固難瞞於世者。庚戌歲，予諾宗人秉筆之囑，其間贊、傳雖不盡予手，然或孝或友，或節或義，或忠厚足式，或勤儉可風，要皆行誼素著、出諸公論者，則從而表彰之，而更與二、三同事參酌而慎錄之，必不敢偶以一事言之合遂阿附而謾爲揚厲也。至若人往風微，家無所考，聞異辭所傳聞異辭者，概爲闕焉，非故爲闕也，蓋譜猶史，疑者而筆之，曷以示來兹乎？後之人慎毋以予略於舊而詳於新，謂予有私意存其間也。苟或又以文字之過而疑其人之未必然者，夫亦未知君子善善從長之意也。予故但使耕者、讀者有以超越乎前人，又何必於語言文字間加刻覈也？於是乎記。鼎修思永甫再誌。

一切修譜，俱照舊規，惟科派新男丁錢七百文、舊男丁錢三百五十文、新女丁錢三百五十文、舊女丁錢二百十文，較前頗多增益，非敢違古制也，因匪後牌匾雜項焚棄殆盡，支費浩繁，不得不復循故轍，非得已也。聊筆此以示後云。

——民國《竹馬館東李宗譜》卷一下《庚戌紀事》

清乾隆績溪縣華陽邵氏宗族十不書

十不書 凡此十者，有玷於祖宗。有一於此，黜而削之。

一、曰不忠。爲臣不忠，蠹國殃民，以大姦而被誅僇者，削而不書。

二、曰不孝。爲子不孝，不思報本，忘恩滅理，如趙不義者，削而不書。

三、曰棄祖。棄賣祖墓墳地於異姓，貨鬻族譜於非族，謂之"棄祖"，削而不書。

四、曰叛黨。前人叛逆抄没，而餘黨苟全於世者，謂之"叛黨"，削而不書。

五、曰刑犯。積世恣惡，代遭刑獄者，謂之"刑犯"，削而不書。

六、曰敗倫。彝倫瀆亂，男女無別，禽心獸行者，謂之"敗倫"，削而不書。

七、曰狗行。交結匪類，趨入邪路，爲盜作賊者，謂之"狗行"，削而不書。

八、曰背義。不思祖宗義重，惟圖狗行全軀、甘爲人下者，謂之"背義"，削而不書。

九、曰雜賤。不肖無恥，甘與下賤結婚，并出家爲僧、苟安度日者，削而不書。

十、曰亂繼。承祧無序，乖亂宗枝、聚訟未定者，削而不書。

——乾隆《華陽邵氏統宗譜》卷十八《十不書》

清道光八年歙縣義成朱氏宗族重修宗譜規條

義成朱氏重修宗譜規條　道光八年

一、先義公，祥輕公，仲敏公，伯珍公、伯珩公、伯玉公，四世男主、女主，循舊供奉。

一、永，社，廷，鏊、睦、聍繼，時，以上七世，循親盡則祧之禮，男主祧板列左，女主祧板列右。

一、德字以下神主，男主、女主合併一主，《禮記·祭統》曰："鋪筵設同几，爲依神也。"繼配、淑配統併之。

一、譜中有考無妣及未娶而無後者，入無後之祧板。其德字輩以下有考有妣而待繼者，仍併主以俟。

一、幼殤之主、長殤、中殤、下殤已入祠者，悉入群殤之祧板。

一、節婦之已旌及未旌而合例者，即在立德之列，妾之無者，亦存其主不祧。

一、側室之已得子而不育者，入祧版。其側室雖無生子不育之而守志終老、相依不去者，亦於祧板存之。

一、埋主之文，見於《戴禮》及公羊說、鄭氏注，有埋主於廟壁兩楹間者，有埋主於廟北牖下者，有埋主於廟門外之道左者。今祠前大墳旁，有隙地可埋，分世次，尊者在上，卑者在下，男左右埋之，立堆立碑，題曰"朱存仁堂瘞土"。

一、古人最重譜系，昭穆以序，百世可守者也。近年，司匱無人，取譜考之，或闕其名，或佚其世次，生殁或譜與主不符。若不先爲鈎考修整，何以爲排次祠主之地？此修譜之不容緩者。

一、寢室之門，向係內開，今議向外，則內可寬出地步。

一、併主則當易主，祠中一律造主尺寸相符，外填世數，陷中可稍闊，不但考妣存殁可寫，并可填寫葬處。

一、神主下座，行告奠禮；升座，行祭禮，瘞主做佛事。

一、遴選支丁，董理主修譜之事，議給以飯食。

　　　　——宣統《古歙義成朱氏宗譜》卷首《舊修宗譜規條》

清道光二十二年婺源縣遷浙江金華縣竹馬館李氏宗族重修祠廟宗譜紀事暨規約

壬寅重修祠廟宗譜紀事

一、修理本祠,公議將舊祠頭年陳租拔起,春、冬大祭并胙肉一概停止。惟次年新租仍歸挨班輪收,抵還糧米,外設辦春分、冬至祭席,各祠首暨耆民紳衿照舊同散。

一、本祠修理,一切盤運、材料、人工,均派新舊祠首,散户不與。

一、本祠修理,一切工匠、飯食,闔族均派男丁十六以上、六十以下,唯婦人不與。

一、本祠別無公帑,惟將新舊祠陳租逐年拔起,逐年修理,故自道光己亥至壬寅,越有四載,始克完竣。

一、修譜,遵照甲午舊規,男婦生丁每人各出己資一百六十文,生女、故丁并雜項均不科派。

一、修譜,簽各房協辦,譜頭開具本房名氏、年月日時生卒,斷續《草册》。

一、譜師包膳,其水漿、菜蔬,各房譜頭協辦,分班值日供應。

一、前譜所有,概行照舊刷印,内有墳圖而無原板者,令自出費,託譜師再刻。其有新刻墳圖者,自向譜師議費。

一、家譜如國史,凡有傳贊,必出公評,故必邀齊各房協辦譜頭商酌,罔敢徇私濫載,其利市自送。

裔孫南溟應運謹誌。

——民國《竹馬館東李宗譜》卷一下《壬寅重修祠廟宗譜紀事》

清道光祁門縣錦營鄭氏宗族修譜律條

修譜律條

宗譜者,譜吾宗之正派也,使非正派,何以宗名?蓋今日之子姓,萬有千億,原本吾祖一人之身。作譜以系之,總見一派流傳,不忘所自,假冒其何能入乎?今宗内間有艱於嗣而為之立其後者,皆未諳律禮,故昧本宗之人不立,而收異姓為嗣。然異姓使之承業應徭或猶可也,而必欲入譜亂宗,則國有律條,祖有明訓,嚴且確也,不得不向吾宗說明,以清支派。倘諸宗稿內有違律欺祖,將異姓并將卑污假冒,查出,定行刪削,則僭竊之罪,某等實實當之,謹將《大清律條》刊列于左,後之修譜者,其當鑒諸:

一、立嫡子違法

凡立嫡子違法者,杖八十。其嫡妻年五十以上無子者,得立庶長子,不立長子者,罪亦同。俱改正。

若養同宗之人爲子,所養父母無子,所生父母有子,而捨去者,杖一百,發付所養父母收管。若所養父母有親生子及本生父母無子欲還者,聽。其乞養異姓、義子以亂宗族者,杖六十;若以子與異姓爲嗣者,罪同,其子歸宗。其遺棄小兒年三歲,雖異姓,仍聽收養,即從其姓,但不得以無子遂立爲嗣。若立嗣而尊卑失序者,罪亦如之,其子亦歸宗,改立應繼之人。

條例

一、無子者,許令同宗昭穆相當之侄承繼,先儘同父周親,次及大功、小功、緦麻。如俱無,方許遠房及同姓爲嗣。若立嗣之後却生子,其家產與原立子均分,并不許乞養異姓爲嗣,以亂宗族。立同姓者,亦不得尊卑失序,以亂昭穆。

譜例

一、立繼,本宗於所生父名下書出繼某,於承繼父名下書"某人子入繼"。若異姓承繼者,不得入圖亂宗。

——道光《錦營鄭氏宗譜》卷首《條律》

清同治祁門縣營前方氏宗譜先賢譜說附述

先賢譜說附述

作修。欲水之流者,知濬其源;欲木之茂者,知培其根。至於宗祖,吾身之所自出,非若水木比也,而獨無一知重之者,豈愛身不若水木哉?弗思故也。思則必知重吾身,重吾身必知重吾祖,重吾祖則同父同祖者謂之伯叔、兄弟,必於伯叔、兄弟而致重焉。尊尊之禮,親親之情,自有不容已者矣。然則如之何?吾身根源出於宗祖,宗祖根源者于譜牒,非譜牒不可也。故予於吾方究自得姓雷公始,推而致於吾身,越年四千五百有奇,世則約百五十餘也。至智詠公,年世百二,智詠公以上,多有訛誤,不足盡信,則做史鑑、外紀之例，隨其世數數之而已。以下事跡昭晰，支派分明，則率由舊章，詞不憚煩，俾觀者有所感慨而興於思，思者有所發奮而著於行。孟子曰："鄙夫寬，薄夫敦，懦夫有志。"庶或可想見於今日也。

重譜。譜也者，普也，合而一之者也。宗祖根源于是乎具，分枝割派於是乎考，隱晦顯達於是乎見，昭穆齒序於是乎知，服數隆殺於是乎制，是非真僞於是乎別，固不可以輕爲，亦不可以私爲。彼繩墨盡木之理，故至今而爲木者，不敢廢繩墨也；彀率盡射之道，故至今而習射者不敢廢彀率也。曲藝且然，況譜也者，天下之所瞻仰，後世之所取信，可以尋常視哉？奈何世人之弗察也，輕率妄躁，視爲笑談；駕空貼虛，有同兒戲。或有徵而不書，或無徵而書之；或恥其先之賤而援及顯人，或醜其先之惡而私附聞人。鼠竊狗偷，於己計得矣，其如天下後世何哉？故武成之書記武王伐紂，曰"血流漂杵"。夫以兵革而戎人國都、奪人土地、毀人社稷，"血流漂杵"之云，若可信也。孟子觀書，則以理斷之曰："以至仁伐至不仁，而何其血之流杵也？"盡信書則不如無書，安知吾方之後無孟子者哉？故於是酌理義之中，當因則因，當革則革，百世之下，庶不廢吾言矣。

列圖。先正有曰："天尊地卑而其分定，典叙禮秩而其義明。"生於天地尊位，典禮振舉之後，則凡欲叙尊卑而與典禮者，豈可苟然而已哉？所必求合於道，俾諸萬世而無議焉，則可也。矧人心不同，有如其面，固有喜左牽右拽而以宗派如瓜藤之繫者，有喜上拈下續而以宗派如貫珠之循者，有喜易觀便覽而以宗派書之滿紙者，有喜爾疆我界而以宗派聚成一家者，故予則皆異焉。上法乎天，下法乎地，中界于五等而畵之。其至上之位高祖，而并高祖行者則高伯叔祖也；其次位曾祖，而并曾祖行者則曾伯叔祖也；其次位祖，而并祖行者，則伯叔祖也；又其次位禰，而并禰行者則伯叔禰也；至下之位，吾身當之，而與吾身并行者，則先我者兄、後我者弟也。一圖之中，而五服之親備矣。合而上之，則上承高祖之位爲元孫；合而下之，則下至元孫，而吾身之位爲高祖。凡九圖并合，而九族之親又備矣。推而上下之，則知源流自分之由；旁而行之，則知同行衆寡之目。其元孫又別而爲世者，各繫各之子孫，乃所以見其一本而萬殊、萬殊而一本也。圖之中寓義如此，此圖之以此例也。

尊祖。無極之前，以氣化者，言也。萬物本乎天，氣化者，天生之有，象之以形，化者，言也；人本乎祖，形化者，祖生之人恒敬天，而忘祖者夫豈畏天而慢祖也？天近也，舉首間也；祖遠也，弗之接也。故古之人之慮是也，立宗法以提撕之、宗法之，又明譜系以匡植之，是以恩意浹、親義篤。春、夏有禴祀，以著其誠；秋、冬有蒸嘗，以致其敬。至於升降進退之儀、食飲陳設之禮，以及族人燕會之規，纖息備具，井井有條，爲《朱子家禮》之所云者，故教化大行，風俗媲美。奈何今之宗法譜系之胥也，問其源，不知其所從來；究其流，不識其所由分。一門之中，昭穆弗明而父子並坐，等級罔辨而叔侄交拜，甚至櫌鋤德色之狀，紾臂鬩牆之爭叢見紛出。至於外人，則反不然，隅坐徐行而守尊卑之禮，分勞任貴而循少長之規，厚者薄而薄者厚。噫！是大可慨也。夫以一門至近而尚且如此，若宗祖至遠者也，安望其尊而敬之如前之所云哉？予故謂今日之事，庶或聳動其良心而有補於名教也。

　　睦族。小史不作，而譜牒之學不傳；譜牒不傳，而統緒之流無據。故名家（詎）[鉅]族汗漫渙散，了無關繫，非特吾方爲然也，天下皆是也。夫一宗之中，既無關繫，則喜焉而不知慶，戚焉而不知吊，婚姻、死喪而不知助，疾病患難焉而不知恤，道途會遇焉而不知揖。老泉曰："吾憂至於相視如塗人。"而予謂是憂不止是也，富貴吾憂其相軋，強弱吾憂其相陵，眾寡吾憂其相殘，賢愚吾憂其相忌，貧賤吾憂其不相容。至於途人，則或有不然者矣，是果初無雍睦之心哉？良由無宗法以浹洽其恩意、無譜系以開示其源委，自離父母之懷，便不知所謂親義者爲何？事無怪乎其然也。故子貢欲去告朔之餼羊，子曰："爾愛其羊，我愛其禮。"夫去羊小事也，而夫子若是者，何哉？蓋告朔雖廢，羊存猶得以復之，彼族義雖失而譜牒存，獨有不可復者乎？是知欲善俗者，必藉井田之法，非井田而能善俗者，吾未之見也；欲睦族者，必藉繫譜之法，非繫譜而能睦者，吾亦未之見也。

——同治《營前方氏宗譜》卷一《先賢譜說‧附述》

清光緒二十一年四月績溪縣東關馮氏宗族修譜合議約

合議約

　　立合議約俊、玉、安、忠四公派下人等，緣我鼻祖達宗公宋末時由績北白沙遷居城內東關，歷今四朝，譜系未理，年代寢遠，稽考愈難，修譜之舉，萬難再緩。爰集四分人等來祠相議，所有章程，概遵白沙老祠一律而行，毋得更改。其各分殷實之家，另行努力捐輸。除譜事外，尚須預備購寢室後基地之用。自議之後，毋得勤始怠終，挾私違拗。如有此情，公同議罰。恐口無憑，立此合約一樣四紙，各執一紙存照。

　　光緒二十一年四月　日，立議合約人達宗公派下裔孫
　　　　　　　　長分分長　成樑
　　　　　　　　　　房長　景煜　景照　運開　運炳　運湝
　　　　　　　　二分分長　運浩
　　　　　　　　三分分長即祠中族長　愔魁
　　　　　　　　　　房長　愔廣　成澤　景憲
　　　　　　　　四分分長　成德
　　　　　　　　　　房長　景暉　景坡　景屏　景坊
　　　　　　　　司書　運銘
　　　　　　　　——光緒《績溪東關馮氏家譜》卷末中《雜志》

清光緒二十二年十月祁門縣竹源陳朝牧等立議修宗譜合同文約

議修宗譜合同文約

　　立合同文約人朝牧等，原我祖子京公始遷竹源，他族皆由此分焉。自明萬曆年間統修《大成宗譜》而後，此事姑待久矣。洎乎國朝乾隆壬戌，有孔譜、士球二公爲首，將萬八公以下支譜潛心纂修，有條不紊，敬錄成帙，尚未付梓。今又年湮代遠，兼曩遭刀兵、水火之災，各家《生命草簿》類多斷簡殘編，此纂修之所以畏難而苟安也。茲朝牧等知其事之難而又迫於情之不容已，慨然主修，衆志僉從。倘有遺漏，無可考證，陰陽一理，不罪無知，先祖有靈，亦當原諒。但（功）[工]程浩大，費用非細。爰是合同商議，妥立《章程》，各股司事者，量能任使，毋得推諉。特立文約二紙，安、端公各收一紙存照。

　　光緒二十二年十月初十日，立合同文約人
　　　　　　　朝牧　朝銜　肇閏　肇淪
　　　　　　　浩賢　浩魁　浩然　正燕
　　　　　　　朝科　正科　正中　正齊
　　　　　　　正斌　正昉　正欣　正文
　　　　　　　正則　正全　正族　正光
　　　　　　　正宏　開懷　開淼　開程
　　　　　　　開任　開慶　開堯　開澤

正傳　朝湧　海水　再發
——光緒《竹源陳氏宗族修譜文書彙編》

清光緒二十四年五月祁門縣《竹源陳氏宗譜》刊刻召約暨承約

召約

立出召約人祁西竹源坑口陳會源堂朝牧等，今爲本族修譜，承與撫州馮大聲譜司鎸字，面言定照老譜格式，其工價每洋壹元，計鎸字十四盤。所有雕圖、裝訂一切雜項工價規矩，俱已於馮譜司承約內載明。自定之後，兩無異説。恐口無憑，立此存照。

光緒二十四年五月十八日立出召約人陳會源堂朝牧

斗文

樹人

居正

譜司馮大聲承約

立承約人撫州馮大聲，今承到祁西竹源坑口陳會源堂修譜，是身包承鎸字、雕圖、刷訂、慰貼。遵照《大成譜》格式，每頁五層，計廿六格，大字一格一行，小字一格兩行。每層小字一行六個，面言定工價每洋壹元，計鎸字十四盤。自承之後，毋得異言，以致違誤。恐口無憑，立此存照。

一、刻祖像、墳山，每個圖計錢三百文，圖上字在內。

一、刻村基圖計洋壹元。

一、切譜，貼鞋一雙。

一、喜包，聽隨東家之意，不得争競多寡。

一、伙食，進門、出門，局內均供膳數日，其餘自備。

一、柴薪、時菜，局內津貼。

一、刷譜數多寡，聽隨東意，毋得異説。

一、刷定之譜，倘有錯字增改，如過十盤以外，只照所承盤數工價扣算，不得多取錢文。

一、譜説、序贊、詩引、雜文，概照十四盤扣算。

一、開刷之日，如有盤內字迹模糊、大小不一以及訛誤等弊，聽憑本東指換。

一、譜自起工、完工，中間不得間工，躲誤日期。如違，自願賠本東伙食開支之費，仍聽另召他人，無得異説。

一、本洋價每元作錢壹千三百文。

一、起神開刷裝訂，議貼錢喜包洋壹元，神福每個月貼大秤亥四斤。

一、《大成譜》上刻各派陰字，議貼錢四千文。

一、裝訂切譜，每幅正譜貼錢四百文。

——光緒《竹源陳氏宗族修譜文書彙編》

清光緒績溪縣大谷程氏宗族修譜規條

修譜規條十四則

一、統宗《土培譜》，大谷領得宗字九十號譜，凡共世忠祠者一百二十有八派，祇書始遷祖，而支祖派下支丁不與焉。大谷一名雲谷，宗譜從仁福府君以下，凡共叙倫堂者，十有九派，越世三十，上叙開宗始祖，下迨裔丁，惟旌德上東山支自立宗祊，此譜止叙其始遷祖胡寄，其下毋庸多贅。

一、宗譜，歐、蘇兼法，五世一提，於各丁名下書名諱、字號、爵德、藝技、生殁、年壽、妻妾、子女、婚媾、殤亡、出入繼嗣、遷居、塋墓，所書次序，順文爲是。

一、凡下殤、中殤、成丁未娶、無繼、繼非同姓，例概不收入正線。如同姓無昭穆相當者，則摘其親外甥，例亦權允。或成丁未娶，得繼生丁有嗣，亦許其名入正線，主入正室。

一、譜與史法同義異，小善必書，小過宜恕，隱惡揚善之義也。至於悖祖《十訓》《十二戒》，經遵《祠規》斥革者，例空名位不書，仍系厥子，罪人不孥之義也。

一、《記》《贊》《傳》，凡孫子錄先人行狀，採訪確實，或作記、贊，集其大略；或作傳，詳其生平。如可紀僅一二事，則叙述於本名下。生人不傳，因先人推及者有之，揚善行，作觀感也。

一、婦人改醮，止書氏生子，削其姓，示義絶、勸貞烈也。或於婦人亡其姓者，於氏字上空白一字；削姓者，氏上不空白爲例。

一、譜線有正線、丁線之分，凡嫡支有傳，已娶者入正線。傍支無傳，未娶者入丁線，丁線用單格書名；若及生庚爵位，亦間用雙格。正線極少用雙格書名，兼及妻子。

一、乏嗣，有書"止、失繼、俟繼"，無傳之義。禮，大宗無後，小宗不得有後。第流遠支繁，中葉忽斷，衍支世系不可復考，勢不能追而繼之。故二世牆外支祖四一、上山支祖四九，原稿書失傳，大谷支祖昌入正線，書及妻子，只得從之。五世大受爲昌嫡支，原稿書"止"，特以"失繼"書之于大宗。小宗乏嗣，特書"俟繼"，示不可絕也。于旁支乏嗣，書"無傳"，示可繼也；書"未娶，無傳"，示可繼而勸戒也；書"止"，示絕也；書"往外"，示荒也；書"虜"，示念也；書"殤"、書"早世"，示憫也。惟書"遷徙開宗"而示喜小大焉。

一、宗譜掌稿、編修、束脩、梓紙、印訂工等費，約銀五百兩，除各支譜銀及傳圖例入銀外，仍虧項，按丁派出丁銀，定於開刊局後三月內交齊。如逾限未繳，照欠數罰倍交。

一、記、贊、圖、傳除公外，凡各支贊、傳附刊入譜，每刊板半頁，一頁出曹平紋二兩，其餘按頁二兩算，《壽域圖》倍之。

一、宗譜十有六部，編"雲、谷、水、源、羅、山、木、本、干、枝、合、干、萬、派、朝、宗"等十六字爲譜號，除"雲"號譜藏叙倫堂外，每部收譜銀曹平拾兩。凡派下應領者，遵於開刊局後越兩月之朔日，携銀交局，詣祠拈鬮，得某號譜，給譜票。竣日，憑票祇領。謹擇於光緒三年丁丑季冬月初十日庚寅庚辰時，開梓於京都梁家園惜字會館西軒，隨刻隨印，板隨去之，於光緒四年戊寅季春月二十二日壬申丁未時告成。得鬮領十四部，仍餘宗號譜全部，備派下開宗者奉繳曹平紋壹佰兩，詣叙倫堂祇領。

一、領回宗譜，慎收藏，避潮濕，水火、蟲傷，均宜防範。每年冬至，檢曬一次，驅蠹魚，出霉氣。

一、宗譜會驗，定甲年冬至。如驗有污穢、霉爛、鼠齧、蟲傷，每次罰足錢四千八百文，爲會驗人酒食，戳"驗罰"圖記。下次會驗，仍如前例。倘均完好，祠首備賞足錢二千四百文，爲會驗人酒食。賫譜至祠，用二人，祠供食。各支首事於十年中，凡派下男婦，照《譜規》二則內所當書者，載明一簿，交祠首謄入《線草譜》，以備續修譜證。

一、家有譜，猶國有史，所係匪輕。或不孝孫子慢藏失之，貪利鬻之，若是者，宜聲其罪。失之者，倍罰譜銀，爲守者勸。鬻之者，追回原譜，再革出祠，爲貪者戒。

——光緒《大谷程氏宗譜》卷一《譜規》

清光緒績溪縣錦谷程氏宗族修譜規條

修譜規條

一、《統宗老譜》四本，凡共世忠祠者，計一百二十八派，祇書始遷之祖，而支丁不與。茲從仁新公以下，凡共吾惇庸祠者，計十八派，上釱始遷，下逮丁裔，除崇德公葉山派下不願同修之外，無不收入爲《錦谷程氏宗譜》，而仁福公已遷大谷，各立宗祊，毋庸牽混。

一、茲譜歐、蘇兼修，五世一提，於各名下書諱、書字、書頭銜、書娶氏、書繼室、書側室、書生子、書行實、書遷徙、書葬墓、書摘繼。其或乏嗣、失考者，亦必書明，以昭劃一，不得遺漏。間有略而未書、書而未詳者，悉從闕疑，無庸臆造。

一、異姓不得亂宗。凡有由外姓入繼，確有指名者，應書"由某姓入繼"樣，不得舍混。

一、下殤未成丁而又無人摘繼者，亦無庸收入。

一、傳、贊、序、記，凡各派各分之子孫，有願述其先人之德者，既經採訪查明，衆論僉合，方准刊入。

一、生人不得立傳，贊須俟蓋棺論定。如有年高德（郡）[劭]、衆所欽重者，其壽序方准刊入。

一、譜與史別，小善必書，小慝從諱，隱惡揚善之義也。至於不孝不義、行止有虧、敗倫傷化者，應遵祖規斥逐，黜而削之，空其名位，仍系厥子，罰勿及嗣，罪人不孥之義也。

一、婦人改醮他姓，亦止書"娶氏生子幾"，削其姓，所以示絕義，亦所勸貞烈也。

一、族內寒儉居多，若一體徵斂丁口，恐非體恤，議節公衆配胙之資，以爲經費。

一、配胙係公共之資，貧富均占。若贏餘之家不能格外捐輸，恐無以服貧者之心，各自量力，毋事慳吝，經事亦不得勒索。

一、家之有譜，猶國之有史，所系非輕。慮有不肖子孫，或世守勿謹而失之，或貪利貨財而鬻之。如此者，衆聲其罪，追出原譜，仍逐出祠。

一、譜牒，各派各分應領者，先赴局申明，畫押爲定，以便編成字號。除存惇庸堂一部外，仍拈鬮抽得，每部出制錢二十四兩入局，以爲日後會譜之資。

一、各派領譜歸家，須謹藏於匣，以避風雨、水火、煙塵、蟲鼠等傷，毋得時常撿出翻閱，致有失誤。會譜時，公同驗看，倘污穢、霉爛及遺失者，議罰。

一、各派之譜有數分，其領一部者，或輪年遞收，或一人專收，須先酌定，毋得爭論。

一、會譜時，各派須將逐年內生子、娶氏、殁年、墓地及守節者、改嫁者、老沐皇恩者、出從地方者，并有善行可書者，悉載於册，送祠收藏，以備續修之底稿。

一、會譜各派來人，每譜二名，自備衣冠，路遠者，各帶行李，祠給火食。

一、修譜餘貲，置買田産，原以備會譜之貲，每年收租，存積生放，至期移挪他用。其費立有定式，亦不得濫行開銷，致後虧欠。

一、會譜之期，定以甲巳年春分後一日，各派奉譜赴祠。如至期不到者，議罰。

一、與祭譜者，除每部幾名外，主祭禮生及紳士、頭首辦事者，均得飲福。

以上各條，公議平允。永宜恪遵，毋得故違，致自取戾。

——光緒《錦谷程氏宗譜》卷四《修譜規條》

清光緒績溪縣《荆川明經胡氏續修宗譜》之書後示警

書後示警

家之有譜，猶國之有史，所以昭紀實、重本、篤親，使後世子孫不敢忘所自出也。今此裒輯成編，搜羅既廣，采擇彌精，謄錄無亥豕之訛，編次循後先之序，自不待言而可知矣。至其授之剞劂，告厥成功，通計所費，不下千金，非淺鮮也。當其圖功伊始，逡巡畏縮者有之，袖手旁觀者有之，掩口竊笑者亦有之，謂此事斷難考成耳！惟賴二三司事矢志堅貞，程功告竣，所望各房領譜之支祀，須念我祖我宗，聲靈寄托在此譜也；群昭群穆，精爽式憑在此譜也；科費艱難，任詆任怨在此譜也；歷年監督，焠掌勞形在此譜也。休遭雨漬，勿被塵封，毋俾鼷鼠殘傷、蟫魚侵蝕，而奉若球圖之重器，什襲而藏，貯之金匱，實萬世無疆之休已。不甯惟是，又恐爲非吾族類之人借去傳鈔，携去觀覽，甚至貪緣售賣，甘爲不肖之徒，遂使以僞亂真，淄澠莫辨。非特重違

《祖訓》，厥罪非輕，抑且百世千秋，惡名莫湔。興言及此，能無慨乎？雖吾族姓當不至是，第恐百代而還，其麗不億，賢否難齊，不能不諄諄示警云。

龍蛰光緒十年歲次甲申孟冬上澣，五義堂闔族紳耆敬謹同撰。

——光緒《荊川明經胡氏五義堂宗譜》卷末《卷後示警》

清宣統三年八月績溪縣泉塘葛氏宗族領譜規

茲啟者。《泉塘葛氏宗譜》共叁拾伍部，每部肆本，宗祠存天字號壹部，其餘各派裔，挨號給領。願各裔各自留心收藏，逐年檢曬，勿使霉爛、蟲蠹。議定十年統會《宗譜》一次，準定冬至日齊集，無論遠近，均要負譜入祠核對，不得宕延。倘有不肖子孫令譜霉爛、蟲蠹，故議罰大箔五十把，跪祖前焚化，毋得姑寬。再，或遺失或私賣或故意與人私抄等情，一經查出，闔家斥革，永遠毋許入祠。

宣統三年八月　日，闔族人等公訂。

——宣統《泉塘葛氏宗譜》卷末《領譜規條》

清宣統績溪縣璜上程氏承啟堂宗譜六不書

譜有六不書

一、曰棄祖。祖為身之所自出，有祖而不敬，是棄之也；與凡不孝、不弟及骨脈不清者，皆棄祖類也，故削之。忤逆不孝，毆親致死者，不書；奸生、妓生及養異姓子以亂宗派者，不書。

二、曰叛黨。君臣之義，同於天地，背君者不祥。凡藐視王章，干名犯義者，直與叛黨同律。大逆無道者，不書；欺君蠹國，虐害下民者，不書；為書吏，舞文連累宗族者，不書。

三、曰刑犯。五刑之屬三千，而罪大者不赦。三尺凜凜，自干憲典，國法之所不容，即為(法家)[家法]之所必棄。巨惡已經大徵者，不書；絞、流、黥、刖者，不書；無故將婦人縊死者圖賴，不書。

四、曰敗倫。五倫為天下之達道，彝倫不敦，是禽獸也。敢有敗常瀆亂者，嚴之以肅家聲。欺公滅祖者，不書；五倫乖戾者，不書；蒸淫反常者，不書；同姓為婚者，不書；閨中有穢行者，不書。

五、曰背義。義者，宜也，行不合宜，則與衆棄之，毋滋虺蜴，荼毒良裔。與娼優、隸卒爲婚者，不書；母出廟絕，不書；失譜牒以亂世派者，不書；修譜吝費而自干棄祖者，不書。

六、曰雜賤。貧而賤，非賤也，甘爲下流，斯乃一族之所鄙，削去其名，以爲立志污下者戒。現爲人奴者，不書；爲娼、爲優、爲隸卒者，不書；爲僧道，棄君親者，不書。

——宣統《璜上程氏宗譜》卷首《譜有六不書》

清宣統祁門縣韓楚二溪汪氏家乘設局規章暨譜局規約

重修韓楚二溪汪氏家乘設局規章

局設侯潭中村積翠山房，以便主修諸家附近照料，俟竣裝訂，乃移於二溪宗祠仰魯堂。

開局，先期會集二溪紳耆衆裔決議，公同投票選舉。

倡修主事四人，專綜理局務，一切籌款、應酬、度支、會集、參議、徵收、禦侮、和衆、提舉庶司、承行譜務條款。

監修總裁一人，須達尊、達德、靜鎮，主持鑒定體裁，頒行《凡例》，督辦大局。倘有隱私販冒，橫議紊亂，致掣倡修、纂修肘者，質正於是，衆裔莫違。違則衆從屏斥。蓋總判內譜務、外局務，綱維乎倡修，主宰乎纂修。

主稿纂修一人，須"三近""三長"，難則降求其次，或外聘請，專譜務主筆，周諮獨斷，毋或旁撓；參定《條例》，呈示監修，頒輯于編修定稿，發謄錄校印。

編修校輯數人，須循《凡例》，考求典據圖籍，呈主稿潤色參定，從纂修主筆折衷，毋儳毋隱，退有噴言，內分任寫錄、測繪，兼校勘，缺則外僱倩人。

協修襄助諸人，須自願出力效勞，照料期會，策應備物，奔走襄贊，輔從倡修。

右人員選定，票舉各具署名，集祠祭告，播聞遠近。遷徙各派，彙稿來局，各各矢慎矢公，任勞任怨，始終從事，務底于成。仍集祠祭醮頒領，乃收局。

譜局規約

用厨役一名，守局，司水火薪食，會集則加僱莊傭。

每日主修，輪一人駐局，提調局務，應酬一切籌貲帳。

協修，輪一人駐局，策應照會，司日用伙，足度支。

每日，惟偕纂修、編修人駐局會食，早晨，食粥、小菜；午、酉兩飯，肉、蔬各一簋，小菜一碟，勿酒；朝夕茶煙燈火。非安息日，不會客；局內不談讌，不博弈、對酌。每禮拜課功，徵清稿貯篋，外人勿輒入閒玩，妨工稽時。如有特別公務會集，則加點、加簋應酬，尋常亦勿諱劇牽帥。若遠外賓，則特別款應。

——宣統《韓楚二溪汪氏家乘》卷十《文獻·譜局規章》

民國八年十二月續溪縣魚川耿氏宗譜領譜并引

領譜　并引

歲己未冬十二月，我魚川耿氏纂修宗譜告成，諏吉祭告我祖。各子姓父老兄弟，肅衣冠畢集，恪恭將事。既畢，推宗長一人，以次給譜如儀。夫譜者所以敘源流、詳世系也，種族之辨至嚴，匪我族類，毋冒我宗盟；是吾宗支，毋混入他族。若是乎，譜之所關大矣。凡人創業難，守成亦不易，譜何獨不然？他族之譜，數十年或百年而一修，有關於先者，即不難繼之於後。至我魚川耿氏之譜，前乎吾者，莫爲之先，即後乎吾者，莫爲之繼。創之者愈難，守之者益當矢慎矢勤，珍若琳球，敬如祖考，尊藏諸櫝。子孫世守，寶貴勿失，毋蠹於蟲，毋咬於鼠，毋傷於霉爛，毋燬於災火，毋賄於異族而亂我宗，毋奪於豪強而混我系。願與吾宗諸父老兄弟共勉之，子孫世保之斯已耳！譜凡十六部，用"乾""坤"二字編爲二組，每組以次編號，二派各按字號具領如左。

計開：

乾字組共十一部，大老公派領。

　　第一號，德先公派下同領。

　　第二號，洪桃公領。

　　第三號，洪壽領。

　　第四號，學煌公派下同領。

　　第五號，洪全公領。

　　第六號，洪渭領。

　　第七號，金燦公派下同領。

　　第八號，金霈公派下下同領。

第九號,學聘公派下下同領。

第十號,金鐸公領。

第十一號,學順公領。

坤字組共五部,全老公派領。

第一號,全老公派下同領。

第二號,金富領。

第三號,文根公領。

第四號,文順公派下同領。

第五號,金祥公領。

——民國《魚川耿氏宗譜》卷八《領譜并引　領譜字號》

民國九年正月績溪縣宅坦明經龍井胡氏舊譜規條

舊譜規條

【一】、乳名某、字某、功名某、某年某月某日某時生、某年某月某日某時歿,歿於外者,寫"客歿某處,娶某處某氏、某年某月某日某時生、某年某月某日某時歿、葬某處,生幾子"。

一、有功名者,寫官名,另於乳名上加"行名某"四字,不知行名并不知乳名者,祇寫行一字,旁寫"失諱"二字。女人,不知何氏者,於"氏"字之上空一字。

一、凡有懿行善舉可書者,寫於功名之後、生歿之前;無功名者,寫於某字某號之後。有已載縣志者,照縣志所載鈔錄,錄畢,寫"載邑某志"五字。惟族譜義取記實,無虛無濫,庶免煩冗。生存者,不書。

一、有繼配者,寫"繼娶某處某氏、生子幾人";有側室者,寫"側室某處某氏、生子某"。

一、有子出繼者,寫"第幾子某出繼某人",仍於繼父名下寫"某人第幾子某入紹"。其承繼未定者,於進主時已懸有名字,寫"懸子名"五字。

一、同墓者,書合葬處。或非同墓,則書"公葬處、氏葬處",各寫於"生歿"之下。如有與祖父同墓者,寫"祔葬祖、父墓"四字。

一、亂後絕祀者,衆另於名字旁寫"失祀"二字。或尚有後嗣,不知其名字音信者,於細字中寫"有子在外待查"六字。惟絕祀之家最易遺漏,望各派親鄰設法細爲查訪，功德無量。

一、各派後嗣，有忘其先代之名者，假如父係"端"字行，《族譜》於其祖名行載有數"端"字公，不知本身屬何公之子。此類甚多，難以掛綫，望各派設法細加查訪。或問親友，或尋墓碑。其萬難查出者，望各名下載明，以俟酌定《章程》，再行鈔録總譜。

一、殁於兵亂者，將"殁"字換寫"殉難"二字；被擄未還者，寫"遭亂失踪"四字。女人因亂出亡者，亦同。

一、各派節、烈婦，望各開明，其節婦生存者，須五十以上始得開列，庶與例符。

一、各派有寓居外處者，望各派親房速將《條款》開寄，令本身將伊高、曾、祖、考妣及本身以下，并親房旁支名號、功名、生殁、娶何氏、葬何處，逐一開明，量地遠近，限時寄回里中。如未清晰，仍速寄出重開，開來之日，務須細詢查問，校對明白，俾各代名目少遺漏、舛錯之處，則各司事造福於冥中也。

民國九年歲次庚申陰曆正月　日，胡親遜堂公具。

——民國《族譜便覽·舊譜規條》

民國十年六月績溪縣洪川程氏宗族修譜簡章

修譜訂議《簡章》列左：

一、定名：績溪洪川程氏宗祠修譜事務所。

二、所址：暫設大中公祠。

三、丁口捐：每丁、每口各捐大洋三元，分三年歸繳。

四、特別捐：派丁中，有捐大洋三百元以上者，列入修譜"倡修"項下；有捐至二百元以上者，列入修譜"贊修"項下；有捐至一百元以上者，列入修譜"協修"項；不滿百元者，另給予相當獎勵。

五、倡修：以捐至三百元者爲合格。

六、纂修：由派丁公推一人任之。

七、經理：由派丁公推一人任之，事司財政出入及一切重要事宜。

八、協理：由派丁公推七人任之，輔佐總理之不足。

九、調查：由派丁公推三人任之。

十、經催：由派丁公推十人任之，分收各派丁口捐洋。

十一、校對：由派丁公推二人任之。

十二、同參：合族紳耆。

十三、薪費及公費：甲、纂修，譜事告竣，酬大洋二百元；乙、經催，每人以收捐百分之五酬勞；丙、其他公費，臨時另議。

十四、裝訂及刊印：約洋四百餘元。

十五、時期：假定以三年竣事。

十六、定譜：由纂修者定期，通告各派。俟期滿後，再按照各派所定數目，編號付印，以昭慎重。每部紙價大洋八元，定時一律繳清。

十七、祧主：本所印刷完畢後，即將收支帳目報告各派，再召集各派詣祠領譜，并會議祧主一切事宜。

十八、附則：本所《簡章》如有未盡事宜，隨時增訂施行。

民國十年歲次辛酉六月　日

——民國《洪川修譜議事雜錄·修譜簡章》

民國十年六月績溪縣洪川程氏宗族修譜議案

各派代表來祠會議修譜，議決案列左：

是日，各派到祠會議者，約計四十餘人。

一、丁口捐，公議每丁、每口各捐大洋三元，分三年歸繳。

一、特別捐，由殷實派裔踴躍捐助。

一、纂修，公推派丁蘭。

一、總理，公推派丁禮恭。

五、協理，公推派丁宗暎、昭安、宗俊、宗銘、宗光、宗清、宗安。

六、調查，公推派丁禮垣、禮鐸、宗榮。

七、經催，公推派丁禮變、宗鑒、禮敦、必達、宗濤、昭燦、宗立、士輝、士海、宗謙。

八、校對，公推派丁聚、禮誠。

九、定譜，公議每譜紙價大洋八元，定時一律繳清。

十、時期，公議以三年竣事。

民國十年六月二十四日

——民國《洪川修譜議事雜錄·修譜議案》

民國十一年五月績溪縣洪川程氏宗族修譜核對知單

逕啟者。我祠纂修《宗譜》,各派世系已經清理謄寫正式,其不敢即行刷印者,恐謄錄或有錯訛,或各派來稿不免遺漏,或承繼大事猶有未定,務祈各派宗台親自來祠核對。核對時期,限本年八月底截止。即行改正,以便刷印,庶免日後翻印多費周章,或各派選一、二能幹者來祠核對亦好。但各派來祠核對,是各派分內第一要事,務宜自備火食。若或因循自誤,不肯來祠核對,但日後有翻印之處,一切工食、花費等項,均歸翻印者自認,勿謂言之不預也。此佈。

民國十一年五月　日

——民國《洪川修譜議事雜錄·知單》

民國十一年六月績溪縣洪川程氏宗族修譜刷印知單

逕啟者。我祠纂修《宗譜》,業已編纂成帙,早有《知單》通知各派親自來祠核對,以便刷印。現今已與　訂立《議約》,選擇　年　月　日起工開盤,各派丁口捐洋,務宜及期交付清楚,以應祠用。若或故意延宕不交,刷印時,照舊譜所修而止,旁注俟續修圖接,以下概不收錄刊印。只好將伊之世系、名目停錄不印。特此佈告,各宜自警。

緣我祠產息薄微,毫無積蓄,每丁、每口捐洋三元,實為每丁、每口上及高、曾、祖、考,下及子、孫、曾、元,延萬年不替之血脈,免日後失宗之可憫,豈容故意不出丁口捐者妄希刷印?若一概刷印,非特經手人無錢可賠,即出丁口捐者亦皆不服,不得不為出丁口捐者,歷歷告之。知單到日,各宜踴躍歸繳,毋貽悔後。

民國十一年六月　日

——民國《洪川修譜議事雜錄·知單》

民國十一年六至十一月績溪縣洪川程氏宗族修譜刷印再知單

修祠、修譜、修祠前餘坦、修配享祠前餘坦,并築圍墻,用度浩大,凡屬派丁,應捐不肯捐者,公議紀名示儆,免致推諉。此佈。

民國十一年六月　日

——民國《洪川修譜議事雜録·修祠知單》

逕啟者。本祠刷印《宗譜》，業已與湯乙照齋訂立《議約》，選擇本年十月十三日起工開盤。早有知單通知各派，諒各派均已洞悉，兹不再贅。惟開盤日期轉瞬即至，或恐各派猶有未知，或雖已知而欲定譜，因事忙冗，未即來祠掛號。今特寬待各派起見，定譜日期再展至本年八月十五日截止。截止以後，概不定印。各派如欲定譜，當須從速來祠掛號，以免後日追悔。至於各派曾已來祠定過譜者，則望將紙價洋八元，如掛號時已交過一元者，只付七元。譜箱壹元五角，於八月十五日以前，一并寄帶來祠，以應購買紙料及代定譜箱之用。再，本祠各項工程，均已次第興辦，各派應認丁口捐洋，務宜每年挨期交付清楚，以濟祠用。若或故意觀望，因循不交，刊印時，只好將不出丁口捐者之世系、名目停録不印，決毋寬假之可言。此佈。

民國十一年七月　日

——民國《洪川修譜議事雜録·知單》

逕啟者。本祠祧主吉期，已選定民國十二年陰曆九月二十七日。《宗譜》亦于本年十月實行繪刻墓圖，動工刷印。即各項修理事務，亦咸次第舉辦。現在需洋孔急，查各派應認丁口捐洋，其已繳者固爲不少，而未繳者亦屬甚多。況現在繳捐期限已屆二年，本祠各項事務又值舉辦之時，務望各派應認丁口捐洋再勿遲延不繳。且此次每丁、每口捐洋三元，實爲每丁、每口上及祖考、下及子孫留萬年之名目，免日後失宗之可憫，豈容故意延宕？其故延宕者，必是《宗譜》上妄希刷印，祧主時妄希進主。若概准其刷印，准其進主，則將來非特經手人無款可賠，即已出丁口捐者亦皆不服。爰於冬至日公同集議，丁口捐洋限至癸亥年清明節。若仍觀望未繳者，《宗譜》上即將伊之世系、名目停録不印，祧主時停主，三代毋許進主，決不寬待。知單到日，幸望各派踴躍歸繳，毋貽後悔。從布。

民國十一年十一月　日

——民國《洪川修譜議事雜録·修祠知單》

民國績溪縣龍川胡氏宗譜條規

龍川胡氏宗譜條規

一、我族自宋、明、清尚未修譜，後世無傳，所傳抄錄不完，鸞公、詔公、鳳公支派纂修頗費搜討，參稽互證，悉本乎此。

一、像以著列祖之儀容，讚以彰先人之功德。像讚列前，尊祖也。

一、譜首統系始祖常侍炎公，遵錄舊譜，重統宗也；晋常侍公而上，世次失考，不復爲圖，示闕疑也；次分系祖萬通公，重始遷祖也。

一、圖系用線，五世一圖，仿歐、蘇式也，五世盡而復始。仍以前圖第五世冠首，分識其父於上，以次續之，端委世次明矣。

一、系圖皆書名，臨文不諱，禮訓然也。

一、系圖名下注字及號，次行實，次生殁年月，次娶葬、子女，示有序也；葬不一地，分各注，合稱合，異同辨矣；娶不一人，曰繼娶、側室，妻妾彰也。

一、無子而立同宗子爲嗣者，列名於生父下，書"某出繼某"，列圖於後父下者，以"某幾子繼某爲嗣"。螟蛉抱養，概絕不書，免亂宗也。

一、婦人義當從一而終，有夫亡再醮及有故被出者，雖有子，不書母，義所當削也。

一、家譜與國史異，史以別賢奸、寓褒貶，故善惡并書；譜則當爲親者諱，書善不書惡。如怙惡不悛、貽玷家族者，黜之可也。

一、祖墓宜保護，某山某向土名，悉書之，俾衆曉也。

一、祠産，春、秋祭祀，宜保守字號、稅額，載明垂後。

一、祖宗垂訓子孫，附列之，遵祖訓也，族規重家法也。

——民國《龍川胡氏支譜》卷首《條規》

民國祁門縣河間淩氏宗族族譜九戒

九戒　潁川振奇子著

一、譜不可無。予按，先儒謂"《圖譜》之作，肇於《河圖》《洛書》"。圖經書緯，錯綜成文，非宏博不足語其大，非精確不足語其微。其學爲至難，故姓氏之說，司馬遷、劉知幾尚有遺議也。如宋張文定公母年高，數被存問，而壺範不少概見,至并其父名失之,此其譜之不可無也,可知矣。間如歐陽文忠公表稱其父令節有聞矣,然未及鄭太君,僅以荻畫略傳於世,亦譜所載闕如也,況於無譜者乎?

二、譜不可忽。龍門子曰:"甚矣,譜牒之難攷也。"歐陽修《譜圖》,世以爲甚精,其自言詢生通,自通三世生琮,爲吉州刺史,當唐末黃巢陷州縣,率州捍賊,鄉里賴以保全。自琮八世生萬,爲安福令,修則萬之九世孫。夫詢,唐中人,巢陷州縣,唐末也,始終相去幾三百年,詢生琮僅五世耳。琮在唐末,至宋仁宗一百五十餘年,則閱一十六世,其理竟何如耶? 甚哉,譜牒之難稽也! 君子當闕其所不知而已。人有言曰:"三世不修譜牒,比之不孝。"苟世世修之,其有如前之失耶? 君子慎焉。

三、譜不可偏。周平園序曰:"君子之著書也,有心於勸戒,而無意於好惡,然後可以施之事也。"當今所傳世系之學,蓋嘗盛矣,姓有苑,官有譜,氏族有誌,朝廷以是定流品,士大夫以是通婚姻。然行之一時,其弊有不可勝言者,何也? 好惡害之也。是故進新門則退舊望,右膏粱則左寒酸。進而右者爲榮,榮則誇,誇則必侈;退而左者爲辱,辱則怒,怒則必怨。以侈臨怨,則生乎其時者悉力以逞憾,出乎其後者貪名以自欺,此正倫所以鑿杜固,義副所以陷燕越,而無知如崇韜者,所以流涕於汾陽之墓而不恥也。是皆好惡偏之弊也。

四、譜不可以誤。容齋洪氏《隨筆》曰:"姓氏之書,大抵多謬誤,如唐貞觀《氏族誌》,今以(忘)[亡]其本。《元和姓纂》誕妄最多,國朝所修《姓源韻譜》,尤爲可笑。姑以'洪氏'一項考之云,五代時有洪昌、洪杲,皆爲參知政事。予按,此二人乃五代南漢僭王劉(龑)[龑]之子,及晟嗣位,用爲參知政事。其兄弟本連宏,字以本,國朝諱,故《五代史》追改之,原非姓洪氏也。此與洪慶善《序丹陽宏氏》云有宏憲者,元和四年嘗跋《輞川圖》,不知宏憲乃李吉甫之字耳,其誤正同。"予頃年偶閱《紹興吳氏家譜序》,內載漢文帝時,有諱公者,爲河南守。按《漢史》稱"河南守吳公治考第一",而失其名,遂以"公"字當其諱,謬誤與宏、洪一也。

五、譜不可肉。孔子慨杞宋,凡以國家紀綱理亂,恒於文獻乎攸繫,文以彰獻,文章故人所難。獻以敷文,通譜學者,尤人所難也。予按,唐李守素署天策府,會曹輔世往之學,世號"肉譜"。虞世南與論人物,始言江左、山東尚相對。至北地,則笑而不答,嘆曰:"肉譜定可畏。"嗚呼,此譜不可肉也。

六、譜不可偽。敖東谷曰："曾南豐修家譜，自以爲先世之派出自曾點。歐陽文忠公亦否之，蓋以遙遙華胄將誰欺乎？"是以君子不可不慎也。予竊謂君子之觀人，先視其人而後及其論，歐不自否而否曾，《曾譜》未必是《歐譜》，亦未必是敖取歐之否曾，恐敖亦未必是。然其意與言却明允，以是爲譜之警惕，爰取以爲誡。

七、譜不可遺。陶淵明《贈長沙族祖》云："同源分派，人易世疎。凱然寤嘆，念茲厥初。"是故譜牒以合族者，念厥初爲一人也。族大人繁，類非一二，不取則遺，遺非所以語合矣。

八、譜不可秘。譜牒之作，正所以敦族誼、厚風俗，故譜不可亂授，蓋恐愚不肖子孫轉鬻於他族。所當珍秘者，此也。非所當秘，則不得不以曉諭子孫、傳佈族衆也。苟不以曉諭傳布，不惟後人昧昧然不知先之所從來，而祖宗仁讓之風亦復頹然斬截矣。負身世之累，貽甲旅之羞，未必不由此也。戒之，戒之。噫！猶有可懼者，時變靡常，水火莫測，罹此警焉，則秘之者乃泯之也，忍乎哉？

九、譜不可失。楊誠齋先生所授《誥敕》，身後有爲妄男子得之，藉以爭楊氏祖墳風水。當時官司莫能明斷，哀然移葬。此由子孫不能保守誥命，修明譜牒，故致人得而冒奪之也。向使家有譜牒，則誥命雖失，而世系明備，縱遇妄男子，焉得藉冒而奪之哉？甚矣，譜之不可失也！

——民國《河間淩氏宗譜》卷一《九戒》

民國歙縣府前方氏宗譜領譜贈言

領譜贈言　爲國

呵呵，今日我們合族最親愛的昆季們、子侄們，一概都聚會在一堂，這種非常的快樂，是從來少有的了。呵呵，而且今日的天氣，更是比往常好得很，大家覺得這風和日麗的景象，有無限的美感，好似老天也在那裏歡笑，表示喜悅。我們的成功，要和我們大家的快樂合攏起來，結成了精華，化作了瑞彩，聚在我們祖龕面前，籠罩在我們新出版的《宗譜》上面。今日這譜給各房領去，將來議定託天的福，各房永遠昌盛。我府前方氏，不難成爲全歙的望族。呵呵，我最親愛的昆季們、子侄們，這真是快樂無極的了。但是大家要知道，何以有今日快樂呢？却是大家能够同心合意，沒有阻礙，立定了志願，有進無退，纔能夠成就了二百幾十年未有的結晶。這椿事情，我雖然略爲賠墊些錢，今日見了大家這等和樂，我却也心滿意足了。呵呵，我最親愛的昆季們、子侄們，但願我們族內永遠這樣和睦，對於祠內公衆的事，自然是一天進步一天，祖宗的事，天天進步，後嗣自然昌大。我們做個模範與後人看看，後人自然都能夠尊祖敬宗，也效法前人善繼善述了。呵呵，府前方氏萬歲！府前方氏宗祠萬歲！《府前方氏宗譜》萬歲！

——民國《府前方氏宗譜》卷二十《領譜贈言》

民國婺源縣隱溪燉煌洪氏續修老譜規條

續修老譜規條

一、譜以本源爲重。長江濫觴于岷陽，黃河發源于星宿，不爲探索，所自曷由而明？攷我洪氏，自孝武圖制匈奴，開河西地，置燉煌郡，徙居大姓甚之，故共氏遷燉煌。漢季普公避禍，易"共"爲"洪"，而燉煌表爲郡望。後世因之，莫之敢更。假其漫不加察，是猶徒知東匯西過之險，龍門積石之奇，而忘所自出也。郡著燉煌，此之謂"務本"。

一、譜以始遷爲尊。雖譜稱落地，今人諱言。然因遷著姓，亦云知要。況親盡則祧，百世不遷，古人均有深意。今江左之有洪氏，自昺公遷歙始；江右之有洪氏，自玉公遷樂平始。江右之葺修《通譜》，以玉公爲一世，我婺雖皆玉公後裔，而既轉遷於婺，則葺譜仍當以昺公爲一世，不惟重始遷，亦以尊先世也。

一、譜以宗派爲定。我洪自玉公之子分湖圍、巖前、洪源三派，後世繁衍，遷徙愈多，歷譜註明"某公之子遷某地"，詳列譜首。有舊遷已載者，固照舊載明。即舊遷今未與修者，亦照舊載明。其舊遷未載而今來修者，亦必補載遷派。至新舊遠遷之族，今不與修，實難查實，則不敢爲輕載。能失望漏之譏，毋蹈輕率之誚。

一、譜以考實爲先。凡各宗送稿到局，必其始遷之祖與《大宗圖》已載之祖一脉可通，庶免暗更隱移、軟鑽硬插之弊。雖遷徙不一，亦必溯其原，遷何祖、繼遷何宗，嚴加考核，而後冒濫紊收彼此皆免，不至得罪先人，貽譏後世。

一、譜以倫常爲大。齊家嚴肅，則族黨各凜《章程》；禮法森嚴，則子姓咸知畏懼。雖各宗分處，教導宜同。父戒子而兄勉弟，此家道之所以日上也；

上無禮而下無學，此氣運之所以日衰也。父父、子子、兄兄、弟弟、夫夫、婦婦而家正矣，是所望於同人。

一、譜以祭典爲切。祭必宗子，支子不祭，古有明文。然大宗固以成，先支庶亦可著代。如嫡長微弱，勉强尚可行禮，亦當奉之踐位。其或頇愚衰病，俾之捧鬯，手足無所措，何以妥先靈？則必擇族之賢與才者攝之，庶觀瞻可肅。至譜牒注載，嫡庶辨明，原昭敬謹，非故低昂。

一、譜以嗣續爲本。非宗入祧，鬼仍餒餓，而譜首已引古事爲明証矣。故立繼必擇本宗，且昭穆相當，斯分誼不乖而名正言順。至前譜間有破格之例，亦非强之盡同。但嗣後同人甚毋薄視本宗，恝焉不繼，而妄引他姓，至蹈繼如不繼之嗟。

一、譜以大成爲美。第人非一地，斯例有各殊，嗣是同宗，大者固當畫一，小者詎必能符。如各宗支祖開族以來，原皆各立規法以繩子孫。至或寬或嚴，各行其是，嚴者不得援某族之寬、妄生覬覦而擅變革《章程》，寬者不必效某族之嚴、致生事端而激成嫌隙。此非立異，實以相安。

一、譜以不倍爲主。字犯忌諱，不惟非以尊時，試問子臣之分能安與否？稍有犯者，斷宜敬避。至祖宗名諱，苟非入廟，臨文亦當謹避。如子孫而同祖宗名諱，孝敬之道安在？即族中先達，名已共知，故爲同之，此果何意？其或名已列于仕籍，諱已著於甲科，難以遽更。否則，必當改正。

一、譜以婚姻爲正。如翁婿、娴婭之有名爵者，固當登之以爲光榮。否則，第稱配某氏女，則第書適某姓耳。至買妾，則必著明側室、副室，不得妄稱又娶，致尊卑無分。至爲女擇配，尤宜敬謹審愼。

一、譜以正行爲榮。忠臣、孝子、義夫，既足銘金石而動鬼神；節婦、烈婦、貞女，亦足動天地而炳宇宙。不急表之，何以闡幽而昭示子孫？務當于其人名下如實稱揚，方見人心之公而樂道人善。

一、譜以稱揚爲切。子孫於祖父，莫不欲展孝思，且希美名以誇先德。第無美而率爾稱者，爲過譽，受之者安得不赧然？鬼如有靈，揶揄不免。第各宗散處，詎能盡知？稿既來局，自當盡登，但宜返躬自忖，無使死者懷慚。

一、譜以審愼爲要。《傳》《贊》稱揚，必其實行存乎人間，人已謝乎賓客，古人所謂蓋棺而後論定也。若猶是被色食味，遽爲傳之贊之，設其爲臣而忠不終、爲子而孝不至、爲夫而義不全、爲妻而節不盡、爲人而前後之異轍，一字已刊，後將何及？

一、譜以奉守爲嚴。凡頒發譜牒，內必鈐明　百　十號，頒給　地方族收執，子孫永遠寶貴，務宜收藏嚴密，無致不法之徒私行盜鬻。至《大宗圖源流世系》，乃本姓根據，非類固難插入。苟經盜買，繕而藏之，未必無魚目之混，所貴繼之葺者詳爲辨焉。

一、譜以管攝人心。不肖者懲，大亂者削，庶子孫知所顧忌，各知自蓄其德。在家既爲孝子，出仕自爲忠臣，求忠臣者，必於孝子之門。假其爲臣二心、爲民倍上，理宜削之，以示警戒。

一、譜以和睦爲宜。祖宗雖遠，靈爽實式憑之；子孫雖繁，氣誼實咸通之。我燉煌之裔，大江南北皆普公、昺公裔也。今葺《通譜》，雖皆嚴前一派，然亦山川間隔，難以遍爲邀聚，非敢故親近祖之裔而漠視遠祖之裔也。同我燉煌，共爲原諒。

——民國《燉煌郡隱溪洪氏宗譜》卷首《續修老譜規條》

第三節　譜例

明景泰新安程氏會通譜凡例

編譜凡例

一、今所編《總譜》凡十四卷，前八卷摽以《程氏世譜》，蓋依祈公所立之名也；後六卷摽以《新安程氏諸譜會通》，蓋自元譚公始來新安。而其間世次、名目，各派所傳多有不同者，今會而同之，故以立名。大率世次列圖，一以《祈譜》爲正。其或別本有名多寡者，與今不同，不敢的以爲非，但註一"有某"，以俟參考。

一、列圖當以小宗法及歐陽公《集譜圖》爲例，而前祈公不以世次爲規，但隨朝代之修短以立圖，凡一朝爲一圖。今不欲改，爲自《總譜》後各派所續，一依小宗法五世爲圖，滿五世復起，但於前圖末注云"後圖接"，摽以次第，後圖首借前圖末起，旁注云"接前圖"。或某公下，其後次第而列，庶幾易爲尋檢。

一、所傳圖俱以乳名書之，其宋元以來各派，多以行第書之。而今失其名及字者，無可奈何，董依其舊。今編於名旁註以行第，庶幾一覽而知尊卑也。

一、出继子,於本生父下仍列其名,名下註云"紹某人",於養父名下註云"继子"。其詳載本名傳下。

一、遷居年遠者,於本宗名下註云"遷居"或"贅某處",後起圖自作一派。其近代遷居及贅者,本宗仍列其子孫,但旁注云"遷居"或"贅某處",後不列圖。

一、無後者,於其名下書"止"字。其或前圖有傳,而今無傳者,今不復起圖,於其下註云"至幾世止"或作"後無傳",免後人妄接以混吾宗也。

一、有子孫爲非,衆議而不續者,於其祖名下註云"至孫某爲非,不續",見龍首山派。違祖命而賣祖宗墳塋地者,亦如例不續。見槐塘新宅派。後人視之,宜以爲戒。

一、圖後列傳,初則標以幾世、行實,名高一字,述云"某公字某"或"行第幾某公之第幾子"也。有一嘉言善行,備書之,不敢没其善也。無則書"生某年號,欲人知其爲某時人也。某甲子月日時、享年幾十有幾"。年未五十者,不書享,生没無考者不書。葬某處或書字號山向,與妻同穴者,總於妻名下書"合葬某處、娶某氏名某、生没同前",但不書年號,以其可依夫甲子而知其先後也;生子曰"某某女幾、長某適某處某氏"。

一、《總譜》正傳,列名如前例。其或兄弟不係正傳而有顯行者,後不列傳,但於其父名下傳之。

一、有列圖而未列傳者,龍首山派是也;有列圖而後略載事實者,善和派是也;其圖後有序述而不列傳者,彰睦、香田派是也。

一、原各傳下註述,引證甚多。今但取其有關於事者録之,其浮文則删之,或註云"見某書"。

一、《總譜》各圖傳末,多引雜書,所載同時,不係本宗之人,一細註其出處,今皆不録。

一、各派圖後列傳中,行實有依舊譜而書者,有自木爲父述者,有孫爲祖述者,有年遠失録,因故老相傳而述者,有子孫無力而不能刊者,亦或子孫吝財,事實埋没而不刊者。

一、書名,或稱"公",或稱"名",或稱"兄弟",參差不倫,難歸一律,《文公名爵辯》云:"己身以上稱'公',己身以下稱'郎'。"古今不易之定論。今譜依例稱"公"則有矣,其"郎"字爲時俗所諱,今故不書。

——景泰《新安程氏諸譜會通》卷首《凡例》

明成化新安程氏統宗世譜凡例

一、新安程氏,多稱太守忠壯之後,本無可别。今定著凡家有唐宋以來舊譜及共業唐宋以來先墓者,方取入會。

一、譜系有異同者,有舛誤者,悉以歷代諸譜參較,不專主舊説,蹈因襲之弊;不自出意見,取傅會之譏。同者,書之;正其舛誤者,書之。否則,闕之。

一、舊譜,六世爲圖,失小宗之義;《小傳》各繫本支圖後,失統宗之義。今圖五世,准《歐譜》例,下註事實,准《史記·年表》《唐書·世系表》例,旁註世次,明傳代也,朱註遷居,朱書派名,謹所自出也。

一、舊譜,繼子既書本生父下,又書所後父下,殊無服屬輕重之義。今註其名於本生父下,列圖於所後父下。異姓來繼者,書具本宗譜而止;出繼異姓者,不書。

一、無後,註其名於父下而不列圖,如祠之祔主也。有故列圖者,書"止";遷徙不相聞者、有後不與會者,書"失傳";有後不及會與會而未盡者,書具本宗譜,聽其自續;從釋老者,比無後例。

一、子孫,無問隱顯,有作過者、不睦者,有侵祖墓者、鬻譜牒者,蔑視先祠者,毁棄手澤者,昏不計良賤者,并黜之不書。

一、小註,書字,書行,書生殁時月壽年,書葬,書娶,書宦蹟、學業、行義,書節婦烈女,書必據可知者。其不知者闕之,浮詞溢美,一切不書。

一、各派訂誤其所從出,其所取證,别爲《譜辨》,置編首,以備參考。

一、先墓、先祠之顯者、賜葬者,别爲圖,置編後,附以經理方向及修復之事,重遺體也。

一、各派凡所得制命、公移及贈頌、哀輓、史傳、金石、詩文,别爲《貽範集》,輔譜以傳。

——成化《新安程氏統宗世譜》卷首《凡例》

明成化新安張氏續修族譜凡例

新安張氏續修族譜凡例

一、譜牒之作，所以奠世次、叙尊卑、維踈戚、正倫紀、傳子孫，知其源委而起和宗睦族之念，其於名教豈小補云？

一、舊譜自揮得姓始，《星源譜》自仲始。今以徹祖始，前皆倣史家例，别爲《外紀》云。

一、五世一圖，法《蘇譜》例也。下加一世、不書世數者，以爲後圖之首。

一、古者，生無爵，死無謚，雖祖考亦名，臨文不必諱也，況譜圖乎？司馬遷《自叙》謂"昌老生母擇，母擇生喜，喜生談"。班固《叙傳》謂"回生沉，沉生泊、游、稚，稚生彪"。曩□□□以避諱爲尊敬，不成文理。世愈降而習愈澆，今所著圖譜，一遵史氏，直以名書，懼子孫之不察也，□爲之辯，然外戚尊者而稱公，敬之也。

一、舊譜圖系，自宋元以來，有稱"承事院判官講解元"與夫"五文學、廿七"之類，於先世名諱之下，似失父前子名之禮。今將舊譜參考，有名諱者，書名諱，仍將先世所稱附註於名諱之下。其無名諱者，仍依舊譜所書。

一、凡嗇後者，無分長幼，皆書曰"止"，憫之也。其繼同宗相應者，書曰"過紹"；其摘同宗相應者，書曰"來紹"。先世有弟繼兄者，書曰"下紹外姓"；繼本宗者，書曰"入紹"。本宗繼外姓者，書曰"出紹"，其紹者之名傳下則彼此詳書，圖内父下不書，只書於摘繼者之下。其出繼外姓者，於父下雖存其名者，無所續也。間有不傳者，或遷徙不知，或未婚育，其下皆闕焉。

一、棄俗事佛老者，圖傳皆不載。舊載者，今删之，止於父傳下書曰"某爲僧道"。

一、傳下登載"名字，行次，年月日時，娶某處某公女，生子某、女某適某處某"者，所以别倫序、明外戚也；"殁某年月日"及"葬所形勢、山向、字號"者，使子孫知祖宗體魄之所安而起孝思也。其有詳略者，或有所不知，或問之而不得，豈敢有私於其間哉？其婦人生卒年月不書者，譜牒之作，尊卑之辯而已，婦人從夫，故不贅焉。

一、先世行實，悉遵舊譜書之。其後，有異行者，亦書之，存者皆不書，非故略也，先儒所謂没世而公論方定之意也。其有文翰者，另行紀載。

一、傳内如清河、馮翼、吳郡、洛陽、河東、襄陽、紹興、江寧派，合于一世之中，觀者不知某爲某處之派。今□□派遷各書地名，以便觀覽。

一、收族自十承事汝舟公遷滿田以來，悉遵舊譜圖系，遠□窮流，非者，雖富貴不收；是者雖貧賤必錄。非特所謂信以傳信，亦不敢妄加去取，紊亂真僞，以獲罪於倫理也。

一、遷居地名及無傳從戎者，只於圖內註，傳下再不書。

——成化《新安張氏續修族譜》卷首《新安張氏續修族譜凡例》

明成化休寧縣城北汪氏族譜凡例

凡例

一、《原姓》，自軒轅至穎川侯汪，舊譜有代表，《春秋》《史記》尤詳，兹不載。只錄《周魯叙系》一篇，以見本始。

一、《譜系》，自穎川汪侯食采穎川、居於平陽始，次彭城戍主欣歸長安，次奮武司馬文和家新安，次大司馬叔舉徙登源，又次直閣德彰遷休寧城北，各具《小序》，以原其始之由。

一、《穎川圖》，著魯之地，汪侯之始也；《登源圖》著歙之地，叔舉之始也。

一、世世相承曰系，五世一圖，大書其名，蓋法歐譜也。今穎川侯至考七世，不限此例。有不及五世者，又以其祖故耳。觀者詳之。

一、《小傳》所載，行以序齒，事以紀實，生以表年，没以知壽，葬以著地，娶以明配，子以重傳，女以大婚。有則書之，無不妄補。

一、自吾父至高祖，諱某、仕不仕、娶某氏、享年幾、某日卒，皆書，而他則不書，此老泉自作譜，詳其所尊也。今吾譜遍均於族人，悉以名書，不能獨諱。其他一切書之，不知則止，故不同也。

一、出繼者，於本名下注云"出紹某人"；繼其人下者，注云"某之子來紹"。外姓來繼者錄，本族繼外者，書其由，所以重承嗣、謹族類。

一、序行列，自伯父清隱翁以前，仍其舊。其後，一遵雪窩克敬兄續所編詩云："道院迎仙客，書堂隱相儒。庭栽棲鳳竹，池養化龍魚。"一世一字爲行。詩盡，又當續之。

一、年五十已上，有事實可徵，則書之；未及者，只書"某人子、生某年、娶某氏、生幾子"，餘不書者，以其德業方進，未可輕限，以待後之續之。

一、汪氏文獻，其來尚矣，參於吾譜之《小傳》，亦可知其一二。彼千支萬派，散而之四方者，實未能枚舉而盡識也。其有志於功業文章，觀吾譜所載之先達，亦自當興起而奮激矣。

一、《譜系》續成，訂爲上卷，今讓又於先代、近世家藏表、誥、詩、文、序、記等篇，有關世教風化者，略取一、二，尾於譜後，訂爲下卷，不以人世先後，隨類而入，以便觀覽，蓋亦激勸來仍之意。

一、譜不外收，但吾城北源源一派耳。藁凡三易始成，率好事者哀金壽梓，立"宗"字爲號，次第分給，俾其謹藏，毋容私鬻別系。有此，許族棄經公懲治責贖，若能改過，使棄通知，仍將原帙給付。

一、各處墳墓立圖，使昭然可考，恐有不肖棄售他人，聲罪于官，名黜于譜。嗚呼，人本乎祖，可不謹哉！

——成化《城北汪氏族譜》卷首《凡例》

明弘治新安黄氏會通譜凡例

新安黄氏會通譜凡例

一、會通之要，所以審遷派、究源流，歸萬殊於一本也。新安黄氏，散處不一，多稱晋太守元集公之後。雖無可别，今據黄墩舊譜所載及共業唐宋以來先墓者，方率人會。

一、譜圖之列，所以明世次、别親疎也。舊譜六世爲圖，旁無小傳，則小宗失序，行實無據。今圖五世，（放）[倣]《歐譜》例，下注小傳；（放）[倣]《史記·年表》《唐書·世系表》例，旁注世次，所以明繼世也；朱注遷居，朱書派名，所以謹自出也。

一、繼子之設，所以紹先世、續後嗣也。服屬隆於所繼之父，殺於所生之父，禮也。舊譜既失其義，今注其名于所生父下，列圖于所繼父下，正名分也。其出繼異姓、異姓來繼與從釋老者，不書。

一、妄祖之弊，多本無後者，以沿襲也。今以無後者注名於父傳下，書止，不再列圖，如祠附主也。有故列圖者，於本圖下書止，以遏後弊。

一、支派之蕃，則遷徙不相聞，而賢否亦不一也。故譜之作，有後不與會著，書"失傳"；有後不及會，有會而未盡者，書"具本宗譜"，以俟其繼作。

一、小注之書，所以紀行實而述出處也。但書字，書行，書生殁年月，壽年書葬，書娶，書宦蹟、學業、行義，書節烈女。書必據可知者，浮詞濫美，一切不書。

一、世次之編，疎遠不違，巨細必舉，此正法也。今會諸譜，自漢尚書香公至新安遷祖太守元集公以下，傳代世次，各相矛盾。今據宋元舊譜，兼考史傳錄入，別爲辯考，以決後疑。

一、先世坵墓、遺像之記，所以重遺體、寓孝思也。其先世遺像、坵墓別爲圖，以置諸編，兼附墓所經理方向、遺像贊辭，以啟後裔。

一、文翰之錄，所以顯祖功、揚宗德也。故自歷世以來詔命、贈頌、哀輓、史傳、金石詩文并書，以貽來世，庶文獻有徵也。

一、譜諜之作，所以尊祖宗、崇孝敬也。間有棄祖墓、鬻譜諜者，有作過惡、三犯不悛者，則孝敬何在？故絕之不書，所以警後人也。

——弘治《新安黃氏會通譜》卷首《新安黃氏會通譜凡例》

明弘治休寧縣倍郭程氏敦本錄凡例

倍郭程氏敦本錄凡例

一、姓以紀其所自出，氏以別其所自分，此譜之所由作。夫誇高衒美者，必起於疎遠。讀書者少，豈能知作譜之意哉？修譜者，宜以爲戒。吾程氏出自重黎之後，至伯符錫土賜姓，上下相傳，迄今二三千年，凡幾朝代。譜須得其源，祖述前人而修，方克成編，毋容假臆度於其間也。如會里尚書大昌公祇五世起，其所知有《祁譜》《森譜》，必自祖、父、孫三世之考。嗟乎！吾家倍郭之派，乃澐祖之後，紀系所存，有源流，《紀實總要》《慶源集》具載。吾祖巽卿公所續，蓋一家之書，於程氏如海水之一掬爾。若以爲吾譜一出，即占斷源流，雖不免貽大方之笑，是亦不蔽善而爲名教之助云。

一、世次，爲明昭穆而設。按，歐陽公上自高祖，下止玄孫，而別爲世，上承下繫，凡世系別而九族之親備。吾程氏有文人而譜按時修輯，自伯符歷世以來，世次、小傳俱備，是皆尊祖之要。今是錄從元譚祖來守新安吾郡著姓之始，自公以下，系以世次、小傳；自公以上，不註世次、小傳，總立爲《統系圖》，簡略以便觀覽也。

一、書名。按，吾祖巽卿公所續《摘枝譜》，祇敦本支，徇各親其親之道。吾程氏子姓蕃衍，散處各郡者不載，有《會通譜》具載可見。今是錄按朱子自"己身以上稱'公'，己身以下註名"，自吾至高祖，仕不仕、有善行、生某年月日、殁某年月日、壽年幾、葬某處、娶某女、子幾,盡書而他略之,何也？別親疎分遠近,尊吾所出詳之,非敢戾其法云。

一、列圖,古者,有大宗,有小宗,別子爲祖,繼別爲宗。百世不遷者,大宗也；繼禰、繼祖、繼曾、繼高祖,五世即遷者,小宗也。族人兄弟,列圖位次,依嫡庶順列,如孟、仲、季三兄弟,孟爲嫡,而仲、季爲庶,列爲三圖,先列孟房宗支于第一圖,次列仲房宗支于第二圖,又次列季房宗支于第三圖。若此列之,使昭穆有序而不紊,嫡庶有別而不淆。然宗法之建,有大宗而無小宗,有小宗而無大宗,有小宗而有大宗。一宗出乎一族,一族出乎一家,一家出乎一人,此萬世倫理之常道也。

一、誥命、碑記、傳序、行狀、墓誌、跋贊、題咏、齋室軒堂、圖畫詩文,有關世教,有益氏族者,依類不限,倫紀附錄左方。及有與士大夫往來倡和,亦錄之,爲後人張本云。

一、《敦本錄》,子孫毋許私假,恐致溷亂宗譜。如違,族衆譴之。

一、各處墳塋,子孫遵守《拜掃條約》,毋違,是爲至願。

——弘治《倍郭程氏敦本錄》卷首《倍郭程氏敦本錄凡例》

明弘治休寧縣流塘詹氏宗譜凡例

詹氏家譜凡例

一、吾詹氏得姓之祖則爲周宣王次子文侯,渡江南則爲晋伏波將軍康邦,遷建安則爲康邦子侍衛將軍良義,婺源之閒源始祖則爲黃公,遷休之流塘始祖則爲太學錄初。自黃公以上,世代遐邈,旁枝遠裔,不能考存,但依舊譜,錄圖于首。

一、五世爲圖,法《歐陽文忠公譜》,蓋以五世服盡義也。或遺一、二世而止,即附枝下。

一、首既爲圖以繫世次,次爲譜傳,乃詳記名字、行次、娶某氏、生子幾、女幾適某及生卒年月日、葬處坐向。若失記,則闕。

一、無後者,直書其下曰"絶",謂無子而不置後者。三十以下死者,書"卒"；二十以下死者,書"夭"。

一、服內子姓,應繼者,書曰"紹"；本姓子孫,出繼外姓者,曰"出紹"；外姓來繼者,曰"入紹"。若遷居者,書"遷某處"。

一、後世子孫，有棄父母出家爲僧、爲道者，不録。

一、譜存一族一人之事，書善而不書惡，爲親者諱也。善有可紀，片言不遺。其湮没不存者，則闕而不敢妄載。

一、譜後載先世遺文、墓誌、詩章，及近來有得者，别爲一卷以傳。

一、後世子孫生子，可將譜檢閲命名，無得犯祖宗諱字。

一、先娶、繼娶無子者，今見各家，多不祭祀，亦不摽掛。論其理，亦乃祖父之配而亦母也，雖無子，亦當祭拜。如有違例不祭拜者，許族人以不孝告論。

——弘治《流塘詹氏宗譜》卷首《詹氏家譜凡例》

明弘治休寧縣陪郭葉氏宗族世譜凡例

休寧陪郭葉氏世譜凡例

一、世系自漢太尉尤下至郁文，凡四十六世，僅繫本支。迨伯六公而下，支派浸蕃，叙世于前，派註于内，五世一宗，准《歐譜》例。事實詳載《别紀》。

一、尤以下事蹟，并得諸舊牒，間采之他譜，其間字行不詳，代紀疎略因沿，不敢妄入毫髮，所以傳信。

一、本支自尚彧公遷休寧後，德、昭、盛等支復遷徙他郡，一時未暇通會，有志者能合而一之，是所望也。

一、《世譜》自宋而下，未有續者，元敏宗公間嘗一修，未克成編，卒復散逸，止留陳、汪二先正文二篇。其間世次幸賴張貳守所跋《尚彧先生家牒》，傳録尚存，故得假以編摩而成是書。其間缺略，猶有望于來者。

一、續譜事蹟，以派别之，庶便觀覽。

一、宗系名氏，咸以直書，自高祖而下至吾父，獨曰"諱某"者，尊吾所自出也，以譜爲吾作也。

一、本支自高祖而下功蹟，雖細必録，詳所自出。而旁支有善不没，所以賢賢者也。

一、生没年月并塋墓所在，記所能知。先代淪遠，不及查考。

一、子孫，無問隱顯，有過惡不悛、蔑視同姓、傷悖倫理、侵犯先墓、鬻賣譜牒、毁棄手澤，及昏不計良賤者，并黜不書。

一、婚姻姓氏，如娶某人之女，用訪其字，書之，不曰"某公"，删虚文也。

如女適某人,不曰"某人之子",從簡便也。

一、獻達垂名,記於本支。上世宦學闕略失載者,於錄後編入。

一、舊譜不收辭翰,今以家所有名卿詩文附譜以傳,名曰《遺芳錄》;上世辭翰載於簡冊者,尚賴博古君子采之以登是錄,而後世來者宜繩繼焉。

一、辭翰,凡備衆體而播諸慶頌、哀挽者,宜各以類編。今所取不多,僅以詩文爲別而贊附詩末,厘爲二卷。後增入浩瀚,當以類分之。

——弘治《休寧陪郭葉氏世譜》卷首《休寧陪郭葉氏世譜凡例》

明正德歙縣呈坎羅氏宗譜凡例

編譜凡例

一、羅本祝融之後,乃顓帝之孫,其源流最遠,支派莫詳。文昌公自五季時由洪都而遷呈坎,墳塋、支派,歷歷可考,故斷自文昌公而始者,所以示信也。

一、羅氏之居呈坎,有(一)[二]宗:一曰文昌公,一曰秋隱公。世傳以爲兄弟,同自洪都而來。《禮》曰:"別子爲祖。"蓋古者大夫、士遷於他國,謂之"別子",一則別於本國不來者,一則別與後世爲始祖二公之後,各自爲宗者。蓋以祖考諱字俱失,未會於前,故難通於後。今譜之續文昌公派也。

一、文昌公而下,六世單傳,七世而始有禧、裕、冲、祥四子。禧有二子:曰務本、俊民。今在呈坎,皆務本之派也。容溪則裕之派,陳村則祥之派,黃冠塘則冲之派。今照舊譜,懸其支派,不拒其來也。

一、世系,五世爲圖者,蓋以《禮》之"小宗"則五世而遷。然祖遷於上,則宗易於下;其遞遷者,但懸其名不編;其世次無傳者,亦不復書。

一、小傳,附於各圖之後,書其行實、生卒年月、配氏、葬所,有者書之,無者不書,悉照舊譜與各家開報。

一、世系圖次,或分或合,有以支派相應者,有以多寡取便者,未有所拘。

一、稱謂,古之君子,生則有名,冠則有字,死則有謚,禮不下庶人,無謚也。然有字所以敬其名。觀夫《中庸》,仲尼祖述堯舜,子思子亦嘗字其祖。故譜之《世系》所以傳代,皆書其名;《小傳》所以紀事,諱字皆書。但有官者稱之官,無者則加以"處士",年未四十以上,不以處士加之。中間或以官、以字、以號,各隨其人,無官、無字、無號者,方書其名。

一、婦之父、女之婿,皆至親也。婦之父謂之"外父",故書曰"處士某之女",申敬也。婿亦子行,故書曰"女某適某人",直書其名。

一、繼子,同宗相應者,《小傳》內所生父下書曰"過繼某人",所後父下書曰"以某之第幾子某繼",其子名下,則書"繼某爲子,本某之第幾子"。舊譜弟繼兄者,今改於所生父下,明昭穆也;繼異姓者,書曰"出繼某姓",支派不續;異姓來繼者,舊譜書"螟他姓子",今從之。

一、譜,家史也。史,貴乎信。一言一事,必皆實而後信。有不實,則取譏於人。故有美而不稱,則沒人之善,非信也;無美而稱之,則近於諂,亦非信也。今譜之《小傳》,有詳有略者,皆係據其事跡,隨其開報而潤色耳。其未曾開報者亦多,雖有可稱,不敢臆説。浮詞溢美,俱在不録。

一、先世譜序、遺文,多名者之筆,但以年耄,未遑校閲。中間傳寫,不能無訛,然皆前人行實所在,不可遺棄,故悉從其舊本録之。

一、先世名哲,經史所稱,多有可法,雖非的派,亦皆同姓之親。序之譜首,非誇耀於人,但欲爲子孫者披閲之間,庶幾有所景仰觀感。

——正德《羅氏宗譜》卷首《凡例》

明正德歙縣泗水余氏會通世譜凡例

凡例

一、余氏得姓夏禹王三子罕,居泗州下邳,著爲泗水祖。東漢獻帝初平間,仁瞻祖渡江,居丹陽,著爲丹陽祖。西晉時諱蟬祖,遷睦遂安,著爲遂安祖。孫諷仕晉,諱姓改"佘"。唐博士欽復姓爲"余",至光大祖遷珠水,今僭效史法例,列爲外圖。光大六世孫諱遠祖遷歙,今定著爲歙之始祖,後遂第其世云。

一、爲譜者,雖曰法史例,然史則善惡具載,譜則載善不載惡,爲親諱也。有善者,備載其履行。無善者,只書生殁葬娶而已。

一、舊譜,六世爲圖,失小宗義;《小傳》各繫本枝圖後,失統宗義。今圖五世,准《歐譜》例,下注事實,准《史記·年表》例,旁注世次,明傳代也;上餘小格,略注遷居,朱書派名,謹所自出也。

一、古者,生無爵,死無諡,雖祖考亦名,臨文亦不屑屑爲之諱也,況於圖譜而可以諱之乎?司馬遷《自序》謂"昌老生母擇,母擇生喜,喜生談"。班固

《叙傳》謂"回生沉,沉生三子泊、游、稚,稚生彪"。是也！後世不能行之,而徒以避諱爲尊敬,故不成文理,世愈降而習愈弊矣。今所著圖,一准史氏,直以名書之,懼子孫之不察也,不得不爲之辨。

一、《小注》,書字,書行,書生殁年月,書葬,書娶,書宦蹟、學業、行義、貞節。凡書必據實跡可知者,其不知者闕之,浮美不書。

一、《宗圖》內,有遷居者,於本名下朱書註"遷某處"。

一、嫁娶,本傳內書曰"配某處某氏、繼娶某處某氏",并載"某處士女、某公字稱婿"之下,重親誼也。娶非所當娶,及不以禮合者,曰"室某氏";被出改嫁而無子者,不書;妾媵而有子者,於傳下止書"庶某氏,生子某,女適某處某姓、某名",直書其名,以親半子也。

一、嗇後者,註其名于父下,不列圖,如祠之附主也;有故,列圖者書"止"。遷徙不相聞,有後不與會者,書"失傳";有後不及會,與會而未盡者,具本宗譜,聽其自續;從釋老者,比無後例。

一、舊譜,繼子既書本生父下,又書所後父下,殁無服,屬輕重之義。今注其名于本生父下,列圖于所後父下。異姓來繼者,書曰"入紹";出繼異姓者,書曰"出紹";繼本族者,書曰"往紹";從異姓者,書曰"止"。

一、大、小宗之法,百世不遷。其繼禰者,親弟宗之;繼祖者,從兄弟宗之;繼曾祖者,再從兄弟宗之;繼高祖者,三從兄弟宗之。死而無子者,以其昭穆爲嗣。

一、墳墓,乃祖宗托體之所,於譜內必詳載地理。

一、各派凡所得贈頌、哀輓、史傳、金石、詩文,刻爲一卷,附譜傳之,以耀先德。

——正德《泗水余氏會通世譜》卷首《凡例》

明正德新安畢氏族譜凡例

新安畢氏族譜凡例

一、畢氏自憬公至今,凡三十一世。今以五世爲一宗,凡六宗世系之叙,必盡書五世之名,而後書第二宗之五世。宗之上,爲小圈,書曰"某人長子""某人次子",欲人便於觀覽,與《歐譜》異矣。

一、譜以新安爲宗,河南惟序本支之祖,其他世系不書。自新安流寓他地者,相通問則書世系,不相通問者不書。栩非本支而書世系,景星不相通問而書世系,欲及誠士安貴,貴也,亦至貴者而止,其後不書也。

一、世系之序,以名爲綱,而以行第年歲注之。其名闕者,則書行第。其世次與遷徙某地,以硃書之,欲便覽也。

一、名字之下,各書所生所卒之年,欲後人知其爲何時人也。書葬地,欲後人知其葬所而省視之也。間有不書者,其子孫不以告也。

一、人以善惡著名者,注之名下,所以示勸戒也。善者詳書,善善之意長也;惡者,不直言其實,而書曰"行微",爲親者諱也,其名小書以別之者,惡其亂族也。貧乏不支而爲隸、丐者,則書曰"人微",亦小書其名以別之,惡其辱族也,皆不書世系,絶之也。事方外,則直書曰"爲僧""爲道",名亦小書者,外之也。

一、自新安流寓他鄉者,擇地而徙居曰"遷",因仕宦、商賈而居其地曰"流寓",爲人之婿而從妻家曰"遂居某地",棄父母而出居他鄉曰"出奔"。

一、江南婚姻,以門第爲尚。凡娶世家之女,則書"娶某地某氏";非世家則單書"娶某氏";仕宦之女,則書"某官之女";瀆亂倫理者,則書"納某氏爲妻"。

一、婦人書嫡不書妾,正名也。妾之有子者書之,以子貴也。

一、無嗣而不立後者,書曰"不嗣",惡曰"絶"。

一、無嗣而立後者,在生自立則書"以某之子某爲後",示當立也;曰"以姪孫某、曾姪孫某爲後",示不當立也;既卒而應繼者自繼之,則書"某人之子某繼之",示當繼也;以異姓之子爲後,則書曰"納某氏爲後",譏其亂宗系也。

一、爲人之後者,先書其名於所生父母之下,復書其名於所繼父母之下,而以年歲注之。繼之而實承其祀者,則書"爲某人之後";名繼而實不承其祀者,則書"繼子某";出爲異姓之子者,則書"爲某氏後",而削其世系。

一、《仕宦志》備紀官職遷擢之詳,而《行實》之紀有詳有略,賢否異也。

一、舉人、國子生未仕及生員、儒士,凡肄舉業者,俱列於《文士志》;生員未舉者,則書曰"未仕";汩没不達者,則書曰"不仕"。

一、貞節之婦,凜然卓異,可與古人并稱者,則詞煩不殺;次者,概書其行;又次者,直紀名氏而已。他志已詳書者,雖有卓異之行,亦不復書。

一、河南、新安等處山川,爲畢氏產業者,惟著名及有文士題詠者書之,其餘不勝書也。凡題詠,俱附錄於下。

一、篁墩畢姓以近師遠公墓，故冒姓者多，真僞不可不辨。如徽城上北街親支畢姓者壹，乃祥卿公子孫，世居此地；其餘冒其姓者貳，一匠一軍，係異姓充役，界限明甚，後人毋忽。

——正德《新安畢氏族譜》卷首《凡例》

明嘉靖徽州張氏統宗譜凡例

編譜凡例

一、《會通譜》者，會各處宗譜派衍，統貫於一，所以崇本始、明支裔、收渙散、一氏類也。中古以降，宗法不明於天下，而家自爲譜，人各異志，逸旁支之門，遺統宗之義，使典禮無據而會通不足觀也已。今譜之會，約其要而不亂，簡其義而不煩，家統於族，族統於宗，律諸百世而無弊，則譜之張本立矣。

一、古者大宗、小宗，別子爲祖，繼別爲宗。百世不遷者，大宗也；五世則遷者，小宗也。謹按，宗有小大，其所以承祭祀、聯統屬，一也。自宗法壞而世守者鮮，今《通譜》酌古准今，大宗統宗族，小宗統兄弟，蓋不計其富貴貧賤之相去也。

一、《本源內外紀》卷，此立譜之良規而便於觀覽也。夫本源紀者，始一本，終萬殊，爲水木本源之祖，知所自也。內紀者，由本源以下分支析派接類成卷，不限於遠近親疎之別也；外紀者，原同一本而分散殊遠，仁人孝子雖有敦本篤親之心，未易得會，列於《外紀》以待之，非恝然也。今紀卷一遵前義，井井不紊，又何親疎之失序而遠近之不可考哉？

一、譜牒《世系》，周官小史所掌，逮漢太史公有《年表》，例循周法也。李唐以來，虞世南撰《國譜》，與《世譜》小異。暨柳冲、張錫等奉詔復撰《世系表》，藏之內閣，以定婚嫁。宋眉山《蘇氏譜法》系，聯派屬，圖後有傳，示垂統緒。《歐文忠公譜例》以五世爲圖，四世爲序，乃世經人緯之法。《統譜》系聯派屬，倣蘇氏之圖規，世經人緯，循歐陽之要法，其忠孝、節義、著作、功勳、政事、隱逸傳文，依太史公《年表》之例附之。總三法之宏綱，酌統宗之要義，蓋不容偏廢爾。

一、名諱，古者生無爵，則死無諡。周公作諡法，奉君父以天道，通于上下，使生者尊而有字，死者諡而有諱，與列爵者等。文公《名爵辯》云："己身以上者稱公。"是名諱之不容不彰也。今例其舊，而《世系》之下詳注，某有爵則有謚，某有字則有諱。至於外戚以公書，所以崇吾敬，婿止書名，亦以同乎子也，名諱之定位如此。

一、行序寔彝倫之重，昭穆所係，不容或紊。本氏族屬之衆、長幼之列，不以行序編之，無所稱述。《統譜》以留侯爲一世，始取千字文爲行序，使知某字爲祖行，某字爲父行，某字爲兄弟行，某字爲子姪行，則彝倫叙而百世之昭穆定矣。

一、生娶、死葬，始終大故，而高德美行，惟人所難，皆可錄也。《統譜》定例，本名下詳注生某年、娶某氏、女適某人、死某年、葬某處某向，或夫婦合葬，或別葬。若德行之可稱，如忠孝、節義，如著作、功勳，如政事、隱逸，或詳某傳文，亦於本名下俱各書之，庶後人擇配維良，孝思弗替，而先德丕顯，激勸有在。間或遠不可稽，近有所遺，姑缺之以俟。

一、入紹出繼，乃正名之首務，不可不謹。凡無子擇紹，必於同宗行序應入紹者，書"取某人第幾子爲嗣"，出繼者必書"出繼某人爲子"。名分既正，則爭競不生。或蒙蔽宗族，乞養異姓；或以婿爲子，以甥爲嗣，凡此紊亂，譜不當收載。或有改服滅姓，度爲釋道者，本名下書"出家"或"避難依人"；或隨母改嫁自願反正，復姓歸宗者，查照行序，明白收入，庶宗法正而親親之義勸矣。

一、遷徙，古譜記載不一，世遠莫考。蓋族大必遷，遷則詳注所在，防冒妄也。今《統譜》凡宗派遷徙，必究來歷，始遷者本名下旁注陰文"遷某處"，以起後卷，接續無間。若有遷未續者，虛其圖以待。派後有傳者，前卷名下書"續"字；派後無傳者，前卷名下書"止"字。正本清源，易爲考據。

一、本氏歷代名宦、隱逸、烈女、過化，載在祀典。但世遠歲湮，子孫失於查考，而尊祖敬宗之心似有未安。其或生前偉蹟顯異，祠廟墳墓埋没榛莽，其在天之靈，未必不望於後人也。《統譜》查註某祠廟建某處，墳墓在某處，不限遠近，具登譜牒，亦以昭先世而啓後人也。

一、嚴氏族，一衆志，實所以明世系、杜僞妄也。夫自古無不貧之家，無不渙之族，理勢然也。大抵井田廢而氏族離，宗法紊而衆志潰。譜系不明，彝倫以斁，雖前代王侯之族公然觸冒，頑鈍無恥，以呂易嬴，以牛繼馬，朱邪之附李，柴氏之紹郭，取嘆千古者也。況今士庶之族本根盛大，枝葉繁衍，門第迥而貴賤殊，水土淆而衣冠污，不獨扳援於他姓，而往往自戕其本支，於乎可嘆也已。而今而後，凡我同宗，當胥念曰：氏族之不嚴，他姓逸之也。逸則亂,亂則不經,衆志失寧,未必不啟嬴吕之相掩、馬牛之曖昧,朱、李、柴、郭之螟蛉覆車之恥,所宜鑒也。庶幾氏族嚴、衆志一,家傳人寶,賢於世譜遠矣。

一、本宗脩譜者,代有偉人,其間各以疆里沿近、支派聯屬者編輯成序,或甲同而乙異,或首尾詳而中略,雖曰尊祖敬宗,在智者以爲缺典。今止取歷代名賢碩儒,詳確序文,登録入卷,庶觀者不厭文字之煩瑣也。

——嘉靖《張氏統宗世譜》卷首《編譜凡例》

明嘉靖祁門縣善和程氏族譜凡例

祁門善和程氏譜凡例

一、善和程氏小宗之譜,在宋則有復公之譜,在元則有仁壽公之譜,在國初則有彌壽公之譜,永樂初則有道同公之譜。新安總譜,則有景泰間槐塘孟公之《會通譜》,成化間休寧諭德敏政公之《統宗譜》。《統宗譜》多僞,已不可憑。今譜支派遷居來歷,參酌孟公以上五公之譜。五公之譜,俱無遷居來歷者,不敢妄收。成化壬寅以後名目,憑各派開報。

一、《舊譜序》,凡關於程氏源流者,及《善和續譜序》,俱録之。

一、《譜辨》列《程氏總譜》及《統宗世譜》二譜《世系圖》於前,蓋爲辨二譜之得失,且仲繁公以上各祖事宜俱具於此,故録之以俟觀者擇焉。

一、《譜圖》,一世自仲繁公起,每行五世,以第五世再起。遇遷居者,於其名下注"遷某處",於再起世之前摽立派名,以長少爲序,派下注"居某處",派後書世代。其派下人不多者,不另立派,止於其名下注"居某處",必一派書畢,再及一派,做《會通譜》之法,派名、世代、始遷、始居俱朱書。

一、無後者,朱書"止"字;未詳者,書"失傳";殤而有成人之行及從釋老者,附名於其父之下;無後之派,雖數百人,必詳書之;自絶者及應黜者,俱空黑;其妾生曖昧,父實子之者,無憑查黜。

一、本宗過繼,其昭穆相應者,列繼父支下,注"繼子"二字,仍於本生父下注"某子繼某";失序者,改正,亦有於本名下詳書者。

一、以甥繼者,本不應書,但《道同譜》《會通譜》《統宗譜》俱載,不敢變革,據實書之。

一、譜也者,譜其一派相傳者,譜其所可知者。其有已出繼而不開報者,有已報出繼而不應繼者,日後如有爭論家產,自有在官籍卷,不當以譜牒爲詞。

一、犯"十惡"及棄賣祖墓、盜鬻族譜者，各派開報，仍會衆議無異，黜之示戒。

一、各名下書字，書號，書娶，書生殁年月日，書居鄉功績，書出仕歷履，書節婦，書墓所，據各開報。其餘浮詞溢美，一切不書。

一、誥勅之類及祖宗行實、祠墓，凡爲子孫，皆當熟講而世守之，因集爲《寵光錄》《足徵錄》，附譜以傳。

一、是譜葉數、字號，逐卷順序編定，并無重葉。如"又幾""前幾""後幾"之類，每葉二十二行，每行二十五字，字字相對，高下有倫，俱是一手寫出，并無異筆及添插減除參差不齊。後人如有插葉、插行、插字、改字等弊，觀者察之。

——嘉靖《祁門善和程氏譜》卷首《凡例》

明嘉靖祁門縣王源謝氏孟宗譜凡例

王源謝氏孟宗譜凡例

一、譜牒，所以正名分、聯族屬、教仁孝，故譜也者。普也，貴通譜也。我始祖詮公生三子：孟芳公、仲端公、季佺公，惟吾孟支自德善公以來，凡六、七修譜，世次賴以不紊，仲、季二支却難免夫失次之虞者。仲支去吾王源不能五里，居同方，學同舘，慶賀吊遺，同朝夕，其稱謂、繼嗣繩繩有叙，於兹餘六百年，今反據前源僞系，誤其降稱一世而求長焉，不復考其世系全否。又季支近修吴坑祖塋，得一紫石柱，上刻"諤四公并曾孫泰、壽二人立石"。及勘所編譜，則諤四徑下接平仲、武仲，并不見泰、壽名目，則是諤四下已遺失，三代無考，餘可知矣。況旁引冒附匪一二焉，兹止合吾孟氏爲《王源謝氏宗譜》，非得已也，懼恩也。

一、謝實始申伯受封胤於姜姓者，其自息公著姓而望于北，鯤公南徙而望於南，我金吾詮公來遷，以望于祁。據系証傳，居焉可攷。然歷世有遠近，故實有詳略，是則不可一例通之也。今斷自炎帝以下，爲《紀略》，倣《通鑑·外紀》例；息公以下，爲《表略》，倣《史記·年表》例；纉公以下，爲統宗系，詮公以下，爲孟宗系，倣歐蘇譜、程譜例，庶盡親疎輕重之義，得不謬於傳信云爾。

一、圖系，定爲五世一揭，即歐陽公所謂"上自高祖，下至玄孫，而別自爲世"者，故自一世至五世，復以五世下至九世以及無窮，皆倣此例。

一、更圖之先，必朱書"某派某之子"，以接前圖，使上下相屬。其有兄弟，亦倣前圖聯締之；無兄弟者，圈以別之。

一、凡繼嗣，有本支自相繼者，有自本支出繼仲、季支者，有自仲、季支來繼者。其出繼者，只本支下書"某出繼某派某"，而於繼支下，不得書；其來繼者，只繼支下書"摘某派某之子"，而於生支下不得書；其本支相繼者，生父、繼父下并書互見，庶重本宗系譜之意。如本支下美善之子謨，出繼佺公派下仲明，就於美善下見之；季支下金山之子與進來繼允奮公，就於允奮公下見之；本支利仁公之孫允建繼俊民公之子景華，於生父、繼父下互見之。

一、繼嗣，須其名分相值。若尊卑失序，遺近嗣遠，及有晻昧他姓之子以相紊附，如嬴呂、馬牛然焉，悉黜不系，所以明父子、遠近、長幼、親疎之序而無亂也。

一、文獻以紀世德崇，勸懲也。其榮受制誥勅命，與夫序、記、傳、墓誌銘可為後人法者，酌紀之。其已載史傳及有忠、孝、節、義實行，偉然而未經表著者，創為《事略》紀之。

一、譜法，當謹其遷徙之由，以防散逸之弊。於所遷祖，隨其郡邑鄉里并疏其下，有行實、文章，亦附見，俾有所攷，知宗派所自來，庶盡尊祖收族之義。

一、凡無子或早卒及入釋道者，皆直書其下，示不復有繼。失系者，旁書"失系"二字，以俟有考者續焉。

一、吾謝族鉅以張，率難收考。有自先代遷徙他處、履扁以自卑者，亦有非吾族派、私相混冒者。其自卑者，依先世舊系，止系所遷祖，以俟其能進則進之。其所謂"混冒"云云，仍存之舊譜，今皆不復別白，貴自明也。

——嘉靖《王源謝氏孟宗譜》卷首《凡例》

明嘉靖新安嶺南張氏會通譜凡例

新安嶺南張氏會通譜凡例

一、會通之要，所以審遷派、究源流，歸萬殊於一本也。新安張姓繁多，自吾嶺南派者，皆外史榮公之後，然尤有冒來祖者。據舊譜所載，及唐宋以來先墓共者，方率入會。

一、《譜圖》之列，所以明世次、別親疎也。舊譜六世為圖，旁無小傳，則小宗失序，行實無稽。今定五世爲一圖，（放）［倣］《歐譜》例，下注小傳；（放）［倣］《史記·年表》《唐書·世系表》例，旁注世次，所以明繼先也；朱注遷居，朱書派名，所以謹自出也。

一、繼子之設，所以紹先世、續後嗣也。古人繼嗣，大宗無子，則以族人之子續之，取其一氣脉相爲感通，可以嗣續無間，此至正大公之舉，聖人所以不諱。後世理義不明，人家以無嗣爲諱，不顯立同宗之子，乃潛養異姓之兒，陽若有繼，而陰已絶矣。故立嗣必須擇近親有來歷分明者立之，則一氣所感，倫序不失，所以服屬隆於所繼之父，殺於所生之父，禮也。舊譜失其義，今注其名於所生父下，列圖於所繼父下，所以正名分也。其出繼異姓、異姓來繼與從釋老者，不書。

一、妄祖之弊，多沿襲無後者，以爲之祖。今以無後者注名於父傳下，書"止"，不再列圖，如祠祔主也。有故列圖，於本圖下書"止"，以塞弊源。

一、支派之蕃，故遷徙遠者，或不相聞而賢否異趣。今譜之修，有不及會者，有欲會而止於愚者，有會而未盡者，各列其圖，以俟後之繼作。

一、小注之書，所以紀行實、述出處也。書字，書行，書生殁年月，書娶，書葬，書宦蹟，書學業、行義，書節孝，書必據所知者。浮詞溢美，一切不書。

一、《世次》之編，疎遠不遺，巨細畢舉，正法也。今會諸譜自得姓之祖以來，所載不無矛盾。今定留侯以至始遷祖爲《外紀》，以備考證。自始遷祖榮公以下爲《内紀》，以歷世墓圖可徵。

一、丘墓之圖，所以重遺體、寓孝思也，故於先世之墓，各圖其形象、經理、方向、土名及某之墓，以詔後世。

一、《文翰》之録，所以紀遺蹟、發幽光也，故行實、墓誌、序、傳、詩、記，别爲一卷，以附其後，見文獻之足徵。

一、譜牒之作，所以尊祖宗、崇孝敬也。間有棄祖墓、鬻譜牒、作過惡，三犯不悛，貽辱祖宗者，孝敬何存？擯而不書，所以懼後人也。

一、宗譜之修，所以清源流、别是非，而謹其所自出也。敦本厚倫之道，不外乎此。誠吾派者，雖貧賤不遺；苟非吾派者，縱富貴不與，斯得修譜之道矣。如新嶺、溪洲之張，皆非漁灘閑公支下之派，今雖來會，不敢妄收以紊吾宗法。豈惟清吾之源流而已，抑亦使彼免罹冒祖之誚也，故特表而出之，以塞他日弊源。

——嘉靖《新安嶺南張氏會通宗譜》卷首《凡例》

明嘉靖黟縣盧氏族譜凡例

凡例

一、譜書與國史無異，史錄一國之事，褒忠良，貶奸逆，善惡俱見；譜載一族之事，明支派，別親疎，書善而不書惡，爲親者諱也。善有可紀，片言不遺，其湮没不存者，則不能錄。

一、原其本始，一依舊簿諜爲圖，自同姓以來，傳繼圖後，所存誌銘等文，又著傳後。

一、盧氏之原，則爲姜太公受封於齊。得姓之祖，則爲文公支子高之後，世居范陽，自周至唐，世次失傳，遷徙亦莫紀載。唐末，易公自丹陽來宰宣城，因家於斯。遷太平郭村之祖，則爲易公之子振公；遷居黟邑盧村之祖，則爲玄三公；遷居睦州之祖，則爲一進、義、敏公兄弟三人。自易公而上，不能考存，但依舊譜抄錄，而易公以下，備詳支派而錄之也。

一、《歐陽文忠公譜》《蘇氏老泉翁譜》，皆以五世爲一圖，二圖而九服之親備。兹倣其法式，布圖緒以便覽者。

一、世系圖傳，既終本支，然後譜旁近支，所謂由親以及疎，自近而周遠，理則然也。

一、自易公以下，書"諱某"，其餘例書名。譜自作者傳錄，生殁、葬娶不得不詳。其旁近支善可錄者，亦書遠支言行事實。関乎世教者則書，餘不能詳，非略之也，理勢然也。

一、書先世名行，例稱"某公"，尊之也，貴賤等耳！字與號及某官細註於旁。至於己身代次，則例不書"公"，所以尊先代也。

一、後代子孫繁多，其根源可尋者，雖貧賤必書；原無根據，不可稽考者，雖富顯亦不可書。遷地處，於其支緒下註"居某處"，俾知即往百世之遠，猶同一家，亦祖宗之遺意也。

——嘉靖《黟北盧氏族譜·凡例》（不分卷）

明隆慶新安許氏世譜凡例

新安許氏世譜凡例　十四條

一、司馬貞《史記補》譏馬遷不爲許男作"世家"，譏之誠是。今作《許氏世家》，准司馬貞補《史記》之例。

一、許氏舊譜，自魏許據以上，徒觀《宋文鑑》。王介甫《許氏世譜》著，未觀歐陽修《唐書·許氏宰相系表》，致漫引無倫。今編許據以上，參考《唐書》，許據以下於稽《文鑑》，會通歐、王二家譜系之義。

一、今譜編內、外者，《內編》以系近支，自理、璙二公以下是也；《外編》以系遠支，如續邑南門平公之房之類，准《通鑑》"內外紀"之例。

一、本宗姓氏繁浩，自許村東、西許氏外，凡所統載者，皆舊譜原有掛派，或舊未有掛派，而新載者亦稽諸故老傳聞，實爲同宗，不敢妄自收錄也，准《春秋》信以傳信之例。

一、家乘、國史、郡志，分殊理一，國史、郡志有地理、選舉、藝文、丘墓諸志之載。今編《許氏世譜》，作"十考"，准國史、郡志諸志之例。

一、許氏有理、璙東、西二派，二派之中，子孫蕃衍，又各有房派。今表理、璙二房統派于前，而表各房于後，准《唐書》《宋史》"宗室世系""諸王"房之例，而房派或稱名或稱地者，以便檢閱。

一、舊譜九世爲圖，失小宗之義；《小傳》各繫本支圖後，失統宗之義。今譜表五世，而賓公以上《小傳》，系表後，准歐、蘇譜例；賓公以下各房系下，註事實，准《史記·年表》《唐書·世系表》例，乃世系派表中而用朱註"遷徙""止""失傳"字，准《篁墩譜》例。

一、《祭統》云："孝子孝孫，稱先祖善，不稱惡。"《篁墩譜》例，系下小註字號、生卒時、葬地方向、婚娶、宦蹟、學業、行義、節婦、烈女，今譜小註宦迹、學業、行義、節烈，必據可知及衆所推者書之，准《祭統》及《篁墩譜》之例。

一、舊譜，繼子既書本生父下，又書所後父下，殊無服屬輕重之義。今註名于生父下，表系于後父下；有故歸宗者，則表系于生父下。世姓來繼、出繼異者，必謹書之，准《春秋》書莒人之例。

一、《翼譜》之文亦准，存手澤、揚先美而已。苟其言不違于理，斯錄之。此固貴恕，非若程世之文，如《文選》《文粹》《文鑑》《文衡》，此固貴嚴。至於尊者之文，或編于後；卑者之文，或編于前，蓋由其家送文先後，亦准史書父兄列傳于後、子弟列傳於先無嫌之例。

一、朱子註書例，凡先達稱官稱爵、稱謚稱字，或兼以號，亦景仰忠厚一端，此例可行於泛編《異姓文集》。至於《世譜》，則統于尊，同姓子孫有所著作，冠號而稱以名，准朱子及《曲禮》父前子名之例。

一、譜系下小註，或書字號，或書行列，各從其派報之詳略。詳者准《歐譜》，略者准《蘇譜》二氏系下小註之例。

一、自理、璟二公以上，探討本源，芟削舊譜，承訛踵舛，竊附蘇子由古史之例。

一、許氏族蕃，或宦學遠方，或商游江湖，乃今遽于成譜，不能需其開報世系，爰各派系下掛其名，以俟嗣編。

一、古人蓋棺事定，于生人之下揄揚盛德，籍令名實相符，亦難保無朝夷暮跖之事，況未必實乎？故生人不宜有贊，所錄者實跡而已，准《春秋》紀實例。

一、修譜所以紀實。族中有未誕子而書子某者，非紀實之謂。實之不存，名將安附？此祗爲後世訛疑張本耳。有當削之，是爲實錄。

一、古今修譜之例有三變：始如道統國體者，中如歐、蘇譜體者，至程篁墩謂："歐、蘇譜體，一圖一傳，不見《統宗》之義，乃變爲《漢書·年表》《唐書·相表》體。"然今《許氏世譜》實例篁墩，雖準其例，而復能變通，一以遵丙辰僉議。名分之等，一以各派來編參差之。故特創此例，庶幾仁術不輕絕。

——隆慶《新安許氏世譜》卷首《凡例》

明隆慶休寧縣璜溪金氏族譜凡例

璜溪金氏族譜凡例

一、譜者，家之史，雖以紀世系爲本，而因有勸焉，亦理宜然。乃裁爲十款以見意。然款十而卷十有八者，事類有繁簡也。

一、此譜五世聯圖，長子爲幹，仲子、季子爲支，隨幹分支，以起世次，圖內編諱，諱後分註行、字號、履歷、生卒、娶葬。人有行，行書，字或有，無有則書號、書習舉業者，書死者，餘不書。號乃有道者之稱，書習舉業者，期之也。俗神主兼稱號及行，書死者，合神主也。今人競立號，乍相見，不問姓及名，先問號，瀆號甚矣。餘不書者，抑之也。履歷書士及仕，農、工、商不書，仕書仕迹，見錄仕由某途、爲某官、屢遷至某官、封贈，俱載《錄仕》内，壽義官正書。初娶書"娶"，再書"繼婦"，書"某處某人第幾女某"，書生，書卒，書葬。婦失節，無子，書"已娶""已繼娶"，後改適不書氏。書娶者，存其夫之迹也；不書氏者，没其人也。有子，女同，及有妾子、繼子者，書氏。有子，書云"娶某氏、生子某"；改適，有妾子，書云"娶某氏無子，改適，妾生子某"；有繼子，書云"娶某氏，無子，撫某人子爲後，改適"。前母、前妾子及改適後立繼者，與無子同。失節婦來嫁，書氏不書卒葬。書氏者，存其人也；不書卒葬者，不貴其生死也。有子及有妾子、繼子者，書"卒葬"。又改適者，有子，親生子，女同，書氏，無子者，没之。没之者，不留其迹也。娣書"媵"，妾書"妾"，媵妾有子，書氏、書名。妾已嫁，雖有子不書氏名，男未娶，書"生"；不書年月。聘書"聘某處某人第幾女"；某女聘，書"字某處某人第幾子某"；嫁書"適某處某"；女失節，書"初適某"，不書處。愧其今失其處也。婦從夫、弟從兄同穴，書"合葬"；不同穴，書"並葬"。妾從夫、生子從父、孫從祖父、婦從姑、孫婦從祖姑同穴，亦書"祔葬"，如云祔葬父穴内。祔必書左右。擇地而居異鄉，書"遷"；宦游、商游居異鄉，書"流寓"；贅依親、隨母嫁居異鄉，書"遂家"焉。無後，書"止"。出而不相聞，書"失傳"。多倣近世各氏譜例，間有異同，皆出己見。立例如是，但在遠年者，多不能究問，此脩譜所以貴及時也。

一、列圖所以著代，未娶者，但存其名於父圖内，不列圖。然有年二十以上、力不能娶者，則已爲成人，可著代矣，難以未娶論，姑爲列圖，以俟其娶。

一、列圖所以著代，繼異姓、從釋老者，但存其名於父圖内，不列圖。惟繼近屬者列圖，但記其名與繼。至於事略，則載於所後父下。

一、父圖内，不書子，惟子有未娶者得書，未列圖也。次子未娶而長子并書者，不能省文也。前、後妻及妾生者得書，別所生也。適在父圖内得先兄，書從母也；妾得書，以子女貴也。

一、編圖以諱，豈予之所敢主？考之譜例，莫不皆然，蓋曰是書也，非予之書也，列祖以來，相傳之書也，列祖諱之耳。舊譜己身以上以行，己身以下以諱，雖於尊卑之分有辯，觀者未免見疑，今譜先後皆以諱。

一、《遡遷》《徵賢》《錄仕》《紀節》及《誌》《銘》《狀》《傳》内叙過事略，圖下不重叙。

一、《遡遷》全叙事略，《徵賢》不叙生卒、娶葬，《錄仕》《紀節》摘叙其仕與節，餘皆不叙，事體不同也。

一、圖下舉有事略，而曰"餘見某卷"者，卷内所未備也；直言"事略見某卷"者，卷内備也。圖言"餘見事略"，見者兼行字、履歷、生卒、娶葬言也。《録仕》言"詳見"者，專言仕也，凡言見者，誥命、傳、狀、志、表，叙事之文也。序、記之類，不言見也，各有所主也。

一、譜内各卷，俱爲男子設，婦女立有傳，但於諱下書"有傳、狀、志、表同"。不書"見某卷"，《紀節》專爲婦女。得與《紀節》者，書"見《紀節》"，而"有傳"二字即附《紀節》下。

一、禮稱死者爲"府君"，此卑者稱尊者之詞。若稱者行在尊列，難以概論。《録仕》《紀節》内或稱"府君"，或稱諱，以義裁也。

一、稱祖宗行則由府君稱官及號，則曰公官有重者，官上加行，以義裁也。

一、《遷派圖》《録仕》《紀節》，皆叙璫溪以後事，故世次數自璫溪始，不與《叙族》同。

一、非族來繼及贅婿、抱養、隨母收遺、棄買、帶娠之子，俱不入譜，已有成例。但其間仍有同姓繼者，而其繼父已故無子，彼又胎下抱撫，經喪三年，入籍承業已久，至長子孫，禮與律俱有不容歸者。若以非族例論，情似不協，姑念先世同源異派之義，破例收入。然必記其生地及生父姓名，以清其源；分書其諱，以正其流，以明繼雖有在而宗初不亂。後之人當以是爲覆轍，而不可以爲訓。若夫同族來繼，惟昭穆相應，不論近遠，骨肉一家，無別也。

一、譜所載將以示子孫、族人，祖宗無是德而誣以爲尊，適自重其愧，且以貽祖宗之愧，豈得爲孝子慈孫？今圖下間有頌者，皆出於耳聞目擊，隨事直書，但有不盡者。至於偏而過其實者無也，然不及知而遂湮没者多矣。此則世遠而前人不脩譜之過，族繁而今之脩譜者不能悉察之罪也。若夫生者，則雖有德不得頌。

一、先世所得屢朝誥命及入官政績、文檄，録入《裒翰一》；所得諸先儒手筆，擇其有關於世德及世教者，録入《裒翰二、三、四、五、六》，餘者，别爲《金氏世範集》以傳。先世所自製，有關於世德、世教者，人摘一、二篇，各以類附。

一、吾宗自到璫溪以後，遷出異鄉者頗多，既各註遷出之因於諱下，又總爲之圖以稽其數，以俟會。

一、賣昏賣嫁，各門雖創有《昏規》以相禁絕，而不肖子孫邇來往往故犯，既詳其情於《陳俗》，姑微書法以示儆。

一、先世諸祖墓經理畎步、字號、四至，舊譜雖已詳載，然多出《桐竹簿》意，當時未見《烏皮簿》也。《烏皮簿》載諸墓事尤詳，今譜凡二簿有載者，并入之以備參考。《烏皮簿》，宋產簿也，與洲陽諸宗共，原一樣六册，今二册存。《桐竹簿》元產簿也，原一樣二册，今一册存。

一、祭田，祭事所出，故以附於《明宗·宗祭》篇下。然著存觀專爲祖墓及世宦祠設，而田之在著存者最多，舉其祭田而併及贍給田者，事體相因也，且衛其贍給田，正以衛吾祭田也。

一、譜內所稱"舊譜"，韞一府君譜也。此前有八世祖千一府君譜，而《譜序》內又稱即"舊編補入"，是千一府君前復有一譜也，而韞一府君譜皆不言及，予歉焉。此後，有祥二府君所委塾師吳以德所作譜，詞指多近俚，予愧焉。因取韞一府君譜爲譜本，以作今譜，凡譜本所載，必加"舊譜"字以別，使後人知所憑信，且以致尊崇之意。

一、《譜序》，一譜之冠冕，新譜成，即以《舊序》擠入《文翰》中，是以故冠而爲襦，但非苴履耳，殊失崇重之意，今譜以《舊序》繫於《新序》之末，但以"舊"字別之。

一、舊譜所載，與今譜例不合者多，有易者，有不敢易者，今譜依例行。

——隆慶《瑢溪金氏族譜》卷首《凡例》

明隆慶休寧縣古城程氏宗譜凡例

新安休寧古城程氏宗譜凡例

一、古城程氏自仲節公始遷，再世生藥、蘭、蕙三公，藥、蘭俱外遷，惟蕙公居古城。其後，子孫蕃衍，遷徙非一。兹合其支下諸派爲譜，而總系之古城者，從其祖居，重本也；不及藥、蘭二公之後者，明親也。重本明親，其譜學之要乎？

一、古城《房譜》，乃宋京學生應新公本都官祈譜而作。明興，洪武間，有玄祐公、仕禮公；正德間，有宗義公，又相繼編校，世次詳明，自足爲本宗信史。故今之續，一以本宗舊譜爲據，他族所傳，恐有訛誤，則不敢從。

一、各派舊譜古文，有載仲節公及古城者，引證編首，以明本宗之遠有所據。

一、同宗諸賢，有訂統宗之誤者，無論隱顯，採爲《會訂錄》，置編端以備參考。

一、自元譚公而上，至於伯符，則世代遼邈，但分書廣平、歷城、東阿各祖，冠之於首，而不列其世；自元譚而下，至於今日，則奕葉相承，備書世次，蓋略其所當略，而詳其所當詳，亦作譜之一義也。

一、五世爲一圖，圖盡再起而九族備，下詳事實，便考閲也。圖首與遷地，俱以朱書，所以表圖而重遷也。

一、本宗過繼者，於所後父下註"繼子某"，統其同也；異姓來繼者，於所後父下註"養子"或"摘繼"，明其異也；出繼異姓者，註"繼某處某、更名某"，庶後有志歸宗者，得從而質之。

一、本宗遷派有後而未與會者，有限於地而無從邀率者，俱以朱書"遷某處"，下書"未會"，庶其後之賢子孫猶得以循是續入。若無傳無繼者，則書"止"，以杜奸詭妄續之弊。

一、分注，書名，書字，書行，書號，書生卒年月，書葬地形向，其有宦蹟、學業、行誼與節婦烈女，則指實書之，浮詞（謚）[溢]美，一切不取。

一、江南婚姻，以門（地）[第]爲貴，其娶世家者，書"娶某處某人女"，及某氏非世家者，不書。女子適人，亦同。婦之再醮與女子再適，黜而不書，以示戒也。若婦人之再醮與妾之有子者，又得書之，蓋母以子貴也。

一、分註，妻書"娶""再娶"，書繼妾書"納""再納"，書次，或三或四，俱書以序，所以別先後、明嫡庶也。所生子女，分書各母之下，而列圖則因其長幼。若嫡無子女而妾有者，不分書。

一、分註，生卒紀元，妻有與夫同者，不再書，固所以從省，亦婦從夫之一義也。

一、祠墓衆多，難以列圖，惟於譜後載其都啚字號、地名、稅業、四至、形向，某處某人起至某人止，男墳若干穴、女墳若干穴，庶於世守有據。其失業者，亦書冀後或得而贖之也。

一、祀産，爰置自唐宋迄今，亦必書其地名、四至、租稅，附于祠墓之後，庶子孫得以時稽世守而無失也。

一、譜之有號，本以籍數目、誌人名而爲聯屬稽查之道，然有領有不領，則其人之好事、不好事於此亦可以少見矣。故今編號取亭"孝思"之義，而統以"孝"字,自一而百,循序書之,仍列領者之名于下,庶後子孫得有所考。其有鬻失,亦得循而追之也。

一、子孫有敗倫傷化、盜賣祖墳祭田及家傳先人手澤,併結婚姻於非族者,即削去其名,永不許預會。

一、譜給散之後,遞年清明日,務各帶至祠內查對,永爲定例。有不帶至併鬻失者,責令尋贖記過,再犯,議罰。其或恃強不服者,眾即鳴官以不孝論。

——隆慶《新安休寧古城程氏宗譜》卷首《凡例》

明萬曆徽州曹氏統宗世譜凡例

曹氏統會宗譜凡例

例也者,酌義理之中而爲之《條約》,所以示一定不可移之則也。豈惟是哉?在上亦然,謂之法例是也,豈惟上哉?在下亦然,爲之鄉例是也。推而至於一云一爲之間、一動一作之際,無不皆然者矣。何也?不如是,則已意不白於人,人將安措手足哉?此例爲之綱領,而凡有所行,殆不可少者也。況譜書云乎?昭穆何爲而定?親疎何如而分?詳有詳之義存,略有略之意在。苟無以之於心而例之於前,則著筆叙事之際,所謂足將進而趑趄,口欲言而囁嚅,其患有不能免也。豈惟後之人展卷閱誦而有不知頭緒者哉?故曰例所以爲綱領而凡有所行者,殆不可少者也。譜書云乎往,君子謂余曰:"譜者,家之史也。"要之不離其事實,使後世可觀焉,故不暇忌其細小。

一、歐、蘇譜文,率其所自出,故可展卷而且知也矣。夫子孫不錄其先人,是悖亂之行也。曹氏所於吾,乃亦可修矣,於是重修《曹氏族譜》。

一、曹氏舊譜稱受姓於姬,著於上蔡,相於漢,將於唐,宦於宋,彰於明,而支分散,或在汝,或在汴,或湖,或在濟,或在淮潁,或在中山,或在河洛,或在江漢之間,或在洙泗之上,邈哉,渙乎?弗敢稽矣。汴之後唐仲集公遷於新安,則仲集公實倍新安鼻祖。斷自仲集公爲一世,以迄於今,而中有詳略者,因舊譜之文而或不徧舉也。

一、或問:"曹氏譜既截自唐仲集公爲一世,而猶推叔振鐸者何?"曰:"存舊譜也。"

一、又問:"譜稱在婺源者有曉鱅、大鱅、清源、大杞、鐘呂、小源嶺、龍池,在外者有歙南雄村、祁門、休寧、績溪、浮梁、萬年、德興、潘陽、武昌、閩、浙、靈壽,所審咸大宗。"與曰:"惟其是而已矣。苟派無源流者,雖富貴不敢妄錄,懼莠之亂苗也;派審同源者,雖貧賤在所不遺,明木之有本也。"

一、又問:"譜之修,亦爲睦族設乎?"曰:"然。"曰:"譜亦可已乎?"曰:"不可。"曰:"今之譜族者衆,而能睦之者尠,雖有譜亦虛文焉已。"曰:"我愛其譜,譜存則人睹脉絡之自,知血氣之同,起尊祖敬宗之心,泯凌辱之念,是亦爲睦族之地。若夫賑窮周乏,則富貴者責耳!譜無尤焉。"

一、譜式驗於《歐陽文忠公譜》《蘇氏譜》,以五世爲圖,有司馬溫公以七世爲圖。今支派繁多,兩圖并式,以便觀覽。

一、稱某公,尊之也。至於己身代次,則例不書公,所以尊先代也。

一、修譜牒,蓋以續間斷、清源委者也。今一照唐宋、元宗譜,考證分枝接脉,不礙世數者,則收入譜。其原有分遷地名而無枝派者,并原有枝派而無分遷地名者,悉皆驗實補入。二者俱無,則查考來歷、世數、遠近,以爲衆取。

一、派世次,蓋以定遠近,明傳代也。今從唐八伯承節翔公爲一世始祖,餘以次承接。

一、例譜圖,蓋以叙尊卑,分疏戚也;書世次,序昭穆也;統於仲集公,昭大宗也;著始遷之祖,明小宗也;圖下註《小傳》,備參考也;書行實、文章,示諷勸也;書遷徙,謹自始;書行所,以序齒;書字,所以重名;書號,所以見志;書事,所以紀實;書生,所以表靈;書殁,所以知壽;書葬,所以著憑;書娶,所以明配。然必本諸可攷者也,無考不爲之續。

一、原継子,蓋以有紹無疏踰戚者也。前有殷亂,難爲稽考。今繫名於生父之下,註"第幾子出嗣某公",見所自出;復於継者之下,註"某公第幾子來紹",見所自歸。若無後無継,則畫一圈,取團圞之義。未冠而卒,則書"蚤世",所以嚴名分、存矜恤也。

一、詳出宗,蓋以杜奸源、遏弊端也。故出繼異姓,書"異姓";入繼,書"從釋老",書"義男",書"女婿",書但至本身而止,以親盡也。間有反是例者,以勢不容已,情有不堪,然必婉詞於下,或原本姓,或以墨書,不失其實,俟知者擇焉。其不能自贍而衣食於人者,則曰"過養";不能自拔而奴隸於人者,則曰"下流"。或流於異端而貽玷於先德者,不書。若考有未真,查有未及,則或書"止",或存空,所謂存本據舊史,因之而不益者也。

一、錄文翰,蓋以顯祖功、揚宗德也,故歷世以來,史傳、金石、詩文及本宗聰明英俊、托物屬興,有可觀者,收採品第,載諸譜間,題曰《曹氏文集》,以遺後世。

——萬曆《曹氏統宗世譜·凡例》

明萬曆徽州三田李氏統宗譜凡例

三田李氏統宗譜凡例

例也者,酌理義之中而條約之,以示一定而不可移也,故法曰"法例",鄉曰"鄉例"。矧譜有宗派,有世系,有遷徙,設不定例,則昭穆何由而叙?親疎何由而別?是非何由而分?詳者何以獨詳?略者何以獨略?展譜者,人或憒憒焉。今定《凡例》於前,庶覽者如挈綱而振領云。

一、家之有譜,猶人之有身也。譜有支派宗屬,身有肢體脉絡。脉絡不貫則不成身,宗屬不明即家非其家矣。宗譜之作,所以仁子孫也,正所以仁祖考也。

一、脩譜者,以續間斷,以清源委也。故李氏譜在宋,則我制議操公有《實錄》。至我明宣德,而汝楠、汝材二公續之,為《從實錄》,最為詳悉;嘉靖初,《李滋公譜》乃祁新田所修。我理田居遠人雜,闕略者多,後用賓諸公因之為三田大會,即以《李滋公譜》為藁,其間詳略失宜,是非頗謬者,亦未暇檢校也。豸峰鄰筠乃搜《從實錄》証之,詳加考核,各有訂訛。今去大會時又數十年矣,會集增修,正在此際。但三田族繁,難於卒率,先散引邀集,其修大約照《三田宗譜》考訂續編,而更以鄰筠所本《從實錄》者參補之。同者採,疑者闕,原已系譜者,不敢妄削;今之收系者,明註續登。倘有出入,是以祖宗為奇貨而私殖也。先靈赫赫,則吾豈敢?

一、叙世次蓋以定遠近、明世代。舊本以伴公為始祖,而以京公為一世。不知京公初名伴,後改名京,分為二代,但未詳考故也。予得《南徙事略》,見京公為昭王汭之三子,敢以昭王改為始祖,以京公為一世,庶世次得以詳明,不致以訛傳訛而滋後世不决之疑也。

一、舊譜世系以行第為綱,以諱字附錄。不知人之始生,父母命名,冠則定字,及成人有室,始編以行。惟以行為綱,故行次雷同,混而無別,名不著稱,至茫然不知祖諱者。今當以諱為綱,字行附錄,父前子名之義也。若前代失諱者,止得書行,以俟後人查考。

一、有犯遠祖之諱者,有重宗人之名者。揆之理勢,正以譜之不修,或以隔於世而誤,或阻於地而誤,一時何能改正?縱或重名,考之世數、支派,昭穆自分,亦不致紊亂。故予依舊譜,玆不辨証。

一、例譜圖,蓋以叙尊卑、分疎戚也。系下分註《小傳》,備參考也;書遷徙,謹自出也。書行第所以序齒,書表字所以重名,書號所以見志,書行事所以紀實,書生所以表年,書卒所以志壽,書葬所以著地,書娶所以明配,書女所以重婚,然必本諸可考者也。無考,不漫爲之附會云。

一、原継子,蓋以明宗支、昭絶續也。凡承継者,於所生父母項下書"某子継某後",又於所継父母項下書"某人第幾子継"。若無後無継,則書曰"無傳"。未三十而卒,則書曰"蚤世",所以嚴名分、存矜恤也。

一、詳出宗,蓋以杜奸源、遏弊端也。故出継異姓則書"某出継某氏某人",異姓入継則書"某氏某人紹嗣"。從釋老則書"出家",隨妻姓則曰"出贅"。至於義男,則書"覓某處某氏某人"。若考有未真,查有未及,則姑闕之,所謂本據舊史,因之而不益者也。

一、揚善類,蓋以昭先德、示激勸也。故有福壽俱全、德位兼備及忠孝節義,并諸聰明豁達、異才異行及膺旌獎者,略紀實本名之下,以便觀覽。若行不足以激勸,則不敢徇私妄書,以從其例。

一、紀婦德,蓋以著內行、敦風俗也。故有賢德之婦,貞烈之女,則揭其名而紀其實。餘止書姓氏,從常例云。

一、清遷派,蓋以謹源流、杜冒認也。故譜牒之修,在會者悉以考實,不輕收入。其或涉於遙遠而不及會,狃於薄俗而不知會,厄於貧困而不能會,則仍存遷派,以俟後會詳收。若名不正、言不順及自以爲是而妄云宗者,則直削之,不與此譜。

一、録文翰,蓋以顯祖功、揚宗德也。故歷世以來,傳有詩文、像贊、傳記、歌賦、行狀、墓志,必擇可觀者收採,載諸譜末,以遺來世。

一、藍田、環田,因景賦詩,然詩以詠景,景以証詩,余欲觀者兩得之,故繪圖於左云。

一、我祖操公著有《理田十二景》,予因繪《理田山川圖》,以《十二景詩》附之,俾一披閱,問知某處有某景,身雖未履其地,而其景已在目中矣。

一、墓圖,示當世守也。其自始祖以下,或不能盡畫圖式,俱附録葬處於各項系下。夫婦全墓者,則曰"合葬某處";異墓者,各書之。或側室與子孫墓其傍者,則書曰"附葬",以備後之拜掃云。

一、譜成之日,凡各田支派,應散譜若干部,以《千字文》編號拈鬮,填註"某字幾號某房收掌",挨次類編,刻刊譜末,然後裝訂成冊,照號給散,以便查考。其各部各冊之首,俱各分給字號,用"唐昭王裔"刻印,以防奸弊。

萬曆壬子歲孟夏既望,理田二十九世孫春融拜書。

——天啟《三田李氏統宗譜·凡例》(不分卷)

明萬曆祁門縣翠園胡氏宗譜凡例

譜系凡例

一、元聖滿公所封,賜以楛矢石砮,乃爲傳國之珍。今物雖不存,而典則有在,圖繪譜局,以永世傳。

一、譜系以唐宋舊本考據,方收其派下子孫入譜。否則,以防冒附,其下或無傳,名下書一"止"字,以杜冒認之端。

一、譜圖定爲五世,序派下註一"復"字,提于六世旁註細字實事、娶葬年表,以便考覽,(放)[仿]《史記》《歐譜》例。

一、譜系主于崇孝敬、篤忠貞、風節義、尚廉恥,俾有光于世教而毋忝厥宗,亦式穀之能事也。如有棄祖塋、鬻譜牒,蔑視先祠,不孝不悌,戒之,訓之。三犯不悛,并出無載。

一、或継子,依舊譜所生父系下註名,継伯叔系下亦註名;其出継異姓、異姓來継、丐養、捨寄、奸生、隨母胎生,皆不入譜。

一、遷徙外郡旁國,録其可知者,以俟後續。不詳,闕之。或有躐等越継、待継者,本支系下懸空,候應継子孫續之。

一、本宗名儒碩宦,系出一源,拔其萃尤,志于譜局,以示昭代感觀。

一、本宗孝友、隱逸、節義、忠貞,深有光于世教,彙而志之,以示永傳。

一、本宗祠宇、墓陵,各派遷徙,刻有圖形,以昭示後葉之終慕。

一、各系山水景象、題咏、會録一類,附之遺文,以彰垂世德之休美。

一、本宗各支,俱有祠宇,每歲春、秋,務開講《鄉約》,宣讀《聖諭》,以爲一方昭穆之勸。

一、義學之設,作新後進之基,凡有氏族,多爲建立,蓋宗間或有志向上而厄於貧窘,雖欲勉力,何由得哉?乃相率立租田,建義學,作養子姓,光振先聞,亦世德之令典也。

——萬曆《翠園胡氏宗譜》前卷《譜系凡例》

明萬曆歙縣長源托山程氏家譜凡例

托山程氏家譜凡例　計十六條

一、程姓得國自周伯符封廣平,遂以國爲姓,歷周、秦迄漢,以抵於今,代有文人碩士,分散各派。各望族俱有譜牒,源流具載統宗,不必言矣。今祇録本支遷居長源者,分爲文、行、忠、信四集,以便翻閱。

一、時謙公,旭公五世孫也,今特尊時謙公爲一世者,重始遷也。

一、譜書與史無異,史録一國之事,譜書一家之事。其賢愚不肖,舉世有之,今書善而不書惡者,親親之道則然耳!善有可紀,片言不移。凡五十以上,事實則書之;未及五十者(太)[汰],概功業未定,宜待後人。

一、舊譜做歐陽公式,五世爲圖。今逾花甲一週,子姓繁衍,不便簡閱,更爲《世系》,分爲十二房,次序列名、列爵,書生殁,書婚配,書葬所。其或遷徙遠方無據,只書生殁,缺其元亮、元明二支,依舊譜原續于後。

一、族中有善行可嘉獎者,及有節烈可憫者,無論近支遠派,必紀。其有抱養外姓者,俱不録,庶不繁亂宗支。

一、正妻書"配",續娶則書"継",妾則書"娄",所以明嫡庶之分也。

一、継子依舊譜例,於生父下註"第幾子継伯叔某爲嗣",以明一本之親。其有出継外姓者,則書"出継某處某親某氏"。有外姓來継者,則不必書,庶無繁亂之端。

一、凡無後者,書"無傳",蓋憫之也。以凶暴而殄其世者,則書"絶";年未二十而卒,則書"夭";十五以下而卒,則書"殤"。

一、丁年以上而夭者,世多冒附,今書"夭"字、"無傳"二字,以杜弊端。

一、後世子孫,支派繁多,而有經商遷徙遠方,其根源可尋者,雖貧賤必書;原無根據,不可攷者,雖顯不録。

一、祖遺《像讚》及各處祖墓,書載"某祖、某祖妣葬某處、扦某向",以示永久,庶無遺失也。

一、《文獻世德譜》,書其大節,載其實録,示有徵也,與譜并傳,以垂不朽。

一、譜崇尚忠、孝、節、義，間有棄祖塋、售譜牒、蔑視先祠、毀棄手澤、干犯名義者，概黜不書，以示懲創。

一、本支圖傳及先世遺文，已隨所存編入《家乘》，各支派子孫，或更有能存先世遺文、傳誌，以後簡出，名字，冀詳録示，庶可增入。

一、各房支派，雖請有名公巨卿狀、傳、誌、文頗多，自有名公文集刊布于世，今不能盡梓，但只書云"行載某公狀志"。

一、譜系既成，昭告祖廟，編定字號，須散各房，刊諸簡末，互相照証，庶無私售之弊，而木本水源明矣。

——萬曆《長源程氏重修家譜》卷首《凡例》

明萬曆休寧縣璫溪金氏家譜補戚篇凡例

凡例

一、是篇專爲所生母作補者，譜之所不及。不曰"外戚"，而直曰"戚"者，人各有戚，不肖之所戚在是也。

一、凡有言於是篇者，皆有所感而云，是以其辭殊無渾厚涵蓄之態，觀者諒之。

一、圖以昭意，觀圖而篇中大旨思過半矣，故首列之。

一、先表後傳，史氏法也。是篇亦一家之史，故放之前後，所載則闕是存懿云爾。

一、表中大義已見，本引表以五世而畫入，雖不能隨幹分支，大都放支幹而叙。五世畢，再起一世；一支畢，又起一支。失其姓者，以名氏，并失其名者，以子氏。凡子皆名而不諱，以有母在也，亦不曰男；若女，惟曰"某母"，以男女皆子也。有二子、三子，惟指其長子曰"某母"，以子必任長子也。嫁者貶而不削，子必有母，不欲絶之。無諸母之支，亦存不略。支派准諸譜。不欲遺之。

一、人立一傳，其先後則皆循其世次而列，一世畢，必著其世、綜其人。

一、爲傳不能人人詳，其行實惟擴其始終大節載之，使子孫有所尋究。雖間有二、三可頌者，亦以通例概焉，不贊一辭。

一、傳先以氏，次以名，又次以地與父名，又次以生卒月日，又次以葬所，祔葬曰"祔葬某墓側"。失其名，曰"名缺"；失其地與父名，總曰"系缺"內有言父不言地,曰"父缺",不曰"系缺"者,皆本土人也。并其生卒葬俱失,曰"名系",生、卒、葬并缺,生者有所忘,則虛之以待。

一、夫主皆註於氏下,余伯叔以上,稱"行",稱"府君";兄弟以下,止稱"行",間稱"府君",註者以有所別也;於氏之下者,以有所專也。稱"府君",間稱"府君"者,是篇余所筆,尊尊而卑卑,以有所辨也。

一、凡男女,皆大書於其後,亦以名是其所生也,男曰"男子",女曰"女子",必及婦若婿者,婦所娶、婿所適也。婦但稱氏,以詳在譜也。婿則無可略矣,孫則又有母矣,故不及。

一、譜重昏義,非耦者譏,改節來者譏,以其敵體不容苟也。諸母元自微而起,即非耦不敢嫌,即改節來不敢較。況多四方至者,安知其無舊家子乎？靡所自恃,至不得已而喪其守,尤可憫也。故今但以母志之而已,餘一切置勿問。

一、諸母皆名,獨余母諱焉,非敢有所厚薄,母子之禮,疎逖之分,各有攸當。

一、改嫁諸人,不復為傳。但其子在焉,故於一支既綜之後,仍存其氏,詳其子,而及其葬夫生卒不書,而葬獨書者,以其骨猶與其子孫無間也,故令識之。律嫁母杖,期譜泯之,誤矣。

一、凡文與詩,為諸母者載,為一言一節及諸母者載。其為諸子,一言一節及諸子與諸子所自作,亦載。子母一體,錄其子,所以顯其母,故其間即有為族人而無關於諸母者,弗棄也。

一、文不分類,以其少也。但《序傳》為一卷,《詩賦》為一卷,而譜有所遺,或間補之。

一、作者姓氏,族外諸名公稱官、稱號,族內諸公稱字或稱號。子為父母,孫為祖父母稱名,亦所謂父前子名也。餘皆有道之士,則吾豈敢？

一、凡所生子之所述,與其所得之文,若詩即載《譜‧袞翰》矣,必存其目與其姓氏於是篇,但注曰"見《譜‧袞翰》",例語在《文翰略小引》中。

一、是篇大抵放於譜,所載諸母必叙。族中所稱"側室",若媵及妾及今生男若女者,始采而列之。不然,則有欲載者弗載也。

一、凡是篇所稱譜,即今所刊布譜也。然寔與之相表裏,故《叙族》有所未詳,亦間補之,但重以補字別焉,非是篇所當載而亦為之補者,則曰《附補》。又有非所當載而亦載之者,則曰《附》。

——萬曆《瑞溪[金氏]家譜補戚篇》卷首《凡例》

明崇禎歙縣徽城楊氏宗譜凡例

凡例

一、嘉靖甲辰所修宗譜，頗能旁及流寓分支，蓋始事播遷，不無首丘之想，生卒、婚嫁時或相聞而日遠日疎，浸致杳乎莫據，固勢所必然者。又觀自我高、曾以來，祀事相沿，胥稱華一、華二，則榮八公之胤當時業不與諸派一竝序行，土著徽城，其端見矣。故今於十一世而下，獨詳本支，惟十世以上，仍參諸派。至於業經旁考，有足昭往徵來，自應悉與彙存，令沿流遠源者猶能還遡本始也。《釐正甲辰譜》爲第一卷。

一、自四世祖而下，原有編行，如百、千、萬、端、正、榮、華、富、貴、仁、義、禮是也。欲畫一，垂永久，自宜易以周興嗣"千文"，顧將來者可遵，已往者難變。蓋題主誌墓，享祀稱謂，遠者數百年，近者數十年，存歿憑依，於是焉在。即甲辰修譜，歷今已七十餘年，乃合族展墓之祝文，未有改從"宇宙""日月"云云者。故今所序列雖據新裁，以示合統於一，而每世首簡仍存舊號，令得各安其常。且詳詢諸支，誌其因革，至十六世而後，張寒來暑，定無復參差矣。

一、文獻無徵，古今同慨，而周咨旁印，終未免疑信參焉。或曠若發蒙，幸辨訛於三豕；或紛如送難，慚滋惑於岐羊。要以傳信傳疑，自可竝行不悖，更不欲以一時蠡測，概亂前人成編。故凡新舊見聞得於校讐所及，無問爲詮若駁，悉以"按"字別之。

一、女子，通行稱氏，蓋內諱不出於閫也。譜中并與書名，已爲不韻，矧附父以見而特曰姑乎？徇俗乖倫，非可訓矣。今止以長幼爲序，備記適何處何人。其不幸失天，更有所適者，殊非從一而終之義，本宗不敢與知。

一、世系有圖，層叠而五，由是十百千萬，無殊根幹條枝，誠譜牒之要領矣。第脉聯一綫，體近提綱，該貫固已無遺，分疏猶疑未盡。因於圖後仍用五世規格，爲之一一詮明，專詳子嗣，世著承傳，并存行次以備參考，視《甲辰譜》之《世蹟紀》頗省賸，而圖得訓詁義，益融通耳。是爲第二卷。

一、世系之與班行，無容偏廢。世系以祖父子孫一脉，直叙班行，以年時月日同輩橫陳，經緯相參，始成全譜。矧卒哭而諱，惟以行稱，固古今所通行，亦吾宗所世守者。藉令稍乖天顯，何以奉妥先靈？故今悉據生辰，編之定次，使大衆昭然。其識不殊，見面聞名，肩隨無先長之虞，享祀通易名之典，而即此交加聯屬，亦復可令疏親至於配胤，職銜胥此類載。蓋正就本人之分位，約著其始終也。是爲第三卷。

一、《禮》：二十而冠。其年未及是者，皆稱"殤"，不成之爲人也。以序行於通族而居一位，似於禮未安。然而今之時勢亦異於古矣，先是冠娶舉子者比比矣，即不幸夭殁，而或儒服青衿爲士君子，或室人以矢節長年，或有親屬爲之後，雖欲勿殤也，不亦可乎？故今惟中殤而下，悉附父以見，其長殤有若右所云云者，即與成人一并序行。

一、本支土著徽城，自應序行詳載，而邇來越在他郡，代不乏人，或有意遷居，或無心流寓，總之忘先人丘隴而弗與祖廟烝嘗者，安用取彼虛名充兹冗數？且生卒配胤奚所致稽焉。今惟於始出之人謹識，其遷寓何地，後嗣不復次載，聽作分支。其有還念根宗，轉託近屬，能以合載諸事，一一相聞者，仍與列而存之。至於未與列存，異日儻歸閭里，班行久定，即難復更，乃其兄弟分途之間，本位正可自認取也。衍一以象閏，於義固無乖耳。

一、人道謹始，莫嚴夫婦，蓋承祧衍嗣，節義攸關。乃族大人繁，遭遇不一，固有貧未能婚，以至終無血胤者。亦有繼娶再醮婦，或初娶再醮婦者。既未可屏削不録，又不可一例混施。兹於未娶者直書"未娶，無嗣"，於娶室女則書"元配""繼配"，於娶再醮則書"娶婦""繼娶"。其從他門改適，終於本宗或長年長子孫，仍備存生卒、葬所；其從本宗適他門，於義已絶，止書"改適"二字。

一、《禮》無異姓爲後之文，昔鄫養外孫莒公子爲後，《春秋》書"莒人滅鄫"。賈充以外孫韓謐爲世孫，秦秀奏議以爲絶父祖之血食。蓋神不歆非類，如周翁仲屠兒事，可鑒也。不幸以無子，卜繼倫序爲上，擇賢次之，必於同宗子行，憑公建立，庶幾實延世享，明杜爭端，書法則曰"以兄某或弟某第幾子某爲後"。於彼兄若弟也，則曰"某爲兄某或弟某後"。若從兄弟，若再從兄弟、三從兄弟、近屬兄弟，并與分別開載，不厭精詳。至於抱養異姓兒、娶孕妾生子，本宜屏削，無使紊宗，但列祖別有權宜，業已行之正讓、關琮公輩，應得援以爲例。特各詳其支系，而弗共列於班行。要之列祖原以儲軍丁，固自有子孫承祀，彼昏即能藉口適自，滅其小宗，得失相懸，何啻千里？其以子爲異姓後者，亦謹記夫"某處某人"。

一、宿六公修譜，《序》稱嘉靖甲辰，而甲辰以後生人，亦即於《世蹟紀》中零星附載。殤子小字,十居二三,致邇日清稽,倍煩心力,"汗青頭白",斯語謂何？故今竟以天啟甲子爲定,成長而上,悉與列焉。於見存則曰名,已故乃曰諱,父歿則稱"公",父在則止稱"郎"。其幼學垂髫以及齔韶孩抱,則遵宗祠報名,編行例,月積歲累,以次嗣續於無窮,亦令將來修譜者一覽周知,永無迷錯也。是爲第四卷。

一、家乘之與國史,取義不殊,法戒具存,勸懲斯大。故傳游俠不礙儒林,傳循吏不遺酷吏,洵良史也,而茲役能乎哉？即秉筆者不嫌以宗祖儼臨懸圮族之鑑,彼蒙垢者將無以子孫修。郄操入室之戈,則藉口隱揚,是或一道。謹遵《甲辰譜》"孝友""儒賢"諸目,隨類特標,無侈而張,寧簡而核。孤芳盛事,可仰可風,亦全豹之一班,而勸百之大旨矣。乃若《世蹟紀》中人綴片言,不啻十五。一切蕪濫,轉啟紛囂,概與芟清,歸之畫一。是爲第五卷。

一、親有美而不彰,孝子、慈孫弗忍也。或力能乞諸鉅筆,或才足闡夫幽光,或因事而獲贈言,或策名而沾譽命,無問鴻篇短牘,均之寫照傳神。凡前目所未收,正賴是以大備,乃分第六卷,具載誥敕、傳、狀、誌、表。而分第七卷,具載序記、贊說、慶贈、雜文。彼則一人之大全,此容一時之小影,不可同年語耳。至於族中諸賢,各有著述,自將別梓行世,固應無與於斯。

——崇禎《徽城楊氏宗譜》卷首《凡例》

明崇禎婺源縣桃溪潘氏族譜凡例

婺源桃溪潘氏續修族譜凡例

一、桃溪潘氏之譜,肇編自十一世祖應龍。嗣後,世代續修。至正德丁丑,冢宰澹翁與司馬方塘、莪峰寒泉、僉憲石驎晤聚一堂,開局延賢,評加訂正,闕疑芟蔓,斷以大五府君逢辰公爲始遷祖,以季子仁厚派下子孫爲親支,以歲會團拜世次爲名分。有同祖逢辰而非仁厚派下,不牽附也；雖同出仁厚,而團拜不會,不苟合也。以故百餘年來,條貫柯本,展帙燦然,無敢有起而紊之者。今所編《世系》,一以是譜爲準,其所已載,雖式微必續；倘所未載,雖隆盛勿登,庶流遠而源愈清,尊祖敬宗之義也。

一、譜系,五世爲晑,准《歐譜》例；註事實,准《史記·年表》《唐書·世系表》例,旁註世次,明傳代也。朱註遷居,朱書派名,謹所自出也。

一、繼子,註其名於本生父下,列晑於所後父下。異姓來繼者,書其本宗譜而止。傳代已遠者，仍緝書之例，昉於今，不追其既往也。存其名者，終不泯其所自，仁之至，義之盡也。出繼異姓者，不書。繼外派者，亦同。

一、無後者，註其名於父下，不列冒，如祠之附主也。有故列冒者，書"止"。遷徙不相聞，有後不與會者，書"失傳"。從釋老者，比無後例。

一、子孫無問隱顯，有作過者、不睦者；有侵祖墓者、鬻譜牒者、廢弛團拜者、蔑視先祠者、毀棄手澤者、婚不計良賤者，并出之不書。

一、小註，書字、書行，書生歿時月、壽年，書葬、書娶，書宦績、學業；行義，書節婦烈女。書必據可知者，其不可知者缺之。浮詞溢美，一切不書。間有自著某德某善者，有無實行，族眾當有鑒別。

一、同祖墓及各支墓，雖著《譜冒》下，紀載未詳者，別又列置編後，附以經理、方向及修復事，以防侵逼之患。

一、本族世有聞人，彰纓垂組，至成、弘而寖盛，龍章鳳誥，燦焉盈笥。今除御制、策問及入覲、賜敕概不敢登外，其餘制書、敕命，一一敬彙入册，匪徒侈閥閱之盛，實彰君賜而勵來兹也。

一、贈頌、序記、哀輓詩文之類，前曾登譜者，業已傳布族姓耳目，不能一一再刻。兹嗣登譜者，亦惟取其有關世教、有光族望者存錄之，以備文獻，故實其間。子孫自撰父祖狀、誌等文，因其言，求其人，考其迹，又俟後之作者論定。

一、正德丁丑之譜，原聘休儒程師魯授簡秉裁，爲其嘗偕程篁墩先生纂輯《程氏宗譜》，故當時規條式則一準程譜例，今亦仍之，不復變易。

一、族譜通計《世系》一百二十本，《文獻》一百本，椿年公派領其半，編號分給，敦請郡大夫陸公、邑長令李公、大光禄吳公序，照耀前後，非徒侈觀美。蓋本派世系，恪守前規，非種不入，可以正于有道，則以質之祖先無慚也。《序》意詳明，後來者鑒之，陸、李二公筆法，直逼鍾、王，《序文》共登，手軸授大京收藏，兹臨摹以付梓。

婺源《桃溪潘氏族譜·凡例》卷終。

——崇禎《婺源桃溪潘氏宗譜》卷首《婺源桃溪潘氏續修族譜凡例》

明崇禎休寧縣戴氏族譜凡例

凡例

一、吾族自南唐保太間肇基兹土，後浸昌大，由來誥敕、譜牒可徵。今因舊譜,尊忠恭公爲始祖。

一、尊所自出,詳所自出,古人作譜皆然。今吾親獨稱公,吾祖以及始祖必曰諱,生歿、官爵、塋墓可考,不敢少略,此皆倣諸前喆,匪出私臆。

一、按《歐陽氏譜》例,五世爲圖,尚右爲長,而玄孫別自爲世,則第五世爲前圖之末、後圖之始,必重書之,法極明析,譜所當因。至於橫直分引,稍易舊式,更覺瞭然。其以五世爲率者,取服窮親盡之義也。

一、今人不思敦本,專務聲華,以致一帙之中,詩賦、傳記居其強半,而雲仍之緒反約略易終,殊爲可笑。不知譜以世系爲重,何取誇靡？即有附載《圖考》,亦必可以明淵源、統渙散者,乃敢編入。其他無關於此者,雖美弗錄也。

一、修譜正以序昭穆、明宗法也。凡繼嗣者,必審其名分相宜,有不宜者,俱從改正,罔避違怨。其所生父母項下,書"某繼某";所後父母項下,仍書"某第幾子繼",慎之也。如所後父母尚存,則書名而不書繼,示猶所生也。如祝異姓之子,則名上必加"戴"字,以見來襲我姓也。不明著其原姓者,爲人親諱也。如有以乞養贅婿,隨母而去者,必曰"出繼",曰"襲某氏姓",外之也,譜法亦可謂極嚴矣。

一、群從序次及科第先後,例有表,而此獨闕者,非曰謙讓,未遑也。余家子姓,較他族爲最繁,一世之中,以千百計,安能鱗集而雁行之？至科第,則由唐及今,英賢迭起,其間歷仕微顯,日易而月遷,汗漫難稽,雖累牘莫能盡也。二表之闕,余豈敢辟咎哉！

一、近代族譜,多以附會而成,無論親疏久近,各爲贊,述生平,不倫殊甚。其間有湮滅,即掇餂以補之,明知字號生歿,俱非本來,徒欲欺世,不憚自欺矣。若吾家世遠人繁,系名之外,不許他及,唯士紳耆德視衆加詳。匪取礦俗,則重顯親,無漫然綴屬者。

一、支派亡絕,書"無傳"。或有舊譜所不續,及聲息所未通,則姑闕以俟。因出亡而家異土者,子孫系與不系,其始遷之人必書"遷某處"。先繼異姓而後歸本姓者,必書"回宗"。

一、始祖胥宇隆阜,則各村必以隆阜爲宗。然欲於一卷之中合諸戴而系之,恐源流浩衍,難以翻閱。故分村以取便,不分門以豎畛,錯綜區別之間,無他意見也。

一、間有世派差訛、行序倒置,總以各門舊譜爲憑。其確然可考者,不難訂以公論。若徒執私臆，未睹明徵，則亦罔敢變亂，直闕所疑。然以求諸茲譜，固不多見。

一、隆阜分支極廣，本邑十三村外，尚有桂岩、馮村、浮梁、（津）[旌]德、閩、浙諸望族，而茲譜不遍及者，目前爲時地所拘，將來之修，舉有待耳。譜曰"休寧戴氏"，見有同邑同姓，不得入茲譜者，皆非名家子也。

一、譜成，散訖後，原板俱削，以防私僞。且每譜一部，必編某號，註付某人，圖書封固，然後散給，仍開總單，請府縣照印，交貯公所存驗。日後，如有圖書昏錯，及總單內無名者，定係假譜，即當窮治。

——崇禎《休寧戴氏族譜》卷首《凡例》

明崇禎休寧縣臨溪吳氏族譜凡例

凡例八條

一、收族之禮，先親後踈，先近後遠，譜我爵、德、齒三大房自親近始。

一、歷世遷徙，事蹟有本末，地望有聲實，各標遷祖，列爲《圖紀》以相承，無待廣稽，披覽昭然。

一、系圖統列世次，分註支派，於分中聯之而弗殊，復於合中別之而有紀，親踈尊卑於斯畢著。

一、繼重嗣續，亦嚴非類，故本族相繼者，於本生下書"過繼"，於所後下書"承繼"。異姓來繼者，書"入繼"；繼於異姓者，書"出繼"，一字之別，以見擇之不可不慎。

一、譜稱家史，史載善惡，而譜惟載善，爲親者諱也。然概以譽言則失真矣，故惟行業卓著者，特傳以表之，其系傳止書生卒、娶葬。間有舉其一二，行事者亦直道之所存耳。

一、譜崇本始，名不必諱，卑以尊降也。稱行而不名，如十一、百二、千三之類，既不雅馴，尤多重復，以致考遡易混，故直書本名，昭其辨也。

一、現在支庶，只以聚處群習者備書靡遺。若久籍外郡，嗣續莫考，轉徙他鄉，存亡未卜，寧闕無濫，以防真贋。

一、圖以五世爲列，復以第五列標于上，遞傳遞接，統緒秩然，一循覽而易見。

——崇禎《臨溪吳氏族譜》卷首《凡例》

清順治徽州府新安張氏續修宗譜凡例

凡例

一、譜牒之作，所以辨名分、嚴族類也。故是族者，雖式微而必録；非族者縱貴盛而弗攀，庶親疎不知涇渭，淄澠可以各別。兹譜所收，皆汝舟公之後也，不能遍列。徹公以下諸派者，著居遼遠，卷帙浩繁，勢所不及也。汝舟公兩子，而季子一支未録者，宋、元、明舊譜皆未載，勢不能合也。自餘邑里小宗有稱爲某派下而未收，有《成化譜》，原未載，欲續無徵，不敢據口說以滋疑謗也。是以寧嚴毋寬，斯治譜之大旨也。

一、天下之大，初皆出於一人，迨其後，派別支分，各爲其族，不可殫悉。然木本水源烏可忘耶，故《系圖》雖譜汝舟公之裔，而遞推以上，至於受姓之始，皆孝子仁人所當究心者也，故別爲《原始》一卷。然世代荒邈，其間恐不無訛舛，因一一以正史攷訂，而餘悉從舊譜所傳。

一、汝舟公六傳而有孫二十人，舊譜編爲"玉、殿、傳、金、榜、君、恩、賜、狀、頭、英、雄、三、百、輩、隨、我、步、瀛、洲"二十字號，見於《永樂譜》，其法甚善。今仍倣此，制爲統綱，其支下有分遷他處者，則於其人之下註曰："此一支遷某地，詳某卷"；於是另爲一卷之首，註曰："某卷某第幾子某始遷此"，則由本達枝，因流遡源，開帙瞭然矣。間有分遷，而子姓寥寥，不堪別爲一卷者，則第注其名之下曰"遷某地"，而圖仍附於本派，不另分卷也。至於分遷疎遠，世系存亡，皆未可知，無從稽訪者，則第曰"遷某處"而已，或後人更有攷証增修而續續之可耳。

一、圖列五世，而其下一世不書世數，以爲後圖之根，此舊譜取法於《蘇譜》式，甚善也，故從舊焉。

一、臨文不諱，從古爲然，故圖無論尊卑，皆直書其名，亦取法往昔云爾。

一、生卒、娶葬，譜所必書，乃詳略不同，有無互異者，則皆從其本家之開載，未嘗有損益筆削其間也。

一、有《列傳》者，其生卒、娶葬皆在傳內，故圖下只注"有傳"二字，不更重紀，以免繁複。

一、舊譜書"娶某鄉某公女"，愚以爲世屬荒遠，則親誼往來既皆斷絶，雖存其名，亦不識其爲誰何矣。若姻聯近代，則某鄉某女自所熟諳，又何必瑣贅？故圖只書娶某氏而餘則汰之，從省文也。間有誌貴戚而兼及門楣宅相者，其人爲今古聞人，自當誌之以爲家室光耳。

一、繼嗣者，則於其子之下註曰"某某子來繼"，明所自出也。間有以孫稱祖者，於名分爲舛謬，則闕其子一格，僅註曰"有繼"，而於其孫註曰"某某子來繼"。有他姓入紹者，註曰"某鄉某氏來繼"。其出紹他姓者，註曰"出繼某鄉某某爲後"，或有易姓歸宗之舉，庶知所詳考而於吾族不致有吕秦牛晋之譏矣。

一、繼娶側室，有子者皆書，以有繼也。婦嫁者不録，絶之也。

一、舊譜所載，如滿田、中村、安慶等支，今皆無人矣，然以其爲二十字號之大支，故系雖微而標首如例。

一、無嗣者，例書"止"，以防後世之妄冒頂續。但《成化譜》不書"止"者甚多，亦有載至元末明初而遂已者，亦不書"止"，此其人爲有後耶？抑無後耶？今皆不可攷矣。但愚此譜實考究無遺，其於《成化譜》之不書"止"者，則亦仍舊貫，以存古蹟而已矣。

一、葬地，凡可稽考者悉書，使千百世無忘其處也。某形某向悉書者，重之不厭詳也；不盡書形者，原未喝形也；不盡書向者，非兆域蕪漫莫考，則尚謀移改未定也；全不書葬者，其家不來告，無從知也。

一、譜中名分之最前者，莫過於巖鎮；最後者，莫過於績溪。以見在者言之，自巖鎮二十八世問明，至績溪三十八世柏壽，共十一世。蓋七百餘年，生育遲早不一，遂至懸殊如此，觀者不得以班輩太遠爲疑。

一、《列傳》《文翰》，祇載先世，以身後始論定也。其見存者，翰墨、事蹟不敢收採，留俟後人。

一、治譜之難，難在體式整壹而無遺議。不統各支則爲私譜，第行於一家耳；統各支而多所闕略，則爲徒勤襲以成書，而實無意於敬宗收族，事不光而行不遠矣。愚所見近世《張氏統宗譜》二：一爲嘉靖間祁人所刻，合海内宗姓，皆列其内，乃爲書僅五六百葉，吾不知其他，所恨者以吾支篡易爲張志和之後，使吾知實祖之下斬焉無傳；其一爲萬曆間所刻，而竟不著修譜人名，合婺、休、歙、績、祁、旌、涇、池、江右皆列，有每支載數人、數十人，遂闕者有每支僅標其地而無人者，有以此支之人復載爲彼支之人者，乃爲書僅三百葉，頒行僅六十本。嗚呼！斯不亦大兒戲哉？合海内而爲譜，雖五車不勝載。如此寥寥，譜何爲乎？至於取吾支以系彼下，則亂真瀆倫，惡極罪大！是可忍也，孰不可忍？蓋此輩徒欲草就一譜以爲戲，而不顧達者之笑罵耳。彼之自隱其名，亦知爲衆論所不容，是以不敢章之也。吾譜全以此爲鑒，故斷自汝舟公而下，派雖未廣而書則倍之，其統者必著其所當統，如汝舟公爲自婺遷歙之始祖，故統始於此，而遺者必著其所以遺，如文學一支未收，則注明爲寶元前未合，其闕者必有所以闕，如王賜三輩隨我瀛洲等支數傳即止，則註明《成化譜》所闕。而略者必有所以略。如生卒、娶葬不詳，則註明其本家未開。其載入者，皆各支開送底稿。愚爲之詳悉參訂，然後發梓，雖欲增損之而不能也，豈敢蹈彼氏掛一漏萬之譏、指東冒西之失哉！於以正"野譜"之妄而護吾宗之真，庶幾可以就正於有道耳。

——順治《新安張氏續修宗譜》卷首《凡例》

清順治歙縣徽城蔡氏族譜凡例

凡例

一、世系有圖，層叠相承，分派昭然，譜牒之要領也。吾族入新安以來，發人稀少，而出繼者再，亦誌其姓，附圖以見焉。

一、世系以祖父子孫一脉直叙，至於生卒、配胤以及職銜、事蹟，列圖而外，更一一詮明。其有無嗣事簡者，不必另列，即附注於其父之下。

一、卜繼，倫序爲上，擇賢次之，即書"以兄某或弟某第幾子爲後"。其或以子爲他姓後者，即書"出繼某人"。

一、人道謹始，莫先夫婦。如娶室女，則書"原配""繼配"；或娶再醮，則書"娶婦"，繼娶亦并記其岳家。至於女字人，備載"某處某人"，以存婚姻之誼。

一、始祖授職泰州衛，其墳墓當在泰州，憾無從考歷。再傳移新安，便失祖塋所在。寧非千古痛心？故備載葬所，以永其傳。即有絶嗣者，亦清稽而謹籍之，俾無餒祀。

一、文獻無徵，古今同慨。自洪武以來，歷代誥敕，俱於萬曆丁巳年頓就灰燼。今據所有貽傳諸文，咸登諸譜焉。

一、繪像奉祀，所以寄孝思也，名爲傳真，匪真弗享其祀。吾支自四世而下繪容，代代儼然，附刻諸譜，俾開卷恍如觀面。惟長房自丁巳灰燼，或存或亡，嗣容續刻。

一、吾族八世而上未有譜牒，崇禎庚午，特考衛中襲替供狀，核實自録經笥中。由今觀之，若非此前留心，今日安從考乎？至九世以後，或有未詳，然近猶可稽，俟陸續輯入。

——順治《蔡氏族譜》卷首《凡例》

清順治休寧縣富溪程氏本宗譜凡例

凡例

一、譜，史例也，爲一家之史。史則善惡具載，譜則載善不載惡，爲親諱也。

一、譜法以明族屬。《禮》曰："睦於父母之黨。"可謂孝矣。世之爲譜者，只著本宗，多不及於母、於妻之族，故明親屬所以廣愛也。**辨少長**。行次所以辨少長也，故名系於圖，次書行以爲別，使少長秩然有倫，歷世雖多，庶幾可辨。**尚同姓**。《傳》曰："鬼神不歆非類。"故非其族不敢認其爲族，是其族不敢置，庶本源之義明矣。**避諱名**。世人誤以先世之名，復命其後，是犯祖也。故命名必無相犯，可爲大族。爲子孫者慎之。

一、圖自顓頊帝起，至元譚公止，是爲《淵源圖》；太守元譚公起，至後唐炳公止，是爲《新安世系圖》；後唐同光二年，炳公遷居富溪，是爲《富溪本宗圖》。

一、《十萬公譜》以元譚公爲一世，宜并吾《富溪本宗譜》□□，炳公爲一世，乃元譚公之三十一世也。

一、吾家譜前有《可思公譜》，繼有常公、福遠公、質公、翼自公、華宗公、瞳公等譜，最後有三族會《十萬公譜》，詳矣，悉矣。而今則承接《十萬公譜》後，輯爲《富溪本宗譜》，以炳公爲始祖焉。蓋本大枝繁，世遠事遥，恐不能盡載。且值此亂世，子姓文章，已散四方，不得不亟亟搜求，詳列居正，使後世有志祖宗者咸有憑籍焉。

一、祖宗名字，只依舊譜例，書名、小傳及字某、號某，生某甲、殁某甲、取某處某氏，葬某處，亦照舊譜例。

一、生人名次，止載年月、聘取、誕生，不敢妄加點畫，止聚訟也。

一、遷居、生卒、夭亡，及出外失傳、無傳者，遠代婚取於外者曰"遷"，因亂而避居於外者曰"居"，未取而亡者曰"夭"；取過而亡者曰"早卒"，老卒無傳者曰"無子"，聯枝傳下無子卒者曰"止"，流外無踪者曰"失傳"，俟後世續譜者以便稽考。

一、《著述》《小傳》遵禮，曰無美而稱之，是誣也；有善而不知，不明也；知而不傳，不仁也。此三者，君子所耻也。夫善貴於能知而能傳也，知之弗真而浪傳焉，是亦誣也。今茲譜也，實善不敢遺也，無美不敢稱也。必有所據而可信者，則録之，不敢失之傳，誣而爲君子所耻也。

一、制誥、事蹟詳出於碑銘之屬及詞翰之類，則有寶藏雋及篁墩先生《貽範集》，繼有峨山公《貽範集補》行世，茲不及贅也。

——順治《新安富溪程氏本宗譜》卷首《凡例》

清康熙二十一年五月祁門縣善和程氏仁山門支譜凡例

善和程氏支譜凡例

一、《善和程氏宗譜》，自明嘉靖辛丑年昌公重修，亦既集宋《復公譜》、元仁壽公、明初彌壽公譜、永樂間《道同公譜》、景泰間《槐塘孟公譜》，參互考訂，詳哉其言之矣。越今百四十餘載，其中世紀鼎革，流離遷移，正復不少。雖崇禎庚午間有登瀛、敬之諸公之續譜，記載嘉靖以後名字。然相沿迄今，又歷數世，倘不及時纂輯，文獻其何足徵？爰循昌公《小宗譜例》，譜自始遷善和祖仲繁公爲一世，上溯始遷新安元譚公，以誌所自來；下及本門七房，閱三十世，編次成譜。俾世系無訛，名分不紊。後有作者，取諸此焉。

一、昌公《善和程氏譜》，凡仲繁公派下分居楊林、環沙、柏溪、宋村等處，罔不備載。今止具載本門，非録近而遺遠也。蓋時地不偶，未便統會，且以此爲倡，俟達諸宗僉議，次第舉行，然後合各派總括成書。

一、譜圖，一世自仲繁公起，每行五世，以第五世再起。內有遷居者，則于其名下註"遷某處"，仍于五世另起之前標立某分，便于查覽。必俟一派書畢，再及一派，倣舊譜之法也。凡世次、遷居，俱用朱書。

一、無後者，書"止"字；未詳者，書"失傳"，十五歲以下夭殤，無關係者，不書。自今始生者則書之，不得預立虛名。蓋譜以示信且核實也，其有恩養異姓，或隨母過門及納妾曖昧不明者，皆擯黜不載。

一、犯"十惡"及棄賣祖墓、盜鬻族譜者，衆議黜之示戒。

一、本宗過繼，昭穆相應者，於繼父之下註"繼某子"，仍於生父之下註

"繼某"。失序者，改正。

一、舊譜有先名爲某而後復改者，遵後所改之名，而原名仍註其下，以便查考。有序名與行名不同者，亦將派行之名註於其下，便知世次。

一、各名下書字，書號，書娶，書出仕履歷，書居鄉事功，書節烈，書生卒、葬所，皆據各家開報，查實直書，非當事者臆爲詳略也。

一、誥敕、行實及祠墓并程氏源流、譜序，凡爲子孫者，皆當熟讀世守。緣《昌公譜》載有《寵光録》《足徵録》，與譜俱傳，兹不再贅。

一、族中生齒日繁，若命名各出己見，則昭穆不無混亂。先代"載"字、"用"字、"時"字，及"金""水""木""火""土"字，俱有派行。今循前譜，議自二十七世起，取"允、師、延、康、茂、端、拱、際、泰、嘉"十字，令各家遵此立名，則叔侄祖孫行列燦然，而尊卑秩如矣。

一、本門同居共閒，譜目不必分別卷數，只以東、西二房爲序次。東房五支，遵舊譜，達公繼庭春公爲始，次及盛公、顯公、懋公、讓公各房之秩下；西房二支，以熙公、興公秩下爲序次。凡數目順序挨編，不立重葉，每葉二十二行，每行二十五字，書出一手，并無參差增損等弊。

一、是譜告成，編定"賢、哲、聯、芳、族、科、名、奕、世、家"十字，鈐以圖章，註名受領，不致混淆冒濫，庶傳之後裔，永爲家珍藏。

凡例全。

廉憲《和溪公族譜》，修於明嘉靖辛丑。嗣崇禎庚午，登瀛諸公繼而續之。迄今子姓繁衍，多有未及登前譜者。予輩較正編次，一遵《和溪公譜》式，集爲成書。因公無蓄貨，支費各人照字出辦，鳩工授梓。自三月中首事，至蒲月終告成。其譜照依字號受領，各宜珍藏，毋得冒濫褻視。

康熙壬戌年五月之吉，較正裔孫庠生衡、襄、式、思光、元勳、烈、遇、維垣、大有同校。

——康熙《善和程氏仁山門支譜·凡例》（不分卷）

清康熙四十年徽州方氏族譜義例

《續修方氏譜》例

吾族七家雕譜，篇幅高二尺、廣三尺，狀類邦國圖籍，堆案殊爲不便。是譜照宋本《漢書人物志》式，廣如尺，高不盈尺，斗室蝸廬，儘堪藏弄；螢窗雪案,時庸展觀。若大其篇幅,難供繙閱,空束高閣,蠹蝕塵封,無取也。

先世譜序,多名公巨卿之作,但年代久遠,中開傳寫,不能無訛。然皆前賢遺筆,不忍割棄,悉從舊本録之,分前、後二編,所以別同異姓也。

舊譜圖像闕如,惟《統會宗譜》有歷世遠祖暨各派名賢圖像。觀其廣徵博採,厥功甚鉅。其時,當嘉、隆全盛,風淳俗美,見善必為,言出而入,易于信從。如此,愚倣其例,遍搜環岩派一支,而應者寥寥。壯志銷沉,年力不逮,存十一於千百,次第綴補,是在後賢。然必有所本而存,如(億)[臆]度以圖,愚則不敢。

歙之聯墅、靈山、瀹坑、佘坡今屬浙江、柘源、瀹潭、潛口、沙溪、蘇村、磻溪、結林、馬嶺、問政、信行、方村、杞梓里、老竹、白茅、干南、江村、休之東山、上山、朱紫巷、山坑、鄣源、大川口、萬安街,婺之方村、荷田、梘溪、鎮頭,祁之偉溪、荷嘉塢、赤橋、省狀元坊、胡村、城西、英才坊,績之慶豐坊、南門、滸里、堨里、大坑,外郡邑之江寧、上元、寧國、宣城、南陵、旌德、太平、池州、貴池、安慶、桐城、蘇州、吳縣、淮安、山陽、鳳陽、懷遠、壽州、和州,外省屬之開封、封丘、汝寧、固始、安陸、荊門州、辰州、(沉)[沅]州、杭州、錢塘、仁和、於潛、昌化、寧波、鄞縣、紹興、諸暨、金華、蘭溪、衢州、嚴州、淳安、桐廬、遂安、温州、處州、南昌、饒州、浮梁、興化、莆田、廣州、番禺等處,方氏舊譜皆本雷公發源,歷周、秦、漢、唐,朗朗無異。究考其名號,全不類古人,其官爵亦多無據。竊疑晋、魏以後,競尚氏族,各逞臆見,自為誇大之書。然由今遡昔,代必有所由來,輯《原始》一卷,其後斷自希道公,始所以示信也。

世系,五世為圖者,蓋以《禮》之小宗五世而遷。然祖遷於上,則宗易于下,故以甲、乙、丙、丁、戊、己、庚、辛、壬、癸十干分冊。自一世至五世,則列甲干;六世至十世,則列乙干;十【一】世至十五世,則列丙干;十六世至二十世,則列丁干;二十一世至二十五世,則列戊干;二十六世至三十世,則列己干。自後,悉從五世一干分冊,至五十世以後,十干列畢,則于五十一世為二甲,五十六世為二乙,一百零一世為三甲,一百零六世為三乙,推而四甲、四乙、五甲、五乙、六甲、六乙,以至百千甲乙,總以五世一易為例。世系之鱗次,分門之先後,惟此一毫不紊,直與元會運世相終始也。

書所以記姓名,況譜乎?舊譜或書官,或書名,甚至烏有是爵而署隆稱者,愚悉從改正,悉填其名。前此有行有名者,亦有行無名者。今無名書行,有名填名,雖臨文不諱。古之人有行之者,而子思稱仲尼、伊川稱明道,秪以字稱，名諱終不敢犯。愚藉重曹生，實此意耳。第歐公作傳直叙，世系橫分。茲則《小傳》即載之橫分之內，令人一目瞭然。如人有傳狀全文，無妨複見於《文翰》，抑竊取歐公直叙之意。

《蘇氏譜・序》云："自吾之父以至吾之高祖，註事必詳者，詳吾所自出也。"誰無父祖？誰無所自出？示我者，我必詳之；其不我示者，無從而知，姑略之而已。曩《遠富公譜》于其本支獨詳，常以此疚。公今始知非公意也，蓋樂善信從，成人之美，實難其人。身任其事，豈好爲詳略哉？所可怪者，或同居邑里，或千里徵修，明知某某有子幾人、孫幾人，足及門而嚴拒，面請教而罔聞，愚終無由悉其名諱，惟約略若干人，存留餘地，以俟其續補耳。

祥里永達公、省元遠富公二譜，其時協力助修者甚衆，二公皆載之《小傳》。愚舉二公所書者，仍舊書之，以見爲善之不終湮没，而成化、隆慶間，人多慕義如此。

繼子，同宗相應者，于本人名下書曰"出繼某人"，于後父名下書曰"繼某人之子"，繼子名下書曰"本某人之子入繼"。如以孫承祖，則于孫之名下書曰"出繼某伯叔祖"，于某伯叔祖之下書曰"繼某姪之子某"，但留一空格，然後書某姪之子名號，庶幾世次不致紊亂。如舊譜未及如此詳載，則詳加重載。但舊譜書"止"者，如舊以止書"止"者，無傳也；不書"無傳"而書"止"者，其心有所不忍也。凡經先人所載，或殤或夭，亦必存之，蓋不敢輕抹遺筆耳。其異姓承祧，必直書其姓，不致後世有以牛易馬之譏也。

歷五世，每另分頁，便稽查也。五世以後，各門又另分頁，便其合則爲一，分則各門也。舊譜有書"失傳"者，原不同于無傳之列，故捱次列于本門本支頁後，俟考其後，次第補之。

代遠人蕃，各門遷徙甚多，縮地無由，何能徧攷？前後諸譜所載，遷徙不止一地，族譜不止一修。近地間有所傳，遠地未詳載厥後，何也？勢所不能也。既遷于彼，則爲彼地之祖，非不能詳實，不必詳也。先人有言："修譜非難，因其源以清其流爲難。"正慮此也。愚故于遷某地者，有所知則詳之，有所不知，第載其遷某地云。如必欲招集所遷人衆來會一處，然後舉筆修譜，是猶築舍道旁，終無成日矣。

婦之父，女之婿，皆至親也。婦之父，謂之"外父"，故書曰"某處某公之女"，申敬也；婿亦子行，故書曰"某女適某處某人"，直書其名，示親也。不書者，其家吝見告也。

歙之方,以十派爲著,而十派以環岩派爲首。考十派世系,則皆始自儲公,是以每年九月初六日,十派子姓同會祭于佘坑柳亭山真應侯祠。而近邑同姓出自十派者,各附本派與祭。自宋政和至今,有田以供祭祀,至萬曆年間中廢。全椒茂齋諱煥、中川采山諱弘靜、柘田諱萬山、聯墅諱元彥諸公,始興復之。至本朝而又廢,省元祁卿諱紹堯、方村諱世裕二公,集諸子姓,又重興復,故方氏柳山之田,較諸平湖陸、蘇州范,海內稱鼎峙矣。茲譜只詳環岩派一支,餘派則未暇及。思同出一源而我詳彼略,展觀不無闕憾。謹如《新安名族志》所載方氏世系、名號、官爵例,稍加蒐羅,總以各派遷祖爲儲公幾世孫爲始,其後次第排叙行列、尊卑,論世便知篤宗族之誼,由斯以考,必不致相視如塗人也,近邑同姓出自十派者,亦附載焉。

鐵券、金書、制誥、敕命,自漢以來,寥寥無幾,至明朝而始盛。惜經兵燹,散逸甚多。姑舉本支舊所存者,存之他派,則不敢濫入。

御賜祭章,附于《錫命》之末,所以彰恤典、榮君恩也。凡諸請恤、請旌諸疏及申文、詳文,各因一人一事,連類以附,使後世欲考某公、某公行實,按卷搜閱,一覽周知。至若當官條奏、草莽陳情諸疏,則編入《文翰》,蓋先世經濟文章、忠、孝、義、烈往往多見于此,故另摽出,不在是列。

子孫以顯祖宗之令德,爲孝有令德而子孫不聞者,非孝聞而不傳,亦非孝也。前代文翰,皆名公所贈,皆先哲所傳,謹依朝代人物纘、詩文二種,無論碑銘、傳、狀,一切因人彙輯。如堯時回公,去三國甚遠,而楊修之廟碣則列于首者,附回公也。蓋人以代分,文以人叙,詩亦如之。其分編次第,遠祖則依世;自希道公以下,則依門;門以內,又各依世。先詩而後文者,如《素園稿》例也。

《家訓》一篇,先君子疇昔所授讀者,修身、齊家、睦族之道,具載于此,存之家乘,冀後人恪遵,將見風俗醇厚,一族而爲天下矜式矣。其歷世所傳《語錄》,實多格言,附之卷末,取其有裨訓誡也。

歷世墳塋,自希道公而下,保守無失。愚照舊譜所圖,親臨墓穴,四顧形勢,凝神繪畫,視舊圖更加可觀。欲查山稅多寡、字號次第、現存某甲某戶,詳載各圖,以保萬世無失之患,而有志寡襄,聲言不應。後有作者,跂予望之矣。

《仁顯公譜》有《摘奇》一卷,考方氏先代逸事,統諸宗以成編。茲仿其例,第取其頂支之見于經書、子、史、傳記、名文者存之,以備考証。

女未適人，行類緹縈、曹娥，固父族之光，史傳記載，自當收之家乘；女已適人，行類孟姜、班昭，亦不可謂非父母之光。第於出嫁從夫之義，史傳、名文，不便收入父族，而母範光昭，門楣貴顯，何忍恝置？存之附編，以彰方氏嫻，《內則》有胎教如此。

——康熙《方氏族譜》卷首《義例》

清康熙休寧縣璜源吳氏族譜凡例

凡例　共計二十條

一、泰伯凡六十七世，至義安侯瑪公，始遷石嶺。又凡十世，至判丞堯公，始自石嶺分遷璜源，是堯公爲璜源之始祖，而瑪公又石嶺、璜源之共始祖也。夫譜曰《璜源吳氏族譜》，則當以始遷璜源之祖堯公爲一世，自瑪公世次，則爲十世矣。故五世一圖，每圖以堯公世次書於圖首，以瑪公世次并書於傍，使兩族子孫易以辨昭穆也。

一、本族自堯公以下，其遷本郡各鄉者，固宜收之不遺，但圖系盡與世居璜源者共爲一編，則繁多而不便於觀閱。今自瑪公以上，至於得姓之始，爲《前編》；自瑪公以下，世居璜源者，爲《本編》；以遷出傳衍不替者，爲《後編》。間有遷出而易世則返，子孫仍世居本鄉者，當與本鄉一例爲《本編》爲是。説者或以爲當與世居外鄉者一例爲《後編》，恐有乖於義例，且不免見非於公議也。其從戍者，比遷出例。

一、《前編》自泰伯得姓之始，至少徵公止。考訂吳氏諸家之譜，多不相同，或世次互有先後，代數互有多寡，及人名之各別，支系之訛舛，并分註之，以俟查考。

一、分派立圖。舊譜有以合族編爲一圖者，有以自五世而下各支分圖者，今從小宗之義，自堯公下至五世，爲《世系總圖》；五世之下，各支分卷列圖，曰《某公支續派圖》，幾使觀者易於考閲云。其有無傳者，則或數支共爲一圖，或數圖共爲一卷。各支分卷不以版數多寡爲拘。

一、五世爲圖，法《禮》"五世則遷"之意。至五世一圖，則以前圖之末冠於後圖之首，其名下或遷或繼，並分註之。及生殁葬配見圖下者，後不復立傳。

一、舊譜書行第而無名諱，觀者不知其爲誰，故今悉以名諱，立爲《系圖》,分註行第於下。不識其名諱者,仍依舊稱行第。諸公之譜,考校互有同異,今取其多同者從之。昔用謙公曾記《查國諭公下行第書》一册,今問其子東皋,着字回云:"是某收執不還。"今故缺之。

一、《小傳》之作,所以紀其人之實而傳信於後世也,言之無徵,雖善不信。昔《竹埜公譜》以當時期於速成,自堯公以下,惟至其本支,著述有傳,而不暇及於旁支,故世遠無憑覈實。今自堯公以上,歷世事蹟,據石嶺古墨及諸家之譜採補,分註於系名之下。自堯公以下,至十五世,舊譜有遺及旁支所未及者,搜索雜墨,取其傳信有徵者,採輯爲傳,系圖下難於盡載,仍依舊例,以附於後。間有好惡之私而抑揚過情,不合於身後之定論者,不録。蓋譜非一家之私書,而是非未協於公論者,宜不在所載也。其自十六世以下,非無善可取也,但見取者是之,則不見取者非之,故惟註其生殁、葬配於系圖之下。間有忠、孝、節、義,舊有開載,及今所見聞而無疑者,則立傳表之,以爲世勸。

一、《小傳》,書行第、名諱、字號、生殁、葬配,有官者稱官,無官者稱"公",其事蹟見於別文者,曰"詳見某文"。

一、凡出仕、世次、遷居及各圖首等字,皆用硃書。

一、繼子,用圈其名,別承後也。書其名於所生父下,明一本之親;系圖於所後父下,重承傳之義也。其繼密支者,書曰"繼某";繼遠枝者,曰"過繼";自幼乳哺者,曰"養繼",皆列系圖於所後父下。其昭穆不合者,今正之。外姓入繼者,不列系圖,紊亂宗祧故也。繼外姓者,仍系名於所生父下,示不當出也。

一、繼子已曾過房,以承祭祀者,於其所生父下書"繼某",而系圖於所後父下。若但承其產而未過房承其祀,每遇祭其本生祖考,而以所後者附祭之,猶未繼也,則彼此圖下但各書"繼",而系圖則仍立於所生父下。蓋爲人後者,不得顧私親,承其產而不承其祀,殊失立繼之義,故著其實以示立後者之不可苟也。

一、《文翰》,不拘文詞工拙,惟取其有關於譜義者,録刊數篇,餘文聽各房自刊。自少微公、瑀公、伊公而下,行狀、傳誌等文,兹不具載。

一、新編《系圖》,世遠族蕃,簡帙繁重,只注本人爵位、生殁、葬配、嫁娶姓氏及遷徙大綱,不得以浮美隻字混入圖中。

一、舊譜《系圖》,凡生殁、葬配見圖下者,後不復立傳,今仍照舊刊刻。

至新續系圖，於名下概註生歿、葬配，以便核覽。其有行蹟宜載者，則註曰"有傳"。

一、有功於祖墓祠祭，有德□實績，有著述行世，有仕宦勳業，歷歷可稱述者，另立傳記。諛□溢美，一切不録。

一、子姓中，無論隱顯，有侵祖墓、廢祠祭、鬻譜牒、逆天倫及婚姻不計良賤、自作不典者，悉削不書，以儆後世。

一、閨門風化自出，凡婦人早年喪夫、守志終身及以身殉夫者，毋論旌表與否，悉紀其實。有女嫁出，能全節烈者，亦附書之，表揚傳後，否概不書。

一、立繼本爲承祧，大義攸關。其支派當接續於所繼系圖之下，永遠勿使間斷。若但繼產而不繼祀，殊乖倫理。今凡繼後者，悉宜歸正，毋致遺議。

一、繼外姓爲嗣及帶胎子，并奸生不明者，概不列入《系圖》，以紊宗枝。其外遷入後，編者據修來《譜稿》，於入繼有未註明"本宗外姓"者，名俱用圈，以俟考訂。

一、婦有改適者，及以賤爲配者，女嫁非族者，悉削不書。以上八條新增。

——康熙《璜源吴氏族譜》卷首《凡例》

清康熙休寧縣藤溪陳氏宗譜凡例

凡例

《陳氏宗譜》者，藤溪陳氏一宗之譜也。曷爲乎"世表"？表者，表其事也，繫事以世，故曰"世表"。何言乎先宗？先宗，先遠之宗，蓋自禧祖而上，迄於受氏是也。先宗邈矣，能備書乎？傳信存疑，本據舊牒而不敢有所增損也。何言乎同宗？同宗，同支之宗，蓋自軒、軼二公而下，迄於始遷是也。同宗蕃矣，能悉數乎？遺遠著近，本其徙地而因之，有所詳略也。

曷爲乎"系"？牒系，世系也；牒，譜牒也，系名、系字及其生終葬配而成牒也。其曰"本宗"，何也？謂本我禧公之宗也。

曷爲乎"列傳"？傳者，傳也，必其人之有可傳也。孝忠則傳，節義則傳，儒行則傳，宦業則傳，文學則傳，武略則傳，耆碩則傳，功勳則傳，外此數者，無可傳則亦不得而傳之也。

曷爲乎"圖"？圖遷派，別疏戚也；圖塋兆，示世守也；圖容貌，標儀表也。

曷爲乎"志"？志地（里）[理]，詳居方也；志人文，樹風聲也；志祭祀，昭孝敬也；志宗法，明人道也。

曷爲乎"譜説"？原姓系，崇地望，宗始遷，辯派別，譜之道也，竝著爲説，俾有攷也。

曷爲乎"附"？録往牒也。往牒何以録之？存文獻也。《陳譜》之義備矣。

——康熙《藤溪陳氏宗譜》卷首《凡例》

清雍正歙縣潭渡黄氏族譜凡例

録刊隱南公譜凡例

一、兹譜除卷首《序目》《凡例》，卷末《雜録》及《跋》外，釐爲十卷：《黄墩遷派》第一，《世系古圖》第二，《諸祖生殁》第三，《祖訓家規》第四，《祖墓》第五，《祠祀》第六，《家傳》第七，《閨範》第八，《辭翰録上》第九，《辭翰録下》第十，仍遵原譜寫本，分隸元、亨、利、貞四集。

一、兹譜爲隱南公重編、白山公參補，故二公著述皆正行大書。若刊譜時增入者，則概用雙行小字書"某某補註"或"某某補録"，以免淆混。蓋兹譜告成於明隆慶朝，其自隆慶以後，凡關宗祊之大典，不得不略見大意耳。

一、昭代聖諱，悉照欽定《[元]鳥至[正]定府》之例，一一改正。但恐祖諱驟更，易啟人疑，故於本字四旁加方"□"別之，遵功令也。

一、惟關本朝列廟聖諱及當今應抬字樣，悉遵定例，出格頂抬。其家諱，惟原稿空字仍舊外，其餘概不提頭。至刊譜時補註、補録者，則亦空一字，照古石刻式也。

一、吾族子姓蕃衍，重名疊諱，固不能免。然以各堂各派所其出之祖諱，而爲子孫者，敢於公然冒犯，殊覺不遜。兹録譜時，遇子孫誤犯諸祖之諱，則或增邊旁，或闕點畫，書曰"避幾世祖諱"，庶不失尊祖敬宗之義。已有《潭渡黄氏重名考》一卷刊給，兹不贅録。

一、古人尚樸，凡譜牒多載小字排行，至宋元以後，始漸書正名。故少參公刊譜及兹譜俱載潭渡始祖排行，註曰"諱'璋'"，考《會通譜》作"章"，乃宗人名昂字子高者，於洪武時修譜避明太祖諱"元璋"，删去"玉"字旁，作"章"。嗣後，天順八年宗人雲蘇等、弘治四年雲蘇之子巖岦等續修，皆因之，是以吾宗寫譜多"璋""章"互書。兹既考確，悉遵刊本作"璋"，以臻畫一。

一、吾族屢經兵燹，譜牒散佚，其"黃屯遷自左田"之説，見諸凌張諸公贈序，然惟得於彥康公口耳傳聞，并無典籍可據。故少參公刊譜有考《左田譜序略》，不明言黃墩某世某人遷左田，左田某世某人遷歙黃屯，以此不敢强附，姑闕之可也。今考左田始祖元和公，於貞元末始尉祁門，家左田。當是時，吾璋府君四世孫芮府君，已廬墓潭渡，唐德宗皇帝且旌表黃屯故居門間，免其地勿徵矣，豈有黃屯反遷自左田之理？按《黃氏會通譜》明載，府君由黃墩遷於郡西，與羅鄂州《新安志》不謀而同。《會通譜》謂本諸宋御史中丞明高公所修總譜，而總譜又本諸德涵府君手録家乘，咸可徵信。況德涵府君生貞觀壬辰，璋府君生垂拱丁亥，時德涵府君得年五十有六。以五十六歲而生季子，考諸干支，適相符合。又敦睦堂祚公、思誠堂沐公所著《序》《引》《辯》《跋》諸文，既剖晰極明，而隱南公之重編又考據更確，已無毫髮可疑。故兹譜惟少參公之《總圖》《辯證》諸文仍照舊稿全録，俾不泯其舊。若凌、張諸公贈序皆無關重輕，凡有援引失據字句，概爲删净，以清宗系。

一、本宗支譜，寫本最多，三百年來，轉輾鈔謄，其間"魯""魚""門""閏"觸目皆是，若不詳加考定，關繫匪輕。兹於録譜時，皆一一較核釐正，惟少參公之譜既久已發刊，而隱南公之譜又現在繡梓。凡有考正，不得不詳細補註經文，會諸先生暨各堂尊長較明，一體發刊。其餘於黃氏《本源録》《文獻録》《流芳集》《黃潭備考》及各支譜寫本內，雖有較核改正之處，概不補註，以省繁牘。

一、諸譜所載黃國爲吾各派得姓之始，其《輿地沿革》與宋景濂先生所著義烏、花亭諸譜序不符。況吾族少參公曾親履其地，考證極確，在河南汝寧府光州城西十二里，與宋公序合，故舊譜所載在黃州府云云一節。兹不録刊，所以謹始也。

一、凡屬支裔，概不書姓，其有非本支者，則書"某派某某"，以别親疏。

一、舊譜所載各派，族譜中"黃氏淵源"及《會通譜》本源、世次、人物謬妄諸考，皆引據未精，兹概不録刊，以别淄澠。

一、舊譜引各派支譜所載，山谷老人家藏《黃氏纂録》，内稱"太尉瓊""太尉琬"。按，二府君雖嘗官太尉，考瓊府君官終司空，琬府君官終司隸校尉，且山谷自言七世以上皆不可知，則此録恐難憑信，故未付刊，非敢漫爲去取也。

一、舊譜引各派支譜所載，都亭侯陶瞻撰《元集府君墓碑文》，吾族白山公已考，確爲改竄夏承碑而成此文。今夏碑隸書墨搨，現存鄭村鄭氏，故陶作未便錄刊。至於"泉鄉東漢"及"忠孝門婺劉氏"諸不經之語，亦一概釐正，庶免承訛襲舛之弊。

一、《少參公譜》斷自遷黄屯之璋府君，爲潭渡始祖，自璋府君以上世系，生歿俱未列圖，而隱南公則并昂公派世系，皆一一繪圖，而各派之譜序亦詳悉備載。今文會諸先生及各堂尊長謂兹爲潭渡一族之譜，其各派世系、譜序似不必載，衆議僉同，是以惟存遷派一圖及圖註，圖註補於譜。其自文彊府君至元集府君，爲江夏列祖世系；自元集府君至德涵府君，爲新安列祖世系，皆譜而不圖，志慎也。璋府君以下各祖，則照刊譜，世系有圖，生歿有表，不敢略矣。

一、舊譜於吾潭渡諸祖，則詳載生歿，而江夏、新安諸祖，則僅列世系，惟作香府君生建武丁亥、瓊府君生建武戊申、琬府君生永和庚辰，考諸史册，皆不相符，惟兹譜所載府君生歿，則稽之譜，考之史，無一不合，始敢錄刊。

一、舊譜中所載古圖，自璋府君起，僅列至二十一世，故各堂支祖尚未全載，兹於錄譜時概爲補入，以成全璧。

一、舊譜《生歿表》，以五代爲一圖，悉照古圖編列，其世次雖不致於紊越，而親疎則易於間隔，如五代之與六代、七代，名爲五服之外，實則嫡親祖禰，豈可使之寫隔？篇幅難於蒐討。兹錄譜時，以諸祖之生歿列於前，而以各支無傳之生歿附於後，庶免親疎倒置之弊。

一、《生歿表》，例以五世爲一圖，舊譜於圖前標列"大唐""大宋""大明"二字，今僉議此五世諸祖有生於唐、歿於宋，生於元、歿於明者，非一朝一代可以收盡，故圖前所標朝代，概不錄刊。

一、舊譜所載古圖，既僅繪至各堂各派支祖及支祖之禰而止，則《生歿表》亦僅錄至各堂各派支祖。嗣後，世系、生歿，則聽之各堂各派自續，以親者易稽而疎者難核也。

一、諸祖世系、生歿，大字書"公"，而補註書"府君"者，以註爲錄譜時所增入故也。

一、《世系古圖》與《生歿表》，同列於《南譜》之内，而間有互異者，則以圖出於元始創，未免過簡；表成於明繼作，是以加詳。如圖於各堂之祖尚未盡列，而表則各支之世系絶續悉載，此詳略之有互異也。又如圖，則或書名，或列行，而表則必以正名大書於上，其排行必雙註於下。若有正名無考者，始以排行大書，此列名之互異也。又古圖限以尺幅，世系甚繁，且引綫屈曲，易於訛舛，如忠孫、進孫之以弟作子，任一、任二之爲仁一、仁二之類，轉輾鈔謄，"烏"焉成"爲"矣。況其間或字形相類，或聲音相近，或數目相似，或行位相聯，此又種種互異之所由來也。兹以隱南公之《生歿表》爲主，均一一考正，增註於圖，以臻畫一。

一、《生歿表》，自潭渡遷支者，於始遷之某名下註曰"遷居某處"；其世居本土者，於各堂各派支祖名下註曰"某堂某派始祖"，以清源流也。已有《潭渡黃氏遷徙志》一卷刊給，兹不贅錄。

一、《生歿表》內，惟書生歿唐時，或生歿宋時，無年月日時可考者，不錄。若生歿之朝代載有先後，始照譜錄刊，以備稽考。

一、《生歿表》內，所註"無傳""失考"者，俱照譜載入。其有未經登註，查明果無子孫，又未繼嗣，則概書"止"字，以免旁支竄入。

一、吾歙並未入五代版圖，而舊譜《生歿表》皆用梁、唐、晉、漢、周年號，名實殊覺未副。今錄譜時，詳考祏主，將當日吾歙所奉之唐天祐及淮南吳、南唐各年號，與五代年號雙行并列，於以核實也。

一、舊譜《古圖世系》由中而右而左依次間列，其《生歿表》則自前至後挨次順列，式雖互異而長幼次序不紊，故俱照式錄刊。

一、《祖訓》《家規》，詒謀深遠，爲子孫者，所當百世遵守。故凡舊譜所蒐未盡載者，兹皆錄入。雖後世日趨簡易，未能一一遵循，然錄之於譜，亦愛禮存羊之意也。

一、諸祖墳墓，前人繪圖者不一，舊譜乃概爲詳載，以致一墓數圖，紛然雜陳。兹惟照雍正八年刊譜時履勘之現在溪澗邱形摹繪，前列《克吕墓圖》，後附《定琯弓口》，而以裔孫之修墓建碑歲月、名字分載於旁，庶免迷惑之患。

一、雲夢、昭文、黃墩各祖墓，俱繪圖補入，雖冠諸潭渡祖墓之首，然係錄譜時增補，故照"補註""補錄"之例，亦用雙行小字者，不敢紊《南譜》之體製也。

一、各派支譜載德涵府君葬黃墩鍬卜坑口，娶本里程氏共塋，且明南司農畢戀康先生所撰《石嶺元龍公嶺上立主記》，載府君墓在黃墩祖墓之旁。府君爲璋府君之禰，其兆域關繫甚鉅，因未修墓建碑，無繇查繪。今惟列入《祖墓》目次中，俟後賢補繪，以展孝思。

一、舊譜《祀產》，附入大小《膳塋》內，故禮堂社、孝子公祠、逸民公祠及各堂支祠，俱附於《祖墓》之內。今立《祠祀》一條，與《膳塋》另列，而以《南譜》告成後所建之大宗祠、壼德祠、濟美祠諸《祀典》，雙行小字附綴於後，但不過略紀大概，爲後之續譜者嚆矢，不敢詳載以紊《南譜》之體例也。

一、免徵地及禮堂社：一係先朝曠典，一爲本族古迹，兹俱附繪於《祠祀》之後。

一、譜內所載，除《歙縣專祀孝子祠碑記》及詳文有芮府君姓諱應存外，其各臺批語及《歙縣專祠節烈婦碑記》，並祭節烈祠文，俱無"潭渡"字樣，故不錄刊，以省繁文。

一、《家傳》《閨範》爲白山公參補，至明崇正十七年止。凡入昭代以後，俟諸各堂各派續修，其有以身殉孝、殉烈彰明者，則不論遠近，皆譜局分撰，照"補註""補錄"例，用雙行小字，以免體例參差。

一、《文獻錄》卷帙甚鉅，隱南公另有專書，而《白山公譜》亦有《典籍志》，所載尤爲詳備，兹錄譜時未能悉採，應俟後之續譜君子。至於內有參差不齊者，則俱考訂畫一，以免互異。

一、舊譜附錄之《范氏義田記》《蘇氏族譜引》，及《族譜亭記》《吳氏族譜序》並《三槐堂銘》諸文，初意概不錄刊，以其與《黃氏族譜》無與也。及讀《少參公族譜跋》，始爽然自失，於以見前人用意之深且厚也。不敢擅删，仍附之卷末云。

譜局公定。

——雍正《潭渡孝里黃氏族譜》卷首《凡例》

清雍正休寧縣江村洪氏家譜凡例

凡例

一、家之有譜，猶水之有源也，源遠流長，必有所注。故大川細流無不朝宗，江湖河海無不一貫。《譜系》之作，必脉絡分明，一覽顯然，斯爲無憾。

一、溯姓氏之大源，固出自大禹之後，而據《禮》，諸侯不敢祖天子，況士民乎？故《統宗譜》向以大禹刻像列名於前，兹閱《丹陽世系表》，中見詳細叙出，則大本已自昭然明顯，是以余譜只刻此表於前，而刻像、列名皆有所不敢者，禮有大分也。

一、觀察公官居休寧黃石，而江南婺、樂、宣、浙各派，皆本於此，故《統宗譜》定爲新安洪氏始祖。

一、《統譜》，唐、宋、元、明以來，多列行第，大半失其名與字者，何有於行第乎？今即於名下註"某公長子、次子"，使可知行第尊卑。

一、譜內或稱名，或稱"公"，參差不一，大率亡而尊者，則以"公"稱之。

一、《宗譜》向有《墓圖》，而所繪形勢，類多失真。兹則各祖墓俱於《世系圖》下詳註所葬土名、山向，不另繪圖，免滋疑惑。

一、遷居年遠者，本宗名下，註其遷處，自作遷祖一派。若新遷者，本宗亦惟註其遷居某處，後皆不贅。

一、雙溪居室，實與江村古里咫尺相望，烟火相聯。昌雖居此，創立基業，依然未離桑梓，是遷而未遷，與他遠遷者異，不爲分派。故仍在江村派內一同開列註名，不另立派，不敢附於遷祖之例也。

一、黃石派系及江村軍籍派，悉遵《統宗譜》所刻。其有未詳者，不敢妄爲附入。

一、出繼子，生父下仍列其名，又下註云"紹某人"；於養名下註云"繼某人子"。若抱養異姓之子，則曰"覓某氏子爲子"，其下不得濫入，以鋤非種。

一、無後者，於其名下書"止"，或書"無傳"，一一註明，免後無恥者混接，以紊吾宗。

一、(見)[現]存者，不得書其行實，恐公論未定也。即有嘉行可書，姑以俟之異日。

一、殁後而妻改志者，并不書其配，蓋義已絕故也。

一、凡殁，三十歲前而妻能終節者，則書其配某氏曰"節婦"，不待旌異而書之，嘉其行焉耳。

一、譜內列錄嘉言、懿行、詩文、傳記、序銘、行狀、墓誌，意在揚善，必擇其確實可據者，方敢梓入。

一、凡重刻古昔詩文，其間多因世遠年深，屢經鐫刻，訛字不一，魯魚亥豕之謬，從來不免，昔人所共嘆也。今較閱之，其字可以意揣者，悉爲改正。其有未可以意揣者，悉從闕疑。

一、修輯此譜，刊刻資費，皆愚一人獨捐己囊，未曾派出錙銖。故於族人世系名表悉已具載，而族內詩文除自錄出費到者，皆經付鋟外，倘尚有未見遞至者，不克遍蒐羅也。

景文氏識。

——雍正《江村洪氏家譜》卷首《凡例》

清雍正休寧縣茗洲吳氏家典凡例

家典凡例

一、範家以四禮,曰冠、昏、喪、祭。文公著爲《家禮》,炳如日星矣。兹復有《家典》何?遵行《家禮》,率以爲常,故曰典也。筆之書者何?懼一行之不久而輟,非敢於《家禮》有所損益也,合於人情,宜於土俗,俾知《家禮》一書若衣服、飲食,不可一日離焉耳。

一、《家禮》載冠、昏、喪、祭,兹益以《外神》者何?諂瀆鬼神者,昧於民義,著外神所當祀,嚴其防也。復益以《講學》者何?禮之不明,由於學之不講,祖孔宗朱,講習討論,濬其源以達其流,培其根以茂其枝,則禮之行也不難矣。

一、每卷前必有"議"者何?《家禮》久廢,驟而行之,不以爲創,且以爲迂。先疏其説,務令明白,便與族人更始也。文之固陋,自知不免。若論之不醇,則將就正有道,期歸於一是焉。

一、每卷後必有"圖"者何?習其文,講其義,尚恐不達。一展圖,如登其堂;觀其禮器,(燎)[瞭]若指掌也。"圖"後復有"考證"者何?古人讀書窮理以行禮,故動合天則,今與族人行禮,而不知禮意之所在,恐終身由之而不知其道者多也。但恨識見粗淺,不能遍觀群書,姑就所嘗行者,考之經傳,證之先儒,亦管測蠡窺之意耳。

一、先之以《家規》者何?既有典常,無以規之,將久而自廢也。予見名門右族,莫不有規,然往往捃摭名言,組織成文,不一傳,供覆瓿矣。惟鄭氏規都是實事,辭意和平,愷惻動人。昔抑庵公手録弦誦已久,兹就其所當行、所能行者,録四十一條,復損益增入三十九條,共計八十條,俾族人朝夕觀省,着力奉行,庶幾於四禮有所裨益。若其罅漏疎失,則在後之人實心任實事,隨時隨事,斟酌增損焉。昔鄭氏六世大和立規五十八條,七世欽鉉續九十二條,八世濤復損益總爲一百六十八條,先行其言而後從之,非一人一日所能定也。翟學疎才淺,敢以一時之言自謂無弊?又豈敢以巵辭艷語自欺欺人乎哉?

一、吾家抑庵公講學以來,冠、昏、喪、祭,革俗從禮,幾數十年矣,未筆之書也。再從兄約廬先生好學敦行,嘗囑不肖偕三從兄蔚園先生訂證成書。

戊子,蔚園赴試,殁金陵,不肖因不揣固陋,謬爲草創。今年夏,約廬又去世,不肖懼日月之易逝,復嚴加考究,繕寫成帙,將以就正高明。倘海内深思好學、心知禮意之君子不吝教言,賜以斧削,俾極醇無雜,傳爲《家法》,曷勝榮幸!若夫參互考正,補余不逮,則三從子嘉默暨長兒寬頗竭苦心。其編輯校讎,則從子嘉棨、再從子嘉樂、三從子玗嘉貞、族子嘉弼均與有勞焉。

——雍正《茗洲吳氏家典》卷首《凡例》

清乾隆十二年二月歙縣西溪南吳氏統宗志凡例

凡例

鳳未習譜牒之學,而天下事有時勢所不容辭者,但遵舊制纂述,至耳目有未遍,不免遺漏,俟修《統宗譜》,核清增入,在揚、在徽,已三致意,無怪急遽成編。

一、舊板係順治十八年修,在二十五世,半多未生,即已載名者,其事實、功名、表字亦在所略。今前後一一核清增入,旁用小"、"爲記,以便參考。

一、二十六七世,有生於順治十八年前者,旁用"。"分别,不可略其年紀。

一、是集以統宗列於前,詳慶童公支派,於後爲《十四畝支譜》。銓公以上,仍用舊板;銓公以下,皆新刻也。

一、玉輪公長子和童公、次子來童公,遷徙貴州,遵舊編,列於後,惜不能遠訪增添。蓋二公代親從戎,留弟養父,觀肇南公手撰《孝友》可稽焉。

一、舊板未刻吳氏得姓世系,但以遷溪南光公爲始,則三十世以上仍有茫然者。今特增入,以至德公爲始。玩《統宗譜》並遡周家先世,蓋人生區區一身,皆屬黄炎之後,無謂荒遠難稽也。

一、《叙文》,舊遵《統宗譜》,順治十八年之芳公刻支譜,載光公遷居本末。至孔嘉公於康熙二年爲彦升公作傳,淳安辛丑探花、字長庚者,於康熙六年爲彦升公作墓誌并存之。今只用恂如兄手撰一篇,不敢乞假當代名賢,務從直樸。

一、《像贊》,俱照舊本,只增朱文公手書"水木本源、吳氏族譜、子孫保之"十二字。

一、凡事實,惟孝友及有功宗族先世者,則書一二語褒嘉之,其他善行則不載。訪徽板《孝義集》,如顯祖公恢復新橋林之類。

一、十四畈居徽族屬，能調護和揚、謁祠省墓者，誠爲可嘉。或倚分尊，或挾私怨，或借貧窮，以無禮加遠人，阻後世歸里之孝思，是先靈之所隱忿，當思警戒之。

一、敦本祠皆慶童公後，稱"一門四支"，培坦四太孺人姐娌合墓，可想當年友于之愛。兹以添祥公後爲長派，添德公後爲二派，有德公後爲三派，兆德公後爲四派。惜三派七傳，至順治初年止。今續三大支先塋，在培垣居多，所以恂如兄暨殷耆宸瞻族孫油然而興培本之役也。

一、本族嗣後有修宗祠、置祭田、培先塋、周濟宗黨等類，計所頒譜牒，鐫某年某事，印於其名之下。非其必欲表彰，實足勸興孝義。

一、凡二十五世以上，皆書"某某公"，所以尊祖考也。

一、含邑宗祠，初在三汊河，後傾壞。乾隆甲子，建於明山，如門樓、後進，皆待賢裔。今人好佛事，則無分遠近，以先世神靈所棲，更何論遠近乎哉？有能獨力或分任，在本族公設祭儀，進其歷代神主，本人百歲後，亦公祭進主，不僅書名譜牒已也。

一、嗣後，宗祠或有捐資，或有蓄積，如本族有孤貧親老而饔飧不繼者，婦苦節撫孤者，老病無嗣不能備棺衾者，酌量給與。又如義學、經舘，必須文行兼優者，蒙學亦擇端方正直者，於祠堂後進屋讀書，造就子弟，公補束金，外姓先生亦可，外姓學生則不可。然須殷實賢良者主其事，不專在族長任也。

一、自後，凡先世墳塋，必要立碑，深刻某公諱，雖至貧窮，亦不可缺。如里中外培坦，皆十四畈先人，淹沒百餘塚。又如含邑楊族嘴，多椿齡公後代墳，至今無從查考。縱如肇南公手記，亦不能辨。此皆前人之過，後世警之。

一、凡秀才於本族子弟，不拘服屬遠近，誘掖得三、五人入學，亦書其賢。

一、《宗譜》得書功績，其榮勝于科名。黃深山曰："吾聞之《傳》曰：'先祖有善而弗知，曰不明；知而弗傳，曰不仁。'"此譜之所由作也。

一、里中培坦，樹木繁茂，皆十四畈族衆保守之功也。如長派兩次修譜，又有換碑修墓諸事，功亦相等。至近居者，盜伐樹木，可指名遍傳，書爲敗類，百世莫逃，不尤甚於桁楊刀鋸乎？

一、里中大宗祠，有添祥公飲胙一籩，當歸長派，含揚上徽者，應領入祠祭祀。至在徽，應給詹村錠公後人輪流與祭，庶添祥公神有憑依。

一、生監、仕宦、科第，有光家乘，應書之。

一、族有節婦，已經入志建坊者，特書之。亦有青年矢志，不敢豫定，俟後人增入。

一、族有女適某姓，守節建坊者載入。舊無此例，今援九世祜公女適槐塘程公放、後封魯國夫人例推之也。

一、男壽，遇領粟帛及踰古稀者，書之，尊高年也。

一、女壽，遇領粟帛者，書之見前，古所未有也。

一、於名某、字某之外，又書別號，舊板所著，則不敢削。今非實有敦倫篤族之行，則不敢加也。

一、有更諱入膠庠、太學者，遵元滿公舊譜例，仍書排行名，註"庠監名某"於下，庶宗支清晰，接續易稽。

一、書生員、庠生，其里居、籍貫散若辰星，不能分文武，惟科甲則有辨。

一、之芳公續譜，自是遠近頒發，但鳳在徽、揚詢一、二老成，皆云未見，其故不解。今新譜不敢濫及，惟給之芳公後人一本，以酬前功，共續者各一本，操筆者一本，長派、二派、四派約幾本。或有輸銀於公，願請領一本者，總遵《統宗譜》例，於篇首編成字號，再用墨筆書"某公支下某某家藏"，以杜冒竊之弊。

一、新板存於續修之家，作三、四處收藏，以杜私自刷印之弊。至收藏者損壞、缺少，賠補何辭。

一、譜內所補表字節孝功名，固有所據，至嘉贊數語，尤必確証并非其後人及本身私於請託，鳳亦不敢一毫狥私，致欺族衆並先後世也。

一、舊板於五續只標貫之公宗慶童公支遙接於前，未免隔絕。茲於五續以慶童公爲宗，添祥公、添德公、有德公、兆德公爲四大派，標於前，又以又新公爲宗，顯祖公爲支，提椿齡公於上，然後書銓公諱，俾五世一氣聯貫。至六續，標一大宗於前，又以二十三世爲宗、二十四世爲支，提二十五世之名於上，然後書二十六世之名，俾三代一氣聯貫，則五續、六續前後瞭如矣。

一、後世修譜者，可因可革，可損可益，斟酌時宜，則存乎其人焉耳。

一、舊板亂編宗派，并無《凡例》叙出原由。徒滋惶惑。茲刻揔以自知公宗慶童公，後爲《支譜》，頒發徽、揚，乃爲十四畝敦本祠之大略也。

一、新刻旁註，有增加，有改易，有照原本而總無削去者，須得舊本比對自明。

一、續至三十世，尚在冲齡，自三十一世以後，俟後再續，然必得文行兼優者，方可操筆。倘所托非人，之芳公當有隱憾也。

一、二十五世已書"止"字，則二十六世自不復提。但"止"字必要實見實聞，略涉疑似及採訪未到，未敢輕下也。

一、命名取字，多與先世相同，蓋其家既無譜牒，又不向本族借看檢點，且因排行不一。今取山二十九世、澤三十世、修三十一世、長三十二世、本三十三世、宗三十四世、秀三十五世、良三十六世、繩三十七世、先三十八世、萃三十九世、美四十世、萬四十一世、紀四十二世、名四十三世、揚四十四世。以上十六字，無論里居遠近，務要遵依，庶後世修譜者便於分支列派。如有意違悖，縱書其名，亦紀其過，但名在丁卯前者，則不拘此論。

一、凡承繼，只書"某某子繼"，不必於本生父之下仍註其名。蓋此子已從降服，而兩名又易混淆，茲於二十六世以下改從此例。

一、早殤，不書。

一、承祀大典，凡三、五服內無可立之侄，或從前生子而早殤，許算一世以立孫，庶不致有無父之子。

一、元滿公刊《統宗譜》，在萬曆三十年，至今一百四十六年，有年未一百四十七八歲而書其名者。文俊公刊《支譜》在順治十八年，至今八十七年，有年未八十七八歲而書其名者，皆待丁例也。今有仍舊待丁，不能驟革，但所豫書之名，俟一舉子即以是名命之，毋得更易。

一、元滿公《統宗譜》留有墨塊，鳳已特申其說。茲刻知其名則書之；有未命名，書其乳名，知其字則書之；有未知其字，則空闕之。至聞有待丁，亦豫取名，書于某某之下，捴不留一處墨跡，以滋後世之疑議也。

誥封父母、妻子，應書光寵。

一、遺父母，遠出不歸養者，舊譜書以示懲，今從之。

一、胞兄弟或爭田房，或因事鬩狠，致興訟者，書以示懲。

一、光公以下，所配孺人姓氏及生年、卒月、葬地，舊板所無，不能增入。按，肇南公手撰詳明，當一一於譜內自行註清。其不能請領新譜者，可以借錄并詳註嫡派旁支，是亦賢孝子之儔也。

一、《支譜》內，有明知貴州、江西、河南、浙江桐廬、廣東、北直，南省松江、無爲州、揚州、蕪湖等處，皆有寄居。但久無音耗，必欲遣訪，不特盤川浩繁，更不可以年月計也。特爲注明某公遷某處，亦可以謝責矣。

一、如里中於清明有報本會，且公以上皆得祭掃，此爲敬宗收族之至意，當百世而不可廢也。

一、本宗事實，如當年《承務公家乘》，近日起鳳《省墓記》及《里中風土人情紀要》，凡外居者，皆當熟記。對族人閑談及此，俾力田而目不知書者識之，亦足流傳後世。

一、和、含與徽族百餘年不相來往，是以先塋皆如平路。乙丑春，鳳于其最緊要者立碑，挑培十數塚。本年冬，招詹村錠公後人明太、文英，含族公付銀六兩，立有合同，爲標祀之費。自後，間一來往可也，兩地不得借端致傷族好，祖宗幸甚，子孫幸甚。

一、螟蛉外姓，宗族最嚴，不容入祠入譜，固然矣。但吳氏子孫出繼外姓，雖經四、五世，亦必聽其歸宗，不得因未復姓與爲婚媾也。

一、鳳在徽，於敦本祠見二十一世銓公輩皆已進主，二十二世潭公輩未進主，蓋緣二十三世祖輩鮮有歸里者。

一、自徽遷含，葬於含邑者，居含子孫即奉爲始遷之祖。

一、舊板係之芳公孫步衢侄垂危，憑族面交起鳳，文學少泉再侄亦謂所托得人。其時，鳳茫昧承領，寧敢豫期？但自甲子年建祠，乙丑春至徽，丙寅秋抵揚，於我族長幼卑尊多熟其面而識其名，且歷代事跡六七年間，一一來會，若有潛驅。又得含、揚賢裔，鑒其精誠，捐資共續，皆非始念所及。後百年內，深望同志矢慎矢公，無諉於難而引爲己任。朱子云："三代不修譜，則爲不孝。"又云："正月之吉，會族以修譜也；四時孟月，會族以續譜也；十二月之吉，會族而書其行，以昭勸懲也。"由此觀之，以三世爲率，則近百年而其間有留心宗黨事，各於所居之地記。丁卯以後，族屬務從確切，以俟續修者集其成，亦如是編，肇南公、邦仁公、之鵬公之手迹，俾後世操筆者得有所據，此又鳳之所深望者也。

乾隆十二年歲次丁卯仲春月，二十六世起鳳、健南謹識。

——乾隆《新安歙西溪南吳氏統宗志·凡例》

清乾隆歙淳方氏柳山真應廟會宗統譜凡例

凡例

一、吾宗譜牒，自西晉以來，代多作者，錫奕弘衍。至宋而派別支分，各自爲譜，統宗會元之法不舉。故自儲公以下，未嘗統輯成編。茲特廣集諸宗，比類而合，自受姓至雄公百十一世，舊譜圖系昭然。今以五世爲圖，名曰"原始世系"，編爲一卷，溯所自出也。

一、舊譜悉以紘公過江東爲一世，今譜名曰《真應廟會宗》，故始儲公稱一世，至各派始遷祖，曰《統宗世系》，爲一卷。自各派始遷祖，至分門分支，各有祖詳繼別之法，爲十二卷，曰《分派世系》，俱五世一圖，圖自一世至第五世止，復以第五世爲後圖之始，蟬聯而下，纍如貫珠。間有世系闕失、訛誤者，文獻有徵，必詳考其實期無疑議，辨明更正；無從徵實者，於正誤之後附以存疑。其支派繁衍，一圖難盡者，於五世之內一分再分，列爲數圖，而提綱亦不嫌重複。

一、儲公苗裔，匪第蔓延於歙、睦間者，不可指數，如莆田、九江、鄞、滁、南海、嚴、衢、婺、越、湖、常、池、秀、宣城、皖江，派衍甚多，不能遍歷諸郡，統而會焉。惟以勅建柳亭山真應廟，自宋以來，每歲分祫祭之十二派，彙而圖之。其自十二派分遷及向曾入廟會祭者，考其源流悉合，支派足徵，分別附錄；無徵者，不載，名曰《歙淳方氏柳山真應廟會宗統譜》，其他概不敢收，防冒濫也。然恐不乏儲公的派歸宗收族，更有望於吾宗賢者。

一、一圖之後，各附《小誌》，書字，書號，書封爵，書鄉賓、耆宿，書科貢、太學，書庠生、儒碩，書生，書卒，書享、壽，書"娶某氏""繼娶某氏"。妾之有子者，書"側室"，書"孝弟"；節烈，書"葬地某向"。其第五世《小誌》，不綴於前圖之末，而書於後圖之始者，各誌其首，爲綱領也。而其人乏嗣及後世無傳、遷徙失考者，即附於父誌之下，以次註明。惟各派支門既析，傳衍彌繁，未接後圖，并書於本圖之末詳載。孫子賢者，起而賡續，亦易考焉。間有略而未書、書而不詳者，悉從書譜闕失，無敢臆斷。

一、繼嗣必以序承，間有世次差紊者，已從改正。於本生父下書曰"嗣某後"，於所後父下書曰"某子承繼"。無子者，於圖內書曰"止附"，於父誌下書曰"某某無嗣無傳"。舊譜未明載者，書曰"失考"。其有異姓承祧，無裨宗祊，徒紊宗脉者，已削不錄。蓋我祖不敢非類，律例亦嚴亂宗。以後更有犯者，其支並削。

一、支下有出繼異姓者，有出爲僧道者，有隨母他適者，有贅居外家者，書之，不忍棄也。既未歸宗，當比"無傳"例。其失考者，世遠年遙，踪跡湮沒，未覈其實，不敢徑書"無傳"。若曖昧未明，源流不經，概當屏絕，毋玷家乘。

一、譜内略書事實，所以表嫩。有不書者，懼溢美也。懿行、宿望必書，重彰善也。若勤勞祖廟，收族歸宗，振興祀事，則詳書之，尚典型而嘉茂績也。倘不孝不義、行止有虧及敗倫傷化者，黜而削之，當空其名位，仍系厥子，罰弗及嗣也。

一、譜内僅載至各派分支以下止，其自分支以迄於今，亦應纂集成帙，會通一譜。第支派浩繁，卷帙甚多，莫敢易視，尚有望於諸宗之同志者續而圖之，則嚆矢斯編可也。

一、各派歷代修譜人物，特表於首卷，其序、跋記、考以及恩綸、誥敕、傳狀、誌銘、碑記、嘉言、懿行文獻，均應分卷紀載，闡揚祖德，佑啟後人，第必慎選文與事之可傳者錄之。其有《列傳》之見於歷代史書，系出黟侯者，概行錄入。支派未明者，不載。

一、人生生寄死歸，然不與草木同朽腐者幾何？而新安名家祖塚多，有千餘年祭掃不絕者，吾方氏自紘祖過江東，墓在今之淳安雄山，故址猶存。若雄祖、儲祖以下，歷有可考，故作《塋誌》詳紀之，附以十二派始遷祖邱隴，並傳不朽。

一、祖廟勅建於東漢，厥後歷代襃旌，殊恩曠典，以及興復廢墜、保守弗替之績，紀年、紀人以次備載，曰《真應廟紀事》，并記祀產之所在，錄版籍、編號、稅畝、四至，以昭世守。

一、學而入政，名登金榜，閨閫挺秀，巾幗完人，并爲家國所重，宗祊之光。茲譜分支、分門以下未續，後圖不及盡載，統作《科第錄》《節孝誌》，用彰既往，以勵後來。

一、家之有譜，如國之有史，所係匪輕。慮有不肖子孫或奉守弗謹而失之，或貪牟貨利而鬻之。如此者，衆聲其罪，追出原譜，仍逐出祠。

一、斯譜參前代各家舊牒，搜考不厭週詳。昔遁囊訛，悉從釐定，按時考事。一事之差，一字之誤，必稽於國史、郡縣誌諸書，及互參諸派族譜，以訂其是。

一、譜計廿卷，共七百七十二葉。觀成之日，會同諸宗，告廟散給十二派及各支子姓收掌，即毀其板，以杜假冒。每譜一部，必編某字號，註付某派某支收掌名，上呈縣鈐印，仍合各派領譜諸名，挨次總編字號於末卷。日後，如有印信模糊，總號內無名，雖有名而非的支收執者，非係假偽，即係私鬻。

一、各派支丁與祭祖廟，向因譜牒未通，昭穆莫能悉辨。康熙庚戌，有

《條議》十則,一曰叙世次,令衆派各書其定居之始祖某公,註係儲公幾十幾世孫,彙而榜於廟厢,卒未舉行。今是譜圖系既明,昭穆易辨,猶恐分遷轉徙,承接差訛,特列衆派始遷祖之世次於紀事之末,并榜於祖廟兩序,下註"凡與祭支裔自遷祖至己身若干世者,即黟侯某世孫",俾人人明曉,則在廟序立序坐莫不井然矣。

——乾隆《歙淳方氏柳山真應廟會宗統譜》卷一《凡例》

清乾隆歙縣昌溪太湖吳氏世譜凡例

昌溪太湖吳氏世譜凡例

列圖以五世爲一續,第二續即以前圖之第五世冠於首,而以第六世系之,則兩圖合成九世,可知九族之義。每圖只序五世,可知五服之親。本歐【陽修】、蘇【洵】二氏格式,右列世次,左註字某及紳士履歷、娶氏生子,俾閱者挨世推尋,一目了然。

圖必分明宗派。《左臺公譜序》云:"一人之身,末至化爲途人,蓋由宗法不立,莫知所本始也。"《豐溪譜序》亦云:"支繁族大,則必立宗以統之。大宗一,小宗四,嫡庶之分明,尊卑之位定。"茲照《豐溪譜例》,以一之公爲統宗,第二續即以前圖之二世爲大宗,三世爲大派,四世爲小宗,五世爲小派,三、四、五續,悉照此例,蟬聯而下,有條不紊。

圖以五世一續,每續之末,其人或有子無孫,不復提宗系派,但註娶某氏,生子名某,某止,其"止"字用陰文黑印。惟查二十一世,乃五續之末,其子輩大半年少,不可遽定,自必另提宗派。

始祖系傳,至今二十五世除學公一支,計該六續;二續分三,大派至四續,分四十餘派;五續、六續宗派更繁。若必叙完此派,而後及於他派,不但不便各續提綱,勢必分派裝訂,是滋弊竇也。今照《豐溪譜例》,每續挨派叙去,週而復始,各續提綱,註清大、小宗派,然後分續裝釘。

《豐溪譜》自後稷公至晋公、春公之孫,爲《吳氏外譜》,今亦悉遵,無庸更易。自光公以至九世,爲我一之公分派之始,自當照吾家譜例,以五世爲一續,共該二續,捴叙於前,首標"居溪南世系"數字,不必另分大、小宗派。第學公一支亦止二續,實居溪南,宜照豐溪叙道超公、晋公之例。但學公爲一之公嫡嗣,自當附載一之公世系下。

吾家宗譜，始於孟銘公，上有宋相程元鳳《序文》一篇、魯國夫人《奠章》一篇。考《豐【溪】譜》，首載《程序》，其他譜序甚多，吾家茲譜亦皆悉録，以見《孟銘公譜》之有自也。

《禮》：祖有功而宗有德，表揚實行，宜外立傳，并略見於譜序中。然恐耻忌者之譏，故序文祇摹於古，而今倡襄修譜之序，概勿用焉。自分遷以來，各支賢裔，有功於祖，有德於鄉，不可湮没者。各支載明家乘，兹故不註。

考吾家譜，自孟銘公始手緝而序之，其後澤民公序之，次《岩壽公序》，次《本直公序》，次《之麟公序》，次《兆德公序》，俱應載入。其他家藏譜序，無關緊要者，概行不載。

先人著作，多至散軼，無從查核。今除《集遺録》外，概行不載。

家乘隱惡揚善，示親親之仁。其有敗壞彝倫，干犯名教者，第削其名諱，於其父名之旁，註"娶氏生子"；於本人則用一"無"字墨印，印旁亦註"娶氏生子"，惡惡止其身也。至女嫁下户一條，録其名諱，旁註"女嫁下户"四字。

古人男子二十而冠，既冠，則師友命之字。今冠禮不行，不必泥古範今，準以十五歲以上者載字。婦人節烈、孝行亟宜表章。於無力請獎者，註"守節"二字；經郡邑褒揚者，註"貞節"二字，奉旨建坊給匾、入節孝祠者，註"恩旌節孝"四字。

箕疇五福，以壽爲先。尚齒引年，皇恩首及。男子七十以上，註"壽幾十幾歲"；遇恩典者，註"幾十幾歲壽"；蒙恩賜八十以上，遵旨准入八品頂帶，榮身則註"八十幾歲"。恩賜壽官女人，受過粟帛，則註"榮壽"二字。未遇恩典者，不録。

凡繼嗣者，本宗下註"繼某人"，於繼父下註"某人第幾子繼"，兩相關會。或有先出繼後仍歸本房者，註"歸宗"二字；或出繼異姓及隨母出適者，註"出繼某處某氏"。

凡妻妾皆生有子，註"娶某氏，生幾子"；繼娶者，註"繼娶某氏，生幾子"；娶妾者，註"又娶某氏，生幾子"。凡無子及夭亡者，註"止"字、"殤"字。

凡遷徙他鄉，外郡向未暌隔者，爲備列世系；其遠年遷出難查者，照舊譜所傳，註"遷某處"數字。

——乾隆《昌溪太湖吴氏宗譜》卷首《昌溪吴氏世譜凡例》

清乾隆歙縣大程村程氏宗族受祉堂續修支譜凡例附修譜三書

受祉堂續修大程村支譜凡例

一、本派族譜，先府君奉直公矢志重修，數十年來，凡譜牒源流、門族世系，久已鈔繪成帙。因其中訛而未正、闕而未補者尚多，紛紜不定，故未獲成編，遽登梨棗。自棄養以來，豫復彷徨十餘年，今始克黽勉從事，遍白我宗，纂茲支譜。凡修譜牒諸費，不辭綿力獨任者，蓋仰繼先人未竟之志，不敢擾吾族也。

一、本派惟明初以恭公纂有支譜，又四十八世，之毓公纂有《汾公支譜》，今俱無傳。以恭公之譜，僅存序文三篇，見於槐塘《顯承續譜》。又康熙八年，《大程程氏續修宗譜序》一篇，爲大程之甥、進士洪明偉公所著，此序亦載於《總譜》內本派卷首，則當時或別有宗譜，而今復無考。近時各宗所守，惟《顯承續譜》。顯承之譜，爲派二十有八，子姓殆千萬戶，當時印給不過二百四十部，以致有終身未見譜牒之人，此本派支譜不得不亟爲議修者矣。

一、大程自三十六世之昇公從範坑遷基，爲大程闢族之始祖。至元三公從槐塘來繼，爲大程紹宗之始祖。後由大程遷分者，支派益多。現今譜牒詳備，承傳繁昌，則有若繼仁公之遷富溪、誠公之遷岑山渡、義公之遷下西坑、暘生公之遷長慶、子龍五公之遷圳頭，併今槐塘上府後派，又由上府後派而遷鳳凰者，皆我大程祐公之裔，俱元三公位下之分派也。豫既自慚力薄，未由統修，前已移書相聞，冀其各修各派。茲僅據大程原譜，依次增修，用成本派支譜，非敢有外於分派之諸宗也。

一、元三公爲槐塘元德公第三子，係四十世，因來紹大程，遂訛爲四十一世，其辨正已詳於《自序》并《諸圖說略》內，茲不再贅。當日，顯承舊譜雖於譜內註明，云是"以弟繼兄"，惜未能毅然改正。先府君修譜初心，原以世次之錯亟須釐訂，故先於揚州宗祠恭、易、元三公栗主爲四十世，即岑山派誠公，亦升爲四十二世。今既爲本派支譜，豈敢承訛襲誤，致愈久而愈失其序？今敬升元三公爲四十世，凡前譜因元三公之四十一世而遞降者，今並照元三公四十之序遞爲改正。覽斯譜者，幸毋忽諸。

一、舊譜內因誤將元三公爲千七公子，併有寧二公紹本派下元一公之誤、有祐公出紹上府福公之誤。紹上府者，將來《槐塘譜》內自應改正，惟寧二公與元一公同爲四十一世，元三公既紹伯六公，則當於千七公下書"止"，於元一公下亦書"止"，其說詳見"改正""新式"二圖。

一、舊譜向以元三公之前爲大程前派，自元三公之後爲大程續派，併以元三公爲大程一世祖。不知由範坑而遷大程者之昇公也，之昇公實爲大程之一世祖，元三公特紹大程之一支，不可竟爲大程始祖。故今譜考定以之昇公爲大程一世祖，元三公爲大程五世祖。至於舊譜大程前派以吉公爲始，吉公猶是範坑之祖，去之昇公尚隔四世，不應入於大程支下。故併考定前派直從之昇公始，似爲合例。

一、《顯承續譜》所載歷世譜序，前譜原文，開先總始、遷新安總始，依舊登錄卷首，以備後裔觀覽。惟槐塘係元三公本生支派，其總始在元三公以前者，附於大程原始之後；元三公以後者，不復登錄。至《顯承續譜》有《歷朝王言》一卷，向多闕略，今更討索圖史，增入數條。自元三公以後，爲大程續派，所有恩命、誥敕，照各門寄到原文，一一開載。其不寄到者，無從增入。

一、自元三公以前，仍爲大程前派；自元三公以後，凡舊譜所載並新譜增修，統爲大程續派，惟世次俱改正編列，其生没、娶葬，舊譜所載，照前登錄。間有本傳內酌考其事實、略爲增易者，若舊譜已具生年而殁葬、妻子不載，以及全未掛名譜牒者，併一遵徽州兩次徵到原本，核對登錄。其有原註遷居寧國、松江，或遠在北京、河南、貴州諸處，世遠途修，無從訪錄，惟詳註圖傳支下，又別爲《本派遷分》一圖，使不致湮没無傳，而後之子姓亦庶幾考核之有據云。

一、《圖》《傳》仍照槐塘顯承堂前譜舊式，没者稱"公"，存者不稱公，惟自五十五世豫兄以上，殁者一併稱"公"；豫弟以下，雖殁亦不稱公。無後者，於《圖》書"止"，於《傳》書"無傳"；遷居者，註明遷某地；出繼者，同姓則註"繼某派某人"，異姓則註"繼某村某姓"；出贅者，亦註"贅某村某姓"。若繼在本宗者，則於兩處圖系下，一註"紹某人爲後"，一註"某人子出繼"。其繼出異姓者，豫另爲《外紹異姓》一圖，俾觀者了然，將來不昧其源流，而亦庶幾婚姻之有禁也。

一、譜內有撫養異姓爲子者，於傳下直書"係摘子某某承嗣"，此後，子孫不便附列。舊譜內有一、二條，於本傳下雖書，此後不承，而其後依舊編列，似爲混淆，今一併刪去。

一、妻妾之倫，嫡繼正庶，例應直書。考《顯承續譜》所刻《大程譜》，元根公實預修輯,當時於已傳內即註云"娶某氏、繼某氏、又某氏","又某氏"並不明言嫡庶。今續譜乃係各房所開,憑徵彙者轉抄寄揚,遂有蹈襲前轍、含糊開列者,豫實未便代爲更易。然娶繼之外,明書"又"字,諒一覽而可知矣。

一、凡忠、孝、節、義、德業文章以及壼儀婦德,可以傳世厲俗者,没後例當括其事實,撰爲《小傳》,亦據徽州徵到原本文理,略爲更換,事迹絕無增損。至現在者,不書其行實,恐公論未定也。惟科甲官階、封贈銜爵以及國庠鄉學,無分存没,俱據現在詳書。

一、自重黎迄於忠壯公,以下歷世文獻甚多,殊難檢括。今略録具數篇,總名之曰《文獻附録》,聊備後世考核。

一、歷世墳墓,散見各派宗譜者甚多,惟忠佑、忠壯二公,係我通族之始祖,墳墓地界,不可不善爲保護。湘湖又忠壯公發祥之地,爰將諸圖繪於譜首,而吾大程村則呈誠君之遺址,山水明秀,自之昇公肇遷於此,歷今六七百年,先曾祖有詩以誌諸勝,故並繪爲圖,而以遷紹大程祖墓洎宗祠之圖附焉。

一、舊譜内《開宗原始》《新安原始》一册,甚多訛誤,因就商岑山派午橋叔,云此"必須考正改易"。其時,豫譜已經垂成,緣此復延集宿儒,討論古籍,凡八閲月,而後成《考異》一卷。其中午橋叔論定者,附刻各條之下。如寶雲、次茂諸祖之傳,豫矯正實有關係其《總譜分派圖》,前譜並多訛舛。且行襃公支下名臣大儒甚多,子孫多有未察,豫因略綴其大概,亦使後之覽者可勉勉以奉爲矩則云。

一、是譜凡纂輯再世,爲日已久,未敢輕爲鏤板。豫因先府君卜葬有期,因念此事未竟,恐非先志之所得安,故於去秋始付剞劂。今歲五月,《圖譜》先已告成,凡族内生没、娶葬事實,自五月以後、十月以前寄到者,難爲增入,另刻《補遺》一篇,綴於譜末。其自十月以後再寄者,即無從增續,當以俟後起修訂者。

一、是譜自先府君思欲纂輯,凡各房生殁、娶葬、承傳事實,曾倩叔祖世喜徵彙成帙,至豫仰遵先志,重爲斯舉,共至今十餘年,生殁、娶葬,又倩叔士瑾、士皓、士職、士耽續行徵彙,而譜内編次校勘則弟鎮鎔、赤鑄侄濂并沂、沆兩兒之力居多,皆例得附名於譜末者。

一、是譜自乾隆四年六月開局修輯,至乾隆五年十月告竣,雖首尾一年有餘,計延請諸友朋之供饋、剞劂之費項、南北往返之力役,及於紙張、筆墨、刷印、裝定各件,所費不貲,附記於此,以見豫之綿力,猶竭蹙爲此。後之子姓，其亦可隨時繼修，無畏難，無旁諉矣。

一、是譜計印一百二十部，俱編"忠"字號給發，其板隨於先府君墓前焚銷，亦所以告成先府君之意也。給發字號，附載譜末，仍將一部貯祠，以備查對。有私鬻外人者，察出，鳴衆公罰，究其出賣何姓，押令贖回。如不能贖回，公議黜祠。有將譜内名號挖補竄易者，此爲亂宗之階，察出，鳴衆黜祠。後有修譜，將此兩項人削而不載。

修譜三書附列於後

致徽州大程本村諸尊書稿

雲山迢遞，音候多疏。自愧勞薪，不克從游諸尊左右，探家山之勝景，叙天倫之樂事。每思故里，悵惘殊深。兹敬啟者，譜系一事，乃尊祖敬宗、敦倫收族之鉅典。伏稽《槐塘續譜》，修自本朝，已閱六十餘年。支分派析，後先繁衆，非合力莫舉。今已遍啟通族，分合之間，俟各派商榷。抑思明初以恭公所修《大程村續譜》，實得古人支譜遺法。然年遠世增，孫曾茂衍，且元三公以弟繼兄，世列四十，乃後世以弟爲嗣，遂譌一世，歷譜相沿，以致錯謬。揚祠雖已恭易栗主，而舊譜相仍，未之釐正。先君每流連於此，日夜勤舉，未抒夙志。及棄養之時，家累不以經意，諄諄遺誡，止"祠地未拓、宗譜未修"二語。豫素譾劣，又以奔走衣食之間，皇皇終日，未克仰承先志。今宗祠各務，已荷諸公擯擋，巨細畢舉，豫獲黽勉厠名。其祠前隙地，湫隘偏側，豫所久欲捐拓，以建垣墻者。今幸族中君子有慨然從義之舉，將來堂皇軒敞，大可改觀。自念馬齒日長，年爲見惡，髮漸成宣。雖依人作計，心迫力綿。然不乘時措置，再有逡巡，則先君莫能含笑於地下，豫且抱疚於終身。洒泣椎心，嗟何可及？故敢不揣冒昧，奉告諸尊，將遠紹恭公之遺，近體先君之志，獨捐己橐，擬修大程本村一譜，功較易成，事非創舉，伏冀諸尊各將本門世系，照元三公四十世叙次開明，無訛無遺，彙送司祠七位。至於歷代以來，凡忠、孝、節、義、德行文章，以及有功澤於宗祠族里，洎婦賢女貞足維風化者，俱當附爲《小傳》，載諸譜内，并望詳註世之下，務須循名核實，幸毋粉飾傅會，統寄揚州，以便早爲參定付梓。至岑山、富溪、長慶、西坑、圳頭各派，爲吾大程析支，更應合舉。但蚊虻之力，勢難妄議。今有專函，希爲轉致，或分或合，望索覆音。尚此布禱，不勝翹切之至。五十五世不肖豫頓首。

致徽、揚、岑山、富溪、長慶、西坑、圳頭各派諸尊書稿五十五世大程村派下不肖豫齋沐頓首，奉書於岑山、富溪、長慶、西坑、圳頭貴派諸尊左右，伏念宗譜之設，原以正倫收族，俾世系不淆、尊卑有定故也。我大程續派始祖元三公自槐塘來嗣，以弟繼兄，世同四十。乃後世以弟爲嗣，遂譌一世，歷譜相沿，以致錯謬。雖揚祠已恭易栗主，而譜牒未之釐正，不惟先靈未獲妥安在廟，而子孫以譌襲譌，遂致升降多舛。先君昔嘗有志於斯，奈未登中壽即已棄養。豫煢煢孤立，衣食於奔走，日復一日，不克仰承先訓，痛心疾首，夙夜靡寧。又念《顯承續譜》支分派別，功大事重，蚊虻之力，敢議負山？今除遍啟通族，冀有大君子首倡義舉，復續顯承舊觀，固所厚望。否則，各修各派，相聯付梓。力分譜合，亦衆擎易舉。但分合之間，刻期難定。竊惟貴派皆自我大程分支，親親之義，更爲密邇。若言修輯圖牒，理無可分，今各派諸尊地望鼎隆，於不肖豫何翅泰山之頫部蔓，越分僭言，貽譏識者。但豫自度馬齒日長，彷徨踟躕，慮無以慰先人於地下。故不揣綿恭，欲仿先以恭公遺法，重訂《大程支譜》，此亦因時量力，聊自免責。第合者忽分，不無見斥於諸尊，敢奉尺蹏，仰冀諸尊各就本支商榷，或共倡義舉，且就六派聯爲一譜，俾豫得罣名末簡。或豫妄爲前驅，先修《大程支譜》，再俟諸尊從容酌訂分合，俱可一惟諭命，非獨上正世系之訛，下清昭穆之序，或于水木本源不無小補。伏望慈照俯賜德音，不勝惶赧待命之至。豫再頓首。

奉各派諸尊請修宗譜小啟

竊惟敬宗收族，莫善於譜。昔吾荊州驃騎公嘗有"三世不修"之戒，伏念《顯承續譜》自修訂已來，閱今六十餘載，衆派分錯，枝繁幹衍，漸失其序。且慮譌謬相承，遂致降升多舛。不肖豫仰繼先志，將輯吾《大程支譜》，因思舊譜所載，各派星羅，一旦合者忽分，豈不貽譏破例？故于岑山、富溪諸派，爲吾大程分支。既奉書相告，更不揣冒昧，特申鄙懷，遍達於各派諸尊左右，冀有大君子者出而首倡義舉，復續顯承之盛。豫雖恭力，敢不黽勉繩附？不則各修各派，相聯續刻，庶幾衆擎易舉，舊觀可嗣，則豫今日輯吾《大程支譜》，特爲諸尊前驅，或可倖免誚責也。仰祈俯採一得之言，共贊千秋之事。或分或合，引領望焉。范文正有云："族人固有親疏，自祖宗視之，則無親疏。"正未可以枝派繁多歎爲河漢，致令代遠歲深，有負於"三世不修"之戒也。五十五世大程村派下不肖豫頓首謹啟。

是譜外又餘印二十部存祠，以俟遷紹各支來領。此記。

——乾隆《新安大程村程氏支譜》卷首《凡例》

清乾隆歙縣傅溪徐氏族譜凡例

凡例

一、譜牒,古人重一本也。吾宗自摛公、緄公,以上溯及受封得姓之始,又下推及新安占籍之初,又旁搜遷徙他郡他邑之繁,既已勒爲《徐氏宗譜》卷首一帙,所以見其源之同、派之遠也。今自遷居傅溪以來,詳編兹帙,又所以篤本支、厚同派,較異於疏遠之族也。

一、修譜貴秉公心,凡愛憎取舍之私,罔敢奸焉。同吾宗派者,雖極貧賤不削;非吾宗派者,雖極貴顯不録。

一、書法,有官則書某官,貴有爵也;無官則書某"公",示有尊也;書生曰名,死曰諱,同輩及子孫輩,則直書其名,别長幼也;無後者,書"止";徙居者,書"遷某所",其餘遷處無考者,書"未叙",以闕疑從所略也。

一、原静公舊譜載《世系圖》,秖列名字,而另紙書其生平事迹,此古法也。續修時,一遵其制,頃就正於皇呈族彥穀符,則以爲前圖後傳,恐散漫不便披覽,且與史家年表分注例不合。不若即於圖中每名下,各注字號、官位、生殁年月、葬地山向,庶一覽瞭然,不須尋檢。其有實行可紀者,另立小傳,彙編後卷,本圖下只註"小傳"二字,其論甚韙,今改從之。

一、妻者,齊也,其族姓封號、生殁年月、葬地山向,俱各附夫後,亦出嫁從夫之義。其有實行可紀者,則另立小傳圖中,亦註"有小傳"二字。

一、女子各附父母圖内,所適必記,所以謹于歸、聯戚誼,使後世有攷也。

一、《世系圖》以五世爲率,五世圖畢,再起後圖,仍於後圖上格標寫某公子,以便省覽。

一、《小傳》上、下二帙,雖一行一言可以傳世者,必爲紀載。若誇大之詞、附會之説,概加删削。

一、《小傳》中,雖人物寥寥,然皆審核真確,不敢遺失,亦不敢支蔓。其餘生者未必乏行成名立之人,然不敢闌入,惟撮其大略於《世系圖》内,以俟續修者詳審編次。

一、婦人之不義,無攸遂、無非儀而已,婦人而有事實可見,乃婦人之不幸也,故《小傳》下帙中不敢輕易編入。其有苦節懿行,或受恩綸,或載志乘,或出輿論鄉評,彰彰可考者,方列其中,期傳信於來世,乃不惜過於詳慎耳!

一、守節撫孤，婦人之美德。定例：三十歲内守節，至五十歲外，始予旌表。我族凡有已受恩綸者，必大書詳載，并録當事文案於後。其有苦節未彰者，闔族公舉請旌。至小有不符於《定例》，而堅貞昭著者，亦必詳書於譜以示勸。

一、立嗣須名分相當，不得以弟爲子，紊亂宗支。無子立繼者，必注"立某兄某弟第幾子某爲嗣"。出繼者，亦如之。其餘抱遺棄、養義男及從佛老者，并皆黜之。

一、凡生子，不分嫡庶，妾有子女成立者，方書，無則不書。

一、婚嫁必擇名家，娶婦必書"某氏之女"，嫁女必書"適某人之子某"，不得以貧富失於配耦。

一、族中名宦、鄉賢、學業、才藝、素行可稱者，既已標之《彙紀》，使後之賢者知所法式。其有棄祖忤族、干名悖義者，則削其名，使不肖者知所警勵，亦《春秋》之義也。

一、塋墓方向、形勢，悉加繪載，俾子孫知所遵守，不致迷失。若侵葬、盜鬻，放而不祀，律有明條，族有規議，不具論。

一、凡祖考以來，誥敕褒封及御書頒賜，皆屬殊榮，必一一詳録摹刻，所以耀祖德、彰君賜也。

一、行狀、碑誌、傳、贊、序、記、詩詞及當事褒獎鄉里、公舉諸文卷，并録於後，庶文獻足徵。

一、譜中文字，遇列聖廟諱及今上御，謹改寫同音他字，或缺寫一、二筆。

一、譜中祖諱具在，後代生子命名，毋得重犯。失於不知者，族長爲改正。

一、新譜散給後，每年宗祠會聚查點，以示能守。至鬻譜之禁，載在《宗譜》，兹不具論。

一、景京才識淺薄，樸陋不文，兹譜之成，雖源本蓮公、原静公之舊帙及皇呈族彦之劻贊，寒暑五更，粗有成就。然其中舛漏尚恐甚多，後起之彦於續修時，幸加裁擇，庶幾歸於盡善，跂予望之。

——乾隆《傅溪徐氏族譜》卷一《凡例》

清乾隆婺源縣濟溪游氏宗譜凡例

凡例

譜牒自中丞讓翁修訂以來，綱舉目張，俱已詳備。今但因其後未備者而補續之，並無容更改。

五世爲圖，左書從嫡，准歐式也。古譜及《中丞譜》並遵之，前有世表，以述繁替、遷徙之由；後有小傳，以載生卒、嫁娶、行事之實。今皆如舊，但古譜列小傳於圖後，今以小字載之本人名下，非惟省工，且可便覽。

古譜每多詳本支而略他門，《中丞譜》于各支曰"某公某"，而本支則曰"某公諱某"，蓋謹私親之意，抑本李空峒《譜例》也，《十（州）[洲]公錄譜》亦然。惟《羅峰翁譜》，耳目所及者，悉載之，有詳無略，有公無私，今並遵之。

十洲公云："四公靖作《青州世譜》，始自得姓，以至當世，可謂詳備。"夫豈虛捏假綴而爲之哉？蓋往自青州，得自青州之家牒也。《藍玉譜》置而弗錄，自後相因，皆以侍御爲始祖。藍玉固本李空峒之譜，不知《空峒譜》上止三世，則以流離遷徙，譜牒無徵，不得不然。若夫統緒相承，源流可證，而故抹殺，以爲當世大家之譜例如是，吾恐仁人孝子之心當不若是恝也。今於《得姓本始圖》後，照十洲公議增《青州世譜》圖十一；《得姓本始圖》內，照《左傳》增襄公與士子孔。

古譜于憲淳既分之後，而以憲公九世爲統宗，似有偏重之意。今照培風公增十五公支八世世系，立大公三世、三公四世世系爲統宗，以後爲分支，考傳增同。

《小傳》內註"某行第幾公名某"；有乳名，書"名某字某號某"；有官者，稱官，詳"科甲""宦賢"各傳；列庠序者，分郡邑，庠生詳《明經》，監生詳《監選》，有善據實書之。已載《列傳》者，曰"詳某傳，生某年月"，曰"卒某年月"，曰"葬某處、娶某氏"，生卒葬同，有善書"詳《內則》，子幾、女幾，某適某處某氏"，有善書"詳《女範》"，生人名下不書公，不載行實，不立傳。至若志貞操，年逾五十者應在表揚，不入此例。

嫁娶曰"某處某姓"，重地望也；"岳某婿某"，表門第也。否則，止曰"某氏"。先世所未詳者，仍其舊。妾惟有子者書。更訂舊譜。

夫亡改適者，不書，母出，與廟絕也。然有後夫歿無子，迎遺體附葬邱陵,如少尹公於生母者,繫事于其子後,亦以表孝子之心。

繼紹同宗曰"繼某人子",外姓曰"養某處某氏子";過紹同宗曰"紹某公後",紹外姓曰"出紹某處某姓";以弟爲後曰"下紹",並于所生下附名兄弟之後,示降服也;系圖于所後父下,明承祧也;其異姓來紹,《中丞譜》間有不爲系圖,以其姓名生娶繫父傳後者,蓋有待也。是以異姓入繼,論有云:"倘其行名有光我宗法,則俟諸後世權衡者焉。"今異姓入繼者多,表表鄉閭,承祧有賴,矧其中有托命仲孺之微,有盡難以語人者,俱照先世舊式,一例系圖。但不可没其所自,又不可不擇其門閥耳。更訂舊譜。

無後者,例書"止",或書"無傳",年未三十者書"夭"。若全支無傳,例應編入《別紀》,中丞修譜,概未添録,今仍之。間有之傳者,但附圖支末。更訂舊譜。

遷徙外出者,于本人名下註明居址。其遠年轉徙無憑者,亦照舊譜填註,未有改抹。

俗有贅婿爲子、夫歿招夫兩事,此小家下户苟且行事,斷非大族所宜有。夫呼婿爲子,則女當從何姓?謂之吳孟子,舍所生也。若仍本姓,不又同姓爲婚乎?至花燭迎郎,鵲巢鳩占,妄謂後嗣有托。獨不思後夫入門,前夫何地?敗壞宗規,莫爲此甚!始作俑者,其無後乎?尤而效之,罪又甚焉。既嚴非種之鋤,兼書此以示戒。

良賤爲婚,殊干禮律。近有跳梁逆僕,每多獻女豪門,倒賠奩送,貪饕之徒往往利其貲而甘心下配。夫山鷄焉敢助翼於鸞鳳,奇驥寧屑同牢于狗彘?本族向無其人,今或有之,並不書其姓氏,嚴禮律而別良賤也。

同爲子孫,如何輕棄?乃悖倫傷化,經公驅逐出祠,則不得不削其名號而易之以某字者,示貶之中,猶冀其知所愧避而悔以自新也。

《中丞譜》"人物""地理"總爲兩門,前有"叙",後有"論、贊",今分爲六門,門加一"引",各門易一"小引",時事各有宜也。舊引仍著中丞,不敢没前人之美。

人物舊有《列傳》:曰儒林,曰科貢,曰明經,曰封贈,曰掾屬,曰薦辟,曰恩例,曰質行,曰長者,曰才術,曰義勇,曰地學,曰内教,曰女範,分類撰述,既詳且備。《十洲公譜》以《出仕諸公表》表"宦籍",而混於"儒林""布衣"中,似非貴貴尊賢之道,宜另列曰"宦賢",則始祖侍御府君勳載旂常,名垂史册,特陞《宦賢傳》首,以昭偉迹。其"儒林"改曰"儒隱","科貢"分曰"科甲"、曰"歲貢""明經"之外,加"監選""材武""部選",改"掾屬"爲"掾史",併"封贈"

爲"封蔭",并"長者"入"質行","地學"改"方伎","靈素""丹青"並行採錄。"內教"改爲"內則""先命封","女範"詳"賢淑"而略"節烈",以夫家自有彤管,無庸多贅也。他項如舊。

《中丞譜·地理志》該括地望、山川、祠社、梁堰、災異、往跡。今分"地望""山川"爲《地理志》,增入《山川圖》;其"祠社""梁堰",另立一志爲《建置》,加"宮室""義跡"兩款,"宮室"內附"祠社",並繪"祠""會"二圖,以壯鉅觀;"災異"改爲"機祥";"往蹟"改爲"古蹟","庵觀"舊附其下,今特標爲一款。舊有《兆域志》,今加"邱墓圖",並增"仙釋",另爲一門曰《外紀》。

吾族人文鼎盛,鴻章巨製,美不勝搜。今但採先人誥敕及所著典籍之名,併文之有關祠社者,約略載之,另增《藝文志》一卷,其餘文翰並存"文徵""存澤"兩錄,另議刊布。

本宗譜牒,自四公靖作《青州世譜》以來,代有著述,爲功匪淺,不可埋沒。今增《修譜誌》,畢載歷世續譜人名,以垂不朽。

舊凡例

一、自得姓至始遷新安,惟載七穆一圖,以詳本始。若夫秦、漢以下,綿邈難徵,不復支綴,採其一二可信,以附于篇。至於世系,則斷自始遷新安爲一世,示傳信也。

一、先子《羅峰譜》准歐式,五世爲圖,左書從嫡。前有《世表》,以述繁替遷徙之由;後列《小傳》,以載生娶卒葬行事之實。及其《凡例》,考論書法,今並遵之。蘭仲、山月、維貞各譜,於其本支爲詳。今每因之,而皆不復識別者,譜載舊文,不嫌於述也。

一、自侍御至大公十三世,曰《世系統宗圖》,以舉其綱;次以大公三子及十五公淳支,依次分卷列圖,曰《某公支世系圖》,以詳其目。至其後世,又有蕃替不齊,各從小宗所始,或分或合,並以支序爲先後。

一、《小傳》,先世書行,次名諱、字號,有官者稱"某官府君",無官稱"公生某年、卒某年、葬某處某向、娶某氏、某處、某女,女某適某處"。某有善,據實書之。舊譜所載者,間有隱括,然於事實則不敢有增損,已載《列傳》者,曰"詳某傳";缺不可考者,則註圖系名下。存人,例書名行,註名下,惟記生平、嫁娶。

一、圖系名下,止註行第。其字與號及有二名者,並錄入《小傳》,惟無

《小傳》者，備註之。

一、各支曰"某公某"，而予本支則曰"某公諱某"，譜作於予，謹私親也。

一、人物有《列傳》，曰儒林，曰科貢，曰明經，曰掾屬，曰恩例，曰質行，曰長者，曰才術，曰義勇，曰地學，曰內教，曰女範，分類撰述，亦各舉其盛云耳。風示來裔，親親賢賢，以蓄德也。

一、地理有《志》，曰地望，曰山川，曰祠社，曰梁堰，曰災異，曰往蹟。譜以載事，皆廣業者所欲稽焉。

一、《藍玉譜》於積世文翰，別爲一卷，曰《存澤錄》。今議並纂《密齋文徵錄》，附譜以行。

一、《藍玉譜》有《兆域志》，今增續之，以重遺體，且書先人《保墓規約》，以示將來。

——乾隆《濟溪游氏宗譜》卷首《凡例》

清乾隆婺源縣甲道張氏宗譜小引及凡例

壬寅重修宗譜小引

我《張氏宗譜》自乾隆癸未集修，至乙酉之冬告竣，爲時未遠。今辛丑之秋，奉各上憲飭示各郡邑，凡有宗譜之家，不知檢點敬、避諱字及一切違礙妄誕諸句，務必逐一改正，不得藏匿干咎。某等奉誦之下，竊思從前集修之時，因支派甚多，卷(帖)[帙]浩繁，各族謄送《紅格草本》，不及撿查，遂概付梓，字句之愆，固所不免。因凜遵功令，將存局原譜呈明邑尊彭父師，荷蒙詳加查核，逐一粘簽，指示迷途，幸得有所遵循。遂與原同事諸人議定《事例》，知會遠近宗祊，合一辦理，屬在我婺諸宗，蒐葺無遺。惟外郡遠邑，以地隔途遙，跋涉維艱，願各自就近改修。而地稍隣比，鄭重其事，必欲尋源者，間亦有之。是役也，始於辛丑之仲冬，成於壬寅之季夏。凡單詞隻句應避者，删之，改之；連行累句違礙者，抽而換之。雖刮垢除瑕，依然完璧歸趙，毫無損毀。且協力者多成功遂速，殆吾祖之靈有默相焉耳。噫！以罔知忌諱之蚩愚，幸逢聖明之寬政，又得賢父母垂慈教訓，得以修餙無愆，垂諸永久，不可謂非吾宗之厚幸也。因將各《憲示》諭刊列於前，併略述其事，以弁於簡端，使後人知重修之故云。

時皇清乾隆四十七年壬寅夏月，裔孫圖南、元灃同記。

謹録

特授婺源縣正堂、加五級、紀録十次彭,爲自行檢舉事。本年八月初七日,奉各憲檄飭令:各縣民人,家譜中不知檢點、敬避,應作何查辦之處。作速悉心妥協,核議通禀,等因到縣,奉此。合摘《簡明告示》,遍行曉諭。爲此,示仰闔邑城鄉各姓衿族理祠人等知悉,各家譜系内,如有廟諱御名未經敬避者,及語有違礙者,并叙述姓氏來源,遠引古時帝王爲始祖,以示榮耀暨措詞失檢,混用經書語句,如"創業垂統""丕基丕業""升遐薨逝""在天之靈"暨"王父""王大父"等字樣,涉於僭逾。一切誇張、誕妄、不經、違礙之語,概行嚴禁。如刊刻在前,内有違犯字樣,該族長等將譜并板片赴縣呈繳,以憑檄飭刊正銷毁,概免治罪。倘敢匿不呈,又不更正銷毁,一經查出,或被首告,定即照律嚴行究擬,决不寬貸。各宜凛遵毋違。特示。

乾隆四十六年八月二十六日示。抄白。

抄録憲頒譜内應改敬避字句,開列於後:

一、譜内如有聖諱、廟諱、御名本字,亟宜敬避,遵照部頒字式更正。

聖祖仁皇帝諱,上一字寫"元"字,下一字寫"燁"字;世宗憲皇帝諱,上一字寫"允"字,下一字寫"正"字。皇上御名,上一字寫"宏"字,下一字寫"歷"字。

一、譜内引用"天子""皇上""聖主""一人""當寧""宸衷""恩旨""温綸""龍章""鳳誥""予告""垂問""召對人""覲""熙朝""盛世"等字,系指國朝者,俱應敬謹抬頭寫,其餘可以類推。

一、譜有係國朝重修,卷首載列明代舊序,仍將帝王國號抬寫出格者,殊失體制,應改刊作一行直書。

一、各譜《藝文》内,如有引用吕留良、錢謙益、屈大均等著作、詩文,亟宜删去。

一、譜内刊有明末及國朝定鼎之初士民小傳以及詩文、序、記,最宜細心校閱。倘有不知體要,語涉不經者,應速更正。

一、各譜《藝文》内引用"創業垂統""燕天昌後""大啟爾宇""保世滋大""卜年卜世""肇迹肇基""烈祖烈考""丕顯丕承""中興締造""受天之祜""錫我無疆""篤生發祥""聿興大業""開創丕基""世廟太室""升遐薨逝""在天之靈",以暨"天命""天佑""天寵""天覥""天眷""天庥""告廟""配享""筆削"

"家史""王父""王大父"等項字樣,俱屬僭妄,急宜更正,其餘可以類推。

以上各條,係就譜中所常有者,略爲標出。推如此類字句,殊難盡舉。爾有譜之家,務各仰體各憲勒限飭令查改之意,悉心翻閱。有類前開字樣及語涉違礙者,星即遵限更正,慎毋率忽,自罹重罪。切切。續奉《憲諭修譜式》,凡譜内"堯、舜、禹、湯、文、武"聖諱,及"四大賢人""帝聖""君皇""王(後)[后]""朕御""龍鳳"等字,概不許取名。

凡例

一、本宗世譜自宋元纂修,推溯始祖徹公而上,原本詳明,後先畫一。至明嘉靖壬辰,有祁邑塘頭異類譜出,欲亂我宗祧,悉翻前案。當時各宗,曾力爲救正,遺書具在,無容詞費。不料流傳至今,餘波未絶。本宗無識者,亦不考先人舊章,反信異類無稽之言,棄己祖,認他族。殊未思塘頭自冒張志和後,與我族類不同。其欲我認彼祖爲祖,猶人欲我呼彼翁爲翁也。稱彼爲翁,彼何樂不爲?而我亦直認若翁即吾翁耶?噫!不學無術,竟至於此。竊恐冷灰復(然)[燃],淆亂無底,故是集博采群宗藏本,考證宋元舊編,著爲《外紀》,辨而証之,庶後起者知所折衷焉。

一、前明會修圖系,多屬寫本,歷年已久,不無殘闕。各支家乘,或經兵燹,無可考証。今據萬曆寫本,祖系有失名而書"某"字,有失系而書"失考"者,闕疑也。其或有不傳之支,上不相續。據各處錄送,別爲《失編》,附于各支圖後,泯其世不忍泯歿其名也。

一、本宗支裔浩蕃,必欲會齊。雖十年之計,尚難爲功。只就現在會集者,合而編之。其各延子孫,有未到局、實可考証者,于二十世前系圖内,亦悉彙載,但註"未會續"字,以俟後會。各支未到者,亦然。

一、"繼紹"之條,爲典甚重。至近日而紊亂滋多,或以叔祖及叔并弟爲子,或以姪孫及曾孫爲子,倫叙不等,名稱不順,比比而是。昔明正統己巳,用道公會編,曾請府憲批示。基業當與紹承,名分宜從改正。兹悉照舊例改正無異。至異姓入紹,本乖律紀,但于中奉祀已久,受産有年,若一概削除,大啟事端,且必多隱諱。不得已分別而書,凡本宗承祧,註曰"繼子",明可以繼續也。其異姓者,陰刻"養覓"字樣,有姓者,詳其姓,註曰"養子";無姓者,註"姓未詳"曰"覓子"。又恐數傳而後同異無別,每于一、六起世,復加識記于旁,使涇渭不混。有以本宗出繼外姓者,書曰"出爲某姓後",亦不許其能繼也。

一、生人品行，蓋棺乃定。故祖宗善行，爲子孫者，自當表揚。其餘生丁，概不贅述。

一、婦人懿德，節義爲重。故聖恩旌表，不論存亡，只論年例，各支果青年矢志、白首全操者，或"贊"或"傳"，俱可登載。若年例不符者，不錄。其下堂之婦，雖有子媳，卒葬不書，必注"出"字，義與廟絕故也。女改適，亦不書，非禮也。倘有隱諱者，是自得罪祖先，蔑絕名教，咎有所歸，於人何與？

一、婚配之氏族，等者，書"娶某氏"；妻父顯者，書其名；娶非禮者，去其姓，重匹耦也。然亦有年遠而姓無考者，不在此例。女婿顯者，必書其名，重門楣也。

一、"世系"者，謂世之相繫也。故古譜于無後者不列圖，謂不得比于歷世相傳之義。但既不列圖，其人倘有婚配、葬所，俱不能載，似亦過嚴。今無後者，一概列圖，惟生殁書年，不書月日，稍示差等也。

一、各譜必繪祖先遺像，以示子孫。但歷年既久，摹寫失真，牛鬼蛇神，不幾謂他人父乎？故兹集只錄《像讚》，概不繪像，庶不失先人真面貌耳！其《塋域形圖》，原擬不登，今各支送者甚衆，悉聽入刻，蓋不使祖宗藏玉之地没于荒煙蔓草，亦仁孝之思也。

一、《基圖》只載始祖發源之地，重本原也。其餘累牘難罄，概不登載。

一、《詩文》《雜著》，卷帙浩繁，若一概登載，必至充棟。故新舊詩文，必甄別關係緊要者，方可收錄。至《壽序》《祭章》，美玉斌珠，家給户足，殊厭觀覽。故《壽序》惟舊譜已載者，選登數首，餘概不入；《祭章》只錄三首，係始祖及忠節者，皆舊譜所無，餘亦屏除一切。

一、譜書印訂已成，即毀其板，以"千字文"編號某字、某派、某公、某人領，鈐蓋朱記，俾各族通知，以杜私鬻之弊。

——乾隆《甲道張氏宗譜》卷首《凡例》

清乾隆婺源縣龍溪俞氏家譜凡例

凡例

一、標支祖以聯族屬。親親有殺，勿僭勿濫。今譜斷自支祖彥勳公爲一世，不敢上瀆昌公，俾知族處親而又親，益敦雍睦。至於遠系遷次，則具晰

《祖源圖》。

一、別世次以昭畫一。彥勳公以來，支裔排列行第別於他族，每一世冠一字，命名之上稱名，而世次瞭然。《崇(貞)[禎]譜》載七十字，"彥、同、牙、元、天、宗、祖、一、能、大、從、觀、永、可、世"云云十五字；下餘字，《乾隆戊寅譜》順爲改換，曰"懋、德、自、逢、時、學、士、尚、經、文、賢、良、崇、正、道、思、以、宜、家、國、志、期、克、繼、開、在、廷、膺、選、揚、守、善、有、餘、慶"，連前十五字，共編定五十字，明末排至"大"字，今排至"世"字。後世子孫行第，以次依字排去。

一、删繁冗以歸省約。前譜徵録文獻，篇帙較繁，於體裁亦未盡協，族議節費，兼汰冗辭，茲不濫登。

一、嚴校勘以彰敬謹。立言有體，不宜濫引。經籍字畫訛舛，亦恐違礙干禁。茲譜再三磨勘，務令字句妥帖，疵瑕浄盡。

一、循舊例以酌平允。舊例，各房有在他處住家，或寄食於外，本房執事，尚人通知，毋令遺漏。又或式微後子身客外，踪跡一時難訪，世系一時難詳，仍録其名，不得輕下"止"字，今從同。

舊例，實在無後者，書"止"。如有生娶、卒葬可查，仍録入，今從同。通採前明譜例。

舊例，凡繼子，如有隱匿，不自聲明者，查出除名，今從同。

舊例，親生子則註"生子某某"。同族子過繼，於本生父格下註"生子幾，某繼某爲子"，其繼父格下則但云"子某"，不註"生"字，今從同。通採前明譜例。

舊例，異姓入繼，於繼父格下註"第幾子某，某處某姓入繼"，本人格下不更註，今從同。酌採前明譜例。

舊例，異姓入繼，毋得濫及僕隸之子，以混良賤。同姓入繼，毋得淆紊世次。查出，除罰外，仍令其子回宗，今從同。

舊例，夫在妻嫁，書"出"；夫亡妻嫁，書"再醮"，毋得徇情。此條多有遺漏，難以詳查，故不註述。

——乾隆《龍溪俞氏家譜》卷首《凡例》

清乾隆新安徐氏宗譜凡例

徐氏宗譜凡例

一、昶公之後，分培、堪、增、圭四公，各衍一派，更散遷於他郡邑。地有遠近，人心難齊，不能統修。今宗譜自四公以上另刊，茲帙額爲卷首，每支各列一分遷圖於末。凡係四公苗裔者，確查無冒，每族給領一帙，各自以第一卷接續，或早或遲，陸續修刻。其卷首譜板，藏於歙傅溪族祠中，聽各族賫續修刻譜，驗明，自備紙張刷印，一以省費，一以畫一。俟三年之後，即將譜板毀銷。

一、修譜須秉公心，不可各執私見。查皇呈、傅溪兩族舊刻譜，及南陵花山族舊刻《統宗譜》，均有訛錯。至歙、休各邑寫譜，差繆愈甚，幾分門別戶，另爲一家。幸《新安名族志》所載各族源流，彰彰可考，尚能轉煥爲萃。今總以《唐書·徐氏宰相世系表》爲宗，參較更定，凡從前舛譜，悉作廢紙也可。

一、新安宗譜向無畫一定本，凡各譜有舛錯者，不得不僭筆改正，蓋不敢冒認他人祖爲祖，非禮也。其改正之處，必援引確證，一覽立見根據，庶可徵信，并無絲毫妄憑臆見，以干悖祖紊宗之咎。

一、宗譜世系，悉遵照皇呈、傅溪二族舊刻譜及南陵花山族《統宗譜》，原載新安始祖歙州牧昶公以上，歷叙唐有功公、彥若公支派。惟其間有微訛者，則據《唐書·歐陽公表》改正，并非攀附宰相世系。

一、世俗作譜，多以鋪張揚厲爲事，每采古昔同姓名公鉅卿，彙載篇首，雖非我族派，亦不遺焉。今不敢浸蹈此習。

一、世俗作譜，每廣叙宗盟，遠引世派，以矜鉅族，而其中多牽強傅會，致爲識者所嗤。夫以百世之遙，四海之廓，豈能縷析條分？是自招舛謬，適以形拙。今溯源循流，衹譜本支，不敢旁及，以詒後世指駁。

一、新安諸派，惟歙皇呈、傅溪二族舊有刻譜，今序文衹擇兩譜中之要者，登於首卷內。間有删改，以合宗譜之義。

一、每族各載一分《遷支圖》於卷末，並彙刻列於《分遷備考》篇中，庶一開卷盡見源流。各族已修明者，即先開送編入。

一、卷末詳列各邑異派，所以益清本派也，不惟使日久無插派之弊，更可免下屆續修復往稽考，各邑須查明載入。

一、各族譜刊成之日，每族互換一部，公存家祠，合之即成《統宗全譜》。下屆續修，永以爲例。至各族給譜，須編字號，註明給某名領。

一、凡修譜，定期每六十年。今我徐氏永以甲子年爲規，須於二年之前，各族有志者預行通訂，蚤發傳啓，彙齊修梓，庶甲子告成可無愆期，望各族後賢共勉之，繼往開來，均有重賴。

一、各族祠中，當設一《年紀簿》，公送族長收貯，凡誕子之家，於三朝命名後，報知族長，登名於簿，將生辰註各名下。如或有犯祖諱及同前名者，令其即改。至春、秋二祭，子姓畢集，各將半年內壽終者註其月日及葬某處，新娶某氏之生辰亦如之。其遷居四方者，每歲一次彙列寄報。凡挈屬遷居某州縣、某鄉鎮，族長亦逐爲記載，庶下屆修譜易於稽查。

一、賣譜之禁須嚴。每見有非我類者，出身微賤，不知來歷，偶爾暴富，即思冒入世族，而不肖支丁貪其多金，暗將領譜私賣，致下屆續修，得以執譜插派，亂我宗支。倘各族有此不肖，一經察出，即鳴梟斥逐出祠，其子孫永不得入譜。

一、湮淺識薄植，年逾花甲，精力久衰，本不克勝任。第以本宗曠舉，當臨事勿讓，而又藉助族賢，故勉力就裁，倉猝告成。其間或多缺失，既窘於學力，又苦不自知，愧甚，懼甚，尚冀繼起之英參互考訂。

——乾隆《新安徐氏宗譜》卷首《凡例》

清乾隆休寧縣金氏族譜凡例

凡例

一、族譜《凡例》，各姓雷同，多可通用，惟金氏《凡例》專爲金氏作也。

一、金氏《凡例》始自賜姓金氏，遞至乾隆，世餘七十，年近二千，一脈相承，毫髮不紊，孔孟世家而外，實罕其匹。

一、金氏自休屠王太子入事漢室，賜姓賜爵，賜諡賜葬，世名忠孝，歷代相沿。稽之兩漢，王侯卿相、受國重恩者，不可勝數，或及身而滅，或及其子孫而亡，唯金氏與國同朽。孝武以後，七葉貂蟬。至新莽僭位，隱居潛匿。東漢嗣興，然後復出，多皆顯貴。及獻帝之末，逆曹操，拒袁術，寧死無二，終始漢室者，唯金氏一族，其餘世家子孫，鮮有聞焉。

一、金氏以忠孝世其家，沿至晉、唐、宋、明，代有忠臣。于晉則誅蘇峻；

于唐則滅龐勳，破黃巢，而卒死於陣；如宋則攻【韓】仛胄以衛朱子，詰【賈】似道以斥權奸，勦金兵而身亡于敵；于明則練鄉勇以守城池，復郡縣以守社稷，百戰不屈，而終死于難。均不愧秺侯苗裔矣。故皆各有傳以表彰焉。

一、金氏由京兆五遷至休寧，自休寧以上者，止載其大宗，不能詳其支派；自休寧以下者，則分派甚蕃，散遷甚衆。就其所知者，悉采編入；其不盡知與雖知而不能考信者，缺漏尚多，姑俟後賢增續焉。

一、金氏各派支譜，互有異同，皆由外遷久遠，不能叙其上世。如休屠國鄰于匈奴，非即匈奴也，而或者以爲出于匈奴則誤矣。休屠王止二子，長曰磾公，次倫公，此載在《漢書》，見于正史，詳于《宗譜》《統譜》，而或者又增出長子骨刺，則又大誤矣。凡此皆由修譜時所委任者特一鄉小儒，淺見淺聞，未諳大道，偶見野史稗說，不復詳覈，故訛誤多也。

一、吾鄉風俗古樸，有終其身以小名行者。及修譜時，不書其名，而書其小名，陋矣。更有以行列爲名者，曰一、曰二，以至曰九、曰十、曰十幾、百幾、千幾、萬幾者，以至父子同稱、祖孫并諱，其悖謬尤甚。今有可考者，悉爲改正；其無可考者，亦唯仍舊，不敢妄易也。

一、京兆以來，世代遼遠，其不知詳考者無論已，即休寧自博道公以後，復由休寧外遷者，但知本于梅結，或金溪，或京村，或棠源之類，而其世次不能記憶，致多錯亂。或遷後式微，失諱一兩世，遂直接先代；或外遷族派，無老成可訪，遂至遺失一、二世者；或出遷既久，無復族人往來，不能追憶者，皆不敢妄載。即已載者，世次太高，考其大概，應在七十世內，外而止。現在有至六十五世而止者，多不足信。以族人稱其確然無訛，亦不敢擅削，故各派中有可疑者，亦略記數語，以俟後人考正。

一、族中有寄到譜稿，不敢擅載者，如培郭、鄱村、鮑坑之類甚多，因族中議論不齊，疑似難辨，不敢妄增。如果確有可考，姑俟後人補入可耳。

一、族譜與史同例，傳之千百世，以垂永久。宜簡者簡，宜詳者詳，其有勳于國家，有功於宗族，爲一代實有關係之人，自應詳載。若必每人詳其字號、紀其生平、載其嫁娶、臚其墳墓，則罄竹難書。雖其本支子孫，不能記憶，何況通族？斯譜之作，或因其祖宗，或因其子孫，各有詳略，非意爲繁簡。至必欲求其詳，則有各族支譜在，非茲譜所能盡也。

一、族中有素敦族好，皆同出休寧，均屬一脈。及修譜時，或散處各方，或遠出在外，或道路稽遲，或其人已古，子孫不相聞，未及郵寄者尚多，俟寄到時詳核補入。開雕已五稔,急欲告成,不及待也。

————乾隆《休寧金氏族譜》卷首《凡例》

清乾隆休寧縣新安蘇氏族譜凡例

蘇氏族譜凡例

一、蘇氏舊譜,宋參政公蘇易簡十四世孫顯卿所編,十五世孫運副公守正用印鈐記,以易簡來新安爲始祖,僅十六世,錄其所可知耳。茲譜增入前一截,自高陽五傳,生樊爲昆吾,受封蘇氏,歷漢、晋、唐,爲《統系圖》,冠於舊譜之首,使看者知有源委,後者詳續焉,總題曰《新安蘇氏族譜》。

一、新安之蘇,自宋參政公長子壽爲吾郡太守,遂居焉,迄今子孫二十世。來徽一節,舊譜無載,看者疑之。今考郡志、史傳諸家,作《參政公來新安考》,以補舊譜之缺。

一、《世次》爲明昭穆而設。近世編譜者,强其所不知以爲知,自得姓而來,皆注以世次,能無謬乎？是譜止依顯卿公舊譜,以參政公來新安爲始遷祖,而下系以世次,墳墓可考；參政公以上,不注世次,止懸圖于前,免人疑也。

一、《譜圖》,自高陽至參政公,總爲一圖,曰《蘇氏統系圖》；自參政公九傳至純爲一圖,曰《新安蘇氏族譜圖》。純生三子：文顯、文淵、文烈,分爲三枝,以後各自爲圖,小傳就附各圖之後,以便觀覽。無者,止書名字、生某甲、娶某氏、享年幾、葬某處。

一、繼子,移枝接木也。本身無子,他枝來繼者,注云"係某人子來繼",本生下注云"出繼某爲後"。外姓來紹者,不錄；本族出紹外姓者,書之,謹姓氏也。

一、族譜本爲尊祖宗、叙昭穆而作。嘗見人家編譜,不書祖宗名字,只云某公,某公後世子孫又云某公某公,遂致祖孫不辨,是譜皆削去"幾公幾公"字,只書其名,使後世有考而不紊,亦古譜法也。

一、老泉先生《譜引》云："自吾父以至吾之高祖,仕不仕、娶某氏、享年幾、某日卒,皆書,而他不書。自吾之父以至吾之高祖,皆曰諱某,而他則遂名之。"何也？譜吾作,尊吾所自出也。是譜自五世而下,皆書諱某,其生、婚、卒、葬皆詳之,非敢戾其法,彼自作,此族人共爲之也。

一、名宦之載，非惟光昭前人令德，使子孫觀之，一或感發而勉焉，則家聲不墮矣。自蘇秦起，至於今日宰相、師垣、狀元、解元、翰林、知制誥、進士、監官、尚書、郎官、監司、知府、知縣、儒教、封侯、將軍、都尉，類錄於前，題曰《蘇氏衣冠盛事圖》。

一、蘇氏之族，按《南蘇相府譜》，自漢以來，分爲六派，具見蘇漢《序》。至唐，又爲蜀、閩、眉三大族，蜀許國文貞公長子頲之後，至宋參政易簡長子壽爲新安之蘇。次子耆，子孫有居鎮江者。閩許國文貞公第三子詵之後，至宋丞相頌，號"南蘇"。子孫有居京口者，眉鳳閣侍郎味道之後，至宋生老泉父子，爲眉之蘇。三派同出漢平陵侯，其閩、眉二派，遠不能詳，姑存其圖于左，以備參考。

一、墓志、行狀、銘贊、祭文、軒齋題匾、詩文，有關世教、有益氏族者，附錄左方。不惟存其人德行，亦以爲後來張本云。

一、舊譜序文，擇其敘事有法、議論不泛者共九篇，列于第一卷，使人開卷而知吾譜之修，累有人也。

一、運副公原用本司印鈐"記譜"三本，乃伯遠翁昆仲所《續譜圖》十三，前後序、贊、跋七篇，生沒年月、墳墓處所，止注本支，通廿四張，外無文字。是編自得姓以來，并立小傳，高祖以上，徵諸國史、氏族，他書無者，缺之；高祖以下，徵諸郡志、故老相傳與耳聞目見，頗加詳焉，附錄文字，有無多寡，從其所尚。李君山房藏書室二文，勉人讀書，於世有益，故并附之。

一、《譜圖》，兄弟位次依老泉公譜法，於右邊數起，一、二、三、四，從左順去，《歐譜》亦然。近來有等昧者或從中起，非是古，無此例。

一、《小序》者，是說各圖來歷也。《前序》中不能具述，故立《小序》使易見。

一、祖宗官宦事蹟，以國史所載爲準。史無載，始依雜書錄入，不敢妄有增損。兵燹以後，偏州無積書之家，全史難得，往年於友人處抄得《周書·蘇威傳》，後因屋毀失之。近買得《史記》，內有《蘇秦全傳》，謹刊入，此吾家之偉人也。蘇建無全傳，事蹟附在《大將軍傳》中。許國公父子全傳，《唐書》可考。參政公全傳無，宋、遼、金三史可考，姑摘取氏族群志、雜書之略，俟求至日另款刊補。或摘史無載者，不可信，此言過矣。史惟載其顯者，微者未必盡錄，不勝其繁也。若稗官野史、俗諺古史多採取之，以其言有可信而不誣者，況經賢人君子之手乎？此《小傳》之源流也。

右《凡例》十五條，所以述編《新安蘇氏族譜》之意。其間，收錄不盡、編次不當者，後之賢子孫訪而補之，删而正之，庶乎不朽矣。大識。

——乾隆《新安蘇氏族譜》卷首《凡例》

清嘉慶祁門縣中井馮氏宗族修譜凡例

馮氏重修家譜凡例

一、按歐陽氏譜法，採《史記·世表》、鄭元《詩譜》，依其上下旁行，作爲《譜圖》。上自高祖，下至元孫，別自爲世，推而上下之，知源流所自；旁而行列之，見子孫多少，上同出祖，下別親疎。子孫雖多而不亂，世傳雖遠而無窮。《譜圖》書以諱，書以字，無者書以行第，生娶卒葬註其下，此譜圖法也。

一、按歐陽氏《譜例》，五世爲圖，元孫別自爲世，第五世爲前圖之末、後圖之首。故世再列而九族之親備，圖以五世者，服窮親盡之義也。

一、每格止書一名，示正傳也。每名下註脚，皆五字成行。如單名下，行各四字；雙名下，行各三字，餘行各五字。自始至終，一切不容增減。若名有雙書，字有多寡，即生假冒之弊，續譜者當緣於此。

一、《世系》，自己身以上稱"公"，己身以下稱"郎"，朱子之說固善矣。或曰稱"郎"，世俗所嫌。今俱書名、書行，以別嫌也。

一、傳於昔者，不無訛於後；考於古者，所以正乎今。凡古文章，或傳於父老，或鐫之金石，有切於本宗者，載之以備參考。

一、《宗支圖》，統於始祖，又各自有始遷之祖，但列世次，不標其地，則混而無別，而難於檢閲。今從分派之下，註其遷徙，俾世次不紊，開卷便明也。

一、祖宗遷居，譜雖有載，累遭兵燹，於人之同異，時之先後，地之遠近，不無舛誤，悉以歷代諸史及《文獻通考》《廣輿記》參証，不專主舊説，不自出意見。有考據者，詳之；舛誤者，正之，否則闕之。

一、譜與史異，紀善略惡，爲親者諱也。其或縱肆頗僻、敗倫傷化者，及婚姻門不相對，俱削其名。能改者，復之。

一、先世有忠、孝、節、義，敦德淑行，各書其略於名下，無則不敢虛飾。

一、本宗有傳、贊、序、記、碑銘、墓誌等作，及可以激勸子孫者，俱載於後。

一、府君慈明公之後裔，散處於徽、饒、池、宣、江淮等處甚繁，統修則力有不及，今只將本宗派系考究清修，以俟後賢會修，庶有取焉。

一、家譜所載，生以表年，殁以知壽，葬以著地，娶以明配，遵譜例也。

一、譜圖所以序昭穆也，過繼所以承宗祀也。昭穆有序、宗祀可託者，書之。否則，不敢書也。死後無産而書奉祀者，重義輕利之意也。

一、傳世久遠，官爵功行悉書，不勝其繁，遠且疎者略之，近而親者詳之，亦譜法也。

一、無後，書其名於父下，如祠之祔主也。有遷徙不相聞，其後不與會、會而不盡者，詳註本派，聽其自續，從釋老者，比無後例。

一、子孫無問隱顯，有大過惡者，侵宗墓者，賣祖塚者，廢祀田者，鬻譜牒者，流入下賤者，不睦宗族者，並黜不書。

一、居室可緩而邱壟不可不謹，饋問可遲而祭掃不可不時。今邱壟紀其壽域，祭掃定其儀物，重本之意也。其墳祀産，即有子孫不肖，亦不可貨與外姓，以取侵犯起爭端、保祖睦族之道也。

一、譜所以昭世德也。或以科貢發身，文學筮仕；或生受誥敕，殁膺贈典；或行實誌於人，著述出於己，有關於世教者，備載之，以示勸也。

一、出繼，無論應繼、愛繼，必先書其名於生父之下，而細註其諱字、行號、生娶於養父之下，所以成恩義之兩全，且使知有來歷也。

一、譜以紀實錄也。一人聞見易偏，衆人耳目甚公。今合各族賢能，互相參証糾察，有真實正當之詳，無窺利徇名之弊。

一、馮氏始祖唐公，壬辰生，至今朝嘉慶甲子，歷二千年，世代悠長，宗支蕃衍，遷徙星羅，其間未必無疑訛處。自俊昌公等有正德乙亥之修，貞元、心元、萬元、浩元、培元等有萬曆乙酉之修，參之各宗所修，詳略雖殊，世代不爽。今一依舊譜校閱印証，求其實據，略者詳之，闕者補之，舛者正之，以成垂世真典，俾後之續譜者得以考焉。

一、始祖宗子尊尚議。創始爲祖，嫡長爲宗，所以原一本而統萬殊也。謂之祖者，如兩儀四象，原於一太極；謂之宗者，如乾坤六子，宗之於一震也。故當祖而尚之、宗而尊之，弗可以他儷也。然有厥初生民之祖，有奠厥攸居之祖，有各派推戴之祖。第遠者不可過親，過親之則流於子騫之華冑；近者不可專尊，專尊之則淪於伊尹之空桑。我馮氏創業垂統，流風餘韻，傳之無窮者，唐公也，故特尊之曰始祖焉。千派萬支，而尊稱之，無間可也。宗有大宗，有小宗，大宗則繼別之嫡長，故通族宗之，歷百世不遷者也；小宗則繼禰、繼祖、繼曾祖、繼高祖之子，至五世而遷者也。宗子之立，上繼祖禰，下統族人，所以統祭祀、紹宗事、嗣先爵也。小宗子統衆子，以聽命於大宗子，衆子又聽命於小宗。子雖富貴，車徒不敢驕於其門，冠、昏、喪、祭，必赴告於其家，所以明尊尚之義也。

一、序通族各派祖議。有通族創始之祖，有各派推戴之祖，雖然尊無二尚，而尊親之義固不可偏廢也。不祖於創始之祖，則失大宗之義；不祖於推戴之祖，則失小宗之親。故自始祖而遞叙之，以至各派分支之祖，厥子厥孫各親其親，所以重推戴之祖也。自各派之祖而上遡之，以至於受姓之始，皆不敢忘焉，所以重創始之祖也。由一方而推廣之，至各支各族，遷徙雖殊，根本則同，弗敢輕棄焉，亦以重夫創始之祖也。

一、昭穆不可紊亂議。昭穆之序大矣，有宗廟左右之昭穆，有子姓兄弟之昭穆，皆尊卑之名分也。夫尊卑名分，禮之常經；子孫繼承，義之權令。在族内子孫，或繼立，或乞養，必求昭穆相應。故凡己無子，祝螟蛉以爲後，或求同胞兄弟之子，或求伯叔兄弟之子，此無害於義，而權之得已也。倘無猶子，叔伯亦無應繼者，然後筮諸同姓無服兄弟之子，或異姓姑舅兄弟之子，此雖出乎權之不得已，庶幾昭穆尚可議焉。近代廢義失權，當繼立而不繼立，却有弟降而爲兄子者，有叔翁升侄孫爲子者，尊卑顛倒，恬不爲赧。此不惟喪禮義而亂昭穆，則人道於此爲壞矣。今凡犯此，《譜圖》則黜其名而不序，或自請罪改正，則序之，此所以正名分而重昭穆也。

一、出繼歸宗議。受命立繼，所以嗣續人之後也。或自襁褓中抱養，或至成童後應繼，此皆已許爲人之後，當致孝養、守先業、奉祭祀，克盡人子之職事也。今或不然，始也圖其膏腴而承繼，終則喪其貲産而歸宗，此《春秋》所謂"賊子"；幼也蒙養父之教育以成人，既壯而忘恩背義，反相胡越，此《春秋》所謂"逆子"。俱不容其歸宗，並序其名，於養父位下直書"係某第幾子過繼"。今背義歸宗，所以彰其不孝之罪。若本支兄弟皆喪所生，父母乏傳，或養父自有親出而容其歸宗者，或自己今有子衆多而命一子回繼者，此皆從其便而序之，所以成恩義之兩全也。

一、收隨母出適議。古禮稱：母氏爲"外譜"，父氏爲"内譜"；母黨之親爲外家，父黨之親爲宗族。謂之子孫者，祖父之遺體也，固當冒其姓氏，繼其嗣續，承祭祀爲是，烏何從母適他姓而棄宗祀哉？凡有不幸，幼失所怙，隨母出適，不改己姓，姑盡奉母之孝則可。若恬然承祀他姓，昧於歸宗，此則絶祖考以事非親，罪不容於不誅。故不計其貧富而收序之，俾復其姓，一則使其本支有續而不斷絕，一則明夫人之二親當内父而外母，不可冒其外姓也。

一、長、中、下殤序不序議。夫殤者，未及成人而亡之謂也。而殤有長、中、下之分者，蓋由其序有年齒、長幼不同也。《正義》：十九歲至十六歲爲長殤，十五歲至十二歲爲中殤，十一歲至八歲爲下殤。在服制，下殤爲無服；中殤之服，降長殤一等；長殤之服，降常服一等。其有服無服，凡謂殤，於譜皆無類序之理，蓋未遂成人，君未得而臣之，父未得而子之也。其或早婚幼娶，雖未知成人之道而有子者，在長殤、中殤皆當序之，緣其已有子承嗣，不可以殤而例廢也。或其父母止有一子，不幸幼亡，無人繼立者，在中殤、下殤亦當行而序之，以其父母既嘗有子，不可以殤而例棄也。

一、名實不可虛譽議。名實不虛譽，古人尚之矣。夫以虛名、虛譽誇美於人，譬如衣錦而尚絅，寧不有愧於心焉？吾族先世流風遺韻所存者，名實相須，歷歷可考甚矣。近代有等好譽務名之人，非有真實德業之著，欲假譜錄以誤人，其自誤更甚。故凡我先人登科題名，記《名宦譜略》，凡有實可據者，則書之，庶先德之弗泯耳！其無證據而虛泛者，則削之無以取，識者之議也。孟子曰：「聲聞過情，君子恥之。」

一、書諱字、行第、謚號、官職例。夫諱者，父母之所命；字者，朋友之相稱；行第，兄弟長幼之相呼也。至於謚者，行之表；號者，功之著；官職，則又爵位之貴也，皆宜並填書，不可偏廢。舊譜則大書行第，以爲服圖、諱字、謚號，則細註於脚，或註之，或闕之。觀者不明，往往有指前幾世祖某爲後幾世祖，或指後幾世祖某爲前幾世祖者，蓋因遠祖近祖行第有雷同，無字諱以別之。今仿《蘇氏譜》例，大書諱名，以朱墨絲引爲圖，某字行、謚號並細註於旁，此所以備子孫之觀也。大書諱以表之，細註字行以附之，所以尊父母之命也。其亡諱者，則書字以代之；諱與字俱無者，則書某以代之，或書字，或書某，所以補闕名也。惟有爵位者，則書行第，以表其官品之崇卑，所以尊爵命也。

一、書生卒年月妻氏墳所實行例。家譜之作，皆所以紀先德也。凡生卒之年月、妻妾之姓氏、墳墓之山向、隱顯德政實蹟，皆當詳書，以備觀閲。今仿《綱目年表》分註例，即名位傍細註之，書生卒年月，則書改元歲辰，如云乾隆甲子某月日之類。書妻室，則書某處某人第幾女，使不忘「外譜」之親。書墳墓，則書其地名形像坐向。若孫同祖墓，子同父墓，媳同姑墓，則書附兄弟，姒娌則書同，夫妻則書合巹，外姓則書共，或左或右，細註之，使後世不迷其所。書實行，其顯者則書出身歷官，隱者則服善行，所以不泯夫先德也。

一、服圖五世一提例。高、曾、祖、考暨己身，爲五服之親，五服之後，則服盡矣。舊譜多爲五世圖，不加細脚，親疎紊亂，冗衆難考，非作譜者之善也。先賢謂君子之澤，五世而斬。斯言可法。今倣《歐陽譜》例，集爲五世服圖，所以便檢閱也。其無傳者，亦依世系載之，不必加以"無傳"字樣，不忍彰其不幸也。

一、分支別派存削例。支分派別，棋置星羅。苟無譜以正之，則後世必有貧賤親而見疎，如李義甫之亟削李崇；富貴疎而反親，如郭崇韜之拜郭汾陽，孰能辨真贋哉？今於《總圖》後各爲《分派圖》，如云幾世某支某人遷於某處，枝葉雖繁而本根不昧；世代雖遠而昭穆不亂，以明同出分派之親。其他非吾族者，弗可冒認。古云："是吾族而故棄之，不仁；非吾族而强附之，不智。"又云："非我族類，其心必異。"其存其削，續修者盍健筆焉。

一、絶支不可妄削議增。支派之有傳有絶，而自祖視之，則均一體也。於生者尚欲收宗合族，而於死者則削而不書，且併其一支之祖盡削之，有是理乎？且使其親房不得照管其邱塋，而爲外人所侵害。忍以今於舊譜所削者，合族細查，經查出必爲補之。後之續譜者，毋得妄有所削，以自取絶嗣之禍。

——嘉慶《中井河東馮氏宗譜》卷一《凡例》

清嘉慶黟縣古築孫氏家譜凡例

凡例

一、家譜之作，原所以誌祖宗世系之源流，使子孫不忘所自來也。孫氏自唐師睦公遷黟，遂爲吾族始祖。由師睦公而上，依據舊譜，旁證史傳，書載世次，爲《孫氏得姓本始圖》；由師睦公而下，亦依據舊譜，詮次至五世，親盡則止録。本支七公派下其餘旁支，遷徙不一，概置不録，竊恐稽考不實，難以傳信。

一、本族自唐遷黟，宋居古築，元《新安大族志》、明《新安名族志》備載之。其遷徙外地者，多成巨族，兹不訪載，恐涉攀援也。惟十八世祖希庸公明宣德間挈家遷居青陽縣十九都茗山，及没，使其子奉柩反葬於黟祖塋之旁，并囑後嗣，時歸拜掃，其不忘本如此。故舊譜皆載之而或未詳也。兹先期通知其後裔庠生錦文,自賫支譜來黟,襄同繕寫付刊,無舛無漏。其餘有近時遷居於外,知而來歸者,録之。如譜刻完竣,再來附入者,概不收録。

一、譜系以五世爲圖,其第五世書"子某某",前圖之末,爲後圖之始也。每位大字書行名,註書名、書字、書號、書官爵。鄉賓、恩賜、貢監、郡縣庠生亡者,書生卒之年;存者,書生年月日,長幼有序也。書"娶某氏",或"繼娶某氏"。妾之有子者,亦得書"側室某氏",書"葬某處"。夫妻同穴,曰"合葬";同處不同穴曰"並葬",側室曰"祔葬"。其有略而不詳者,本支未開載也。

一、本族宋元以前,原有行輩,至明朝丁繁,或各支自立行輩,以致參差不一。今議每一世中酌取一字,與上下行字可比合成文者,用之;或無字可取,則另定一字,以爲行輩,謂之"譜名",仍注名"某某"以原名。或在官不能易也,現在自始祖而下三十三世,酌定三十三字,復取六十七字,共百字,編爲《孫氏行輩詩》云:"師延日遂揚,大正元本長。隆祖文寶積,伯思天顯光。國尚承嘉德,家學肇廷式。茂美景熙朝,受福慶永錫。建立恒世榮,先傳克業成。有士崇仁義,得才守忠貞。丕基善可紀,紹志以喜起。迪吉惟純心,安祥徵哲嗣。宗法明於斯,功全衍百支。庭集邦之彦,佑啓仰宏規。"後嗣永遵用之,其下一字,亦不得重複,少當避長也。

一、凡有出繼者,於本生父下仍依次列名,註曰"承祧某某";於繼父下列名,照例詳註。其已娶無繼者,書曰"止";未娶而亡者,書曰"殤"。

一、凡義子,凡贅婿爲子者,凡娶再醮妻因撫其前夫之子者,凡出繼他姓者,凡爲僧道及賣爲下賤者,並不書。至婦人夫亡改嫁者,亦不書。

一、表揚前徽,後嗣之責也。凡先人有嘉言懿行,載之不厭其詳。茲得載郡縣志者,譜備載之。間有已見舊譜,信而可徵者,亦補載之,示子孫有所取法焉。若其人現存,概不立傳,亦通例也。

一、婦人從一而終,以節爲重,節而兼孝,尤堪勵俗。凡有請旌建坊,學憲給額及年例已符、得載郡縣志者,皆得書。妾之守節者,亦如之。

一、盜葬祖墳、侵害龍脉者,黜而削之,子孫永不得載。至有身犯不韙,尚冀其改悔前非者,則姑存其名,削去行字,使子孫有所系屬,罰弗及嗣也。

一、程子有"冬至祭祖"之説,朱子疑以爲僭。國朝秦文恭蕙田云:"古今異宜,禮以義起,始遷祖之祭,與祭别子之義相符,不可以士大夫不得祭始祖而謂之爲僭也。"茲議冬至設祭於尚本堂,正三桌中爲始祖考妣位,左右爲配享位,配享至十六世止。東西壁各設一長桌,爲祔食位,祭品視正桌殺減。

其饌皆陳而不獻，祝文末及祔食，主祭族長中桌三獻爵，祔食一獻爵。四門輪值辦祭，其祭品另有簿。

一、族向有清明會，支丁祭掃祖塋者，照籌給胙。茲議立冬至會，屆節，合族人祭始祖，設《添丁簿》。祭之日，各支添丁者，報名并年庚登簿，出丁錢四十文入會，會中給清明胙籌二根，庶後日重修家譜無遺無訛。

一、凡領譜者，編列字號，填注某號某支某人領，刻載譜末，四門四部，司事經收。如係一支眾領者，填注某支領、支下某人經收，使責有所歸也。倘或不肖盜賣，即將領譜者議逐出族，下次修譜，不得復入。如有遭故遺失，向族說明，即於冬至祭始祖日，將各譜上銷除遺失之譜字號。以後尋獲，不得行用。

一、凡領譜者，理宜敬慎收藏。遇每年冬至祭始祖之日，各領譜者，將譜送祠，逐號查看，用年庚印畢，仍照號領回。如有推委外出及托事故，不如期送祠者，以違族例議罰，仍另期請族長并領譜之家，對號用年庚印。至遷居外地者，不便查看，亦不得私與不相繫屬者濫相聯宗，致違族例。

一、修理譜系，支丁甚屬踴躍，所經理之人，俱係閤族公舉、自願辦事者，或任總理，或任編次，或任繪圖，咸克始終。其事刊畢，校對無訛，再行刷印，以後不得私加支派。

——嘉慶《古築孫氏家譜》卷首《凡例》

清道光祁門縣錦營峽城鄭氏宗譜凡例

錦營峽城尚三公宗譜凡例

一、尊始祖，惟宗幼鑑公，以封國之友公為一世祖，原以見大統之攸尊。

一、工部尚書延光公派下子姓，上、中、下三管，分居郡地，遷徙不一，務須查明，不容真偽相混。真者雖貧不棄，偽者縱富不收。正本清源，亦以見尊祖敬宗收族之義。

一、《世系圖》做歐例，五世為一圖，其次圖復承前圖，第五世起，下衍四世，則兩圖實共九世，此圖例也。圖旁書世次，以明代傳；書某派某房，以別宗支。圖內書派行，而失行則書諱，行下分注，書諱，書字，書號，書配以及生歿年月、葬所，明有傳也，失傳者從闕。

一、系圖以宗派相推，長房派畢，接二房；二房派畢，接三房；至四、五、六房,類然。而無傳者則闕之,不得妄加"止"字,恐有遷徙於外者。

一、配偶,初婚書"配",再婚書"繼",其子女俱詳某氏出。改適者,不書,有子則於子名書其母,不忘所出也。妾書"側室",明嫡庶之分也。

一、嗣繼本宗者,於生父下註"出繼某",於繼父下註"某子入繼",不忘所生也;若繼異姓者,不系圖,則以律約可畏耳!至本宗有出繼異姓者,則於生父名下書"出繼某姓、更名某",以杜異日婚姻之弊。

一、承繼宗祧,務以昭穆相當,不得以尊卑失序,致玷宗譜。

一、纂修《峽城宗譜》,悉遵老譜,然其中有緣當日星處人遥而未及合修者,今合之,則當考其現居何地,遷祖何名?取其派系,參之老譜,有相符者,雖寒微必合之,不忍棄吾祖一脉之傳。苟考核無據,雖貴顯不敢妄扳也。

一、書葬所,並尊者,書"同葬";以卑葬尊側者,書"附葬";夫婦同穴者,書"合葬";不一處者,婦葬所接填夫葬後。至於刻圖,聽各所願。

一、貴顯者,於本名下書其科甲、職位、舉、貢類然。至筮仕履歷,另詳科第仕宦類。

一、文武品爵,編為仕宦類,不論文武異途、品爵大小,惟依世次紀之,以見金紫相傳,代有其人。

一、營前家廟,係奉欽建,故繪圖列之卷首,以昭廟貌等威之隆,亦以仰我祖功德之盛。

一、《遺像》載卷首,取開卷而起如在之誠。兹謹遵前譜所傳,始封之祖、立廟之祖并已刊刻者,俱照老譜載之。至值下仕宦有名聲者,聽各子孫己費刊補。

一、老譜有錯誤者,或國號,或科甲,或世次,俱應改正。

一、譜內於廟諱、聖諱、御名俱已避書,即名諱文詞內稍有字句涉於僭妄不經者,悉細心酌改,謹述之以昭敬慎。

一、科第不盡書。按,舊帙以本宗正傳者紀之。至于疏遠者,不敢援入。

一、錄文翰必《傳記》《碑銘》實在有關譜義者,方許採入,其餘一切山人、墨客咏物感懷之文,概不收錄,恐犯忌諱於不及覽也。

——道光《錦營鄭氏宗譜》卷首《凡例》

清道光婺源縣甲道張氏宗譜凡例

道光丙申續修凡例

一、前譜博採群宗藏本，考證宋、元舊編，推溯始祖徹公而上，著爲《外紀》；由始祖而下，分列七十六延，支派詳明，不使塘頭僞派亂我宗祧，至精至慎，真我族金甌也。此次修續，不敢稍違，亦率由舊章之意云爾。

一、延字排行，分遷者，前乙酉會修，悉載《圖系》。其有失考未續者，亦列派圖，每部已有四十餘册。今照前領譜字號及新續者錄送生丁，不下十之七八。若仍舊登載，必至充棟，且費不敷。兹酌前未會續者，照舊編次；其前已續而今未續者，仍編至廿五世止，删其生殁年月日時，祇載娶氏、官銜，以俟後之再續，易於查考，不至流入僞派，非敢與前人背也。

一、譜内諱字，俱照乾隆壬寅年改正，遵例敬避。其遇睿宗廟諱，上一字謹以"禹"字代，下一字謹以"夌"字代，或以"火"字、"玉"字敬代。若遇皇上御名，上一字謹以"珉"或以"文"字敬代，下一字或以"能""齡""陵"等字敬代，不敢照部式直書，以明爲下敬謹之義。

一、前次乙酉舊譜，會衆驗明，各派領回，不忍毁廢，以示珍惜，且爲今之未續者地也。

一、前譜"生卒"條，不論有爵無爵，一概書"卒"。兹略爲分别，有爵者書"卒"，無爵者書"殁"，重名分也。再，"生、卒殁"之下，係國朝者，加一"於"字，非好爲繁文，遠嫌也。

一、朝廷名器，不可假人，凡生員、貢監、科甲及誥敕、封贈者，據實直書。至鄉賓之請，已登前譜者，無論已；其新載者，必以府縣咨部詳文爲據。僅有匾額，祇載"某官給以某額"，不能混淆。凡屬老人，遇嘉慶元年，七十者九品、八十者八品、九十者七品、百歲者六品建坊。道光元年，亦同此例。其遇萬壽覃恩，雖八十以上者，只給絹綿、米肉；七十者，僅免丁，不得濫載品職。

一、遷派，舊圖間有遺落，未克登載。及此次新續者，悉分某延支下補入，以便稽考。

一、此次新序、傳贊及詩歌、雜著，其可傳以風世者，應當彙載。至未會續之派有載，若年例不符者，不録。其下堂之婦，雖有子媳，卒葬不書，必註"出"字，義與廟絶故也。女改適，亦不書，非禮也。倘有隱諱者，是自得罪祖先，蔑絶名教，咎有所歸，於人何與？

一、婚配之氏族等者，書"娶某氏"，妻父顯者，書其名；娶非禮者，去其姓，重匹耦也。然亦有年遠而姓無考者，不在此例。女壻顯者，必書其名，重門楣也。

一、"世系"者，謂世之相繫也。故古譜於無後者不列圖，謂不得比於歷世相傳之義。但既不列圖，其人倘有婚配葬所，俱不能載，似亦過嚴。今無後者一概列圖，惟生殁書年，不書月日，稍示差等也。各譜必繪祖先遺像，以示子孫。但歷年既久，摹寫失真，牛鬼蛇神，不幾謂他人父乎？故茲集只錄《像贊》，概不繪像，庶不失先人真面貌耳！其《塋域形圖》，原擬不登，今各支送者甚衆，悉聽入刻，蓋不使祖宗藏玉之地没於荒煙蔓草，亦仁孝之思也。

一、基圖只載始祖發祥之地，重本原也。其餘累牘難罄，概不登載。

一、詩文、雜著，卷帙浩繁，若一概登載，必至充棟，故新舊詩文，必甄別關係緊要者，方可收錄。至《壽序》《祭章》，美玉斌玞，家給户足，殊厭觀覽，故《壽序》惟舊譜已載者，選登數首，餘概不入。《祭章》只錄三首，係始祖及忠節者，皆舊譜所無，餘亦屏除一切。

一、譜書印訂已成，即毁其板，以"千字文"編號"某字某派某公某人領"，鈐蓋朱記，俾各族通知，以杜私鬻之弊。

——道光《甲道張氏宗譜》卷一《凡例》

清道光黟縣屏山舒氏宗譜修譜義例

修譜義例

一、修譜所以正姓氏。古者，天子建德，因生以賜姓，蓋有天子功德，遂因所發祥之地爲姓，如天之所命然。子孫世代，相承不易，即《傳》所謂"姓者，明其祖之所自出"也。其或有功德，爲天子所重，胙之土而命之氏，子孫遂因氏爲姓，即《傳》所謂"別其支之所由分"也。是故古皇姓氏，多以德、以地及山水，其次以國、以謚、以官，又其次以字以行列，其餘如東門北郭則以居，三鳥五鹿則以志，巫匠殳陶則以業，其他如筮卦指物爲姓者，亦是事也。若我舒之姓氏，則以國而所傳又最古，閱譜自知，不閱譜者，亦共知之也。

凡事關天下者，爲本紀；有國統者，爲世家，其次爲列傳。原祖宗之所自出，辨昭穆之次序者，爲譜牒。若我舒姓宗譜，傳國三千餘年，備歷三皇五帝、三王之久，即所謂爲世家也，亦無不可。

譜者，普也，非徒別同異、序昭穆，所以尊祖敬宗、睦族敦倫、普昭先德、普訓後世者也。但世遠而世序忘，支分則情渙，故譜必十年一修，易世一修，以爲繼志述事之美，庶免渙情忘序之憂也。

祖宗木本水源弗易明也，子孫支分派別弗易辨也。弗明、弗辨固不足以言譜，即能明矣、辨矣而不足以厚風俗、敦教化者，亦不足以言譜。

朱子言："人家三世不修譜，爲不孝。"譏忘本也。忘本者，甚至喜不慶、憂不吊，視親族如路人，相率而爲不仁不義之行，其去禽獸也幾希。

世遠者，其情易疏；族繁者，其宗易紊。故必賴譜以明之，上可以遡世系於既往，下可以聯族屬於將來，而厚風俗、敦教化之道亦在其中。

譜牒不修，必多冒姓之弊。即如王氏一也，而有元城、滎城、宜春之分；劉氏一也，而有陶唐、元海、奉春之別；馬氏一也，誰辨其爲馬服之馬、馬矢之馬？石氏一也，又孰辨其爲周衛之石、後趙之石也耶？此譜之所以亟宜修也。

譜與史異，史尚謹嚴，譜貴精核。謹嚴無法則亂，精核無式則迷，是以譜牒必先錄目，以便鑒布格以示式，述事以存真，討古以徵確，載德所以綿世澤，紀功亦以振家聲。

族之中，有貴有賤，有富有貧，有賢有愚，有衆有寡，有强有弱，其勢斷不能齊。惟以祖之一身視之，則千萬人之身皆一人之身也；以祖之一心推之，則千萬人之心皆一人之心也。溯其源而潛其流，何非一本之所生，一身之所發？故凡族中有事，必先去勢而言情，自無貴富、貧賤、賢愚、衆寡、强弱之紛異矣。

族之中，間有不持門户，悲同樂郤者，必其鮮克由禮而恬恃滅義者也；間有克自振拔，無忝所生者，必其古訓是式而納身軌物者也。故處比閭、族黨之間，寧樸而真，毋華而僞；寧恭而有禮，毋傲而自矜；寧仁過而爲君子，毋義過而爲小人。慶吊必相及也，有無必相通也，患難必相救也，守望必相助也，過失必相規也，善行必相勸也。如此則宗聯遠近，所親不疏，所厚不薄，風俗由斯而美，政教繇斯而醇，祖宗之靈亦繇斯而慰。

一、修譜所以辨昭穆、正名分。書"行次"，序少長也；書"諱"並"號"，別其名之同也；書"生歿""葬祭"，隆孝享也；書"聘娶"，重婚姻也。有上、中、下殤者，書"早逝"。乏嗣者，書"無傳"。出繼者，書"出繼某爲嗣"；入繼者，書

"以某人第幾子入繼",重本源也。若不能自贍而衣食於人者,曰"過養於某",辜恤之也。不能自拔而奴隸於人者,書曰"流下";其他不遵祖訓、動忤國法者,亦可書曰"流下"以示懲。倘有經逐出祠堂,則削其名不書,必俟厥後有功德而後乃書矣。是譜牒之有益於人心也,大矣哉!

一、修譜所以尊祖考。故必紀其名位、行事於本位之下,且紀其配某氏、生幾子,始得略詳。及其歿也,則當誌其葬某山某向、分塚、合塚、附葬、碑碣、墓誌,以及墳山之大小,悉書之,庶免後世混侵、冒佔之弊。

一、尊祖考,則當載祠堂、祭祀、產業及祭器、例規等款,逐一書明,庶便於世守遵行,亦可免強詭侵蝕、盜賣之害。

一、修譜所以昭前烈、明先德、激後嗣也。故凡有仕宦者,必特書之。更有多福多壽、德行隆重暨諸聰明豁達、才藝超衆者,悉紀實於本位之下。若揚善未足,則揭而表諸譜首。

一、修譜所以重世守。故凡有家傳、家訓、祠堂、宅圖、墓圖、容像、容贊、贈辭,上及誥命坊建、功業文章,皆當并刊入譜中,以爲舒氏文獻。

一、修譜所以正名分,敦倫常。凡祖考諱皆稱"公",子侄稱"郎",兄弟稱"字",伯叔則書"第幾伯""第幾叔",夫婦亦當稱"字",諸姊妹同。

一、妻有嫡庶之分,名分所由關,風俗所由始,不可忽也。故結縭伊始爲嫡妻,與夫齊體者也,則書"配"、書"娶";若再娶,則書"續",三娶則書"再續""末續"。若妾,則分卑,不敢與妻并,只書"納側室",以示正名定分之意。

一、繩婦德所以重人倫、厚風俗也。故有賢德之婦、貞烈之女,則書"姓"、書"字"、書"生年月日時",歿書"卒"。或沐恩建坊,入節孝祠,皆特書之,餘止書姓氏,從乎常也。

一、修譜書"遷居",所以杜冒宗、絕後患也。昔者郭崇韜認郭子儀,人譏其冒;狄青不認狄梁公,人服其高。我舒姓族繁,歷代各有遷徙,且有分遷、改遷及新遷者,若不查實明白,不得輕收入譜,庶免時人譏議。

一、修譜錄《文翰》,所以顯祖功、揚宗德也。歷世以來,史傳、金石、經義、詩詞、古文,以及族中會序、祭文、聯對,并凡機織精粹純當者,皆當採刊譜中,題曰《舒氏傳稿》。

老刊之譜,予未及見。聞説先祖鏞四公擬修譜有序,及各房各先達亦多作有譜序,緣分藏於紳士家,路遠不能借到。後有修譜者,務搜羅,補刊載入譜首,可也。丁未補刊。

一、修譜義例甚多，凡有所不及擬者，及擬有所不及載者，皆因路遠無徵，抄本不全，譜師催刊期迫。三旬之內，稿凡五易，而工亦漸告竣，愚陋闕略，諒多不免。耄昏之人，不敢言勞，實亦不敢謝過也。

屏山舒派百六十四世孫道觀謹識。

——道光《屏山舒氏宗譜》卷一《修譜義例》

清道光黟縣西遞明經胡氏壬派宗譜凡例

明經胡氏壬派宗譜凡例

謹按，舊譜《凡例》，悉經先賢所定，至精至當，自宜率由舊章，不可妄加損益。第前則匯修《統譜》，此則特載本支，體制稍有不同，變通參以新議前錄，以示彝訓之難忘，後加按言，亦見吾人之善述云爾。

舊譜《凡例》曰：胡本陳胡公之後，考川胡氏祖明經公，實唐昭宗子，育於胡三公，而氏其氏。舊譜以明經公爲始祖，爲氏號亦嚴於族類矣。然尋本溯源之義未盡，則別嫌明微之道易忽，婚於李者難免。故今據《唐書》，著其世系於譜之前，名曰《明經胡氏宗譜前編》。歙槐塘唐氏亦李唐之後，俟考其故而同著之，庶本始之大著而婚姻之必謹也。若曰祖李唐爲已泰，則胡不祖重華乎？

按，李唐世系，康熙庚子《統譜》已備載《前編》，考祖系者，自可按譜而稽，兹不復著。今則自義祖胡三公、始祖明經公，以及五世始遷祖士良公，皆繫以敘傳；另立一版，自五世以下之宗枝，則依旁行斜上例，列圖以載。士良公爲壬派祖，來遷西遞，七百餘年，未成專譜。今始編輯，則特書《西遞明經胡氏壬派宗譜》，餘則謹從前例也。

舊譜《凡例》曰：舊譜列爲天干十派，派分世遠，遷徙實多。今胡氏稱明經後者衆矣，恐亦不無真贗。故僉議家藏有宋元舊譜，及遷徙之初名行、字號，與諸房舊譜同者，兹乃會集。其有派不著於舊譜，系不合於諸本者，不敢輕會；又有遷徙不相聞，有後不與會者，朱註"失傳"或"失考"，以俟再訪。有後不及會與會而未盡者，朱註"具本宗譜"或"本房譜"，以聽其自續。

按，前例，十派會修宗譜，其遷於外者，須有宋、元家譜及遷徙之初名行，與諸房舊譜同者，乃會集，原所以杜假冒。今我族特修《西遞壬派本支宗譜》，悉以康熙庚子會修之《統譜》爲証。其自西遞外遷，曾回籍省墓謁祠者，皆約其開列世系，彙齊入譜。其遷居後，未曾回籍省謁者，皆不約會，亦謹從前例之意。

舊譜《凡例》曰：譜圖以世居考川不遷者列於前，遷居者次之，異姓入繼者又次之。三者又各以舊分十派爲次，高砂丁派傳說亦有異姓繼者，舊譜竝未見其絕續爲誰。況俗傳之語，無所考實，仍舊書之，不失爲從厚也。第列於各遷派之後、各繼派之前，於派下註"俗所傳"，以俟再訪再考，以示重祖嚴族之意。

按，前例，譜圖以世居考水不遷者列於前，遷居者次之，異姓入繼者又次之。支分派別，井井昭昭。今則守其前例，以世居西遞不遷者列於前，遷居者次之。其行第亦從舊譜，合巧桑、嚴嶺同列，餘則特爲起行。至於異性入繼，我族向無此例。凡我宗枝，皆當永矢弗諼也。

舊譜《凡例》曰：舊譜始於《慶源圖》，繼以獻之公、元發公、梅岩公、可象公，繼繼相續，宜無舛錯。但皆寫本，不無遺誤。況經兵燹，真本鮮存，今以各房所藏諸本參較，同者書之，異者攷而正之。攷之未得者，或竝存之，甚則缺之。不敢妄有增損，亦不敢苟於因襲。

按，舊譜上經先儒之聞見，又爲先賢所手定，考核既精，論辨既詳，誠爲族譜之楷模，萬世不可改也。況康熙庚子十派會修《統譜》，又成爲刻本，更覺世次明而條貫悉矣。今修壬派本支，亦惟將《統譜》中之屬壬派者悉心考校，其有差錯之處，盡依家藏舊譜更正；其後乎此者，則恪遵成法以纂述之。

舊譜《凡例》曰：天地之數，成於五，重於十，而推衍無窮。譜首圖列五世，數之成也；其第五世復提居第二圖之上，第六世至第十世則與第一圖平行，合首一圖爲十世，數之重也；衍之爲第三圖，以次俱如第二圖列，則凡奇圖皆五數，凡偶圖皆十數，庶觀圖之橫行，遂知世數。而各人事實註於名下，則《史記·年表》《唐書·世系》例也。每圖之前，朱書世次，朱書派名。有遷居者，朱註遷地於其名下，所以明世以示一本、重遷以示異派、示異派亦以重一本也。

按，舊譜《世系圖》，皆從《史記·年表》《唐書·世系》之例，旁行斜上，著人之事實及遷地於名字下，隨人考核，世次詳明。今則謹從前例，亦列五世爲一圖，其第六世圖，復用小字書第五世之人名於其上，曰"某某下幾位"，使開卷即知此某支某派、此某行某世、此某而上者之祖考、此某而下者之子孫，繩貫絲連，不啻如指上螺紋，斑斑可考矣。再修譜始於乙酉十月，成於丙戌

第五章　譜牒規約

二月,所有二月以後之新丁,因圖系寫齊,難以排入,故復依世次列圖於第十二卷之末,俾後之續修者再爲編入,庶無遺漏之憾也。

舊譜《凡例》曰:名下小註,乳名、户名、更名悉書,書字、書行、書別號,生卒書年月日,葬書地、書山向及形,書學業、宦蹟、節婦、烈女,書必據可知者,不知者缺之。浮詞溢美,一切不書。

按,舊譜書法,男子有功業者、婦女能矢志者,必據可知者書,不知者缺。臧否之跡明,勸懲之典昭矣。今則書名、書字、書號、書功名、書生殁年月、葬書地,皆從前例。娶則無長幼,所繫則書"娶某氏"、妾書"納某氏",皆不書生殁。至於男子有功業者、婦人有守節者,皆從《縣志》所載者書,不載者不書。其有功名而經斥革者,但書其行字、生殁,不復書其斥革之事,亦不失爲從厚也。

舊譜《凡例》曰:婚姻之氏族等者,書其地。否則,例書氏所出。顯名者,書其父婿及所生甥;顯名者,書其名。

按,前例原所以杜攀援,囂張、塗飾實爲譜牒之陋習。今從前例,婚姻家惟書外舅及女婿、外甥之科第仕宦,餘概不書,亦恐泛濫之失,以貽君子之譏也。

舊譜《凡例》曰:繼子,註其名於所生父下,以見所出之同;列圖於所後父下,以明嗣世之義。上世有以姪孫爲子者,空一世;曾姪孫爲子者,空二世。又有以兄叔、叔祖爲子者,及實未覓繼而虛牽以爲文者,悉正之,歸於所生父下,庶使世系不紊、名實弗乖。其有異姓來繼者,傳代已久,仍舊書之,但註其所出之實,亦明經公氏胡而不泯本李之義,以推之之意也。

按,前例,繼子註其名於所生父下,以見所出之同;列圖於所後父下,以明嗣世之義,今從前例書。至於空世承祧,我族皆恪遵國朝定制,必擇昭穆相當,竝無空一世、二世繼者。異姓入繼,有紊宗枝,尤爲我族所不收者也。

舊譜《凡例》曰:無後者,不列爲圖,但註其名,配葬所於父下,如祠之祔主,從釋老者如之。其有學業、宦蹟及配之貞烈,不容不表著者,則列圖而實書。

按,前例,無後者,但註其名,配葬所於父下,不列爲圖,而《譜圖》中多有不能盡從其式者,今則悉由其舊。至於學業、宦蹟、貞節堪欽者,《縣志》尚列傳以褒揚,斯尤宜列圖而實書矣。其從道、從釋者,亦從前例,註其名於父下而已。

舊譜《凡例》曰：本族出繼異姓者，註其名於父下，別爲圖於後，曰《明經胡氏譜附編》，庶有識者得所據以復氏。未能復者，亦知與李氏、唐氏并不得再爲婚也。

按：舊譜例，本族出繼異姓者，別爲圖於後，曰《明經胡氏譜附編》，以示李唐之婚姻必別，歸宗之世次尤明，返本尋源，法良意美。今則只註出繼異姓者之名於父下，使知隴西李、明經胡、槐塘唐三姓皆不得爲婚姻也。若歸宗，則只收出繼者之本身。至在異姓所生之子孫，我族向不收入，故不別爲圖於後，以示凡屬一本者，雖貧賤之極而不遺。若有攀援者，雖富貴之極而不附也。

舊譜《凡例》曰：族有惡逆顯者，棄毀祠墓者，諱其名，泯其行第、生歿、葬所，示棄也；鬻《宗譜》者，婚非族者，則紀其實，以諱其名，泯其行第、生歿、葬所，亦示棄也。妻無故則例註其氏，行、生卒、葬所，而并錄其子孫，罪不及孥，亦遷善改過之門也。

按，前例之懲不肖者，有諱其名、泯其行字生歿而不紀其實者，有諱其名、泯其行字生歿而紀其實者。此酌其事之重輕，要在名分之必正。前賢豈過爲刻哉？亦嚴非種必鋤耳。《蘇氏族譜·亭記》所謂"使夫人觀之，面熟內慙、汗出而食不下者"，亦此志也。今人雖有愛憎，莫能爲之損益矣。

舊譜《凡例》曰：先墓，別圖其地形，書業户、域界及修復事故，以示世守。

按，前例，繪塋墓地形於上，書域界、業户、山向於下，誠恐歲月悠邈，蒿里而淪於異區。今則從前例而益以族居之圖，此亦參用《太原溫氏譜》及《東家雜記》之例，以表西遞一村皆明經胡壬派聚族而居者也。

舊譜《凡例》曰：制命及贈述、序記、哀輓、墓誌等文頗多，難以收附，別彙爲《世德録》以傳。

按，前例，別爲《世德録》以載《制命》及各體文章傳世，第此書久經搜訪，終未得見，殆前人編輯未成。今則悉從前例，亦不復別爲一書。

舊譜《凡例》曰：譜刊成印，給畢，即毀其版，以"千字文"編號於各譜圖下，庶通族知散譜之數、領譜之名。另刻字號條記，與譜同給，俾於所領譜裝訂處併於其本房圖系一一鈐印，庶私鬻與盜竊者不得行其奸，而亦不得各私有改變。凡領譜者，宜各知所寶重云。

按，舊譜領譜之例，盡善盡美。今則悉從其例，以《千字文》編號，印於中間，曰"某房領某字號"，逐頁印去，使展卷即知爲某房之譜。譜首復列一總目,各房所領之譜,皆開列其上,使通族便於查閲,知某房某家之譜爲某字號。譜末裝空格二頁,每年於重陽日,各領譜之家捧譜至本始堂查驗,明經會值輪頭首先期雕一鈐記,上寫"某某年公驗"五字。臨期驗後,即將鈐記用紅印色印於譜末之空格内,以昭慎重。凡領譜者,各宜寶之。

——道光《明經胡氏壬派宗譜》卷一《明經胡氏壬派宗譜凡例》

清咸豐黟縣灣里裴氏族譜譜例

譜例 共二十三則

一、裴氏得姓最久,舊譜直從黄帝叙起,第十世孫蜚廉封於蒆,後嗣改邑爲衣,歷三代、秦、漢,俱有系圖。世遠年湮,杳無的據,且遥遥華胄,何姓無之?今故溯至叔則公而止,自漢以前,不敢附會,恐或自誣其祖也。遵公爲始遷河東之祖,潜公爲河東始發之祖,故及之。

一、吾族世居河東,以叔則公爲各派通同之第一世祖。由河東徙居黟縣鶴山,以三德公爲本支嫡派之第一世祖,提綱挈領,眉目始晰。

一、晉、唐列祖,舊譜世系,一路相承,祖孫、父子,訛舛孔多。今第撮叙其事實,父何人?子何人?不敢任意妄注,或鑿空捏造,致彝倫攸斁。

一、其人雖非河東親支,而載在典籍,可以是則是傚者,録列親支之後以示勸。

一、從前分徙,可稽者稽之。自遷黟後,祇叙拱、旺二公支下,餘無可據,故未暇述,親踈、長幼亦祇就兩支分晰。

一、長貞、長孫二公自鶴山徙居灣里,遂自成派,祠宇、譜牒俱係兩支子孫創理。此次之修,《系圖》與鶴山並叙,《列傳》則灣里另録。異日人衆,則灣里《系圖》應與《列傳》俱另録。

一、舊譜祇有諱字,無行第。從前行第既無可稽,近今行第,宜通族鱗次編排,庶長幼不亂。

一、舊譜自晉、唐至乾隆戊戌,祇載某公生年月日,終則未載;妣且生、終俱缺,生女幾人,適何人,概不一録。今無從憑空臆造,不得已仍從其舊,非遺漏,亦非自亂其例也。自戊戌後,始登載詳明。

一、裴氏歷世既久,遷居遂多,《系圖》於某公名下注明"遷某郡某邑",其子孫有無,盛衰不可知。今古特詳其本支,而旁支不得不略。

一、各祖名下，旁書"行某、諱某、字某、號某、生終某年月日時、葬某所某向、娶某氏係某地某公女、生子某、女適某地某人"。有官者，錄其官；有德者，錄其行。及某貽贈記、序、誌銘，止於所知，而不知者，難爲強泐。廩、增、附、貢上舍議叙，俱與注明。

一、名爲父母所命，字則同輩相稱，號則卑幼敬其尊長，不敢呼其名與字也。《列傳》中大書名以表之細，字號以附之，所以遵父母之命也。

一、《禮》稱大夫曰"卒"，庶人曰"死"，言"卒"則嫌於僭，言"死"則淪於褻。今酌用"終"字，取《檀弓》"君子曰終"之義。其葬所必列都堡、土名、字向；或有未詳，留空白以俟後。

一、繼子繼伯叔後《系圖》於生父名下注明"繼某"，繼父名下注"繼子某係某公第幾子"，《列傳》中亦如之。

一、自幼隨母出適而不改己姓，此固祖宗子孫也，雖去故鄉，理宜訪錄。其有始雖改姓後仍歸宗者，亦宜與收入。若出爲異姓人子，則《系圖》中注明"繼某處某姓"，不爲立傳。

一、殤子，祇載生母名下，不爲立傳。其父母不欲汰者，仍之，蓋其情可哀，原其情也。

一、螟子，宜註本姓，俾識所由來，以免異日同姓爲婚。其舊譜未註者，缺之，《系圖》中註父名下，《列傳》中注母氏及本人名下。

一、生子數人，或非一母所出，《系圖》總叙不及，分叙《列傳》中，則分書"某係某氏出"，女祇載"適某"，終與葬所及其所生，俱載所天譜上，不得錯紀。

一、婦人之義，從一而終。其有夫故他適者，不論已未生男，俱註"改志"，以其與廟絶也；繼娶則書"繼娶某氏"；妾則書"側室"或"簉室"，嫡庶之分，不得不嚴。

一、犯上亂倫之人，譜例俱應革名。然其後或有賢能之士，莫知所自出，豈不抱憾？今僉議，凡有惡蹟顯著及優娼、隸卒，不革其名，但俱不許其與祭。

一、名實宜相稱，其有居官而蹟著忠良、居家而孝友任恤，無乖道義、無忝宗風者，宜詳書其實。列女節婦，尤宜特筆大書，亦表揚激勵之道也。若實之不存，則虛譽適足遺有識之譏。信於今，始傳於後，秉筆者慎之。

一、各房各立一簿，交房長收執，某月日時生子、名某、字某某、終某月日時、葬某山某向，冬至日赴祠，交族長登載，以爲下次修譜張本，庶不致名字重複、生終失考。

一、舅氏之親不可忘，然非登諸譜牒，久必茫然。今註明某地及外舅名某，以便後人查考，庶不致久而或忘。

一、譜共八部，每部四本，編列字號，某號給某房某人收執，不得損穢。苟或不謹，以致蠹蝕，或破裂，或私鈔譜首以圖利，察出，以不孝論。

——咸豐《灣里裴氏宗譜》卷一《譜例》

清同治祁門縣平陽汪氏宗譜凡例

續修汪氏宗譜凡例

一、我汪氏自得姓後，子孫繁衍，乾隆間《通宗世譜》所載，四十四世世華公七子法曹參軍爽公支下，派遷有四百五六十處，稱極盛焉。今會修者雖止數派，然皆爽公支裔，繩貫絲聯，瞭然在目，足徵源遠而流長也。

一、《通宗世譜》首例祖像、墓、廟，乃越國公保鄣六州各圖，蓋紀其實，俾後人不敢忘失也。茲因譜牒甚少，止圖像墓數處，以存其要，餘皆未及。欲稽其詳，有舊譜在。

一、《通宗世譜》登載論贊、傳記、碑銘各文，如汪芒、平陽、潁川等辨及越國封誥、廟記、祝文之類，翰墨甚多，有舊譜可稽，概不贅述。惟關係緊要及新撰傳狀，爲舊譜所無者，收錄一二，以便稽考。

一、例禁譜書，不得引用古昔帝王。我汪所據諸舊譜，得姓以前，淵源悉載，乾隆間《通宗世譜》已遵例徹去。惟述自潁川以來因名著姓，從源及委縷析條分，故今續修之譜，叙一世祖亦斷自潁川，更不遠溯。

一、譜內有同本朝列聖廟諱、皇上御名之字，皆遵例敬避，改寫"孔聖"諱，於右旁加"阝"。

一、新舊傳、序等文，字句違礙，有遵全刪者，有遵節刪者，有闕之者，皆細加檢點，不敢存之簡篇。

一、先代通譜，唐宋以前書闕有間，以自元時正心公《淵源錄》而後續修者，實繁有人，要惟《南渠譜》爲醇正。乾隆時，《玉衡翁譜》以之爲藍本，并取《正脉譜》、萬曆朝《以時公譜》、崇正時《士芳譜》，參互考訂，始無訛謬，是以今譜悉本玉衡翁所輯云。

一、通宗舊譜，用瓜藤式，以九世爲一圖，世次太密，名下履歷不能盡載，失之過略。兹譜五世爲圖，蓋歐式也，圖旁大書世次，以明宗法；圖内詳註生殁、娶葬於名下，以存事蹟，最爲盡善盡美。若世遠年湮，無可查考者，則空白闕之，不敢妄註。

遠祖淵流，舊譜各載實蹟，頗爲詳明。然文字頗多，名下不能全註。故自汪公至端公事蹟仍依舊譜，另彙叙於圖後，以便觀覽。

一、宗譜例止載本支世系，以明一本之義。若始遷祖以上，其兄弟輩既非本派所自出之祖，則屬旁支。故惟存其名於本生父之下，更不大書同列世次，致淆觀者之目。

一、宗支以昭穆爲重，凡本派支裔之世守祖居者，悉以世次從上迭下，登載無紊。其伯、仲、叔季依世次先後列之，最爲明晰，便於查考。若有分遷他處，而爲遷祖者，則另標於其派之首，而仍旁書世次，俾無失昭穆焉。

一、凡繼子，書其名，於本生父下，註曰"紹某"；於所紹之父名下，註曰"某第幾子紹繼"。異姓者曰"出紹某姓"，來繼曰"某姓入紹"。木本水源，昭然可考。

一、家譜與國史無異，然史載一國之事，善惡俱見；譜録一宗之事，爲親者諱，則書善而不書惡也。故嘉言懿行有可爲坊表者，自當載其梗概，以示不没。

一、族譜之修，國朝最重，蓋聯疎爲親，聯遠爲近，敬宗收族，非此無以寓士君子仁孝之誠。覽兹譜者，尚其念一本之誼，而無失孝友、睦婣、任恤之道焉可。

——同治《平陽汪氏宗譜》卷首《凡例》

清同治婺源縣腴川程氏宗譜舊凡例

腴川程氏宗譜舊凡例十條　內有酌改

一、詳世系。始自廣平，溯其源；繼以新安，明其委。自始祖至湘公，凡七十二世，爲我婺始遷祖。又十四世，傳至成己公，仍居金竹。又八傳至原泰公，爲腴川始遷祖，至今百有餘世。前有舊譜，後有抄録，勒成一書，上以存水源木本之思，下以誌椒衍瓜綿之盛。

一、分支派。宋元以前，《統譜》支派，不暇詳悉。近代以來，我婺諸宗，各修支譜，腴川來自金竹，自成己公爲始，其冢孫應元公爲腴川祖，次孫應斗公遷詞溪。應元公六世孫原泰公，始居腴川，遂分觀、謀、謨三大房。及謀公下祖京公遷洪川，觀公下世潤公遷西灣，世海公遷尤溪。今匯四派而修於腴川，亦覺支分派別，因流以溯其源。

一、遵定式。自古世表之法橫列，而注歷職、生卒、妻子於其下，簡而不略，譜式亦宜。若加傳贊，其頁甚繁。若有遺失，寧闕其疑。今按廣平、新安，悉依舊譜，至新訂世系，惟憑各派《紅格》查核、補闕、刪繁，在局司事與房長審定，其於父子、長幼之倫，遠近親疏之別，一展卷而瞭如指掌。

一、定編次。譜義首重世系，世次自有後先。五世一行，各成一帙。各派次第，斷自始祖爲始，故腴川原泰公下。首觀、謨、謀三公，下有分數房者，亦以伯、仲、叔季爲序。洪川、西灣、尤溪雖皆屬原泰公後裔，而祖京公遷居在前，世潤公、世海公遷居未遠，其次序井然。詞溪係應斗公支，附腴川輯修，故又次之。各分卷帙，小以便覽觀，大亦以昭倫序。

一、序昭穆。上下相承，昭穆之位定；五世一帙，服制之義明。合族書行第以昭世次，從俗載乳名以便稽查。蓋族大丁繁，有祠名同而乳名異者，以誌別也。其有本族承繼者，亦必依昭穆之序。

一、崇文翰。首錄《誥封》，以昭祖宗功德；次列《傳贊》，以著尊長賢能。至於近代詩文，恐卷牘繁蕪，悉未收錄。《壽序》《傳述》《像贊》及《腴川八景詩》，均照編入。

一、尊邱墓。自昔歙、婺先塋，悉照舊譜《墓圖》付梓，稅畝、祀田仍舊詳載。其在金竹者，惟載本支祖塋。至腴川累世祖墓，多繪圖增入，遠可觀水木之本源，近不忘春、秋之拜埽。自是松楸永保，碑碣長存，庶足以妥先靈而利後嗣。

一、正配偶。以禮聘者爲妻，則書"娶某地某氏"；續弦者，書"繼娶某氏"；妾有子者，書於該氏"子某"，以重所生。茲譜詳娶婦而不書嫁女者，婦以嗣續爲重，女與世系無關。

一、明紹嗣。以本宗繼者，書"過繼某人之子某"；以子繼本宗者，書"某子出繼某人爲嗣"。其以他姓入繼、以子繼他姓者，並書"某姓某人"。矢公矢慎，以明嗣續之正。

一、重節孝。按前家譜序道元公妻江氏、觀公妻王氏，皆青年守志，撫孤成立，以植綱常，以培元氣，至今後裔熾昌。雖由祖澤，亦藉幽貞。惜舊譜未登節烈，今即於腴川及各派採訪孀居，其年例已符，無論請旌與否，悉另立傳，以表貞操。其有生存、年未符例，而矢志靡他、扶孤續嗣者，即於該氏所生年月，與其夫死年月，並悉書之，或作贊數語。茲譜中有此《傳贊》，將來或贈匾額，或載邑乘，或請建坊，皆可爲後日張本。

一、紀芳名，所以勵倡首、獎樂輸也。重務以仔肩爲首，大典以經費爲先。人既公舉，用亦衆敷，但丁費僅七四串、錢陸錢，總計不足刻貲。爰議勸捐，方可彌補，所有倡首樂輸芳名，例合書之，以傳奕葉。異日族中義舉尚多，聊假此以誌勸。

一、給字號，計部數，即以杜私售也。茲譜共印四十副，每副裝釘八本，照"千文"順編，註明"某房領給某字號"，以杜後日不肖私鬻，庶可永會宗支。

酌核凡例五條

一、嘉慶己卯所修之譜，編成十四卷，分訂八本，共刷印四十副，分天、地、元、黃四字編號，每字十副，共成四拾副，按號分領。茲輯修吊驗，失去三副，係天字陸號一副、元字六號壹副、元字九號壹副，均稱因避亂搬移，被賊焚毀，究非衆人目覩。嗣後，倘此三字號之譜尚存，本宗不作徵信，防微杜漸，以絕爭端。

一、謹流弊。老譜修後五十載，聖諱應敬避，有訛舛，謹校正。上世文獻世系，統於此次續修《宗譜》，共編成三十二卷，裝訂十四本。老譜焚之，只存天字二號、黃字二號《宗譜》貳部，以備考核。續修新譜，分元、亨、利、貞四字編號，每字十副，共印四十副，按字號分領。屆子、午之年三月初三，祀始遷祖，各捧譜至大祠查驗，所以謹流弊而昭誠一。

一、聯本宗。城南尤溪派前次修譜，因該派有外枝世系未全，未及與修。本屆彙明世系送核。老譜載原泰公九世孫世海公之子大鉛公，隨母葉氏住居城南。茲查尤溪世系，自鉛公而上，至始遷祖，均屬相符，應照編入。其遷德興外枝，丁既不繁，亦未開送世系，只註"某公遷某處"，以備查考。

一、別異姓。從前異姓入繼者，其世系仍照前譜登載，惟查明某枝係某姓入繼，另編一卷，附於卷末，以清眉目。祀祖之日，不派主祭、陪祭、分獻、嘏辭、工祝、正贊諸執事，其餘執事，酌派襄事。

一、聯本宗。從前異姓入繼之枝，又乏嗣立繼，如繼本宗承祧，是異姓之義已絕，本宗之脉復聯，應照本宗立繼辦理，以敦敬宗收族之誼。

——同治《脾川程氏宗譜》卷二《凡例》

清光緒績溪縣梁安高氏宗譜例

譜例

一、《宗譜》告竣,約定印訂部數,惟傳記、詩文可以另印數本傳覽。至於《世系》,不得多存片紙,其板亦於告竣焚化。

一、《宗譜》共若干部,編定字號,各字號下註名"某地某派某人"領執,總列於各《譜跋》前末頁,以杜盜竊冒認。

一、《宗譜》成帙外,仍印《續修譜稿》格本附譜領執,以便隨時收錄。

一、各派領譜,除公立《譜約》各出領字,不得霉蠹、遺失外,仍每年冬至,各支祠會譜一次,以嚴防檢,而一年內生没娶葬,可於此日查明收錄,宗祠則三、五年會譜一次,即於此時通修《譜稿》。會譜時,有將《宗譜》損毀遺失者,照約領取,罰不貸。

一、領字存祠,仍印領式,其後載明收存法:一、置高處,防潮濕;二、置完固處,防屋漏及樓上污穢;三、置深密處,防賊盜;四、每年謹視曬霉,防霉壞;五、檢閱時,隨閱隨收入櫃,防猫溺、鼠齧及小兒塗扯,照式印粘譜櫃蓋裏,以便警惕。

——光緒《梁安高氏宗譜》卷一《譜例》

清光緒績溪縣梁安高氏宗族常修譜稿序暨常修譜稿法

梁安高氏常修譜稿序

甚哉,修譜之難也!今以百十年以後之人追溯百十年以前之事,欲其勿遺勿誤已難,況以千百年以後之人而追溯千百年以前之事,欲其勿遺勿誤,安可得乎?我姓自唐南平忠武王而下,瓜綿椒衍,至南唐大令公,隨官遷績,迄今千餘年矣。累葉簪纓,人文蔚起,宗祠在邑城,而各派分遷者,蔓延數邑,推望族焉。乃有各派分修之譜,而無合族統修之譜;有先後鈔錄之譜,而無同時刊印之譜。夫譜不統修則參差不齊,不刊印則雜亂無紀,是雖有宗如無宗,雖有譜如無譜也。我皖南大姓聚族而居,譜牒較他處尤重。我高氏久推望族,唐、宋兩朝,官閥尤盛,安得無譜?大抵數遭羊劫,兵燹凋殘,世遠年湮,舊譜寖失耳。及明以來,合族改建祠堂於城內,以基址故,釁起天水,父老領袖,疲於奔命者,百餘年不能定。祠未成,則譜不能修,此明以來所以不遑修譜也。咸豐末,粵匪之變,郡邑焚掠(迨)[殆]遍,而吾族各派分錄手鈔之譜稿又多散軼。幸大難削平,浩等賴祖宗之靈,列膠庠者已四、五人。至此而修譜,將何以承先而啓後?至此而不修譜,又何以承先而啓後?是以不度才,不量力,瞿然偶修,身歷各派,采訪名系,凡周行三次,始成譜稿。坐局綜理庶務,賴雲甫族叔不辭勞瘁以總期綱;分修編輯,賴履吉族弟不殫辛苦以助其成。至於繕寫、校正,則漢卿、在璣二族侄均有勞焉。而辦事、勸捐非湧江族叔祖、憲卿族兄亦不能蔵事。自同治壬申至光緒丁丑,六易寒暑,系稿始克成(軼)[帙]。修之輯之,非浩一人之功,而所遺所誤,則浩之罪誠無可逃。時宛陵周蓉裳孝廉以品學見重於時,合族父老慕其名,聘請掌稿,爲之補其缺,刊其訛,修餙而潤色之,而譜牒斐然成章焉。然以千百年以後之人追溯千百年以前之事,凡所遺所誤,固有不知其爲遺爲誤而不及補正者,且有明知其爲遺爲誤而無從補正者。因思立乎千百年後以追溯千百年前固不免遺誤,即立乎百十年後以追溯百十年前,亦難必勿遺勿誤。今欲不遺不誤,非隨時常修不可,故統修譜牒既遵歐法,以綫圖系,使昭穆適庶便於查考。而常修稿譜則仿蘇體,以格列名,使生歿、娶葬便於登記,名之曰《常修譜稿》,由祠堂刷印空格稿本,各派分領,隨時登記。至後屆續修時,但合而輯之,即成全帙,自可必其無遺無誤,則至難之事不且轉爲至易哉!吾願世世子孫,當思其難而毋忽其易,庶乎易者不復轉而爲難也。

常修譜稿法

一、《紅格》《譜稿》,由祠印發,照本派所領《宗譜》列號,但《宗譜》一字止一號,《譜稿》一號寫滿,則加二號,號簿存祠,以便稽查。

一、各派領去《紅格》,著一知書人執掌,先將現在已經上譜生丁,自長及幼,由昭而穆,以次盡行填名,名上橫填"某人第幾子"。其生庚但填"上譜"二字,以後有娶妻者,隨填"娶某處某人女某氏、生年月日時";有嫁女者,隨填"幾女適某人";有壽終者,隨填"卒年月日時";添丁,則照上填名,上書"某人第幾子",下書生庚;有娶數婦者,格不能容,可另用紙寫"某人繼娶某氏"及生庚,粘於名下。

一、會稿以丁年爲期,此後遇丁年冬至,匯鈔全稿四本,祠首分執。

——光緒《梁安高氏宗譜》卷十二《常修譜稿序 常修譜稿法》

清光緒績溪縣南關許余氏領譜約暨冬至會祠堂譜例

領譜字式：領譜雖有字號，而日後轉交無常，日久易生玩忽，非另取領字，不足以保譜也。

立領譜字，某房裔孫某今領到某字完全潔净《宗譜》壹全部。自領之後，謹慎收藏，每年霉後曬霉，冬至奉譜會祠。如有違誤等情，照《會譜例》取罰。或遠徙，家無次丁，禀明族長、祠董，更換領字，不得私相授受。立此領字，交存天字號譜匣存照。

冬至祠堂會譜例

每年冬至會譜，近族一年一會，遠族三年一會，族長、祠董公同看閲。如有霉爛、破損、塗污、遺失、不全，照違誤輕重、家資厚薄，公議取罰，罰款買穀入義倉。

生生譜

《宗譜》告竣，另刻《紅格》印板，如蘇式譜，横列大格填名，上横列某人長子，名下四行印"字、生、卒、葬，娶氏生、卒、葬，子女"等字，祠堂天字號存一總譜，各房存一譜，凡葬者、殁者、生者、娶者，以時登之，及冬至會譜，登諸總譜。

——光緒《績溪縣南關許余氏愉叙堂宗譜》卷十《領譜會譜生生譜》

清光緒績溪縣南關許余氏宗族愉叙堂宗譜譜例附文欽公舊譜例

績溪縣南關愉叙堂宗譜例

一、世系。愉叙堂者，我祠許、余二姓之統稱也。我《許氏家法》本不收異姓亂宗，余爲舅而許爲甥。余有大造於許，許感余恩而不忍舅氏之不祀，於是以許嗣余，律以譜法，爲人後者不得復繫生父之系。在許、余，本應分祠，各譜按周公之禮"異姓不得亂宗、同姓不得爲婚"二義，相輔而行。今以許嗣余，許氏依然大族，而余氏別無旁支，名爲許、余兩姓，實則許氏一脉，同祠同譜，仍守異姓不得亂宗之法，即以杜同姓爲婚之嫌，其意未嘗不善。第繼余之派，仕版鱗編既已明明姓余，而譜系仍與許混，且欲并許、余之名而渾於無跡，揆諸義例，殊有未洽。若曲範就情，前則同祖許氏，至繼余之後，當分爲許、余兩宗，如是而同譜同祠，庶爲無憾。乃當時既感再造之恩，而不忍絕外家之祀，後世復重生我之德，而不願離本姓之宗，仰承《祖訓》，奕禩不忘。非特嗣余者不願離許，即許之本宗亦不願棄余，終鮮兄弟。惟余與許不忘舅氏，遑恤予家血性所存，有千人一心、閱世而不變者，我族人心之厚，於是可見，故續修系圖，悉從其舊。

《隆慶譜》相傳承襲子春公舊譜，自炎帝神農氏以下，聯之以系，雁行魚貫，並無闕名，則其中僞撰非一，王荊公爲我許氏作《譜傳》，已云高陽之族不見其所始，有據者仕魏，子春公自作《譜引》，亦云遠祖名諱多不能記，而強以聯之者，蓋不知闕疑之義也。且族中向無刊譜，世系例類，均未考覈盡善。今皆掇拾斷殘，搜羅散失，重行更定，曰《原姓》，曰《原族》，譜之正例也；曰《本支圖》，曰《新安統宗世系圖》，譜之所以作也；曰《大宗世系圖》，曰《房派世系圖》，所以爲一家之譜也，自遠而近，由略而詳。疑者論之，謬者改之，所以成信史，亦所以存舊譜也。

世系，倣歐法，五世再提，取五世親盡之義，兩圖九世，上下九族之親也，當提下書"後圖重起"四字。譜法於本宗始遷之祖，無論世次當提與不當提，必摘而提之，重起一世，本《禮》經"別子爲祖"之義。且始遷祖以前，世遠年湮，世次不無訛誤，故世序斷自始遷祖，始生歿、葬地歷歷可按，庶昭穆秩然無隱憾爾。乃《隆慶譜》遷續始祖琦公，未曾摘提，故世次仍稱六世，誠以自歙北統宗始祖儒公直數至現在生丁，筆墨相沿，不便改耳。不知既稱始遷祖，斷不可仍稱爲六世。既仍稱六世，則但於《小傳》註"始遷績溪縣"，其世次仍相承於《統宗圖》內，而大書不必摘提，顧名思義，例無兩可。

自統宗儒公十八世文字輩分爲五大派，至十九世佛禎公輩，自分爲十五小房。按，五大派雖多出繼，要皆十六世祖斗保公之孫，故分派斷自十八世，其長、二、三、四，乃斗保公長子添蔭公之子，今祠中稱爲四分；其五乃斗保公次子增蔭公之子，今祠中稱爲大二分，實則共分爲五派。在初分派時，其支祖世次如不當提，則照舊相承而不摘提，必須至當，提處始分別各派、各房分房後，逐世修清。其分圖之首，不必定是分派之祖，而分圖之目仍推上圖分派之祖名，以爲房派之名焉。今始遷祖琦公既不摘提，則文字輩世次亦不遇當提。雖由文字輩之圖分爲五大派，佛禎公輩分爲十五房，而世系照舊相承於大宗圖內，至二十一世爲圖，再由二十一世後圖重起，始各房分修到底。其長長房，標曰"文壽公派佛禎公房世系圖"，自二十一世修起，直至現在，生丁修清，然後另頁修長二房，標曰"文壽公派太禎公房世系圖"。以後倣此，至長五房修清，乃另卷又從二十一世修起，標曰"文福公派玄禎公房世系圖"，後亦倣此。世俗見譜系有如此類，謂非佛禎公當頭，何以標佛禎公房？此不知五世親盡之禮意，并不知五世當提之譜例也。且譜圖五世再提，昭穆各有定位，歷百世而不移易。若摘提而不重起一世，與非始遷祖而摘提皆爲昭穆失序者也。

凡《世系》，五世當提處，名下無下系者，其《小傳》即註"載於本圖"，後圖不復重起，以省卷頁之繁。惟三十三世家字輩名下，雖無下系，後圖概行重起，無論逝者、存者，冀其有接續也。而三十三世以上之當提處，輩分已高，既無下系，繼嗣已難，故不必重起。

凡名下無下系，自"太宗世系圖"以下，均不書"止"字。《隆慶譜》修至二十二、三、四世，二十二、三、四世以下，大都傳至國朝咸、同兵難而止。《道光譜》遭毀，自隆慶以後之世系，在無後嗣者，雖無可考，但非止於隆慶時也。三十世前後，名下無下系者，今或由親房之抄譜採得其名，而罔知其子孫之名，亦非盡無子孫也。且三十世前後之人殁於兵難者衆，既悲身生亂世，當時不獲令終，尤期子侄盈蕃，他日互爲繼續，故皆不得書"止"字、目之爲無傳也。

《隆慶譜》五世祖平公兄弟世系與本宗混，總按次橫列，似《統宗譜》法，開卷茫然，莫辨所宗，非成一家之譜也。此必隆慶時續修承襲舊譜，未曾講究。今依《隆慶譜》所修之世次，存之於《統宗圖》內，列圖至五世；五世以下，另撰爲《外紀圖》，取本宗以外之意，附於本宗之後，庶與本宗有別焉。

前明，本宗及市北、水村三派合修，厥後始各專修。今水村派子姓蕃衍，力能自修，未便越俎。間聞故修至分支處，以瀾公一圖爲止，餘不復錄。惟市北派經咸、同兵難，居故址者已無人矣，雖有子孫散居四鄉，實零落堪傷，亦氓蜑足慨，異日恐有忘祖之虞。茲復搜羅舊譜，依其所修之世次，謹以存之，另立《市北世系圖》。倘日後市北派有賢子孫起，即爲續修之（章）〔張〕本也。

《隆慶譜》殘缺失次，剝落已甚，獨於本宗卷前之世系尤爲凋殘。細爲磨勘，實是本宗之外，約在五世以上分支，或隆慶時尤有外派合修，抑修本派承舊譜而存外派，墜緒茫茫，已難稽考。今皆掇拾之，撰爲《上世旁支失考圖》，其斷殘無上系者，悉提於前，不必以列前圖，即爲輩分平等。蓋既見其名，不忍棄之，而派別之源、世數之目莫得而知。

《道光譜稿》，毀於咸、同兵火，在有後嗣者，雖不盡數典而忘，而大難之後，生丁十存一二，其無後嗣者，世系無從追理。今諮詢訪問，竭力搜索，或上系失考，或下系失考，或世數失考，或房派失考，其類不一而足，撰爲《本宗失考圖》，庶墨跡存，鬼魂得所附麗焉。而尤有僅支僅派靡有孑遺者，亦付之於無可如何，冥冥之中，應亦曲爲諒耳。

二、《小傳》。系名大書其後，分註生殁、娶葬、子女，謂之《小傳》，或稱《年表》，然與《史記》以年爲表而橫列人世者體例迥殊。當稱"小傳"爲是，首別名或官名；次字號；次出身、官階；次功德，以八字、十六字爲率；次生年；次殁葬；次娶氏之名字、生殁葬；次子次女。其有傳、序者，用陰文書"有傳，見後"於末；有墓圖者，亦如之。

三、書法。世系大書，直書其名，而不必稱公，譜之正例也。間有於始遷祖書號稱公者，蓋譜系以始祖爲主，自上下衍，故書名木主祝版，以裔孫爲主，自下上推，故書號稱公，且祖名在所諱，無以諱稱公之禮也。名犯國諱及祖諱者，殁缺生更。至兵難後有的知有其人而名不知者，上仍書輩字，而下以某字代名。或兄弟皆失名，則以行及小名代名，毋得空闕。

《小傳》首或書乳名，或書小名，或庠名、官名，次字號，次出身。如生員，書府縣學廩增庠生，或武生及監生、某科恩拔、副優歲貢生、舉人、進士之類。官階如某府知府、某縣知縣及誥封、世襲之類。耆老如前代則欽賜冠帶，國朝則欽賜幾品頂戴之類，凡七十，九品；八十，八品；九十，七品；百歲，六品。德如孝親敬長，功如樂善好施及倡捐祠譜之類，已殁則殁葬後書娶，生丁則生年後書娶，元配曰"娶"，繼配曰"繼娶"，再繼曰"再繼娶"；娶妾曰"庶妻"。父有官閥名望，或德行高邵，則書"娶某官某公幾女"。某氏有封贈旌表，則書"封贈旌表"；有功德，則次功德。德如慈孝貞節，功如養姑保孤之類；次書其生殁、葬，合葬則總書"合葬某地及山向"，附葬先塋，但書"附葬某地"。凡厝棺者，不書。妾未扶正，雖妻殁不得書"繼娶"。兵難後配娶尤多，失氏則以某字代姓。妾雖未產，必書妾，後始叙子女，從夫也，書"子幾、某某名"。以子爲人後，則書"繼某某爲嗣"；以人子爲後，則書以"某子某某爲嗣"。繼於服外，則書生父。繼父之房，屬爲人後者，系名大書於繼父圖下，生父圖下不復書。或雙祧，則書"以某雙祧嗣兄"；若弟後以兄者，弟幾子某雙祧爲嗣，生父、繼父兩系，皆大書名數。母生子，則分注某氏生於子名後；次女，但書數而不名，分書"長適某官某人""次適某官某人"；其翁顯者，書翁名，未適者，書"字某"。其行次女與女齒，男女異長也。

　　咸豐初，粵匪僞天王由兩湖沿江直下，二年，陷安慶。三年，陷金陵。時僞翼王擾豫章，賊踪時有竄至祁門。咸豐五年，僞翼王賊將從池州突然竄至。二月十三，郡城失陷，旬餘退去，我績溪均未遭擾。迨後大江南北、三江、浙閩、兩粵遍是賊踪，而西北各省則又回匪、苗匪、捻匪，海內幾無完全之地，我績乃遭僞輔王、僞忠王、僞侍王、僞監王、僞康王蜂擁賊衆，往來踐躪。自咸豐十年二月初一，賊由旌德竄至，陷我績城。八月，復攻破叢山關，郡城失守，直至同治三年。五載之中，殺戮焚掠，迄無虛日。動輒賊衆百萬，雖深山幽谷，絶巘巉巖，搜擄遍至，人民十不存二，半膏鋒鏑，半没寒飢，尸骸遍於道路，村落盡爲坵墟。乃又饑荒、瘟疫災害并生。至平定後，朝廷恩渥，凡有由團練防堵而陣亡者，由地方官詳報奏請，子孫皆得榮膺世襲，大都出於紳士之門，假冒者多，而真者反埋没於無聞。我族劫難之後，尤無經理之人，自二十九世惠字輩以下，殁於兵難者，十居其九。今又相隔二十餘年，當日畢命情狀，雖不能一一查明，而有查知者，當表明之。其因堡衛鄉里與賊戰死，則書"拒匪陣亡"；爲賊牽擄，不屈被殺，則書"遇匪殉難"；避賊逃竄，飢寒交迫，死於道路，則書"殁於兵災"，或書"殁於兵難"；兵年被匪擄去未回，則書"遇匪被擄"；婦女遇匪不辱因而被殺，則書"遇匪殉節"，或書"殉難"；仳離失所，莫知所終，則書"兵年失散"。至有書法不能備載，各從其類而書，以意會之可也。

　　凡遷居，由本宗市南遷往，則書"遷某處"；由某處再遷，則書"轉遷"，或書"分遷"。至於兵難後，或因避難流寓，至今未歸故土；或隨貿易僑居，眷屬羈旅異鄉，但書"今居某處"，不列《分遷圖》內，以其未定遷也，均以陰文註於《小傳》末，以便查覽。

　　凡《小傳》自名及子女等類，有則書之，無則闕之，闕即不書，並非空闕字位。

　　四、筆削。凡男子有犯大逆不道、凶淫滅倫、身入邪教匪黨，及劫盗、娼鴇、毒害人類，玷辱祖先，經合族逐革，永不歸宗者，於其父《小傳》削其名，而實以小圈。若無妻子，即并削其世系之輩名；如有妻無過，能守志及有子者，犯丁系圖，大書上一輩字，下亦以大圈實之。其《小傳》專書娶氏、生庚及子某。至子之系名，照常大書。惟逆倫所生之子，則并其妻子，革而削之，毋得濫收。

凡男子爲僧道及出繼他族與幼殤者，惟於父《小傳》書"某出家"或"出繼某姓某人後"及"某殤"之類，其系圖皆不復大書。

凡婦人以夫故改適及有罪被出者，削其姓而實以圈。出氏有子，則於子《小傳》內書"母某氏"，如張氏、李氏之類，仍存其姓，以全生育之恩。

凡女子再醮者，削而不書。再醮之婿，雖貴顯亦不書。

凡女子未字而殤者，書其名曰"長某、次某殤"。

五、遺像。先世發祥之祖及功德焜赫、官階貴顯者，皆有遺像及讚。以後之人，不得藉口功德而妄加之。惟文官實職七品以上、武官實職五品以上、科甲自進士始，皆可列像，但必身後，以生人精神榮落尚未定也。壽官則須百歲。

六、祠墓。祠堂、祀產及《進主規例》，悉著於編，而各房祀產及文會、神會產土附之。

縣市爲先祖發祥之地及發祥祖墓，皆有圖志，各房分遷陽基與夫私墓，願自刊圖者附之。

七、傳序。舊譜傳、序間有誤宗元公、透公者，已見諸駁論，而序文今悉改正。

先世顯宦、名賢、孝子、節婦皆有《傳》，後世續增入者，必待其人死後，以人生賢否蓋棺論定，家乘與國史同法也；書美不書惡，親親之誼，家乘與國史異情也。

《壽序》可以生人，亦須七十以上。

至詩文如游覽、題咏、唱和之作，無關大節，苟其人可傳、其文可傳，則存之以光卷帙。若一無可傳者，不錄。

八、殤靈。《禮》經：三殤上、中、下，別以其年也。族中子女及待年、幼婦，亦謂之"三殤"，附其錄於世系圖之後，曰《殤靈錄》，各以房支派屬爲總目，排列男女、幼婦之名，分註某人子女於名首，殤婦則書姓名，分注其舅名於上，曰"某人媳"。

九、編次。凡宗族以《制敕》居首，尊朝廷也，故於新舊序後即列《誥敕》。前朝《誥敕》，以年爲序；國朝《誥敕》，則亦以年爲序，而統居前朝之前，次歷代修譜人名；次《目錄》；次新、舊《譜例》；次《縣城里居圖》及《十景詩》；次《像讚》；次《原姓》《原族》並附《分遷》；次《本支圖》《新安統宗世系圖》《本祠大宗世系圖》；次"長、二、三、四分及大二分"《世系圖》；次《外紀圖》。另立《市北世系圖》；次《上世旁支失考圖》《本宗失考圖》；次《殤靈錄》；次《家訓》《家禮》《家政》《家法》並舊《家規》；次《世家》；次《雜著》，《史傳》《列傳》《行狀》《志序》《壽序》《詩歌》《書啟》；次《祠堂圖》，而《聯匾》《祠堂記》《祭文》附之；次《墓圖》及《列祖遺踪》；次《墓志銘》；次"祠廟""堂園"各記；次《列女》；次《排行》；次《領譜字號》及《領譜字式》《會譜條約》《生生譜式》；次《宗祠規約》；次《中座不祧神主》《報本樓神主》《報功神主》《特祭神主》；次《宗祠祀產》；末《舊跋》，而以《新跋》爲之後焉。

十、續稿。新譜告成，舊譜祭焚而外，另刊蘇式《紅綫譜稿格》一板，中縫書"南關愷叙堂續修宗譜稿名格"，上刻子字，名下分行，約爲空格，字刻名字、生歿年月日、娶葬、子女等。字譜本歐修，而稿必仿蘇式者，以有定字地位，人人能隨時填寫也。又《序傳文格》一板、《殤靈錄格》一板，三板共訂。各房執分稿一本，房長主之；祠堂執總稿一本，祠首主之。凡遇葬祖及生歿、娶嫁、入學、入官、誥封、壽官及幼殤之類，各房隨時錄諸分稿，冬至會譜，并各房錄入總。總事畢，分執如故，庶宗支永無遺佚之憂，而續修亦易爲力，洵良法也。

文欽公舊譜例

一、譜書與國史無異，但史錄一國之事，善惡具見；譜存一族之事，書善不書惡，爲親者諱也。善有可紀，褒錄不遺，凡以揚先美、示後勸也。

一、我許氏得姓自神農炎帝之後，伯夷佐堯、舜有功，賜姓姜，累傳至周武王，封國。春秋及漢，世次遐邈，支派不能詳備。至魏校尉、郡守據公以下，其派悉詳無錯。居歙州之始祖，即儒公也，六世孫琦公始遷華陽駒，爲績溪之始祖焉。其旁支遠裔，但依舊譜抄錄，訂以五世爲圖，蓋取五服之義也。

一、書宗法姓系，應繼曰"紹"，於下細註"紹某爲嗣成紹"，於下細註"某子來紹"；有弟繼兄爲子，曰"下紹"；有繼外姓，曰"出紹"。吾宗自此以後，不可以覓外姓之人紹繼，紊亂宗支；亦不可以兄弟相繼，亂其昭穆也。

一、支系、譜傳及先世遺文、碑銘、序記、亭堂軒匾、詩詞，及祖父行狀，有收存者，搜錄編入譜後。於後子孫倘得祖宗舊文，隨時續入，以傳不朽。

一、吾宗支派，衍蔓甚多，其源流可據者，雖貧賤必收；無據者，雖富貴不錄。子孫名第、行位，逐世於各支所剩圖下次序增錄，宜乎詳細，毋使認富棄貧，克貽拜汾陽王之誚也。

一、書先世名行，稱"某公"，尊之也，貴賤等爾，字號及爲某官、娶某氏，詳註於下。至於已身世次，而不書"公"，所以尊先代也。舊譜或書名而不稱公，或書公而不稱名者，皆未適中。今兩存之，有所考也。

一、書先世生某年月日時，娶某氏、生幾子，或生女嫁某姓名及葬某處、係某山向、形像、土名、字號、畝步，皆備載之於傳，以示子孫百世而不忘也。若失記無考者，姑闕之。

一、舊譜據王荊公所撰《譜序》，以魏郡守據公延支以下圖畫至琦公，其間世次多所疎略，或兄弟分爵，傳支衍嗣，未及詳載。今加參考詳明，增入圖内。

一、吾宗自神農、伯夷，歷唐虞、三代、秦、漢至魏，其間世次傳支，賢人間出，及顯爵功勳，舊譜皆未紀述。今檢史册，參考定制，其生先後及宦居遷播、節次傳緒，書入據公之前，以續支流，庶幾浹洽有源。爲人後者，當以此用心爲不迁也，覽者勿謂認汾陽王之誚。蓋以遷居郡縣皆史册有所考據，源流接續耳。且予生數千載之下，其間世次名宦，書無載者，不能搜求。今從其實圖載，蓋有名諱無考，但書某字以存世次，俟有好事者搜尋得據，宜書以補其闕。圖内世次先後，儻有訛錯，稽考着實，正諸可乎？

一、開卷檢認圖派，每圖以五服爲則，逐支圖畢，後列以傳。又舉次支，餘皆倣此。覽者索其本宗衍派之祖，流水瓶之，瞭然在目。其間昭穆倫次，自無訛錯、混淆、遺失。至於近代，見《世系》下《遺剩支圖》，使後之子孫隨時續載，庶乎三五世不必修録也。

——光緒《績溪縣南關許余氏惇叙堂宗譜》卷一《譜例》

清光緒祁門縣貴溪胡氏宗族編譜凡例

凡例

一、余宗肇自胡公滿，迺前譜以瞳公爲始祖者，緣瞳公始遷於徽，功德茂著，尊始遷爲始祖，自古然也。

一、前譜尊瞳公爲始祖，宅公、學公爲一世祖，以宅公始居貴溪、學公始居清華。今在祁子孫繁衍，皆自宅、學二公始，故又以分遷之祖爲始也。

一、始祖瞳公遺像、墓圖，夫人戴氏墓圖及一世祖宅公、學公遺像、墓圖併祠宇圖，俱依前譜，繪列卷首，以示子孫無忘。

一、瞳公及宅公、學公《傳》并祠宇、墓祭序記、題咏，揚先德，述前規，於是乎在，自宜照前譜編録，分繫於各圖後。至如各派後裔，有名手代作傳贊、誌序，一概不敢闌入，以族譜爲世系而作，非爲藝文而作也。或有忠、孝、節、義、隱德逸行，卓卓可傳者，祇詳註於各名下。

一、誥勅必載，所以榮寵錫也。吾宗自唐迄今，登仕版者，無代無之，由一命之榮，至鈞衡之任，莫不祇承綸綍，爲宗族光，備載之，以爲後嗣移孝作忠者勸。

一、前譜於科第、貢士、宦達後，續列先儒、鄉賢諸人，未免先後失次。況吾宗如翼之公瑗、康侯公安國、淑公居仁發明聖經，矜式來學，已載在祀典，不待後人按名而表暴之也。今沿《康熙譜例》，總署之曰"世美"題名，而删去先儒、鄉賢子目，祇載科第、五貢、仕宦諸人，用彰詩書傳世、簪紱承家之美。

一、《上世淵源圖》，歷次老譜所載，多有不同之處。今依《乾隆譜》，遵自立公手定者叙載，列於始遷祖前，俾知余宗相傳之有自。

一、前譜五世一遷，仿歐、蘇譜例，較他譜七世一遷者爲善。今從之。

一、前譜宅公秩下世系各圖，首標某公派，分註某村名目，學公秩下世系，各圖首標某村名目而不分别某公派，譜例未免兩歧，且使閲者易惑。今於學公秩下各圖悉改標某公派，而仍分註某村名目，以歸一律。

一、前譜支派序次，宅公秩下，先叙惟廣公一派，次及惟智公一派，又次及惟勳公、惟式公、惟琇公、翊五公、宿八公、寶十四公、實十五公、昱七公等派。學公秩下，先叙惟德公一派及惟寵公一派，又次及惟清公、佐八公、杲十公、穆百七公等派，依房分長幼逐派彙叙，不雜不隔，便於查閲，今從之。

一、前譜領起之祖稱"公"，餘皆書諱，謂取父前子名之義。然即五世向下遞推，孰非父前，是世世皆當稱"公"矣？且各派傳至三十世、三十五世，皆在領起之例，其人多有現存者，若一概稱"公"，亦未允當。今依康熙老譜，惟始祖及一世祖稱"公"，以下領起之祖，祇書名諱，皆不稱"公"，庶免顧此失彼之弊。

一、各派祖先名位、事蹟及生卒、墓向，悉依前譜註載，有由本支子孫搜考録送者，亦照補入。其年代較近之人，名下所載出身、職銜、墳墓，均以送來《譜稿》爲憑。族大支繁，無從遍考，設有不實，惟本支自職其咎。

一、繼嗣必擇本宗昭穆相當之人，於所生父名下書"某子出繼某"，於繼父名下書"繼某人子"，以杜紊亂之弊。若異姓入繼及昭穆失序者，皆不書。至有本宗出繼他姓者，亦於其父名下註明，不復列其名。

一、凡遷居，於本名下詳書"某遷某處"，及細查委實無傳者，書"止"，以防日後非宗冒附。

一、凡娶配，初娶者則書"娶"，再娶者則書"繼"。初娶生子某、繼娶生子某，亦必詳註，以示其子之所自出。或有原聘妻未及婚而卒者，則書"原聘某氏"。有聘妻未婚而夫卒過門守志者，亦書"聘某氏"，所以重初聘而尚貞節也。至妾有子者則書，其守節及賢淑者，亦書。妻改適者，不書。

一、前譜有云："是吾族者，雖貧賤不棄；非吾族者，雖富貴不攀。"吾宗雖分遷各處，而從流溯源，一一可稽。或有丁單祚弱之處，亦必再三邀致，不敢遺略。若有鑿空冒附者，斷不敢妄收。區區之意，總欲告無罪於祖靈耳。

一、宅公秩下，皆發源貴溪，雖遷居他邑，總祁派也。學公秩下，大半發源清華，今祇叙居祁者，餘不列入，故統以《祁門胡氏譜》名編。

一、生人不應立傳，操觚家皆知之。今各派名下，間有按其生平行事，叙列一二言者，必係其人已往，不妨善善從長。

一、善則稱親人有同情，惟修譜宜秉至公，嫌疑所關，不得略人詳己。況先人實有可傳之處，並不繫於譜之紀載有無也。故於《世系圖》後祇錄前譜原載"序""銘"數則，而不敢續述本身先德，恐貽以子譽父之譏。

一、前譜有宅公秩下《救貧義山一圖并記》一篇，載於譜尾，以期子孫世守，無有遺失。今照舊編列，不敢妄為更易。

一、領譜必編字號，以便日後稽考。今次各派共領譜八十五部，較乾隆壬午領譜之數，已少二十七部，而每部本數較《壬午譜》不啻倍之。閱時既久，生齒日繁，誠為吾族之幸。

一、譜有"六不書"：棄賣祖塚填地於異姓，貨鬻族譜於非族，謂之"棄祖"；前人叛逆抄没而餘黨苟全於世者，謂之"叛黨"；積世恣惡，代遭刑獄者，謂之"刑犯"；彝倫瀆亂，男女無別，禽心獸行者，謂之"敗倫"；不顧祖宗名義，惟圖狗行全軀，甘為人下者，謂之"背義"；不肖無恥，甘與下賤為婚者，謂之"雜賤"。此六者，皆玷辱祖宗，有一於此，黜而削之。

——光緒《祁門胡氏族譜》卷首《凡例》

清光緒遷無爲縣徽州府新安程氏世譜發凡起例

新安程氏世譜發凡起例

嘗見坊本諸書，首列《凡例》，不過籠統數條，便屬了事。晋大儒杜預皓首《春秋》，深明權義，著《春秋釋例》十五卷，以《左傳》稱凡者五十，與公【羊】、穀【梁】之例迥異，左氏大行於世，預《釋例》之力居多。晋武帝賜杜預蜜香紙萬番寫《春秋釋例》，則當時重其書爲何如耶！唐劉賁序之，謂其舉一則推萬，可知討源則衆流畢會。是以禮經言凡者，謂其統之有宗也；志在可例者，謂其會之有元也。然則發凡起例，非全書之綱領乎？譜書筆削，本當宗法《春秋》，而《凡例》之詳明縱不能追踪武庫，亦必一覽周知群曉。然於全書命意之所在，庶幾閱此譜者如文同畫竹，成本在胸，不致妄開疑竇，爰作《凡例》二十六條如左。

卷首凡例

一、譜中列像，須有印證。《統宗世譜》與《岑山渡支譜》均不列像，遷濡舊譜遺像甚多，真容恐少。古人云：“一髭發不相似，則他人矣。”有以哉！兹譜祗列四像：一重安忠壯公像，由《三才圖會》得來；一太中公像；一明道純公像；一伊川正公像，皆由永甯《程書》得來。《三才圖會》與《程書》均爲“四庫”收存，曾經儒臣考訂，佐衡代耕堂藏有此本，兒子同策嘗竊取摹繪。一日，汪祈派宗兄鵬字飛霞者訪余不值，窺見小子濡墨吮毫，據案摹擬。余歸，飛霞欣然爲余述之，謂其眉目鬚髮間運筆輕靈，神情酷肖。爰遵飛霞兄命，囑小兒同策敬謹臨摹之，其餘無所徵驗者，未敢妄登。

一、像後所繫之"贊"，總以名人舊作爲佳，惟《忠壯公像贊》向未多見，遷濡舊譜之贊。各像皆以半頁爲限，局於篇幅，銜款字少者，則多其贊語以足之，而官名字多者，反以寥寥數言了之。如我重安忠壯公者，爲新安承先啓後之祖宗，其贊語簡略，僅及鄉耆縣尹之半，可謂失輕重之宜。仙林派所鈔《忠壯公贊》，如汪應辰等作音韻不諧，吐屬太陋，均係贗本。佐衡不得已，乃舉忠壯公大節言之，不過稍竭一知半解之長，何足仰贊祖德宗功之萬一？後有作者，尚祈删潤焉，幸甚。

一、新安始祖元譚忠佑公墓地，名雙石，著列《廣輿記》及《徽州府志》《安徽通志》諸書，爲程氏第一發祥之地。至於白石阡相公壇董夫人墓，均屬名勝之區,《統宗世譜》並載其圖,與遷濡舊譜大致髣髴。而七分共支祖行褒公墓,《統宗譜》註云:葬古墓山,未經列圖,謹照遷濡舊譜所載《行褒公墓圖》臨摹付刻,並略考其鄉里偽謬,以待續查。湘、饒二公墓圖,遷濡舊譜向未載列,茲亦得於《統宗譜》中,以其爲二分分祖支,爰亟摹刊,以補闕典。初議七分,如有著名墓圖,可刻入譜者,即繪圖備款,送局雕刊。乃懸格年餘,僅得三圖上板,其餘欲繪未果者甚多,祇得各聽其便。

一、《世忠廟圖》《篁墩祖居圖》《靜江公詩帖》,皆遷濡舊譜所刊,茲特照原本摹繪,以存其真。惟世忠廟山形地勢,則參以《統宗世譜》。至於宋寍宗賜世忠廟額"敕黃"、李東陽《篁墩賦》,皆已編入《徵文錄》中,茲於圖後不復贅述。

一、目耕樓宗祠爲分遷無爲三百年來創典,且祠基風景之佳、山川之美,不可無圖以明之。然其始建議謀地,其繼協力購成,其終解囊捐值,以及斂費、督工諸務,功有足紀者,均不可無文以載之。且祠基之所以稱善者,圖以明之,尤必文以述之,始可傳遠,故復載其記於圖後。

一、譜牒之修,固以世系爲重,茲於世系之中創爲《徵文錄》一書,意在啟迪後人以文章華國。而卷首提綱挈領,於譜中引用諸書,特編《目錄》,以便考古者尋源知委、觸類旁通,勉爲經經緯史,多聞博學之傳人,則斯譜之修或亦老馬識塗、導具先路云爾。以上卷首《凡例》六條。

世系表凡例

一、《世系表》宗本《史記》《漢書》《山海經》《尚書》,孔疏《國語》《史記索引》《古今圖書集成》,補敘黃帝以下七世,信以傳信也。至和氏以下書闕有間,疑以傳疑也。據夢星太史《岑山渡支譜》云:始祖伯符,爲黃帝十八世孫,其世代亦約略可計矣。遷濡舊譜斷自伯符爲原始,而此表列原始之前,爲世系中開宗明義第一章,故標目追遠,聊以區別,不使混淆。

一、《世系表》專詳本生,略其伯叔。凡表中單系者,或本係單傳而無兄弟;或兄弟衆多,僅列己名,皆未可以例限。欲知其詳者,當查《統宗世譜》以參考之。

一、《世系表》專爲查考史志文集中名人世系起見,凡我輩讀書,偶見同宗人物,不知其爲何支、何派,並不知其爲第幾十幾世,誠爲憾事。茲於《統宗世譜》查出代系,俾讀書考古者胸中雪亮,如月行中天,快何如也!然皆錄至本人而止,非如"年表"例中有傳無傳者可比。蓋其中無傳者不過百之一二,而有子有孫、名不甚著者,亦不贅述。驪珠在握,龍爪不必探矣。此亦局於篇幅,力求其約而賅耳!

一,《世系表》中,單雙圈點之形,隱有區別。凡著見經書及史有特傳者,則一字雙圈;志書及古人文集中特見者,則一字一圈;因人附見者,則一字一點;若今人文集中有特傳者,前人舊譜中有特序者,則一字雙點,大端如此,其中間有變通,未可膠柱鼓瑟。

一,《世系表》在新安第二十八世以前,有稱原始新安第幾世祖,或第幾十幾世祖者;有稱原始新安第幾世,或第幾十幾世,而不稱祖者,蓋爲七分。公共的祖,則稱祖;其伯叔祖或旁枝遠出者,則不稱祖。至二十八世分支祖以下,無論的祖與否,均不稱祖,蓋爲各分私祖,未可公其稱之也。

一,《世系表》意在簡賅,故於系名之外不著一字。間有爲史志文集或前人序文稱其字號者,則於名旁註之。如其人卓卓可傳者,或僅書其名,或兼註其字,均不限以常例。以上《世系表凡例》六條。

徵文錄凡例

一,《徵文錄》十卷,首二卷,冠以《舊序》,存諸譜之梗概也,提綱挈領,不啻書目之提要焉。

一,《徵文錄》者,文必徵實,須見之經、史、子、集及近代著名文稿,故間世編列,未能連絡一氣,蓋代系之貫串,自有世系表在。昔王安石毀《春秋》爲斷爛朝報,識者嗤之。讀此錄者,慎勿效顰半山。

一,《徵文錄》至新安第二十八世,七分分支祖隱顯不同,事蹟未能盡載史志,故間錄舊譜以垂後。襆蓋以分支別派之祖,不能簡略,故破格以家乘當官書,未可以常例限。

一,《徵文錄》編次第二十六世,篆公以下,應以瓊、璿、珍、璊四公爲序。《宋史·理宗本紀》載,寶慶元年,以程頤四世孫源爲藉田令。源爲璊公之裔,大昌、元鳳爲珍公之裔,源應列大昌、元鳳之後,爲"錄"中第三十九世之殿,乃偶爲編目者誤列大昌之前。余因譜司催促,隨筆錄之,未經細檢,迨後察覺,已排刷數十版,未便重行翻印。因思此"錄"爲徵文起見,其中次序稍有參差,尚無害於文意。若昭穆之序,《世系表》中固朗若列眉,讀者苟能細心玩索,其訛易見。嘗考《宋史·儒林傳·陸九齡傳》後附列九韶,稱之曰"弟",彼時匆匆讀過。後閱《象山年譜》,知其兄弟六人,長九思,次九叙,次九臯,次九韶,次九齡,次九淵即象山先生,是九韶行四,九齡行五,九韶乃九齡之兄，史臣誤列爲弟。《宋史》繁蕪，即此可見。乾隆時，館臣考證，亦未檢出，足見著書、讀書之難。正史之修，疊經名臣討論，尚且如此疏虞，況余之創爲《徵文錄》，僅三數人從事，偶有舛訛，即自行檢舉，將來定文字罪案者，似可議從末減耶。

一、《徵文錄》之刻意在闡微顯幽，凡文字零落者，必極力搜求之，以存鴻爪。至若明道純公、伊川正公遺書具在，以及凡爲程氏派系中著作等身之傳人，其書爲"四庫"收存者，但録《總目提要》與《簡明目録》並選刻其文之顯著者數篇，以便循類考求。若盡行録印其書，須俟經費充餘，再爲後議。

一、《徵文錄》中，凡於事蹟未甚顯明者，每加"案語"，以闡發之。凡引稱各分宗人，有鄭重而書派書名者，有第書其字而旁註以名者，有第書其字者，各視其事之重輕與其文之從適與否，不限以例。

一、《徵文錄》均照原文鈔録，凡字句有可疑處，如得他書參考，則改正之。否則，仍具本來。其有參用古字者，若譜諜之"諜"，後世以"牒"爲"諜"，《史記》則從"諜"，茲間有本《史記》作"諜"者，以及"于""於"二字，《詩經》已屬通用。若"于以求之，于林之下"作"于"，"俟我於城隅"作"於"，似此假借者，不可枚舉，讀者慎勿致疑。

一、《徵文錄》以《列女》一卷爲殿，意欲講閫範者，或消夏閑談，或圍爐話古，時執此爲閨中小兒女解説之，以歆羨鼓舞其志氣，亦維持家教之一端也。然事必詳明，人始動聽。卷中若府志所載佐衡之妻王氏刲骨療伯翁疾，尋愈，伯翁未列名字，"尋愈"二字亦屬渾涵。又若"佐衡之女松貞，字袁，尚璧未婚，婿卒，守貞待旌"等語，亦皆力求簡括，志書體例應爾。然收列家乘中，似宜別加案語。余編録時，偶存內舉避親之見，不欲於我獨詳。過後展閱，終覺囫圇。伯翁者，余三伯考九峰府君也，於光緒甲戌病幾不起，王氏刲左臂療之，延壽一紀，至丙戌乃卒。松貞，余長女也，婿即余長姊之子，年十四從余讀書，亦頗聰俊。十六應州試，亦取，忽卒。松貞年十四，矢志守貞，出於本性，祗得聽之，以全其志焉。附註於此，以告程氏淑媛中願聞故事者，亦以補足案語，以符前例。以上《徵文録凡例》八條，卷首及《世系表》《徵文録》，爲此次創格編校，頗覺精審，下次祗準另續，毋許焚棄違例。

年表凡例

一、譜名則排行直系，譜文則短行橫書，頗與史表相類，《統宗世譜》稱曰"譜圖"，《岑山渡支譜》則圖與傳分列，遷濡舊譜則渾圖之名而無之。然譜例相沿，無論賢愚貴賤，概記其生卒歲年，顧名思義，乃取《史記》"年表"之名名之，庶幾與《世系表》《徵文録》各有指稱，免致籠統曰譜，門類不分。

一、遷濡舊譜於新舊籍貫不分，凡入學者概曰"庠生"，不知其爲新安籍、爲無爲籍。今查七分，遷入無爲州籍者，在雍、乾之間，凡確然知其爲新安籍、爲無爲籍者，必標州縣，以示區別。又廩、增、附三學，官書文移統曰"生員"，《亭林文集》稱之，無所謂"庠生"也，乃俗例相沿，以庠生爲附生之別名。今各分族人相約，凡附生已故者，則書曰"庠生"，生存者則書曰"生員"，禮從宜，使從俗，亦祇得各從其便。而我率東派的祖碩龐公、大遠公，則仍書曰"休寧縣生員"，遵官制，從古稱，各行其志，不欲爲俗例所囿。

一、遷濡舊譜所載原始新安承祧過繼者，百之一二。若我崟公分自二十八世分支以下，至分遷無爲以上，則並無一人爲他人後。自分遷無爲以下，有所謂《通權新例》，則隨意承祧，不明大宗、小宗之義，以爲各人長子皆大宗，萬不可使之斷絶。見有多子者，則牽扯而立之，無論其人之年齒相當與否、恩義相周與否、服制相及與否，甚至兩世均亡，以鬼繼鬼，徒博斷絶之名，不問其享祀與否。一繼再繼，再繼而復絶者，又再繼之。有其父出繼此支，而其子又出繼彼支者；其兄繼立此房，而其弟又繼立彼房者。殆所謂父子不相見，兄弟離散，一再傳之，後本生有子者，變爲無後，而無後者或螟蛉螺嬴而繁衍之，在修譜諸公以爲繼絶世、興廢支，隱存忠厚。殊不知體例不嚴，釁端默啓，有覬覦貲財而輕棄本生，謂他人父、謂他人母者。吴殿麟先生所云，似不忍人之無子，而實忍己之離棄父母也。甚至彼此爭奪，而訟獄興焉，國法、家規由此漸壞。有心世道者，斷不可不挽此頽風，軌以禮法，使生者、死者各安義命，曉然妄念之全消也。他分他派，故勿具論，如我率東派分遷無爲之碩龐公所生三子，長天定，次天合，三天榜。天定無子，立天榜之次子大芳爲子，以爲猶子繼世父禮也。然天榜長子成失考，三子大來無子，惟大芳有後，而乃使之出繼天定，非有後之天榜變爲無後，而無後之天定反爲有後耶？且遷濡舊譜凡書"立"者皆死，後立之書"撫"者，則生前撫之，大芳書立，是天定之於大芳，原無撫養之恩，其立也，不過後人以天定爲碩龐公長子，誤認天定爲大宗，不可斷絶，遂以大芳繼之，此所謂非禮之禮也。大芳再傳之後，長孫鍾仁無子，昔人又誤認鍾仁爲大宗，乃立無服之同宗侄作霖爲子，祖免忽而斬衰，此禮之大變也。輕易爲之，可乎？作霖又無子，昔人又誤認作霖爲大宗，乃立求智爲子，求智乃作霖胞弟，作棟之仲子，以猶子繼世父，似與禮合。然作棟僅生三子，長子熙已爲仲弟作舟所撫爲子。撫者，有顧復之恩，當爲其後，是作棟長子熙已不能爲作棟有；其第三子求信幼殤，惟求智可留爲子。使又以求智出繼，作霖爲子，則作棟有子者變爲無子。聖人制禮，有此通權乎？且求智與作霖以本生論，固爲齊衰之侄，似可承祧。然作霖既遠繼天定支下，則作霖與求智已爲祖免兩世外之宗親，豈有舍本生父母忍令其無承祀之人，出繼毫無服制、共分遷七世之外支者乎？斷斷乎無此禮也！且求智又無子，乃立世熊爲子，世熊與求智以本生論，固爲齊衰之侄，禮可承立。然求智如舍本生遠繼天定支下，則求智與世熊又爲祖免三世外之宗親，萬無承祧之禮。世熊將來生子，亦尚可望，然已年逾五十矣。如舊譜所載，則繼天定者將一繼、再繼、三繼，而復四繼、五繼乎？譜牒如此，曾俱儈簿書之不如，而謂附理學家聲者，顧肯靦然出此乎？故不若各還本生，聽之天數，如原始新安《譜例》，不妄承祧之爲美也。故以求智還作棟，則世熊承繼求智爲子，而本生祖作棟有孫矣；以作霖還肇奎，則無服之宗親不致變祖免，而斬衰壞禮，經之大防矣；以大芳還天榜，則大芳之仲孫鍾義有子曰名湘，遷霍山縣或者有後，則天榜不致傷孤子矣。天榜不致傷孤子，則天榜第三子大來無傳，譜載其實，可也。又何必顛倒牽纏，強視類我？以我太高祖師洛公承繼大來，又使師洛公長子、我高祖肇元公不爲師洛公有出繼於師懋。本作師孟，避《宋史·列傳》師孟諱，改作師懋。又使肇元公次子、我曾祖名標公不爲肇元公有出繼於生卒失考、墳墓無查之肇坤。噫！承繼、承祧者繼續其後，承其祭祀，至五世則祧其本主而藏之、埋之，不敢廟祭。先儒謂遠祖祇存得墓祭者，此也。即本生的後，禮亦如此，不敢闇干，況道光時會修《遷濡支譜》，康熙、雍正時人墓木拱矣。其本主當祧而遷之，不能與祭者，已更歲年矣。當既祧之後，虛予以承祧之名，不知承之者祧之乎？而承之者強半謝世矣，將虛予以承祧之名者代祧之乎？即使其承之者猶存也，而其家本主有無主式，合度與否？曾不可必求其寒食、清明，提一筐麥飯、半盞酒漿，遍灑宗人之墓者，亦百不一覯。將虛予承祧者，果有益乎？抑明知其有名無實，姑調弄紙上虛文，爲一己沽繼絕之名，妄將一二百年已歿之宗親搬得七顛八倒乎？我師洛公祖孫三代，舊譜割裂三房而鼎足之，又所謂祖孫不相見，父子離散，豈《公羊》所謂"爲人後者後大宗"之義耶？昔人苦於不讀書、不知禮，即原始新安之老譜，亦不過照錄原文，並不能細心玩索，以爲法守。佐衡忝司編纂，於本派本生的祖，苟不能力禦外侮，請歸本生，使天理順、人情安，則《春秋》筆削之義學之數十年而無所取法，將讀書又焉用耶？乃援禮更正，知我罪我，不暇計也。並於本派"年表"後闡發數語，附載吳殿麟"爲人後者後大宗"之説，與南豐曾氏、潛室陳氏之言，俾各派宗人同安義命，群然知宗法之嚴，未始無補與程氏也。又如我高祖第三子曰名洋，所生三子，長楨，次宏，三英。楨與宏皆無傳，英生二子，長雲祥，次雲瑞；雲瑞爲宏所撫，有顧復之恩，應爲其後。而舊譜又以雲祥繼立於楨爲子，則英之兩子皆爲他人所有，英將以何人承祀？故雲祥仍留本生，爲禮之正。閱者當眼大如箕，心細如髮，須知引經據典，酌理準情，毫無私意於其間。

一、遷濡舊譜每於事迹不的處，皆懸擬其證，以待後人討論，足見前輩虛心。今細按汾公分第三十三世文緒，《谿山譜》作延美支知覺子，《岑山譜》作延堅支知竟子，遷濡舊譜雙系而分註之，至大圭而合一，云待續修之，有卓識者考訂焉。余查《谿山譜》，錯誤甚多，自當以夢星太史《岑山譜》爲斷。且查敏政公《統宗譜》，亦以文緒爲知竟子。倘如《谿山譜》之説，知覺之父爲文字排行，與延長子文富、文邦、文彬、文智、文昌、文高爲兄弟輩，而知覺之子乃曰文緒，是則知覺之父以"文"字爲排行，知覺之子又以"文"字爲排行，祖孫同一排行，此必無之事，不待智者而後知也。且遷濡舊譜引《谿山譜》之説，於知覺之父虛標一"文"字爲排行，"文"字之下闕如，蓋不知其名爲文某，乃於"文"字系綫之下，捏註其子之名爲知覺，又強奪知竟之子文緒爲知覺之子。細揣其意，殆以延美爲彥贇長子、汾公長孫，誤認延美爲大宗，以爲萬不可使之斷絕，遂妄捏延美有子曰文，文有子曰知覺，遂乃強奪知竟之子以爲知覺之子，此谿山之大誤也。又如第三十九世元鳳，其祖名正，《宋史·程元鳳列傳》：淳祐元年遷太學正，以祖諱辭改國子録。十二年，拜右正言兼侍講，以祖諱辭詔，權以右補闕繫銜。"統宗""岑山"兩譜皆云：正亦名子玘，爲元鳳之祖，乃《谿山譜》以元鳳爲子珣之孫，殊不知子珣之孫名元龍，豈以"龍、鳳"二字其類相連，遂致舛誤耶？又如第四十世揚祖爲元亮子，宋贛州通判，出繼元應。"統宗""岑山"兩譜皆同遷濡舊譜，本谿山之説，以爲元鳳生二子，長柏祖，次揚祖。殊不知元鳳無子，所撫三子，長象祖，爲元定子出繼；次述祖，爲元德子出繼；三崇祖，爲元岳子出繼。至於揚祖，則爲元亮子繼立於元應者也，《谿山譜》謂揚祖爲元鳳次子，景定辛酉狀元，頭銜、代系均屬模糊，真憒憒哉！至於述祖之子，統宗曰"桂"，谿山曰"乙公"，自此以下，名字皆異。今反覆審度，若專信統宗，則失之好古太過；若附會谿山，則恐其來脉不清，故仍以述祖系本生元德下，是則本統宗而探其源。《谿山譜》謂揚祖立述祖之子乙公爲子，今仍以乙公系本生述祖下，乙公以下之名字，則據遷濡舊譜原本以編次之，庶幾與今人所傳之祖若父連絡如貫珠，是則據谿山之説而合乎俗。至於元三、寧二，均屬以弟繼兄，遷濡舊譜已本夢星太史之説，明指其失，兹毋庸贅。惟湘公分三十七世宗慶，年庚誤填紹聖、大觀，干支不合。今查照《紀元編》，改作景祐、重和，則父子歲年首尾俱準。

一、新收各派，均有根據，如仙林派德明，向由懷甯遷無爲，來歷明白，同族皆知，出其家藏《譜稿》，與同派洪煦家傳之本實相吻合，知其同爲音童公後裔無疑。如北村派和慶、和鈞等，寓居東野，耕漁營生，間有一二經商，而讀書者少。雖有鈔録《統宗補正譜稿》數頁，原不足憑，然其本宗恩湛，具有"保領歸宗"字據，云其係懋祥之後。如槐塘派宗棠、宗延者，當修譜時，賫其鈔寫支稿，而來自三十九世元吉以上，代系闕如，不知爲何支何派。余乃查《統宗譜》以示之，始知爲汾公分槐塘派，元吉以上，與《統宗世譜》相合，華奴以下、始瑩以上，來稿闕名字，四代乃鈔統宗以補之，首尾亦若合符節。惟其稿中間有訛誤，令人致疑，乃逐節駁詰，始知爲謄寫之錯。以上三派，均有切實字據，故七分公議收列正譜。若建公潛川派咸福、咸禄等，雖有《祈雨山支譜》爲據，然《遷徙註脚纂》原列建公潛川派於補遺，隱與行褒公支稍有彼此之異。成規具在，未敢變更。至於新舊附録，則爲數典忘祖者戒，本應屏棄，姑念一本，綴之簡末，以公胞與云爾。

一、《年表》專紀生卒歲年，以備稽考。兹譜創印自光緒壬辰四月，竣工於癸巳十一月，共計生存之男丁約近三百人。凡在修譜期內添有喜丁者，即其本派《譜稿》已經印成，亦必加費翻印，以誌慶幸。若生存之人在修譜期內病故者，其稿已印，未便翻排。諺云："翻生不翻死。"族人相約，以此爲例，惟於各分各派，皆切囑其首事於每年冬至，恭詣宗祠謁祖，後即將本分本派本年有無生卒，逐細報明。生者係何月日時，卒者係何月日時，各將寫成《清册》呈公，以便下次續修，免致倉卒遺漏。以上《年表凡例》六條。

以上《凡例》，約舉大要而已。《年表》中有襲用遷濡舊譜之例者，若年至五十而卒，則稱"享年"是也。有改革其例者，若娶女曰"配"，娶婦曰"娶"。細玩舊譜所載原始新安之祖，皆註曰"娶"，豈皆娶再醮之婦耶！詩云："豈其娶妻，必齊之姜。豈其娶妻，必宋之子。"孟子云："舜不告而娶。"然則齊姜、宋子及娥皇、女英豈皆非待字之女耶？今概書曰"娶"。凡詳書女父者，著其在家從父之義,皆待字之女,非再醮之婦也。然亦有娶女不知其父名者,究未可執此爲例。總而論之,書不盡言,言不盡意,會心人善悟可已,烏庸贅述哉。

——光緒《新安程氏世譜》卷首《凡例》

清光緒歙縣城東羅氏宗譜凡例

凡例

譜,家之史也;史,國之譜也。二者不可廢,而史則《春秋》之法,善惡具載;而譜則親親之道,載善諱惡。

一、經曰:"萬物本乎天,人本乎祖。"吾羅氏自得姓分氏,其源流合散,莫可統紀。居歙之呈坎,遷城東之派,繼自伯五公始者,書所知也,譜曰《家譜》,本宗也。

一、首立《秋隱公世系圖》,以明立宗傳派之源;次立伯五公爲城東所遷之祖,以敘本支流傳、履歷之義。

一、譜法並依世次昭穆,立傳位,置之下,書諱、書名、書字、書號、書官、書行、書娶、書壽,一人之事實具矣。書幾子某某,貴有後也;無子而有嗣者,書同有子也。女亦德附書,親親也;書生、書歿、書葬,謹始終也。每位先書字某、諱某、(其)[某]人之第幾子、生歿年月日、配某氏係某人之女,生幾子,其有事實,書之。

一、墳塋乃祖宗託體之所,於譜內必詳載地理。

一、錄先世、近世遺文、記序、行實、表誌、像贊及國朝誥命者,徵文獻也。

一、君子謂:"論先世之行,美其孝。"故先世有美行而不知,非孝也;知而不傳,亦非孝也。凡本宗有卓異之行,當爲詳述,所以發揮潛德之幽光也。

一、立嗣以本宗子爲後,則曰"某子某爲嗣";以子繼本宗,則曰"某子繼某";以他姓來繼者,雖至爵位,不錄;出繼者,則曰"出繼某姓"。

一、收族之道,必先近而後遠,毋得徇私,先遠後近,以乖敬宗睦族之義也。

一、舊譜序,乞于前賢,求于先輩,故重錄之。

一、母出,與廟絶。孔子曰:"庶氏之母死,何爲哭于孔氏之廟?"子思曰:"不爲伋也妻者,則不爲白也母。"宋桓公夫人生襄公而出歸于衛,襄公即位,夫人思之，而義不可往，此《河廣》之詩之所以作也。蓋禮制之嚴，私情不可以越。凡本宗出母，止書"娶某氏、生子某"，其餘不復詳者，所以絕之于廟也。

一、夫亡改適，已爲他姓婦矣。若有子，書如"出母"之例，無則削除其氏。

一、先世譜中，不載女子，豈有所爲而芟之，抑譜例如是也？是皆莫可爲考。今自訥公下，凡有女子，必書"適于某氏"，或"某處某氏"，詳者并書其婿名。蓋以男女皆子，且使後日爲秦晉匹者得溯其所自也。

一、安人、孺人，前代固通稱也，自明朝之誥命，而士庶家遂不得稱矣。鄉里相呼，各從其俗。今筆之于譜者，正以待異日之改正耳。

一、嫡庶之別，名分攸關。凡妾，書"繼室"。即生子貴顯，亦不得越分加配。

一、婦功不出閫外。《詩》曰："無非無儀，惟酒食是儀。"故本宗婦行，惟節孝母儀、彰聞閭里、鷄鳴雜佩、助夫成德者，亟爲頌揚。其餘勤儉、義方，悉屬婦道之宜，無庸多贅。

一、闡揚祖宗，固仁孝之心。然而虛詞溢美、使爲地下優孟，當亦君子之所不取也。孔子曰："董狐，古良史也，書法不隱。"譜之記美，猶是耳。

一、兄弟之序，必由生年日月以定。其有世遠不能記存，或慳財蔑禮、不願開列者，皆依支數少長，附之于末，此詘其祖宗以責其子孫也。

一、禮有三殤，中、下無論矣，即上殤之子，苟非受室有嗣，亦僅注明于圖而不復入傳。

一、壽文、墓志、題贈、序、傳，皆係諸家雜筆，不無乖謬俗俚。然後人自有具眼，何妨雅俗共登。

一、祖諱不能悉避，已故之人，亦難追改。但現在子孫與近祖同名者，當改政之。

一、緇流髡髮，虧父母之體，棄人生之道，雖屬毛離裏，實與宗支絕矣。何得載名于上？惟文佑、汝慈二公者已載譜牒外，後此者不得與于斯文也。

一、本宗名宦鄉賢、先知先覺，已詳《圖傳》，無煩另書。若他族聞人，彼之子孫，自能記之，于我何與？悉從芟除，所以省卷牘也。

一、呈坎里居，爲各派桑梓，而白溪亦屬雜派椿萱，故冢墓爲發祥之地，是以具圖于卷二，所以志不忘也。

一、唐、宋時文集，屢遭兵火，蕩然無遺。惟有殘篇可續者，則載之而已，外此，子孫著作雖多，亦以次焉登記可也。

一、譜成，給發後，于春、秋二祭之日，陳設始祖案前，以俟賢嗣子孫睹《家規》而觸目驚心，不敢放僻邪侈而已。

——光緒《豫章羅氏宗譜》卷首《凡例》

清光緒婺源縣甲道張氏宗譜凡例

凡例

一、前譜歷世纂修，推溯始祖徹公而上，外紀詳明。五傳以降，延字序次者，七十有六，支分派別，源委悉清。考獻徵文，有條不紊。此次修續，不敢或違，其間稍用權變者，亦率由舊章而參以審酌也。

一、譜內諱字，俱照乾隆《凡例》，謹遵部式，改正已詳者，不復贅。其遇文宗顯皇帝廟諱，上一字無庸改避，下一字或以註"貴"等字恭代。穆宗毅皇帝廟諱，上一字無庸改避，下一字或以"純""臣"等字恭代。皇上御名，上一字無庸改避，下一字或以"鈿""田"等字恭代。如成文音義難通者，敬缺末筆。醇賢親王諱，左"言"、右"睘"，避書作"睘"字。端慧太子諱，上一字不諱，下一字左"玉"、右"連"，避書作"連"。聖諱一體敬避，亦以明爲下敬謹之義。

一、本宗支派，掛牌至詳，有前後俱續者，有前續而今未續者，有前未續而今始續者。總查某延支下某公分遷根由，符合方准會續。前譜已有六十卷，茲又增數卷，倘不續者，仍照前編，必至充棟。因議此次編至廿世爲止，只書功名、娶氏、葬所，其餘生歿年日、傳序，悉詳前譜，以便稽查，俾後仍可復續也。

一、文、武科甲，生員、貢、監及封銜、品級小傳，照實直書。凡屬老人，遇咸豐、同治、光緒元年，均照年數，定加幾品。其遇萬壽覃恩，雖八十以上者，只給綿絹、米肉，七十者僅免丁。至錄"簪纓"，須查官銜實據，不得濫載，重名器也。

一、繼紹之條，譜例甚嚴。其於異姓者，陰刻"養覓"字樣，不使紊亂，必於五世起圖。凡屬養覓支下，加印"養覓"，開卷瞭然。但觀舊譜圖系，支有以本支繼養支者，即加"養覓"字樣，是本支入於養。支有以養支繼本支者，即諱"養覓"字樣,是養支出爲本支,終剔別不清。兹議"養覓"從根註明起圖,概不復註,權變以寓忠厚,非擅改舊章也。

一、查兵燹之餘,粤匪擾攘,死亡者不少,幼殤者尤多。各派生丁减色,每以嗣續艱難,庭堅致慨。舊例十五歲殁者,方準起圖,可以祧繼,凡未滿十五歲者,註一"殤"字。兹議十三歲准其起圖,亦取舞勺之年,有成男之道,許其成丁,並可兼祧,亦寬其途,俾易於繼續也。

一、譜書印訂已成,仍續前譜,"千字文"編號,某字號、某派、某公、某人領,鈐蓋朱記,以杜私鬻之弊。

——光緒《甲道張氏宗譜》卷一《凡例》

清光緒婺源縣嚴田李氏宗譜凡例

星江嚴田李氏續修宗譜凡例

一、恭遇"列聖"三擡、"皇上"雙擡、"朝廷""國家"單擡等字,正文擡寫,小註空格,以昭敬謹。其京官、直省官及先朝並本家祖宗,皆不擡寫,不空格。

一、廟諱、御名,首當敬避,謹案部式:聖祖仁皇帝聖諱,上一字敬避作"元"字,至加偏旁之字,如"鉉""炫""泫""絃""弦""眩""楥""舷""怰"等字,俱於本字敬缺末筆;全寫者,如"率銜"等字亦然,下一字敬避作"煜"字。世宗憲皇帝聖諱,上一字敬避作"允"字,至加偏旁之字,如"淯"字,俱於本字敬缺末筆,下一字敬避作"禎"字。高宗純皇帝聖諱,上一字敬避作"宏"字,至加偏旁之字,如"泓""靮""吽""紭""怉"等字,俱於本字敬缺末筆,下一字中間"秝"字作"林"字,下寫作"灬"字,敬避作"厯"字。仁宗睿皇帝聖諱,上一字右旁之下,敬缺一撇一點"頁",下一字將右旁第二"火"字改寫"又"字,作"爻"。宣宗成皇帝聖諱,上一字"日"下敬缺一點,作"又",下一字"宀"下"心"改寫一畫一撇,作"䍞",今改皆用"甯"字以代。文宗顯皇帝聖諱,上一字毋庸改避,下一字無恭代之字,不得寫作"詝"。穆宗毅皇帝聖諱,上一字毋庸改避,下一字無恭代之字,凡遇前朝國號,改寫作"湻",餘皆易用他字,如"繩""澠"等字。皇上御名,上一字毋庸改避,下一字無恭代之字,宜改易其文,或用別字代之。如"甜""田"等字。以上部式,雖俱有缺筆之例,應試詩文,仍不可用,命名仍可不取,以昭敬謹。

一、我常侍五公之後,支派最繁,住居遠省、遠府者,固未及會。即在近府者，亦只送一《知單》照會。肯來者，固同續修矣；若未來之派，以前曾同續者，書以後詳本支譜；未同續者，書具別譜，皆聽其自續。其有遷徙他邦、未能確指其地者，仍照老譜，書"失傳"，以俟異日再訪。

一、我嚴田之譜，肇自宋咸湻丙寅，至今凡八修。三田《合譜》，前明亦曾三修。一修於天順辛巳，一修於嘉靖己未，一修於萬曆壬子。此屆自正統以後之譜，蠹簡殘編，悉搜羅訂正，其有當詳之處，雖經前數屆刪除，亦爲補入，不敢苟於因襲也。

一、譜所重者，生卒、履歷、妻子、墳墓數者而已，譜圖必須詳明。老譜於有傳者則《譜圖》從略，只云"事實詳《譜紀》"。及後，譜紀不存，則有名望之人湮没尤甚。茲於老譜中可考者，悉爲補入，不敢闕略。

一、圖以本名爲綱，字號、生娶、殁葬分註爲目。其有孝、弟、節、義，實行可嘉者，圖內略舉數語，概屛粉飾，餘各自有傳、贊，載《文翰》卷中，兹不贅。

一、叙法須歸畫一，不可顛倒雜亂。兹於《譜圖》序次先後、書法詳略，皆爲一定之式，庶不乖乎體例。

一、人生品行，蓋棺乃定，故祖宗之善行、忠孝節義宜紀其實於名下，生丁只紀履歷實跡，概不贊揚。

一、子繼自本宗者，有應繼，有愛繼，老譜皆書"過房"二字，似未清晰。兹於本生父圖內"子"名下，書"紹兄弟某後""紹堂兄堂弟某後""紹某公房族兄族弟某後""紹某派宗兄宗弟某後"；於所繼之父圖內，書以"兄弟某第幾子某爲嗣""以堂兄堂弟某第幾子某爲嗣""以某公房族兄族弟某第幾子某爲嗣""以某派宗兄宗弟某第幾子某爲嗣"，註載較爲詳明，且易稽查。

一、雙祧爲立繼之窮，原非常經，必其人係獨子，又屬至親，兩相情願者，方許承兩房宗祧，不得藉雙祧跨繼。

一、異姓亂宗，爲律所禁。然自幼撫養，無宗可歸，亦有酌分財産之例。我族自宋迄今，入譜已久，姑仍其舊。但須照老譜注明來歷，書"繼某姓子一某"；無姓者，書"繼子一某"，以示分別。其瞞昧不書者，亦自貽伊戚，與他人無涉。

一、出繼異姓者，是謂自絶其祖，本屬不宜。然有不得已而爲之者，必書"出繼某處某姓"，庶異日得有所據以回宗。

一、葬所，惟兄弟、夫妻可稱合墓同穴，卑幼附尊長葬者，皆宜書"附葬"，不可稱合葬同穴，婦人亦然。

一、朝廷名器，不可假人。凡生員、貢、監、科第、仕宦職銜及受封贈，謹案《會典》：凡覃恩予封者，本身爲授；祖父母及妻存者爲封，死者爲贈。五品以上官授誥命，六品以下官授敕命者，皆據實直書。至於鄉賓，以前者無論已，現在者必以本縣詳文爲據。謹案《通禮》：賓介由州縣舉報、督府核定，彙造《姓名清册》，送部存案，甯缺無濫，不得其人，即行停止。僅有匾額者，只載"某官給以某額"，不得濫稱鄉飲賓、耆老。惟遇嘉慶元年、道光元年、咸豐元年、同治元年、光緒元年恩典，七十者，九品；八十者，八品；九十者，七品。道光二十五年恩典，八十者，九品；九十者，八品。此外，雖遇覃恩，八十以上者，只給絹綿、米肉；七十者，僅免丁，不得濫稱品職。

一、紀婦德，蓋以著内行、勵風俗也。故有青年守志、純白無瑕者，酌用贊語，以待異日旌獎。若下堂之婦，不必書"出"字，只書娶氏，闕其姓，有子者，書"娶某氏"，不詳生歿。子思云："爲伋也妻者，是爲白也母；不爲伋也，妻者，是不爲白也母。"其理蓋昭然矣。中有世遠年湮、忘其氏族者，不得視爲一例。

一、婚姻之氏族等者，書"娶某處某氏""適某處某姓"。如所娶婦之父及所嫁女之婿顯者，亦可書名。

一、族有惡逆顯著，如賣祖墳山、戕祖墓、鬻譜牒、蔑視祠宗、嫁女不計良賤等件，泯其生歿、葬所，書"黜族不叙"四字，以垂戒也。其妻子無故，則仍登載生歿、葬所，示罪不及妻孥之意。後遷善改過，復登載之，不絶人以自新之路也。

一、世系者，世世相系也。其無後者，則止而不續，舊例但書其生歿、葬娶於父圖内，不另列圖，一以見不混於歷世相傳之義，一以免卷帙之浩繁也。兹惟生歿、葬娶不能盡詳者，附著於父圖内，書"不傳"；其可詳者，仍另列圖，書"不傳"；其有歿葬已詳而未生子者，則是不傳，并"不傳"二字亦不必書。

一、生卒干支，最宜查核。閱《譜稿》内，舛錯甚多，有弟長於兄十餘歲、妻長於夫數十歲、母既歿而生子，如此之類，不能悉數。兹於可稽查推詳者，悉爲更正。其無從較訂者，姑闕之。

一、立傳者，所以傳其祖父之實行也。必高手爲之，其文雅馴，其人方可傳。若鄙俚庸劣，不合體裁，貽笑方家。雖其人足傳，反爲文累。此屆各派諸傳，必斟酌妥當者，方彙鐫板，不敢率爾登載。

一、歷代舊傳，有經前數屆修譜、抄寫脱落者，有隨意删改者，有原文本草率者,兹悉細心較訂,於前代名人事實,有散見於邑誌及譜中各處,而傳內未詳者,皆搜採補入,庶後之觀者如睹其人。

一、譜非所以載詩也。然自宋以來,諸尊長卓卓可傳之作,及諸名人游我族歌咏之章,斷不可令其湮没。兹照老譜選載,并詳考其人其地而加以註。一切不足傳誦之作,概不敢彙入,恐爲有識所哂。

一、《藝文》向無次序,錯雜成編。兹先《家傳》,次《行狀》,次《像贊》,次《壽序》,次《列女傳》,次《記》,次《詩》,並按世次先後登之,庶免陸續之誚。

一、老譜於科第仕宦誥敕,皆表而出之,另爲一集。兹仍其舊,續而增之,曰《人物錄》,曰《恩榮錄》,以昭世澤。

一、先塋,乃祖宗安葬之所,或遠或近,歷世既久,未免有湮没之患。今照舊譜另爲繪圖,書其稅業、界至及修復事故,以示世守。

一、譜成,刷印畢,即毀其板,以"千字文"編號,某字號下註"某派某公下某人領",俾合族通知散譜之數。仍於各人所領之譜另刻字號條記,用朱墨鈐蓋,庶鬻譜者不得以行奸、領譜各知所寶重也。

——光緒《星江嚴田李氏九修宗譜》卷首《凡例》

清宣統績溪縣璜上程氏宗譜纂修凡例

纂修家譜凡例

一、譜例,法兼歐、蘇,圖、傳合一,庶世系事實開卷瞭然。其篇帙浩繁者,另載《藝文集》。

一、《系圖》上治始祖,下治元孫,五世一提,元孫再提而爲九世,又再提而爲十三世以至提之無窮。溯而上之,則見本源之所自;順而推之,則見流脈之所衍。

一、五世再提,分房屬派,由大宗以及小宗,首書某公之支下某公派長房,系明則續提二房,二房系明則續提三、四房。綱目清楚,庶無蔓延紊淆之弊。其各房小支,義例亦然。

一、修譜與史筆無異,史以明治亂、垂法戒,善惡並書也;譜以正宗派、篤恩義,不掩其長,不篩其短也。

一、《譜傳》倣《史記》兼漢、唐以上家法,書諱、書字、書行、書號、書官爵、書年月日、享壽若干、葬處某地某向,同壙者則書"合葬"。

一、凡名字有犯尊長之諱者，存者，更之；亡者，音相近而字不同者，因之。

一、婦之父，有官則書"某官之女"；無官而年高有德者，則書"某處某士之女"，所以伸敬也。非此類者，則直書曰"某人女"。

一、女以名註父傳內，稱"適某""許聘某"，以明其有家也。其婿、甥有顯爵高德，足光門楣，則書其官號。

一、凡立繼者，立本宗昭穆之子爲嗣，系即以紹其派，於所生父傳下，書"第幾子往紹於某"；於所繼父傳下，書"某人第幾子來紹"。長子不得爲人後。其有雖係同宗而尊卑失序者，遵律條不書；其有出紹外姓者註明，以聽復姓歸宗。

一、譜系所以傳嫡派、鋤僞種也。異姓并隨母子，不許承繼，以骨血不屬，徒自絕也。且律有明條，煌煌可畏，若不嚴加黜削，則非其種者將紊亂嫡宗，大失修譜之義矣。律條開後："其有乞養異姓子以亂宗族者，杖六十。若以子與異姓爲嗣者，罪同，其子歸宗。若立嗣雖同宗，而尊卑失序者，罪亦如之，其子亦歸宗，改立應繼之人。"

一、婦人，夫死氏醮，無出者，直削其氏不書；有出者，則惟書"配其氏"，以見子必有母也。不許死年葬所，外之示貶焉。

一、嫡妻蚤卒，無子女者，書之以崇祀。但妾無子女者則不書妣，所以敬尊卑貴賤之分也。

一、妾之名雖同而實異者，凡以禮娶者，則曰"娶妾某氏"；不以禮娶者，則曰"納妾某氏"。

一、嫡子年雖少，父傳下則書於前，以紹嫡派。庶子年雖長，列名於後繫圖下，則以年齒昭穆序之。

一、《贊》《傳》所以序事實、美功德也，凡男子不論仕隱，有忠、孝、節、義可爲子孫楷式者，則立傳、贊以頌揚之；婦人無論妻妾，有節孝懿行者，附書於夫傳內，或另立《內傳》；女有節孝懿行者，附書於父傳內，亦或另載《內傳》，總皆核實無僞，使後人有所景慕。

一、男子爲樂藝、僧道、義男、姦盜、過惡，併侵犯祖塋、盜賣墳地及嫁娶不計良賤者，並削其名不書。

一、凡出仕者，領受朝廷誥敕、封贈之文，必謹書而錄之，尊君命也，且使子孫有所景仰。

一、先世親故所贈序、銘、記、誌、哀輓、詩文、行狀等作，係先人實錄贈自，筆者併錄之，使爲一族之表。

一、祖宗筆札，或自作詩文，堪垂不朽者，亦皆錄之，所謂"手澤"也。

一、各處墳墓，皆先體魄之所藏，子孫所當永守。今未繪，但於各傳內書葬某所、某向，使後人有所稽考，以防迷失。

一、凡有爵有德者，書"卒"，常人書"歿"；有失其年月、葬所，無可紀載，書"失傳"；子女俱無者，不書"絕"而書"止"，不忍斥言之也。無子而有女者，書"無嗣"，蓋以前嗣雖止而氣類猶未止也。男子未三月，不爲殤，七歲爲無服之殤，俱不書；八歲至十一歲爲"上殤"，十二歲至十五歲爲"中殤"，俱於父傳下書"某子殤"；十六歲至十九歲爲（上）"[下]"殤"，及二十歲以下，此皆繫明立傳，以成人也。凡無子者，止於各圖附傳，遇五世不另提，以其下無續也。女子未聘而卒者，不書，以未成人婦也。婦雖已聘，未及于歸廟見而卒者，不書，以未成婦也。

一、子有遷居外里立業成家者，傳內詳書其事，庶世遠不致迷失。

一、祠廟，祖宗神靈所棲，子孫奉祀之所，前廟後寢，周圍餘屋，併入丈量，四至俱謹記之。

一、同姓異宗，雖富貴，不許冒認以亂宗派。

一、譜後擇立宗子、宗相，併立《家規》。

——宣統《璜上程氏宗譜》卷首《凡例》

清宣統績溪縣仙石周氏宗譜凡例

周氏宗譜凡例 周山門手訂

一、新序弁諸首，明其爲新譜也；舊序以年爲次，得以追溯淵源。

一、《祖訓》《家法》錄於首編，每年正月，識字者宣講，男東女西，共聽以示徼惕。

一、《像圖》以王子汝公爲首，其下惟貴顯及分派之祖，乃得續圖，而祠宇、廬墓以類相從。

一、舊譜以帝嚳爲始祖。《禮》：諸侯不祖天子，大夫不祖諸侯。天子富有天下，士庶豈容僭越？茲按別子爲祖之義，以王子汝公爲得姓始祖，以昭敬慎。

一、舊譜自帝嚳以下，世系相承，其間世遠年湮，昭穆未可盡信。謹遵夫子删書斷自唐虞之義，以唐刺史孝惠公爲始祖，以上但列其名而不爲《世系》。

一、《世系》仿歐式，五世一提，乃五服之義；兩圖九世，乃九族之義。惟始祖及宗祖書號，以下一概書名。每房派首脉旁標"幾世"，每圖上註"某幾子"，下註"後圖接"。

一、《年表》雙行書字號、官階，或有《小傳》，不得過十六字；次書生卒，七十以上書"享年"；次葬、娶氏，父有德望則書"某女生卒"，葬同穴則總書"合葬"；繼室書"繼娶"，側室書"納"，次書"子幾某"；有數妻者，書"某氏生"，次書"女幾、長適某姓"，婿有德望，亦書其官名。其以子繼人者，書"某繼兄或弟某"；後以人子爲嗣者，書"以兄或弟某子某爲嗣"，其生卒年月日時，有則書，無則闕。

一、男子犯刑戮，非冤及犯家法，革逐。與爲僧道，出繼異姓者，世不書名，其有妻子者，以圈代名。若被人誣陷於刑者，昭常書名；失名者，以某字代之，以别於革逐者。其有娶同姓女及被出與夫没改嫁者，不書；惟有子者，則於子《年表》之首書"母某氏"。至娶婦失姓者，以某字代之，以别於改嫁者。

一、本族家法，異姓不得亂宗。倘有螟蛉，一概不書。

一、所娶再醮婦，翁雖顯，不書；女再適，婿雖顯，不書。祖制如是，從一而終之義也。然娶常人處女，女初適常人，亦皆不書，並不以無翁、婿名遂指爲再嫁，爲親者諱之義也。

一、旁親無後，即繼嗣亦絶望者，下註"止"字，以杜冒僞。

一、兵難後，世系失考者，另爲圖附各派後。

一、男、女殤者，不入《系圖》，而别諸《殤靈録》，書其名姓、某人子女及養媳葬地。

一、殤而不殤者有三：無侄可繼，不得已而以殤子繼孫者，年未十五而已成名婚娶者，年未十五而能力作養父母者，皆在能執干戈毋殤之例也。

一、非殤而殤者有三：革逐，未改過，不及歸宗而死者；爲奴僕、優伶，年二十不改正業者；女已笄未嫁，卒於家，其葬地無可附及僕婢有葬地者，皆不得不附諸《殤靈録》者也。

一、忠、孝、節、義，皆爲立傳，而事必以實，不可溢美，使負愧九泉而招人訕笑。

一、人生賢否，蓋棺論定，故生不立傳。

一、《墓圖》以防失業，與他姓同墓者，其姓用陰文以別之。

一、男、女輩行之字，非犯國諱，不得擅改，以示一體。

一、贈答、游覽之詩文，爲人物山川潤色，不佳者不錄，亦不宜多。

一、譜牒分領，各認字號，以免訛換。每年六、七月曬一次，毋得損壞、遺失。

一、各房各訂《草譜》一本，生卒、娶葬隨時登記，至冬至祭祖日，全錄。次年正月，互相鈔寫，以防遺失。不幸有殤者，改入《殤靈錄》，將來續修，易於成功。

一、《宗譜》，三十年接頁爲小修，六十年重編爲大修。逾期不修，即爲不孝子孫。務必按期舉行，勿怠。

一、繪系圖之法，先從一世直寫長房五代大字到底；次寫第五代之年表；次寫五代之群弟，各寫年表；次寫四代二房，其橫綫引長過五代之外，即將其子以次掛綫到底；次寫四代三房，掛綫到底；次寫三代；次寫二代，庶免阻塞綫路也。

山門先生世傳譜學，我族譜例經先生訂定，極其精當，乃保族宜家、謹身寡過之要道也，世世子孫，遵循罔替。

——宣統《仙石周氏宗譜》卷二《凡例》

清宣統祁門縣韓楚二溪汪氏家乘凡例

凡例

一、《嘉靖譜》只修本支，推原五：始前二溪會修，由得姓以至越國公爲一圖；追原本，始由俊公至釗、鍈二公爲一圖；詳溯本宗以後世系，則自二遷祖起，原本始見水之有源，溯本宗，明派之同出也。兹從之，惟"圖"字改爲"表"。

一、《世系》遵歐公例，以五世爲一圖，子承父，孫承子，第五圖爲前圖之末，爲後圖之始，繩繩相去，法極詳明。倣本家嘉靖士佺公《家乘》式也，但各公事略即注於圖下，於前式較加詳焉。惟前譜於每支系畢，連行起，麋目不清，殊費查閱。前《【家】乘》每系畢，則餘半頁，以清界限，他各終幅皆然，今仍之而"圖"字改"表"。

一、我族自明嘉靖士侹公所修《家乘》，今將五百餘年，未及重修。其間支分派衍，數倍於前，各支互系難以查閱。今以濟公、後釗公遷韓溪，至克寬、克瑞公，則分爲二表。鍈公遷楚溪至實公二傳至俊傑、邦傑二公，亦分爲二派，其各表之內，又自分支，各別爲一表，使閱者一目了然，今遵之。

一、前《家乘》，凡繼嗣於本名下書曰"紹某某爲嗣"，其繼父仍於本名下書曰"某某幾子紹"。其遠支書曰"出繼某"，曰"某子來繼"。已娶而無可繼者，曰"無傳"，憫之也。未娶而亡者曰"殤"、曰"夭"；舊譜曰"止"者，仍書"止"。一切螟蛉養子，概不得書。今前系註悉沿前，而於續系註則於繼嗣之當者，準"紹某某、某幾子紹"例；於其未應當而既往已成者，則準"出繼某"與"某子來繼"，以昭允否。餘外亦仍前例。

一、各名下詳註字號、爵位、生歿、葬娶，其有略而未詳者，乃其後人遺漏，無從查考，非本局有厚薄狥偏也。

一、排行，或同胞、同堂兄弟，列爲編次，使閱者悉其長少。若合族排序，族秩繁多，難以稽考。查舊譜，名下有行至千餘者，有略而未書者，舛漏必多，此誠古誼。前《家乘》於《侹公譜》排行芟去，蓋因韓溪舊譜已無可攷，而二溪續丁亦久少從行。獨沿楚丁，則不完不倫，故不得已而刪去。蓋謂與其滋疑，不如質信也。顧此派行，古誼終不可廢。其詳略雖由於支丁興替，幸我二溪宗祠既由前修，踵建《丁簿》，恰及今修，百世倫同，將來特頒派行，二溪新丁畫一，宗派決毋私改，支行儘好分排，則因陵替而失於荒略者，漸自昌興，以復文明，是所望於今修而後。

一、家乘與史無異，史錄一國之事，善惡備書；家乘乃一家之事，書善而不志惡，爲親者諱也。若悖逆滅倫，獲罪祖先，貽羞宗族者，法當黜之。今但於其名下書"黜"而不削其支，示罰弗及嗣之意。

一、舊譜於支下有久出未歸、杳無音信者，不能定其生死存亡，書曰"出外多年"；於現丁，約年七十，則注"徒無查"。今則重以粵髮之亂，擄喪尤難查註，此實開後修勾冒之隙，惟定以歸宗分合例爲準斷。

一、朝廷制命及各先人序、傳、記、贊、詩文，舊譜已載者，即其子孫力難復鎸，必重載入各條下，新增藝文，必關系宗族光聞者，由主筆甄錄，以表進文明。其各刊公認者，亦按續各條目下，各支亦準已貲呈鑒附刊。

一、前《家乘》於先人行實，各以類著，蓋恐子孫觀者不知別白，以興則效之思。因倣史志例，分爲十二類，撮大要以標於前：一碩儒，二隱德，三科第，四宦蹟，五封贈，六貢選，七庠序，八孝友，九貞節，十尚義，十一薦擢，十二恩典。雖從光寵而適形複陋，且僭史權，亦非郡縣志比。今悉按文獻，次第編入，亢宗邁種，幽光制命，各條綱領內挨列子目，方合譜體。

　　一、前【家】乘《藝文》，今易以《文獻》，原本《侹公譜》。蓋文藝末也，且纖小而言輕，"文獻"二字則言行包舉，樹義亦光明正大，朔出孔子，故謹易之。以"文"字統文體各著作，謹言也；以"獻"字統前《【家】乘》所做史志例十二類，謹行也。以文爲經、獻爲緯而編次，仍準文體時代爲先後。

　　一、前譜《世系圖》"圖"字，今悉易以"表"字，蓋文成於字，字出於畫，畫始於卦，本相生，毋相紊也。況前《【家】乘》缺圖，今概補村、塋諸圖，則《世系》本表體者，固當正稱，表即史志例，各類亦表體也。以不復標目，故不區分，參今東西群書，知史遷洵偉良也。譜家胡習矣不察乎？

　　一、譜家多列容像，我《統宗通譜》及諸祠墓志，潁川侯王祖越國公八派，參軍俊公悉具焉。而明冢宰鋐所傳繪《王祖欽賜龍圖榮歸幅》，真僞尤夥，我二溪今亦尚存，即環谷公像，亦刊文集。顧審肖與否，崇拜誕，俗則任之，而譜體不可爲典，要且二溪宗當由俊公始，紹公繼，濟公次，釗公、鋐公此下則不拘限。今紹公、濟公、釗、鋐公，前譜悉不具，非不能意爲文琴之見，實懼弇襲而不爲也。故載像贊而不刊一切容像，以避渾元皇帝寙臼而免大腹虎目金睛之誚。

　　一、歸宗，分合興替，遠隔難稽出入，徒爲不肖奸攀賄販營私之所。若建譜譏八年之市，蘇局訐十稔之通，非一姓一世也。我前《【家】乘》合修，則奮起於七裔，冒亂七年之訟，故懲羹吹齏。今後，或有商宦流徙，久遠莫聯，厥後崛興，難忘宗祖，欲復溯源尋本者，一以占有戶籍、土著、婚宦、世族，不爲奴僕賤流，而量力能報效宗祠、支祖者爲准，方可收認，庶免勾扳販濫之污。否則，祖規本嫡親裔，苟犯辱先不韙，尚且革黜不認，豈容奸私販冒營營於真僞荒遠，玷祖宗而羞當世哉！

　　一、名諱，前譜於王祖名"華"字，每省缺末筆。至韓派之榮夫公，乃避以字行，殊嫌小樣，而於系丁之名俊、名紹、名濟、名釗與鋐者，層見迭出，不爲代易，頗爲不安。今則於王祖"華"字行文，悉不缺末，中直筆，而於此前系丁之"俊""紹""濟""釗""鋐"五字，皆易以同音異形之字相代。或原注系名下臨文，均不避。此後，宗祠上丁，必早更正毋犯。蓋姬公易名從諱，常道自爲尊親，秦皇屏謚，崇正變制，亦懲犯逆，降文卓識，損益惟時。而李唐錮習，實沿太原公子濟世安民之識，猶漢光武菜秀之由，要亦因時爲之，非惑信也。而變本加厲，閱唐李君羨、姚元崇、馬燧諸傳記，知韓昌黎之諱辨有自來矣。我越公之去"世"字，蓋當時自從虞蘇、李勛義例，代易偏諱？何爲耶大哉？蘄王韓世忠之治命，與順治本朝福與天下共臨之王言，兹修準此，故臨文不缺華筆，入廟必避俊、紹、濟與釗、鎂祖名，誠以越國雖尊，已非始，不親五祖則始尊且親，宜毋犯也。因自前後二溪宗祠建立，而《丁簿》多有犯五祖名諱，且以祖父小字私諱，輒更改宗祠派字者。今故明誼正名，以發其凡於此。如士侹公名下，當註官名潭、字潡之，從支派排行之類，而所謂士侹者，雖更改顯行，至欽賜不可廢也。

一、男女平權，雖正内外，而剛柔合德，原禀陰陽。兹於支裔女界，倘有淑關風化者，無論室適，或如周官宋氏、宣文等比，則附註於該父名系下詳載，亦門閥之光也。

一、前《【家】乘》於潭公《嘉靖譜》所載文獻，多所删略者，甚至如《楚溪十景詩》原有"序、引"，亦删去，而於韓溪"藝文"，乃儘《環谷文集》恣錄，或不關祖族諸文亦充帙，以媲楚溪新載，雖具苦心，殊乖直道公允。今則前《【家】乘》以前，務爲補存，而於韓文泛登亦有省去，以昭慎謹。

一、楚溪遷泗州盱眙之支邦傑公派下孟房復七公之後，全器公子尚佳公裔，系自公始商泗州，猶時選祁子士俊始家於盱，子永磻始入盱籍。康熙《新建宗譜》之修，盱邑元謙公兄弟猶與祁侯潭游標公父子振洪等，共在新建局裏輯。嗣後，及孟棠公始顯，父介夫公諱，以宗邦緒統爲念。及孟棠公弈世，追續訪求益殷。至嘉慶初，元遂得參同胭合，而開載盱裔丁系來祁，已在前《【家】乘》修竣之後，特送壹部於盱。自此，二溪濟公宗祠創立，所出已宗祀墓貲附祠標而大，慶吊相關，裔使往來，自慶、道以及咸、同，蓋天涯若比鄰也。嗣以髮捻氛阻，音問漸疏。今裔瑞派宦忙浙、滬，慨迫以世思追遠，亟商二溪合修。爲此，舉從盱眙、蘇垣、金陵宦游散處，據實訪編，開載世系丁裔，歸局編續，則尚佳公於本支爲遷盱一世始祖，而於宗譜自合，仍循全器公系下，就緒照編。

一、新修距得姓以來正當百世，各村支此前分取參差派字，恰皆完滿。慶際新譜告成，爰特頒宗派排行，選字十字列譜，俾二溪遵照從同。自一百有一世起，按取裔丁譜名，於宗祠報添新丁上簿，毋得擅改派排。仍以私諱紊易宗派及日後派字完全，再行循環續取。

一、茲屆亟修之艱，微特距前修已百載，旁搜遠紹良難，抑因前《家乘》合修，激於涎冒，倥傯創造，未暇精詳，僅成輪郭，內容實多未具。自茲以後，體裁既定，准以三十年為期，會集修輯，祇按照接添文獻丁系，自易為功，定以三十年，屆必一增修，是所望於百一世後，世世修明，以至萬世。

一、譜成總　卷，共　部，照依所刊名目，騎連鈐記，挨付各名受領，務宜珍藏，幸無假濫，以致非類乘間頂系，開罪祖宗。其譜須對領，逐部收齊。苟有遺失者，當二溪祠衆公正聲明覈實。

一、各支踴躍捐輸，襄此重舉，實為仁孝之思，可以勸後之繼起者，列名於末，昭垂不朽，並列入《紀實跋》後，今沿前修之例。

一、前《家乘》僅圖濟公山塋，而上之始遷祁邑石山紹公、續公居址、墓域及各祖塋彰彰可考者，與釧、鎳二公以下各支祖俱未具。今謹確據精考，并繪都邑山川龍局、村落居址、宅墓各幅，連環互證，"測量圖説"具列卷端，而二溪各支祠塋亦准據繪，呈局鑒定，已貲附刊。此固天下、國家本在身之義，抑乘志、歷史、輿地之基礎也。

一、前《家乘》有崇川錢君兆鵬序文，蓋作於前。《家乘》既成，閱惠寄來，故未及登刊。今幸於璐公裔家檢出，且旨意大方，雅異俗譜小家預乞泛套陋習，而出又適當文明過渡時代，綜前《家乘》之終，開今修之始，家國中興，時詎偶然？故謹登以冠開宗明誼諸序首。

——宣統《韓楚二溪汪氏家乘》卷二《凡例》

清宣統歙縣義成朱氏宗譜條例

重理宗譜條例

一、祥輕公以上世系，遵篁墩《統宗宗譜》及《洄溪宗譜》；以下世系，舊譜遭燬，無所稽考。今照各支分譜，對核神主編輯。

一、源流世系及旁支遷徙各郡邑派，悉附註明，使開卷了然，便於稽考，一本宗轉遷他處者，悉為注明。其遷後支丁，復經訪悉者，一律修叙，餘則闕之，以俟續查。

一、生歿、娶葬以及爵秩、勳名，在所必書，要皆確有可考，無則闕之。

一、錄《祖訓》《祠規》者，一以期望子孫趨於賢哲，一則懲戒不肖以儆傚尤。

一、凡忠、孝、廉、節,德行可風,俱堪爲世法,向來有傳者,登之;無傳者,或爲立傳,或爲略載數言於本名下,皆所以示勸也。

一、繼世、繼絶,譜系所重,凡出嗣兼祧,均於本名下注明。

一、婦重孝貞節烈,青年守志,白首盟心,糟粕是甘,柏舟矢誓,爲國典所褒揚,即爲族人所欽敬,無論特荷恩綸、已邀盛典,凡例合請旌者,均於某氏名下注明,發潛德之幽光以興觀感。

一、録《誥敕》者,所以記先人受朝廷之盛典也。名賢傳狀、序贊、贈詩、墓誌、祭文,亦皆金石之遺,足以表揚先烈,故并載之,以冀子孫景仰而興奮起之心。

一、録《舊序》所以溯譜源,列《村圖》,所以重桑梓;繪宗廟、畫祖像,所以興孝敬之思,非特爲觀美也。

一、繪墓圖、標税畝,所以重孝思、防侵没也。然祖墓繁多,艱於悉載,故各記其葬地於本名下。若茫然無考者,闕之。

一、纂修近數世譜系,俱由各分底本會核神主上,不詳甚多,因世代久遠,不敢妄爲接續,另編《存疑》壹册,附於卷末,以俟查明續載。

一、此次重修《規條》,悉遵道光八年所定,惟神主未併未祧,因撲理齊整、位置尚寬也。

一、本族支派繁衍,不能或無遺誤,以俟後之續修者更正。

——宣統《古歙義成朱氏宗譜》卷首《重編宗譜條例》

附清道光歙縣義成朱氏重修宗譜規條

舊修宗譜規條　道光八年

一、先義公、祥輕公、仲敏公、伯珩公 伯珍公/伯玉公 四世男主、女主,循舊例供奉。

一、永、社、廷、鏊 睦/聃 繼 時,以上七世,循親盡則祧之禮,男主祧板列左,女主祧板列右。

一、德字以下神主,男主、女主合并一主,《禮記·祭統》曰:鋪筵設同几,爲依神也,繼配、淑配統并之。

一、譜中有考無妣及未娶而無後者,入無考之祧板。其德字輩以下,有考有妣而待繼者,仍并主以俟。

一、幼殤之主,長殤、中殤、下殤已入祠者,悉入群殤之祧板。

一、節婦之已旌及未旌而合例者,即在立德之列;妾之無□者,亦存其主,不祧。

一、側室之已得子而不育者,入祧板;其側室雖無生子不育之□而守志終老、相依不去者,亦於祧板存之。

一、埋主之文,見於戴禮及公羊說。鄭氏注有埋主於廟壁兩楹之間者,有埋主於廟北墉下者,有埋主於廟門外之道左者,今□祠前大墳旁有隙地可埋,分世次,尊者在上,卑者在下,男左女右埋之,立堆立碑,題曰"朱存亡堂"痊上。

一、古人最重譜系,昭穆以序,百世可守者也。近年司匣無人,取譜考之,或闕其名,或佚其世次、生歿,或譜與主不符,若不先爲鈎考修整,何以爲排次祠主之地? 此修譜之不容緩者。

一、寢室之門,向係內開,今議向外,則內可寬出地步。

一、并主則當易主,祠中一律造主,尺寸相符,外填世數,陷中可稍闊,不但考妣存歿可寫,并可填寫葬處。

一、神主下座,行告奠禮;升座,行祭禮,痊主,做佛事。

一、滋選支丁,董理主、修譜之事,議給以飯食。

——宣統《古歙義成朱氏宗譜》卷首《舊修宗譜規條》

民國績溪縣霞間高氏垂裕堂支譜書法

書法

一、《世系圖》大書,五世一提,遵《歐陽文忠公譜法》,取《禮》經"五世親盡"之義,通派直行,旁支橫列。五世盡處,用"見後圖"三字接處提起之圖,皆重書前名。

一、五世再提,分支別派,由大宗以及小宗標題"某公支下某公派長房"。不明,則續提二房;不明,則續提三房,各房小支亦然。

一、《世系圖》名後小字雙行,分注准列史《年表》例,首書字。有官者,次書官;次書生,次書歿,次書葬,次書娶氏之生、歿、葬處,合葬者,總書"合葬";有繼娶者,書"繼娶";有妾者,次書妾,次書子女。

一、娶，書"娶某處某官某公女"，或但書"某處某氏女適某地某官某"，或但書"某處某姓"；娶再醮婦，翁雖顯不書。女再醮，婿雖顯不書。然翁、婿姓名無考者，雖元配亦不能盡書，但書娶"某氏女""適某姓"。

一、男婦懿行節烈，無列傳者，於《世系》《小傳》略敘數言，以彰其善。

一、世系分遷者，於名下加分遷某處圈印。有傳、有墓圖者，於《小傳》後加"有傳""有墓圖"圈印。

一、壽官，書"享年若干，恩賜幾品冠帶"。

一、男無名者，以先名代之；女無姓者，以某字代之。

一、男婦犯家法者，以"〇"代姓名，申公義也。無有子者，於子《小傳》首書父名、某母某氏，全私恩也。

一、《世系》，古文謂生爲出，文雖古雅，而"出"字與"被出"之"出"文法混淆，淺學者往往見而質疑。今從簡質凡，有教妻生子者，徑書"某子某氏生"。

一、出家爲僧道者，不書，而於其父《小傳》注《子某出家》。

一、兵難爲賊所掠及流離轉徙、生歿難卜者，均書"兵難失所"四字。

一、兒媳與父母、翁姑同墓者，書"附葬"；夫婦同穴，書"合葬"。未葬，不書。

一、十五以上，爲"上殤"，雖未娶亦書。十五以下，既娶亦書；其未娶者，概不書。然有孫子而觴、無侄而有侄孫可繼者，不拘此例。

一、主繼，於生父小傳書某繼兄或弟某爲嗣，於繼父《小傳》書以"兄或弟幾子某爲嗣"。至遠房過繼，務須昭穆相當。如昭穆不明冒繼者，不收。

一、本族自胡姓以甥繼舅，則高、胡不婚，子孫永以爲法。

一、人生善惡，蓋棺論定，故生不立傳。

一、宗譜書美不書惡，親親也。六十以上，書享年，尚齒也；書懿行，尊賢也；書官職，齊齊也。

一、舊譜所存《列傳》及褒美詩詞，無論工拙，一概編入。至游覽詞翰，拙者可刪，以免繁蕪。

一、墓圖前繪山水，後立《壙圖》，下注字號、稅額、丈數、四至，俾知中邊前後。其與他姓同墓者，以陰文別之。

——民國《績溪霞間高垂裕堂支譜》卷一《書法譜例》

民國績溪縣魚川耿氏宗譜譜法大綱和修譜則例

譜法大綱

家譜之作，雖爲尊親者諱，然尚賢而簡不肖，則勸懲之意存焉。苟以一事諱之，則將無所激勸，而遷善改過之機阻矣。豈垂世之典哉？今日之譜，雖不敢妄加褒貶以定是非，然亦不能盡無規勉，故嘗竊老泉作譜之意，爲諸君子勖。老泉《亭記》曰："自斯人逐其兄之孤子而不恤也，而骨肉之恩薄；自斯人多取其先人之貲田而欺其諸孤子也，而孝弟之行缺；自斯人爲其諸孤子所訟也，而禮義之節廢；自斯人以妾加其妻也，而嫡庶之列混；自斯人之好聲色，内外雜處、諠嘩不嚴也，而閨門之政亂；自斯人之黷財無厭，惟富之凌人也，而廉恥之路塞。凡此六者，未免貽先人之羞，人之所大斁也。"老泉之於宗人，嘗書其事而缺其名，使斯人觀之而自愧焉，安知其不能改過而使人自新之盛歟？且明備聖學之謂"賢"，抱負經濟之謂"才"，道義實有之謂"德"，取與不苟之謂"義"，事親竭力之謂"孝"，侍長有禮之謂"弟"，居官盡職之謂"忠"，臨亂不避之謂"節"，廣施恩惠之謂"仁"，善決是非之謂"智"，不苟然諾之謂"信"，不枉是非之謂"直"。此數者或有一焉，則特筆以表之，或附之本傳下，所以勉人向善之意。

修譜則例

人之有此身，則有此富貴貧賤，與其有身後之繁衍削弱至不齊者，良由祖宗之積德與子孫習俗臧否驗之也。故凡士庶家，孝子慈孫恒思以集譜爲重務，舉凡有善可紀，則法之，有不善可鑒則戒之，然後知譜之有關於風教爲不淺矣。不寧惟是，或有先人作之於前，而後人不思所以纂緒之，則先人之風韻甯不斬於五世之後乎？是修譜之法，首在《則例》。《則例》維何？要必信以傳信，而疑以存疑，不虚美，不隱惡，謂之"實錄"。有功德者，則書之；有職守者，則書之，使後之爲子孫者，知祖宗修德勵行，而吾叨享富貴，族望興隆莫不由根本先固、枝葉從而暢茂也。又莫不以吾身數世以上，固爲吾所當法程者也。自吾數世以下，又安得不視吾儕爲後世之規矩乎？將必思所以世濟其美，以承芳於奕葉者，皆由此觀成之也。若所貽不善，内行多愧，如貴而不法，富而多驕，縱慾敗度，壞倫杞紀，族則鳴鼓而攻，不與斯人爲伍，以爲後人之鑒戒。知此輩無可録之行，恐有覆宗之事，必要猛省自改，圖蓋前愆，克遵《祖訓》。將來子孫蕃昌，門閭高大者，未必不由此一念之善、一身之行以基之也。所以修譜必貴於傳，寔明著褒貶，使一族之人恒懷爲善，惟日不足之懼爲足傳也。若徒聘文辭矜美餙行，以示來兹，又豈敬祖法宗、激勸後人之意哉？

——民國《魚川耿氏宗譜》卷八《雜録》

民國歙縣吳越錢氏七修流光宗譜凡例

凡例十條

一、《表忠觀五王神像》，蒙屢朝賜額加封，叠賜宸翰，當時賢達以及後裔吟咏，如敲金戛玉，震古耀今。載在譜，萬世彪炳。

一、《歷代圖像》，於五王之前增一彭祖，尊御筆，重本源也；末摹一積盛像，明派别，徵分修也。

一、舊譜有《爵邑考》，無《名賢傳》，是貴貴而遺尊賢也。今徵諸文獻，確有德業聞望可名於世者，俱録載之，以昭人文之盛。

一、《舊序》中，間有世數不合、字諱錯誤，今加考訂，後世庶無紕繆之譏，不敢自逞才華，擅改先賢筆墨。

一、舊譜生卒或載年月日時，或缺不載。今次裁定，上世不可考者，亦缺不載；近世而可考者，俱悉載之。謹遵前制，照依舊式，尚存法祖之心，無庸更改。

一、《雁行傳》內各人名下，考其實行，録其品詣，確確不誣，方許秉筆者簡括登紀，以示獎勵，垂於後昆。外此，不得濫載。

一、立繼，必分親疏，必順昭穆，依照房次，挨序入繼。近有以愛繼爲名，越次篡繼，幸應繼之人遜讓，如昔日子臧輩，方得晏然而無事。否則，争競風起，紛紛聚訟，破家蕩業，誠可痛恨。今遵定例，凡無子者，除宗子不出繼外，許令嫡姪承祧，由長房而二房，由二房而三房而四房。倘嫡姪係大宗，此外無人，則於同服周親內亦由長而次、而三、而四，挨序入繼，不得攙越。設有夤緣其事，慫恿煽惑，誑以愛繼爲名，貪産篡繼，家族責懲，鳴官究治。如果嫡姪不育、忤逆、游蕩，繼父、繼母現在，亦必由嫡姪下其次嫡姪改换入繼，仍照房次輪流，先擇長房，次擇二房，再擇三房、四房。嫡姪雖多，不得以年之長幼争先入繼,而立嗣者并不得以愛繼爲名,致啟争端。再者,俗有繼出不繼歸之説,然此只就應繼之人,該承祧應繼之父不得再入生父名下,忘恩負義也。若生父再傳無人,出繼之子生子嗣,照依房次輪流應繼,仍令著一子入繼生父派下可也。即如出繼者,先出繼末房,長房、二房、三房所出之人,每房各生一子,生父支下無後,輪該出繼之子嗣承祧,他人不得泥不繼歸之説,以相争競。又或長房之子出繼叔父,未幾,出繼者依然無嗣,仍許長房之嫡侄承祧。倘無其人,方許由二房而三房所生嫡侄入繼。總之,立繼之道,分親疏,別昭穆,挨照房次,應繼爲繼,庶杜後患。

一、積盛公下兩派,或居處遠近之不同,子孫盛衰之各異,逐一詳細,序次入譜,毫無遺漏,外此不得冒宗。

一、隱之公及母夫人墳墓及中峰寺田地、山塘,詳刊《世寶録》,以爲萬事炳據。

一、譜成之日,刊定字號,分支領給,各支寶藏,永爲照驗。

——民國《吴越錢氏七修流光宗譜》卷一《凡例》

民國歙縣漁梁姚氏承澤堂刻譜徵捐引暨條例

承澤堂刻譜徵捐引

爕從事本支《譜稿》,多歷年所,原爲將來四支合譜計也。而族中多數人以舊有《宗譜》四册,毁於粤兵,僅存其一,年來爲不肖支裔貪愛金錢,不獻於本支,而鬻於他族,引爲羞憤,急謀斯稿付梓。一倡百和,爕不敢辭,然終慮我武擔族多支,必有向本支交謫,謂不顧大局,獨自離異。及轉一念,又竊自喜,以其能交謫者,是同志也,合譜之望,定有日矣。世之私刻支譜,往往有之,究無礙於宗譜進行。祇因經濟缺乏,不敢提倡,以承我祖浩宗公慷慨任事。是以刻我支譜,猶是四支合譜之初志。爕顧族人,毋徒感於一時失譜之羞憤,而汲汲力謀刻譜。要知譜之所以重在識本始、辨昭穆,而祖若宗遺文、遺事,尤爲子孫所當感發。勉承心忠厚,業詩書之世澤,庶幾所謂賢者也。今因族人同有此志,故先以斯意貢獻,俟譜成而後,人知嚮化,盡革其今日之澆風敗俗,則協力以謀者又奚止十百千萬金錢之價值哉?用是引之,幸各勉力。

中華民國二十年辛未一月吉日,本支十七世孫邦爕頓首敬書。

公議條例

一、議印譜十六部，取《詩經》"無念爾祖，聿修厥德。永言配命，自求多福"各迭一字，除存公匣一部，餘歸各房領去保存。不許遺失，亦毋許抗違，不交下首房長。其某字歸某房收，具載於後。

一、議除各房部分外，餘歸願領者領去。須繳刻譜用費十成之一，先報名籌備處，繳款若干。凡領去某字號，亦載明譜中。

一、議本祠經費支絀，捐丁而外，惟賴有力者樂輸，不拘多寡，量力行之，標名譜末，永垂不朽。

一、議捐助一項，多寡不同。多助者，應予酬報。在銀幣二十圓以上者，予勳牌一位；四十圓者，予勳牌二位；五十圓者，三位；百圓者，六位。其位次照行字開列譜末，以昭榮耀。

一、議譜局，舉定司事、司帳及謄錄、校對人員，應負各項完全責任，純爲義務職，惟火食由局供應。

一、議各家祖先之嘉言懿行，以及生卒、墓地、子女、婚嫁，宜早入局詳細報告，以便校正補入。如逾期不報，即有舛誤遺漏，幸勿怪焉。

領譜字號列後：

無字號，承澤堂存匣；念字號，正泰房；爾字號，大琳房；祖字號，大珍房。

聿字號，大璋房；修字號，大璗房；厥字號，光滄房；德字號，光棟房。

永字號，光梓房；言字號，光槐房；配字號，正富房；命字號，學鵬領。

自字號，學志領；求字號，學燧領；多字號，學誥領；福字號，邦燮領。

另《紅譜》一部，作承澤堂副本，共計拾柒部。

勳牌列後：

正驃公、光槐公、明喜公、國祥公、安照公、澤霖公、宏存公、宏鄭公、邦煦公、邦祊公、邦禎公、邦升公、學勤公、學程公、學文公、學又公，以上神位十六座。

明喜元配汪氏、國祥元配蕭氏、國發元配葉氏、宏松元配胡氏、汝霖繼配程氏、澤霖繼配章氏、春霖元配洪氏、宏鄭繼配章氏、邦興繼配楊氏、邦煦元配朱氏、邦彥元配孫氏、邦和元配巴氏、邦則元配胡氏、邦燮元配朱氏、學川元配張氏、成楷繼配許氏、學鵬元聘洪氏、學志元配高氏，以上神位十八座。

姚邦昱祿位、姚學桂祿位、姚學禮祿位、姚學良祿位，以上四座。

振霖元配姜氏禄位、邦臣元配汪氏禄位、邦昱元配鮑氏禄位、學桂元配黃氏禄位，以上四座。

又録神一座。

民國公民、二十七世姚邦燮禄位。

本支祠務，賴理齋督辦，今已粗具，譜亦告成，論功莫大。閤族公議應供奉長生禄位一座，以垂不朽。

祠末邦佐率閤族人等同敬立。

——民國《歙南武擔姚氏漁梁上門支譜》卷末《承澤堂刻譜徵捐引》

第四節　譜牒避諱暨印牒告示

明成化四年三月徽州知府頒給歙縣柘源方氏宗譜鈐印族譜帖

府主鈐印族譜帖　成化四年三月振詢公呈請

直隸徽州府據歙縣吏部考取方啟呈，爲宗譜事。按，方姓之先，出自炎帝苗裔，方靁氏爲黃帝左相，封於方山，以地爲姓。厥後子孫，散去天下，莫能枚紀。至漢，仙翁諱儲，賜爵黟縣侯，今徽、嚴之方，皆其後也。宋元豐間，有名桂者，由嚴遷居馬源，後有塢尾、存心之別。今又有羅田、結林之遷，村心、羅田、結林實爲一本，塢尾則自爲一枝，此本同枝異之由也。傳派譜牒，班班可考。第年代踈遠，字畫漫没，若不重加修録，非惟後人不知水木本源，抑且尊卑茫然莫辨，乃搜考續編共一百七十世。具呈，乞印鈐記，以傳永久，取信將來。據呈。得此尊祖敬宗之道，人倫風化之原，昭穆以之而明，尊卑以之而辨，有關世教，宜准所行。爲此，合印鈐記給付，永爲照證。須至帖者。

——乾隆《歙西柘源方氏宗譜》卷首《府主鈐印族譜帖》

明正德徽州知府給婺源清華胡氏准予翻録老譜印牒

修譜，呈請徽州府給示。直隸徽州府正堂張爲崇本事。據歙、婺等縣鄉官胡大全、胡德、生員胡晟、胡浩、胡旦、胡大章等連名呈，切緣本族自唐宣歙節度使、銀青光禄大夫常侍公始居清華,追今世遠,子姓繁碩,故址遷異地,一本萬流,綿延遐曠,則憂喜名利相關,多至視爲途人,罔有族譜具載。憷然無知。稽諸宋、元暨我國朝,幸賴本系先賢刻意譜書,各支收掌。不幸老譜已遭兵火,十無一全。生等訪求,得見充府吏胡滋家藏舊本,呈迄追給,付生翻録,賜印鈐縫,以示悠久,不勝感佩。等因到案。據此,照得胡士夫所言,深爲勸戒,篤恩重倫,教化先務。爲此,除外擬,合仰諸生即將胡滋收藏老譜,如式抄謄,投印鈐蓋,以傳永久。毋得因而冒作不便,須至出給者。

——民國《清華胡氏宗譜》卷首《事迹類考》

清康熙二十七年七月徽州府正堂禁程氏僞譜告示碑文

禁僞譜碑文

江南徽州府正堂朱,爲僞譜之罪雖正、憲批之示未頒,懇賜金示,以便勒石永垂禁戒事。據郷紳程先達、程文彝、程化龍、程瑞檜、程鵬翀、程履新、程遠、程文正、程允諧、程禧,貢生程岳、程岱、程揆、程瑞初、程瑞社、程銘、程世經,監生程福、程祺、程光熾、程世統、程世綎,生員程拱極、程之廉、程元正、程瑞祊、程曰肅、程禄、程祜、程緒、程静、程震、程來彩、程洪鼎、程凱等具呈前事,切新安程族支派繁多,南北散居,各以萬計。雖數傳未獲續譜,然各派名分昭然。康熙二十四年,有劣衿程士培陡起貪心,無知妄作,串通匪類,欺哄下流,明繫僕子奴孫,誘爲同族共譜,壞歷傳之信牒,作乞丐之行頭,彙成邪説,刊板印賣,視爲奇貨,廣騙多金。先達等恐千年清白悉遭污辱,二十五年二月間,連名具控前任學院李。蒙批徽州府查究,前任亢公祖公庭鞠訊,盡燭奸謀,焚書毁板,擬罪立案。蒙學院李批:如詳發落,將贖銀助修啓聖祠,繳。先達等深慮奸謀不測,必求金示勒石,始可垂之久遠。復於二十六年正月間,具呈學院李。蒙批:此案批發已久,何至今未據遵依報繳?仰徽州府速照前批行,仍給示立石永禁,繳。據士培奸究萬狀,仍復賄捺不行。先達等于本年七月間,又復具控學院。蒙批:查此案于本年正月二十一日批,發該府速遵前批,仍給示立石永禁在案。何至今半載有餘而舖遞公文尚未到府?賄控情弊顯然,合飭嚴查。爲此,仰府官吏照票事理,即查本部院正月二十一日在江陰衙門批,發程士培等紊亂族譜一案公文,因何遲延半載不到?其中或係舖遞受賄沉捺,抑或士培賄囑,該府吏胥捺案不行?遲誤公文，藐亂膽大包天，文到，立即查閱，具文申覆，以憑飭據究擬。至程士培等，速遵批照前發落，將贖銀助修啟聖祠，仍行給示，立石永禁，取具遵依，申覆結件施行，毋再遲違。速速。但雖屬學院兩批，未蒙給示。爲此，連名具呈，伏乞老祖臺詳閱原卷，如批給示，勒石永禁。先達等之宗派不紊，老祖台之聲施不朽，合族萬口頌德，名與天壤同流，等情呈府。據此，爲照家之《族譜》，原以澄清宗派，豈容壟斷之徒紊亂，借名射利。向有程士培等私行僞造宗譜，致鄉紳程先達等以劣棍私造僞譜等事具控，前任學院李批府究審，業經前府亢逐一審明，按擬詳覆，焚毀發落在案。今據具呈前情，合再給示，立石永禁。爲此，示仰闔屬程姓人等知悉，嗣後，敢有私藏前項僞譜者，首出，定以違禁滅祖不孝條律，併士培等一體治罪，斷不姑貸，各宜永遵，毋得悖違，自取罪戾未便。慎之，慎之。須至告示者。

右仰知悉。

康熙二十七年七月　日給。

——康熙《新安世忠程氏原錄瓊公支譜》卷十《禁僞譜碑文》

清乾隆十八年二月徽州知府給歙淳方氏統宗譜印牒

特授江南徽州府正堂、加三級、紀錄二次何，爲懇賞印信、永光世守事。據歙縣柳亭山真應廟漢黟侯後裔職監生方善祖等呈稱：生等姓錫軒轅，系由炎帝。自西陵而保世滋大，歷周、漢而錫祚悠隆。元老佐周，詩人歌其武烈；方望輔漢，范史表其忠良。洎乎西漢陵夷，莽新僞命，望之子曰紘者，先爲長史，曾守河南。適丁龍戰之秋，乃決鴻飛之志。徙家江左，辟地丹陽，爲昔歙州東鄉，屬今淳安西境。紘之孫尚書令黟矣曰儲，東京門第，漢室名臣。束髮受經，精究《洛書》《洪範》；彈冠應舉，寵膺方正賢良。位洊歷於九卿，爵復躋於五等。靈昭槐水，廟祀柳山。粵宋明帝太始元年，曾致大牢之祭；至宋徽宗政和七歲，復崇真應之褒。備載誌書，光榮家乘。歷年一千七百，閱世六十有餘。有棟宇以奉先，有祀田以供祭。前明成化四年，支裔方啟脩成譜牒，具呈本府，准給鈐印。正德八年，支裔方遠宜等會同編輯，呈請南畿户部，鈐印一百五十三顆。歲月既久，散逸遂多。生等恐遠益無徵，久而就沒，復集諸宗，重加修纂，第專牒難以廣傳，唯雕本乃堪遍及，印成六十部，分布十二支，使條分派別，各有其書，庶日久年深，不至盡沒。爲此，公叩憲恩，准给印牒，刊订谱首。每谱一部，赏印一颗，俾奉守敬谨，传之无穷，将感戴宏恩垂於不朽矣。上呈等情。据此，为查礼有"五经"，治人必先於重祭；亲惟一本，教孝必始於推恩。如万物向荣於春，既根生而枝播；等百川朝宗於海，复汇流而导源。将以续夫古人，在重辑其旧牒。该生等志切承先，心能裕後；远求遗迹，广集群书。风流直溯乎千年，考覈必严於一字。著敦本明伦之义，有敬宗收族之仁。古所称大方家可以举风斯世，若所云贤孙子将无共鉴兹编。本府忝守是土，乐观其成，合准印鈐其书，并给牒弁诸首，俾该子孙世世守承。须至印牒者。

右牒给真应庙方氏子孙永远执照。

乾隆拾捌年贰月初六日给。

牒押

——乾隆《歙淳方氏柳山真应庙会宗统谱》卷首《宪给印牒》

清乾隆十八年四月歙县知县给歙淳方氏宗族统宗谱印牒

特授江南徽州府歙县正堂、加五级、纪录二次王，为叩恩赏印、永重传承事。据柳亭山真应庙汉黟侯後裔职监生方善祖等具禀前事，并呈新葺谱牒六十部，公请印鈐收掌诸名以杜假冒等情。据此，合准所请，给帖编号，按名鈐盖印信，俾重传承。该子孙其各敬谨奉守，奕世保之。须给照帖者。实。

乾隆拾捌年肆月廿六日给。

——乾隆《歙淳方氏柳山真应庙会宗统谱》卷二十《编号印照》

清乾隆五十二年十一月歙县富溪汪璣遵飭改正通谱後序

遵飭改正通谱後序

岁己丑，璣承先严命，奉宪暨诸彦公举，校修《通谱》，缘就旧牒挂新丁，七经寒暑，始竣。迨奉宪禁谕，未即邀集重校，婺北有族人构讼，指谱有违碍干禁，上控藩辕。檄吊磨勘，先檄府宪会同休、婺县台传璣并诸族长凭评。斯时隻身上下，惴惴引咎。荷蒙冰镜，原在未奉例禁之先，乃核定粘签，飭遵一一抽旧镌正，限以岁时，详销藏事。窃惟平阳以上，著於经，详於传，探源星宿，盖非士庶之所敢及也；平阳而下，派流江左，始则有若三十一世之文和公,居於始新,繼則有若三十六世之道獻公遷徽歙邑,又繼則有若四十一世之叔舉公遷績溪登原。迨四十四世,越、開二公出,則地著固於新安矣。故兩公諸嗣由一郡而散居六邑,由六邑而散居四方,近而江、揚,遠而荊、豫。以所載五百餘派考之,非越公之支,則開公之胄,其絲聯,其繩屬,若網在綱,有條不紊,披圖可覆按也。昔子長之繫司馬、子雲之叙陽侯,今尚為士林齒笑。若茲之源流嗣續,誠所謂血脈譜者,而桃僵李代庶免夫。第念當日既奉上憲之諭,蒙諸宗之舉,運吳舊牘不辭,況瘁于前。今雖菑畲旡妄,秦鏡高懸,轉諉諸族,避艱難於後。且諸宗彥相與講宗盟,勤譜牒,纏綿之至意,卒使雀角株連,俾七載之垂成,一旦擲於中道,揆之先嚴之心,亦所不安也。心之不安,璣之所不敢出也。於戲！自任厥咎以來,又幾何年矣。風塵鹿鹿,狼狽萬端,璣非不自惜也,務以上遵功令,下謝考志,尤冀諸君子收而藏之,什襲傳之子孫,曰夫夫也後先,蓋歷十餘稔之澡雪精神也,鋟成書具在,庶不負余一點葵忱也夫。

乾隆五十二年歲次丁未律中黃鐘月穀旦,富溪璣謹叙。

——民國《平陽汪氏宗譜》卷首《序》

清乾隆五十九年休寧縣儒學給汪氏宗譜驗准領譜執照

江南徽州府休寧縣儒學正、副堂為《汪氏宗譜》,奉徽州府正堂奉安徽布政使司磨勘粘簽,飭令改正,告竣呈驗,准發谷字號《通譜》壹部,給徽州府歙縣富溪大本堂族領藏。

乾隆五十九年　月　日驗給。

——乾隆《汪氏通宗世譜》卷首

清咸豐八年八月浙江省昌化縣給荊州胡氏五義堂修譜告示

修譜告示

題署浙江杭州府昌化縣正堂、加五級、紀錄五次程,為懇恩給示事。據譜局董事紳耆胡鴻翔、胡文煜、胡鴻元、胡文彩、胡炳、胡國琛、胡鳳鳴、胡欽明、胡秉忠、胡學講、胡煥謀、胡忠禮、胡應南等呈稱:竊維源探宿海,九河分簡潔之支;祖溯崑崙,萬里振衡廬之勢。宗貴區乎小大,不少縑緗;禮合判乎親疏,端憑譜牒。乃冒祖搆安生之釁,趨炎來沈約之譏。豈知歷歷乖爭幾等槐榆強合,畢竟悠悠世祚難同桑柳寄生。生族系出星源,宗開歙浦。家移百里,遷居荊樹之洲;宅卜千秋,作室梅岡之麓。葛綿綿其在滸,椒冉冉以盈升。惟是紛若史巫,祖編失次;幾見瞭如指掌,圖系清釐。茲擬衷輯,一編流傳百代。撰韋鼎諸房之略,訂褚結家傳之篇。第恐有等棍徒事同派逆,鴟鴉肆惡,狼狽爲奸,或貪下澩之田,飛空霸繼;或捲旁風之產,毀室傾巢。悽其趙氏之孤餒,而若敖之鬼尤且招搖誆騙。混清濁於涇渭之間,賄賂貪緣;淆贗真於莠苗之似,謠言惑眾。狡賴丁錢,酗酒行凶;滋擾公局,紛紛弊竇。既顯露於當前;種種奸謀,須豫防其巨測。不切衣袽之戒,濡尾徒傷;倘逢藩觸之憂,噬臍何反?僉此,叩乞恩賞給示,儆派逆於將來,遍賜懸書,矯弊端於岡覺。觀成有賴,感德無涯等情在案。除批示外,合行給示。爲此,示仰該族人等知悉,倘有恃強豪肆行不軌,甘爲蠻蠢,故犯前條,許該董事指名稟究,按律嚴懲,儆逆杜弊。成收族敬宗之舉,樹明刑弼教之模。各宜凛遵毋違。特示。

右仰知悉。

咸豐八年八月二十六日給。

告示

——光緒《荊川明經胡氏五義堂宗譜》卷十六《告示》

引用和參考文獻

一、譜牒

B

《倍郭程氏敦本録》(休寧縣),二卷,[明]程亨輯,明弘治五年程璽刻本,藏中國國家圖書館。

《碧山李氏宗派譜》(黟縣),不分卷,四册,民國抄本,藏上海圖書館。

C

《蔡氏族譜》(歙縣),不分卷,[清]蔡日融原輯、蔡佛賜補輯,清順治十六年刻、嘉慶二十二年補輯抄本,藏上海圖書館。

《曹氏統宗本宗二譜合録》(徽州府),不分卷,[清]曹樹從鈔纂,清道光十六年抄本,複印本藏南開大學歷史學院卞利處。

《曹氏統宗世譜》(徽州府),不分卷,纂修者不詳,明萬曆四十三年刻本,藏上海圖書館。

《曹氏宗譜》(績溪縣),十二卷,[民國]曹成瑾等修,民國十六年旺川敦叙堂木活字本,藏安徽省圖書館。

《昌溪太湖吳氏宗譜》(歙縣),九卷,[清]吳如彬等纂修,清乾隆三十年刻本,藏上海圖書館。

《長源程氏重修家譜》(歙縣),二十二卷,[明]程本華等纂修,明萬曆二年刻本,藏上海圖書館。

《城北汪氏族譜》(休寧縣),二卷,[明]汪讓纂修,明成化二十三年刻本,藏中國國家圖書館。

《程典》(休寧縣),三十七卷,[明]程一枝纂修,明萬曆二十七年刻本,藏安徽省圖書館。

《重編棠樾鮑氏三族宗譜》(歙縣),二百卷、首一卷,[清]鮑光純等纂修,清乾隆二十五年一本堂刻本,藏上海圖書館。

《重修古歙東門許氏宗譜》(歙縣),十卷、首一卷,[清]許登瀛等纂修,清乾隆六年刻本,藏中國國家圖書館。

《重修三田李氏統宗譜》(徽州府),不分卷,[明]李春融等纂修、[清]佚名續補,清康熙抄本,藏中國國家圖書館。

《重修休邑城北周氏宗譜》(休寧縣),十二卷,[明]周思松等纂修,明萬曆二十四年刻本,複印本藏安徽大學徽學研究中心資料室。

《翠園胡氏宗譜》(祁門縣),二卷,[明]胡一俊、胡夢鯉等纂修,明萬曆二十九年刻本,藏中國國家圖書館。

D

《大谷程氏世榮堂家乘》(績溪縣),四卷,[清]程庭姚統修,清乾隆四十八年刻本,民國二十五年翻印,藏上海圖書館。

《大谷程氏宗譜》(績溪縣),四卷,[清]程常憲主修,清光緒三年叙倫堂刻本,藏上海圖書館。

《瑯溪[金氏]家譜補戚篇》(休寧縣),六卷,[明]金應宿纂修,明萬曆十四年刻本,藏上海圖書館。

《瑯溪金氏族譜》(休寧縣),十八卷,[明]金瑶、金應宿纂修,明隆慶二年歙縣黄氏刻本,藏中國國家圖書館。

《德卿公匣規條》(歙縣),不分卷,清抄本,藏安徽大學文學院程自信教授處。

《燉煌郡隱溪洪氏宗譜》(婺源縣),四卷、首一卷、末一卷,[民國]潘訪濱纂修,民國十七年隱溪季和堂木活字本,藏上海圖書館。

F

《方氏族譜》(歙縣),十卷、首一卷,[清]方懷德等纂修,清康熙四十年刻本,藏中國國家圖書館。

《飛山洪氏宗譜》(歙縣),十二卷、首一卷、末一卷,[民國]洪德明等纂修,民國二十年務本堂木活字本,藏上海圖書館。

《府前方氏宗譜》(歙縣),二十卷、首一卷,[民國]方爲國等纂修,民國二十年敦本堂木活字本,藏河北大學圖書館。

《傅溪徐氏族譜》(歙縣)，十二卷，[清]徐景京、徐璟慶編，清乾隆二年木刻本，藏河北大學圖書館。

《富溪程氏祖訓家規封丘淵源合編》(休寧縣)，不分卷，[清]程顯謨纂修，清宣統三年抄本，藏上海圖書館。

G

《古林黃氏重修族譜》(休寧縣)，四卷，[明]黃文明纂修，明崇禎十六年刻本，藏中國國家圖書館。

《古歙城東許氏世譜》(歙縣)，八卷，[明]許光勳纂修，明崇禎八年刻本，藏中國國家圖書館。

《古歙謝氏統宗志》(歙縣)，八卷，[明]謝廷諒等纂修，明萬曆三十二年刻本，藏上海圖書館。

《古歙義成朱氏宗譜》(歙縣)，十卷、首一卷、末一卷，[清]汪捌如等纂修，清宣統二年存仁堂活字本，複印本藏安徽大學徽學研究中心資料室。

《古黟環山余氏宗譜》(黟縣)，二十二卷、首一卷、末一卷，[民國]余攀榮等纂修，民國六年木活字本，藏上海圖書館。

《古築孫氏家譜》(黟縣)，四卷，[清]孫家暉纂修，清嘉慶十七年刻本，藏上海圖書館。

《桂林洪氏宗譜》(歙縣)，八卷，[民國]洪業遠纂修，民國十二年木活字本，藏上海圖書館。

H

《韓楚二溪汪氏家乘》(祁門縣)，十卷、首一卷，[清]汪衍栓等主修、汪發宰纂修，清宣統二年木活字本，藏中國國家圖書館。

《河間凌氏宗譜》(祁門縣)，十六卷、首一卷、末一卷，[民國]凌雨晴、凌克讓纂修，民國十年刻本，藏安徽大學徽學研究中心特藏室。

《鶴山李氏宗譜》(黟縣)，二卷、首一卷、末一卷，[民國]李世祿等纂修，民國六年木活字本，藏上海圖書館。

《橫岡胡氏支譜》(黟縣)，二卷，[清]胡璟等纂修，清康熙四十三年刻本，藏中國歷史研究院圖書館。

《洪川修譜議事雜錄》(績溪縣)，不分卷，[民國]程蘭纂修，民國十一年刻本，藏安徽省圖書館。

《華陽邵氏統宗譜》（績溪縣），十八卷、首一卷，[清]邵蘭等纂修，清乾隆二十八年叙倫堂等刻本，藏上海圖書館。

《華陽邵氏宗譜》（績溪縣），十八卷、首一卷，[清]邵玉琳、邵彥彬等纂修，清宣統二年木活字本，藏上海圖書館。

《華陽舒氏統宗譜》（績溪縣），十九卷、首一卷，[清]舒安仁等纂修，清同治九年叙倫堂木活字本，藏上海圖書館。

《環溪吳氏家譜》（婺源縣），四卷，[清]吳光昭等纂修，清光緒三十年寶誥堂木活字本，藏中國國家圖書館。

《璜上程氏宗譜》（績溪縣），十五卷、首一卷、末一卷，[清]程步雲等纂修，清宣統三年承啟堂木活字本，藏上海圖書館。

《璜源吳氏族譜》（休寧縣），八卷、首一卷，[明]吳燁、吳應期纂修，明萬曆七年吳氏保和堂刻本，萬曆三十七年增修，藏中國國家圖書館。

《璜源吳氏族譜》（休寧縣），十卷、首一卷，[清]吳銓纂修，清康熙六十年刻本，藏上海圖書館。

《徽城楊氏宗譜》（歙縣），七卷，[明]楊貞一纂修，明崇禎三年刻本，藏中國國家圖書館。

J

《濟溪游氏宗譜》（婺源縣），二十八卷、首一卷，[清]游永等纂修，清乾隆三十三年叙倫堂木活字本，藏上海圖書館。

《濟陽江氏統宗譜》（全國），八十卷、首一卷，[民國]江峰青等纂修，民國八年木活字本，藏河北大學圖書館。

《績溪城南方氏宗譜》（績溪縣），二十四卷、首一卷、附城南方氏祠譜四卷，[民國]方樹等纂修，民國八年思誠堂木活字本，藏中國國家圖書館。

《績溪東關馮氏家譜》（績溪縣），八卷、首三卷、末三卷，[清]馮景坡、馮景坊纂修，清光緒二十九年木活字本，藏中國國家圖書館。

《績溪洪川程敦睦堂世系譜》（績溪縣），十卷、首一卷、末三卷，[民國]程禮恭主修、程蘭等纂修，民國十二年敦睦堂木活字本，藏安徽省圖書館。

《績溪積慶坊葛氏重修族譜》（績溪縣），八卷、首一卷、末一卷，[明]葛文簡等纂修，明嘉靖四十四年刻本，藏上海圖書館。

《續溪霞間高垂裕堂支譜》（績溪縣），四卷，［民國］高耀鏡纂修，民國二十三年石印本，藏河北大學圖書館。

《續溪縣南關許余氏愐叙堂宗譜》（績溪縣），十卷，［清］許文源等纂修，清光緒十五年木活字本，藏安徽省圖書館。

《續溪周氏族譜》（績溪縣），七卷、首一卷、终一卷，［明］周文化纂修，明嘉靖二十年刻本，藏中國國家圖書館。

《續谿仁里程繼序堂專續世系譜》（績溪縣），二十三卷、首三卷、末三卷，［清］程秉燿等主修，清光緒三十三年木活字本，藏上海圖書館。

《續邑北門張氏宗譜》（績溪縣），十二卷、首一卷、末一卷，［清］張沛澤等纂修，清光緒十三年敦倫堂木活字本，藏上海圖書館。

《甲道張氏宗譜》（婺源縣），六十卷，［清］張翼先等纂修，清道光十九年木活字本，藏中國國家圖書館。

《甲道張氏宗譜》（婺源縣），六十四卷，［清］張琴等修，清光緒二十五年木刻本，藏北京大學圖書館。

《甲道張氏宗譜》（婺源縣），四十二卷、續編二卷，［清］張圖南、張元澧纂修，清乾隆四十七年刻本，藏河北大學圖書館。

《澗洲許氏宗譜》（績溪縣），十卷，［民國］許汪生等纂修，民國三年追遠堂木活字本，藏上海圖書館。

《江村洪氏家譜》（休寧縣），十四卷，［清］洪昌纂修，清雍正八年刻本，藏中國國家圖書館。

《金山洪氏宗譜》（歙縣），四卷，［清］洪承科、洪必華修，鮑杏林纂，清同治十二年致祥堂刻本，藏山西家譜資料中心。

《錦谷程氏宗譜》（績溪縣），四卷，［清］程希賢主修、程漸魁纂修，清光緒三十年惇庸堂木活字本，藏上海圖書館。

《錦營鄭氏宗譜》（祁門縣），八卷、首一卷、末一卷，［清］鄭道選修、鄭士滿纂，清道光元年敦倫堂木活字本，藏上海圖書館。

《京兆金氏宗譜》（祁門縣），六卷，［民國］金啟富、金啟遜纂修，民國十年刻本，藏安徽大學徽學研究中心特藏室。

《荊川明經胡氏五義堂宗譜》（績溪縣），十六卷、首一卷、末一卷，［清］胡學先、胡森順等纂修，清光緒十年五義堂木活字本，藏天津圖書館。

L

《梁安城西周氏宗譜》（績溪縣），二十卷、首一卷、末一卷、附勘誤記一卷，[清]周之屏等纂修，清光緒三十一年敬愛堂木活字本，藏上海圖書館。

《梁安高氏宗譜》（績溪縣），十二卷，[清]高富浩等纂修，清光緒三年木活字本，藏中國國家圖書館。

《臨溪吳氏族譜》（休寧縣），十四卷、附宗約一卷，[明]吳元孝纂修，明崇禎十四年刻本，藏中國國家圖書館。

《流塘詹氏宗譜》，六卷，[明]詹貴纂修，明弘治十二年刻本，藏中國國家圖書館。

《龍池王氏宗譜》（婺源縣），十三卷、首一卷、末一卷，[清]王全芝等纂修，清道光二十六年木活字本，藏上海圖書館。

《龍川胡氏支譜》（績溪縣），四卷、首一卷，[民國]胡緝熙、胡兆成等纂修，民國十三年木活字本，藏中國國家圖書館。

《龍井胡氏族譜》（績溪縣），不分卷，[明]胡東升等纂修，明嘉靖三十五年刻本，藏安徽省績溪縣宅坦村博物館。

《龍溪俞氏家譜》（婺源縣），十六卷、首一卷、末一卷，[清]俞大澐等纂修，清乾隆四十七年木活字本，藏上海圖書館。

《羅氏宗譜》（歙縣），十卷，[明]羅汝聲纂修，明正德二年刻本，藏上海圖書館。

M

《眉山吳氏宗譜》（歙縣），八卷、首一卷，[民國]吳永豐纂修，民國十五年敦倫堂木活字本，藏上海圖書館。

《明經胡氏龍井派宗譜》（績溪縣），十二卷，[清]胡寶鐸、[民國]胡宣鐸纂修，民國十年刻本，藏安徽省績溪縣宅坦村博物館。

《明經胡氏壬派宗譜》（黟縣），十二卷，[清]胡叔咸等纂修，清道光六年木活字本，藏上海圖書館。

《茗洲吳氏家典》（休寧縣），八卷，[清]吳翟纂修，清雍正十一年紫陽書院刻本，藏安徽省博物院。

P

《盤川王氏宗譜》(績溪縣),六卷、首三卷、末二卷,[民國]王德藩等纂修,民國十年五教堂木活字本,藏中國國家圖書館。

《平陽汪氏宗譜》(祁門縣),八卷,[清]汪大樽等纂修,清同治七年木活字本,藏安徽大學徽學研究中心特藏室。

《平陽汪氏宗譜》(祁門縣),八卷、首一卷,[民國]汪錦波纂修,民國十八年裕元堂刻本,藏安徽大學徽學研究中心資料室。

《屏山舒氏宗譜》(黟縣),三卷,[清]舒道觀纂修,清道光二十七年五之堂木活字本,藏上海圖書館。

Q

《祁門胡氏族譜》(祁門縣),不分卷,[清]胡廷琛纂修,清光緒十四年木活字本,藏上海圖書館。

《祁門清溪鄭氏家乘》(祁門縣),四卷,[明]鄭之珍、鄭之錫等纂修,明萬曆十一年刻本,藏上海圖書館。

《祁門善和程氏譜》(祁門縣),十四卷、程氏寵光録一卷、程氏足徵録四卷,[明]程昌纂修,明嘉靖二十年家刻本,藏中國國家圖書館。

《祁門善和程氏仁山門支修宗譜》(祁門縣),四十一卷、首一卷、附録一卷,[清]程際隆纂修,清光緒三十三年太邑汪錦堂木活字本,藏安徽省圖書館。

《潛川汪氏惇本祠溯源家譜》(歙縣),八卷,[清]汪士鋐纂修,清康熙三十三年刻本,藏上海圖書館。

《清華東園胡氏勳賢總譜》(婺源縣),三十卷,[民國]胡上林等纂修,民國五年木活字本,藏上海圖書館。

《清華胡仁德堂續修世譜》(婺源縣),二十七卷、首一卷、末一卷,[民國]胡啟謦等纂修,民國六年仁德堂木活字本,藏上海圖書館。

《清華胡氏文敏公宗譜》(婺源縣),十卷、首一卷、末一卷,[清]胡元熠等纂修,清嘉慶二十三年木活字本,藏上海圖書館。

《清華胡氏宗譜》(婺源縣),二十四卷、首一卷、末一卷,[民國]胡鳴鶴等纂修,民國六年勳賢堂木活字本,藏上海圖書館。

《泉塘葛氏宗譜》（績溪縣），十六卷、首一卷、末一卷，[清]葛光漢纂修，清宣統三年木活字本，藏山西家譜資料中心。

R

《仁里程敬愛堂世守譜》（績溪縣），四卷、首一卷、末一卷，[清]程紹邰等主修，清道光九年敬愛堂刻本，藏上海圖書館。

S

《三田李氏統宗譜》（徽州府），不分卷，[明]李暉、李春融纂修，明天啟元年①刻本，藏中國歷史研究院圖書館。

《三田李氏統宗世譜》（徽州府），不分卷，[明]李暉祥等主修、李棟祥等纂修，明隆慶②刻本，藏中國國家圖書館。

《沙堤葉氏家譜》（祁門縣），十三卷，[明]葉盛春主修，明萬曆七年刻本，藏上海圖書館。

《沙南方氏宗譜》（歙縣），五卷，[明]劉曰謙等纂修，明萬曆三十四年木活字本，藏中國國家圖書館。

《善和程氏仁山門支譜》（祁門縣），不分卷，[清]程衡等纂修，清康熙二十一年刻本，藏中國國家圖書館。

《商山吳氏宗法規條》（休寧縣），不分卷，[明]吳世禄、吳應試等輯，明萬曆抄本，藏中國國家圖書館。

《上川明經胡氏宗譜》（績溪縣），三卷、首一卷、末一卷，[民國]胡祥木等纂修，清宣統三年木活字本，藏上海圖書館。

《歙淳方氏柳山真應廟會宗統譜》（歙縣、淳安縣），二十卷，[清]方善祖等纂修，清乾隆十八年刻本，藏黃山學院圖書館。

《歙南武擔姚氏漁梁上門支譜》（歙縣），三卷、首一卷、末一卷，[民國]姚

---

① 《中國家譜總目》和《中國善本書目》均將該譜著錄爲"明萬曆四十二年刻本"。但據查該譜內容，其中尚有萬曆四十六年序文，而時間最晚之《蘭埜李氏分派總序》更落款爲"皇明萬曆庚申夏季之吉"，萬曆庚申年實爲天啟元年。據此，編者將該譜定爲天啟元年刻本。

② 《中國家譜總目》和《中國善本書目》分別將該譜著錄爲"明嘉靖四十二、四十三年刻本"。但據查該譜內容，時間最晚者尚有"嘉靖丁卯正月吉旦"李彥實所撰之《貴池李母王氏節傳》。故中國國家圖書館網站已將該譜著錄爲明隆慶刻本，今從之。

邦燮纂修，民國十年永澤堂木活字本，藏河北大學圖書館。

《歙西堨田汪氏家譜》（歙縣），四卷、首一卷，[清]汪邦忠等纂修，清光緒七年刻本，藏中國歷史研究院圖書館。

《歙西範川謝氏支譜》（歙縣徙蕪湖），十二卷，[民國]謝炳華等纂修，民國十四年木活字本，藏上海圖書館。

《歙西金山宋村宋氏族譜》（歙縣），十二卷，[清]宋德澤纂修，清康熙五十九年秉德堂刻本，藏河北大學圖書館。

《歙西巖鎮百忍程氏本宗信譜》（歙縣），十二卷、首一卷、附程氏宗譜會訂一卷，[明]程弘賓等編纂，明萬曆十八年刻本，藏中國國家圖書館。

《歙西柘源方氏宗譜》（歙縣），九卷，[清]方清耀等纂修，清乾隆十年敬授堂刻本，藏山西家譜資料中心。

《歙縣桂溪項氏族譜》（歙縣），二十四卷、首一卷、末一卷，[清]項啟鉶等纂修，清嘉慶十六年木活字本，藏安徽省圖書館。

《歙新館鮑氏著存堂宗譜》（歙縣），十六卷，[清]鮑存良等纂修，清光緒元年著存堂木活字本，藏上海圖書館。

《世忠程氏泰塘族譜》（休寧縣），五卷，[明]程子珪、程子鐘等纂修，明嘉靖二十四年刻本，藏中國國家圖書館。

《率口程氏續編本宗譜》（休寧縣），六卷，[明]程時用、程文傑等纂修，明隆慶五年刻本，藏中國國家圖書館。

《雙杉王氏宗譜》（婺源縣），二十卷，[清]王啟魁纂修，清光緒十九年孝睦堂木活字本，藏上海圖書館。

《泗水余氏會通世譜》（歙縣），五卷、外紀一卷，[明]余瓊纂修，明正德元年刻本，藏中國國家圖書館。

T

《潭渡孝里黃氏族譜》（歙縣），十卷、首一卷、末一卷，[明]黃玄豹重編，[清]黃景管參補、黃臣槐等校補，清雍正九年校補刻本，藏安徽省圖書館。

《棠樾鮑氏宣忠堂支譜》（歙縣），二十二卷、首一卷、末一卷，[清]鮑琮纂修，清嘉慶十年刻本，藏安徽省圖書館。

《藤溪陳氏宗譜》（休寧縣），七卷，[清]陳豐纂修，清康熙十二年刻本，藏安徽省黃山市消防隊李俊處。

《托山程氏族譜》（歙縣），五卷，[明]程沔纂修，明萬曆元年刻本，藏上海圖書館。

W

《灣里裴氏宗譜》（黟縣），六卷、首一卷，[清]裴元榮等纂修，清咸豐五年敦本堂木活字本，藏上海圖書館。

《汪氏祠規》（歙縣），不分卷，[清]汪宏敬撰，清乾隆抄本，藏安徽省圖書館。

《汪氏湖山墓祠紀》（婺源縣），一卷，[清]汪松泰等纂修，清道光二十七年刻本，藏上海圖書館。

《汪氏十六族譜》（歙縣），十卷，[明]汪道昆等纂修，明萬曆二十年刻本，藏上海圖書館。

《汪氏世守譜》（績溪縣），十卷、首一卷，[民國]汪行廣等主修、汪順煌等纂修，民國四年木活字本，藏上海圖書館。

《汪氏通宗世譜》（徽州府），一百四十卷、首二卷，[清]汪璣、汪嘉祺等纂修，清乾隆五十二年刻本，藏安徽省圖書館。

《汪氏統宗譜》（徽州府），一百七十二卷、目錄一卷，[明]汪湘等纂修，明萬曆三年刻本，藏中國國家圖書館。

《王源謝氏孟宗譜》（祁門縣），十卷、考辯一卷、附錄一卷，[明]謝顯纂修，明嘉靖十六年刻本，藏中國國家圖書館。

《文堂鄉約家法》（祁門縣），不分卷，[明]陳昭祥輯，明隆慶六年刻本，藏安徽省圖書館。

《吳越錢氏七修流光宗譜》（歙縣），六卷、首一卷，[民國]錢文德等主修，民國三年木活字本，藏上海圖書館。

《武溪陳氏宗譜》（祁門縣），四卷，[清]胡廷瑞纂修，清同治十二年敦厚堂刻本，複印本藏安徽大學徽學研究中心資料室。

《婺南雲川王氏世譜》（婺源縣），八卷，[清]王居穆、王作霖纂修，清康熙四十五年刻本，藏中國歷史研究院圖書館。

《婺南雲川王氏世譜》（婺源縣），四卷，[清]王魁昇等纂修，清乾隆二十一年刻本，藏上海圖書館。

《婺源桃溪潘氏宗譜》（婺源縣），二十一卷，[明]潘文儁等纂修，明崇禎九年刻本,藏中國國家圖書館。

《婺源查氏族譜》(婺源縣),八卷、首二卷、末十二卷,[清]查蔭元等纂修,清光緒十八年鳳山孝義祠木活字本,藏中國歷史研究院圖書館。

X

《西關章氏族譜》(績溪縣),四十卷、首二卷,[民國]章尚志纂修,民國四年木活字本,藏上海圖書館。

《西門汪氏族譜》(休寧縣),十一卷、附錄一卷,[明]汪尚和纂修,明嘉靖六年刻本,藏中國國家圖書館。

《溪南江氏族譜》(歙縣),不分卷,[明]江珍纂修,明抄本,藏南京圖書館。

《仙石周氏宗譜》(績溪縣),二卷,[清]周善鼎等纂修,清宣統三年善述堂木活字本,藏上海圖書館。

《蕭江復七公房支譜》(婺源縣),六卷、首一卷,[清]江如松等纂修,清乾隆三十七年木活字本,藏美國猶他州家譜學會。

《蕭江家乘》(婺源縣),十二卷,[清]江賡纂修,清道光三十年敦倫堂刻本,藏上海圖書館。

《蕭江全譜》(婺源縣),五卷、附錄五卷,[明]江旭奇等纂修,明萬曆三十九年刻本,藏上海圖書館。

《新安畢氏族譜》(徽州府),十七卷、首一卷、附錄一卷,[明]畢濟川主修,明正德四年刻本,藏中國國家圖書館。

《新安程氏世譜》(休寧縣遷無為),三十六卷、徵文錄十卷、首一卷,[清]程佐衡纂修,清光緒十八年無為縣嘉會堂目耕樓木活字本,藏上海圖書館。

《新安程氏統宗補正圖纂》(徽州府),二十一卷、首一卷,[清]程公惠等纂修,清乾隆元年刻本,藏上海圖書館。

《新安程氏統宗世譜》(徽州府),二十卷、譜辨一卷、附錄二卷,[明]程敏政纂修,明成化十八年刻本,藏中國國家圖書館。

《新安程氏諸譜會通》(徽州府),十四卷,[明]程孟纂修,明景泰二年刻本、五年增刻本,藏中國國家圖書館。

《新安大程村程氏支譜》(歙縣),二卷,[清]程豫等纂修,清乾隆五年受祉堂刻本,藏上海圖書館。

《新安東關濟陽江氏宗譜》（歙縣），二十四卷、首一卷，[清]江上錦等纂修，清乾隆五十四年木活字本，藏上海圖書館。

《新安富溪程氏本宗譜》（休寧縣），十二卷，[清]程純素纂修，清順治八年刻本，藏上海圖書館。

《新安黃氏會通譜》（徽州府），十六卷、首三卷、文獻錄二卷、外集三卷，[明]黃思濟等纂修，明弘治十四年刻本，藏上海圖書館。

《新安琅琊王氏宗譜》（徽州府），八卷、首一卷、末一卷，[清]王大鵠纂修，清道光二十九年刻本，藏山西家譜資料中心。

《新安嶺南張氏會通宗譜》（休寧縣），不分卷，[明]張復始等纂修，明嘉靖十二年刻本，藏日本東京大學東洋文化研究所。

《新安呂氏宗譜》（徽州府），六卷、附一卷，[明]呂繼華等纂編，民國二十四年重印明萬曆五年德本堂木活字本，複印本藏安徽大學徽學研究中心資料室。

《新安歙西溪南吳氏統宗志》（歙縣），不分卷，[清]吳起鳳纂修，清乾隆十二年木活字本，藏上海圖書館。

《新安世忠程氏原錄瓊公支譜》（歙縣），十卷，[清]程有高纂修，清康熙刻本，藏河北大學圖書館。

《新安蘇氏族譜》（休寧縣），五卷、補遺一卷，[清]蘇鈺纂修，清乾隆元年忠義堂木活字本，藏美國猶他州家譜學會。

《新安孫氏宗譜》（徽州府），五卷、附孫氏支譜六卷，[清]孫毓华、孫德昭等纂修，清道光十五年刻本，藏中國國家圖書館。

《新安太原王氏宗譜》（徽州府），十卷，存一至五卷、九至十卷，[清]王之策纂修，清康熙三十年刻本，藏上海圖書館。

《新安汪氏重修八公譜》（休寧縣），八卷，[明]汪尚琳纂修，明嘉靖十四年刻本，藏日本東京大學東洋文化研究所。

《新安汪氏宗祠通譜》（歙縣），四卷、首一卷、末一卷，[清]汪之遴等纂修，清道光二十年刻本，藏中國國家圖書館。

《新安吳氏考系》（歙縣），不分卷，[清]吳允文等纂修，清康熙三十五年刻本，藏美國猶他州家譜學會。

《新安休寧古城程氏宗譜》（休寧縣），十一卷、引證一卷、會訂一卷，[明]程惟時等纂修，明隆慶四年刻本，藏上海圖書館。

《新安休寧乾灘吳氏會通譜》（休寧縣），十二卷，[明]吳斌等纂修，明嘉靖十一年光裕堂刻本，藏中國國家圖書館。

《新安休寧汪溪金氏族譜》（休寧縣），五卷、附錄一卷，[明]金弁、陳有守等纂修，明嘉靖三十二年刻本，藏中國國家圖書館。

《新安休寧文昌金氏世譜》（休寧縣），十卷、附錄一卷，[明]程天保等纂修，明正德十年家刻本，藏中國國家圖書館。

《新安徐氏墓祠規》（歙縣、休寧縣），不分卷，[清]徐禋纂輯，清乾隆九年刻本，藏南京大學圖書館。

《新安徐氏宗譜》（歙縣），十八卷，[清]徐景京、徐璟慶、徐禋纂修，清乾隆三年刻本，藏河北大學圖書館。

《新安許氏世譜》（歙縣），十三卷，[明]方信纂修，據明隆慶二年刻抄本，藏美國猶他州家譜學會。

《新安月潭朱氏宗譜》（休寧縣），十卷，[清]朱國蘭等纂修，清康熙四十六年刻本，藏河北大學圖書館。

《新安張氏續修宗譜》（徽州府），三十卷，[清]張習孔纂修，清順治十六年刻本，藏中國國家圖書館。

《新安張氏續修族譜》（徽州府），十卷，[明]張璉纂修，明成化十二年刻本，藏安徽省圖書館。

《新安朱氏宗祠記》（休寧縣），不分卷，佚名，清光緒抄本，藏安徽大學徽學研究中心特藏室。

《新安左田黃氏正宗譜》（祁門縣），二十卷、文獻十九卷，[明]黃瑜纂修，明嘉靖三十七年刻本，藏中國國家圖書館。

《新州葉氏家譜》（歙縣），不分卷，[清]葉爲銘輯，清光緒三十三年抄本，藏上海圖書館。

《星江嚴田李氏九修宗譜》（婺源縣），十六卷、首一卷，[清]李鴻瑞、李元瑞纂修，清光緒七年木活字本，藏河北大學圖書館。

《星源銀川鄭氏宗譜》（婺源縣），六卷、首一卷、末一卷，[清]鄭永彬、鄭起煒等纂修，清乾隆四十年木活字本，藏上海圖書館。

《休寧曹氏統宗譜》（休寧縣），十五卷，[明]曹誥、曹嗣軒纂修，明萬曆四十一年刻本，藏中國國家圖書館。

《休寧戴氏族譜》（休寧縣），十五卷，[明]戴堯天重編，明崇禎五年刻本，藏上海圖書館。

《休寧范氏族譜》(休寧縣),九卷,[明]范涞纂修,明萬曆三十三年補刻本,藏安徽省圖書館。

《休寧古林黄氏重修族譜》(休寧縣),十二卷、首二卷、末一卷,[清]黄治安、盧鵬纂修,清乾隆三十一年刻本,藏安徽省圖書館。

《休寧金氏族譜》(休寧縣),二十六卷、首一卷,[清]金門詔纂修,清乾隆十三年刻本,藏天津師範大學圖書館。

《休寧茗洲吴氏家記》(休寧縣),十二卷,[明]吴子玉編修,明萬曆十九年抄本,藏日本東京大學東洋文化研究所。

《休寧陪郭葉氏世譜》(休寧縣),四卷、首一卷、附録三卷,[明]葉志道纂修,明弘治十一年刻本,藏中國國家圖書館。

《休寧西岸汪氏族譜》(休寧縣),不分卷,佚名,清同治抄本,藏上海圖書館。

《休寧縣市吴氏本宗譜》(休寧縣),十卷,[明]吴鋹、吴津等纂修,明嘉靖七年家刻本,藏中國國家圖書館。

《休寧宣仁王氏譜》(休寧縣),十二卷,[明]王宗本纂修,明萬曆三十八年家刻本,藏中國國家圖書館。

《休寧葉氏族譜》(休寧縣),十卷,[明]葉文山等纂修,明崇禎四年刻本,藏上海圖書館。

Y

《黟北盧氏族譜》(黟縣),不分卷,[明]盧乾等纂修,清抄本,藏上海圖書館。

《黟縣南屏葉氏族譜》(黟縣),八卷,[清]葉有廣等纂修,清嘉慶十七年木活字本,藏安徽省圖書館。

《營前方氏宗譜》(祁門縣),四卷,[清]方金聲、方渭川等纂修,清同治八年崇本祠木活字本,藏河北大學圖書館。

《營前鄭氏家譜》(祁門縣),五卷,[明]鄭周世、鄭繼世纂修,明萬曆九年家刻本,藏中國國家圖書館。

《余川越國汪氏族譜》(績溪縣),二十卷、首一卷、末一卷,[民國]胡祥木纂修,民國五年木活字本,藏上海圖書館。

《余氏宗祠約》(婺源縣)，不分卷，[明]余懋衡撰，明天啟刻本，影本藏江西師範大學歷史文化與旅游學院廖華生博士處。

《魚川耿氏宗譜》(績溪縣)，八卷、首一卷、末一卷，[民國]耿全總理、耿介撰修，民國八年木活字本，藏上海圖書館。

《腴川程氏宗譜》(婺源縣)，三十二卷，[清]程元瑞等纂修，清同治七年尚義堂刻本，藏安徽大學徽學研究中心特藏室。

《豫章羅氏宗譜》(歙縣)，四卷，存卷一，[清]汪明心纂修，清光緒二十年善慶堂刊本，藏安徽大學徽學研究中心特藏室。

《越國世子正脉》(徽州府)，七卷，[明]汪正之、汪調梅等纂修，明萬曆三十七年刻本，藏中國國家圖書館。

Z

《澤富王氏宗譜》(歙縣)，八卷，[明]王仁輔等修，明隆慶六年刻本，藏安徽省博物院。

《增廣休寧西門查氏肇禋堂便覽》(休寧縣)，四卷，[清]查時永纂修，清乾隆抄本，藏中國國家圖書館。

《章氏世家源流族譜》(績溪縣)，二卷，紀事至明天啟三年，佚名，明抄本，藏中國國家圖書館。

《張氏統宗世譜》(徽州府)，本源紀一卷、内紀十八卷、文獻十一卷、目錄二卷，[明]張士鎬、張大鵬等纂修，明嘉靖十四年刻本，藏中國國家圖書館。

《中井河東馮氏宗譜》(祁門縣)，總卷數不詳，存卷一至三，[清]馮光岱纂修，清嘉慶九年和義堂木活字本，藏上海圖書館

《周氏重修族譜正宗》(績溪縣)，十五卷，[清]周思武、周思宣、周齊賢等纂修，清康熙五十五年刻本，複印本藏安徽大學徽學研究中心資料室。

《朱氏統宗譜》(徽州府)，五卷，[明]朱邦相、朱國禎等纂修，明崇禎年間抄本，藏中國國家圖書館。

《竹馬館東李宗譜》(婺源縣遷居浙江金華縣)，十一卷，[民國]李瑞梓等纂修，民國二十四年如在堂木活字本，藏河北大學圖書館。

《竹溪陳氏墓祀錄》(祁門縣)，四卷，[明]陳光纂修，明嘉靖十三年刻本，藏中國國家圖書館。

《竹源陳氏宗族修譜文書彙編》(祁門縣)，不分卷，抄本，複印本藏南開

大學歷史學院卞利處。

《族譜便覽》（績溪縣），不分卷，[民國]胡宣鐸等，民國刊印本，複印本藏南開大學歷史學院卞利處。

《左臺吳氏大宗譜》，三編，[民國]吳吉華纂修，民國二十三年中華書局排印本，藏中國國家圖書館。

二、地方志

C

《橙陽散志》，十二卷，[清]江登雲纂，清乾隆四十年刻本。

F

《豐南志》，十卷，[民國]吳吉祜纂，安徽省圖書館據稿本傳抄本。

H

《徽州府休寧縣都圖鄉村詳記》，佚名，清抄本，複印本藏南開大學歷史學院卞利處。

《徽州府志》，二十二卷，[明]何東序修、汪尚寧等纂，明嘉靖四十五年刻本。

《徽州府志》，十八卷，[清]丁廷楗、廬詢修，趙吉士纂，清康熙三十八年萬青閣刻本。

《徽州府志》，十二卷，[明]彭澤修、汪舜民纂，明弘治十五年刻本。

《徽州府志》，十六卷、首一卷，[清]馬步蟾纂修，清道光七年刻本。

J

《績溪縣志》，十二卷，[明]陳嘉策修、何棠等纂，明萬曆九年刻本。

《績溪縣志》，十二卷，[清]清愷修、席存泰纂，清嘉慶十五年刻本。

《績溪縣志》，十卷，[清]較陳錫修、章瑞鐘纂，清乾隆二十一年刻本。

Q

《祁門縣志》，八卷，[清]姚啟元修、張瑗等纂，清康熙二十二年刻本。

《祁門縣志》，三十六卷、首一卷，[清]王讓修、桂超萬纂，清道光七年刻本。

《祁門縣志》，三十六卷、首一卷，[清]周溶修、汪韻珊纂，清同治十二年刻本。

《祁門縣志》，四卷，[明]余士奇修、謝存仁纂，明萬曆十八年刻本。

《祁邑都圖》，不分卷，佚名，清抄本，複印本藏南開大學歷史學院卞利處。

S

《沙溪集略》，八卷，[清]凌應秋撰，安徽省圖書館傳抄本。

《善和鄉志》，八卷，[清]程文瀚纂，清光緒七年抄本。

《歙縣志》，十六卷，[民國]石國柱、樓文釗修，許承堯纂，民國二十六年鉛印本。

《歙志》，三十卷，[明]張濤修、謝陛纂，明萬曆三十七年刻本。

T

《潭濱雜志》，二卷，[清]黃克呂撰，清光緒二年木活字本。

W

《婺源縣志》，六卷，[明]馮炫纂修，明嘉靖十九年刻本。

《婺源縣志》，六十卷、首一卷，[清]吳鶚修、汪正元纂，清光緒九年刻本。

《婺源縣志》，七十卷、末一卷，[民國]葛韻芬等修、江峰青纂，民國十四年刻本。

《婺源縣志》，十二卷，[清]蔣燦纂修，清康熙三十三年刻本。

《婺源鄉土志》，七章，[清]董鍾琪、汪廷璋編，清光緒三十四年木活字本。

X

《新安婺源程氏鄉局記》,不分卷,紀事截至雍正年間,〔清〕程昺纂,清抄本,藏安徽省圖書館。

《新安志》,十卷、附録一卷,〔宋〕羅願撰,宋淳熙二年纂,清光緒十四年刻本。

《休寧縣志》,八卷、首一卷,〔明〕李喬岱纂修,明萬曆三十五年刻本。

《休寧縣志》,八卷、首一卷,〔清〕廖騰煃修、汪晋徵纂,清康熙三十二年刻本。

《休寧縣志》,二十四卷、圖一卷,〔清〕何應松修、方崇鼎纂,清道光三年刻本。

Y

《巖鎮志草》,四卷,〔清〕佘華瑞纂,清雍正十二年纂,清乾隆刻本,安徽省圖書館傳抄本。

《黟縣三志》,十六卷、首一卷、末一卷,〔清〕謝永泰修、程鴻詔等纂,清同治十年刻本。

《黟縣四志》,十六卷、首一卷、末一卷,〔民國〕吳克俊、許復修,程壽保、舒斯笏纂,民國十二年黟縣藜照堂刻本。

《黟縣鄉土地理》,不分卷,〔民國〕胡存慶纂,民國十四年鉛印本。

《黟縣志》,八卷,〔清〕竇士範纂修,清順治十二年刻本。

《黟縣志》,十六卷、首一卷,〔清〕吳甸華修,程汝翼、俞正

三、原始文書簿籍(册)暨文書、文獻彙編

C

《崇禎十年至康熙四十九年祝聖會簿》(休寧縣),抄本,藏南京大學歷史學院資料室,編號000055。

《叢桂堂置產簿》(徽州某縣),清抄本,藏南京大學歷史學院資料室,編

號 000131。

D

《寶山公家議》(祁門縣),七卷、首一卷、附錄一卷,[明]程昌撰、[清]程宗武續,清順治刊本,藏安徽省圖書館。

《寶山公家議》(祁門縣),七卷、首一卷、附錄一卷,[明]程昌纂修,明萬曆三年刻本,藏中國國家圖書館。

E

《二十八都二啚十甲册里議約抄白》,[清]佚名,清抄本,藏南開大學歷史學院卞利處。

H

《環溪王履和堂養山會簿》(祁門縣),不分卷,清嘉慶刊本,藏安徽省圖書館。

《黃賓虹文集》,上海書畫出版社、浙江省博物館編,上海書畫出版社,1999年。

《徽州會社綜錄》,上、下册,[清]佚名,清抄本,藏中國歷史研究院圖書館。

《徽州民間珍稀文獻集成》,三十册,王振忠主編,復旦大學出版社,2018年。

《徽州千年契約文書》(宋・元・明編、清・民國編),王鈺欣、周紹泉主編,花山文藝出版社,1993年。

《徽州文書》,第三輯,劉伯山主編,廣西師範大學出版社,2009年。

《徽州文書》,第一輯,劉伯山主編,廣西師範大學出版社,2005年。

K

《康熙陳氏置產簿》,清抄本,藏南京大學歷史學院資料室,編號 000132。

《康熙孫氏文契簿》,藏南京大學歷史學院資料室,編號 000128。

《康熙謝氏謄契簿》,藏南京大學歷史學院資料室,編號 000133。

M

《明清徽商資料選編》,張海鵬、王廷元主編,黃山書社,1985年。

《明清徽州社會經濟資料叢編》,第二輯,中國社會科學院歷史研究所徽州文契整理組編,中國社會科學出版社,1990年。

《明清徽州社會經濟資料叢編》,第一集,安徽省博物館編,中國社會科學出版社,1988年。

《明萬曆汪氏合同簿》,藏南京大學歷史學院資料室,編號000027。

《明正德十四年至弘光元年汪氏置產簿謄録簿》,藏南京大學歷史學院資料室,編號000035。

N

《南京生意始末根由》,[明]張明方,藏中國歷史研究院圖書館。

Q

《乾隆潘氏置產簿》,抄本,藏南京大學歷史學院資料室,編號000139。

《勸世詞》,[清]程煦,清光緒二十七年毓蘭書屋刻本,藏安徽省圖書館。

T

《同王姓交涉公事》(績溪縣),藏安徽省績溪縣胡里村胡開陽處。

X

《訓子侄記》(歙縣),不分卷,[清]程禹穌,清道光二十四年揚州打銅巷口柏華陞刊印,受采堂藏板,藏安徽省圖書館。

Y

《元至正二年至乾隆二十八年王氏文約契謄録簿》,[清]佚名,清抄本,藏南京大學歷史學院資料室,編號000013。

Z

《中國歷代契約粹編》,上、中、下册,張傳璽主編,北京大學出版社,2014年。

《中國歷代契約會編考釋》,上、下册,張傳璽主編,北京大學出版社,1995年。

《紫陽崇文會録》(杭州府),清康熙刻本,藏安徽省博物院。

四、文集

C

《程氏貽範集》(徽州),三十卷,[明]程敏政輯,明成化刻本,藏美國國會圖書館。

後　記

　　2014年11月，由本人主持申報的2014年度國家社科基金重大項目《中國古代民間規約文獻集成》（批准號：14ZDB126）經過競標評審，榮幸獲准立項。次年3月，項目開題報告會如期在合肥舉行。安徽教育出版社編輯夏業梅女士得知消息後，主動聯係我，并全程參加了開題報告會。之後，經過密切的交流、協商和聯係，在安徽教育出版社時任總編輯張丹飛女士的鼎力支持下，夏業梅女士多次誠邀我商談項目成果出版事宜。在此過程中，我特地提出了可否先將民間規約遺存較爲豐富的徽州民間規約先行出版。這一提議，得到了張丹飛總編輯和夏業梅女士的積極回應。當時之所以考慮這一問題，主要是因爲重大項目時間斷限下限爲1840年以前，導致1840年至1949年間很多連續性較强、十分珍稀的徽州民間規約文獻無法收入《中國古代民間規約文獻集成》項目成果之中。

　　時間過得飛快，在東奔西走、北上南下到處收集、複製（含拍照）和抄録中國古代各類民間規約文獻的同時，特別留意抄録的徽州民間規約文獻也積纍到了百餘萬字。這期間，我的工作經歷了重要變動。2017年3月，我由安徽大學徽學研究中心調入南開大學歷史學院工作。2018年7月，我和安徽教育出版社簽訂了《徽州民間規約文獻精編》圖書出版合同。隨後，安徽教育出版社以此爲題申報了國家出版基金項目并獲批。

　　2019年，夏業梅女士因工作變動，本書轉由綜合編輯部江舟主任負責。2020年4月初，根據雙方約定的時間，《徽州民間規約文獻精編》全部交稿，分爲《村規民約卷》《會館、善堂、公所暨行業規約卷》《社會生活規約卷》和《宗族規約卷》四卷四個專題，同時向出版社提交了該書收録的原始規約文獻圖片，以供責任編輯校對參考。

　　經過江舟主任和陶忠娣、付静等編輯半年多的認真審讀與細心校對，《徽州民間規約文獻精編》即將付梓出版。

　　在《徽州民間規約文獻精編》行將面世之際，我謹對本書出版過程中付出心血和勞動的各位領導及各位編輯致以衷心的感謝！特別感謝現已升任時代出版傳媒股份有限公司出版業務部主任的張丹飛編審、安徽教育出版社綜合編輯部江舟主任，項目統籌李冰冰、陶忠娣、付静，以及已調往合肥師範學院工作的夏業梅女士。正是她們的鼎力支持和嚴謹求實的敬業精神，纔使得本書得以立項并如期順利出版。

對參與本書各卷文獻收集整理與點校録入工作的安徽大學社會與政治學院博士生導師沈昕教授、徐州醫科大學馬克思主義學院陳雪明博士，以及南開大學歷史學院博士生張致和、碩士生潘寧和萬桐同學等，我謹向他（她）們表示最誠摯的謝意！他（她）們在繁忙的教學科研工作或緊張的學業之餘，積極參與項目，并以高度負責的態度認真開展工作，不僅减輕了我的壓力和負擔，而且保證了本書的質量。我也從與他（她）們的合作中獲得了無窮的樂趣與不竭的動力。

還要特別感謝安徽省圖書館歷史文獻部石梅主任、復旦大學中國歷史地理研究所王振忠教授、江西師範大學廖華生博士、安徽大學徽學研究中心張小坡研究員、日本熊本大學伊藤正彦教授和楊纓博士！他們在幫助我借閲和複製徽州民間規約文獻等方面，提供了全方位的支持和熱情的服務。没有他們的協助與支持，或許本書中很多珍稀的規約文獻將無法收録。

在我主持繁重的項目資料收集整理和研究過程中，我的妻子、安徽大學圖書館戴聖芳館員承擔了全部家務。在此，謹向她致以真誠的感謝！

由於本人水平、時間和精力有限，加之受新冠病毒疫情的影響，本書在徽州民間規約文獻的收集、分類、録入、點校、精選和終稿校對等方面，還存在很多不足甚至訛誤之處，懇請讀者予以批評指正，并冀望有機會再版時予以改正、補充和完善。

卞　利

2020 年 12 月 20 日

於南開大學中國社會史研究中心暨歷史學院